PETER LÖSCHE UND FRANZ WALTER

DIE SPD: KLASSENPARTEI –
VOLKSPARTEI – QUOTENPARTEI

W0188420

PETER LÖSCHE UND FRANZ WALTER

DIE SPD:
KLASSENPARTEI – VOLKSPARTEI –
QUOTENPARTEI

Zur Entwicklung der Sozialdemokratie
von Weimar bis zur deutschen Vereinigung

WISSENSCHAFTLICHE BUCHGESELLSCHAFT
DARMSTADT

Einbandgestaltung: Neil McBeath, Stuttgart.

Einbandbilder: Gewerkschaftsumzug 1. Mai 1926, Breslau;
SPD-Parteitag Mai 1991, Bremen (Archiv der sozialen Demokratie).

Die Deutsche Bibliothek – CIP-Einheitsaufnahme

Lösche, Peter:
Die SPD: Klassenpartei – Volkspartei –
Quotenpartei; zur Entwicklung der
Sozialdemokratie von Weimar bis zur deutschen
Vereinigung / Peter Lösche und Franz Walter. –
Darmstadt: Wiss. Buchges., 1992
    ISBN 3-534-10994-5
NE: Walter, Franz

Bestellnummer 10994-5

Das Werk ist in allen seinen Teilen urheberrechtlich geschützt.
Jede Verwertung ist ohne Zustimmung des Verlages unzulässig.
Das gilt insbesondere für Vervielfältigungen,
Übersetzungen, Mikroverfilmungen und die Einspeicherung in
und Verarbeitung durch elektronische Systeme.

© 1992 by Wissenschaftliche Buchgesellschaft, Darmstadt
Gedruckt auf säurefreiem und alterungsbeständigem Offsetpapier
Gesamtherstellung: Wissenschaftliche Buchgesellschaft, Darmstadt
Printed in Germany
Schrift: Times, 9.5/11

ISBN 3-534-10994-5

INHALT

VORWORT

Vom Wandel der Sozialdemokratie im 20. Jahrhundert handelt dieses Buch: Vom Wandel ihrer Mitglieder, ihrer Wähler, ihrer programmatischen Deutungen, ihrer Parteikultur, vom Wechsel der Generationen und Parteisymbole, von den Veränderungen in den Hochburgen und Diasporagebieten – und von den Friktionen, Konflikten und Auseinandersetzungen, die solche Transformationsschübe erzeugten. Das ist das Thema dieser Schrift.

Einen vollständigen Überblick über alle Facetten sozialdemokratischer Politik haben wir dagegen nicht angestrebt. Über die Außen- oder Sozialpolitik der SPD wird der Leser hier nichts oder kaum etwas finden. Solche Politikgegenstände sind zweifellos von großer Relevanz, aber sie haben uns für unsere Abhandlung nicht interessiert. Uns ging es, nochmals, allein um die Veränderungen im sozialen, organisatorischen und kulturell-programmatischen Profil der deutschen Sozialdemokraten vom Ausgang des Kaiserreichs bis zur deutschen Vereinigung.

Dabei überragt von der Länge her der Teil über die bundesdeutsche SPD. Ursprünglich war dies durchaus nicht unsere Absicht. Zunächst wollten wir eigentlich nur ein Buch über die Weimarer Sozialdemokratie, über die Möglichkeiten und Grenzen ihres Wandels von einer proletarischen Milieupartei zu einer sozial und weltanschaulich offenen Volkspartei schreiben. Auf diesem Gebiet kannten wir uns gut aus, da wir dazu seit Jahren im Rahmen eines von der Deutschen Forschungsgemeinschaft finanzierten Projekts gearbeitet hatten.[1] Doch dann ermunterte uns der Verlag, auch die Entwicklung der bundesdeutschen SPD miteinzubeziehen. Anfangs waren wir noch zögerlich. Unsere Forschungsschwerpunkte lagen woanders, dazu kamen die vielen Verpflichtungen, die der moderne Universitätsbetrieb nun einmal mit sich bringt – kurz: wir schreckten ein wenig vor der Herausforderung zurück. Doch sie reizte uns auch. Wir wollten wissen, ob unsere Fragen, Begriffe und Perspektiven, mit denen wir die sozialdemokratische Arbeiterbewegung der Weimarer Zeit untersucht hatten, auch zur Interpretation der bundesdeutschen SPD taugten, ob und inwieweit wir unsere Kategorien und Erklärungen erweitern, korrigieren, differenzieren mußten. Wir waren neugierig geworden und entschieden dann im Herbst 1989, uns auf das Projekt einzulassen, die Wandlungsprozesse in der bundesdeutschen SPD auch, aber nicht nur im Vergleich zur Weimarer Traditionskompanie zu analysieren und darzustellen.

Als wir uns dann in die Quellen und Archive stürzten und uns vom Thema fesseln ließen, ging es schließlich schneller, als wir zu Beginn erwartet und befürchtet hatten. Gleichwohl: Daß wir bereits im Frühjahr 1991 unser Manuskript abschließen konnten, haben wir gewiß zuerst der Hilfe vieler Mitarbeiter, Archivare und Bibliothekare zu danken. An der Materialaufbereitung haben sich mit großem Engagement Ellen Spillner, Uwe Wenzel und Tobias Dürr beteiligt. Helge Matthiesen hat das Manuskript durchgesehen, sorgfältig korrigiert und schließlich das Register angefertigt. In Archiv und Bibliothek der sozialen Demokratie der Friedrich-Ebert-Stiftung haben uns mit Geduld, Kompetenz und – so haben wir es empfunden – freundlicher Sympathie vor allem Christine Mester und Dr. Rüdiger Zimmermann unterstützt. Ganz besonderer Dank gilt Peter Munkelt und seinen Mitarbeiterinnen und Mitarbeitern im Archiv der Bonner SPD-Zentrale, die in der produktiven Hektik, die dort herrscht, unsere wochenlange Anwesenheit ertragen und uns jederzeit unbürokratisch und schnell geholfen haben, obwohl sie wußten, daß hier keine „Hausgeschichtsschreibung" entstehen sollte. Zu danken bleibt schließlich der Fritz-Thyssen-Stiftung, die – ebenfalls ganz unbürokratisch – die Forschungsarbeiten für dieses Buch finanziell gefördert hat.

Göttingen, Februar 1992   Peter Lösche und Franz Walter

I. AUF DEM WEG ZUR VOLKSPARTEI?
DIE WEIMARER SOZIALDEMOKRATIE

Hätte die deutsche Sozialdemokratie sich bereits in der Weimarer Republik zu einer linken Volkspartei entwickeln können? Die Debatte um diese Frage, seit den fünfziger Jahren parallel zu den innerparteilichen Reformen der SPD von Politikern, Politikwissenschaftlern und Historikern heftig geführt, ist durch das monumentale Werk von Heinrich August Winkler über Arbeiter und Arbeiterbewegung in der Weimarer Republik neu belebt worden. Auch Weimarer Zeitgenossen hatten das Problem bereits formuliert, so etwa Erhard Auer, für den 1925 die Hauptfrage lautete „Volkspartei oder nur Handarbeiterpartei?".[2] Winkler sieht im Görlitzer Programm 1921 einen Versuch, die SPD von einer proletarischen Klassenpartei zu einer linken Volkspartei zu wandeln. Dieser Versuch wurde 1925 in Heidelberg dann nicht wiederholt.[3] Aber es stellt sich die Frage, war es unter den sozialen, ökonomischen und ideologischen Bedingungen Weimars überhaupt denkbar, daß die deutsche Sozialdemokratie sich so grundlegend hätte verändern können? Sperrte die SPD sich nicht in das Ghetto ihrer eigenen Ideologie und Organisation, isolierte sie sich nicht selbst? Wäre es damit getan gewesen, einfach „ideologischen Ballast" abzuwerfen, wie so manche Ratschläge vor und nach Godesberg lauteten? Welche Möglichkeiten boten sich denn in Weimar, daß die Partei zur Volkspartei wurde? Welche Hemmnisse und Restriktionen widerstanden einem solchen Prozeß? Was heißt dann schließlich „Volkspartei"?

1. Volkspartei und Parlamentarismus

Schlagwort oder analytische Kategorie?

Der Begriff „Volkspartei" bewegt sich heute im Grenzbereich zwischen analytischer Kategorie und politischer Legitimationsformel.[4] Ursprünglich war er im 19. Jahrhundert ein polemischer Kampfbegriff, der – aus der früh-bürgerlich-demokratischen Tradition kommend – gegen die feudal-absolutistische Herrschaft, später gegen die Klassenparteien der Arbeiter (wie den Allgemeinen Deutschen Arbeiterverein [ADAV]) gerichtet war. In der Weimarer Republik wurde diese Bezeichnung von fast allen bürgerlichen Parteien beansprucht, um sich gegen die SPD und die KPD, die Parteien des

Klassenkampfes, abzugrenzen; im Sprachgebrauch der nationalen Kräfte (wie bei Teilen der DVP und bei der DNVP) erhielt er ein antidemokratisches Moment, indem Volk und Volksgemeinschaft gleichgesetzt und somit jeglicher Interessenpluralismus disqualifiziert wurde. Doch auch die Arbeiterparteien verstanden sich im vorigen Jahrhundert als „Parteien des Volkes". Allerdings war mit „Volk" das einfache Volk, im engeren Sinn die Arbeiterschaft, das – wie es im Gothaer Programm von 1875 hieß – „arbeitende Volk" gemeint. Dieser Volksbegriff wurde in typischen sozialdemokratischen Zeitungsnamen wie ›Volkszeitung‹ und ›Volksstimme‹ angesprochen. Es war Eduard Bernstein, der 1905 aufgrund seiner Prognose gesellschaftlicher Entwicklung im Reich den modernen Volksparteibegriff in die sozialdemokratische Diskussion einbrachte und damit eine sozial heterogene, über die Arbeiterschaft hinausgehende, im Parlamentarismus verankerte SPD im Auge hatte, die auf dem Wege sei, „Volkspartei zu werden, ja, sie ist es in nicht geringem Grade heute schon".[5]

Soll „Volkspartei" als analytische Kategorie historisch-politikwissenschaftlich genutzt werden, um Möglichkeiten und Restriktionen sozialdemokratischer Entwicklung in der Weimarer Republik systematisch zu untersuchen, so sind drei Ebenen zu unterscheiden:

1. Volkspartei bezeichnet eine politische Organisation von Bürgern, die in der sozialen Zusammensetzung ihrer Mitglieder, Funktionäre und Wähler nicht auf eine Schicht oder Klasse oder eine anders (beispielsweise durch Konfession oder gemeinsam erlittene Vertreibung) definierte partikulare Gruppe beschränkt bleibt, sondern mehrere, ja prinzipiell alle Schichten und Gruppen umfaßt, mithin als sozial heterogen zu gelten hat. Dies bedeutet nun nicht, daß in der Volkspartei spiegelbildlich die Sozialstruktur der Wähler sich wiederholte, sondern die klassen- und schichtenübergreifende soziale Komposition kann sich zwischen „sozialer Querschnittspartei" (Narr) und „Massenpartei auf Klassenbasis" (Kirchheimer) bewegen;[6] ein spezifisches soziales Profil bleibt also durchaus erhalten. So begriff nach ihrem Görlitzer Programm, das dem einer Volkspartei am nächsten kam, die SPD sich als „Partei des arbeitenden Volkes in Stadt und Land", nannte ausdrücklich „kleine und mittlere Besitzer, Scharen geistiger Arbeiter, Beamte, Angestellte, Künstler, Schriftsteller, Lehrer, Angehörige aller Art der freien Berufe" und schloß „eine neue Bourgeoisie von Kriegslieferanten und Spekulanten" aus. Allerdings folgt die Volkspartei in der Tendenz den allgemeinen gesellschaftlich-strukturellen Veränderungen, die sich auf dem Arbeitsmarkt, in der Bevölkerung und Wählerschaft vollziehen.

2. Volksparteien sind bemüht, möglichst viele Wählergruppen – verschiedene Klassen und Schichten, Konfessionen und Landsmannschaften – gezielt und mit modernen Werbemethoden anzusprechen und für sich zu gewinnen. Insbesondere erfolgen Angebote an jene Wählerschichten, die an

die eigenen Stammwähler angrenzen. Für die SPD, die sich auf den Weg zur Volkspartei begibt, hätten Angebote an die Handwerker, die Angestellten und Beamten, die katholischen Arbeiter, die Landarbeiter und Kleinbauern ergehen müssen. Bei der Volkspartei liegt das Primat ihrer Tätigkeit kurzfristig in der Maximierung von Stimmen, nicht langfristig bei der geistigen Gewinnung der Wähler. Die Zielperspektive verändert sich also. In den Worten Otto Kirchheimers: Die Volkspartei „gibt die Versuche auf, sich die Massen geistig und moralisch einzugliedern und lenkt ihr Augenmerk zu stärkerem Maße auf die Wählerschaft; sie opfert also eine tiefere ideologische Durchdringung für eine weitere Ausstrahlung und einen raschen Wahlerfolg".[7]

3. Schließlich sind Volksparteien nur als Teil eines repräsentativ-demokratischen politischen Systems parlamentarischer oder präsidentieller Prägung denkbar, im Fall der Weimarer Republik eines parlamentarischen Regierungssystems mit präsidentieller Komponente. Konkret besagt dies, daß Volksparteien willens, bereit und in der Lage sein müssen, allein oder in Koalition mit anderen Parteien die Regierungsverantwortung zu übernehmen, also Macht auszuüben. Ja, die Koalitionsfrage gibt – in der Formulierung von Sigmund Neumann – die eindeutige Scheidelinie für die Parteitypisierung,[8] denn nur Parteien, die – wie die Volksparteien – keinen absoluten Herrschafts- und Durchsetzungsanspruch haben, können mit anderen Kompromisse schließen und gemeinsam regieren. Koalitions- und kompromißfähig sind Parteien auf Dauer nur dann, wenn es neben einem kontroversen Politiksektor einen nichtkontroversen Sektor mit einem allgemeinen Konsens gibt, zu dem unter anderem die Grundregeln parlamentarisch-repräsentativer Demokratie und die Achtung vor den Menschenrechten gehören.[9]

Mit dem dritten von uns genannten Kriterium, der wesentlich zum Begriff der Volkspartei gehört, ist jener Bereich angesprochen, in dem die historischen Belastungen parlamentarischer Demokratie für die Weimarer Parteien allgemein und die SPD im besonderen sich am stärksten auswirkten. Diesen und dem sozialdemokratischen Verständnis von Parlament und Parlametarismus wollen wir uns daher zunächst zuwenden, um anschließend das soziologische Problem der Volkspartei, nämlich die soziale Zusammensetzung von Bevölkerung, SPD-Mitgliedern und -Wählern anzusprechen und um dann die verschiedenen Angebote der Sozialdemokratie an unterschiedliche Wählergruppen in den Fokus zu nehmen.

Sozialdemokratisches Verständnis von Parlament, Parlamentarismus und Volkspartei

Im Bismarckschen Konstitutionalismus war den Parteien aufgrund der Verfassungskonstruktion und der politischen Realitäten versagt, selbst Macht auszuüben. Noch bis in den Ersten Weltkrieg hinein ernannte der Monarch die Exekutive, sie ging nicht aus dem Parlament und damit auch nicht aus den Parteien hervor. Die Parteien waren aus diesem Grund nicht gezwungen, die von ihnen verabschiedeten Gesetze, in die sie ihre abstrakten Grundsätze hineinformulierten, auf ihre Durchführbarkeit zu überprüfen und zu korrigieren. Die Parteien konnten sich folgenlos und ungestraft in einen wirklichkeitsfremden Doktrinarismus verrennen. Es gab keine Notwendigkeit, nach einem Konsens zu suchen und sich darin zu üben, Kompromisse zu schließen. Die Parteien wurden vom Staat ferngehalten, sie blieben der Gesellschaft verhaftet. „Sie sind zu einer Durchpolitisierung privater Interessenbestrebungen und damit zu einer Mitverantwortung für die Gesamtheit nicht vorgedrungen."[10] Das Parlament verstand sich nicht als politikformulierende und politisch handelnde Institution, sondern als „Volksvertretung", als Ausschuß der Wähler, um den empirischen Volkswillen auszudrücken. Der einzelne Abgeordnete sah sich als „Volksbote". Den Parlamentariern, dem Reichstag und damit den Fraktionen als den Parteien im Parlament wurde eine eigenständige politische Funktion gar nicht erst zugesprochen. Dieses Verständnis von Parlament und Parlamentarismus überdauerte das Kaiserreich. Auch im Weimarer Reichstag vertraten Abgeordnete und Parteien ihre prinzipiellen Positionen oder ihre höchst spezifischen Interessen, und sie waren deswegen häufig nicht in der Lage, Koalitionen zu schließen, oder sie verließen diese aus nichtigem Anlaß. Gerade die Einführung des Verhältniswahlrechts am Beginn der Republik hat dieses rigide und dogmatische Verhalten noch gefördert. Anders als unter dem Mehrheitswahlrecht des Kaiserreichs war man jetzt nicht einmal genötigt, Wahlabsprachen zu treffen oder sich unter Umständen einer größeren Partei anzuschließen, denn noch die kleinste Interessengruppe konnte ihr Mandat erringen. Die aus dem Kaiserreich historisch vorbelasteten Parteien haben sich an die Notwendigkeiten des parlamentarischen Regierungssystems von Weimar, zu dem ein gewisses Maß taktischer Wendigkeit gehörte, nie völlig angepaßt. Was den Parteien abging, waren Selbstbewußtsein, Bereitschaft zur politischen Verantwortung und die Fähigkeit zum politischen Kompromiß – zentrale Bedingungen funktionierender parlamentarischer Demokratie und von Volksparteien.[11]

Dies galt auch für die Weimarer Sozialdemokratie, die in der Frage, welche Funktionen dem Parlament zukämen, und die in ihrem Verständnis von einem funktionierenden parlamentarischen Regierungssystem ambiva-

lent und in sich fraktioniert war. Da gab es bei der Parteimehrheit, zu der
auch viele derjenigen gehörten, die in der Revolutionszeit dem rechten
Flügel der USPD angehört hatten, ein nachdrückliches Bekenntnis zur parlamentarischen Demokratie. Diese Auffassung nahm in ihrer Qualität fast
naturrechtlichen Charakter an. So wurde die Vertreibung der russischen
Konstituante durch die Bolschewiki und die Absage an eine Nationalversammlung durch die Spartakisten zur unüberwindlichen Trennlinie zwischen
Sozialdemokraten und russischen wie deutschen Kommunisten.[12] Entsprechend standen Parlamentarisierung, Anerkennung der Bürgerrechte und
Wahlrechtsausweitung im Zentrum der sozialdemokratischen verfassungspolitischen Forderungen in der November-Revolution. Im Görlitzer und
Heidelberger Programm und in Hilferdings Rede über ›Die Aufgaben der
Sozialdemokratie in der Republik‹ auf dem Kieler Parteitag von 1927, der in
der Weimarer Zeit innerparteilich wohl wirkungsvollsten programmatischen
Erklärung, bekannten sich die Sozialdemokraten zur demokratischen Republik. Ja, für Hilferding hatten Demokratie und Republik in sich einen Eigenwert, der – so sein kritischer Nachsatz – noch nicht von allen ganz begriffen
werde.[13] Und tatsächlich waren die Gründe, warum die Republik unterstützt wurde, nicht nur vielfältig, sondern durchaus ambivalenter Art. So
galt es, die sozialen und außenpolitischen Erfolge zu verteidigen, ebenso
den öffentlichen Wohnungsbau, die Sozialversicherung und die Verständigung mit Frankreich. Darüber hinaus mußte der Faschismus abgewehrt
werden. All dies war, so die Überlegungen von Ernst Heilmann, nur im
Rahmen der demokratischen Republik möglich.[14] Ferner galt für die SPD
die Einführung der parlamentarischen Regierungsform als realer Schritt auf
dem Weg zum Sozialismus, ohne Demokratie könne es keinen Sozialismus
geben.[15] Und schon ein Jahrzehnt vor dem Weltkrieg hatte Kautsky argumentiert, ein „wirklich parlamentarisches Regime" könne auch „Werkzeug
der Diktatur des Proletariats", eben der Herrschaft der überwältigenden
Mehrheit des Volkes sein[16] – ein Topos, der auch in der Weimarer Republik
von Angehörigen aller Flügel der SPD wiederholt wurde.[17] Damit schlich
sich aber ein instrumentelles Parlamentarismusverständnis bei den Sozialdemokraten ein, nämlich die Republik als Werkzeug auf der historisch vorgegebenen Bahn in den Sozialismus zu benutzen, sich aber nicht auf die
Erfordernisse einer funktionierenden parlamentarischen Demokratie einzustellen.[18] Gefühlsmäßig waren in Weimar zudem immer noch Neigungen für
ein plebiszitäres Regierungssystem vorhanden, die einem Repräsentativ-
system mit seiner relativen Autonomie und damit politischen Handlungsfrei-
heit von Parlament und Regierung widersprachen. Hier klangen Moritz Rit-
tinghausens Vorstellungen von der direkten Gesetzgebung durch das Volk
und entsprechende Formulierungen des Eisenacher und Erfurter Programms nach. Im Urteil wohl auch der Mehrheit der Weimarer Sozialdemo-

kraten sollte ein demokratisches Parlament Vollzugsorgan des Volkswillens und die Regierung nicht viel mehr als ein vollziehender Ausschuß des Parlaments sein.[19] Anders formuliert: Ein modernes Verständnis von der Funktionsweise eines parlamentarischen Regierungssystems lag im größten Teil der Weimarer SPD nicht vor. Angesichts dieser Zwiespältigkeit in den Grundfragen parlamentarischer Demokratie ist es daher auch kein Zufall, daß nicht ein Sozialdemokrat, sondern ein liberaler Demokrat, Hugo Preuß, die Weimarer Reichsverfassung federführend konzipierte.

Dabei war in der politischen Praxis die Weimarer Sozialdemokratie die wahre Staatspartei, die parlamentarische Partei par excellence. Sigmund Neumann hat diesen Sachverhalt treffend auf den Begriff gebracht: Man könne die SPD „geradezu als die ‚Nationalliberalen‘ der demokratisch-republikanischen Reichsgründung bezeichnen und träfe damit tatsächlich im gesamten die historische Leistung, die inneren Schwierigkeiten und fast auch die Tragik der Nachkriegs-SPD".[20] Koalitionen eingehen, Kompromisse schließen, Erfüllungspolitik, Tolerierungspolitik, Reformpolitik, Eintreten für die Menschenrechte – all dies paßte nicht nur in ein parlamentarisches Regierungssystem, sondern entsprach auch dem politischen Verhalten einer Volkspartei. Hatte die Partei aber nicht doch ein ambivalentes, sogar gebrochenes Verhältnis zur Macht? Scheute sie nicht ständig davor zurück, in die Regierung zu gehen, den Kanzler zu stellen, tiefgehende Entscheidungen selbst zu treffen? Fühlte sie sich nicht in ihrer Rolle als Fundamentalopposition, wie sie sie im Kaiserreich hatte übernehmen müssen, am wohlsten? Verfehlte die Sozialdemokratie damit nicht doch das Wesen parlamentarischer Demokratie? Tatsächlich: In der Summe war das Verhältnis der Partei zum politischen System von Weimar und zu der Aufgabe, die sie in ihm wahrzunehmen hatte, zwiespältig. Und doch gab es in der Weimarer Sozialdemokratie politikwissenschaftliche Debatten und vor allem eine politische Praxis, die ganz modern anmuten und die zeigen, daß bereits in der ersten deutschen Republik Sozialdemokraten ein realistisches Verständnis von der Arbeitsweise des parlamentarischen Regierungssystems und der Rolle der Volksparteien in ihm hatten.

Da gab es vor allem das „Rote Preußen", „eine stolze Feste im Lager der Republik", in dem die SPD kontinuierlich (mit einer kurzen Unterbrechung) nicht nur mitregierte, sondern auch wirklich an der Macht war, sie stellte den Ministerpräsidenten und den Innenminister – und das hieß den Polizei-, Verwaltungs- und Verfassungsminister. Hier herrschten machtbewußte, verantwortungsfreudige sozialdemokratische Politiker, der Ministerpräsident Otto Braun, die Innenminister Carl Severing und Albert Grzesinski, der Fraktionsvorsitzende Ernst Heilmann, die – so Hilferding – jene „dumme Legende" widerlegten, „als hätten wir keine Führer, als hätten wir keine Männer".[21] Doch es waren nicht nur die Führer, sondern in den Ober-

präsidien, Regierungspräsidien und Polizeipräsidien, in einigen Landrats-
ämtern, vor allem aber in der Landtagsfraktion wirkten sozialdemokratische Pragmatiker und überzeugte Republikaner, die die Programmatik ihrer
Partei nicht aufgaben und dennoch nicht ideologisch erstarrt waren, die ein
Gespür dafür hatten, was machbar und durchsetzbar war. In der Fraktion
saßen viele Partei-, Gewerkschafts- und Arbeitersekretäre sowie Angestellte der verschiedenen Einrichtungen der sozialdemokratischen Arbeiterbewegung, ferner Angehörige des öffentlichen Dienstes, Kommunalpolitiker und einige Ministerialbeamte, die allesamt im Geist der Disziplin und
Solidarität aus dem sozialdemokratischen Milieu hervorgegangen waren,
die gelernt hatten, politisch zu führen und die auch bereit waren, sich führen
zu lassen. Anders als die Reichstagsfraktion war die sozialdemokratische
Landtagsfraktion in Preußen nicht so stark durch den Bismarckschen Konstitutionalismus belastet. Nur vier Abgeordnete hatten die Ohnmacht von
Parteien, Fraktionen und Parlament im Kaiserreich am eigenen Leib erfahren müssen – eine ironische Folge des preußischen Dreiklassenwahl-
rechts. Preußen ist bekanntlich zum gewichtigsten Faktor republikanisch-
demokratischer Autorität geworden, wenn die Weimarer Republik eine
Chance gehabt hat, dann lag sie wohl dort. Auch in der damaligen Zeit war
daher der Gedanke nicht abwegig, von Preußen aus die Reichspolitik zu stabilisieren. Die von Heilmann, Braun und anderen Politikern 1928 beförderte Idee, das Amt des preußischen Ministerpräsidenten mit dem des
Reichskanzlers in der Person von Otto Braun zu verbinden, zeugt von politischer Phantasie und zugleich vom Machtsinn der „Roten Preußen". Charakteristisch aber für das insgesamt doch ambivalente Verhältnis der Sozialdemokratie zur Herrschaftsausübung ist gewesen, daß dieser Plan nicht zuletzt
an der Furcht der SPD-Reichstagsfraktion scheiterte, in einer Person könne
zuviel und zudem unkontrollierbare Macht aufgehäuft werden.

Sozialdemokratische Machtausübung in Preußen vollzog sich nicht einfach naturwüchsig-instinktiv, sondern war an politischer Programmatik
orientiert, und ihr lag ein reflektiertes, differenziertes Verständnis von der
Funktionsweise eines parlamentarischen Systems zugrunde. So hatten
Braun und Heilmann sich von jener aus der konstitutionellen Monarchie
und dem frühen Liberalismus herrührenden dualistischen Vorstellung abge-
wandt, Parlament und Regierung stünden sich im Sinne der Gewaltenteilung
unversöhnlich gegenüber. Sie hatten begriffen, daß es gerade den Wesens-
kern des Parlamentarismus ausmachte, Parlamentsmehrheit und Exekutive
zu einer Aktionseinheit zu verschränken. So fühlte Heilmann sich als der
parlamentarische Vertreter der Regierung, in der die SPD die Führung
hatte. Er räumte in der Fraktion und im Landtag viele Schwierigkeiten aus,
die dem Ministerpräsidenten hätten entgegentreten können. Fraktion und
Staatsministerium waren durch eine kleine Gruppe von Führungspersönlich-

keiten eng miteinander verbunden. Zu ihr gehörten neben Braun und Heilmann in der Regel die sozialdemokratischen Innenminister und zwei oder
drei weitere Parlamentarier (darunter Ernst Hamburger). Dieser Führungs-
kern und auch die Fraktion selbst agierten politisch weitgehend selbständig,
fühlten sich an Aufträge und Weisungen ihrer Wähler, der sozialdemokratischen Mitgliederbasis oder der Parteigremien nicht gebunden, sie formulierten Politik vielmehr aus eigener Kompetenz und aufgrund eigenen Kal-
küls. Entgegen der direkt-demokratischen Tradition, wie sie auch in der
Sozialdemokratie angelegt war, verstand man sich gerade nicht als „Volksbote" oder als „Volksvertretung", um den empirischen Volkswillen, den
empirischen Parteiwillen auszudrücken. Diesem Verständnis von Repräsentation, das auf das Prinzip eines freien Mandats hinausläuft, lag eine besondere politisch-institutionelle Konstellation zugrunde. Im Unterschied
nämlich zur Reichstagsfraktion war die SPD-Fraktion des preußischen
Landtages unabhängig von allen Parteiinstanzen, von Parteitagen oder vom
Parteivorstand. Innerhalb der sozialdemokratischen Organisationsstruktur
gab es keinen preußischen Landesverband mit einem Parteitag und einem
Parteivorstand, die gegenüber der preußischen Fraktion hätten Kontrolle
ausüben können. Und die „Roten Preußen" achteten im Reich bei den Sitzungen des Parteivorstandes, dem einige von ihnen angehörten, tunlichst
darauf, daß preußische Politik nicht diskutiert und ihr Entscheidungsspiel-
raum nicht dadurch eingegrenzt wurde – höchstens ließen sie sich und ihre
Erfolge auf Parteitagen feiern.

Dem gerade skizzierten Konzept von Repräsentation und Parlamentarismus entsprach es auch, daß zwischen den Regierungsfraktionen und
damit zugleich zwischen Parlamentsmehrheit und Exekutive bereits 1920 ein
interfraktioneller Ausschuß gebildet worden war, der Konflikte zwischen
den Parteien abklären sowie die Regierungspolitik parlamentarisch vorbe-
reiten sollte und der auch auf die Personalentscheidungen der Regierung zunehmend Einfluß gewann.[22] Obwohl Braun zuweilen befürchtete, in seiner
Kompetenz als Ministerpräsident eingeengt zu werden, trug der interfrak-
tionelle Ausschuß doch erheblich zur Stabilität preußischer Politik bei, ja ermöglichte letztendlich erst die Aktionseinheit von Legislative und Exekutive. Dabei sind in seiner Tätigkeit zwischen Regierung und Parlament und
zwischen den Fraktionen Züge dessen erkennbar, was wir heute als parteien-
staatliche Demokratie bezeichnen würden. Die Kooperation zwischen den
Koalitionspartnern – zumeist bestand eine Weimarer Koalition aus SPD,
Zentrum und DDP – wurde überhaupt erst dadurch möglich, daß die beteiligten Parteien kompromißfähig waren, sie also keinen absoluten Machtan-
spruch erhoben, gleichwohl aber darin wiederum einig waren, die Grundregeln parlamentarischer Demokratie zu verteidigen. Die Koalitionsfrage
wurde mithin nicht zu einem Problem von Prinzipien und Weltanschauung

emporstilisiert, sondern pragmatisch beantwortet. Von sozialdemokratischer Seite ist der Regierungsblock nicht einmal als „Vernunftehe" angesehen worden, denn „er sei überhaupt keine Ehe, denn bei uns fehle jede sinnliche oder seelische Zuneigung; er sei ein reiner Zweckverband ...".[23] Übereinstimmung in Grundfragen, gemeinsame machtpolitisch kalkulierte Interessen bei durchaus bestehenden Divergenzen in vielen Politikbereichen, also die Dialektik von Basiskonsens und Dissens im einzelnen: das war der Stoff, der die Koalition zusammenhielt.

Weitere Beispiele können genannt werden, um das angemessene Begreifen funktionierender parlamentarischer Demokratie durch preußische Sozialdemokraten zu illustrieren. Dieses Verständnis ist zwar heute, nach über 40 Jahren zweiter deutscher Republik selbstverständlich, war es aber keineswegs in Weimar: (1) In Wahlkampfbroschüren wandte man sich gegen das Verlangen der rechtsstehenden Parteien, in obrigkeitsstaatlicher Kontinuität in das Kabinett Fachminister zu berufen, „während an der Spitze des Ministerium ein politischer, vom Vertrauen der Parlamentsmehrheit getragener Kopf zu stehen hat, der die Übersicht über das große Ganze des gesamten Ressorts hat und die Zusammenhänge seines Ressorts und der Gesamtpolitik beherrscht". Für diese Sozialdemokraten galt in der Demokratie also das Primat der Politik, nicht das des scheinbar neutralen Spezialistentums.[24] (2) Ganz bewußt betrieben bekanntlich die preußischen Sozialdemokraten Ämterpatronage, um so die konservativ-antirepublikanische Beamtenschaft allmählich zu demokratisieren. (3) Durch Änderung der Geschäftsordnung des preußischen Landtages setzten Heilmann und Hamburger im Frühjahr 1932 eine Regelung durch, die dem konstruktiven Mißtrauensvotum nahekam, wie es heute das Grundgesetz vorsieht und wie es von Ernst Fraenkel im Dezemberheft 1932 der ›Gesellschaft‹ vorgeschlagen wurde.[25] Die Sozialdemokratie im Preußen der Weimarer Republik war demnach machtbewußt, bereit und in der Lage, politische Verantwortung zu übernehmen, sie war fähig zum politischen Kompromiß und erfüllte damit zentrale Bedingungen, wie sie von einer Volkspartei in einer funktionierenden parlamentarischen Demokratie erfüllt werden müssen.[26]

Auch Überlegungen zur Volkspartei selbst sind in der Weimarer Sozialdemokratie sehr differenziert und realistisch entwickelt worden. So mischten „junge Rechte", die dem Hofgeismarer Kreis der Jungsozialisten nahestanden, sich wiederholt in die immer wieder aufflammende Diskussion um eine Änderung des Wahlrechts ein. Sie stießen dabei zu einer Volksparteikonzeption vor, wie sie heute von Politologen nicht viel anders vertreten wird. Da argumentierten Gustav Warburg und Carlo Mierendorff, das Verhältniswahlrecht führe zu einer Parteienzersplitterung, die den Parlamentarismus lahmzulegen und die Demokratie zu ruinieren drohe. Jede Gruppe und jedes Grüppchen und selbst die kleinste Interessenclique verlange für

ihre Vertreter, die man als Fachleute zu empfehlen pflege, einen günstigen
Listenplatz oder man mache gleich eine eigene Partei auf. Das Mehrheitswahlrecht hingegen „hätte die Ausschaltung der kleinen Parteien zur
Folge", und die größeren Parteien wie die Kommunisten, die Völkischen,
die Demokraten, die Deutsche Volkspartei wären genötigt, „sich bei Wahlen
untereinander zusammenzuschließen, oder, was das Wahrscheinlichere
wäre, sie müßten Anlehnung an eine Nachbarpartei nehmen". Die Parteien
würden gezwungen, „weniger hartnäckig auf ihren Grundsätzen zu ver-
harren. Sie würden mehr Rücksicht auf Nachbarparteien nehmen". Unter
diesen Umständen sah Warburg ein „gesundes Dreiparteiensystem"
kommen, als Mittelpartei das Zentrum, das die konfessionelle Bindung auf-
gäbe, um Demokraten und liberale Volksparteiler an sich heranzuziehen,
und zu jeder Seite jeweils eine linke und eine konservative Volkspartei. Entscheidend war, daß unter diesen Umständen die Regierungsbildung wesentlich leichter wäre. Das Mehrheitswahlsystem verletze zwar das deutsche
„Ideal der Gerechtigkeit", nach dem jede Stimme verwertet werde, aber es
sei eben „zweckmäßig, weil es eine Mehrheitsbildung ermöglicht und vor
allem jede Splitterpartei ausscheidet", es sei politisch tauglich – wir würden
heute sagen: Es sei funktional für das parlamentarische Regierungssystem.
Und auch dessen Arbeitsweise hatte Warburg, das englische Beispiel analy-
sierend, auf ihren Begriff gebracht: Die Führung der Mehrheitspartei bilde
die Regierung und diese sei, von der Mehrheit im Parlament gestützt, faktisch der Gesetzgeber, nicht das Parlament. Die Legislative nehme nur sekundär diese, ihr angeblich originäre Aufgabe, wahr, primär vollziehe sich
im Parlament „die Auslese der Führer, die Auslese der Regierung".[27] Die
Aufsätze von Warburg könnten heute in jede Anthologie des modernen
Parlamentarismus und seiner Volksparteien aufgenommen, das „Rote
Preußen" als illustrierendes Beispiel angeführt werden.

Allerdings waren das sozialdemokratisch regierte Preußen und die politikwissenschaftlichen Beiträge aus der Feder von „jungen Rechten" nicht typisch für die Weimarer SPD insgesamt. Gerade in den ständigen und tiefge-
henden Konflikten um die Koalitionsfrage im Reich schlug die Ambivalenz
des sozialdemokratischen Parlamentarismusverständnisses und auch der
parlamentarischen Praxis der Partei immer wieder durch. Die Linke hielt
hier ihre sozialistischen Prinzipien hoch, stellte den Erhalt parlamentarischer Demokratie hinter dem Ziel „Sozialismus" zurück, während die freien
Gewerkschaften ihre spezifischen Interessen verfolgten und in der Koalitionspolitik lediglich eine Frage der Taktik sahen, schließlich ein Regierungs-
bündnis auch dann nicht verteidigten, als das parlamentarische System
selbst auf dem Spiel stand.[28] Natürlich gab es auch im Reich viele führende
Sozialdemokraten, die die Funktionsweise des parlamentarischen Regierungssystems verstanden hatten und in der Koalitionsfrage zu praktizieren

gedachten. Nur gab es eben auch jene, die den Eigenwert der Demokratie leugneten und mit der Parole „Republik das ist nicht viel, Sozialismus ist unser Ziel" durch die Straßen demonstrierten. Daß für die SPD die Koalitionsfrage immer wieder zum zentralen Problem wurde, zeigt ihre Zwischenstellung zwischen einer demokratisch-parlamentarischen Partei und dem, was Sigmund Neumann „absolutistische Integrationspartei" nannte, nämlich einer Partei, die nur totale Opposition oder totale Herrschaft kennt.[29] In ihrem verfassungspolitischen Verständnis von Parlament und Parlamentarismus war die Weimarer Sozialdemokratie also noch wesentlich von den Vorbelastungen des Bismarckschen Konstitutionalismus geprägt, in der politischen Praxis hingegen hatte sie begonnen, sich auf den Weg zu einer Volkspartei in einem parlamentarischen Regierungssystem zu machen.

Wie sieht nun der Befund aus, wenn wir nach der sozialen Zusammensetzung sozialdemokratischer Wähler und Mitglieder fragen und damit das nächste Kriterium, das wir bei unserer Definition von Volkspartei entwickelt haben, betrachten?

2. Soziologie der Gesellschaft – Soziologie der Sozialdemokratie. Spannungen und Näherungen

Wandel der deutschen Gesellschaft

Die sozialdemokratischen Theoretiker, die sich in den 1880er Jahren auf Marx beriefen, um die sozialstrukturelle Entwicklung kapitalistischer Gesellschaften vorauszusagen, hatten – aus einer allgemeinen Perspektive gesehen – gar nicht so falsch gelegen. Die Prognosen des Erfurter Programms jedenfalls deckten sich für das Deutsche Reich durchaus in einigen Punkten mit der sozialen Realität der folgenden Jahrzehnte: der Trend zur Urbanität setzte sich verstärkt fort; Bauern, Handwerker und Kleinhändler rangen – und zu einem Teil vergeblich – um ihre selbständige Existenz; Kleineigentümer verloren ihren Besitz und gerieten in die Gruppe der abhängig Beschäftigten, deren Anteil an den Erwerbstätigen allmählich, aber stetig wuchs; ökonomische und soziale Differenzen innerhalb der Lohn- und Gehaltsabhängigen, des „Proletariats", schliffen sich allmählich ab. Als 1927 die Ergebnisse der 1925 durchgeführten Volks-, Betriebs- und Berufszählung publiziert wurden, mußten marxistische Sozialdemokraten an ihren traditionellen Deutungsmustern nicht unbedingt zweifeln. Den Bedeutungsverlust der ländlichen Regionen und der landwirtschaftlichen Berufe hatten sie zweifelsohne richtig antizipiert. Der Anteil der Bevölkerung, der in Gemeinden mit weniger als 2000 Einwohnern lebte, war seit der letzten Volkszählung im Jahre 1907 beträchtlich zurückgegangen. Die Quote der in der

Landwirtschaft hauptberuflich Tätigen hatte sich seither um 4,1 Prozent reduziert; insgesamt fanden dort 1925 nur noch 23 Prozent der deutschen Bevölkerung ihr Auskommen, gut vier Jahrzehnte zuvor waren es 40 Prozent
gewesen.[30]

Als ebenfalls nicht gänzlich abwegig hatte sich das düstere marxistische
Orakel über die Existenzprobleme des selbständigen Mittelstandes in einer
modernen kapitalistischen Gesellschaft erwiesen. Die Zahl der Selbständigen nahm von Jahrzehnt zu Jahrzehnt ab; zwischen 1907 und 1925 war der
Anteil dieser Gruppe an der Gesamtzahl der Erwerbstätigen von 20,5 auf
17,3 Prozent gesunken. Die materiellen Differenzen zwischen den verschiedenen sozialen Gruppen und Schichten, die in der sozialen Pyramide unterhalb des Bürgertums angelagert waren, hatten sich vor allem seit dem Ersten
Weltkrieg in der Tat erheblich verringert, und in ihren Einkommensverhältnissen glichen sich Lohn- und Gehaltsempfänger sowie das Gros der kleinen
Gewerbetreibenden im Laufe der zwanziger Jahre mehr und mehr an.

Doch verlief – und damit wären wir an den Grenzen marxistischer Progno-
sefähigkeit angelangt – dieser Prozeß zunehmender materieller Homogeni-
sierung der unteren Schichten keineswegs so, wie es Marx, Kautsky und andere sozialistische Theoretiker vermutet und angekündigt hatten. Nach
deren Krisenmelodram hätten diese nämlich durch die kollektiven Erfahrungen allgemeiner Verelendung miteinander verschmelzen müssen. In der
historischen Realität aber vollzog sich die tendenzielle Nivellierung der Ein-
kommensunterschiede innerhalb des „Proletariats" und zwischen diesem
und den unteren Mittelschichten ganz anders, nämlich durch Lohnzuwächse
unten und Einbußen bei den besser Gestellten. So war das Einkommen
eines durchschnittlichen Lohnempfängers zwischen 1913 und 1928 um zwei
Drittel, das eines Gehaltsempfängers hingegen nur um ein Drittel ange-
wachsen; die Selbständigen hatten im Durchschnitt gar einen Einkommens-
rückgang von einem Siebentel zu verkraften. Den größten Schritt nach vorn
in ihrer wirtschaftlichen Situation machten die ungelernten Arbeiter. Zu den
Verlierern zählten vor allem die Beamten, die zum Teil drastische Senkungen
ihrer Realeinkommen hinnehmen mußten.

In den Weimarer Jahren hatten sich die verschiedenen Arbeitnehmergruppen und selbständigen Mittelschichten materiell genähert. Aber sie
wurden einander nicht gleich und keineswegs gemeinsam „proletarisiert".
Die Mittelschichten „versanken" nicht, wie es ihnen das Erfurter Programm
noch verheißen hatte. Das Kleingewerbe fand, wenn es sich rechtzeitig wandelte und anpaßte, auch im Hochkapitalismus Nischen und Räume für eine
selbständige Existenz. Die Schere zwischen den Einkommensverhältnissen
der verschiedenen Arbeitnehmergruppen wurde zwar kleiner, doch sie verschwand auch in den Weimarer Jahren nicht. Trotz aller materieller Rückschläge verdiente der durchschnittliche Beamte Ende der zwanziger Jahre

weiterhin mehr als doppelt soviel wie der durchschnittliche Arbeiter. Einkommenseinbußen führten die Beamten wohl materiell, aber nicht politisch und erst recht nicht gefühlsmäßig den (sozialistischen) Arbeitern zu; sie nährten eher die Ressentiments der vom Sozialabstieg bedrohten Staatsdiener gegen die Republik, die Sozialdemokratie und freien Gewerkschaften. Beamte und Angestellte unterschieden sich außerdem von den Arbeitern auch weiterhin in arbeits- und versicherungsrechtlicher Hinsicht, nach der Art der beruflichen Tätigkeit, dem sozialen Prestige und in ihrer Selbsteinschätzung und Mentalität.

Vor allem aber galt, daß die Beamten und Angestellten und nicht die industriellen Arbeiter in den Weimarer Jahren das expandierende Element unter den Arbeitnehmern bildeten. Damit aber hatten die Sozialdemokraten nicht gerechnet, darauf waren sie politisch und agitatorisch nicht vorbereitet. Über Jahrzehnte hatten sie die unbegrenzte Dynamik industrieller Entwicklung und den damit verbundenen zahlenmäßigen Anstieg der industriellen Arbeiterschaft erwartet, das Dienstleistungsbedürfnis moderner Gesellschaften dagegen übersehen. Daß das großstädtische Industrieproletariat dereinst die übergroße Mehrheit der Bevölkerung stellen würde, hatte den Sozialdemokraten daher ein halbes Jahrhundert lang als unumstößliche Gewißheit gegolten.

In den zwanziger Jahren aber wurde endgültig deutlich, daß diese Vorstellung trog. Die Ergebnisse der Volks- und Berufszählung von 1925 zeigten an, daß die Expansion des industriellen Sektors vorbei war, die Zukunft der Dienstleistungsgesellschaft bereits begonnen hatte. Zwar war die absolute Zahl der Industriearbeiter von 1907 bis 1925 um 12 Prozent angestiegen, ihr Anteil an den Erwerbstätigen aber hatte von 46,3 auf 45,1 Prozent abgenommen. In den industriellen Großbetrieben verdiente Mitte der zwanziger Jahre nur jeder fünfte Erwerbstätige sein Brot. Das klassische Subjekt in der sozialistischen Klassenkampfstrategie, das großstädtische industrielle Proletariat, umfaßte mithin nur eine Minderheit der Bevölkerung, und es gab keinen Anlaß zur Hoffnung, daß sich daran künftig etwas ändern würde.

Rasant verlief demgegenüber der Anstieg der Angestelltenzahlen. Seit 1907 hatte sich ihre Zahl um 11 Prozent vermehrt. Zusammen mit den Beamten machten sie 1925 16,5 Prozent der hauptberuflich Erwerbstätigen aus; 1882 waren es erst rund 7 Prozent, 1912 aber schon 12,6 Prozent gewesen. Die soziologische Struktur in Berlin deutete die Richtung an, in die sich die deutsche Gesellschaft verändern sollte. In der Reichshauptstadt lag der Anteil der Arbeiterbevölkerung bei 41,3 Prozent, der der Beamten und Angestellten bei 27,8 Prozent. In einer Stadt wie Karlsruhe lebten und arbeiteten in den zwanziger Jahren bereits mehr Angestellte und Beamte als Arbeiter. Die Zukunfts- und Wachstumsindustrien zeichneten sich gegenüber der traditionellen Schwerindustrie durch einen hohen Angestelltenanteil aus. So kamen in der chemischen Industrie zu dieser Zeit 38 Angestellte auf 100 Arbeiter. Die Ausdehnung der Angestellten- und Beamtenschicht ging einher mit der Verbreitung weiblicher Berufstätigkeit. 27,3 Prozent aller Angestellten und Beamten waren 1925 weiblichen Geschlechts; die meisten dieser Frauen arbeiteten in kaufmännischen Berufen.

Am soziologischen Befund der deutschen Bevölkerung gab es nichts zu deuteln: Die selbständigen Mittelschichten kämpften um ihre Existenz und hatten materielle Schwierigkeiten, aber sie verschwanden nicht von der Bildfläche, und sie bildeten nach der Arbeiterschaft weiterhin die stärkste Sozialgruppe. Die Zahl der Beamten und insbesondere der Angestellten wuchs rasch. Der Anteil der Arbeiter sank langsam, aber kontinuierlich und lag in jedem Fall deutlich unter 50 Prozent der Gesamtbevölkerung. Eine allgemeine Tendenz zur Verelendung und Proletarisierung war empirisch also nicht festzustellen, im Gegenteil, die deutsche Gesellschaft war auf dem Weg, heterogener zu werden. Allein mit den Stammbataillonen der Industriearbeiter war daher für die Sozialdemokraten auf demokratische Weise – und für eine andere Strategie war die SPD weder organisatorisch noch geistig und ethisch gerüstet – das sozialistische Endziel nicht zu erreichen. Die Partei hatte also auf den strukturellen Wandel innerhalb der Arbeitnehmerschaft zu reagieren. So war das Glaubensbekenntnis vom Untergang der selbständigen Mittelschichten empirisch überholt. Sozial mußte die SPD sich an die gesellschaftlichen Veränderungen anpassen und sich für neue Sozialgruppen öffnen, wenn sie sich nicht mit der Rolle des Interessenvertreters der schrumpfenden Schicht großstädtischer Industriearbeiter begnügen wollte.

Sozialdemokratische Mitglieder

Ein genauer Blick auf die soziale Anatomie der SPD in der Weimarer Republik zeigt, daß es der Partei zwar nicht gelungen war, eine Brücke zum kriselnden gewerblichen Mittelstand zu schlagen, daß sie dagegen aber den gesellschaftlichen Strukturwandel in Richtung auf eine Dienstleistungsgesellschaft sehr viel besser aufgenommen hatte, als es in der Literatur größtenteils vermutet wird. Wie sehr sich die SPD bereits in den frühen zwanziger Jahren soziologisch im Vergleich zum Kaiserreich verändert hatte, ergibt eine Mitgliedererhebung des SPD-Bezirks Berlin aus dem Jahre 1922. Der gleiche Bezirk hatte 16 Jahre zuvor eine ähnliche Untersuchung durchgeführt. Damals, im Jahre 1906, rekrutierte sich die Berliner Partei ganz überwiegend aus der gewerblichen Arbeiterklasse; die im öffentlichen Dienst beschäftigten Arbeiter, Angestellten und Beamten erreichten einen Anteil von nicht einmal 1 Prozent der Gesamtmitgliedschaft. 1922 hatten sich die Verhältnisse gründlich geändert: Die Berliner Partei bestand nun nur noch zu 43

Prozent aus gewerblichen Arbeitern; 25 Prozent der Mitglieder verdienten als Angestellte im öffentlichen Dienst ihr Geld und immerhin 13 Prozent der Sozialdemokraten in der Reichsmetropole waren als Beamte im Staatsdienst tätig. In der Tendenz ähnlich war die Entwicklung in der Hamburger SPD-Mitgliedschaft verlaufen, der Arbeiteranteil war von 79 Prozent 1914 auf 57,5 Prozent 1928 gesunken, der Anteil der Angestellten und Beamten aber von 1,6 Prozent auf 15,2 Prozent gestiegen. Von der beruflichen Zusammensetzung ihrer Mitglieder her war die SPD auf dem Weg, zu einer „Staatspartei" zu werden und die Zeiten fundamentaler Opposition im Kaiserreich hinter sich zu lassen. Diese Transformation war nicht theoretisch – etwa durch die Reden und Schriften Bernsteins oder (nach der Rückkehr der Rest-USPD zur Mehrheitspartei) Rudolf Hilferdings – angeleitet, sondern ergab sich aus der Beschäftigung zahlreicher Sozialdemokraten bei Gemeinden, Ländern (allen voran Preußen) und dem Reich.

Es ist sicherlich zu berücksichtigen, daß die Beispiele Hamburg und vor allem Berlin, wo überdurchschnittlich viele Verwaltungen ansässig waren, nicht umstandslos auf das Reichsgebiet als Ganzes zu übertragen sind. Gewiß hatte sich die SPD in der Weimarer Republik noch nicht von einer Partei des Industrieproletariats zu einer Patronageorganisation der im öffentlichen Dienst Beschäftigten gewandelt, wie die kritische Diagnose für einige aktuelle bundesrepublikanische Phänomene lautet. Aber auch in der Mitgliedschaft der sozialdemokratischen Reichsorganisation Weimars hatte die „Etatisierung von unten" begonnen und stattliche Ausmaße angenommen. Nach realistischen Schätzungen des Berliner Sozialwissenschaftlers Klaus Sühl rekrutierte sich die deutsche Sozialdemokratie im Jahre 1930 zu immerhin 13 Prozent aus öffentlich Bediensteten.[31]

Allerdings befanden sich darunter auch zahlreiche Arbeiter. Das proletarische Profil dominierte nach wie vor eindeutig in der Sozialdemokratischen Partei. Zu diesem Ergebnis führte zumindest eine Mitgliedererhebung, die drei großstädtische Ortsvereine der SPD – in Bremen, Hamburg und Hannover – in den Jahren 1925/26 durchführten. Die im Jahrbuch der SPD publizierten Resultate der Mitgliederbefragung bezogen sich allerdings nur auf die männlichen Sozialdemokraten. Zudem fand die Untersuchung in Ballungszentren statt, in denen große Industrieunternehmen angesiedelt waren. Danach setzte sich die Partei zu 73,14 Prozent aus Handarbeitern, zu 11,03 Prozent aus Kopfarbeitern (Angestellte und Beamte), zu 4,62 Prozent aus Selbständigen und zu 2,04 Prozent aus Freiberuflichen zusammen. 9,17 Prozent der Mitglieder hatten keine Angaben gemacht. In der SPD waren demzufolge weit überdurchschnittlich viele Arbeiter, dagegen aber unverhältnismäßig wenige Selbständige organisiert. Auch bei den Angestellten und Beamten schien die SPD in den drei norddeutschen Großstädten schlecht abgeschnitten zu haben. Allerdings fehlten hier die Angaben über die Berufe der sozialdemokratischen Frauen. Hätte man die weiblichen SPD-Mitglieder mitberücksichtigt, wäre der Anteil der „Kopfarbeiter" vermutlich etwas höher ausgefallen.[32]

Ein einigermaßen repräsentativer Anspruch konnte erst für eine Untersuchung aus dem Jahr 1930 erhoben werden, als der Parteivorstand 393 Ortsvereine unterschiedlicher Größe soziologisch durchleuchtete. Einen grundsätzlich neuen oder gar überraschenden Befund erhielt die Partei dadurch nicht. Die SPD war auch am Ende der Weimarer Republik im Kern eine Partei der Arbeiterschaft (59,49 Prozent der Mitglieder) mit einiger Verankerung bei den Angestellten und Beamten (13,97 Prozent) und erheblichen Defiziten bei den Selbständigen und Landwirten (zusammen: 4,17 Prozent).[33]

Im ganzen gesehen, war die Weimarer SPD keine soziale Querschnittspartei, da sie die soziale Zusammensetzung des deutschen Volkes in ihrer Mitgliedschaft nicht spiegelte. Sie blieb im wesentlichen eine Arbeiterpartei. Doch folgte sie zugleich in bedeutenden Bereichen den Veränderungen in der Bevölkerung insgesamt und gewann allmählich Züge einer Arbeitnehmerpartei, ja, einer linken Volkspartei. Sie hinkte dem Dienstleistungstrend der modernen Gesellschaft zwar ein wenig hinterher: Während von den Erwerbstätigen 16,5 Prozent als Angestellte und Beamte arbeiteten, waren es unter den Parteimitgliedern 2,5 Prozent weniger. Doch war dieser Abstand keineswegs dramatisch. Angesichts der Dynamik im tertiären Bereich waren hier Veränderungen leicht möglich und der Anteil der neuen Mittelschichten an den SPD-Mitgliedern hätte künftig auch überproportional wachsen können.

Die dynamische Entwicklung der Angestelltenschichten jedenfalls war an der sozialdemokratischen Arbeiterbewegung, was die Mitgliederrekrutierung anging, durchaus nicht spurlos vorübergegangen. Auch für die Zukunft mußte den Sozialdemokraten in diesem Punkt nicht bang sein, da sich ihre Nachwuchsorganisation, die Sozialistische Arbeiterjugend (SAJ), zu einem beachtlichen Teil aus jungen Angestellten zusammensetzte. Besonders im Funktionärskörper der sozialdemokratischen Jugendbewegung spielten die kaufmännischen Angestellten eine beinahe schon herausragende Rolle. 22,4 Prozent der weiblichen und 7,5 Prozent der männlichen Mitglieder in der Arbeiter-Jugend arbeiteten in einem kaufmännischen Büro, das waren 12,9 Prozent der SAJ-Mitglieder insgesamt. Dieser Anteil wurde in der sozialistischen Jugendbewegung nur von dem der Metallarbeiter übertroffen.[34] In der Berliner Arbeiter-Jugend gehörten gar 18 von 100 Mitgliedern zu den „Stehkragenproletariern".[35] Noch stärker waren die Angestellten unter den Spitzenfunktionären der sozialdemokratischen Nachwuchsorganisation vertreten. Von den Delegierten auf den SAJ-Reichskonferenzen 1930 übten 21,7 Prozent den Beruf des kaufmännischen Angestellten aus (daneben waren noch weitere 12,3 Prozent als Angestellte in sozialistischen Arbeiterorganisationen und Zeitschriften tätig).[36] Kein Zufall sicher auch, daß die beiden Reichsvorsitzenden der SAJ in der Weimarer Republik, Max Westphal und Erich Ollenhauer, sowie der Juso-Vorsitzende Franz Lepinski ihre berufliche Ausbildung nicht mehr in einem Handwerks- oder Industriebetrieb, sondern im Kontor erhalten haben. Die SAJ lag in diesem Punkt mithin ganz im Fahrtwind der gesellschaftlichen Entwicklung, eilte diesem in seinem Funktionärskörper sogar voraus, da der Angestellten- und Beamtenanteil unter den jugendlichen deutschen Erwerbstätigen insgesamt bei nur 13,1 Prozent lag.[37] Überraschen kann dieser in der wissenschaftlichen Literatur allerdings überwiegend ignorierte relative Erfolg der Sozialdemokraten bei den Angestellten im Grunde jedoch nicht. Schließlich speisten sich die Angestelltenschichten während der Weimarer Republik im Unterschied zum Kaiserreich mehr und mehr aus den Kindern aufstiegsorientierter Facharbeiterfamilien – dem klassischen Reservoir der sozialdemokratischen Solidargemeinschaft.[38]

Die Mitgliederzusammensetzung der sozialistischen Jugendorganisation machte allerdings ebenfalls deutlich, wo auch in Zukunft die Probleme einer sozialen Öffnung und Erweiterung für die Sozialdemokratie liegen sollte. Der Anteil derjenigen jungen Sozialisten, die eine Beamtenlaufbahn eingeschlagen hatten, war derart gering, daß er nicht einmal eigens erfaßt wurde. Ein Diasporagebiet war für die SAJ ebenfalls der ländliche Bereich. Die Landjugend entzog sich dem Werben der sozialdemokratischen Nachwuchsorganisation und war dort weit unterrepräsentiert. Insgesamt arbeitete ein knappes Drittel der deutschen Jugend in der Land- und Forstwirtschaft, von den Mitgliedern der SAJ waren es hingegen nur 1,6 Prozent. Und schließlich entwickelte sich die Nachwuchsrekrutierung als solche zu einem drängenden Problem für die sozialdemokratische Arbeiterbewegung in der Weimarer Republik. Die Partei hatte größte Schwierigkeiten, die Zwanzig- bis Dreißigjährigen für sich zu gewinnen. Die SPD-Mitglieder unter 30 Jahren stellten 1926 insgesamt 17,3 Prozent der Parteiangehörigen; vor dem Ersten Weltkrieg lag dieser Anteil noch etwa doppelt so hoch. Der Prozentsatz der 20 bis 30 Jahre alten Deutschen an der wahlberechtigten Bevölkerung lag zur gleichen Zeit bei 28,8. In der jungen Generation war die SPD ausgesprochen unterdurchschnittlich vertreten und verwurzelt.[39]

Sozialdemokratische Wähler

Erfolge und Mißerfolge der Sozialdemokraten bei den Reichstagswahlen während der Weimarer Jahre geben auch Aufschluß über die Möglichkeiten, noch mehr aber wohl über die Schwierigkeiten der Partei, die Zäune des traditionellen Lagers zu übersteigen, sich von einer Organisation eines spezifi-

schen Milieus der Arbeiterklasse zu einer modernen Arbeitnehmer- oder gar
einer linken Volkspartei weiterzuentwickeln.[40] Am stärksten konnten sich
die Sozialdemokraten bei den Parlamentswahlen in den Jahren der Republik auf die industriellen Arbeiter in mittleren und größeren Städten mit
überwiegend protestantischer Konfession verlassen, hier lagen ihre Hochburgen. Bei den Wahlen zur Nationalversammlung 1919 drang die SPD
zudem in proletarische Schichten ein, die sie bis dahin nicht zu erreichen vermocht hatte. Ihre größten Erfolge erzielte sie dabei östlich der Elbe unter
den Landarbeitern. Allerdings reihten sich die 1919 neugewonnenen Arbei-
terschichten nicht in die sozialdemokratische Stammwählerschaft ein. Bei
den Reichstagswahlen 1920 und im Mai 1924 wanderte das Gros der Land-
und kleinstädtischen Handarbeiter zu den Parteien der nationalistischen
Rechten, insbesondere zur DNVP ab. Bei den gleichen Wahlen verlor die
SPD auf der anderen Seite bei den großstädtischen Industriearbeitern, die
sich weiter nach links orientierten und für USPD oder KPD votierten. Der
Kurs politischer Mäßigung und staatspolitischer Verantwortung hatte sich
für die SPD jedenfalls in den Krisenjahren der Republik nicht in Wählerstimmen ausgezahlt, weder bei den radikalen noch bei eher „national" und
„bürgerlich" gesinnten Arbeitern. Etwas von ihren Verlusten konnte die
SPD bei den Reichstagswahlen 1928 wettmachen. Ein Teil der Landarbeiter
kehrte zur Sozialdemokratie zurück. Im übrigen verdankte die Partei ihren
größten Wahlerfolg nach 1919 der – im Unterschied zu den bürgerlichen Parteien – gelungenen Mobilisierung der Stammwähler. Bei den Wahlen in den
frühen dreißiger Jahren setzte dann erneut die Zangenbewegung ein, mit
der die SPD bereits in der Inflationskrise konfrontiert wurde: Ein Teil der
zuvor sozialdemokratisch wählenden Arbeiter wandte sich der extremen
Rechten zu und votierte für die NSDAP, ein anderer Teil radikalisierte sich
nach links und unterstützte mit dem Stimmzettel die KPD.

So wenig sich die SPD der protestantischen Arbeiterschaft im ganzen sicher sein konnte, so waren Probleme, bei den katholischen Arbeitern
Stimmen zu maximieren, weitaus größer. In dieses Milieu gelangen den Sozialdemokraten auch während der Weimarer Jahre keine nennenswerten
Einbrüche. Die Mauern der katholischen Weltanschauung standen fest und
unerschütterlich, und wenn katholische Arbeiter – vor allem des Rhein- und
Ruhrgebietes und hier insbesondere im Bergbau – sich aus ihrer Identifika-
tion mit dem Zentrum lösten und zu klassenkämpferischen Einstellungen
durchrangen, dann schlugen sie sich offensichtlich gleich auf die Seite der
KPD. Ein Teil der katholischen Arbeiter im Westen des Deutschen Reichs
wanderte während der Weimarer Jahre vom Zentrum zur KPD und auch
wieder zurück, machte dabei allerdings keine Zwischenstation bei der SPD,
für die der Zugang zum katholischen Industrieproletariat bis 1933 verschlossen blieb.

Sehr viel besser als in katholischen (Arbeiter-)Hochburgen schnitt die SPD in urbanen Wohnquartieren mit einer hohen Angestellten- und Beamtendichte ab. Spätestens seit den Dezemberwahlen 1924 wurde deutlich, daß die Sozialdemokraten zumindest einen Teil dieser neuen Arbeitnehmerschichten ansprachen. Allerdings fehlte diesen, so können wir begründet vermuten, die feste emotionale und ideologische Bindung an die sozialistische Lebenswelt. Jedenfalls wechselten bei den Reichstagswahlen in den frühen dreißiger Jahren offenkundig zahlreiche Angestellte und Beamte mittelständisch geprägter Gewerbe- und Dienstleistungsstädte, die in den zwanziger Jahren noch die sozialdemokratische Liste angekreuzt hatten, zur Partei Adolf Hitlers. Treuer zeigten sich allem Anschein nach die Angestellten in den Industrierevieren; sie hielten der SPD, soweit sie mit ihr bisher sympathisierten, mehrheitlich auch bei den Reichstagswahlen 1930 und 1932 die Stange. Einige Daten und Indizien sprechen dafür, daß die SPD Stimmen von republikanisch eingestellten, wohlhabenden (jüdischen) Bildungsbürgern in größerem Umfang erst in den frühen dreißiger Jahren erhielt. Die Sozialdemokratie übernahm hier gewissermaßen die Erbmasse des parteipolitisch bankrotten Linksliberalismus. Insgesamt verzeichnete die SPD Anfang der dreißiger Jahre schon bemerkenswerte Erfolge bei den Mittelschichten. Über 40 Prozent der sozialdemokratischen Wähler kamen aus diesem soziologischen Bereich. Nach Berechnungen des Berliner Wahlforschers Jürgen W. Falter erhielt die SPD zum Ende der Weimarer Republik aus der Schicht der Angestellten und Beamten relativ mehr Stimmen als aus der Arbeiterschaft.[41]

Weit weniger erfolgreich war die SPD dagegen im selbständigen Mittelstand und bei den Bauern. Deren Ressentiments und Ängste gegenüber den Sozialisten hatten das Kaiserreich und die Revolution überdauert, sich seither eher verschärft. Die sozialen Krisen, die Angehörige dieser beiden Berufsgruppen während der Weimarer Jahre durchlebten, vergrößerten ihre Distanz zur „roten Systempartei" noch weiter. Eine Ausnahme stellte lediglich die Wahl zur Nationalversammlung dar; damals verzeichnete die SPD in Gegenden mit einem vergleichsweise großen Anteil selbständiger Landwirte bescheidene Zuwächse. Eine Problemgruppe bildeten für die SPD schließlich die Jungwähler, denen die SPD in den frühen dreißiger Jahren offensichtlich zu wenig Dynamik, Vision und Zukunft bot und die sich daher in großer Zahl für den Aktivismus und die Verheißungen der radikalen Parteien begeisterten.

Was die soziale Zusammensetzung ihrer Wähler anbetraf, war die Weimarer SPD von einer Volkspartei zwar noch entfernt, aber sie kam ihr am Ende der Republik allmählich nahe. Daß prinzipiell Möglichkeiten bestanden, sich gegenüber neuen Wählergruppen zu öffnen und in diese einzudringen, zeigten die Wahlen zur Nationalversammlung 1919 (Landarbeiter), die Wahlen zum Reichstag seit dem Dezember 1924 (neue Mittelschicht) und die Reichstagswahlen nach 1930 (linksliberales Bildungsbürgertum). Die Chance, die sozialdemokratische Partei zu heterogenisieren, den allgemeinen gesellschaftlichen Veränderungen tendenziell anzupassen und die SPD auf dieser Ebene auf den Weg zu einer Volkspartei zu bringen, war also durchaus gegeben. Nur, um über mehrere Wahlen hinweg in neue Wählerschichten einzudringen, hätte es seitens der Partei eines ideologischen Kraftaktes und der Fähigkeit zu einem wahlstrategischen Spagat bedurft, wofür weder die SPD noch die Gesellschaft als ganze reif waren und wozu auch in den 14 Jahren der Republik die Zeit fehlte, die ein solcher Prozeß braucht. Allein die vielleicht primäre Aufgabe der Sozialdemokratie, die heterogenen Schichten nur der Arbeiterschaft zu sammeln und zu organisieren, war äußerst schwer zu lösen, und die Partei ist nicht zufällig daran gescheitert. Um dieses Ziel realisieren zu können, hätte die Partei die nationalen und eher kleinbürgerlichen Mentalitäten kleinstädtischer und ländlicher Arbeiter mit den radikalmarxistisch-internationalistischen Vorstellungen freidenkerisch sozialisierter Industrieproletarier und den christlichen Glaubensbedürfnissen kirchentreuer katholischer Arbeiter auf einen Nenner bringen müssen. Um darüber hinaus gar die Gestalt einer modernen Arbeitnehmerpartei zu erhalten, hätte die SPD zudem noch die von Standesbewußtsein geprägten, dabei in sich aber vielschichtigen und auseinanderstrebenden Einstellungen der Beamten und Angestellten zu berücksichtigen und programmatisch zu integrieren gehabt. Um schließlich zu einer Volkspartei zu werden, hätte die Partei die Bildungsbürger und Intellektuellen anziehen müssen, die teils kosmopolitisch und libertär gesinnt waren, zu einem guten Teil aber auch in deutscher Innerlichkeit schwelgten und eine geistesaristokratische Antiurbanität kultivierten. Sie brauchte die junge Generation, von der ein Teil noch durch die friedliche Natur- und Lebensreformidylle der Wandervogelzeit geprägt war, während der andere Teil bereits die Militanz der Straßenkämpfe als sinnstiftende Alltagsbeschäftigung für sich entdeckt hatte. Schier unmöglich aber erschien es, in die selbständigen Mittelschichten und die Bauernschaft einzudringen, die die „Roten" seit jeher mieden wie der Teufel das Weihwasser. Hier hätten, wollte man Erfolg haben, manche Konzessionen an rückwärtsgewandte Sentimentalitäten und an den vaterländischen Gesinnungspatriotismus gemacht werden müssen. Die Sozialdemokratie hätte einen gespreizten Spagat nach mehreren Seiten vollführen müssen, bei dem sie sich gut und gerne das Genick hätte brechen können. Der Erfolg einer solchen Akrobatik wäre jedenfalls keineswegs sicher gewesen. So wie die Verhältnisse in Weimar waren, hätte die Partei auf der einen Seite vermutlich wenig hinzugewonnen, auf der anderen Seite aber riskiert, einiges zu verlieren – nicht zuletzt die Bindefähigkeit ihrer traditionellen sozialistischen Identität sowie die Prägekraft und Stabilität der gewachsenen sozialistisch-proletarischen Organisations- und Lebenswelt.

Dennoch spürten viele innerhalb der Sozialdemokratie, daß die Partei neue Wähler- und Mitgliederschichten gewinnen mußte, wollte sie ihrem Ziel einer demokratisch – und das heißt nicht zuletzt: durch Wahlen – legitimierten sozialistischen Umgestaltung folgen. Entsprechende Angebote an die verschiedenen gesellschaftlichen Gruppen waren demnach notwendig. Man war sich nicht nur dieses Problems bewußt, sondern versuchte, auch entsprechend zu handeln.

3. Sozialdemokratische Öffnungsversuche – Reaktionen und Restriktionen

Abschied von der Klassenpartei? Sozialdemokratische Interpretationen und Konzepte

So schwierig für die Sozialdemokraten der Weg von der traditionellen Proletarierorganisation zur modernen Arbeitnehmer- und Volkspartei auch war, ein Stück weit sind sie ihn doch gegangen, haben ihn für die soziologische Zusammensetzung ihrer Mitgliedschaft zumindest angestrebt. Niemand hatte das in der Weimarer Zeit klarer erkannt als die Publizisten des katholischen Arbeitervereinsmilieus, die in all den Jahren der Republik die Binnenvorgänge in der Sozialdemokratie mit Argusaugen verfolgten und auf Veränderungen dort, wo sie der katholischen Arbeiterkultur hätten gefährlich werden können, feinfühlig reagierten und gegebenenfalls die Alarmglocken läuten ließen. Und die katholischen Experten des sozialdemokratischen Innenlebens waren sich einig: die SPD, so ihr Urteil, mausere sich von einer Klassen- zu einer Massenpartei. Ein besorgter Kommentator des Vereinskatholizismus sah 1931 bereits „einen überaus großen Teil des Volkes in den Bann" der Sozialdemokratie gezogen.[42]

Diese Interpretation ging gewiß entschieden zu weit; sie bildete weniger die Realität sozialdemokratischer Hegemoniefähigkeit, um so mehr aber die Zukunftsangst des Katholizismus vor einer möglichen Expansion der Sozialdemokratie in das Lager katholischer (Zentrums-)Wähler ab. Zugleich aber hatten die katholischen Beobachter die Tendenzen des inneren Wandels in der Sozialdemokratie zweifelsohne richtig registriert. In der SPD hat während der zwanziger Jahre zwar niemals eine systematische und breit angelegte Diskussion über den sozialstrukturellen Wandel in der Bevölkerung und über die Perspektive einer volksparteilichen Transformation der Partei stattgefunden, doch es gab in ihr eine wachsende Problemsensibilität für die sozialstrukturellen Grenzen ihrer bisherigen Zusammensetzung und überlieferten Strategie, zumal unter den Bedingungen politischen Machtstrebens in der demokratischen Republik.

Die ersten und dauerhaftesten Anstöße zur Überwindung des begrenzt industrieproletarischen Charakters der Partei gingen fraglos vom rechten SPD-Flügel aus. Er hatte sich schließlich niemals an der proletarischen Erhebungs- und Erlösungsmystik kautskyanischer Provenienz und bebelscher Machart erbauen können. Schon kurz nach der Jahrhundertwende beklagten Sozialdemokraten wie Paul Göhre und Eduard David, daß die SPD über den Tellerrand ihrer Industriearbeiterbasis nicht hinausschaue.[43] Ein ausgeprägt reformistischer Ortsverein stellte auf dem Parteitag 1917 auch erstmals in der Geschichte der SPD den Antrag, sich künftig mehr um die Belange der Staats- und Gemeindebeamten zu kümmern. Der Vorsitzende dieses Ortsvereins, der Kölner Wilhelm Sollmann, verhehlte in der Antragsbegründung nicht, welche Absicht die Rheinländer damit verfolgten: Die SPD sollte zur Volkspartei ausgebaut werden, die nicht nur den industriellen Lohnarbeitern, sondern allen „ausgebeuteten Schichten" Platz bot.[44] Drei Jahre später, auf dem Parteitag in Kassel, bedauerte derselbe Redner, nunmehr Abgeordneter im Reichstag, daß die Parlamentsfraktion der SPD „nicht einen einzigen praktischen Landwirt, nicht einen einzigen praktischen Kenner des Handels und der Industrie" habe.[45] Für Sollmann war die soziale Öffnung nicht nur ein Diktat der Wahl- und Mehrheitsarithmetik, sondern ebenfalls ein Gebot der Kompetenzerweiterung. Wer ein komplex gegliedertes Wirtschafts- und Gesellschaftssystem leiten wollte, konnte sich nicht nur, so Sollmanns wiederholter Appell in den Weimarer Jahren, auf das handwerkliche Geschick der Arbeiter, auf die ideologische Prinzipienfestigkeit der Parteifunktionäre und die journalistischen Agitationsleistungen der Parteiredakteure verlassen, der brauchte zudem noch die Erfahrungen und Kenntnisse der Angestellten, Beamten, Bauern und Gewerbetreibenden.[46]

In die gleiche Kerbe schlug auch der Vorsitzende der bayerischen Sozialdemokraten Erhard Auer in einem Aufsatz für die Zeitschrift ›Die Glocke‹. Für ihn entschied sich an der Frage „Volkspartei oder nur Handarbeiterpartei" die Zukunft der Sozialdemokratie. Auer wandte sich gegen die geschichtsteleologische Überhöhung der Industriearbeiterschaft durch die orthodoxen Marxisten und forderte, Angestellte, Beamte und Intellektuelle sowie andere „körperlich und geistig Schaffende" als gleichberechtigte Parteimitglieder anzuerkennen.[47]

In die Fußstapfen des traditionellen Revisionismus trat in diesem Punkt auch die „neue Rechte", die sich insbesondere aus dem Hofgeismarkreis der Jungsozialisten entwickelt hatte. Ihre Kritik am industrieproletarischen Sozialismus fiel allerdings noch harscher und drängender aus als bei den Veteranen des rechten Parteiflügels. Für die „junge Rechte" hatte ein Sozialismus, der „reine Arbeiterbewegung sein will, ausgespielt".[48] Sie focht für eine neue linke Volkspartei und machte sich für den Abschied von den alten ideologischen Dogmen der Marxisten stark.[49]

Dabei hatten die namhaften Vertreter des marxistischen Parteizentrums in der Weimarer Sozialdemokratie keineswegs ihre Augen vor den sozialstrukturellen Wandlungen in der Gesellschaft verschlossen und sich auch nicht mit der Beschwörung überkommener Theorieformeln gegen die neuen Herausforderungen begnügt und abgeschottet. Besonders der Vordenker dieser Mehrheitsrichtung in der Sozialdemokratie, Rudolf Hilferding, mahnte die Sozialdemokraten auf mehreren ihrer Parteitage, „über die Industriearbeiterschaft hinaus immer mehr die Grenzschichten zu gewinnen".[50] Für Hilferding war dieses strategische Postulat gewissermaßen die Folgerung aus seinen demokratie- und staatstheoretischen Überlegungen, die er in jenen Jahren der Partei mit Nachdruck nahezubringen versuchte. Demokratie, so führte Hilferding in seinem Referat auf dem Heidelberger Parteitag 1925 aus, als er das neue Parteiprogramm vorstellte und erläuterte, bedeute für die Sozialdemokraten den Zwang, „auch jene Mittelschichten zu gewinnen, die zur Eroberung der politischen Macht notwendig sind". Hilferding erwähnte explizit drei Gruppen, um die sich die Sozialdemokratie besonders bemühen sollte: die „geistigen Arbeiter", die Angestellten und die landwirtschaftlichen Kleinbesitzer. Am Herzen lagen ihm besonders die Angestellten, da sie, wie er illusionslos und hellsichtig diagnostizierte, an Zahl sehr viel rascher wuchsen als die Industriearbeiter. Auf andere Art ebenso wichtig nahm er die Bauern. Sie hielt er für „die eigentliche Stütze der bürgerlichen Herrschaft"; sie mußten also für die SPD gewonnen, zumindest von ihr wahlpolitisch neutralisisert werden. Hilferding gestand ein, daß die alten marxistischen Prognosen vom raschen Untergang der bäuerlichen Schichten im Zuge des kapitalistischen Konzentrationsprozesses in die Irre geführt und der Partei geschadet hatten.[51] Indessen trat er nicht nur für eine soziale, sondern auch für eine geistige Öffnung ein. Auf dem Parteitag in Kiel 1927 strich der sozialdemokratische Theoretiker heraus, was er kurz zuvor bereits auf der Reichstagung des Sozialdemokratischen Akademikerverbandes gesagt hatte, nämlich daß in der Partei nicht nur der Marxismus, sondern auch andere Weltanschauungen und Ideen ihren Platz hätten: „in unserem Haus", so Hilferding, „sind viele Wohnungen".[52]

Mit viel statistischer Akribie arbeitete Mitte der zwanziger Jahre im Theorieorgan ›Die Gesellschaft‹ noch ein weiterer Repräsentant des marxistischen Zentrums die Notwendigkeit einer sozialdemokratischen Öffnungsstrategie heraus, nämlich der Nationalökonom und spätere Leiter der statistischen Abteilung des ADGB Wladimir Woytinski. Woytinski meinte, daß die klassisch sozialistische Erwartung von der stets wachsenden Industriearbeiterschaft, der unaufhörlich schrumpfenden Bourgeoisie und den verschwindenden Zwischenschichten ernsthaft von niemandem in der Partei mehr gehegt werde, in verzerrter Form jedoch immer wieder im Selbstverständnis und in der Rhetorik zahlreicher Sozialdemokraten auftauche. Gegen solche Selbsttäuschungen und Illusionen über die sozialstrukturelle Entwicklungsperspektive der kapitalistischen Gesellschaft und des Kräfteverhältnisses der industriellen Arbeiter versuchte Woitinsky durch eine Fülle sozialstatistischer Fakten anzugehen. Das ernüchternde Ergebnis seiner Interpretation: die industrielle Arbeiterschaft umfaßte nur etwas mehr als ein Fünftel der Bevölkerung, die Zwischenschichten existierten weiterhin, der Anteil der Angestellten vermehrte sich rapide. Um zum Sozialismus zu kommen, müsse die Sozialdemokratie – so riet der exilrussische Nationalökonom in nach wie vor klassisch marxistischer Terminologie – ihre „Absperrung als Arbeiterpartei" überschreiten und ein soziales Bündnis aus den verschiedenen „Heertruppen des Proletariats, der Kopf- und Handarbeiter, der Arbeiter und Angestellten, des städtischen Proletariats und der proletarischen und halbproletarischen Elemente des Dorfes" schmieden[53].

Selbst auf dem linken Flügel der SPD gab es einige Sozialdemokraten, die sich nicht mit der gebetsmühlenartig wiederholten Agitationsformel von der „rücksichtslosen Vertretung proletarischer Interessen" zufriedengeben wollten. Darin verdichtete und erschöpfte sich zugleich das in der Tat an Simplizität und Sterilität kaum mehr zu überbietende analytische und strategische Reflexionsniveau der Linksopposition. Einige Angehörige der Parteilinken dachten indes über die soziologischen Differenzierungen und Ausdehnungsmöglichkeiten ihrer Partei nach. Allen voran war dies verständlicherweise schon von Funktions wegen der sozialdemokratische Reichstagsabgeordnete Siegfried Aufhäuser, der die freigewerkschaftliche Organisation der Angestellten, den AfA-Bund, anführte. Immer wieder ermahnte er die Partei, über die Interessenvertretung der reinen Handarbeiter nicht das Werben um die Angestellten und freien Berufe, des „ganzen neuen Proletariats"[54], zu vergessen. Insoweit stimmten Sozialdemokraten wie Aufhäuser und Hilferding durchaus überein. Divergenzen gab es zwischen ihnen in den zwanziger Jahren indessen in der Antwort auf die Frage, mit welcher Politik man die neuen Angestelltenschichten am ehesten von den Vorzügen der Sozialdemokratie überzeugte. Während Hilferding für die sozialdemokratische Regierungsbeteiligung votierte, vertrat Aufhäuser damals die Auffassung, daß auch die Angestellten von einer lupenreinen, konsequenten sozialdemokratischen Oppositionsstrategie sehr viel mehr angetan wären als von einer programmatisch verwässerten Koalitionspolitik.

Vom harten Kern der sozialdemokratischen Linksopposition, die sich um die Zeitschrift ›Der Klassenkampf‹ scharte, hatte nur einer die sozialen Herausforderungen und Zukunftsprobleme für die Sozialdemokratie in all ihren Dimensionen und Konsequenzen erkannt und Ende der zwanziger Jahre schonungslos thematisiert: der Pazifist und Reichstagsabgeordnete Heinrich Ströbel. Seine innerhalb der Linken außergewöhnliche Sensibilität für die Problematik einer industrieproletarischen Beschränkung der Sozialdemokratie rührte vermutlich daher, daß er zu den ganz wenigen Linksoppositionellen gehörte, die sich unmißverständlich und emotionslos für einen friedlichen, allmählichen und unbedingt demokratischen, in keinem Fall revolutionären Weg zum Sozialismus einsetzten.[55] Eine solche Sozialismusoption aber erforderte zwangsläufig, wie Ströbel zu Recht erkannte, den Rückhalt bei „einer *erheblichen* Volksmehrheit". Die Industriearbeiterschaft reichte dazu nicht aus. Ohne sich Illusionen hinzugeben beschrieb Ströbel, daß die Handarbeiterschaft als Ganzes nur eine Minorität der Bevölkerung ausmache, zudem in sich außerordentlich heterogen sei und daher keineswegs in toto dem Sozialismus zuneige; im übrigen sei es ein fataler Wahn zu glauben, die industrielle und soziale Entwicklung werde dem Sozialismus die Massen gleichsam von selbst in die Arme treiben. Die Sozialdemokraten müßten von sich aus, so Ströbel, weltanschaulich und wirtschaftspolitisch initiativ werden, eine größere ideelle Spannbreite bieten und zugkräftige ökonomische Ziele setzen, um die Arbeiterklasse mit „den anderen nichtbesitzenden Schichten" zu vereinigen.[56]

Allerdings hatte der gleiche Heinrich Ströbel noch in den frühen zwanziger Jahren versucht, den Ausbruch der MSPD aus der proletarisch-sozialistischen Wagenburg durch eine zähe Verteidigung klassenkämpferischer Positionen zu vereiteln. Damals, in den Jahren 1920 und 1921, fand zumindest in einigen Zirkeln der MSPD die wohl konzentrierteste und schließlich auch folgenreichste Debatte der zwanziger Jahre über die soziologische und weltanschauliche Transformation der Sozialdemokratie statt. Die Partei nahm gerade Abschied von den orthodox-marxistischen Grundsätzen des Erfurter Programms und begab sich auf die Suche nach einem neuen programmatischen Profil. Als ein Kernstück dieser Programmrevision betrachteten die Reformer in der MSPD von Beginn an die soziale Öffnung der Partei für bislang vernachlässigte, nach der Revolution aber zum Teil schon in die sozialdemokratische Bewegung eingedrungene Gesellschaftsschichten. Bereits auf dem Parteitag in Kassel 1920, als der Vorsitzende der neuen Programmkommission, Adolf Braun – eigentlich eher ein Mann der MSPD-Linken –, die Konturen der künftigen Programmdiskussion absteckte, wurde klar, wohin die Reise ging. Das neue Programm, so Braun, sollte deutlich machen, daß sich die Partei nicht nur auf die Industrie, sondern auch auf den Handel und die Landwirtschaft erstreckte, nicht nur für Arbeiter, sondern auch für Angestellte und Beamte da sei. Zugleich markierte der alles in allem eher traditionalistisch denkende Braun aber auch die Grenzen der politischen und programmatischen Erneuerung der MSPD. Die Partei werde sich durch „irgendwelche Liebhabereien für einzelne

Gruppen von Angestellten, Beamten usw." niemals, so Braun, dazu verleiten lassen, den Interessen der Industriearbeiterschaft zuwiderzuhandeln.[57]

Als eigentlicher Antreiber in der Programmrevision fungierte der Chefredakteur der ›Neuen Zeit‹, Heinrich Cunow. Ihm ging es im Unterschied zu einigen anderen Parteireformern nicht um eine veränderte ethische Fundierung der Partei, ihm war es ausschließlich um eine machtpolitische Weichenstellung unter den neuen Verhältnissen der Republik zu tun. Der Gedanke, von dem er sich leiten ließ, war so einfach wie zutreffend: Mit der Arbeiterklasse allein konnte die Sozialdemokratie auf legalem parlamentarischem Wege nicht zum Sozialismus gelangen, ihn weder begründen noch über längere Zeit gegen den Widerstand größerer Volksteile durchführen und halten. Aus diesem Grund durfte die Sozialdemokratie nach Auffassung von Cunow keine reine Arbeiterpolitik mehr betreiben; sie mußte Ziele formulieren und Wege beschreiten, die Kleinbürger, Kleinbauern, Beamte und Angestellte ansprachen und überzeugten.[58] Der Redakteur der ›Neuen Zeit‹ war zu einem radikalen Schnitt gegenüber den Erfurter Programmgrundsätzen entschlossen. Im ersten von Cunow geprägten und redigierten Entwurf des Programms fehlte daher die sozialökonomische Entwicklungsprognostik, die Untergangs- und Verelendungsprophetie des alten Programms; vom „Klassenkampf" war an keiner Stelle mehr die Rede, der Wille zum Vorstoß in neue Schichten dagegen ausdrücklich artikuliert. Indessen hatten sich die Vorstellungen der Sozialdemokraten schon zu lange in sinnstiftenden marxistischen Kategorien und Deutungsmustern ausgedrückt, als daß die Partei davon unberührt oder gar erleichtert hätte Abschied nehmen können. Die Kommentare aus den Ortsvereinen und in der mehrheitssozialdemokratischen Presse zum Elaborat Cunows und der Programmkommission fielen daher überwiegend vernichtend aus. Ein bißchen klassenkämpferischer sollte es nun doch sein; so ganz wollte man auf die Zukunftprognosen über die Konzentrations- und Verelendungsprozesse in der kapitalistischen Gesellschaft auch nicht verzichten, und allzu viele Zugeständnisse mochte man den „kleinbürgerlichen Schichten" ebenfalls nicht einräumen. Die MSPD-Linke malte den Teufel an die Wand und sah die Partei schon auf dem Weg zu einer „bürgerlichen Volkspartei".[59]

Doch so weit sollte es nicht kommen. Die Kommission zog den ersten Entwurf zurück und berücksichtigte die traditionellen Interpretations- und Orientierungsbedürfnisse bei der Ausarbeitung einer insgesamt zweimal überarbeiteten Fassung. Der Ausbruch aus der industrieproletarisch-marxistischen Wagenburg wurde gehemmt und gebremst, aber dennoch nicht gänzlich aufgegeben. An der Absicht, neue Schichten in die sozialdemokratischen Reihen zu führen, hielten die verantwortlichen Programmatiker unbeirrt fest. Man lebe nun einmal nicht mehr in der Zeit von 1891, so der Berichterstatter der Programmkommission Paul Löbe auf dem Parteitag in

Görlitz 1921, sondern treibe Politik in einer Demokratie, in der es um Mehrheiten gehe und die seien allein mit den Lohnarbeitern nicht herzustellen.[60]
So wies das dann gegen nur wenige Stimmen verabschiedete Görlitzer Programm in der Tat über die industrielle Arbeiterschaft hinaus. Die Sozialdemokratie definierte sich nun explizit als eine Partei des „arbeitenden Volkes in Stadt und Land", welche die Zusammenfassung aller körperlich und geistig Schaffenden anstrebe. Konkret appellierte sie an die „kleineren und mittleren Besitzer", an die „Scharen geistiger Arbeiter, Beamte, Angestellte, Schriftsteller, Lehrer, Angehörige aller Art der freien Berufe". Doch auch vom proletarischen „Klassenkampf" sprach das Programm, wenn auch als „sittliche Forderung" gleichsam ethisch veredelt, und von „proletarischen Lebensbedingungen", in die die Mittelschichten abgesunken seien.[61] Beides aber schätzte man in diesen Kreisen nicht; man wollte kein Proletarier sein, war es zweifellos auch von den Bedingungen her nicht. Und die Aussicht auf den proletarischen Klassenkampf, einerlei ob nun ökonomisch oder sittlich begründet, jagte den Mittelschichten nun einmal seit jeher Angst und Schrecken ein.

Insofern war das ›Görlitzer Programm‹ gewiß halbherzig geraten. Auf die Mentalitäten der neu umworbenen Schichten nahm es wenig Rücksicht; auch an präzisen ökonomischen und sozialen Vorschlägen hatte es *diesen* Sozialgruppen im Grunde kaum etwas zu bieten. Gleichwohl signalisierte das Programm einen Wandel in der sozialdemokratischen Politik, die allmähliche Abkehr vom Marxismus, den Willen zur sozialen Verbreiterung und Ausdehnung der Partei. Es war zweifellos ein wenn auch verhaltenes, in sich sicher nicht konsequentes und auch ungeschickt verfaßtes, so aber doch ernstgemeintes Angebot der mehrheitssozialdemokratischen Handarbeiterbewegung an die ihr bislang fernstehenden Arbeitnehmer und selbständigen Mittelschichten, in den Reihen der Sozialdemokratie gegen materielle Not und für eine sozial gerechte und krisenfreie Gesellschaft zu kämpfen.

Ein Angebot zu machen war die eine, einen Interessenten dafür zu finden die andere Sache. Um Volkspartei zu werden, reichte es nicht, daß die sozialdemokratische Industriearbeiterbewegung ihre ideologischen Absperrungen abbaute, dazu mußten auch die anderen Sozialmilieus ihre Festungen schleifen, in die sie sich verschanzt hatten, wenigstens aber die Zugbrücken herunterlassen. Und darin lag das Dilemma der Weimarer Republik, daß die Milieus einander mißtrauten, sich gegeneinander abriegelten und schließlich bekämpften. Sozialdemokratischen Öffnungsabsichten setzte dies eine Grenze. Das Echo auf den Görlitzer Ruf war jedenfalls wenig ermutigend. Zumindest die Verbände der umworbenen Handwerker reagierten mißtrauisch, ja höhnisch auf das sozialdemokratische Locken. Für die Zeitschriftenorgane der Handwerkerverbände war das ›Görlitzer Programm‹ nicht mehr als der fade Aufguß des den Handwerkern besonders verhaßten ›Erfurter

Programms‹. Den Sozialdemokraten gehe es nach wie vor darum, den selbständigen Mittelstand „in den Strom des Proletariats" hinabzuziehen. Aus dem sozialdemokratischen Saulus sei in Görlitz also längst „noch kein Paulus" geworden. Als Vertreter handwerklicher Interessen in den Parlamenten komme die SPD, so die ›Nordwestdeutsche Handwerks-Zeitung‹ in ihrem abschließenden Urteil, keinesfalls in Frage.[62] In die gleiche Richtung zielte auch die Polemik eines anderen Selbständigenorgans, des ›Deutschen Handwerkerblatts‹, das ebenfalls zwischen Görlitz und Erfurt keinen Gegensatz zu erkennen vermochte. Doch zugleich legte das Blatt die Finger in eine Wunde, die in der Tat das Bündnis zwischen Arbeitern und kleinen Selbständigen schwierig machte. Das Handwerkerorgan kritisierte nämlich nicht nur die allgemeinen Grundsätze des ›Görlitzer Programms‹, sondern besonders dessen sozialpolitischen Forderungskatalog als „übertriebenen Arbeiterschutz". Ein Dorn im Auge war den Handwerkern insbesondere der Achtstundentag.[63] Hier prallten reale Interessengegensätze aufeinander, die durch wendige Programmformeln und die Beschwörung gleichen Elends nicht zuzudecken und erst recht nicht zu beseitigen waren.

Eine Abfuhr holten sich die Mentoren einer sozialdemokratischen Öffnung größtenteils auch bei den katholischen Arbeitervereinen. Dort überwog ebenfalls das Mißtrauen; man war der Meinung, daß ›Görlitz‹ auf das gleiche hinauslaufe wie ›Erfurt‹, daß die Sozialdemokraten inzwischen nur taktisch etwas listiger und geschickter zu Werke gingen. Das ›Görlitzer Programm‹ sei daher noch gefährlicher als das von Erfurt; im übrigen laute für die katholischen Arbeiter „die Lehre von Görlitz": „Seid auf der Hut, die Sozialdemokratie ist und bleibt das, als was Papst Benedikt XV. sie bezeichnet hat, der Todfeind christlicher Grundsätze."[64]

Doch wurden im katholischen Arbeitervereinsmilieu, besonders der Mönchengladbacher Richtung, vereinzelt auch andere Stimmen laut. Emil van den Boom, einer der aufmerksamsten Beobachter sozialdemokratischer Politik, hob den Wandel der MSPD von der Klassen- zur Volkspartei und ihre Abkehr vom Radikalismus lobend hervor, glaubte andererseits aber nicht an die Akzeptanz dieses Kurses bei der Parteibasis. Görlitz war ihm – nicht zu Unrecht – das „Werk der Führer"; die sozialdemokratischen Massen sah er hingegen weiter auf den ausgetretenen Pfaden des materialistischen Klassenkampfes schreiten.[65] Eine exzellente und differenzierte Analyse des ›Görlitzer Programms‹ veröffentlichte auch die ›Soziale Revue‹, ebenfalls ein Organ der katholischen Arbeiterbewegung. Der Verfasser der Untersuchung bezeichnete das neue Programm als „großen Wurf". Die Unterschiede zum ›Erfurter Programm‹ arbeitete er klar heraus. Selbst von der Formulierung „Klassenkampf" ließ er sich nicht irritieren. Damit sollten nach seiner Auffassung – mit der er im übrigen richtig lag – nur die radikalen Gemüter innerhalb der SPD beruhigt werden. Als Konsequenz „sittlicher Forderungen" entspreche der proletarische Befreiungskampf der Sozialdemokratie im übrigen ganz den Bestrebungen der christlichen Arbeiterbewegung.[66]

Wenn auch solche Stimmen im Konzert katholischer Ablehnung eher untergingen, so zeigten sie dennoch, daß ein konsequent betriebener und zähe beibehaltener Kurs sozialdemokratischer Öffnung wohl angesichts der Widerstände innerhalb und mindestens ebenso stark außerhalb der sozialistischen Industriearbeiterschaft ungeheuer schwierig, aber nicht notwendigerweise vollends zum Scheitern verurteilt war. Doch dauerte die Bewährungszeit des Görlitzer Experiments nur ein Jahr, zu kurz, um bereits sichtbar Erfolge hervorzubringen. Im September 1922 vereinigte sich die MSPD mit der USPD, die den „Görlitzer Revisionismus" scharf kritisiert und entschieden abgelehnt hatte. Vertreter der beiden sozialdemokratischen Parteien handelten vor dem Einigungsparteitag ein „Aktionsprogramm" aus, das wieder in der Terminologie des „Marxismus" und des „Klassenkampfes" gehalten war. In den darauffolgenden Jahren breitete sich das Bedürfnis nach einer radikalen Sprache und klassenkämpferischen Abgrenzungssymbolik unter den sozialdemokratischen Mitgliedern, gleichviel ob einst der USPD oder der MSPD zugehörig, noch weiter aus. Das Verlangen nach einer klassenkämpferischen Rhetorik war keine Folge ideologischer Hirngespinste, sondern ein Ausdruck realer Klassenerfahrungen nach bitteren Niederlagen in Auseinandersetzungen zwischen Kapital und Arbeit besonders im Jahr der Hyperinflation, an deren Ende sich das machtpolitische Gewicht drastisch zugunsten der Unternehmerseite verschoben hatte. Das marxistische Weltanschauungssystem vermittelte der sozialpolitisch arg gebeutelten, durch die Koalitionspolitik der SPD zutiefst irritierten sozialistischen Arbeiterschaft die Sicherheit und Orientierung, wonach sie am Ende der Nachkriegsperiode suchte. In dieser Situation konnte niemand von der industriellen Arbeiterklasse die politische Umsicht verlangen, die eigenen Rückschläge rasch wegzustecken und sich in Verständnis für den ständischen Dünkel der Beamten und Angestellten und die spezifischen Interessen des Kleinbesitzers zu üben.

Im ›Heidelberger Programm‹ der SPD von 1925 fand die Klassenerfahrung und das Abgrenzungsbedürfnis der sozialistischen Arbeiterschaft gewissermaßen die ideologische Übersetzung. Im Text war nun wieder überwiegend von den Zielen und Kämpfen „der Arbeiterklasse" und der Solidarität „des Proletariats" die Rede. Indessen hatte man die neuen Arbeitnehmerschichten aber keineswegs gänzlich ignoriert. Das Programm sprach eigens von der wachsenden „Bedeutung der Angestellten und Intellektuellen". Doch nach Art des ›Erfurter Programms‹ unterstellte auch das Manifest von Heidelberg einen Prozeß zunehmender Absenkung der Zwischenschichten und vertraute auf die sich so einstellende Interessenidentität mit den übrigen Teilen der Arbeiterschaft.[67]

An dieser Haltung hielt die Partei während der zwanziger Jahre größtenteils fest. Daß die SPD, um mehrheitsfähig zu werden, die neuen Arbeitnehmerschichten – nannte man sie nun „Zwischenschichten", „Neuproletariat", „neue Mittelschichten", „Kopfarbeiter" oder wie auch immer – stärker zu sich herüberziehen mußte, hatten die Sozialdemokraten durchaus begriffen, an der Spitze der Partei sicher noch besser als an der Basis. Doch einen großen Teil dieser Aufgabe überantwortete die SPD der ökonomischen Entwicklung, den anderen Teil ihren überlieferten Agitations- und Aufklärungsmethoden. Dem materiell und sozial proletarisierten „Kopfarbeiter" sollten mithin die überlebten ständischen Flausen ausgetrieben und die „richtige Erkenntnis" seiner „wirklichen Klassenlage" mit Hilfe der bewährten marxistischen Gesellschaftsanalyse beigebracht werden. So etwa stellten sich die meisten Sozialdemokraten auch noch in den zwanziger Jahren ihre Werbetätigkeit unter den neuen Arbeitnehmerschichten vor. In der SPD bis 1930 wollte kaum jemand wahrhaben, daß sich Sozialdemokraten und neue Arbeitnehmergruppen gewissermaßen beiderseitig annähern mußten. Differenzen in der Tradition, Mentalität und gesellschaftlichen Rolle zwischen Industriearbeitern, Beamten und Angestellten fanden keine Berücksichtigung in je unterschiedlichen strategischen Vorgehensweisen der SPD. Es fiel der Partei nicht ein, anstelle einförmiger politischer Agitationsmethoden eine Vielzahl sinnstiftender und attraktiver Metaphern zu produzieren und anzubieten.[68] Dort glaubte man allen Ernstes, die neuen Arbeitnehmer- und Zwischenschichten mit Hilfe der sozialökonomischen Entwicklung und durch genügend Vertreibung marxistischer Aufklärungsschriften in die Wagenburg des proletarisch-sozialistischen Milieus integrieren zu können.

Neue Gruppen werden umworben.
Angebote, Reaktionen und Defizite

Angestellte

Obwohl die Sozialdemokratie ihre größten Erfolge außerhalb der Industriearbeiterschaft bei Teilen der Angestellten erzielte, hatte sie sich um diese Gruppierung organisatorisch merkwürdigerweise kaum bemüht. Für die Akademiker, Jugendlichen, Kleinunternehmer und Beamten hatte die Partei Fachvereinigungen und Sonderorganisationen installiert, Zeitungen gegründet und Reichstagungen ausgerichtet, nicht aber für die Angestellten – von der kurzen Ausnahme der revolutionären Monate 1918/19 einmal abgesehen. Dabei war sich die Sozialdemokratie über die zunehmende Relevanz der Angestelltenschichten für die innere Zusammensetzung der Arbeitnehmerschaft durchaus frühzeitig im klaren. Schon auf dem Würzburger Parteitag der MSPD im Jahre 1917 wurde das rapide Wachstum der Angestelltenschichten thematisiert. Ein Delegierter hatte außerdem den politischen Einstellungswandel registriert, der sich bei Teilen der Angestelltenschaft vollzog: bei diesen herrsche inzwischen „ein anderer Geist"; sie hätten sich „während des Krieges ganz wesentlich radikalisiert".[69] Er schlug vor, den spezifischen sozialpolitischen Forderungen der Angestellten in der Partei künftig mehr Rechnung zu tragen.

Aufmerksamkeit schenkte die Sozialdemokratie den Angestellten besonders in den ersten Monaten des Jahres 1919, als die Sozialisierung noch auf der Tagesordnung zu stehen schien. Ihrem industrieproletarischen Anhang allein traute die SPD die wirtschaftliche Umgestaltung und die Betriebsführung in der sozialisierten Industrie nicht zu. In der Partei bildeten sich daher örtliche Werbeausschüsse für Angestellte, die sich insbesondere an die technischen Angestellten wandten. In Berlin wurde eine reichsweite „Arbeitsgemeinschaft sozialistischer Techniker" gegründet, die die Ingenieure, Chemiker, Elektrotechniker, Architekten und Werkmeister geschickt umschmeichelte und ihnen leitende und kreative Funktionen in der sozialisierten Wirtschaft in Aussicht stellte. „Ihr seid die Berufenen", lockte die „Arbeitsgemeinschaft", „die Sozialisierung der Betriebe vernunftsmäßig zu fördern. Ohne Eure technische Erfahrung ist sie unmöglich. Stellt Euch darum in ihren Dienst."[70] Tatsächlich verfehlten solche Appelle nicht ihre Wirkung. In den Frühjahrsmonaten 1919 strömten viele Angestellte in die Sozialdemokratie, noch mehr indessen in die freigewerkschaftlichen Angestelltenverbände, die 1920 690 000 Mitglieder zählten und 47,5 Prozent aller organisierten Angehörigen dieser Berufsgruppe überhaupt umfaßten; der freigewerkschaftliche „Zentralverband der Angestellten" etwa hatte 1919 366 000 Mitglieder, 26 000 mehr als 1914 und deutlich noch mehr als 1918, da während des Krieges die Mitgliederzahlen der Gewerkschaften erheblich zurückgegangen waren.[71] Das Motiv, in einem vergesellschafteten Betrieb womöglich eine gehobene Position einnehmen zu können, schien etliche Angestellte zum Anschluß an die freigewerkschaftlich-sozialistische Arbeitnehmerbewegung bewegt zu haben. In einigen Angestelltenschichten aber war während der Revolutionsmonate auch ein politisch ernsthafter und vor allem dauerhafter Orientierungswechsel eingetreten. Die Mehrheit der organisierten technischen Angestellten – vor dem Krieg noch überwiegend mit dem politischen Liberalismus sympathisierend und im Unterschied zu den kaufmännischen Angestellten nicht mit dem habituellen Ballast ständischer Verhaltensweisen und Lebenseinstellungen beschwert – siedelte sich auch in den folgenden Jahren der Weimarer Republik im freigewerkschaftlich-sozialdemokratischen Spektrum an. Vielfach stand diese Gruppe sogar links von der sozialdemokratischen Mehrheitslinie. Als sinnfällige Personifizierung dieser historisch-politischen Entwicklung einer Vielzahl technischer Angestellter vom Kaiserreich zur Weimarer Republik mag man die Biographie des AfA-Vorsitzenden Siegfried Aufhäuser nehmen, der als junger Politiker der linksbürgerlichen „Demokratischen Vereinigung" zum Vorsitzenden des „Bundes der technisch-industriellen Beamten" aufstieg, im Oktober 1918 zur USPD überwechselte und die sozialdemokratische Arbeitnehmerbewegung von 1921 bis 1933 als ein herausragender Repräsentant des linken Parteiflügels im Reichstag vertrat.[72] Dieser an sich bekannte Sachverhalt ist, wie uns scheint, in der wissenschaftlichen Literatur über volksparteiliche Entwicklungsmöglichkeiten und -realitäten der Weimarer Sozialdemokratie nicht genügend gewürdigt worden; schließlich war es ja keinesfalls selbstverständlich, daß der Führer der technischen Angestellten vom demokratischen Bürgertum zur sozialistischen Arbeiterbewegung konvertierte, was die These von der mangelnden Attraktivität der marxistischen Sozialdemokratie für die Angestelltenschaft schlechthin ein wenig in Frage stellt (im übrigen war es auch keineswegs selbstverständlich, daß sich ein Exponent der liberalen Gewerkschaftsbewegung, der langjährige demokratische Reichstagsabgeordnete Anton Erkelenz, im Jahr 1930 der SPD anschloß, was in der Literatur ebenfalls nur beiläufig Beachtung findet). Aufhäuser war in den Reihen der technischen Angestellten keine Ausnahme, wenn auch nicht die Regel. Die Sozialdemokratie gewann in den Weimarer Jahren einen beachtlichen Teil gerade der hochqualifizierten, eigenverantwortlich und kreativ tätigen Angestellten, die die Partei angesichts ihrer ehrgeizigen Wirtschaftsdemokratie- und Umbaupläne gewiß gut gebrauchen konnte und die auf eben solche Projekte auch überaus positiv ansprachen. Die sozialistische Arbeitnehmerbewegung erfaßte mithin schon in den zwanziger Jahren jene modernen Techniker- und Angestelltenberufe, um die sie Peter Glotz – der landauf, landab händeringend um die technische Intelligenz wirbt – heute zweifelsohne beneiden dürfte.

Angesichts der großen Erfolge der freigewerkschaftlichen Angestelltenverbände in der Revolutionsperiode und in den Anfangsjahren der Republik verzichtete die Partei auf eigene organisatorische Anstrengungen zur Agitation und Vertretung der Angestellten. Dieses Feld überließ man auch künftig dem AfA-Bund. Indessen setzte schon bald, deutlich ab 1922, die Talfahrt der freigewerkschaftlichen Angestelltenbewegung ein. Besonders die kaufmännischen Angestellten wandten sich nun wieder in Scharen den nationalen Verbänden zu. 1928 zählte der AfA-Bund nur noch 396000 Mitglieder, das bedeutete etwa ein Drittel aller organisierten Angestellten und cirka 12 Prozent der deutschen Angestelltenschaft überhaupt.[73]

Gleichwohl hielt sich die SPD weiterhin mit eigenen Initiativen in der Angestelltenfrage zurück; ganz offensichtlich wollte man dem AfA-Bund nicht ins Gehege kommen. Dabei ließen die führenden Sozialdemokraten keinen Zweifel, wie wichtig sie die Angestellten gerade für die Bewältigung der konstruktiven Aufbauarbeit bei der sozialistischen Umgestaltung der Gesellschaft nahmen. So betonte Rudolf Hilferding auf dem Berliner Parteitag 1925, daß man die Angestellten nicht nur politisch, der Mehrheiten wegen, sondern ganz besonders auch ökonomisch benötige, gleichsam als Fachkräfte für die angestrebte wirtschaftliche Demokratisierung.[74] Alles in allem aber fielen solche Argumente, die in den Ohren der Angestellten gewiß erfreulicher und ermutigender klangen als das böse Klagelied von der wachsenden Proletarisierung ihrer Schicht, eher selten im Diskurs der SPD. An der Spitze der Sozialdemokratischen Partei und unter ihren Theoretikern hörte man solche Töne häufiger als an ihrer Basis. Im Theorieorgan der SPD, ›Die Gesellschaft‹, ging etwa die Exilmenschewikin und Gewerkschaftstheoretikerin Judith Grünfeld in die gleiche Richtung wie Hilferding. Auch ihr waren die Angestellten bei der Realisierung der gemeinwirtschaftlichen Vorhaben des Sozialismus unverzichtbar, da „sie durch Vorbildung und Stellung vielfach einen größeren Einblick in die wirtschaftlichen Vorgänge gewinnen können, als es den meisten Arbeitern möglich ist".[75] Im sozialdemokratischen Diskussionsorgan ›Das freie Wort‹, in dem im wesentlichen kleine und mittlere Funktionäre der Partei schrieben, kursierten hingegen die traditionellen Botschaften und Empfehlungen. Die Rezepte dort lauteten: man solle den Angestellten nur nachdrücklich sagen, daß sie in Wahrheit Proletarier seien; im übrigen werde sich schon „die wirtschaftliche Entwicklung stärker erweisen als altüberlieferte Vorurteile und Illusionen".[76]

Die Illusion aber lag bei den Sozialdemokraten. Aus der Gemeinsamkeit abhängiger Beschäftigung und sozialer Unsicherheit am Ende der zwanziger und in den frühen dreißiger Jahren wuchs keine kollektive Proletariergemeinschaft mit einer adäquaten sozialistischen Emanzipationsideologie. Zwischen Industriearbeitern und großen Teilen der Angestellten standen weiterhin die Unterschiede der Herkunft, der Vorbildung, des Habitus, der Lebensgewohnheiten, auch der Arbeitsbedingungen und der Rechtslage. Die Mehrheit besonders der kaufmännischen Angestellten gab sich schon deshalb dezidiert „national", um sich vom „internationalen Proletariat" abzugrenzen. Darin aber tat sich das Problem für die sozialdemokratische Arbeiterbewegung auf. Im Schnitt lag sie, wie zu sehen war, bei den Angestellten nicht schlecht, bei den technischen Angestellten sogar gut. Doch ein großer Teil der außerordentlich organisationsfreudigen deutschen Angestelltenschaft stand den Sozialdemokraten nicht etwa passiv oder gleichgültig, sondern aggressiv feindlich gegenüber und dies in Verbänden, Organisationen und Positionen, die sich durch antisozialistische und antidemokratische Ressentiments geradezu politisch definierten. Ein nicht unerheblicher

Teil der Angestellten bildete also den Motor des systemfeindlichen Protests von rechts am Ende der Weimarer Republik. [77]

Es gab aber auch kein Patentrezept, mit dem die Sozialdemokraten das Problem hätten lösen können, auch keine ideologische Zauberformel, mit der die verschiedenartigen Angestelltenschichten hätten integriert werden können. Die Angestelltenschaft war in sich wahrscheinlich noch inhomogener als die Arbeiterschaft. [78] Eine allgemeingültige Strategie für die Agitation in dieser Berufsgruppe konnte es demzufolge nicht geben. So waren die im „Bund der technischen Angestellten und Beamten" organisierten Mitglieder ausgesprochen klassenkämpferisch eingestellt; ihnen ging der kompromißbereite und gemäßigte (Koalitions-)Kurs der SPD bislang sogar zu weit; sie hätten es gerne radikaler gehabt. Auch der AfA-Bund als Ganzes stellte sich in vielen programmatischen und politischen Debatten nicht ohne Stolz links von der Mehrheitsrichtung im ADGB und in der SPD. Schon aus Rücksicht auf ihre bereits bestehende Angestelltenbasis konnte die SPD also nicht einfach mit „rechten" Argumenten in das nationale Lager der Angestelltenschaft einzuwirken versuchen – auch hier galt: Sie hätte dort wenig gewinnen, ihre eigenen Angestelltenmitglieder aber erheblich demoralisieren können. Auch Fahnenflucht war nicht undenkbar: Schließlich lauerte auf der Linken bereits die KPD.

Beamte

In mancherlei Hinsicht machte die sozialistische Bewegung mit den Beamten ähnliche Erfahrungen wie mit den Angestellten. In den revolutionären Monaten 1918/19 strömten ihr aus dem Beamtenstand ganze Scharen von neuen Mitgliedern zu. Das Organ der sozialdemokratischen Staatsdiener, ›Der freie Beamte‹, schrieb 1926 rückblickend gar – und wohl weit übertrieben – von Hunderttausenden von Beamten, die sich der SPD unmittelbar nach Beendigung des Weltkrieges angeschlossen hätten. Wie bei den Angestellten, so wollte sich in dieser Zeitsituation offenbar ein nicht unbeträchtlicher Teil der Beamten in die sozialistisch orientierte Arbeitnehmer- und Gewerkschaftsfront eingliedern. Der 1922 gegründete freigewerkschaftliche Allgemeine Deutsche Beamtenbund (ADB) verzeichnete bei seiner Entstehung einen Zulauf von 350 000 Staatsbeschäftigten. Doch dann ging es mit ihm ebenso – nur noch rascher und kräftiger – bergab wie mit dem AfA-Bund. Bis 1928 hatte sich die Zahl seiner Mitglieder um mehr als die Hälfte auf insgesamt nur noch 166 000 Mitglieder reduziert. [79] Doch die Sozialdemokraten schließlich näherten sich den Beamten agitatorisch und programmatisch auf die gleiche ambivalente Weise wie den Angestellten: Teils schmeichelten sie ihnen und ließen ihre besonderen Interessen unangetastet, teils aber behandelten sie sie wie Proletarier, denen man nur noch beizubringen brauchte, daß sie es auch wirklich waren. So ließ der Beamtenexperte der sozialdemokratischen Reichstagsfraktion, Willy Steinkopf, schon auf dem Weimarer Parteitag der MSPD Mitte Juni 1919 keinen Zweifel daran aufkommen, daß die Sozialdemokraten die „wohlerworbenen Rechte" der Beamten – lebenslange Sicherheit des Arbeitsplatzes, Hinterbliebenenversorgung und anderes – nicht in Frage stellten. An diese Devise hielten sich die Sozialdemokraten während der gesamten Republik. Auch um ihre Stellung in der sozialistischen Zukunftsgesellschaft sollten sich die Beamten nicht sorgen müssen. Der sozialistische Staat, verhieß Steinkopf in Weimar, brauche ein nicht minder starkes Berufsbeamtentum wie der bürgerliche.[80]

Wenn die Sozialdemokraten auch einerseits die realen Privilegien der Beamten anerkannten – sich allerdings in diesem Zusammenhang stets damit legitimierend, daß man dergleichen auch für die übrigen Arbeitnehmer anstrebe –, so beschworen sie andererseits doch immer wieder die soziale Interessenidentität und das gleichartige proletarische Schicksal von Arbeitern, Angestellten und Beamten, ja, sie hielten den Hinweis darauf bereits für die probate Agitationsmethode schlechthin. So lautete die schlichte Analyse und die nicht minder simplifizierende strategische Schlußfolgerung des Parteivorstandes in seinem Bericht auf dem Görlitzer Parteitag 1921: „Die staatsbürgerlichen und wirtschaftlichen Interessen des Bundes decken sich in jeder Beziehung mit denen der Arbeiter und Angestellten. Unsere ganze Aufklärungsarbeit kann sich darauf beschränken, den Beamten diese Interessensolidarität zum Bewußtsein zu bringen."[81] Von übereinstimmenden Interessen zwischen Kopf- und Handarbeitern war auch im Aktionsprogramm der sozialdemokratischen „Zentralstelle für Beamtenfragen" von 1920 die Rede, und deren Leiter, Hermann Wäger, bezeichnete es auf einer Konferenz des sozialdemokratischen Reichsbeamtenrats Mitte November 1921 als obersten Gedanken der Aufklärungsarbeit, den Staatsdienern beizubringen, „daß sie gemeinsame wirtschaftliche und politische Interessen mit der gesamten Arbeiterschaft" zu vertreten hätten.[82]

Immerhin aber zeigte die Existenz gesonderter sozialdemokratischer Beamtenorgane und -konferenzen – dergleichen hatte die Partei, wie wir sahen, für die Angestellten nicht konstituiert –, daß die Sozialdemokratie um die Bedeutung der Beamten und um die besonderen Probleme wußte, diesen weitgehend noch in der Lebens- und Gedankenwelt des Obrigkeitsstaates wurzelnden Stand in die sozialdemokratische Bewegung zu integrieren. Die SPD hatte daher Anfang 1920 auf Beschluß des Weimarer Parteitages eine „Zentralstelle für Beamtenagitation" beim Parteivorstand eingerichtet. Die „Zentralstelle" sollte nach außen unter den der SPD fernstehenden Beamten werben und im Inneren der Partei die traditionelle mentale Kluft zwischen Arbeitern und in die Partei neu eingetretenen Beamten

schließen helfen. Seit dem Frühjahr 1920 bewilligte der Parteivorstand der
„Zentralstelle" überdies noch die Herausgabe einer eigenen Zeitschrift ›Der
freie Beamte‹, die mit Unterbrechungen während der Inflationskrise bis
1926 erschien. Einen separaten organisatorischen Rahmen schuf der Parteivorstand zudem noch für eine spezifische Gruppe der Beamtenschaft, die
Lehrer, die sich Ostern 1919 zur „Arbeitsgemeinschaft sozialdemokratischer
Lehrer" (AsL) zusammenschlossen und ebenfalls zeitweilig in einem eigenen Organ, ›Der freie Lehrer‹, ab 1925 in der ›Sozialistischen Erziehung‹
publizieren konnten. Ende der zwanziger Jahre umfaßte die AsL etwa 7000
Mitglieder.[83] Auch diese neue Gruppe in der Sozialdemokratie stand – wie
große Teile der technischen Angestellten – auf dem linken Flügel der sozialistischen Bewegung und in einer Daueropposition zur pragmatischen und
kompromißbereiten Schulpolitik der sozialdemokratischen Reichs- und
Landtagsfraktion. Besonders deutlich war der Gegensatz in Preußen, wo die
SPD ihre Koalition mit dem Zentrum nicht durch von der AsL verlangte
weltlich freidenkerische Rigorositäten gefährden wollte. Der Einfluß der
Lehrer in der sozialdemokratischen Arbeiterbewegung war keineswegs gering. Eine herausragende Rolle spielten sie besonders in Sachsen und in
Hamburg; in einigen Großstädten, so etwa in Köln und in Breslau, standen
Lehrer an der Spitze der örtlichen Parteiorganisation beziehungsweise der
kommunalen Ratsfraktion. Besonders stark aber prägten sie viele Kulturorganisationen des sozialistischen Milieus, die nachgerade wie Veranstaltungen von Volksschullehrern für junge Facharbeiter wirkten.[84]

Bei den übrigen Beamten aber faßte die SPD nur schwer Tritt. Die Beamtenwerbeausschüsse, die die Partei während und nach der Revolution in
allen Teilen des Reiches einzurichten versuchte, funktionierten bestenfalls
in einigen Großstädten; in den ländlichen Bezirken bestanden sie dagegen
nur auf dem Papier. An der Parteibasis begegnete man den speziellen Beam-
tenorganen überdies mit großem Mißtrauen; oft wurde der Vorwurf der
„Sonderbündelei" und der „Beamtenbevorzugung" laut.[85] Zu einer Erfolgsgeschichte läßt sich der Umgang der Weimarer Sozialdemokraten mit den
Staatsdienern sicher nicht aufwerten, auch wenn der Beamtenanteil von
rund 4 Prozent an der Parteimitgliedschaft nur 1 Prozent unter dem Beamtenanteil an der gesamten erwerbstätigen deutschen Bevölkerung und insofern keineswegs niedrig lag.[86]

Das Gros der Beamten aber blieb weiter ständischen Denk- und Verhaltensweisen verhaftet und sah auf die sozialdemokratischen Arbeiter mit
wachsenden Ressentiments, teils offener Feindschaft herab. Dazu hätte es
nicht zwingenderweise kommen müssen, wie die hohe Zahl freigewerk-
schaftlicher Staatsdiener in der Frühzeit der Republik und der Massenein-
tritt von Beamten in die Sozialdemokratie während der revolutionären Monate zeigt. Doch die hohen Erwartungen, die die sich zwischenzeitlich nach

links orientierenden Beamten – gewiß nicht zuletzt aus opportunistischen Motiven – an die Sozialdemokratie richteten, schlugen schon bald in eine tiefe Enttäuschung um und mündeten in einer langfristigen Abkehr von der SPD. Schuld daran trug indessen weniger die marxistische Ideologie oder die klassenkämpferische Rhetorik der sozialistischen Arbeiterbewegung, verantwortlich dafür waren in erster Linie die Ungeschicklichkeit, Zaghaftigkeit und Erfolglosigkeit sozialdemokratischer Regierungspolitik. Schon einen Teil der Angestellten hatte die SPD durch ihre Versäumnisse in der Sozialisierungspolitik verprellt. Den Weg zu einer umfassenden und attraktiven Arbeitnehmer- und Volkspartei versperrte sich die SPD in der Frühzeit der Republik gar nicht so sehr durch den ideologischen Ballast proletarischer Klassenkampftradition, sondern mehr durch den Mangel an Energie, Entschlossenheit und Härte in ihrer Regierungspolitik. Dazu trugen zugegebenermaßen objektive Hindernisse und Restriktionen erheblich bei.

Ernüchterung und Frustration breitete sich bei den sich anfänglich zur SPD bekennenden Beamten schon in den Frühjahrsmonaten 1919 aus, als die erwartete Verwaltungsreform und Demokratisierung des Staatsapparates ausblieben, statt dessen aber die reaktionären Beamten der Monarchiezeit weiterhin den Ton angaben und ihren sozialistischen Kollegen – und ihren Staatssekretären und Ministern – das Leben schwermachten. In dieser Phase wandten sich diejenigen Beamten, die sich von den neuen „Machthabern" ein besseres berufliches Vorwärtskommen versprochen hatten, von der SPD ab. Eine tiefe und in den restlichen Weimarer Jahren nicht mehr zu überbrückende Kluft tat sich zwischen großen Teilen der Beamtenschaft und den Sozialdemokraten seit den Personalabbaumaßnahmen im öffentlichen Dienst während der Jahre 1923/24 auf. Dafür machten die Staatsdiener, sicher nicht einmal mit halbem Recht, vorwiegend die Sozialdemokraten verantwortlich. Hier paarte sich auf seiten der SPD objektiver Problemdruck mit kurzsichtigen Lösungen. In der Tat fielen die ersten Personalabbaumaßnahmen noch in die Zeit sozialdemokratischer Regierungsbeteiligung, und sie wurden in den Ländern und Kommunen unter Mitwirkung der Partei durchgeführt, wozu es angesichts der katastrophalen Finanzlage der öffentlichen Hand auch zweifellos keine realistische Alternative gab. Allerdings festigte der Personalabbau das politische Gewicht ausgerechnet des monarchistisch orientierten Beamtencorps, da die Maßnahmen – mit Zustimmung der Sozialdemokraten – zuerst diejenigen öffentlichen Bediensteten trafen, die erst nach der Revolution eine staatliche Anstellung gefunden hatten – worunter eben nicht wenige Republikaner und Sozialdemokraten waren.[87]

Damit aber war das Fiasko sozialdemokratischer Beamtenpolitik perfekt, zumal auch die in Amt und Würden gebliebenen Staatsdiener der „Systempartei" SPD und der Republik insgesamt wegen des zum Teil beträchtlichen Rückgangs der Beamteneinkommen während der Inflationskrise zürnten.

Aus dieser Misere half den Sozialdemokraten auch kein ›Beamtenprogramm‹, das der Berliner Parteitag 1924 verabschiedete.[88] Keine der dort entwickelten Forderungen nach Demokratisierung und sozialer Öffnung des Beamtenapparats konnte in Weimar verwirklicht werden. Daran war nicht zuletzt der Umstand schuld, daß sich die Partei gerade wieder für Jahre von der Regierungsmacht im Reich verabschiedet hatte.[89] Das Programm blieb reine Deklamation. In der zweiten Hälfte der zwanziger Jahre, als die sozialdemokratische Arbeiterbewegung ihr kulturelles Milieu zur höchsten Blüte brachte und sich mehr und mehr dorthin zurückzog, verzichtete die SPD stillschweigend auf expansive Vorstöße in das Lager der ihr fernstehenden Beamten. Beamtenwerbeausschüsse gab es kaum noch, das Beamtenorgan wurde eingestellt.

Statt dessen achtete gerade die Mehrheit der bereits in die SPD eingetretenen Beamten auf die Reinheit freigewerkschaftlich-sozialistischer Prinzipien und betrieb eine brüske Abschottung gegenüber Beamten anderer oder neutraler Richtung. Der Parteivorstand hätte sich hier gern offener und weniger orthodox verhalten als die eigenen Genossen, die gerade jenen Berufsgruppen angehörten, um deren weiteren Zuzug es der Parteispitze eigentlich zu tun war. Es ging hierbei um die Frage der gewerkschaftlichen Organisation der sozialdemokratischen Beamten, woran sich ein jahrelanger, erbittert geführter innerparteilicher Streit entzündete, der die Energien der daran beteiligten sozialistischen Staatsdiener in einem Maße absorbierte, daß für die Agitations- und Werbearbeit weder Kraft noch Zeit blieb. Man war, wie so oft in der Sozialdemokratie, mit sich selbst beschäftigt.

Die Querelen begannen mit der Gründung des freigewerkschaftlichen Allgemeinen Deutschen Beamtenbundes (ADB) im Jahre 1922.[90] Ein Teil der sozialdemokratischen Beamten trat dem ADB bei, ein anderer Teil aber blieb in der Spitzenorganisation der Beamtenschaft, dem Deutschen Beamtenbund (DBB), organisiert. Der DBB umfaßte in den späten zwanziger Jahren etwa 80 Prozent der deutschen Beamten; er zählte über 800000 Mitglieder mehr als die freigewerkschaftliche Konkurrenz. Der DBB gab sich betont überparteilich, bekannte sich immer wieder zur Verfassung und zur Republik – was angesichts der reaktionären Mentalität zahlreicher Beamter nicht wenig war. Gleichwohl drangen die ADB-Mitglieder in der SPD darauf, daß alle sozialdemokratischen Beamten aus dem DBB aus- und in den ADB einzutreten hätten. In der Partei führten die ADB-Mitglieder einen regelrechten Kleinkrieg gegen die Angehörigen des Deutschen Beamtenbundes, die sie aus Funktionen und Ehrenämtern zu verdrängen versuchten, was ihnen besonders in Hochburgen der Linken nicht selten auch gelang. Indessen bekundete der Heidelberger Parteitag der SPD 1925 seine strikte Neutralität gegenüber den beiden Beamtenorganisationen. Im Januar 1927 erklärte der Parteivorstand – der innerparteiliche Beamtenstreit wurde immer quälender –, daß er den DBB nicht mit einer rechten Richtungsgewerkschaft gleichsetze, daher gegen eine Mitgliedschaft nichts einzuwenden habe; Mitgliedschaften zweiter Klasse dürfe es im übrigen in der SPD nicht geben. Dies aber war das Ziel der Parteilinken und der sozialdemokratischen Funktionäre im ADB. Auf dem Kieler Parteitag 1927 lagen 20 Anträge vor, die die Mitgliedschaft in einer freigewerkschaftlichen Organisation allen Sozialdemokraten, mindestens aber den Funktionären zur Pflicht machen wollten. Gegen diese „Unduldsamkeit" setzte sich Otto Wels leidenschaftlich zur Wehr. Zwar erreichte er, daß der Parteitag die Parteivorstandserklärung vom Januar 1927 übernahm, mithin eine Diskriminierung der DBB-Mitglieder ausschloß, doch konnte er nicht verhindern, daß die Delegierten zugleich eine Option für den freigewerkschaftlichen ADB beschlossen. Der Parteivorstand blieb auch in den nächsten zwei Jahren und trotz heftiger Attacken der freigewerkschaftlichen Beamten bei seiner Haltung, DBB-Mitglieder bei der Besetzung von Parteifunktionen nicht zu benachteiligen. Zum Eklat aber kam es, als der Obmann des Fachausschusses Beamte in der SPD-Reichstagsfraktion, Willy Steinkopf, 1929 vom ADB zum DBB übertrat. Die Parteispitze geriet so sehr unter Druck, daß sie Steinkopf 1930 fallenließ und ihn anläßlich der Reichstagswahlen im September nicht mehr auf die Reichsliste setzte. Zwar standen immer noch, wie das Organ des „Deutschen Beamtenbundes" kurz vor den Wahlen herausstellte, fünf sozialdemokratische DBB-Mitglieder auf aussichtsreichen Listenplätzen,[91] doch bedeutete die Kaltstellung Steinkopfs zweifellos einen Affront für etliche zehntausend Beamte, die als SPD-Wähler dem DBB angehörten.

Indessen war der Rückzug der SPD auf die freigewerkschaftlich-sozialistischen Truppen[92] in erster Linie nicht das Werk der industrieproletarischen Mitglieder oder der Parteispitze, sondern der Angehörigen just jener Schichten, für die sich die SPD geöffnet hatte: der linksstehenden Beamten und Angestellten, vor allem aber der Lehrer. In ihrem eigenen Bereich, der „Arbeitsgemeinschaft sozialdemokratischer Lehrer" und im sozialdemokratisch orientierten „Bund der freien Schulgesellschaften", hatten die sozialdemokratischen Pädagogen im übrigen einen vergleichbaren, gar noch rigideren Dogmatismus vorexerziert. In beiden Organisationen setzte sich der linkssozialistische Flügel durch, der den Austritt sozialdemokratischer Lehrer aus dem „Deutschen Lehrerverein" betrieb.[93] Der „Deutsche Lehrerverein" war die eigentliche Massenorganisation der Volksschullehrer; er zählte in der zweiten Hälfte der zwanziger Jahre durchweg über 140 000 Mitglieder und stand in den meisten Landesverbänden zeitweise der Schulpolitik der Demokraten nahe. In Hamburg, Bremen und Sachsen hingegen war der „Deutsche Lehrerverein" fest in der Hand sozialdemokratischer Pädagogen. Doch das reichte dem Gros der linkssozialistischen Lehrer in der SPD nicht aus; für sie war der „Lehrerverein" ständisch und liberal und daher nicht akzeptabel. Ihr Prinzip hieß: Lieber organisatorisch klein, dafür aber im sozialistischen Sinne rein. Sie traten daher der „Gewerkschaft deutscher Volksschullehrer" bei, die sich 1921 zunächst als weltanschaulich neutrale Interessenorganisation vorwiegend der Junglehrer mit rund 10 000 Mitgliedern gebildet und 1925 auf eine freigewerkschaftliche Plattform gestellt hatte. Diese freigewerkschaftliche Orientierung kostete die Gewerkschaft 4000 Mitglieder. Die SPD-Lehrer schafften es mit einem rigoros marxistischen Ausgrenzungskurs, die Organisation in den nächsten drei Jahren noch um weitere 5000 Mitglieder zu dezimieren. 1929 gehörten der „Gewerkschaft", für die die sozialdemokratischen Pädagogen optierten, 1000 Lehrer an, allesamt überzeugte Marxisten, Freidenker und Aktivisten für eine dissidentisch-sozialistische Proletarierschule. Neue Sympathisanten für eine weltlich-sozialdemokratische Schulpolitik hatte die „Gewerkschaft deutscher Volksschullehrer" in ihrer Geschichte nicht hinzugewonnen, sondern nur die sowieso schon Überzeugten auf ideologisch enger Grundlage erfaßt, die Zweifelnden und Zaudernden dagegen durch Rigidität und Dogmatismus abgestoßen und abgeschreckt. Dies war in der Tat eine merkwürdige Dialektik sozialdemokratischer Öffnung in der Weimarer Republik: daß die Gruppen, die die SPD neu gewann, sich vielfach konsequenter proletarisch und marxistisch gerierten und abgrenzender verhielten als die alte Mitgliederbasis der Lohnarbeiterschaft.

Akademiker und Intellektuelle

Bei den Wissenschaftlern, Künstlern und Schriftstellern hatte die SPD, so Heinrich August Winkler, keinen Anklang gefunden. Der Geist habe entweder ganz links oder ganz rechts gestanden; mit dem kleinbürgerlichen Habitus der SPD hätten die Intellektuellen nichts anfangen können.[94] In der Tendenz dürfte Winkler zweifelsohne richtig liegen. Die Namen, die einem spontan bei dem Stichwort „Weimarer Kultur" einfallen, assoziiert man schließlich in der Tat nicht unbedingt mit den biederen Lebensweisen im sozialdemokratischen Facharbeitermilieu, ob nun Brecht, Piscator, Heartfield oder Jünger, George und Spengler. Aber, so möchten wir einwerfen, was war mit Thomas Mann, der in seiner ›Deutschen Ansprache‹ im Oktober 1930 den „politischen Standort des deutschen Bürgertums" an „der Seite der Sozialdemokratie" sah?[95] Was mit dem Autor von ›Berlin Alexanderplatz‹, Alfred Döblin, der ein Parteibuch der Sozialdemokratie besaß? Was mit Leopold Jessner, neben Reinhardt, Fehling und Piscator gewiß einer der ganz großen Regisseure der zwanziger Jahre? Auch er gehörte schließlich der SPD an. Wie steht es mit August Sander, der sicher bedeutendste deutsche Porträtfotograf des 20. Jahrhunderts überhaupt? Er war Sozialdemokrat wie der Architekt Max Taut, der Schriftsteller und Philosoph Theodor Lessing oder der Publizist und Statistiker Emil Julius Gumbel. Natürlich ist nicht zu leugnen, daß die Sozialdemokraten unter den Professoren an den deutschen Hochschulen nur wenige Freunde hatten. Und doch gab es einige hochkarätige Wissenschaftler, die sich der Partei angeschlossen hatten oder mit ihr sympathisierten: die Soziologen Ferdinand Tönnies, Siegfried Marck und Karl Mannheim, der Pionier der sozialhygienischen Medizin Alfred Grotjahn, der Theologe und Philosoph Paul Tillich, der Sexualwissenschaftler Magnus Hirschfeld, die Staatsrechtler Gustav Radbruch und Hermann Heller, die Ökonomen Eduard Heimann und Emil Lederer, um nur die vielleicht bedeutendsten Hochschullehrer zu nennen. Einige sozialistische Studenten kamen erst nach 1945 zu Ruhm: so Golo Mann, der dem sozialdemokratischen Studentenverband in Heidelberg angehörte, und Hans Mayer, der bei den jungen Sozialisten in Köln aktiv war.

Allerdings wollen wir keinesfalls den Eindruck erwecken, als hätte die Sozialdemokratie im akademischen Deutschland Erfolg gehabt. Zweifelsohne war eher das Gegenteil der Fall. Nur in den revolutionären Monaten 1918/19 zog die sozialdemokratische Arbeiterbewegung das Interesse von Akademikern und Intellektuellen auf sich – erneut ein Beleg dafür, daß die Sozialdemokraten in dieser kurzen Zeit am Anfang der Republik ein Stück weit wirklich eine Volkspartei verkörperten. Damals stellten zahlreiche Akademiker ihre neu entdeckte Verbundenheit mit dem Proletariat dadurch heraus, daß sie sich selbst als „geistige Arbeiter" bezeichneten und in „Arbeitsgemeinschaften" beziehungsweise „Vereinigungen sozialdemokratischer Geistesarbeiter" zusammentaten.[96] Der Empfang in der Partei fiel allerdings kühl und reserviert aus. Viele Sozialdemokraten vermuteten hinter dem plötzlichen Enthusiasmus der gebildeten Bürger für die sozialistische Bewegung weniger edle Motive denn opportunistische Beweggründe. In der SPD war, wenn die Sprache auf die akademischen Neugenossen kam, allenthalben abschätzig von „Novembersozialisten" die Rede. Die Parteiführung zeigte auch in diesem Fall größere Weitsicht und Öffnungsbereitschaft. Auf dem Weimarer Parteitag im Juni 1919 erklärte der Parteivorsitzende Otto Wels energisch und bestimmt, daß er dem Wort „Novembersozialisten" „kein Heimatrecht in der Partei einzuräumen" gedenke. Wo der gelernte Tapezierer Otto Wels als führender Vertreter der Facharbeiterschaft Wohlverhalten gegenüber den neuen Schichten demonstrierte, spielte sich dagegen mit Georg Davidsohn, einst Student der Philosophie und Romanistik, bezeichnenderweise ein intellektueller Repräsentant, der allerdings schon 1900 zur Partei gefunden hatte, als strenger Hüter der proletarischen Parteitradition auf: „Nun zum Kapitel Novembersozialisten ... Wir müssen von den Parteigenossen, die neu in die SPD eintreten, verlangen, daß sie zunächst einmal Rekrutendienste tun (lebhaftes sehr richtig!). Sagen wir Ihnen: Fügt euch erst einmal ein in die Partei und strebt nicht von vornherein danach, ältere Genossen von den Plätzen zu drängen, auf die sie durch das Vertrauen der Partei gestellt sind."[97] Rekrutendienste oder gar die berühmte sozialdemokratische Ochsentour war indessen nicht die Sache der Akademiker. So plötzlich, wie die Begeisterung für den Sozialismus unter ihnen aufgekommen war, so schnell verschwand sie auch wieder. Den Sozialismus hatten sich die meisten von ihnen doch anders, etwas erhabener, vorgestellt, als eine Art kulturelle Veredelung der Menschen und nicht als eine „Messer- und Gabelangelegenheit", als die die Gebildeten die sozialdemokratische Praxis jener Monate später frustriert und verächtlich qualifizierten.[98] Wie bereits in den achtziger Jahren des 19. Jahrhunderts, als ebenfalls zahlreiche Intellektuelle, animiert durch die Gesellschaftskritik des Naturalismus, ihr Herz für die Ausgebeuteten und Entrechteten entdeckt hatten, lief mithin auch diese Begegnung zwischen der sozialdemokratischen Partei und einem Teil des deutschen Bildungsbürgertums enttäuschend ab. Daran trugen die überspannten und gänzlich unrealistischen Erwartungen und Vorstellungen vieler Akademiker allerdings eine Mitschuld.

Die Parteispitze signalisierte trotz des Rückschlags von 1919 gleichwohl auch in den folgenden Jahren ihr Interesse an den Intellektuellen. Auf dem Berliner Parteitag der SPD 1924 versprach der Vorsitzende des Zentralbildungsausschusses, Heinrich Schulz, daß die SPD jeden Intellektuellen, der sich zum Sozialismus bekenne, „freudig aufnehmen" werde. Ihm sekundierte der Parteitheoretiker Rudolf Hilferding mit dem Satz: „Wir brauchen sie, weil für gewisse Aufgaben die Intellektuellen durch ihre systematische Schulung besser vorgebildet und geeignet sind."[99] Auch gab die Partei den Intellektuellen und verschiedenen akademischen Berufsgruppen durchaus Raum zur organisatorischen Entfaltung und eigenständigen Kommunikation. An Angeboten für die akademischen Schichten hat es also nicht gefehlt. Daß der Erfolg dieser Anstrengungen zwar da war, aber durchaus begrenzt blieb, lag häufiger an Dogmatismen und Verengungen der bereits sozialdemokratisch organisierten Intellektuellen selbst als an Engstirnigkeit der sozialdemokratischen Facharbeiter oder deren Führung. Wobei nicht verschwiegen werden soll, daß es auch in der sozialistischen Facharbeiterschaft antiintellektuelle Vorbehalte gab.

Die Möglichkeiten und Grenzen sozialdemokratischer Akademikerpolitik in den Weimarer Jahren lassen sich deutlich am Beispiel der sozialistischen Studentenorganisation erhellen. Die sozialdemokratischen Studenten befanden sich in jenen Jahren an den deutschen Hochschulen in einer ausgesprochenen Diasporasituation, die vorwiegende Mehrheit ihrer Kommilitonen stand sowohl sozial als auch politisch auf der anderen Seite der Barrikade. Die Hochschulen waren früher als jede andere öffentliche Institution in Deutschland ein Hort des militanten Rechtsradikalismus. Bereits 1931 hatte der „Nationalsozialistische Deutsche Studentenverband" die Mehrheit der Studentenausschüsse fest im Griff.[100] Und doch übertrumpfte ihn der sozialdemokratische Studentenverband an Zahl seiner Mitglieder. 1931 umfaßte die „Sozialistische Studentenschaft Deutschlands und Österreichs" 5500 Studenten und war damit der mit Abstand stärkste parteipolitische Hochschulverband der Republik.[101] Der nationalsozialistische Studentenverband kam dagegen zur gleichen Zeit, in der er die Macht in den Organen der Studentenschaft übernahm, auf 4000 Mitglieder und lag auf dem zweiten Platz. Auch konnte sich der Organisationsgrad der sozialistischen Studenten an einigen Hochschulen des Reichs sehen lassen. An der Hamburger Universität gehörten 7 Prozent der dort immatrikulierten Studenten dem sozialdemokratischen Studentenverband an; in Berlin und Braunschweig waren 4 Prozent dort Mitglied, in Kiel, Frankfurt und Heidelberg immerhin noch 3 Prozent[102] – Quoten, von denen die Funktionäre in den heutigen sozialdemokratischen Studentenorganisationen nur noch zu träumen vermögen.

Die sozialistische Studentenorganisation der Weimarer Republik bewies damit die typische Stärke einer sozialdemokratischen Organisation. Das prinzipielle Potential – die studierenden Söhne und Töchter aus sozialistisch orientierten Familien – wurde weitgehend erfaßt. Doch darüber hinaus sprachen die sozialdemokratischen Studenten überhaupt nicht an. Die programmatischen Manifestationen des sozialistischen Studentenverbandes waren geeignet, das eigene Milieu in der schwierigen Defensivsituation an den Hochschulen zusammenzuhalten – was gewiß nicht wenig war – und es mit sinnstiftenden Perspektiven aufzufüllen, nicht aber es zu erweitern und zu öffnen. So fabulierten die sozialistischen Studenten in ihrem Hochschulprogramm von 1929 von der „Diktatur des Proletariats". Die Hochschulen wollten sie zu „Funktionärsschulen" umwandeln, deren Aufgabe es werden sollte, den „Funktionärsapparat des sozialistischen Staates" bedarfsgerecht mit Personal, vorwiegend studentischen Mitgliedern proletarischer Organisationen, zu bedienen.[103] Einen sozialdemokratischen Studenten aus proletarischer Familie mochten solche Formeln erfreut haben, da sie ihm eine erstrebenswerte und aussichtsreiche Zukunft verhießen, auf alle anderen Studenten aber wirkten sie zweifelsohne zutiefst abschreckend. Die Ressentiments, die der studierende Nachwuchs der Mittelschichten dem Sozialismus gegenüber hegte, wurden durch die Programmatik der sozialistischen Studenten nicht etwa abgebaut, sondern im Gegenteil noch verstärkt.

Ganz ähnlich war es beim „Verein sozialistischer Ärzte", der aus dem 1913 von Ignaz Zadek, einem Schwager Eduard Bernsteins, gegründeten „Sozialdemokratischen Ärzteverein" hervorging.[104] Bis 1926 beschränkten sich die Aktivitäten des „Vereins" auf Berlin; erst danach entwickelte er sich zu einer Reichsorganisation, die allerdings über ein halbes Dutzend Ortsgruppen mit

insgesamt 850 Mitgliedern nicht hinauskam. Auf Resonanz und Zustimmung unter den Medizinern stieß der „Verein" im wesentlichen nur in solchen Großstädten, wo ein traditionell sozialreformerisch und libertär ge-
sinntes jüdisches Bildungsbürgertum existierte, so etwa in Berlin, Frankfurt
und Breslau. In solchen urbanen Zentren strahlte der „Verein" zudem auch
ein wenig, schon allein wegen seiner delikaten sexualreformerischen und
psychoanalytischen Diskussionen, auf die linksorientierte Bohème und Intelligenz aus. Von der Mehrheit der deutschen Ärzteschaft aber, die gewiß
eine besonders reaktionäre Spezies unter den deutschen Bildungsbürgern
darstellte, trennten den „Verein sozialistischer Ärzte" tiefe Gräben. Indessen war die Programmatik des Vereins auch nicht dazu angetan, die Anti-
pathien und das Mißtrauen von Standeskollegen gegen den Sozialismus zu
mindern.

1931 hatte der „Verein sozialistischer Ärzte" auf seiner Reichstagung in
Karlsbad einen programmatischen Entwurf verabschiedet, der gleichsam
wie der medizinische Zwilling des berühmten Erfurter Programms von 1891
wirkte. Jener besaß alles, was diesem so charakteristisch war: Entwicklungs-
prognose, Untergangsprophetie und sozialistische Erlösungsvision. Die sozialistischen Ärzteprogrammatiker hatten aus der orthodox-marxistischen
Gesellschaftsanalyse den alsbaldigen Untergang des medizinischen Kleinbetriebes deduziert und dessen Ersetzung durch den technisch modernen und
arbeitsteilig organisierten medizinischen Großbetrieb vorausgesagt. Am
Ende dieses Prozesses stand die Sozialisierung des gesamten Heilwesens.[105]
Die Welt, von der die sozialistischen Ärzte träumten, war ein medizinisches
Nirwana aus Prophylaxe und Beratungszentren, aus Polikliniken und Ambulatorien, je größer desto besser, und aus verbeamteten, festbesoldeten und
planmäßig über die Kommunen verteilten Ärzten.[106] Für eine übergroße
Mehrheit der deutschen Mediziner aber kam dies einer Horrorvision gleich,
wobei weniger eine wohlerwogene Skepsis gegenüber dem überbordenden
Zentralismus eines solchen Gesundheitsleviathans, sondern mehr ständi-
sche Existenz- und Konkurrenzängste und dünkelhafte Ressentiments
gegen kollektive öffentliche Einrichtungen etwa der Kassen und Kommunen
eine Rolle spielten.

Auch sonst gaben sich die sozialistischen Ärzte in der Weimarer Republik
ausgesprochen radikal und proletarisch. Als im „Verein" 1929 die Frage diskutiert wurde, welcher Gewerkschaft sich die sozialistischen Ärzte anschließen sollten, entschied sich die Mehrheit bezeichnenderweise gegen
den AfA-Bund und für die „Reichssektion Gesundheitswesen im Gesamtverband der öffentlichen Betriebe und des Personen- und Warenverkehrs" –
dies deshalb, weil im „Gesamtverband" im Gegensatz zur AfA auch Arbeiter organisiert waren und die sozialistischen Ärzte so ihre antiständische
Gesinnung und Solidarität mit dem Proletariat demonstrieren konnten.[107]

Von der Mehrheit ihrer Standeskollegen aber bewegten sie sich durch diesen Gewerkschaftsbeitritt gewiß noch ein Stückchen weiter weg. Im Rahmen der Partei war außerdem noch eine „Vereinigung sozialdemokratischer Juristen" organisiert, von der wir allerdings wenig wissen. Bekannt ist, daß sie unter den akademischen und intellektuellen Fachorganisationen des sozialistischen Milieus die kleinste war; nennenswerte Einbrüche in die juristischen Berufsschichten sind ihr nicht gelungen. 1931 zählte die „Vereinigung", deren Vorsitz in den Händen des linken sozialdemokratischen Reichstagsabgeordneten Kurt Rosenfeld lag, gerade 480 Mitglieder, von denen allein 40 Prozent ihren Wohnsitz in Berlin hatten. Neben Berlin scheint eine funktionierende Ortsgruppe sonst nur noch in Düsseldorf existiert zu haben.[108] Neben diesen Fachorganisationen versuchten 1926 einige sozialdemokratische Bildungsbürger zudem noch eine übergreifende Akademikervereinigung, den „Verband sozialdemokratischer Akademiker", aufzuziehen. Die Führer der SPD verhielten sich diesem Experiment gegenüber jedoch reserviert; prominente Repräsentanten des ADGB reagierten gar entschieden ablehnend.[109] Tatsächlich wirkte eine Gruppe, die die Mitgliedschaft in ihr ausschließlich vom Besitz eines akademischen Zertifikats abhängig machte, wie eine Verlängerung des akademischen Standesprivilegs ausgerechnet in die sozialistische Arbeiterbewegung hinein, die es sich programmatisch zur Aufgabe gemacht hatte, eben dieses „Bildungsprivileg der herrschenden Klasse" zu brechen. Insofern mußte ein „Verband sozialdemokratischer Akademiker" vielen Arbeitern tatsächlich als eine Provokation bildungsbürgerlichen Dünkels erscheinen. Im übrigen aber ließ die Partei den Akademikerbund gewähren, dem Intellektuelle wie Eduard Heimann und Karl Vorländer, aber auch Kurt Schumacher und Viktor Agartz angehörten und der von prominenten Sozialdemokraten wie Gustav Radbruch und Wilhelm Sollmann, anfangs ein wenig auch von Rudolf Hilferding, unterstützt wurde. Das Versagen und Scheitern des Bundes hatte im wesentlichen innere Gründe. Der „Verband", der der "Fabian Society" nacheifern wollte, besaß von Beginn an, anders als das englische Vorbild, ein klares und konzises programmatisches Profil. Die Diskussionen auf seinen Versammlungen fransten daher häufig aus und glitten nicht selten ins Groteske ab, so etwa, wenn man darüber stritt, ob der soziale und kulturelle Gegensatz zwischen Kapital und Arbeit nicht in naher Zukunft durch eine neue „Kultur des Gentlemantyps" abgelöst werde.[110] Begonnen hatte der „Verband" allerdings noch mit dem Anspruch, der Partei mit fachkompetenter Politikberatung zu helfen und den Reichstags- und Landtagsfraktionen durch pragmatische Vorbereitungen von Gesetzesvorlagen unter die Arme zu greifen.[111] Doch nichts davon setzte die Akademikerorganisation in die Realität um; an einer stringenten und disziplinierten Arbeit zur Entfaltung legislativ verwertbarer Reforminitiativen fehlten den etwa 600 dort organisierten

Bildungsbürgern das Interesse und wohl auch das Durchhaltevermögen. Als ihnen auch der Spaß an den zunächst geschätzten theoretischen Debatten über die „Erneuerung des Sozialismus" verging, löste sich die Organisation in den Jahren 1930/31 stillschweigend wieder auf.[112]

Gewissermaßen mehr im Verborgenen – daher von der Forschung auch gänzlich ignoriert –, offenkundig aber viel erfolgreicher arbeitete nach der Art der "Fabian Society" die „Sozialistische Vereinigung für Wirtschafts- und Gesellschaftsforschung". Es handelte sich dabei um einen kleinen Kreis von sozialdemokratischen Nationalökonomen und Soziologen, die gemeinsam mit einigen theoretisch interessierten Politikern der SPD sozialistische Reformprojekte entwarfen. Die Arbeitsbeschaffungs- und Umbaupläne der Sozialdemokraten in den frühen dreißiger Jahren dürften hier entstanden und diskutiert worden sein. Die „Vereinigung" hatte Stützpunkte in Berlin, Wien, Frankfurt und Köln; die Leitung der Gruppe lag bei Fritz Tarnow; seine Stellvertreter waren Emil Lederer und Karl Renner, außerdem gehörten der Leitung noch Otto Kahn und Fritz Naphtali an. Die Maxime, von der sich der Kreis bei der Ausarbeitung seiner Konzepte leiten ließ, war, „daß schon auf dem Boden der gegenwärtigen Gesellschaftsordnung sozialistische Politik möglich ist".[113]

Doch war ein solcher realpolitischer und reformistischer Impetus nicht unbedingt das Charakteristikum für die in der Weimarer SPD aktiven Intellektuellen. Die Akademiker, die die Sozialdemokratie während der zwanziger Jahre anzog, bildeten in ihrer Mehrheit keine Brücke von der Facharbeiterschaft zum Bildungsbürgertum. Im Gegenteil, in der Absetzung von ihrer Herkunftsgruppe und in ihrem Bedürfnis, sich der proletarischen Bewegung vollständig einzuverleiben, führten sich zahlreiche Intellektuelle besonders radikal und antibürgerlich auf. Ein markantes Beispiel war die sozialdemokratische Organisation in Breslau. In keiner anderen Großstadt hatten Akademiker und Intellektuelle, Hochschulprofessoren, Studenten, Rechtsanwälte und Lehrer den Ortsverein so weit durchdrungen und geprägt wie in der Metropole Mittelschlesiens. Nirgendwo sonst aber ging es in der sozialdemokratischen Bewegung des Deutschen Reichs marxistischer und klassenkämpferischer zu als eben in Breslau, der „roten Insel am linkesten Flügel der europäischen Arbeiterbewegung außerhalb Rußlands", wie die Breslauer Intellektuellen den von ihnen beherrschten Ortsverein stolz bezeichneten.[114]

Erneut bleibt also festzuhalten: Mit dem Zugewinn aus den neuen Schichten wuchs in der SPD nicht die Chance und Bereitschaft zur weiteren sozialen Öffnung – im Gegenteil, gerade die neuen Gruppen in der SPD riegelten sich mit dem rhetorischen Mittel des volksmarxistischen Radikalismus oftmals stärker gegenüber ihrer Herkunftsgruppe ab, als dies der traditionellen sozialdemokratischen Führung der Lohnarbeiterschaft lieb und recht war.

Bauern und Landarbeiter

Bei ihrer verhaltenen Suche nach der sozialen Verbreiterung ihrer Parteibasis und Wählerschaft richteten sich die Blicke der Sozialdemokraten weniger auf die Intellektuellen, Beamten und Angestellten, dafür um so mehr
und merkwürdigerweise auf eine Gruppe von Erwerbstätigen, deren Zahl
mit den Jahren langsam, aber stetig schrumpfte: die Bauern. Keine andere
Sozialgruppe – außerhalb der Industriearbeiterschaft, versteht sich – hat die
Diskussionen auf Parteitagen und die Phantasie der Parteitheoretiker so
sehr beschäftigt wie die Kleineigentümer in der Landwirtschaft. Die Debatte über das Agrarproblem und den rechten Umgang mit den Bauern dauerte über 30 Jahre. Dann endlich hatten sich die Reformer und Pragmatiker
in einem langen quälenden Ringen gegen die orthodoxen Marxisten durchgesetzt und ein eindeutiges und präzises Öffnungsangebot an die Bauern
formuliert. Zu diesem Zeitpunkt, in der zweiten Hälfte der Weimarer Republik, hatte sich die Bedeutung der Bauern allerdings schon erheblich vermin-
dert, während die Relevanz der Dienstleistungsberufe sprunghaft gestiegen
war. Doch arbeiteten in den zwanziger Jahren immer noch 30,5 Prozent der
Erwerbstätigen in der Landwirtschaft; 35 Prozent der deutschen Bevölkerung lebten damals in Gemeinden mit weniger als 2000 Bewohnern. Der
ländliche Bereich bildete also weiterhin einen wesentlichen Faktor der deutschen Gesellschaft und Politik, den die Sozialdemokraten zu Recht in ihren
Diskussionen und Werbebemühungen hoch veranschlagten, wenn auch
letztlich ohne Erfolg. Insgesamt mag man die Agrardebatte in der Sozialdemokratie als Lehrstück ansehen. Sie zeigt, wie schwierig und langwierig es
war, marxistische Orthodoxien zu überwinden; weiterhin macht sie deutlich, daß es die Sozialdemokraten aber letzten Endes geschafft hatten, bereits in Weimar eine unmißverständliche Strategie der Reform und Öffnung
einzuschlagen; schließlich illustriert die Debatte, daß der SPD der neue
Kurs nichts eintrug, weil sich die Adressaten dem sozialdemokratischen
Werben verschlossen oder gar aggressiv verweigerten.

Die Geschichte der sozialdemokratischen Agrardebatte begann in den
frühen neunziger Jahren des 19. Jahrhunderts. Damals galt in der Partei die
marxistische Doktrin, daß in der Landwirtschaft die selben Gesetzmäßigkeiten herrschten wie in der Industrie, die bäuerlichen Klein- und Mittelbetriebe würden also durch den Großbetrieb aufgesaugt und vernichtet. Mit
diesem Credo schwärmten sozialdemokratische Redner Sonntag für
Sonntag in die Dörfer aus und betrieben Landagitation, welche verständlicherweise auf wenig Resonanz in der ländlichen Bevölkerung stieß. Die negativen Erfahrungen animierte eine Gruppe von Reformern um Georg von
Vollmar, Eduard David und Max Quarck zu einer Kehrtwende in der sozialdemokratischen Agrarpolitik. An die Stelle der Untergangsprognostik

setzten sie den Bauernschutz. Anfangs schienen sie damit innerparteilich Erfolg zu haben. Der Frankfurter Parteitag 1894 verabschiedete bei nur wenigen Gegenstimmen eine Resolution zum wirtschaftlichen Schutz der selbständigen Landwirte; außerdem beauftragte der Parteitag eine Kommission, in der die Reformer überwogen, mit der Ausarbeitung eines Agrarprogramms.[115] Das Agrarprogramm, das die Kommission schließlich dem nächsten Parteitag in Breslau 1895 vorlegte, bedeutete den Bruch mit den bisher gültigen marxistischen Lehrsätzen. Es verwarf die Zentralisierungsthese, bescheinigte den Kleinbetrieben Lebensfähigkeit und hielt getreu der Frankfurter Parteitagsentschließung am Bauernschutz fest.

Durchsetzen konnten sich die Reformer, obwohl in dieser Frage von August Bebel und Wilhelm Liebknecht unterstützt, freilich nicht. Denn inzwischen hatten auch die marxistischen Parteitheoretiker, allen voran Karl Kautsky, mobil gemacht, wobei ihnen die tiefsitzenden antibäuerlichen Affekte an der Parteibasis zugute kamen. Kautsky bestand darauf, daß die Sozialdemokratie eine Partei des Proletariats bleiben müsse und daß es den sozialistischen Grundsätzen widerspreche, der Bauernschaft „die Hebung ihrer Lage, also die Stärkung ihres Privateigentums, in Aussicht zu stellen". Im übrigen vertraute er unverdrossen auf die historisch-technische Überlegenheit des Großbetriebes und den zwangsläufigen, vom sozialistischen Standpunkt auch wünschenswerten Untergang des bäuerlichen Kleinbetriebes. Kautsky behielt auf dem Breslauer Parteitag – und zuvor schon in etlichen Ortsvereinsversammlungen – die Oberhand; die Mehrheit der Delegierten stimmte gegen den Entwurf der Agrarkommission und damit auch gegen die Absichten der Parteiführung um August Bebel.[116] Die Auffassung Kautskys und der Parteitagsmajorität legte die Partei im Agrarsektor programmatisch bis zum Ende des Kaiserreichs auf die dogmatisch marxistische Linie fest, auch wenn sozialdemokratische Parlamentsfraktionen in einigen Bundesstaaten, etwa in Hessen, Bayern, Baden und Württemberg, sich in der Praxis darüber hinwegsetzten und gesetzlichen Maßnahmen zum Schutz der landwirtschaftlichen Klein- und Mittelbetriebe ihre Stimme gaben.

Mit der Revolution 1918/19 veränderte sich die Haltung der Sozialdemokraten zur Landbevölkerung. Es war wie mit den Angestellten, den Beamten und den Intellektuellen: Nun interessierten sich plötzlich auch die Landarbeiter – kaum allerdings die selbständigen Bauern – für die Organisation der freigewerkschaftlich-sozialdemokratischen Arbeiterbewegung. Die Zahl der Mitglieder im freigewerkschaftlichen „Deutschen Landarbeiterverband" schnellte gleichsam explosiv nach oben, von 20000 unmittelbar vor dem Krieg auf beinahe 700000 im Jahr 1920. Die Mehrheitssozialdemokraten verbuchten 1919 entgegen aller Parteitradition die relativ stärksten Mitgliederzuwächse in einigen ihrer ländlichen Bezirke. Der Bezirk Ostpreußen hatte 1919 seinen Mitgliederbestand gegenüber 1914 verfünffachen können.[117] Erneut zeigte sich hier, daß die Sozialdemokratie 1919 ein breites Sammelbecken für Industriearbeiter, Beamte, Angestellte, Intellektuelle und eben auch Landarbeiter darstellte, keineswegs mehr reine Klassenpartei, sondern schon ein wenig Volkspartei war.

1922/23 erlitt die sozialdemokratisch-freigewerkschaftliche Arbeiterbewegung auch bei den Landarbeitern die üblichen schweren Rückschläge. Ideologisch aber setzte die Partei den 1919 eingeschlagenen Weg einer allmählichen Abkehr von den marxistischen Agrarpositionen der Vorkriegsjahre fort. Befürworter der alten, von Karl Kautsky geprägten Linie, befanden sich in den frühen zwanziger Jahren nur noch in der Minderheit. Aber nach wie vor existierten besonders an der Parteibasis in den Industriestädten unterschwellige Vorbehalte und Abwehrmechanismen gegen eine allzu großzügige Bauernpolitik, so daß sich die Partei noch jahrelang schwer tat, die Konsequenzen aus den Einsichten ihrer nun maßgeblichen Theoretiker zu ziehen: daß mit dem Untergang der bäuerlichen Klein- und Mittelbetriebe nicht zu rechnen sei und daß man die Bauern als Bauern und nicht als potentielle Proletarier ansprechen müsse.

In der ersten Hälfte der zwanziger Jahre beschäftigte sich die SPD auf zwei Parteitagen mit der Agrarfrage, ohne daß sich die Delegierten zu einer klaren Aussage hätten durchringen können. Das von vielen Sozialdemokraten, insbesondere des ländlichen Raumes, erwartete Agrarprogramm wurde von Mal zu Mal verschoben. Der Kasseler Parteitag 1920 stellte in seinen ›Agrarrichtlinien‹ lapidar fest, daß Übereinstimmung über die Bedeutung der Größenklassen der landwirtschaftlichen Betriebe in der Partei derzeit nicht zu erzielen sei. Daß die „Kautskyaner" allerdings aus der Defensive fochten, zeigten die Aussagen der ›Richtlinien‹ zur Eigentumsfrage. Der Großbesitz sollte enteignet, die übrigen Besitzverhältnisse hingegen nicht „gestört" werden.[118] Vier Jahre später, auf dem Parteitag in Berlin, stand die „Agrarfrage" erneut auf der Tagesordnung. Abermals drückten sich die Delegierten vor einer verbindlichen Grundsatzentscheidung, obwohl der Referent, Wilhelm Helling, die Partei dringend mahnte, durch ein Agrarprogramm von einer „Partei der Lohnabhängigen" zu einer „Partei des arbeitenden Volkes in Stadt und Land" zu werden.[119]

Der Ruf nach einem Agrarprogramm ertönte bald immer lauter in der Partei. In ihn stimmten jetzt auch prominente Sozialdemokraten wie Philipp Scheidemann und Rudolf Hilferding ein.[120] Die Anhänger der alten marxistischen Positionen hatten in dieser Frage inzwischen vollends an Boden verloren. Im Theorieorgan ›Die Gesellschaft‹ meldeten sich nur noch Sozialdemokraten zu Wort, die die 1895 gescheiterte Initiative der Reformer um Vollmar und David wiederaufnahmen und fortentwickelten. Die These vom Untergang der landwirtschaftlichen Kleinbetriebe wurde endgültig verworfen, der Erhalt des kleinbäuerlichen Besitzes gar als wünschenswert und förderungswürdig bezeichnet. Der Bauer, so Wladimir Woytinski, sei vor allem anderen an seiner Unabhängigkeit interessiert, und die Sozialdemokratie habe ihm dies zu garantieren – „sonst ist seine Seele für die sozialistische Idee unzugänglich". Woytinski plädierte, als dezidierter Marxist im übrigen, für eine Allianz von selbständigen Bauern und Proletariern, ohne sich indessen über die Probleme und Schwierigkeiten eines solchen Bündnisses hinwegzutäuschen: „Historisch und politisch ist dies der Versuch einer Verständigung oder eines Bündnisses zweier Klassen, die unmittelbar nur wenig Berührungspunkte und gemeinsame Interessen haben."[121]

32 Jahre nach ihrer Niederlage auf dem Breslauer Parteitag sollten die sozialdemokratischen Agrarrevisionisten endlich rehabilitiert werden. Auf dem Kieler Parteitag 1927 stand erneut ›Das Agrarprogramm‹ zur Debatte, und dieses Mal gaben sich die Delegierten einen Ruck, zogen einen klaren Trennungstrich unter die Vergangenheit ihrer marxistischen Agrarorthodoxie und breiteten nun ein umfassendes, detailliertes programmatisches Angebot an die Bauern aus. Seit 1927 galt für die Sozialdemokratie insgesamt und offiziell: Die Gesetzmäßigkeiten und Konzentrationsprozesse innerhalb der kapitalistischen Industrie haben für die Landwirtschaft keine Bedeutung; die SPD muß sich um die Produktions- und Absatzmöglichkeiten der klein- und mittelbäuerlichen Betriebe ebenso kümmern wie um die Arbeitsbedingungen der Landarbeiter; nur der Latifundienbesitz hat im Sozialismus keinen Raum und fällt der Sozialisierung anheim. Den kleineren und mittleren Bauern aber versprachen die Sozialdemokraten, ihre Scholle zu erhalten, ihre Existenz und Arbeitsstätten zu sichern. Im übrigen enthielt das neue Agrarprogramm der SPD eine Fülle von sozial- und wirtschaftspolitischen Vorschlägen und Forderungen, die den Interessen des Gros der Landwirte durchaus entsprachen.[122] Keiner anderen Gruppe außerhalb der Industriearbeiterschaft war die SPD in Weimar programmatisch und demonstrativ so weit entgegengekommen wie eben den Bauern.

Genutzt hat es den Sozialdemokraten freilich nichts. Es war wie mit dem Görlitzer Programm sechs Jahre zuvor: Ein programmatisches Angebot zu machen war die eine, den gewünschten Adressaten damit zu erreichen indessen eine ganz andere Sache. Daß die Sozialdemokraten ihr Ziel, die Bauern zu gewinnen, nicht erreichten, lag wesentlich am eigenen Unvermögen. Die Sozialdemokraten hatten seit 1927 ein schönes Programm, aber sie hatten kaum jemand, der es den Bauern erklären und verständlich machen konnte. Ein Blick in das sozialdemokratische Diskussionsorgan ›Das freie Wort‹, eine Art publizistischer Spiegel der Probleme an der Parteibasis, zeigt, woran es der SPD fehlte: an Agitatoren, die mit den Verhältnissen auf dem Land vertraut waren, an Rednern, die in der Lage waren, die Sprache der Bauern zu sprechen, an landwirtschaftlichen Experten, die wußten, wie eine Sau ferkelt, eine Kuh kalbt, wann die Kartoffeln gepflanzt und das Getreide geerntet wird. [123] In ihrer Reichstagsfraktion gab es Arbeiter, Angestellte, Beamte und Intellektuelle, aber auch in den frühen dreißiger Jahren nicht einen einzigen Landwirt, trotz des Agrarprogramms von 1927.

Sehr viel mehr noch als in der Partei selbst sind die Ursachen für den mangelnden Erfolg in der Undurchdringbarkeit des bäuerlich-dörflichen Milieus für sozialdemokratische Ideen in der mentalen Abriegelung der Landwirte gegen die städtischen Sozialisten zu suchen. Es war schwer für die SPD, hier Fuß zu fassen, gehört oder toleriert zu werden. Das dörfliche und kleinstädtische Leben in den protestantischen Regionen Nord- und Ostdeutschlands wurde zusammengehalten und geprägt durch eine Vereins- und Geselligkeitskultur, die bei den Krieger- und Schützenvereinen, dem Stahlhelm und den Filialen der Deutschen Turnerschaft begann, sich über die Bauernvereine und Landbünde fortsetzte, bis zu den konfessionellen Hausfrauen-, Jünglings- und Jungfrauenvereinen erstreckte und häufig unter der Patronage der Gutsherren und Pfarrer stand; die politische Richtung gaben schließlich die Kreisblätter vor. Diese dörfliche Kultur aber war zutiefst reaktionär, zumeist deutschnational, ab den späten zwanziger Jahren zunehmend nationalsozialistisch, vielfach antisemitisch, in jedem Fall antirepublikanisch und vehement antisozialistisch. Für sozialdemokratische Agitatoren, gleichviel welcher Güte, war hier kaum etwas zu holen.

Für die SPD war dies gewiß eine bittere Lehre: Mit programmatischen Neubestimmungen schuf man nicht über Nacht tiefsitzende Gefühle des Mißtrauens und der Angst aus der Welt. Bei den Landwirten jedenfalls hielt man das „rote Agrarprogramm" für eine hinterhältige Bauernfängerei, für einen taktischen Dreh, der „nicht aus ehrlichem Herzen kommt". Das Versprechen der Sozialdemokraten, die Bauern nicht von der Scholle zu vertreiben, kommentierte man in der bäuerlichen Vereinspublizistik höhnisch als den „frechsten Schwindel der politischen Geschichte". Den Sozialdemokraten gehe es auch weiterhin, so glaubten die Landwirte, einzig um die „Enteignung alles Grund und Bodens"; im Grunde ziele das Agrarprogramm der SPD allein darauf, „dem bisher freien Bauer zum Knecht der roten Bonzen auf seinem Grund und Boden zu machen, nach dessen Pfeife er zu tanzen hätte". [124]

Die Sozialdemokraten stießen mithin in Weimar auf objektive Grenzen volksparteilicher Entwicklungsmöglichkeiten. In der Bauernpolitik hatten sie einen radikalen Schnitt mit ihren bisherigen Traditionen und Ideologien gewagt, programmatische Zeichen der Öffnung gesetzt, und im parlamentarischen Bereich auch politische Vorleistungen für die Landwirtschaft erbracht. Das deutlichste Zeichen wurde 1927 in Preußen mit der Auflösung der Gutsbezirke gesetzt, durch die 1,5 Millionen Menschen, meist Bauern und Landarbeiter, die bis dahin der obrigkeitlichen Gewalt eines Gutsherren unterworfen waren, das Recht zur Beteiligung an der kommunalen

Selbstverwaltung erhielten. Die Wirkung der sozialdemokratischen Neube-
sinnung und Bündnisbereitschaft auf die Bauern war indessen gering. Vielleicht braucht ein solcher Wandlungsprozeß Zeit und Geduld, um sich nie-
derschlagen, auswirken und durchsetzen zu können. Weimar allerdings bot
diese Zeit nicht; in den wenigen Jahren, die der Republik zur Verfügung
standen, ließen sich die Panzerungen der verschiedenen Milieus nicht lösen
oder gar durchbrechen. Erst 1932 schienen die organisatorischen Anstrengungen der Sozialdemokraten auf dem Land ein wenig gefruchtet zu haben.
Der Agitationsapparat, den die SPD seit Ende der zwanziger Jahre aufgebaut hatte, zeigte bei Wahlen erste Erfolge, machte Nationalsozialisten und
Deutschnationalen mancherorts ernsthaft Konkurrenz.[125] Doch kam dies
zu spät.

Selbständiger Mittelstand

Sosehr sich die Sozialdemokraten um die Bauern bemühten, so wenig
kümmerten sie sich um den übrigen selbständigen Mittelstand. Mit den
kleinen Handwerkern, Kaufleuten und Gewerbetreibenden konnte die
Partei nichts anfangen; über sie sprach man nicht auf den Parteitagen, über
sie schrieb man nicht in den Theorieorganen. Die Welt der „Mittelständler"
war den Sozialdemokraten fremd, und sie hatten offenkundig wenig Hoffnung, dort eindringen und Anhänger der sozialistischen Idee sammeln zu
können. So ließen sie den „alten Mittelstand" gewissermaßen rechts liegen.
Zwar wäre kein ernstzunehmender Sozialdemokrat in Weimar auf den Gedanken gekommen, daß man die Bäckerei, den Friseurladen, die Schreiner-
und Schusterwerkstatt hätte sozialisieren müssen, doch hielt es in der Partei
auch kaum jemand für nötig, dies den besorgten Selbständigen, die die Enteignung durch die Sozialisten ernsthaft befürchteten, eigens zu erklären.
Auch zu Bestandzusicherungen, wie sie die Partei schließlich den Bauern in
Einsicht ihrer besonderen Eigentumsinteressen gab, war die SPD gegenüber
dem übrigen selbständigen Mittelstand nicht bereit. Nicht einmal symbolisch mochte die SPD, in dieser Frage in der Tat verknöchert marxistisch eingestellt, den Selbständigen Konzessionen zu machen. Beispielhaft dafür war
das Abstimmungsverhalten der beiden sozialdemokratischen Parteien am
9. Juli 1920 in der verfassungsgebenden Preußischen Landesversammlung.
Zur Abstimmung stand ein Antrag des Handelsausschusses: „Der kaufmännische und gewerbliche Mittelstand ist lebenskräftig zu erhalten und insbesondere gegen Aufsaugung zu schützen." Was die Sozialdemokraten – später
zumindest – den Bauern einräumten, gestanden sie den Kaufleuten und Gewerbetreibenden nicht zu. Sowohl die MSPD als auch die USPD stimmten
gegen diesen Verfassungsparagraphen, der schließlich mit den Stimmen der
Abgeordneten aller bürgerlichen Parteien verabschiedet wurde.[126]

In solchen Haltungen zum Mittelstand schlugen die alten marxistischen Traditionen und Denkfiguren auch noch in den Weimarer Jahren voll durch. Die Mehrheit der Weimarer Sozialdemokraten hielt den selbständigen Mittelstand für ökonomisch unnütz und anachronistisch, letztlich zum Untergang verurteilt; sie glaubte an die alleinigen Vorzüge und den historisch einzigartigen Fortschritt der Großunternehmen, sah nicht die Innovationsmöglichkeiten und kreativen Unternehmensstrategien dieser Bevölkerungsgruppe. Die ökonomischen Vorstellungen der Weimarer Sozialdemokraten waren noch starr und einförmig: Die Bedeutung, Leistungskraft und Dynamik privater Unternehmerinitiative in einer schillernd und differenziert zusammengesetzten Marktgesellschaft gegenüber den bürokratisch verkrusteten Großunternehmen eines „organisierten Kapitalismus" oder eines zentralistischen Sozialismus erkannten sie nicht, ahnten nicht einmal etwas davon – und konnten dies wohl auch noch nicht.

Gleichwohl mußte auch eine streng marxistische Sichtweise nicht zwangsläufig zu der Ignoranz gegenüber dem selbständigen Mittelstand führen, wie sie den Weimarer Sozialdemokraten eigen waren. Dafür, daß eine beweglich marxistisch argumentierende Partei die Differenzen zwischen den besitzenden Klassen analysieren und zumindest ansatzweise politisch ausnutzen konnte, bot die österreichische Sozialdemokratie, eher noch links von der SPD stehend, ein Beispiel. Der Führer der österreichischen Sozialdemokratie, Otto Bauer, hatte schon früh zwischen *Arbeits*eigentum und *Ausbeutungs*eigentum unterschieden und mit Hilfe dieser Definition die Sozialisierungsabsichten seiner Partei konkretisiert. Das Linzer Programm der österreichischen Sozialdemokraten von 1926 erklärte ausdrücklich – was die deutsche Partei unterließ –, daß das Arbeitseigentum der kleinen Gewerbetreibenden erhalten bleiben solle. Mit diesem programmatischen Rückhalt hatte sogar der österreichische „Einheitsverband sozialdemokratischer Gewerbetreibender und Kaufleute" ein wenig Erfolg; es gelang ihm, in einigen Handels- und Handwerkskammern die Mehrheit zu erringen.[127]

Davon waren die deutschen Sozialdemokraten weit entfernt. Aber immerhin gab es auch hier, was kaum jemand weiß, einen „Einheitsverband sozialistischer Unternehmer", der sich 1926 in „Einheitsverband sozialistischer Handels- und Gewerbetreibender und sonstiger freier Berufe" umbenannte und seinen Sitz in Leipzig hatte. Die Partei indessen nahm den Verband nicht sonderlich ernst, versuchte auch nicht, sich seiner zu bedienen, um bei Selbständigen Terrain, Mitglieder oder wenigstens Wähler zu gewinnen. Der sozialdemokratische Mittelstandsverband fristete so ein Kümmerdasein. 1926 zählte er gerade 870 Mitglieder, die meisten darunter Handwerker und Kaufleute, einige wenige auch Fabrikanten; die größten Ortsgruppen lagen in Leipzig, Dresden und Hannover.[128]

Kritik an den Versäumnissen der Sozialdemokratie gegenüber dem Mittelstand äußerten Vertreter der jüngeren Generation im Weimarer Sozialismus, so etwa Walther Pahl, Eduard Heimann und Rolf Küstermeier. Eduard Heimann hatte schon auf der Hofgeismar-Konferenz der Jungsozialisten Ostern 1923 eine differenzierte sozialistische Mittelstandspolitik angemahnt, um den Kleinbesitz vom „politischen Wagen der Plutokratie" abzuspannen.[129] Auch später arbeitete Heimann wiederholt heraus, daß das selbständige Handwerk im Kapitalismus durchaus nicht dem Untergang geweiht sei. Das Handwerk, so die hellsichtige Analyse des sozialdemokratischen Nationalökonomen, habe sich in den letzten Jahrzehnten technisch modernisiert; es konkurriere nicht mit der Industrie, sondern konzentriere sich auf spezielle Qualitätsarbeit und Reparatur, auf individuelle Montage und Installation.[130] Einen zukunftsweisenden Aspekt des Etatismusproblems berührte der Angestellte beim ADGB-Bundesvorstand und sozialdemokratische „Jungrechte" Walter Pahl, als er die Dringlichkeit einer sozialdemokratischen Mittelstandspflege beschrieb. Eine sozialistische Wirtschaft, könne nicht von Staatsbeamten geleitet werden, sie „wird die Unternehmerqualitäten, die heute gerade noch in der nichtbürokratischen mittleren Industrie vorhanden sind, nicht entbehren können", so Pahl. Von der Sozialdemokratischen Partei verlangte er daher, die handwerkliche und kleinbetriebliche Privatwirtschaft in ihrer Sonderexistenz auch innerhalb einer sozialistischen Gesellschaft ausdrücklich zu bestätigen.[131]

Dieser Rat, 1932 erteilt, kam für die SPD zu spät. Ob die Partei, wäre sie schon Jahre früher darauf eingegangen, den selbständigen Mittelstand von ihrer guten Absicht, das Arbeitseigentum nicht anzugreifen, hätte überzeugen, den Kleinbesitz gar auf die Seite der Arbeiterklasse hinüberziehen können, scheint allerdings höchst zweifelhaft. Vermutlich wäre es ihr mit den Handwerkern und Kaufleuten nicht anders ergangen als mit den Bauern. Die Affekte und das Mißtrauen auch der gewerblichen Selbständigen gegen die Sozialdemokraten saßen tief. Die Furcht vor der Sozialisierung ihres Eigentums während der Revolutionsmonate 1918/19 war echt und wirkte während der gesamten Weimarer Jahre nach.[132] Die Presse der Handwerkerverbände tat ein übriges, um die Angst des Mittelstandes vor „den Roten" wachzuhalten und neue Nahrung zu geben. Besonders vor den Wahlen beschworen die Handwerkszeitschriften regelmäßig das Schreckgespenst von der drohenden Enteignung nach einem Wahlsieg der SPD. Ihr Standardargument gegen die Sozialdemokratie aber zogen die Handwerkerverbände aus dem alten ›Erfurter Programm‹. Wann immer in den Handwerkerzeitschriften während der Weimarer Jahre die Rede auf die SPD kam, wurde gleichsam mit eherner Naturnotwendigkeit aus dem ›Erfurter Programm‹ besonders die Sentenz von den „versinkenden Mittelschichten" zitiert – und in dem Sinne interpretiert, daß die Sozialdemokraten „die Handwerker dem Proletariat zutreiben möchten".[133] Die Bedeutung programmatischer Manifestationen läßt sich daran ersehen. Das ›Erfurter Programm‹ hat das Denken zumindest zweier Generationen von Sozialdemokraten nachhaltig geprägt und die Identität der Partei über eine lange Dauer geformt, zugleich aber auch die Ängste und Ressentiments großer Teile der neuen Mittelschichten, des alten Mittelstandes und der Bauern gesteigert und verfestigt. Programmatische Neuorientierungen, zu denen sich die Sozialdemokraten in der Weimarer Zeit hier und da durchrangen, blieben zu zaghaft, auch zu kurzatmig, um in den wenigen Jahren der Republik schon sichtbare Veränderungen bewirken zu können und um in andere Sozialmilieus einzudringen.

Gegenüber den Selbständigen hatten die Sozialdemokraten indessen auf jede Geste der Öffnung und programmatischen Konzession verzichtet. Doch selbst wenn die Partei dem alten Mittelstand eine selbständige Existenz garantiert hätte, wären ihr die Kaufleute und Handwerker sicher nicht in Scharen zugelaufen. Zwischen der Mentalität der mittelständischen Unternehmer und den Lebensweisen und Aspirationen der sozialistischen Industriearbeiterschaft lagen Welten. Außerdem trennten sie handfeste soziale und wirtschaftliche Interessengegensätze. Die Handwerker und Kaufleute fürchteten sich nicht nur vor der Sozialisierung, sie schimpften ebenso über die sozialpolitischen Errungenschaften der zwanziger Jahre, und sie wetterten auch und insbesondere gegen die Konsumgenossenschaften, die gewerkschaftlichen Eigenbetriebe, gegen die Erhöhung der Gewerbesteuern und natürlich – gegen die Juden.[134] In diesen Fragen aber konnten die Sozialdemokraten in der Tat keine Zugeständnisse machen, wollten sie nicht ihre Ziele, ihre Identität, ihre Tradtitionen aufgeben, ihre Basis und Moral verlieren.

Katholiken

Um eine mehrheitsfähige Volkspartei zu werden, hätte die SPD ihren Einfluß vor allem auch auf die katholischen Regionen des Deutschen Reichs ausdehnen, Anklang ebenfalls bei den katholischen Arbeitern finden müssen. Die Parteiführung ist sich dessen durchaus bewußt gewesen; in der zweiten Hälfte der zwanziger Jahre deutete sie den katholischen Arbeitern in mehreren Botschaften an, daß sie in der Partei willkommen seien, daß das christliche Motiv im Sozialismus geachtet werde. Indessen fiel in die zweite Hälfte der zwanziger Jahre auch die Blütezeit der sozialistischen Arbeiterkultur, oder negativ formuliert: der Rückzug großer Teile der Parteibasis und des mittleren Funktionärskörpers in die sich nach außen abschottende Organisations- und Lebenswelt des sozialistischen Kulturmilieus. Dieses Milieu aber prägte in weiten Bereichen eine sozialistisch-freidenkerische Sinnstiftung und Verkehrsformen aus, die sich normativ-mentalen Öffnungen verweigerten und sich in ihrem dissidentisch-antireligiösen Charakter negativ und polemisch von den vergleichbar umfassenden lebensweltlichen Ansprüchen der christlichen Weltanschauungen und Einrichtungen abhoben und abgrenzten. Kurz, die SPD gab in den späten zwanziger Jahren unterschiedliche, ja sich widersprechende Signale; die Parteispitze demonstrierte Toleranz und warb um die Katholiken; an der Basis des Funktionärskörpers wurde hingegen eine freidenkerische Lebensart und Symbolik bevorzugt. Dort errichtete man hohe Mauern gegenüber dem christlichen Lager.

Zur freidenkerischen Lebensform in der sozialistischen Kultur „neuer Menschen" gehörten etwa die Jugendweihen, dazu zählten die Sonnenwendfeiern, die Weihnachts- und Pfingstfeste ohne christliche Elemente. Hinzu kam die ab Mitte der zwanziger Jahre allein von Sozialdemokraten getragene weltliche Schulbewegung, die, insbesondere in Preußen, sogenannte „freie Schulen", an denen der Religionsunterricht abgeschafft war, zu dissidentisch-sozialistischen Proletarierschulen ausgestaltete. Die Parteiführung hatte sich zunächst dagegen gesträubt, mit diesen antikonfessionellen Sonderschulen allzu stark identifiziert zu werden,[135] doch setzte sich schließlich eine Allianz von linken Lehrern und Aktivisten aus dem mittleren sozialdemokratischen Funktionärsapparat durch: Der Kieler Parteitag begrüßte diese Schulen gegenüber anderen Volksschulen als Erziehungsstätten der „werdenden sozialistischen Gesellschaft" – und ebnete dadurch den Weg ins weltanschauliche Ghetto, denn diese Schulen wurden von nicht einmal 0,5 Prozent der deutschen Volksschüler besucht.[136] In einigen Städten des Ruhrgebiets hatten nach diesem Beschluß sozialdemokratische Eltern, die ihre Kinder auch weiterhin auf Konfessionsschulen schickten, Schwierigkeiten, noch in Parteifunktionen gewählt zu werden.

Zu freidenkerischen Rigorositäten und antireligiösen Ausfällen neigten insbesondere die Bezirke und Vertreter der Parteilinken, so Berlin, Sachsen und Thüringen. Ein prominenter sozialdemokratischer Landespolitiker wie der langjährige sächsische Kultusminister Hermann Fleißner sprach sich im Organ der Parteiopposition drastisch gegen das Prinzip der religiösen Toleranz aus. Sie gefährde nach seiner Auffassung, die „geistige Einheitlichkeit" und die „große Linie" des sozialistischen Klassenkampfes. „Die Partei", so die doktrinäre Schlußfolgerung des Dresdner Reichstagsabgeordneten, „darf kein Sammelsurium buntscheckiger Weltanschauungen werden".[137] Fleißner war kein Einzelfall; auch andere linke Sozialdemokraten zogen es vor, die christlichen Arbeiter von der Partei fernzuhalten, da diese unklar im Denken und daher unzuverlässige Gesellen im Kampf gegen die Bourgeoisie seien.[138] In der Berliner SPD nahm die freidenkerische Haltung nachgerade inquisitorische Züge an. Sozialdemokraten, die seit 1929 in der Reichshauptstadt zu den Kommunalwahlen kandidieren wollten, mußten zuvor dem Bezirksvorstand nachweisen, daß sie aus der Kirche ausgetreten waren.[139] Anträge, die die Sozialdemokraten zum Austritt aus der Landes-kirche aufriefen, stellten Bezirke der Parteilinken auch auf den Parteitagen in Kiel 1927 und in Magdeburg 1929. Der Bezirksverband Berlin forderte auf dem Magdeburger Parteitag, wenigstens allen Funktionären der SPD den Kirchenaustritt abzuverlangen.[140]

Gegen diese freidenkerische Offensive setzte sich die Parteiführung in-dessen erfolgreich zur Wehr. Auf dem Kieler Parteitag traten Otto Wels und Rudolf Hilferding, auf dem Magdeburger Parteitag Wilhelm Sollmann, Hans Vogel, Otto Braun, Johannes Stelling und Rudolf Breitscheid dem An-sinnen der Dissidenten unmißverständlich entgegen. Die Partei, so der ge-meinsame Tenor ihrer Ausführungen, müsse auch den christlich motivierten Arbeitern Respekt, Platz und Raum gewähren.[141] Auf beiden Parteitagen erhielt die Parteispitze dabei die Unterstützung der Delegiertenmehrheit, die die kirchengegnerischen Kampagnen der sozialdemokratischen Frei-denker nicht mitzumachen bereit war. Eindruck sowohl innerhalb als auch außerhalb der Sozialdemokratie hatte die Fürsprache gleich mehrerer So-zialdemokraten zugunsten der Minderheit religiöser Sozialisten auf dem Magdeburger Parteitag gemacht. Die christlich orientierten Kreise und Zirkel in der SPD beriefen sich seither bei Auseinandersetzungen mit ihren freidenkerischen Konkurrenten stets auf den „Magdeburger Toleranzpar-teitag". Am deutlichsten hatte in Magdeburg der frühere sozialdemokrati-sche Innenminister Wilhelm Sollmann das Toleranzprinzip herausgestellt. Sollmann, der selbst keiner Kirche angehörte, war unter den einflußreichen Sozialdemokraten der wahrscheinlich entschiedenste Verfechter eines breiten ethisch-kulturellen Bündnisses ideell verschiedenartig inspirierter Sozialisten innerhalb der SPD. Den freidenkerischen Positivismus lehnte er ab. An ein Verschwinden religiöser Gefühle und Bedürfnisse nach Etablie-rung der sozialistischen Gesellschaft glaubte er nicht. Er war vielmehr der Überzeugung, daß in Zukunft die Begrenztheit naturwissenschaftlicher Er-kenntnis mehr und mehr erkennbar werde, was metaphysischen Spekula-tionen und religiösen Glaubensbedürfnissen auch künftig immer wieder neue Nahrung gebe.[142] Auf dem Magdeburger Parteitag trat der Kölner Reichstagsabgeordnete für die „volle Gewissensfreiheit" aller sozialdemo-kratischen Mitglieder ein. Das ethische Ziel des Sozialismus könne „ebenso-wohl aus einer atheistischen wie aus einer christlichen Weltanschauung be-gründet werden". Die meisten nachfolgenden Redner stimmten Sollmann zu, auf Widerspruch stieß er indessen bei zwei weiblichen Delegierten: Anna Siemsen und Adelheid Torhorst[143] – beide überzeugte Freidenkerinnen, beide aber auch wohl bezeichnenderweise Töchter protestantischer Pfarrer. Allgemein formuliert kann man sagen, daß es oft die Konvertiten aus den neu umworbenen Schichten waren, die es der SPD in Weimar häufig durch

Starrsinn und dogmatische Intransigenz schwermachten, sich sozial und kulturell für eben diese neuen Schichten auch weiterhin und großzügiger zu öffnen.

Gleichwohl zeigte sich die Parteiführung in den späten zwanziger Jahren entschlossen, in kirchlichen Kreisen, besonders aber im Katholizismus, endlich an Boden zu gewinnen. Selbst bescheidene Ansätze eines Brückenschlags zwischen Sozialdemokratie und Katholizismus wurden sorgfältig beachtet und zumindest in Maßen gefördert. Als 1929 eine kleine Gruppe katholischer Sozialdemokraten Kölns eine eigene Zeitschrift herausgab, konnte sie stolz überaus wohlmeinende Grußadressen prominenter Sozialdemokraten der Öffentlichkeit präsentieren. Der sozialdemokratische Reichskanzler Hermann Müller, der preußische Ministerpräsident Otto Braun, der Parteivorsitzende Otto Wels, der ehemalige Reichskanzler Philipp Scheidemann und natürlich Wilhelm Sollmann wünschten dem neuen Blatt „allen Erfolg" und erhofften sich durch sein Erscheinen „die Beseitigung von Vorurteilen sowohl auf der katholischen wie auf der sozialdemokratischen Seite".[144]

Auch das Zentralorgan der Partei, der ›Vorwärts‹, öffnete in den späten zwanziger Jahren seine Spalten immer mehr für Beiträge aus der Feder religiöser Sozialisten.[145] Im Oktober und November 1929 lud die ›Vorwärts‹-Redaktion überdies zu einer Verständigungsdebatte zwischen Freidenkern und religiösen Sozialisten ein.[146] Den religiösen Sozialisten wurde dabei die gleiche Anzahl von Artikeln zugestanden wie den Freidenkern, obwohl letztere gewiß ungleich mehr sozialdemokratische Mitglieder organisiert hatten als die religiös-sozialistischen Konventikel. Doch in der Parteiführung hatten sich die Freidenker immer unbeliebter gemacht. Die antikirchliche Agitation der bekennenden Dissidenten belasteten und behinderten die ohnehin eher moderaten Versuche der Sozialdemokraten, auf die christlichen Arbeiter zuzugehen und mit dem Zentrum und den Kirchen zu einem Einvernehmen zu kommen. Der Vorsitzende der preußischen Landtagsfraktion Ernst Heilmann, selbst nicht religiös, nannte die Verärgerung der Parteispitze über die Dissidenten, wie bei ihm üblich, unverblümt beim Namen: „Bisher hat blinder freidenkerischer Eifer der Partei schon schweren Schaden bereitet."[147] In Freidenkerkreisen machte sich allmählich Niedergeschlagenheit breit; es war von „Enttäuschung" und „Verbitterung" über die „Kirchenfreundlichkeit" der führenden Sozialdemokraten die Rede.[148]

Eine „sonderbare Nervosität" ergriff 1929 indessen die katholischen Arbeitervereine. Der „Magdeburger Toleranzparteitag" und besonders die Herausgabe eines sozialdemokratischen Katholikenorgans hatte das katholische Vereinsmilieu aufgeschreckt und unsicher gemacht. In aller Eile verfaßten die katholischen Verbandspublizisten Vortragsdispositionen, Artikel, Aufsätze und Broschüren zu den Fragen „Wandlungen in der Sozialdemokratie?" oder „Kann ein Katholik Sozialdemokrat sein?".[149] Ganz offensichtlich wurden diese Fragen nun häufig in den katholischen Arbeitervereinen angeschnitten und diskutiert. Eine rigide Abgrenzung von Sozialdemokraten schien einigen katholischen Arbeitern nach den Parteitagen der SPD von Kiel und Magdeburg nicht mehr plausibel zu sein. Die Sozialdemokraten hatten sich wirtschaftlich und sozial gemäßigt und verfolgten ähnliche Ziele wie die christliche Arbeiterschaft, politisch erschien ihnen die SPD als eine staatstragende Partei, und da sie nun auch in weltanschaulicher Hinsicht Toleranz zu üben versprach, mußte einer stärkeren Annäherung zwischen katholischer und sozialdemokratischer Arbeiterbewegung nichts mehr im Wege stehen.

Solchen 1929 in den katholischen Arbeitervereinen anfänglich offenkundig nicht selten hervorgebrachten Überlegungen wurde allerdings rasch der Garaus gemacht. In der gesamten Vereinspresse und auf allen Versammlungen bekamen die katholischen Arbeiter nun zu lesen und zu hören, daß die Sozialdemokratie inzwischen zwar raffinierter vorgehe, im Wesen aber gleich, nämlich als Partei gottlos, geblieben sei.[150] Allerdings fiel die Begründung dafür, der Ton, in dem man argumentierte, im heterogen zusammengesetzten katholischen Arbeitervereinsmilieu unterschiedlich aus. Der Bogen spannte sich von denunziatorischen Unterstellungen, wie sie die auch vor antisemitischen Parolen nicht zurückschreckenden katholischen Arbeitervereine Berlins in den Auseinandersetzungen mit der Sozialdemokratie seit jeher pflegten,[151] bis hin zu einer eher nachdenklichen und differenzierten Argumentation. Um sie bemühte sich zuweilen vor allem die „Gladbacher Richtung" im vergleichsweise offenen rheinischen Katholizismus.

Der „Gladbacher" Emil van den Boom beispielsweise, Dezernent für sozialpolitische Fragen an der Zentralstelle des „Volksvereins", zeigte sich 1927 vom Verlauf des Kieler Parteitages tief beeindruckt. Anerkennend kommentierte er ihn als „eine bedeutungsvolle weitere Etappe in der Neuorientierung der Sozialdemokratie". Zwei Jahre später hielt er gar „ein teilweises Zusammengehen" der katholischen Arbeiterschaft mit der Sozialdemokratie „in rein wirtschaftlichen und sozialen Dingen", „auch in politischen" für möglich.[152] Wenig später aber trat van den Boom die Kehrtwende an, auch die übrigen „Gladbacher" betrieben nun einen harten und schroffen Abgrenzungskurs gegenüber der SPD, deren Liebeswerben um die Katholiken ihnen jetzt doch Angst und Schrecken einjagte. Die „Sollmänner" galten von nun an als die eigentlich gefährlichen Sozialdemokraten.

Wie unbehaglich dem „linken" Flügel der katholischen Arbeitervereine inzwischen geworden war, zeigte ein Mustervortrag, den der Sozialethiker und frühere Leiter der Gladbacher Volksvereinszentrale August Pieper zur Frage ›Kann ein Katholik Sozialdemokrat sein?‹ 1929 ausgearbeitet hatte. Piepers Argumentation unterschied sich kaum noch von den pauschalen Vorwürfen und rüden Attacken der konservativen Berliner Arbeitervereine, die ihrerseits den ehemaligen Volksvereinsleiter jahrelang als halben Sozialisten verdächtigt hatten. Piepers Rededisposition war bar jeder Differenzierung, einzig darauf angelegt, den katholischen Arbeitern das Fürchten vor den Sozialdemokraten zu lehren, oder genauer: die Katholiken daran zu hindern, die Furcht vor den neuerdings religiös-tolerant erscheinenden Sozialdemokraten zu verlieren. „Die Sozialdemokratie als Partei", so lautete die Kernaussage Piepers, die in immer neuen Variationen den gesamten Vortrag durchzog, „ist in ihrem Wesen ausgesprochen ungläubig, religionslos, gottlos, rein weltlich gesinnt." In düsteren Farben malte Pieper die Zeit der Verfolgung aus, die den Christen nach der sozialistischen Machtübernahme drohe; als Beleg für sein sinistres Zukunftsgemälde sozialistischer Katholikenunterdrückung nannte er die Erfahrungen mit der „bolschewistischen Räteregierung in Rußland".[153] Emil van den Boom, der es als ausgezeichneter Kenner der sozialdemokratischen Wandlungen gewiß besser wußte, stimmte nun Piepers Verdikt ausdrücklich zu.[154] Als die Sozialdemokraten einen Spalt breit ihre Fenster öffneten, beeilte sich das katholische Vereinsmilieu, die Türen fest zu verriegeln.

Doch ein Grund, den die katholischen Vereinspublizisten immer wieder anführten, um die unüberbrückbare Differenz zwischen der Sozialdemokratie und dem Katholizismus deutlich zu machen, war in der Tat entscheidend dafür, daß sich die beiden Sozialmilieus nicht näherkamen, ja bis zum Ende der Weimarer Republik gegeneinander abschlossen: die unterschiedlichen Vorstellungen in der Schul-, Erziehungs- und Kulturpolitik.[155] Gerade in diesen weltanschaulichen Grundfragen und Erziehungsabsichten waren sich die Katholiken und Sozialdemokraten jener Jahre von den Ansprüchen her sehr nahe, in den Inhalten und Zielen aber weit auseinander; gerade darin lag die Kluft zwischen den beiden Milieus begründet. Beide wollten sie den ganzen Menschen erfassen und formen, von den ersten Lebensjahren bis zum Tode, von der Arbeit bis zur Freizeit, von der Familie bis zur Geselligkeit; beide ließen sich von einer festen Ethik und Sozialmoral leiten; beide wurden von einer Erlösungsvision bewegt und inspiriert. Die weltanschaulichen Grundlagen beider Richtungen aber waren unvereinbar – hier die Diesseitsutopie, dort die Jenseitsreligion; auf der einen Seite die anthropozentristische, auf der anderen Seite die theozentristische Perspektive auf die Dinge. Daher konnte es in der Erziehungs- und Kulturpolitik keine Kompromisse geben. Um so mehr sich das sozialistische Kultur- und Erziehungsgeflecht, von den Kinderfreuden über die Arbeiterjugend, von den weltlichen Schulen bis zu den Jugendweihen, ausweitete und vertiefte, um so größer wurde der Abstand zum Vereinsleben und den normativen Leitzielen des katholischen Milieus, trotz der ernst gemeinten Toleranzgeste der sozialdemokratischen Parteiführung.

In den pragmatischen Aufgabenfeldern der Wirtschafts-, Sozial- und Verfassungspolitik kamen Sozialdemokraten und katholische Arbeiter zusammen, nicht aber in Kulturfragen, wobei der Katholizismus besonders sensibel bei staatlichen oder weltlichen Zugriffen auf die Schule und die Kindererziehung reagierte. Der Hauptfeind der katholischen Arbeitervereine war demzufolge auch in den späten zwanziger Jahren die Kinderfreundebewegung, die der Freidenker und weltliche Schulpolitiker Kurt Löwenstein, ein Sozialdemokrat des linken Flügels, leitete. Der Weimarer Katholizismus hat die Kinderfreundebewegung in all den Jahren ihres Bestehens mit einer Mischung aus Faszination und tiefer Abneigung, jedenfalls stets mit außergewöhnlichem Interesse beobachtet. Was den Katholiken an den Kinderfreunden imponierte, war der selbstlose Einsatz von zehntausenden freiwilliger Helfer und der „Geist für Ordnung, Folgsamkeit, Einordnung in das Ganze und Enthaltung von schädlichen Lebensgewohnheiten". Doch gerade dieser Idealismus war nach Auffassung der katholischen Erzieher verhängnisvoll, da er irregeleitet, eben antichristlich war. Mit „satanischem Raffinement" hätten die sozialistischen Führer „die sozialistische Ideenwelt in die Kinderseele eingeträufelt", so der stellvertretende Generaldirektor des „Volksvereins" Konrad Algermissen, der sich unter den Katholiken am intensivsten mit den Kinderfreunden beschäftigt hatte. „Die armen Kinder, die in diesem Geiste jahrelang erzogen wurden, sind für die Religion auf immer verloren."[156] Um der Flut sozialistischer Kinderverderbnis einen Damm christlicher Erziehung entgegenzustellen, schufen die Katholiken ebenfalls eine Kinderorganisation, „Kinderwohl" genannt, die sich in manchen Formen durchaus an der sozialdemokratischen Kindererziehung orientierte, im übrigen aber auf einer ganz anderen Welt- und Lebensanschauung fußte.

Dieser umfassende Weltanschauungscharakter sowohl des katholischen als auch des sozialdemokratischen Milieus, der sich trotz partiell anders gerichteter Wünsche der SPD-Führung in der zweiten Hälfte der zwanziger Jahre eher noch verstärkte, vereitelte, daß sich der Katholizismus und der demokratische Sozialismus in den Weimarer Jahren näherkamen, verhinderte, daß die SPD unter kirchentreuen katholischen Arbeitern neue Anhänger und Wähler gewann. Für sozialdemokratische Einbrüche in das katholische Milieu bedurfte es gewissermaßen der Säkularisierung der Gesellschaft. Das hieß aber zweierlei: die Entkirchlichung der Lebensweisen und des Alltagsverhaltens der katholischen Arbeiter *und* die „Säkularisierung" der sozialistischen Theorie und des sozialdemokratischen Milieus. Sie mußten sich von semireligiösen Heilsvisionen und kirchenähnlichen Totalitätsansprüchen emanzipieren und zu einem pragmatisch orientierten, wenn auch gewiß ethisch fundierten Politikverständnis finden.

4. Ausgrenzung und Selbstisolierung

Fragmentierte politische Kultur

Die politisch mentale Zerklüftung der Weimarer Gesellschaft in jeweils mit ideologischen Absolutheitsansprüchen ausgestatteten Teilmilieus haben die Reform und Öffnung der Sozialdemokratie erschwert und schließlich verhindert. Bemühte die SPD sich, Wähler und Mitglieder aus sozialen Schichten, Konfessionen und Regionen zu gewinnen, die ihr bislang verschlossen waren, so stand sie allgemein vor dem Problem, sehr bald an die Grenzen anderer Milieus, anderer ihr oftmals feindlich und aggressiv gegenüberstehender kollektiver Meinungen, Einstellungen, Werte, Mentalitäten und Verhaltensweisen zu stoßen. Die Weimarer Republik und ihre politische Kultur waren gerade durch deren extreme Fragmentierung gekennzeichnet.[157] Es gab weder eine (minimal) konsensuale (wie in westlichen Demokratien, z. B. Großbritannien) noch eine dominante politische Kultur (wie im Kaiserreich die preußisch-protestantische); es gab vielmehr gegeneinander abgeschottete Teilkulturen, die ihre eigene Schwerkraft hatten. Zu diesen Teilkulturen sind natürlich die Sozialdemokratie selbst und die anderen sich um die milieugebundenen Integrationsparteien (S. Neumann) legenden Organisationsnetzwerke von Kommunisten, politischem Katholizismus und – im Ausgang der Republik – Nationalsozialismus zu zählen, während die „Gesinnungsgruppierungen" wie die militärisch-nationalistischen Bünde, das Offizierscorps, die Debattierzirkel der Linksintellektuellen sowie der Gesinnungsliberalen als Segmente einer fragmentierten politischen Kultur nicht ganz so deutlich eingrenzbar waren. Die politisch-kulturelle Fragmentierung in Weimar hatte eine andere Qualität und ging über das Maß hinaus, das an pluralistischer Meinungs- und Interessendifferenzierung in demokratisch-repräsentativen Systemen kapitalistischer Gesellschaften heute selbstverständlich ist. Weimar fehlte ein Minimalkonsens, der – auf der Grundlage der Verfassungsprinzipien und der Anerkennung der Menschenrechte – auch politische Bündnisse zwischen den Teilkulturen möglich gemacht hätte. Gerade im Bürgertum mangelte es der Sozialdemokratie hierfür an Partnern.[158] Am Beginn der Weimarer Republik gab es aufgrund der noch ungeklärten politischen und sozialen Situation am ehesten die Möglichkeit, Barrieren zwischen einigen Teilkulturen durchlässiger zu machen. Mit der zunehmenden politischen Polarisierung und sich veschärfenden Klassenauseinandersetzungen in der Phase der Hyperinflation und im Ausgang der Republik, aber auch in der Phase ihrer relativen Stabilisierung, schotteten die Lager sich immer dichter gegeneinander ab. Zudem gab es weite Bereich der Weimarer Gesellschaft – unter anderem die Ostelbier, Teile des alten Mittelstandes, Teile des politischen Katholizismus, das

Heer, die Universitäten –, die einfach antidemokratisch und für einen republikanischen Minimalkonsens nicht zu gewinnen waren. Fragmentierung der Weimarer politischen Kultur hat mithin als restriktive Bedingung für die Koalitionsfähigkeit der Parteien untereinander zu gelten. Für die Chancen der Sozialdemokratie, sich zu einer linken Volkspartei zu entwickeln, stellte diese Fragmentierung ebenfalls einen einschränkenden Faktor dar.

An anderer Stelle haben wir die Kategorie „Solidargemeinschaft" für die Weimarer Sozialdemokratie in die wissenschaftliche Diskussion eingeführt.[159] Damit sind das Zusammengehörigkeitsgefühl und jene praktizierte gegenseitige Unterstützung angesprochen, die auch in Weimar lebendig waren. Diese Solidargemeinschaft vergemeinschaftete nach innen und isolierte zugleich nach außen; sie produzierte solidarische Kräfte und Energien, die aber auf die eigene Welt bezogen waren und nur unzureichend im politischen Alltag der ganzen Republik wirkten; sie entwickelte Alternativen und Gegenmacht, fragmentierte aber dadurch zugleich weiter die politische Kultur, schuf Feindbilder und nährte das Lagerdenken. Zur sozialdemokratischen Solidargemeinschaft können alle jene nicht gezählt werden, die zwar SPD wählten, die aber dem geistigen und organisatorischen Leben der Partei und ihres Organisationsnetzwerkes fernstanden. Im weiteren Sinn gehörten zu dieser Solidargemeinschaft alle Mitglieder der SPD und der sozialdemokratischen Kultur- und Massenorganisationen, die – obwohl beeinflußt von der neu aufkommenden Massenkultur – in ihren Überzeugungen, Einstellungen, Mentalitäten und Verhaltensweisen unterscheidbar von anderen nicht organisierten Arbeitern waren. Im engeren Sinn sind zur sozialdemokratischen Solidargemeinschaft nur die Funktionäre der SPD und der sozialdemokratischen Arbeiterkulturorganisationen zu rechnen. Außerdem jene, die ihre Kinder auf die weltlichen (Volks-)Schulen schickten und so einen Test sozialdemokratisch-solidarischen Verhaltens durch diese bewußte, von der Umwelt häufig angefeindete Entscheidung ablegten. Nach beiden Berechnungsarten kommt man auf eine Zahl von rund 200 000, die der solidarischen Aktivitas angehörten. Während am Rande der sozialdemokratischen Solidargemeinschaft zwar deren Wirkungen für den einzelnen spürbar waren und ihn in seinem täglichen Leben durchaus beeinflussen mochten, konnten diese sich in ihrem Zentrum zu Organisationspatriotismus und enger Weltanschauung verdichten. Organisationsborniertheit und proletarische Ideologie mußten auf jene Wählergruppen, denen man Angebote machte und die man gewinnen wollte, aber gerade abstoßend wirken.

Dies galt vor allem für jenen Gesellschaftsdeterminismus und die Geschichtsteleologie, nach denen das Proletariat das eigentliche Subjekt des historischen Prozesses und Heilsbringer des Sozialismus war; für das Dogma vom Klassenkampf, für die – wie immer modifizierte und abgeschwächte –

Verelendungstheorie, für jenen „Volksmarxismus"[160] also, der sich in den
Programmen der Partei, auch in den großen Versammlungen ihrer Führer,
besonders im Bewußtsein ihrer Funktionäre und Mitglieder, und merkwürdigerweise vor allem bei den „Konvertiten" und den Mittelschichten fand.
Für Angestellte, Intellektuelle, Bauern, Selbständige und Handwerker war
darin kein eigenständiger historischer, gesellschaftlicher oder politischer
Ort gelassen. Auch das ›Görlitzer Programm‹, das nach der Interpretation
Heinrich August Winklers dem einer Volkspartei am nächsten kam, enthält
– in der Tradition des ›Erfurter Programms‹ – jenen Topos von der Polarisierung der Gesellschaft, nach der eine kleine Zahl von Großbesitzern und eine
im Überfluß lebende Minderheit den besitzlosen Proletariern, der breiten
Masse von Arbeitern entgegengestellt werden. Und die kleinen und mittleren Besitzer, die Scharen geistiger Arbeiter, die Beamten, Angestellten,
Künstler, Schriftsteller, Lehrer und Angehörige aller Art der freien Berufe
sanken danach in „proletarische Lebensbedingungen" ab. Da mußte der
Klassenkampf für die Befreiung des Proletariats zur geschichtlichen Notwendigkeit werden. Das ›Heidelberger Programm‹ wiederholte nur den Ant-
agonismus von besitzlosen Proletariern und einer verhältnismäßig kleinen
Zahl von Kapitalisten, ist in seiner Rhetorik aber radikaler und deterministi-
scher als das von Görlitz, spricht von Ausbeutern und Ausgebeuteten, von
Beherrschern und Beherrschten und von der inneren Gesetzmäßigkeit der
ökonomischen Entwicklung, die zum Erstarken des kapitalistischen Großbetriebes geführt hat, der den Kleinbetrieb immer mehr zurückdrängt.
Theodor Geiger hat in diesem Zusammenhang die absperrende Wirkung bestimmter ideologischer Bestände des Parteisozialismus gegenüber den Angestellten beklagt und empfohlen, die Verelendungstheorie und das Dogma
vom Klassenkampf aufzugeben.[161] Aber es war gerade diese verbalradikale
Rhetorik, die die Partei im Innersten ihres ausdifferenzierten Organisations-
wesens und ihres weitgefächerten Funktionärsapparates zusammenhielt und
verband. Formeln wie die von der „Konzentration der Betriebe", dem
„ins Proletariat hinabsinkenden und abstürzenden Mittelstand", vom „voll-
proletarisierten Mittelstand" waren selbst von einem parlamentarischen
Pragmatiker wie Ernst Heilmann, der machtbewußt die preußische Politik
aus dem Hintergrund mitbestimmte, ebenso zu lesen wie von Funktionären
aus der Provinz.[162] Und dies entsprach offenkundig dem Abgrenzungsbedürfnis der in der Sozialdemokratie organisierten klassenbewußten Arbeiterschaft, die – besonders seit der Hyperinflation 1922/23, während der die
Sozialpolitik und die Organisationsstruktur der sozialistischen Bewegung in
die Krise gerieten – den Wunsch hatte, „unter sich" zu bleiben.[163] Dieser
marxistische Verbalradikalismus war nicht künstlich aufgesetzte Ideologie,
nicht einfach ein Hirngespinst, sondern fand in der gesellschaftlichen und
politischen Wirklichkeit der Weimarer Republik ihren konkreten Bezug; in

einer „rechten Realität: Es gab Klassenjustiz, Klassenwissenschaft und Klassenkampf von oben"[164].

In dieser Realität der Klassengesellschaft blieb das Bedürfnis erhalten, sich in proletarischen Kategorien auszudrücken und exklusiv als Klasse zusammenzuschließen. Besonders deutlich wird das im Bereich der sozialistischen Organisationskultur. Auch ein Großteil derjenigen Freizeit- und Kulturgemeinschaften, die sich erst während der Weimarer Jahre bildeten, bezeichneten sich wie die bereits im Kaiserreich entstandenen sozialistischen Sport-, Sänger- und Abstinentenverbände explizit als *Arbeiter*vereine: so etwa die Arbeiterwohlfahrt, der Arbeiter-Radio-Bund, der Arbeiter-Angler-Bund, der Arbeiter-Schützen-Bund, die Sozialistische Arbeiterjugend. Gerade die Aktivisten in den sozialistischen Vorfeldorganisationen, die Träger des sozialdemokratischen Funktionärskörpers, hielten an der dichotomischen Deutung ihrer sozialen Umwelt, hier bürgerlich – dort proletarisch, auch in den republikanischen Jahren unbeirrt fest. Das galt ebenfalls für sonst ausgesprochen reformistische, um gesellschaftliche Integration bemühte Vereine, wie den „Deutschen Arbeiter-Abstinenten-Bund" oder den „Arbeiter-Samariter-Bund". Der „Arbeiter-Samariter-Bund" war gewiß die am weitesten rechts stehende Organisation im Spektrum der sozialistischen Arbeiterkultur. Doch auch in diesem auf unpolitische Neutralität geradezu übereifrig bedachten Bund hatten Öffnungsversuche, die das proletarische Markenzeichen aus dem traditionellen Firmenschild tilgen wollten, keine Chance. Als auf dem ASB-Bundestag 1919 in Magdeburg die Mitglieder des Bundesvorstandes den Antrag stellten, die Bezeichnung „Arbeiter" aus dem Verbandsnamen zu streichen, um für neue Schichten attraktiv zu werden, brach ein Sturm der Entrüstung unter den Delegierten aus. Von einer „Kampfansage" an die proletarische Mitgliedschaft war die Rede; die Gefahr der „Verbürgerlichung" wurde an die Wand gemalt; und schließlich schwebte das Damoklesschwert der Spaltung des Verbandes im Raum. Zu guter Letzt stand das reformfreudige Vorstandstrio allein auf weiter Flur und gab die Sache auf. Die Erste-Hilfe-Organisation hieß auch weiterhin (und heißt bis auf den heutigen Tag) „Arbeiter-Samariter-Bund".[165]

Ganz und gar proletarisch ging es auch anläßlich der Fest- und Feierstunden in den sozialdemokratischen Kulturorganisationen zu.[166] Der kollektive Bühnenheld sozialdemokratischer Sprech- und Bewegungsaufführungen war immer und stets das industrielle Proletariat; als Kulissenbild nahm man die Fabrik, den düsteren Hinterhof, die Straßen der Industriestädte. Die Szenenfolge dieser sozialistischen Elends- und Revolutionsdramen änderte sich kaum, die Botschaft blieb immer gleich. Die Prophetie des ›Erfurter Programms‹ wurde gewissermaßen in die Mystik und alttestamentarische Metaphorik einer sozialistischen Gegenkirche eingetaucht. Der erste Akt sozialdemokratischer Weihestunden sah das Proletariat stets auf dem Leidensweg, in Not und Unterdrückung, auf der Bühne war alles: „dunkle Nacht – dumpfe Fron – müde Qual". Doch dann folgte das „Golgatha" der Arbeiterklasse, der Aufschrei, die Sammlung, der Aufmarsch, die Bereitschaft zum Kampf. Schließlich endete das Drama im letzten Akt mit der proletarischen Erfüllung: Sieg und Erlösung in der sozialistischen Zukunftsgesellschaft, eben: der „junge Morgen – ein heller Tag – die neue Zeit".

Die Aktivisten in der sozialdemokratischen Solidargemeinschaft haben aus der Vision solcher Festaufführungen unzweifelhaft Kraft und Zuversicht für ihre sehr viel profanere, oftmals auch deprimierende Alltagspraxis geschöpft, nicht anders gewiß wie viele Christen Trost und Erbauung in der kirchlichen Andacht fanden. Aber gerade indem sich die Sozialdemokraten in die Gemäuer einer proletarisch-sozialistischen Gegenkirche verschanzten und sich eine eigene Liturgie schufen, schotteten sie sich gegenüber anderen Lebensbereichen, Denkformen und Einstellungen ab, ja negierten in ihrer Verabsolutierung der proletarischen Existenz und im Mythos der allein siegreichen Arbeiterklasse, daß andere soziale Schichten in der Zukunft überhaupt eine Daseinsberechtigung hätten. Den Leitgedanken der Fest- und Feierpredigten sozialdemokratischer Kulturorganisationen wohnte wie allen chiliastischen Utopien eine illiberale Tendenz inne. Außerhalb der Industriearbeiterschaft konnte sich keine andere Sozialgruppe mit der Form und dem Credo kultursozialistischer Manifestationen identifizieren, mit Ausnahme vielleicht jener Intellektueller, die im Proletariat gleichsam den kollektiven Messias zur Erlösung der entfremdeten Menschheit entdeckt hatten und, ausgestattet mit dieser Erwartung, die sozialistischen Dramen als Bühnenautoren und Regisseure in Szene setzten. Die Kulturorganisationen verharrten in Organisationsborniertheit und proletarischer Ideologie.

Organisationskonservatismus und Parteireform

Das Netzwerk von Partei, freien Gewerkschaften, Genossenschaften und Arbeiterkulturorganisationen, das darauf angelegt war, alle Lebensbereiche zu durchdringen, trug zwar wesentlich dazu bei, sozialdemokratische Identität zu stiften, aber es förderte zugleich die Selbstisolierung und -abgrenzung der Sozialdemokratie, setzte institutionell zwischen „drinnen" und „draußen" klare Grenzen. Dabei handelte es sich um ausdifferenzierte und komplexe Organisationen, in denen Massen zusammengeschlossen und tätig waren: Die Mitgliederzahl der SPD schwankte um die Millionengrenze; die Zahl der Ortsvereine, der untersten Parteigliederungen, lag zwischen 7000 und 9500; die Zahl der Mandatsträger in Gemeinden, Provinzen und Ländern sowie im Reich konnte auf etwa 16 000 beziffert werden; allein in den Gewerkschaften des ADGB arbeiteten über eine halbe Million Funktionsträger mit, darunter etwa 300000 Betriebsräte; mehr als 100 Freizeit- und Kulturvereine warben um die Genossen. [167] Die Gefahr bestand natürlich, daß ein solcher Koloß erstarrte, verkalkte, bürokratisierte, selbstgenügsam wurde und sich eine Art Organisationspatriotismus entwickelte, der nach innen angenehmen Stallgeruch ausströmte, der nach außen aber unerträglich sein konnte. Entsprechende Anzeichen gab es mehr als genug. So wurde in vielen Organisationen der sozialdemokratischen Arbeiterkultur (wie im Arbeiter-Abstinenten-Bund) darüber diskutiert, ob man (so würden wir heute sagen) hauptamtliche Geschäftsführer einstellen solle, man stellte die Frage: „Können wir uns einen Beamten leisten?" So wie vor dem Ersten Weltkrieg für Angestellte von Großunternehmen der Terminus „Privatbeamter" reklamiert worden war, nahm also auch die deutsche Sozialdemokratie begrifflich Anleihen bei den obrigkeitsstaatlichen Institutionen des Kaiserreichs auf. Aber die Übertragung konnte auch umgekehrt laufen und war deswegen nicht weniger bürokratisch verengt. Beispielsweise schrieben die sozialdemokratischen Studenten 1929 in das Programm ihres Verbandes, in den Hochschulen der sozialistischen Gesellschaft würde die Anarchie des Hochschulzugangs durch eine geplante Regelung des „gesellschaftlichen Bedarfs an Funktionären" ersetzt werden. Allein die Sprache verrät die Enge und Selbstabgrenzung des sozialdemokratischen Milieus. [168] Von der Organisation versprachen viele sich das Heil. Sie könne – so immer wieder anzutreffende Argumente – die auseinanderstrebenden Parteiflügel zusammenhalten und den politischen Führern das Fundament verschaffen, von dem aus sie erfolgreich operieren könnten. Das Gebot der Stunde heiße daher: „Weniger Gewicht auf Staatsposten – alles Gewicht auf den Parteiapparat." [169] Andererseits war man innerhalb der Sozialdemokratie durchaus sensibel für die Organisationsfrage und die damit zusammenhängenden Probleme der inneren Erstarrung und Selbstghettoisierung. Durch die ganze Weimarer Republik zieht sich entsprechend eine lebhafte Debatte, die in ihrer Vielfalt an dieser Stelle indessen nicht rekonstruiert werden kann. Hier soll lediglich Wilhelm Sollmann, selbst ein von der Partei bezahlter hauptamtlicher Funktionär, beispielhaft angeführt werden, da er in der Parteipresse (in Vorbereitung auf den geplanten Parteitag von 1933 in Frankfurt) wohl am radikalsten der Frage nachging, ob die sozialdemokratische Organisation auf der Höhe ihrer Zeit sei, den künftigen geistigen und politischen Aufgaben genüge und was an ihr unter Umständen verbessert werden müsse. [170] In der Weimarer Republik hat wohl kein zweiter Artikel in einer Tageszeitung der SPD soviel Furore gemacht wie dieser zuerst in der ›Rheinischen Zeitung‹ erschienene Beitrag Sollmanns mit dem Titel ›Positive Parteikritik‹. Zahlreiche Zeitungen druckten ihn nach, etliche Sozialdemokraten und viele Gewerkschafts-, Genossenschafts- und Arbeiter-Sportverbände bestellten bei der Redaktion der ›Rheinischen Zeitung‹ Sonderdrucke, und selbst das Blatt des demokratischen Bürgertums, die ›Frankfurter Zeitung‹, beschäftigte sich ausführlich und wohlwollend mit ihm.[171]

Sollmann kritisierte, daß die „heutige Organisationsform der Sozialdemokratie" noch im wesentlichen der Kaiserzeit entstamme, als die SPD noch keine konstruktive politische Tätigkeit entfalten konnte. Es gebe „ein sehr reichliches Reservoir an guten Organisationsleitern, aber schwerlich genügend Führer mit politischen Instinkten, mit politischer Phantasie, politischer Willensrichtung und politischen Suggestivkräften". Die Parteiführer seien allzusehr in dem starren und engen Rahmen der Organisation „mit den technischen Vorgängen im Apparat beschäftigt". Die Führungspositionen in der Bewegung würden fast nur den angestellten Funktionären überlassen, dies träfe auf den Parteivorstand ebenso wie auf den Parteiausschuß zu. Aber: „Wir müssen die Enge des Führeraufstiegs, der fast nur aus dem angestellten Funktionärskörper erfolgt, durchbrechen." Die Gefahr sei nämlich, wertvolle Kräfte, die es außerhalb dieses Funktionärskörpers gebe, gar nicht mehr kennenzulernen, „oder sie, weil sie sich verkannt, mißverstanden und in ihren Fähigkeiten nicht gewürdigt fühlten, abzustoßen und zu verlieren". Sollmann warnte vor der Gefahr der Einseitigkeit, „der Abkapselung von den freien Kräften der Gesellschaft, der Wirtschaft und ihrer Geistigkeit. In dieser Gefahr befindet sich die Partei von ihren Spitzen bis zu ihren Unterführern". Auch die Kandidatenaufstellung für Parlamente folge der „Einseitigkeit unserer Organisationsführung". „Das ist keine Zusammensetzung von Fraktionen, wie sie eine Volksbewegung bedarf, die den geschichtlichen Anspruch erhebt, Staat, Gesellschaft und Kultur gründlich erneuern zu wollen." Sollmann wollte für die parlamentarische Demokratie der Weimarer Republik den machtbewußten und politisch phantasievollen Führer, der aus einer entsprechend reformierten, sich möglichst vielen gesellschaftlichen und geistigen Strömungen öffnenden Organisation hervorgehen sollte. Im Anschluß an Sollmann konkretisierte Otto Friedländer, lange Jahre Vorsitzender der Sozialistischen Studenten, diese Reformideen und schlug vor, im Parteivorstand eine Ressortgliederung für einzelne Aufgaben- und Politikbereiche zu schaffen, in letzter Konsequenz eine Art Schattenkabinett der in Opposition befindlichen SPD. Er wollte dieses Gliederungsprinzip auch auf die Ebene der Länder und Kommunen übertragen.[172]

Großstädtische Ortsvereine wie Köln und Hamburg nahmen solche Anstöße auf und verdichteten sie Ende 1932/Anfang 1933 zu präzisen Anträgen für den Parteitag, der ursprünglich im März 1933 in Frankfurt stattfinden sollte. Tatsächlich gehörten die Monate November und Dezember 1932 und Januar 1933 zu den diskussionsintensivsten in der Geschichte der Weimarer Sozialdemokratie überhaupt. In breiten Kreisen der Partei, nicht mehr nur in kleinen Zirkeln, herrschte eine Stimmung fundamentaler Selbstkritik;

man war der Meinung, die Arbeiterbewegung stehe an der Schwelle einer ganz neuen Epoche; sie benötige neue Zielsetzungen, neue Taktiken, neue Methoden. In dieser Atmosphäre machte plötzlich im sozialdemokratischen Diskurs ein Begriff Karriere, der bis dahin eher verpönt war: „Volk". Gleichsam über Nacht wurde die Partei von einer linkspopulistischen Stimmung übermannt. „Sozialistische Volksbewegung", „große Volksbewegung", „Volksfront gegen Großkapitalismus", „eine gewaltige Volksbewegung", „eine umfassende sozialistische Volksbewegung" – all dies wollte die SPD jetzt plötzlich ins Leben rufen, da sie unter den Peitschenhieben nationalsozialistischer Wahlerfolge endgültig die Lehre gezogen hatte, daß die sozialdemokratischen „Forderungen nicht Klassenforderungen bleiben" durften, sondern zu „Volksforderungen" werden mußten.[173] Von nun an galt es, wie SPD-Presseorgane allenthalben postulierten, eine Volksfront von Bauern, Arbeitern, Angestellten und Mittelständlern gegen das Großkapital zu schmieden, zumal nur dann, so der › Vorwärts‹, „demokratischer Sozialismus in Deutschland möglich ist".[174] „Breiteste Volksmassen" müßten erreicht werden, formulierte die Redaktion des › Hamburger Echo‹ in einem Positionsentwurf für die Hamburger Partei, denn es werde immer stärker offenbar, „daß der Sozialismus eine Sache nicht nur der Industriearbeiter, sondern der Arbeiter und Angestellten, des Mittelstandes und der Bauern ist".[175] Auch die Eigentumsinteressen des selbständigen Kleinbesitzes fanden nun in einigen Konzepten Berücksichtigung. Allmählich reiften zumindest im engeren Dunstkreis der Köln-Hamburger Parteireformer wirtschaftspolitische Modelle einer „Markt-Planwirtschaft" heran. Gedacht war dabei an eine gemischte Wirtschaft mit sozialisierter „Kommandohöhe" und einem erhalten gebliebenen freien Sektor nichtmonopolistischen Charakters, der im Wettbewerb mit Genossenschaftsbetrieben die Fähigkeiten des Konkurrenzprinzips unter Beweis stellen sollte.[176]

Gewiß hatte dieser linkspopulistische Ausbruchsversuch aus dem sozialistisch-proletarischen Ghetto seine problematischen Seiten, da hierbei mitunter auch, gleichsam als Entréebillet für den Zugang zu den Mittelschichten, nationalistische und autoritäre Töne und Parolen mitschwangen. Manches von dem, was vor allem die Kölner und Hamburger Sozialdemokraten in den Wintermonaten 1932/33 vorschlugen, wirkte wie die sozialdemokratisch temperierte Nachahmung nationalsozialistischer Agitation. Und sicher ist zweifelhaft, ob der sozialdemokratische Linkspopulismus die Mittelschichten wirklich beeindruckt und überzeugt hätte.[177]

Immerhin reagierte die Verbandspublizistik des selbständigen Mittelstandes erstmals in Weimar interessiert und wohlwollend auf den „vollständigen Wandel" sozialdemokratischer Politik.[178] Alles in allem: Die wichtigste Lektion aus ihrem Scheitern in der Republik zogen die Weimarer Sozialdemokraten noch selbst. Das Fundament des Neubeginns hatten Sozialdemokraten zwar zu spät, aber doch bereits in Weimar, eben in den Herbst- und Wintermonaten 1932/33 gelegt.

5. Konklusion

Legt man die Kriterien an, die wir einleitend entwickelt haben, dann gibt es keine Zweifel: In Weimar hat die SPD sich auf den Weg zu einer Volkspartei begeben. Bei unserem Gang in die Empirie sind wir an vielen Stellen vom Befund überrascht worden, wir hatten anderes erwartet.

So ist die Partei dem Trend zur Dienstleistungsgesellschaft gefolgt, der sich für alle Beobachter eindeutig seit Mitte der zwanziger Jahre abzeichnete. Bei Wahlen gewann sie unter Angestellten und Beamten und erzielte besonders bei den technischen Angestellten Erfolge. Natürlich blieb die SPD aufgrund historischen Herkommens in ihrem Kern eine Partei der Industrie- und Facharbeiterschaft, sie war aber – was in der Literatur oft übersehen wird – in Teilen der neuen Mittelschichten fest verankert. Die gleiche soziale Diagnose galt für die Parteimitgliedschaft, ja hier gab es Orte (wie Berlin) und Organisationen (wie die SAJ), wo der Anteil der Angestellten und Beamten weit über dem Bevölkerungsdurchschnitt des Reichs lag und sich entfernt bereits Konturen einer „Partei des öffentlichen Dienstes" erkennen ließen, wie sie sich erst in der Geschichte der Bundesrepublik dann ganz entfaltet hat. Auch ein neuer Funktionärstyp war im Entstehen. War die alte Garde in den achtziger und neunziger Jahren des vorigen Jahrhunderts noch aus den Facharbeiterberufen der Holzverarbeitung gekommen, gefolgt nach der Jahrhundertwende von den Metallarbeitern, so rückten in den Weimarer Jahren die Angehörigen der neuen Mittelschichten in die Parteiämter auf, häufig zunächst bei den Jugendorganisationen, bald aber übernahmen sie auch Mandate in Landtagen und im Reichstag. Als Beispiele seien Erich Ollenhauer, Louise Schroeder, Erich Lindstaedt, Alfred Nau, Herta Gotthelf, Andreas Gayk und Gustav Dahrendorf genannt. Sie alle hatten kaufmännische Lehren absolviert, sie repräsentierten den neuen Funktionärstyp, und sie gehörten dem politischen Führungspersonal der Nachkriegs-Sozialdemokratie an. Sie haben die Geschichte der Bundesrepublik entscheidend mitbestimmt.

Doch nicht nur bei Angestellten und Beamten vermochte die Sozialdemokratie neue Wähler und Mitglieder zu erreichen, vielmehr gewann sie bei den Wahlen zur Nationalversammlung und zu verfassunggebenden Landesversammlungen Anfang 1919 auch die Stimmen von Landarbeitern östlich der Elbe, von kleinstädtischen Handarbeitern, von Intellektuellen und nach 1930 von wohlhabenden (jüdischen) Bildungsbürgern – insgesamt eine Regenbogenkoalition moderner Machart, die sich allerdings nur punktuell und aufgrund besonderer politischer Verhältnisse eingestellt hatte. Zu keinem anderen Zeitpunkt in der Weimarer Republik hat die Sozialdemokratie sich sozial so weit geöffnet wie in den Revolutionsmonaten 1918/19, was nicht zuletzt auch so zu verstehen ist, daß angesichts des Versagens des Ancien régimes die im Weltkrieg politisierten Bevölkerungsgruppen in der SPD eine gesellschaftspolitische Alternative zu erblicken vermochten.

Wir scheuen nicht davor zurück, das ›Görlitzer Programm‹ von 1921, das – vor Godesberg – dem einer Volkspartei am nächsten kam, *auch* als eine Folge der in den Anfangsjahren der Republik tatsächlich vollzogenen sozialen Verbreiterung der SPD zu interpretieren. Es war also unter anderem diese historische Erfahrung und nicht nur die Tatsache, daß der spätere linke Flügel der Sozialdemokratie zu diesem Zeitpunkt noch überwiegend in der USPD gebunden war, die diese politische Offerte an Schichten außerhalb der Industriearbeiterschaft ermöglichte. Und es hieße wiederum Görlitz als einsam herausragenden Markstein auf dem sozialdemokratischen Weg zur Volkspartei überzuinterpretieren, wenn die vielen anderen Angebote, die diesem Programm folgten, unberücksichtigt blieben. Man umwarb die technischen Angestellten, die als Träger der Sozialisierung gebraucht wurden. Zur Orthodoxie geronnene Eigentumsvorstellungen gingen mit dem Kieler Agrarprogramm über Bord, und den Bauern wurde ihr Besitztitel an Grund und Boden auch für die künftige sozialistische Gesellschaft garantiert. Und der Magdeburger Parteitag sandte ein unüberhörbares Toleranzsignal an die katholischen Arbeiter. Allerorten und auf allen Flügeln der Partei war ein Gespür dafür vorhanden, daß es notwendig sei, sich sozial zu öffnen. Dies fühlten und erkannten nicht nur „Rechte" wie Wilhelm Sollmann, sondern gerade auch ein Mann wie Rudolf Hilferding, der als Autor des ›Heidelberger Programms‹ in der Literatur vereinfachend als marxistischer Traditionalist eingeordnet wird, oder der Zentrist Wladimir Woytinski oder auf der Linken Siegfried Aufhäuser und Heinrich Ströbel. Diese Angebote waren nicht etwa Ausfluß eines blanken Opportunismus, vielmehr wurden sie theoretisch begründet, in eine Strategie eingefügt, die langfristig auf die Überwindung kapitalistischer Ausbeutungsverhältnisse abzielte, und sie war bei einigen Sozialdemokraten auch in den Zusammenhang einer Parlamentarismuskonzeption gestellt. Uns hat nicht nur – aus heutiger Perspektive – die Modernität überrascht, mit der Probleme des Parlamentarismus und der Volkspartei innerhalb der Sozialdemokratie Weimars reflektiert wurden, sondern uns hat auch erstaunt, wie sehr ein kräftiger Schuß parteienstaatlicher Praxis sich trotz aller Widerstände, zum Beispiel im „Roten Preußen", durchzusetzen vermocht hatte. Da gab es nicht nur realistische Einsichten in die Funktionsweise parlamentarisch-repräsentativer politischer Systeme und in ihnen agierender Volksparteien, sondern sie wurden auch praktiziert. Das politische Problem bestand natürlich darin, daß solche Konzeptionen nicht einmal Allgemeingut der SPD, geschweige denn aller oder auch nur einer Mehrheit der Weimarer Parteien gewesen wären. Aber entgegen der auch heute noch gepflegten Legende gab es in der ersten deutschen Republik realistische Ansätze für eine weitere Entfaltung parlamentarischer Demokratie, und es war das benötigte Personal vorhanden, nämlich – wie wiederum Preußen zeigt – charismatische, politisch phantasievolle und machtbewußte sozialdemokratische Führer.

Wir wissen, die hoffnungsvollen Ansätze scheiterten. Nicht zuletzt mangelte es an Zeit. Eine funktionierende parlamentarische Demokratie mit in ihnen wirkenden Volksparteien stellt sich nicht einfach über Nacht ein. Soll sie sich entfalten, müssen vielmehr Erfahrungen und damit auch Fehler gemacht, muß Vertrauen zwischen den Parteien und Grundvertrauen in die Achtung der Menschenrechte bei den Bürgern entwickelt werden können. In Bonn hat es fast ein Vierteljahrhundert gedauert, bis sich ein Wechsel zwischen Regierung und Opposition vollzog, die SPD sich endgültig zu einer Volkspartei entwickelte und die parlamentarische Demokratie ihre Stabilität erwies. In Weimars zwölf beziehungsweise vierzehn Jahren war die Zeit dagegen viel zu knapp bemessen.

Zudem waren in Weimar die Interessengegensätze zwischen der Sozialdemokratie und den Gruppen, die sie mit ihren Angeboten zu erreichen suchte, sehr tief, tiefer als heute in Bonn. Das Ausmaß dieser objektiven Gegensätze gerät erst ganz in den Blickpunkt, wenn methodologisch die sozialdemokratische Binnenperspektive verlassen und gefragt wird, wie denn die Adressaten auf die sozialdemokratischen Offerten antworteten und warum sie so reagierten. Genau dies haben wir bei unserem Gang durch die Empirie getan. Unsere Analyse, welche Restriktionen sich der weiteren Entfaltung volksparteilicher Ansätze entgegenstellten, hat dadurch an Schärfe gewonnen. So widersetzte der selbständige Mittelstand sich aus ureigenstem ökonomischem Interesse dem Achtstundentag, dem Arbeitsschutz und überhaupt der Sozialpolitik der Sozialdemokratie, man fürchtete und haßte Konsumgenossenschaften, Wohnungsbaugenossenschaften, gewerkschaftliche und kommunale Eigenbetriebe. Selbständige Handwerker und noch stärker die Bauern waren durch Sozialisierungsforderungen abgeschreckt worden, die auch, nachdem sie von der Sozialdemokratie fallengelassen worden waren, in Ängsten und Ressentiments fortwirkten. Es hätte langer und intensiver Aufklärung und einer entsprechenden politischen Praxis bedurft, dieses Vorurteil zu überwinden. Doch hier stießen die Sozialdemokraten, wenn sie sich zur „Landagitation" aufrafften, auch sehr schnell an Milieugrenzen, da das flache Land mit seinen Bewohnern ihnen letztendlich immer fremd geblieben war. Katholiken und Sozialdemokraten wiederum trennten die Erziehungs-, Schul- und Kulturpolitik, hier waren auf beiden Seiten, von der Kanzel oder beim Zahlabend, Ressentiments leicht zu mobilisieren, und nur in Preußen war mit dem Konkordat, heftig umstritten in der SPD, ein erster Brückenschlag gelungen.

Es gab aber auch Gruppen, die als Wähler oder Mitglieder vorübergehend zur SPD stießen, sich dann aber wieder abwandten. Häufig waren Enttäuschung über die Partei und Unzulänglichkeiten oder Versäumnisse sozialdemokratischer Regierungen der Grund für die Abkehr. So empfand mancher revolutionsbegeisterte Intellektuelle das schlicht, aber solide gebaute sozialdemokratische Haus für seine kühnen Ideen und politischen Phantasien als zu eng. Da hatten nicht wenige Angestellte und Beamte gehofft, in einer sozialistischen Gesellschaft Karriere machen zu können, und sie waren aufgrund ihrer Aufstiegserwartungen frustriert, als der Marsch in den Sozialismus schnell ins Stocken geriet. Auch im Zusammenhang unserer Überlegungen zeigte es sich, daß die Weimarer Sozialdemokratie viel zu zaghaft war, bewußt und gezielt als Patronageorganisation aufzutreten und nicht nur die Kommandohöhen, sondern auch die Unteroffizierspositionen der staatlichen Bürokratien zu besetzen, um auch so die Köpfe und Herzen der neuen Mittelschichten zu gewinnen. Erschwerend kam hinzu, daß die SPD – ob zu Recht oder Unrecht, war für die Wirkung gleichgültig – nach der Inflationskrise von 1923/24 mit Personalabbau und Realeinkommensverlusten im öffentlichen Dienst identifiziert wurde.

Überhaupt können die großen ökonomischen Krisen der Weimarer Republik, die Hyperinflation und die Weltwirtschaftskrise, in ihrer Bedeutung dafür kaum überschätzt werden, daß volksparteiliche Ansätze der Sozialdemokratie sich nicht weiter zu entfalten vermochten. Dies waren nämlich Niederlagen im Klassenkampf, von denen jeder individuell, aber auch die sozialdemokratischen Kultur- und Wirtschaftsorganisationen in ihrer Existenz bedroht waren. Es ist verständlich, daß man sich in einer solchen Situation in das angestammte Organisationsnetzwerk flüchtete und entsprechend die Welt in Klassenkategorien interpretierte. So war das ›Heidelberger Programm‹ in seinem (im Vergleich zu Görlitz) stärkeren Verbalradikalismus eben auch Ergebnis konkret erfahrener Klassenkonflikte, es kann nicht primär damit erklärt werden, daß ehemalige Unabhängige inzwischen den linken Flügel gestärkt hatten. Mit der Zuspitzung sozialer und wirtschaftlicher Konflikte waren latente autoritär-obrigkeitsstaatliche Ressentiments aktualisiert worden, festigten sich politisch die antidemokratischen Verbände und Parteien – bis der Weg in der Katastrophe endete. Inflations- und Weltwirtschaftskrise waren also ein Grund dafür, daß auf allen Seiten die Gräben tiefer gegraben und die Schutzwälle höher aufgeschüttet, Lager- und Milieuüberschreitungen schwieriger wurden.

Dennoch politisierten, taktierten, argumentierten und agitierten während der ganzen Periode der Weimarer Republik in der Sozialdemokratie natürlich auch Angehörige solcher sozialer Gruppen, die der Fach- und Industriearbeiterschaft fernstanden. Im Verlauf unserer Quellenstudien ist uns dabei ein eigenartiges Phänomen ins Auge gestochen, das wir auf den – zunächst paradox klingenden – Begriff der negativen Dialektik der Öffnung bringen wollen. Uns ist aufgefallen, daß häufig Angestellte, technische Angestellte insbesondere, Beamte, Ärzte und Intellektuelle, die schon Mitglieder der SPD waren und aus jenen nichtproletarischen Adressatengruppen kamen, die die Partei umwarb, sich besonders radikal, proletarisch, antikapitalistisch, freidenkerisch und unduldsam verhielten. Intellektuelle, die schon vor 1914 Sozialdemokraten geworden waren, spielten sich als Gralshüter der reinen proletarischen Lehre auf, als am Beginn der Republik andere Akademiker sich der SPD anschließen wollten. Die sozialistischen Ärzte forderten lautstark die Einrichtung sozialisierter und zentralisierter, mit modernsten Apparaten ausgestatteter Ambulatorien – und verprellten so die niedergelassenen Ärzte mit ihren mittelständischen Interessen. Die Lehrer und große Teile der technischen Angestellten standen auf dem linken Flügel der Partei. Töchter aus protestantischem Pfarrhaus traten besonders intolerant auf, als es um die Öffnung gegenüber den Katholiken ging. Kompensierten, so können wir psychologisierend spekulieren, die gerade genannten sozialdemokratischen Mitgliedergruppen unbewußt durch Verbalradikalismus und Zelebrieren proletarisch-sozialdemokratischer Rituale und Symbole ihre soziale Herkunft? Wo die Ursachen auch immer liegen mögen: Die Negation der partikularen Interessen und spezifischen Einstellungen solcher Bevölkerungsgruppen, die die SPD für sich zu gewinnen trachtete, durch Sozialdemokraten, die aus eben diesen Bevölkerungsgruppen kamen, trug dazu bei, daß volksparteiliche Öffnungsversuche mißlangen, die negative Dialektik der Öffnung nicht durchbrochen wurde.

Unsere Quellenstudien haben ein weiteres, überraschendes Ergebnis gebracht: Die Parteiführung bemühte sich viel vehementer um die Öffnung der Partei zu nichtproletarischen Gruppen als die Funktionäre, sie wollte politische Spielräume nutzen. Hier geht es nicht um jenen Gegensatz von Führung und Basis, der von einigen Autoren immer wieder beschworen wird. Soweit überhaupt von einem einigermaßen präzis bestimmbaren Gegensatz gesprochen werden kann, lagen die Differenzen zwischen Mitgliedern des Parteivorstandes und einigen wachen sozialdemokratischen Gesellschaftsanalytikern auf der einen und den Funktionären in Partei und Kulturorganisationen auf der anderen Seite. Die solidargemeinschaftliche Aktivitas suchte im Organisationsnetzwerk Halt und Heimat, fand im Volksmarxismus Sinnerfüllung und Selbstvertrauen. Die Solidargemeinschaft stärkte und stabilisierte diejenigen, die in sie Einlaß gefunden hatten, mußte zugleich aber auf Außenstehende fremd, ja befremdlich wirken, sie letztlich auch abstoßen. In Zeiten offener Klassenkämpfe und politischer Konflikte wirkte sie als Abschottungssyndrom, im Innern verbreiteten sich Nestwärme und Stallgeruch, zugleich war aber für die Sozialdemokratie die Gefahr von Erstarrung und Immobilismus gegeben. So konträre politische Persönlichkeiten wie Rudolf Hilferding, der Theoretiker, Finanz- und Außenpolitiker, und Otto Wels, der Mann des Apparates, waren auf seiten der Reformer zu finden.

Hätte die Weimarer Sozialdemokratie sich zur Volkspartei geöffnet, dann wäre ein risikoreicherer Spagat erforderlich gewesen, als jener, um den die zeitgenössische SPD sich heute mit Anstrengungen bemüht, um eine bunte Wählerkoalition zu zimmern. Die Solidargemeinschaft selbst und auch die Stammwählerschaft der SPD waren sozial erstaunlich homogen, sie waren im Fach- und Industriearbeitermilieu verwurzelt. Aber schon bei den Angelernten und Ungelernten, bei den chronisch Arbeitslosen, die zur KPD tendierten, begannen die Gegensätze, und sie vertieften sich gegenüber Landarbeitern und Bauern, Teilen der neuen Mittelschichten, Katholiken oder dem alten Mittelstand. Was die Situation für jede Partei, die sich sozial und politisch öffnen wollte, so prekär machte, waren die Absolutheitsansprüche, mit denen die eigenen Anhänger weltanschaulich eingebunden wurden. Dazu gehörte, sich selbst in der – militant und polemisch vorgetragenen – Feindschaft gegen andere zu definieren. Zwar gab es auch in Weimar so etwas wie verschiedene – so würden wir heute in der Sprache der Wahl- und Marktforschung sagen – Zielgruppen, die sich nach den Kriterien von Einkommen, Ausbildung, sozialem Status, Religionszugehörigkeit, Einstellungen und Verhalten unterschieden. Doch verharmlost der Begriff „Zielgruppe" den Sachverhalt, denn in Wirklichkeit handelte es sich nicht einfach um bunte soziale, geistige und religiöse Vielfalt, sondern es standen sich weltanschauliche Lager mit ihren Kirchen, Ritualen, Symbolen, mit ihren Heeres- und Agitationsformationen unversöhnlich gegenüber. Öffnung und Gewinn neuer Wählerschichten an der einen Stelle hätte so fast unvermeidlich zu Verlusten an anderer Stelle geführt. Konkreter gesagt: Nationalistische und autoritäre Töne, um sich obrigkeitsstaatlicher Mentalitäten in den alten Mittelschichten anzupassen, wären sehr schnell an die Substanz sozialdemokratischen Demokratieverständnisses gegangen, hätten auf der Linken organisatorische Absplitterungen und Wählerverluste zur Folge gehabt.

Was daher zu allererst notwendig gewesen wäre – in der damaligen Zeit angesichts fragmentierter politischer Kultur, zugespitzter politischer Konflikte und Klassenkämpfe aber kaum gelingen konnte –, war die Verweltlichung der Politik und die Entkirchlichung der Parteien. Dies betraf die SPD ebenso wie die anderen Parteien. An die Stelle der Glaubenskriege hätte der Konsens über die Grundlagen parlamentarischer Demokratie, über ihre Regeln im Kampf um Machtanteil und über die Achtung der Menschenrechte treten müssen – bei gleichzeitigen parteilichen Auseinandersetzungen in den verschiedenen Politikfeldern. Es mangelte also an der praktizierten Dialektik von Basiskonsens und Dissens in Einzelfragen. Daß sich Weimarer Sozialdemokraten dieses Problems bewußt waren und daß sie die Notwendigkeit zu volksparteilicher Öffnung erkannt hatten, haben wir gezeigt. Insofern sind Lehren für Bonn schon in Weimar gezogen worden, hatte die SPD den Weg zur Volkspartei bereits eingeschlagen.

II. VON DER TRADITIONSKOMPANIE ZUR LOSE VERKOPPELTEN ANARCHIE ? DIE BUNDESDEUTSCHE SOZIALDEMOKRATIE

1. Sozialstruktur und Gesellschaft. Veränderungen seit Weimar

Die Modernisierung geht weiter. Struktur- und Mentalitätswandel während des Nationalsozialismus

Zwölf Jahre nationalsozialistischer Diktatur revolutionierten zwar nicht die deutsche Gesellschaft, aber sie veränderten sie, vor allem in mentaler Hinsicht, zum Teil auch in den sozialen Strukturen. Der Beginn dieser Wandlungsprozesse lag meist weit vor 1933, doch stagnierten diese Veränderungen im letzten Drittel der Weimarer Republik und entwickelten erst unter dem Nationalsozialismus wieder Schub- und Durchsetzungskraft. Allen retardierenden Ideologien aus der „Kampfzeit" zum Trotze: Die Nationalsozialisten förderten die Moderne, beschleunigten und entfesselten sie schließlich. So gehörten die Bauern und Krämer nicht zu den Gewinnern, sondern zu den Verlierern dieser Jahre. Ihr Anteil an den Erwerbstätigen schrumpfte weiter; dagegen wuchs der Umfang und die Bedeutung der neuen Mittelschichten. Die Tertiärisierung der Gesellschaft setzte sich vor allem auf Kosten zunächst des alten selbständigen Kleinbesitzes fort. Und zumindest rhetorisch-agitatorisch setzten die Nationalsozialisten dem alten Standesdünkel und vorbürgerlichen Kastengeist mächtig zu. Zwar hielt sich die soziale Mobilität innerhalb der Gesellschaft zwischen 1933 und 1945 in Grenzen, doch einige der noch aus feudalen Zeiten herrührenden Verharzungen und Verkrustungen verloren in der Tat an Bedeutung.[179] Die gesellschaftliche Entwicklung Deutschlands unter dem Naziregime eröffnete den Sozialdemokraten nach 1945 Perspektiven, die sie bis 1933 nicht besaßen. Aber sie vertiefte zugleich die Probleme, mit denen sich die Partei als politisch-kulturelle Repräsentanz eines spezifischen und segmentierten Arbeitermilieus bereits in der Weimarer Republik zunehmend konfrontiert sah. Unbeabsichtigt leisteten die Nationalsozialisten den Sozialdemokraten Vorschub, indem sie den alten Mittelstand und die selbständigen Bauern, die zu gewinnen der SPD historisch schlechterdings unmöglich war, zahlenmäßig weiter reduzierten und den Trend zu einer moderneren, offeneren Arbeitnehmergesellschaft forcierten. Die Erosion der traditionellen

Mittelschichten bot den Sozialdemokraten dann später in den bundesrepublikanischen Jahren einen neuen, bislang verschlossenen sozialen Raum, in
den sie eindringen und dadurch ihr zahlenmäßiges Gewicht und ihre politische Relevanz erhöhen konnte. Allerdings zehrte die nationalsozialistische,
totalitär-modernisierende Gesellschafts- und Kriegspolitik nicht nur an der
Substanz des alten Mittelstandes, sondern auch am sozialen und vor allem
am kulturell-lebensweltlichen Bestand des traditionellen sozialistischen
Arbeitermilieus. Die Zerstörung alter Strukturen zwischen 1933 und 1945
bedeutete mithin für die Sozialdemokraten, und nicht nur für sie, Chance
und Risiko, öffnete neue Räume, brachte aber auch Einschnitte im herkömmlichen Fundament.

Denn natürlich kam das in den zwanziger Jahren zunächst aufblühende,
dann kriselnde sozialistische Arbeitermilieu nicht unbeschadet durch die
Jahre nationalsozialistischer Diktatur hindurch. Unterdrückung und Verfolgung schlugen tiefe Wunden und hinterließen beträchtliche personelle
Lücken. Doch nicht nur Repression, sondern auch Integration durch den na-
tionalsozialistischen Staat verringerten den einstigen Zusammenhalt in den
Arbeiterquartieren der Industriestädte. Vor allem die jüngere Generation
der Arbeitnehmer sprach auf die Aufstiegs- und Qualifikationsmöglich-
keiten an, die das Regime seit Mitte der dreißiger Jahre zumindest den Ehrgeizigen bot, während der Weimarer Staat sich an seinem Ende der gesamten jungen Generation verweigerte. So jedenfalls hatte es sich in den
Erfahrungen der Jüngeren eingebrannt und in dieser Alterskohorte, die die
Wirtschaftswunderperiode in den fünfziger und sechziger Jahren in der Bundesrepublik (und in der DDR) trug und prägte, formte sich der Typus des lei-
stungs- und konsumorientierten Arbeitnehmers heraus, der sich seine Identität nicht mehr aus dem Lebens- und Deutungszusammenhang des zuvor
traditionell sozialistisch orientierten Arbeitermilieus holte, sondern sie sich
über das individuelle berufliche und private Fortkommen zu verschaffen
suchte.[180] Zwischen 1935 und 1940 setzte sich das fort, was schon in der
zweiten Hälfte der zwanziger Jahre begonnen hatte, durch die Weltwirtschaftskrise aber unterbrochen worden war: die allmähliche Entwicklung zu
einer Konsum- und Freizeitgesellschaft, wofür gewiß nicht nur symbolisch
das Massentourismusunternehmen „Kraft durch Freude" stand, das Millionen von Arbeitnehmern zwar nicht nach Madeira, so aber doch erstmals
im Urlaub in die deutschen Mittelgebirge und an die Ost- und Nordseeküste
brachte. Die Solidarität verschwand zwar nicht aus der Arbeiterschaft und
den Arbeitervierteln, aber ihre Bedeutung nahm innerhalb der jungen Generation sichtlich ab. Im Windschatten der kollektivistischen Appelle und
Rituale des Nationalsozialismus gestalteten die jungen Arbeiter und Arbei-
terinnen ihre Freizeit und ihr Familienleben sehr viel individueller und
privater als noch ihre Väter und Mütter. Auch hier setzte sich ab 1935 be-

schleunigt ein Trend fort, dessen Ursprünge im Aufstieg der neuen massen-
kulturellen Medien Mitte der zwanziger Jahre lagen. Denn immer wichtiger
für die Freizeit der Arbeiter wurde das Radio, das es zwar schon vor 1933
gab, das aber erst jetzt durch die serielle Herstellung des „Volksempfängers"
flächendeckend verbreitet wurde.[181] 1938 verbrachten zahlreiche Arbeiter
ihren Feierabend im Rahmen der Familie in der Küche vor dem Radio, nicht
mehr oder kaum noch im Kreise der Arbeitskollegen in der früheren Partei-
und Gewerkschaftskneipe.

Natürlich hatte der Rückzug in die Privatsphäre auch etwas mit den Gefahren zu tun, die in der größeren Öffentlichkeit lauerten. Ungeschützt
konnten die Menschen ihre Meinung während dieser Zeit nur im engsten Fa-
milien- oder Freundeskreis vertreten. Insofern mußten diese kleinen Kreise
in der Nazizeit keineswegs privatistisch-unpolitische Refugien einer skep-
tisch-integrierten Arbeiterschaft sein, sie konnten ebenfalls Schutzvorrich-
tungen für den Fortbestand und Erhalt der Aktivkörper aus der alten Solidargemeinschaft der Weimarer Zeit sein. Als kleine Sängergruppen und
Ausflugsvereinigungen, aber auch als Familientreffen getarnt, hielten die
Aktivisten der früheren sozialdemokratischen Organisationen die Kommunikation untereinander aufrecht und die Erinnerung an sozialistische Überzeugungen und Symbole wach.[182] Die Solidargemeinschaft der Weimarer
Zeit stabilisierte und verfestigte sich so. Ihr Handeln und Tun war notge-
drungen noch introvertierter als vorher. Nach außen schotteten sich die Akteure der Solidargemeinschaft gezwungenermaßen noch stärker ab. So
konservierte der Nationalsozialismus gleichsam die Binnenausrichtung des
Aktivistenzirkels in der sozialdemokratischen Solidargemeinschaft und ver-
längerte damit das Dilemma der Weimarer Sozialdemokratie in die bundesdeutsche Gesellschaft hinein, ja verschärfte es noch. Denn während sich die
Bindungen im sozialistischen Arbeitermilieu durch repressive Verfolgungen
und integrativ-materielle Angebote allmählich lockerten, während dort private Konsumbedürfnisse und Leistungsorientierungen mehr und mehr an
die Stelle sozialistisch gedeuteten Kollektivverhaltens trat, hielt die sozialdemokratische Kultur- und Funktionärselite der Weimarer Zeit an ihren
überlieferten Werten und Normen fest. Sie vermittelten ihnen in schweren
Zeiten Sicherheit und Zuversicht und erleichterten das Durchhalten. Die
Kluft zwischen dem Lebensstil und den Bedürfnissen eines großen Teils der
Arbeitnehmer auf der einen und der Mentalität und den Zukunftsvorstel-
lungen der sozialdemokratischen Aktivitas auf der anderen Seite, die wohl
im Kaiserreich bereits vorhanden war, aber erst in der Weimarer Republik
offen zum Ausdruck kam, hatte sich durch die gesellschaftlichen Prozesse
während des Nationalsozialismus vergrößert und gipfelte dann in den verheerenden Wahlniederlagen und der politischen Ohnmacht der Sozialdemokratie in den fünfziger Jahren.

Vor allem hatte die sozialdemokratische Agitation der späten vierziger und der fünfziger Jahre, jene bereits 1932 aufgekommene Komposition aus unverzagtem milieusozialistischen Zukunftsglauben und nationalem Eifer, den kollektiven Mentalitätsbruch innerhalb der Bevölkerungsmehrheit, der sich spätestens nach 1942/43 vollzog, verpaßt oder ignoriert. Nach Stalingrad war der Rückzug ins Private, die enttäuschte Abkehr von allem ideologischen Pathos, auch dem der nationalen Sendung, komplett.[183] Die Majorität der Deutschen hatte von nun für einige Zeit die Nase voll von großen Zukunftsversprechungen, dogmatischen Zielsetzungen, radikalen Zuspitzungen und polarisierenden Weltanschauungen.

Wahrscheinlich mehr als die im ganzen periodenübergreifende bisherige soziale Modernisierung unter dem Nationalsozialismus rührte der Krieg – hier insbesondere die letzten Kriegsjahre – und seine Konsequenzen die deutsche Gesellschaft in Teilen um. Die Erfahrungs- und Sozialisationsinstanz der meisten jungen männlichen Arbeiter war nicht mehr der Betrieb, die Straße, das Arbeiterviertel, der Verein, die Kneipe, sondern die klassenübergreifende Kameraderie der Soldatengemeinschaft in der Kaserne, dem Schützengraben, dem Gefangenenlager – und dies für viele über ein Jahrzehnt hinweg. Die Prägungen durch die Klasse und das Wohnumfeld verlor vorübergehend an Bedeutung. In Generationen gewachsene, sozial homogene großstädtische Arbeiterquartiere fielen unter den Bombardements in Schutt und Asche. Wanderungsbewegungen setzten ein, vom Stadtkern an den Stadtrand, von den Metropolen in die Provinz, von Osten nach Westen. Klassen, Konfessionen und Mundarten, bis dahin lokal oder regional streng segregiert, kreuzten sich nun, überlagerten sich zwischenzeitlich, schienen sich zu vermischen. Am Ende lebten 1950 in der neuen bundesdeutschen Gesellschaft nahezu 10 Millionen Vertriebene, Flüchtlinge, Zuwanderer.[184] Krieg, Zerstörung und Wanderungsbewegungen haben die bundesdeutsche Gesellschaft gewiß durcheinandergeschüttelt, haben die Kohäsion und die Grenzwälle der Milieus poröser gemacht, haben die Zusammensetzung der Stadtviertel und Dörfer sozial uneinheitlicher und vielgestaltiger werden lassen. Doch revolutioniert wurde die Gesellschaft im Westen Deutschlands „zwischen Stalingrad und Währungsreform"[185] nicht. Die alten sozialen und politischen Konfliktlinien der deutschen Gesellschaft mochten verschoben, vorübergehend durch die Gegensätze zwischen Flüchtlingen und Einheimischen, zwischen Städtern und Bauern überdeckt worden sein, aber sie überdauerten die politischen und gesellschaftlichen Veränderungen der Kriegs- und Nachkriegsjahre und prägten lange Zeit auch noch die bundesdeutsche Gesellschaft.[186] Schließlich speisten sich die politischen Parteien, die sich 1945 wieder formierten, aus den Ressourcen der alten wilhelminischen und Weimarer Milieus. Und ihre Hochburgen hatten die Parteien bei den Wahlen 1949 erneut dort, wo sie schon vor Hitler am erfolgreichsten waren, aller Bevölkerungsverschiebungen und sozialkultureller Durchmischungen der deutschen Gesellschaft zum Trotze. [187] Die *Kontinuität im Wandel* war zweifels-ohne erstaunlich. Dies blieb im übrigen auch in den nachfolgenden Jahrzehnten der politischen Entwicklung in der Bundesrepublik vor dem Hintergrund durchaus tiefgreifender sozialer und gesellschaftlicher Veränderungen so.

Von der Industrie- zur Dienstleistungsgesellschaft. Chancen und Risiken des gesellschaftlichen Wandels für die SPD in der Bundesrepublik

In der zweiten Hälfte der achtziger Jahre ereignete sich zwar keine sozialstrukturelle Revolution, aber doch ein markanter und charakteristischer Wechsel an der Spitze der Erwerbstätigenskala. Nicht mehr die Arbeiter, sondern die Angestellten bilden seit 1988 die stärkste Gruppe innerhalb der erwerbstätigen Bevölkerung. Man mag darin den signifikanten Abschluß eines gesellschaftlichen Prozesses sehen, der im Kaiserreich zaghaft bereits begonnen hatte, in der Weimarer Zeit verstärkt weiterging, von den Nationalsozialisten nicht aufgehalten, sondern eher forciert wurde, und der sich in der Bundesrepublik vor allem in den siebziger Jahren dann endgültig durchsetzte: der Weg von der Industrie- zur Dienstleistungsgesellschaft.

Säkular und vor dem Hintergrund der traditionellen Gesellschaftsstruktur geradezu spektakulär war der rasante Schrumpfungsakt der Landwirtschaft. In den fünfziger Jahren ging der Anteil des Agrarsektors am Wirtschaftsleben dreimal schneller zurück als in den gesamten hundert Jahren zuvor. 1950 arbeiteten noch 23 Prozent der Erwerbstätigen in der Landwirtschaft; 1985 waren es nurmehr knapp 5 Prozent. Der Anteil der Erwerbstätigen im warenproduzierenden Gewerbe hatte sich in den fünfziger und sechziger Jahren noch einmal von 43 auf 49 Prozent erhöht, fiel dann aber bis Mitte der achtziger Jahre auf 41 Prozent zurück. Kontinuierlich nach oben ging dagegen die Quote im tertiären Sektor, wo der Erwerbstätigenanteil von 33 Prozent im Jahr 1950 auf 54 Prozent im Jahr 1985 anstieg. Mit diesen Entwicklungszügen – erheblich schrumpfender primärer Sektor, zurückgehender Industriebereich, expandierender Dienstleistungssektor – hatte die Bundesrepublik in den siebziger Jahren Anschluß an die übrigen modernen westlichen Nationen gefunden, wenn auch die USA und die skandinavischen Länder weiterhin einen erheblichen Vorsprung in der Tertiärisierung ihrer Gesellschaften aufwiesen. [188]

Mit der Veränderung in der Erwerbsstruktur wandelte sich die soziale Zusammensetzung der bundesdeutschen Bevölkerung. Beamte und Angestellte stellen seit Ende der achtziger Jahre die absolute Mehrheit der Erwerbstätigen. Ihr Aufstieg zur dominierenden Berufsgruppe verlief mit dra-

Zahlen Beamte + Angestellte

matischer Geschwindigkeit. Zwischen 1882 und 1950 hatten sie ihren Anteil an den Erwerbstätigen um nur 14 Prozent steigern können, zwischen 1950 und 1988 wuchs ihr Anteil dagegen um 30 Prozent auf jetzt 50,8 Prozent aller einem Erwerb nachgehenden Personen. Die Angestellten allein umfaßten Ende der achtziger Jahre gut 42 Prozent der Erwerbstätigen. Zur gleichen Zeit lag der Anteil der Arbeiter nur noch bei 38 Prozent, wozu überdies gut 12 Prozent (nicht wahlberechtigter) Ausländer zählten. Auf einen deutschen Arbeiter kamen mithin fast schon zwei Angestellte beziehungsweise Beamte. Gesunken ist ebenfalls – und dies unentwegt seit dem 19. Jahrhundert – der Anteil der Selbständigen von 14,5 Prozent zu Beginn der Bundesrepublik auf 8,9 Prozent im Jahr 1988. Allerdings scheint sich die Selbständigenexistenz in der zweiten Hälfte der achtziger Jahre zu stabilisieren, der historische Trend zur fortwährenden Dezimierung gebremst, vielleicht sogar gestoppt zu sein.[189]

Dieser rapide und einschneidende, durch die Bildungsrevolution ab 1960 beschleunigte sozialstrukturelle Wandel der bundesdeutschen Gesellschaft stellte die Sozialdemokratische Partei vor eine weitaus größere Herausforderung als die Anfänge der kommerziellen Freizeitkulturen in der Weimarer Republik und die sozialkulturellen Veränderungen in der Kriegs- und Nachkriegszeit, die von den Sozialhistorikern erheblich überschätzt werden. Der Durchbruch der Tertiärisierung zog gewissermaßen einen Schlußstrich unter eine hundert Jahre dauernde Periode der Sozialdemokratie als Partei der gewerblichen Arbeiterklasse. Erst jetzt zerbrach das daraus überlieferte proletarische Selbstverständnis der Partei, erst jetzt versiegten die historischen Quellen der sozialen Rekrutierung, die die Partei bis dahin ausreichend versorgt hatten. Schließlich begann sich nach Abschluß der Wiederaufbauphase der bundesrepublikanischen Gesellschaft ein neuer Mehrheitstypus des abhängig Beschäftigten herauszubilden, der sich vom Prototyp des Arbeitnehmers – und Anhängers der Sozialdemokratie – der Kaiserreichsjahrzehnte, der Weimarer Zeit und auch noch der fünfziger und frühen sechziger Jahre deutlich unterschied. Der dominierende Arbeitnehmertyp von ehedem hatte acht oder neun Jahre Volks- oder Hauptschule hinter sich, sodann eine dreijährige Lehre absolviert und war als Arbeiter in der Industrie oder im Handwerk beschäftigt. Der neue Typus aber, der seit den siebziger Jahren das Profil der Lohnabhängigen mehr und mehr prägte, hatte häufig die Realschule besucht, einen Fach(hoch)schulabschluß abgelegt und war in einem Dienstleistungsunternehmen angestellt.[190]

Die Sozialdemokratie war von diesem Struktur- und Profilwandel der Arbeitnehmerschaft nachdrücklich betroffen. Schließlich veränderte sich dadurch ein großer Teil des Wählerpotentials. In erster Linie aber und sehr viel schneller und dezidierter als die Gesellschaft im ganzen wandelten sich auch ihre eigenen Mitglieder und vor allem Funktionäre. Denn die Aktivkörper

der Sozialdemokratie bestanden seit den Anfängen der Partei aus hochqualifizierten Facharbeitern, die programmatisch zwar die kollektive Emanzipation des Proletariats intendierten, gleichwohl als einzelne durch autodidakti-
schen Ehrgeiz aber individuell über ihre Klasse hinausstrebten. Den Sprung
von den Arbeiterfamilien in die Angestelltenberufe wagten in der Weimarer
Republik daher hauptsächlich die Töchter und Söhne aus der Facharbeiterschaft. Insofern antizipierte seinerzeit die Sozialistische Arbeiterjugend in
ihrem Funktionärskörper ein großes Stück weit die kommende Tertiärisierung der Gesellschaft. Daß der soziale Aufstieg des Facharbeiternach-
wuchses in den zwanziger und dreißiger Jahren nicht weiterging, lag in den
damals verkrusteten und geschlossenen Strukturen des Schul- und Bildungs-
systems begründet. Eine soziale Öffnung von Schulen und Hochschulen leitete erst die Bildungsrevolution seit den frühen sechziger Jahren ein. Von ihr
profitierten vorwiegend die Kinder aus eben jenen bildungs- und aufstiegsorientierten Facharbeiterfamilien, die traditionell das Organisationsmilieu
der sozialistischen Arbeiterbewegung in Deutschland getragen und entwik-
kelt hatten. Ende der zwanziger Jahre kamen nur 3 Prozent der Studenten
aus Arbeiterfamilien; Mitte der achtziger Jahre lag der Anteil bei immerhin
nahezu 20 Prozent. Viele aus der ersten Akademikergeneration dieses Milieus gingen in den Lehrerberuf. Die Tertiärisierung der bundesdeutschen
Gesellschaft trug die Kinder aus den bessergestellten Arbeiterfamilien
zudem seit den sechziger Jahren in die Angestellten- und Beamtenberufe
hinein. Der öffentliche Dienst wurde für sie ein wichtiges Karrierefeld.

Keine andere Gruppe war mental und intellektuell auf die Bildungs- und
Ausbildungsmöglichkeiten, die die bundesdeutsche Gesellschaft seit Ende
der Ära Adenauer bot, derart gut vorbereitet und gerüstet wie die Facharbei-
terelite aus dem sozialdemokratischen Umfeld. Auf diese Emanzipations-
perspektive hatte sie im Grunde über Jahrzehnte hingearbeitet. Als sich die
Bildungsstätten und Berufe öffneten, nutzte die aktive Trägergruppe der Sozialdemokratie ihre Chance und veränderte sich und dadurch auch die Partei
binnen einer Generation radikal. Im Wechsel sozialdemokratischer Pro-
gramm- und Grundsätze zwischen den sechziger und achtziger Jahren
drückte sich infolgedessen nicht allein die Suche nach neuen Schichten, sondern ebenso der normative Reflex des inneren sozialen und kulturellen Wandels im eigenen Funktionärskorps und aktiven Sympathiesantenkreis aus.
Die Sozialdemokratie lief nicht lediglich neuen oder bürgerlichen Schichten
nach. Sie selbst repräsentierte personell einen Teil des sozialen Strukturwandels und der Aufstiegsdynamik der bundesdeutschen Gesellschaft, stärker
als jede andere politische Gruppierung. Der Studienrat, der in den siebziger
Jahren die Diskussionen im Ortsverein beherrschte, konnte zwar nun auch
bildungsbürgerlicher Herkunft sein, genausogut möglich aber war, daß es
sich um den Sohn eines Metallarbeiters und langjährigen SPD-Kassierers

handelte. Zugespitzt kann man behaupten, daß am Ende der Sozialdemokratisierung der bundesdeutschen Gesellschaft, durch den Abbau des überkommenen Bildungsprivilegs und die Enttraditionalisierung der sozialen Schichtung, eine sozial und kulturell von innen heraus radikal gewandelte Sozialdemokratische Partei stand, die kaum mehr in der Arbeiterschaft wurzelte. Darin konnte der Vorzug liegen, aktiver Teil des Strukturwandels und der Zukunftsentwicklung zu sein, darin mochte aber auch das Risiko stecken, sich über kurz oder lang von der ja nach wie vor bestehenden, quantitativ keineswegs geringen Arbeiterschaft und im übrigen vieler materiell schlecht positionierter Angestellter und Beamter politisch und habituell zu entfremden.

Die gesellschaftlichen Entwicklungen seit Weimar eröffneten der Sozialdemokratie alles in allem neue soziale und politische Möglichkeiten, aber sie enthielten auch beträchtliche Risiken, den Umwandlungsprozeß in eine moderne, gleichwohl in ihren sozialen und ideellen Traditionen weiterhin verwurzelten Partei unbeschadet zu überstehen. Der Struktur- und Gesellschaftsprozeß in der Bundesrepublik allein brachte die Sozialdemokraten weder an die Regierung noch zurück in den Dreißig-Prozent-Turm, auch wenn in der innersozialdemokratischen Debatte seit einigen Jahren der Verweis auf den Strukturwandel als probate Erklärungsformel für die Serie bitterer Niederlagen geradezu inflationär die Runde macht. Im Grunde aber kam es in den nun gut vier Jahrzehnten bundesrepublikanischer Geschichte wesentlich auf die konkrete Politik, das Führungspersonal, das Kompetenzprofil und die organisatorische Leistungskraft der Partei an, ob sie die Chancen der gesellschaftlichen Entwicklung nutzte oder sich in den Fallstricken des sozialkulturellen Umbruchs verfing und ins Stolpern geriet.

Günstige Bedingungen fanden die Sozialdemokraten nach 1945 allein deshalb vor, weil sich die deutsche Gesellschaft stärker denn je zuvor zu einer Arbeitnehmergesellschaft transformiert hatte. Die Zahl der Selbständigen, wir sahen es, schrumpfte auch nach dem Zweiten Weltkrieg; der Arbeitnehmeranteil dagegen stieg weiter an, auf 89 Prozent im Jahr 1988 gegenüber 65 Prozent zur Mitte der Weimarer Republik. In der unmittelbaren Nachkriegszeit erlebte die deutsche Gesellschaft gar eine Reproletarisierung bislang unbekannten Ausmaßes; mit 51 Prozent der Erwerbstätigen lag der Arbeiteranteil 1950 höher als in jeder anderen Periode der deutschen Sozialgeschichte zuvor. Noch 1970 wies die bundesdeutsche Erwerbsstruktur einen höheren Arbeiteranteil aus als Deutschland zu Zeiten der Weimarer Republik. Auch diese Aufstockung der gewerblichen Arbeiterschaft barg nicht nur günstige Zukunftsperspektiven, sondern auch Hindernisse und Probleme für die Sozialdemokratie. Denn die Arbeiterklasse hatte sich in erster Linie um einst selbständig erwerbstätige Flüchtlinge und Vertriebene aus dem Osten des früheren Deutschen Reiches erweitert.[191] Dadurch drangen zweifellos konservative Mentalitäten in die Arbeiterschaft ein und verstärkten dort die seit jeher in Zweigen dieser Klasse verbreiteten kirchlichen, kleinbürgerlichen und deutschnationalen Einstellungen. Andererseits waren die Gruppen, um die sich die Arbeiterklasse nach 1945 ergänzte, nun als Teil der Arbeitnehmerschaft in einer sich rasch wandelnden Gesellschaft für die Sozialdemokraten auf mittlere oder lange Frist leichter zu erreichen und zu gewinnen als in ihren früheren sozialen Positionen und in einer verkrusteten Gesellschaft wie die der zwanziger Jahre.

Aus ihren seit dem Kaiserreich entwickelten sozialen und ideologischen Verhärtungen lösten sich im Laufe der bundesdeutschen Geschichte auch die Angestellten. Diese Gesellschaftsgruppe „entständischte" sich gleichsam nach 1945. Aus dem alten, als Mittelstand etikettierten Bund mit dem selbständigen Klein- und Mittelbesitz traten sie gewissermaßen aus und in die Sozietät der Arbeitnehmer ein. Der traditionelle Arbeiter-Angestellten-Gegensatz nivellierte sich, ohne freilich ganz zu verschwinden. Doch unterschieden sich Arbeiter und Angestellte seit den sechziger Jahren in ihrem Einkommen, Sozialprestige, Konsumverhalten und der sozialen Herkunft weitaus weniger als noch drei Jahrzehnte zuvor. Die soziale Annäherung der beiden Gruppen erfolgte ohne größere Friktionen. Die Angestellten schufen sich keine antiproletarische Distanzierungs- und Interessenorganisation extrem rechtsorientierten Zuschnitts wie einst den „Deutschnationalen Handlungsgehilfen-Verband" mehr, sondern traten – soweit sie sich allerdings überhaupt organisierten – der DAG oder seit Mitte der sechziger Jahre dem DGB bei.[192] Die antisozialdemokratischen Mauern im Organisationsverhalten und in den politischen Prägungen großer Teile der Angestellten fielen dadurch ein. Infolgedessen war für die Sozialdemokraten im Prinzip der Weg freier als zuvor, das Terrain des tertiären Sektors zu besetzen, weitere Anhänger zu sammeln und nun vollauf von einer Arbeiter- zur Arbeitnehmerpartei zu werden.

Schließlich hatte die rapide und durchschlagende Modernisierung der westdeutschen Gesellschaft nach 1945 den Sozialdemokraten eine weitere Blockade beseitigt, die den Weg zu einer sozial offenen und expandierenden Volkspartei versperrte: den traditionellen Stadt-Land-Gegensatz und die bis in die vierziger Jahre hinein quantitativ bedeutsame Stellung der Agrarwirtschaft für die Erwerbsstruktur. Über Jahrzehnte hatten zuvor herausragende Theoretiker und Strategen der Sozialdemokratie darüber nachgedacht, wie die Partei das platte Land erobern, die Bauern und Landarbeiter gewinnen könne. Die außerordentliche Aufmerksamkeit, die die Partei der Landbevölkerung schenkte, schien seinerzeit durchaus berechtigt. Denn noch in den zwanziger Jahren arbeitete fast ein Drittel der Deutschen in der Land- und Forstwirtschaft. Viel Erfolg aber hatten die Sozialdemokraten bis 1933, wie zu sehen war, bei ihren Agitationskampagnen auf dem Land nicht.

In der bundesdeutschen Gesellschaft indes löste sich das Problem, das die sozialistische Arbeiterbewegung nahezu ein halbes Jahrhundert beschäftigt hatte, gleichsam sozialstrukturell von allein. Die Gruppe der Bauern verschwand zwar nicht vollständig von der Bildfläche, aber sie schmolz in einem atemberaubenden Tempo zu einer für die SPD politisch nun nicht mehr sonderlich relevanten Restgröße zusammen. Ende der achtziger Jahre waren nur noch 4,9 Prozent der Erwerbstätigen im primären Sektor beschäftigt. Dafür lohnten keine quälerischen und ausufernden Agrardebatten auf den Parteitagen oder die Einrichtung eines besonderen Agrarressorts beim Parteivorstand.

Auch ein spezieller Agitationsstil, der Rücksicht auf die spezifischen Lebensweisen und Mentalitäten in den Dörfern und Landgemeinden nahm, erübrigte sich in der bundesrepublikanischen Gesellschaft bald. In der Lebensart und den Konsummöglichkeiten unterschieden sich die Bewohner der Dörfer bald kaum noch von denen der größeren Städte. Der urbane Stil breitete sich auch auf dem Land aus.[193] Die Dörfer wurden mehr und mehr Eigenheimkonglomerate von Facharbeitern und Berufstätigen des tertiären Sektors. Sie waren immer weniger Traditionsstätten eines provinziellen Konservatismus aus Kirchengemeinden, Bauernbräuchen und klerikalem oder deutschnationalem Vereinswesen. Was den Sozialdemokraten in den zwanziger und frühen dreißiger Jahren nicht gelungen war, schaffte jetzt die Moderne. Sie drang in die Dörfer ein und erodierte sukzessive das ländliche Traditionsmilieu der konservativen Parteien in Deutschland, auch wenn in der Provinz die Bindungen an die Kirche und an einen Verein zweifellos eine nach wie vor größere Rolle spielte als in den stärker säkularisierten und individualisierten urbanen Zentren der Bundesrepublik. Insgesamt jedoch schuf der gesellschaftliche Fortschritt den Sozialdemokraten in der Provinz Möglichkeiten, die sie bis dahin von ihren Anfängen bis in die fünfziger Jahre niemals besessen hatten.

Aber der gleiche gesellschaftliche Fortschritt, der an den Fundamenten des Konservatismus knabberte, unterhöhlte ebenfalls die historischen Grundlagen der Sozialdemokratie, er zehrte an der geschichtsträchtigen Substanz und Basis der Partei. Zahlreiche städtische Arbeiterquartiere von ehedem, mit gewachsenen Kommunikations-, Vereins- und Geselligkeitsstrukturen, in die auch das sozialdemokratische Organisationsnetz verwoben war, wurden wegsaniert und durch anonyme Trabantenstädte ersetzt. In der Konkurrenz mit den modernen Massenmedien blieben die zweifelsohne biederen Parteiblätter auf der Strecke; seither deutet die ›Bild‹-Zeitung anstelle des SPD-Organs den Arbeitern das Weltgeschehen. Alte traditionsreiche Facharbeiterberufe wie der des Druckers, der wie wohl kein zweiter über nahezu ein Jahrhundert das Profil der sozialdemokratischen Funktionärselite geformt und reproduziert hatte, mußten den technologischen Innovationen weichen und wurden seit den siebziger Jahren um die Hälfte dezimiert.[194] Durch den ökonomischen Strukturwandel seit den sechziger und siebziger Jahren gerieten in erster Linie die klassischen Großindustrien wie Bergbau, Stahl und Werften in die Krise. Mit dem Abbau der Arbeitsplätze dort dünnte sich zugleich das traditionelle gewerkschaftlich-sozialdemokratische Milieu aus, da in diesen großindustriellen Wirtschaftsbereichen der Arbeiteranteil hoch und der gewerkschaftliche Organisationsgrad zum Teil über 90 Prozent lag. Neue Arbeitsplätze entstanden dagegen nun bevorzugt im privaten Dienstleistungssektor und hier insbesondere in dezentral organisierten kleineren und mittleren Betrieben, deren Arbeitskräfte sich dem Zugriff gewerkschaftlicher Großorganisationen weitgehend entziehen. Die Gewerkschaft Handel, Banken und Versicherungen erreichte im Dienstleistungssektor Mitte der achtziger Jahre lediglich einen Organisationsgrad von etwas über 10 Prozent der Beschäftigten. Dort aber, wo die Gewerkschaften auf Schwierigkeiten und Resonanzdefizite treffen, haben in der Regel auch die Sozialdemokraten Probleme, sich zu verankern. Ausbildung, Tätigkeit, Selbstverständnis und Lebensstil der modernen Arbeitnehmer vor allem in den prosperierenden, technologisch hoch entwickelten Zukunftsbetrieben des tertiären Sektors sperren sich offenkundig gegen die kollektiv-großorganisatorische Symbolik, Disziplin und Schwerfälligkeit der Gewerkschaften und der SPD. Dagegen scheinen sie kleinere Parteien, die Kreativität, Individualität, Liberalität, Offenheit, Flexibilität und intellektuell-pragmatische Kompetenz versprechen, offenkundig zu bevorzugen.[195]

Der gesellschaftliche Trend bewegt sich seit den siebziger/achtziger Jahren zweifelsohne von Großorganisationen aller Art weg und zu den dezentral-individuellen Gestaltungsformen hin. Der Sozialdemokratie als traditioneller Partei der großindustriellen Erwerbsarbeit und Bündnispartner der Gewerkschaften mit einer trotz allen sozialen Wandels auch der eigenen Mitglieder tief verwurzelten *kollektiven* Begrifflichkeit und Zukunftsvision machte diese Entwicklung zu schaffen; und das wird auch künftig so sein. Die Bedeutung der Erwerbsarbeit in der Biographie eines Arbeitnehmers relativiert sich. Die Zeit der Ausbildung ist länger geworden, auch der Lebensabschnitt nach der Berufsarbeit. Die Wochenarbeitszeit hat sich reduziert, gewiß in erster Linie auch auf Druck der Großorganisationen. Freizeit, Kultur und Reisen werden für die Menschen immer wichtiger. Die individuellen Lebensformen mehren sich. Seit 1969 hat sich die Zahl der Einpersonenhaushalte nahezu verdoppelt und liegt Anfang der neunziger Jahre bei fast 10 Millionen. Unter den Alleinlebenden überwiegt die Gruppe der 25- bis 30jährigen, darunter insbesondere die Frauen.[196] In vielen Großstädten führen bereits heute mehr als 50 Prozent der Einwohner ihre Haushalte allein;[197] nicht wenige davon sicher auch unfreiwillig. Doch mit gewerkschaftlichen Familienslogans der Art „Samstags gehört der Papi mir" ist die Mehrzahl vor allem der jüngeren Singles gewiß nicht mehr zu erreichen. Andererseits entscheidet die Stellung im Arbeitsprozeß nach wie vor grundlegend über Chancen und Qualitäten des Lebens, egal ob es um Bildung, Konsum, Wohnen oder Alterssicherung geht. Insofern wird die Relevanz der Berufstätigkeit kaum geringer. Für die neuen Bundesbürger aus dem Gebiet der ehemaligen DDR stehen Aufbau und Sicherung einer geregelten Erwerbsarbeit sowieso ganz oben auf der politischen Prioritätenskala. Aber auch für den Großteil der westdeutschen Arbeitnehmer ist das Zeitalter eines sorglosen konsumorientierten, hedonistischen Individualismus noch keineswegs angebrochen. 1985 verfügten über 70 Prozent der bundesdeutschen Haushalte über ein Monatseinkommen von weniger als 4000 DM.[198] Schließlich zählen zum tertiären Sektor nicht nur die gutverdienenden Programmierer und Softwareberater, sondern auch die schlechtbezahlten Krankenschwestern und Pfleger, Putzfrauen und Kellner. Zusammen mit den gewerblichen Arbeitern in Industrie und Handwerk stellen die Angestellten und Beamten der unteren Lohngruppen gewiß weit über 50 Prozent der Erwerbstätigen. Sie zusammen sind nach wie vor auf das Durchsetzungsvermögen und die sozialpolitische Schlagkraft der traditionellen Großorganisationen angewiesen. Und so steckt nun die Sozialdemokratie in dem Dilemma: Sie muß weiterhin ein Stück Traditionskompanie der Arbeitnehmer sein und Bodenhaftung bewahren, darf aber nicht die Entwicklung zur Enttraditionalisierung und Individualisierung der gesellschaftlichen Bezüge verpassen.

2. Zwischen Arbeitermilieu und Mittelschichtquartieren.
Sozialdemokratische Wähler

Kontinuitäten im Wahlverhalten

Quantitativ hat sich im Grunde für das sozialistische Lager bei Wahlen seit dem Ende der Wilhelminischen Ära bis zur Vereinigung des gespaltenen Deutschlands Ende 1990 nur wenig getan. Bei den letzten Reichstagswahlen im Kaiserreich, im Jahr 1912, erhielten die Sozialdemokraten 34,8 Prozent der Stimmen. Die beiden Parteien, die nach 1918 kontrovers aus der Vorkriegssozialdemokratie hervorgingen, die SPD und die KPD, erzielten dann bei den letzten Wahlen der Weimarer Republik, im November 1932, zusammen 37,3 Prozent der Wählervoten. Bei den Bundestagswahlen im Dezember 1990 nun kamen die Nachfolgeorganisationen der beiden Weimarer Arbeiterparteien auf insgesamt 35,9 Prozent, ein bißchen mehr also als zum Ausgang der Monarchie, ein bißchen weniger als zum Schluß der ersten Demokratie. Im ganzen aber und im historischen Längsschnitt beurteilt: Das sozialistische Wählerlager in Deutschland tritt seit über acht Jahrzehnten auf der Stelle; positiver interpretiert: es ist bemerkenswert stabil geblieben.

Gegen eine solche zeitlich großzügige Perspektive, die zwischenzeitliche Wandlungen, Zäsuren, Einbrüche, Parteienverbote und Systemwechsel ausblendet, lassen sich gewiß triftige Einwände vorbringen. Zumal die Sozialdemokraten von heute dürften sich heftig sträuben, mit der PDS auch nur arithmetisch zu einem sozialistischen Lager addiert zu werden. Indes haben die Befindlichkeiten einer Partei den wissenschaftlichen Analytiker nicht zu stören. Doch mag die Beschränkung der historischen Betrachtung auf den Zeitabschnitt und das Territorium der alten Bundesrepublik stärker überzeugen. Bei den ersten Bundestagswahlen im Jahr 1949 vereinten die beiden Parteien, die in der Tradition der Arbeiterbewegung standen und das Ziel des Sozialismus auf ihr Panier geschrieben hatten, eben die SPD und die KPD, zusammen 34,9 Prozent der Wählerstimmen auf sich. In den fünfziger Jahren saugten die Sozialdemokraten das kommunistische Wählerpotential nahezu vollständig auf. Über den Stand, den die Sozialdemokratie dadurch erreichte und den das sozialistische Lager zuvor bereits hatte, ist die SPD auch 1990 kaum hinausgekommen. Mit 35,9 Prozent im westlichen Wahlgebiet lag die SPD bei den Bundestagswahlen am 2. Dezember 1990 nur einen Prozentpunkt über dem Stimmenniveau des sozialistischen Lagers von 1949. Und auch die drei Hochburgen des sozialistischen Lagers von 1949 sind mit den drei sozialdemokratischen Spitzenreitern unter den bundesdeutschen Ländern von 1990 identisch: Hamburg, Bremen und Nordrhein-Westfalen.[199] So kommt ebenfalls diese historische Längsschnittbeobachtung zu dem Befund: Die Partei des Sozialismus ist über die Jahrzehnte nicht recht vorangekommen, trotz aller Wandlungen, Ausdehnungen, sozialen und normativen Öffnungen.

Andererseits aber hat sie sich in gleicher Stärke beeindruckend gehalten. Diese historische Beständigkeit und Kontinuität ist nicht weniger bemerkenswert angesichts der gravierenden politischen Einschnitte und tiefgreifenden gesellschaftlichen Umwerfungen, die hier zuvor beschrieben worden sind. Sozialwissenschaftler haben die Auflösung der klassischen Milieus und hier zuallererst des sozialistischen bereits für die zwanziger Jahre diagnostiziert. Meinungs- und Wahlforschungsinstitute verkünden seit den frühen siebziger Jahren gleichsam Woche für Woche den Zerfall der traditionellen Parteimilieus und malen das Bild einer flexiblen, dynamischen und offenen Wählerlandschaft, in deren Mittelpunkt der von überkommenen Gruppenloyalitäten emanzipierte, kritische Wechselwähler steht. Nun müssen solche Institute zur Legitimierung und fortgesetzten Alimentierung ihrer Existenz zweifellos eine Welt skizzieren, in der sich jählings, abrupt und immer rascher die Lebensstile ändern, die Bedürfnisse wandeln, die politischen Präferenzen changieren, die Gesellschaft also pausenlos im Fluß ist. Und auch Soziologen fasziniert der Wandel in der Regel stärker als die Kontinuität. Der Historiker aber registriert in der größeren geschichtlichen Perspektive eher das erstaunliche Phänomen der Beständigkeit politischer Mentalitäten und sozialkultureller Spannungslinien, die in der deutschen Geschichte vom Kaiserreich über die Weimarer Republik bis in unsere heutigen Tage allen sozial- und erwerbsstruktureller Transformationen zum Trotze das Wahlverhalten großer Bevölkerungskreise strukturieren und festlegen. Seit den zwanziger Jahren läutet den Milieus das Sterbeglöckchen, aber im Jahr 1990 bildeten sie im westlichen Teil der Bundesrepublik weiterhin die Stammwählerschaft der beiden großen Volksparteien.

In der zweiten Hälfte der achtziger Jahre beschrieb sich das Wählerprofil der Sozialdemokraten kaum anders als zu den Zeiten Kaiser Wilhelms oder Eberts und Hindenburgs. Nach wie vor stützt sich die SPD bei den Wahlen in erster Linie auf die gewerkschaftlich organisierten Facharbeiter der Großindustrie, vornehmlich in den urbanen Ballungsräumen protestantischer Regionen. Nach wie vor schnitt sie auf dem Land, im selbständigen Mittelstand und bei den Bauern besonders schlecht ab. Und nach wie vor halfen ihr weder die eigenen programmatischen Anstrengungen noch die Fremdhilfen gesellschaftlicher Säkularisierung dabei, Fortschritte bei den katholischen Arbeitern kleinerer oder mittlerer Betriebe zu machen. Umgekehrt sind es nach wie vor die Katholiken, Bauern, Selbständigen im kleinstädtisch-ländlichen Milieu, auf die sich die Unionsparteien zumindest bei den Bundestagswahlen am meisten verlassen können. In Zukunft mag das anders werden, aber bisher waren die politischen Konstellationen in der Bundesrepublik durch die bemerkenswerte Stabilität der Stammwählerbasen und die über lange Zeiträume im wesentlichen gleich gebliebenen Größen der jeweiligen politischen Lager charakterisiert, nicht durch nervöse Veränderungen, exzessive Wählerwanderungen oder ruckartigen Parteientausch. Insofern vollzogen sich die Regierungswechsel in Bonn – und meist auch in den Ländern – bisher lediglich als Folgen neu getroffener Koalitionsoptionen einer bisher schon regierenden Partei und nicht als zwingende Konsequenz dramatischer Wählerverschiebungen.

Vom Genossen Trend zum Bürger Trend

Andererseits sind der „Machtwechsel" in den späten sechziger, die „Wende" in den frühen achtziger Jahren nicht allein aus der politischen Laune und Umfallakrobatik der Freien Demokraten zu erklären. Die beiden bislang nachhaltigsten Verschiebungen im Kräfteparallelogramm der bundesdeutschen Politik nach 1945 waren zweifellos auch Antworten auf die

Veränderungen der Parteienpräferenzen im Wählerspektrum jenseits der Stammwählerbasen, deren jahrzehntelangen Parteienloyalitäten zwar höchst beträchtlich und durchaus relevant waren und immer noch sind, deren quantitativer Umfang aber in der Tat seit den sechziger Jahren abgenommen hat. Der oben beschriebene Strukturwandel in der bundesdeutschen Gesellschaft hat die soziale Schichtung und kulturellen Lebensformen außerhalb der katholisch-ländlichen und gewerkschaftlich-großindustriellen Milieus erheblich erweitert und infolgedessen die festen Parteibeziehungen und starren Determinationsverhältnisse von Klasse/Konfession und parteipolitischem Wahlverhalten aufgelockert. Anfangs sah es so aus, als hätte die gesellschaftliche Modernisierung den Pflug der Sozialdemokratie geführt und auf das Terrain zwischen den Stammwählergeländen Furche um Furche gezogen, in die hinein die Sozialdemokraten säen und woraus sie dann später reichlich ernten konnten. Zu Beginn der siebziger Jahre glaubten wohl die meisten Wahlforscher, daß am Ende der säkularisierten Arbeitnehmergesellschaft die eindeutige politische Hegemonie der Sozialdemokraten stehen werde. Die CDU als Partei der Provinz, des schrumpfenden selbständigen Mittelstandes, der an Zahl abnehmenden Kirchgänger und der älteren Generation schien unaufhaltsam zur Nachhut der modernen Industrie- und Dienstleistungsgesellschaft zu verkümmern. Ernst zu nehmende wissenschaftliche Interpreten handelten die Union damals bereits als künftige «quantité négligeable».[200] Nicht wenige stellten sich schon auf schwedische Verhältnisse ein.[201] Doch dann kam es ganz anders. Die gleiche Welle der Moderne, die die Sozialdemokraten in den sechziger und frühen siebziger Jahren bei den Wahlen nach oben trug, spülte sie in den achtziger Jahren hinab in die Tiefe, zurück auf den Grund der fünfziger Jahre.

Damals, als die Bundesrepublik gegründet wurde, hatten die Sozialdemokraten in ihrem Wählerpotential zunächst an ihre Weimarer Vergangenheit angeknüpft. Über 70 Prozent der sozialdemokratischen Wähler kamen in den fünfziger Jahren aus der Arbeiterschaft.[202] Doch über 50 Prozent der Arbeiter gaben noch 1953 anderen Parteien als der SPD ihre Stimme. Der in Deutschland einzigartige hohe Arbeiteranteil während der fünfziger Jahre nutzte den Sozialdemokraten daher wenig. Die katholischen Arbeiter, deren Bedeutung nach der Spaltung Deutschlands und dem Verlust der früheren Hochburgen im protestantischen ehemaligen Mitteldeutschland für die SPD nach 1945 noch gewachsen war, zeigten den Sozialdemokraten weiterhin die kalte Schulter und votierten mehrheitlich für die Unionsparteien. Die in die Arbeiterschaft hineingerückten Flüchtlinge und Vertriebenen aus dem früheren Osten Deutschlands neigten nur kurzzeitig der SPD, wandten sich dann aber dem „Bund der Heimatvertriebenen und Entrechteten" (BHE) zu, der dadurch ein mit der SPD nahezu identisches Wählerprofil auf-

wies. Im ganzen aber lag der Anteil der Arbeiter, die sich bei den Wahlen für
die SPD entschieden, in der Bonner Demokratie durchgängig höher als zu
Zeiten der Weimarer Republik, an deren Ende gerade gut ein Fünftel der Arbeiterschaft der sozialdemokratischen Liste allen übrigen Wahlvorschlägen
den Vorzug gegeben hatte.[203] Von 1957 bis 1987 erhielt die SPD bei den Bundestagswahlen durchweg die absolute Mehrheit der Arbeiterstimmen. Auch
das verdient festgehalten zu werden: Als offene Volkspartei in der modernen
Gesellschaft der fünfziger bis achtziger Jahre zeigte sich die Sozialdemokratie bei Wahlen stärker in der Arbeiterschaft repräsentiert als unter den
Traditionsstrukturen der Weimarer Republik und im Gewande der marxistischen Klassenkampforganisation.

Doch große Teile der Arbeiterschaft standen den Sozialdemokraten auch
in der Bonner Demokratie reserviert und ablehnend gegenüber. Über 40
Prozent der Arbeiterstimmen fielen bei den Bundestagswahlen meist auf die
politische Konkurrenz der SPD. Das Gros der Arbeiter, die den Wahlver-
sprechen und dem Ende der fünfziger Jahren parteioffiziell ratifizierten normativen Pluralismus der Sozialdemokraten weiterhin mißtrauten, gehörte
der katholischen Kirche an und war im ländlich-kleinstädtischen Raum angesiedelt. Hier hielten die Dämme der Konfession den Stürmen der Säkularisierung durchaus stand; hier wog die Glaubensgemeinschaft stärker als die
soziale Struktur. Ein Einbruch in die katholische Arbeiterschaft gelang den
Sozialdemokraten daher auch lediglich in den industriellen Ballungsräumen
der Bundesrepublik, zunächst im Ruhrgebiet, später dann im Saarland.
Beide Regionen zählten aufgrund eben des Übergewichts des katholischen
Bevölkerungsteils bis 1933 nicht zu den Hochburgen der Sozialdemokraten,
sondern eher zu den Problembezirken der Partei. Um so wichtiger war für
die SPD die Abkehr zahlreicher katholischer Arbeiter von der CDU im
Laufe der fünfziger, verstärkt dann Mitte der sechziger Jahre. Die parteipolitische Neuorientierung eines großen Teils der katholischen Ruhrgebietsar-
beiter brachte in Nordrhein-Westfalen bei den Landtagswahlen 1966 die Vorherrschaft der CDU zum Einsturz, läutete gewissermaßen den Machtwechsel in Bonn ein und legte schließlich den Grundstein für die nun schon
über ein Vierteljahrhundert währende Hegemonie der Sozialdemokraten im
größten Bundesland der Republik.

Die entscheidende Bewegung aber im parteipolitischen Machtgefüge am
Bonner Regierungssitz löste der politische Optionswechsel bei den "white-
collar"-Wählergruppen nach 1966 aus. Bis dahin hatten die Angestellten und
Beamten ganz überwiegend mit den christlichen und liberalen Parteien sym-
pathisiert, die bei den Bundestagswahlen 1961 beispielsweise gut zwei
Drittel der Wähler aus den Dienstleistungsberufen hinter sich gebracht
hatten. In dieser Sozialgruppe genoß vor allem die politische Symbolgestalt
des Wirtschaftswunders, Ludwig Erhard, hohes Ansehen, was den Unions-

parteien bei den Bundestagswahlen 1965 dazu verhalf, bei den Angestellten und Beamten eine absolute Mehrheit der Stimmen zu gewinnen.[204] Mit der Wirtschaftsrezession 1966/67 sank der Stern Erhards indes jäh. Der Nimbus der CDU als Partei unangefochtener wirtschaftspolitischer Kompetenz war schwer beschädigt, insbesondere in den Kreisen der neuen Mittelschichten. Daß die Sozialdemokraten zu diesem Zeitpunkt, als die Christdemokraten ihren wirtschaftspolitischen Offenbarungseid leisten mußten, an der Regierung beteiligt waren und mit Karl Schiller einen Wirtschaftsminister stellten, der eine pragmatische moderne Alternative zum Erhardschen Wirtschaftsliberalismus mit intellektueller Bravour vertrat und durchsetzte, hat ihnen den Weg zur Volkspartei und zur Regierungsführung eher gebahnt als alle programmatischen Manöver und kommerziellen Wahlkampftechniken zuvor und danach. Der Schlüssel zur Regierungsfähigkeit lag und liegt für die Parteien in der Bundesrepublik im Bereich der wirtschaftspolitischen Kompetenz. Die Partei, die darüber nach Auffassung der Wählermehrheit nicht hinreichend verfügt, bleibt ohne Chance, führende Regierungspartei in Bonn zu werden. Erst als die SPD den Test ihrer Regierungsfähigkeit während der Großen Koalition erfolgreich bestand, indem ihre Minister eine wirkungsvolle, nüchterne und zugleich moderne Politik gestalteten, räumte sie die tiefsitzenden Zweifel der Berufszugehörigen aus dem wachsenden tertiären Sektor an der ideologiefreien Verläßlichkeit und Handlungsfähigkeit sozialdemokratischer Regierungspolitik aus. Erst jetzt kam das Image erfolgreich zur Geltung, an dem die SPD seit den frühen sechziger Jahren zielstrebig gearbeitet und gefeilt hatte: die Partei der modernen, effizienten, fortschrittlichen Politik der Zukunft zu sein.[205] Dadurch rückten in dieser Zeit der Großen Koalition die Arbeitnehmer mit dem weißen Kragen wahlpolitisch an die Arbeiterschaft heran. Bei den Bundestagswahlen 1969 erzielte die SPD erstmals in der Geschichte der Bundesrepublik Deutschland in der Gruppe der Angestellten und Beamten einen höheren Stimmenanteil als die Unionsparteien. Besonders markant gewann die SPD in den mehrheitlich katholischen Dienstleistungs- und Verwaltungszentren des Großraums Köln hinzu.[206] Die mit Abstand größten Wanderungsbewegungen von der Union zur Sozialdemokratie erfolgten in der Altersgruppe der 21- bis 29jährigen. Auch bei den Frauen, die im Elektorat der Union bis dahin meist um mehr als 10 Prozent stärker vertreten waren als in der Wählerschaft der SPD, legten die Sozialdemokraten nun erheblich zu und glichen bis 1971 ihr Defizit gegenüber der CDU/CSU aus. Selbst bei den Wählern mit höherer Schulbildung, bis Mitte der sechziger Jahre ein sicheres Reservoir für die Union, zogen die Sozialdemokraten zwischen 1969 und 1972 mit den anderen Volksparteien gleich.[207] 1972 erreichte die SPD sogar die absolute Mehrheit der katholischen Arbeiter, was ihr weder zuvor noch danach wieder gelang.

Nicht nur der Genosse, sondern auch der Bürger und Bruder Trend marschierte offenkundig mit raschen Schritten für die Sozialdemokratie. In der Tat konnte man Anfang der siebziger Jahre mit guten Gründen vermuten, daß die säkularisierte Arbeitnehmergesellschaft, deren Konturen sich in der Nach-Adenauer-Ära allmählich abzuzeichnen begann, zum Abstieg der Union und zum unaufhaltsamen Aufstieg der Sozialdemokratie führen würde. Schließlich schienen die Sozialdemokraten, wie die Wahlen 1969 und 1972 bekundeten, mit den sozialen Kräften der Zukunft im Bunde zu stehen: mit der Jugend, mit den Frauen, den Arbeitnehmern im tertiären Sektor, den Mittel- und Großstädten. Die Union hingegen, so machte es den Eindruck, vertrat die gesellschaftlichen Anachronismen: die Rentner, die Bauern auf dem Lande, die dogmengläubigen Katholiken.

Nachhut der Industriegesellschaft?

Tatsächlich hatte die Sozialdemokratie Anfang der siebziger Jahre die außergewöhnliche historische Chance, sich dauerhaft mehrheitsfähig als modern-effiziente Partei der expandierenden und dadurch immer mehr wahlentscheidenden tertiären Arbeitnehmerschichten im gesellschaftlichen Bewußtsein festzusetzen. Daß sie diese Chance zwischen 1970 und 1973 nicht zu nutzen verstand, hat zu ihrem Absturz zurück in den Dreißig-Prozent-Bereich bei Wahlen während der achtziger Jahre weitaus mehr beigetragen als die heute in der Partei dafür einzig erinnerten Konflikte am Ende der Kanzlerschaft Schmidt. Ihr Regierungsmandat von 1969 hatte die SPD der Wechselbereitschaft der Angestellten und Beamten zu verdanken, die sich von der Sozialdemokratie ein höheres Maß an Modernität, Effizienz, Kompetenz, intellektuellen Sachverstand, auch an Kreativität und Bürgernähe versprachen. Die Wahl von 1969 war eine Schillerwahl, keine Brandtwahl. Sie war das Honorar und der Auftrag für eine gelungene Wirtschaftspolitik, nicht der Kredit für den ideologischen Aufbruch, der dann 1969/70 plötzlich mit der Renaissance des Sozialismusbegriffes begann, der in den sechziger Jahren zum Wohl und Erfolg der Partei aus der Rhetorik der Sozialdemokratie verbannt war. Die Sozialdemokraten setzten nach 1969/70 nicht den bei Wahlen erfolgreichen Diskurs der sechziger Jahre mit den neuen Arbeitnehmerschichten fort, sondern verzettelten sich innerparteilich für Jahre in sophistische und gänzlich realitätsferne Debatten über Vergesellschaftung, Investitionskontrolle, Kapitalismus und Systemgrenzen. Der unausgegorene Reformeifer jener neuen Mitglieder des öffentlichen Dienstes und der Lehrerberufe, die seit 1968/69 das soziale Profil und bald danach auch das Selbstverständnis der Mitgliedschaft und des Funktionärskörpers der SPD radikal verändert hatten, verprellte besonders die hochqualifizierten, mit der Wirklichkeit der Betriebe und der Wirtschaft vertrauten Arbeiter und Angestellten der neuen Wachstumsbranchen in der Industrie und im Dienstleistungsbereich. Zwischen 1969 und 1972 schien es, als könne die Sozialdemokratie die Interessen dieser beiden Gruppen versöhnen und zur politischen Synthese verdichten. Doch wurde die SPD immer mehr zur Partei der Studienräte und des öffentlichen Dienstes mit Wählerverwurzelung im Bereich der großstädtischen Arbeiterschaft. Als solche aber war sie für die modernen Arbeitnehmer der Zukunftsindustrien und Dienstleistungsbereiche nicht mehr attraktiv. Daran hat sich bis heute nichts geändert. Zusammengefaßt kann man sagen, daß die Sozialdemokratie sich auf dem Höhepunkt ihrer volksparteilichen Entwicklung im Inneren geöffnet, sozial verändert und politisch reideologisiert hatte, sich dadurch aber zugleich von großen Teilen der neuen Mittelschichten wegbewegte, obwohl diese der SPD den Weg in die Regierung erst gebahnt hatten und auch in Zukunft der Hebel für die Mehrheitsfähigkeit blieben.

Gewiß war es nicht allein die ideologisch überfrachtete innerparteiliche Debatte in der SPD, die die nach jahrelanger Vorarbeit gerade erst mühselig von der Seriosität sozialdemokratischer Politik überzeugten neuen Mittelschichten wieder auf Abstand brachte. Enttäuschung und Verunsicherung hatten bei ihnen ebenso die abflachende Konjunkturentwicklung, die Negativfolgen der Planungshybris in den Bonner Ministerien und zweifellos vor allem die Erdölkrise 1973/74 ausgelöst. Doch hatte die neuerliche Entfremdung zwischen der Sozialdemokratie und den neuen Arbeitnehmern schon kurz nach Bildung der sozialliberalen Koalition eingesetzt und war fraglos auch eine Reaktion auf die wiederbelebten utopischen Überschüsse in der Rhetorik einiger sozialdemokratischer Politiker und Nachwuchstheoretiker, die insbesondere in den Groß- und Universitätsstädten zu einem strammen und durchaus erfolgsgekrönten Marsch durch die Parteiinstitutionen angetreten waren. Der große Sieg der Sozialdemokraten bei den Bundestagswahlen 1972 überdeckte den Entfremdungsprozeß kurzzeitig und gab Anlaß zu Fehlschlüssen. Denn in der SPD verwechselten viele das plebiszitäre Votum für die Außen- und Deutschlandpolitik der Bundesregierung, um das es sich bei der Bundestagswahl gehandelt hatte, mit der Zustimmung zu einem radikalen, experimentierfreudigen Reformismus in allen Bereichen der Gesellschaftspolitik. Doch für ein solch kühnes Reformprojekt fehlten bereits damals die ökonomischen Grundlagen und die aktive Unterstützungsbereitschaft der Bevölkerungsmehrheit, die schon 1973 des Demokratisierungspathos und Reformeifers ziemlich überdrüssig war. Angekündigt hatte sich das bereits bei den Landtagswahlen 1970 bis 1972, bei denen die Sozialdemokraten einige deftige Rückschläge hatten einstecken müssen. Eine gesellschaftliche Mehrheit für ihre Reformvorstellungen in der Innenpolitik besaßen sie schon damals nicht mehr. Ihren Wahltriumph bei der

Bundestagswahl 1972 verdankte die SPD einer bis dahin außergewöhnlichen Mobilisierung der Arbeiter, von denen nahezu zwei Drittel für die SPD stimmten. Die Entspannungspolitik und Versöhnungssymbolik des Kanzlers Willy Brandt beeindruckten selbst die katholischen Arbeiter, die zum einzigen Mal in der bundesdeutschen Geschichte zu über 50 Prozent für die Sozialdemokraten eintraten. Der Zulauf aus den Dienstleistungsberufen hingegen war verebbt, während die Unionsparteien in den Wachstumsregionen der deutschen Wirtschaft, in Bayern, Hessen und Baden-Württemberg und Städten wie München und Frankfurt, wieder Boden gewannen, ihn zumindest hielten.[208] Die Zeitgenossen übersahen diese Signale und wähnten noch die Sozialdemokraten im Aufwind und die Union im Abseits. Währenddessen aber hatten sich die Angehörigen der modernen Berufe den Unionsparteien wieder geöffnet, den Sozialdemokraten jedoch ein Stück weit verschlossen. Der Kanzlerwechsel 1974 verhinderte, daß die Tür zwischen den Arbeitnehmern in den prosperierenden Wirtschaftsbereichen und den Sozialdemokraten zuschlug. Mit Helmut Schmidt zog ein Sozialdemokrat ins Kanzleramt, der ganz den Wunschvorstellungen der neuen Arbeitnehmer über einen Politiker ihrer Façon entsprach. Er war entscheidungsfreudig, handelte effizient, betrieb ein geschicktes und umsichtiges Krisenmanagement, glänzte durch wirtschaftspolitische Kompetenz und steuerte eine rationale Außenpolitik, die auf eine politische Verständigung zwischen den Blöcken und die Herstellung militärischen Gleichgewichts abzielte. Moralisieren und Ideologisieren war ihm dagegen zutiefst zuwider. Er regierte im Stile eines modernen leitenden Angestellten, nüchtern, pragmatisch, sachverständig, intelligent – und er war der Kanzler dieser Schicht, die sich in ihm wiedererkannte und von ihm politisch kongenial repräsentiert sah. Auf dem Höhepunkt seiner politischen Karriere in den späten siebziger Jahren, als das wirtschaftliche Wachstum wieder anstieg und Schmidt auf den Weltgipfeltreffen brillieren konnte, übertrug sich seine Popularität gerade bei den Berufszugehörigen der prosperierenden Wirtschaftssektoren nun auch wieder auf seine Partei. Zwischen Juni 1978 und März 1980 fanden in allen Bundesländern Wahlen statt. In Baden-Württemberg und Niedersachsen mußten die Sozialdemokraten knappe Verluste hinnehmen, überall sonst aber legten sie zu, teilweise gar recht kräftig, was bei Landtagswahlen in der bundesdeutschen Geschichte der führenden Bonner Regierungspartei nur in seltenen Fällen gelang.[209] Es ist gewiß überspitzt personifiziert, aber nicht abwegig, wenn man festhält, daß Karl Schiller die "white-collar"-Wähler an die Sozialdemokratie heranführte und damit der SPD den Zugang zur Macht ermöglichte und daß es Helmut Schmidt gewesen war, der die neuen Mittelschichten erneut faszinierte, ihren Rückmarsch zur Union aufhielt und dadurch die sozialdemokratische Regierungsfähigkeit über einen beachtlichen Zeitraum hinweg rettete. Und es ist sicher bezeichnend für das chronisch gestörte Verhältnis eines Teils der Sozialdemokraten zur Macht, daß beide in der SPD heute eher Persona non grata sind, zu deren historischer Leistung sich öffentlich auf einem Parteitag zu bekennen einem aufstrebenden SPD-Funktionär vermutlich unwiderruflich die Karriere kosten würde. Wer auf sozialdemokratischen Parteikonferenzen der späten achtziger Jahre lobend den Namen des chronischen Wahlverlierers Erhard Eppler im Munde führte, durfte mit rauschenden Beifallsstürmen rechnen, wer sich dagegen positiv auf den Machtpolitiker Helmut Schmidt bezog, erntete eisiges Schweigen und fiel bei den abschließenden Wahlen in aller Regel mit Pauken und Trompeten durch.

Die politische und emotionale Distanzierung von den beiden sozialdemokratischen Spitzenpolitikern der sechziger und siebziger Jahre erfolgte natürlich nicht ohne Grund. Schiller bekannte sich zwischenzeitlich zur Politik der CDU, war also ins andere Lager gewechselt. Schmidt schließlich ist für einen großen Teil der heute dominierenden Politikergeneration in der SPD geradezu eine traumatische Figur, da er in allen entscheidenden innen- und außenpolitischen Konfliktfragen der späten siebziger, frühen achtziger Jahre, von der Nachrüstung bis zur Kernkraft, auf der anderen Seite der Barrikade stand. Die mittlere Parteielite der frühen neunziger Jahre trug seinerzeit die Politik des Kanzlers nur noch zähneknirschend und widerstrebend mit. Verbittert erlebte sie, wie sich der Teil der sozialdemokratischen Anhänger, der wie sie selbst durch den Reformimpetus der frühen siebziger Jahre sozialisiert und von der ökologischen Protestbewegung der späten siebziger Jahre geprägt worden war, zu Beginn der achtziger Jahre enttäuscht von der SPD abwandte und die Partei der „Grünen" stark machte. Die SPD verlor dadurch eine Wählergruppe, der sich die nachwachsende Funktionärsschicht der SPD sozial und intellektuell besonders nahe fühlte, zu denen der sozialdemokratische Kanzler aber keine Brücke fand, auch nicht finden wollte. Er hatte weder Verständnis für die beißende Systemkritik der 68er Generation, die während der Kanzlerschaft von Willy Brandt zur SPD gestoßen war, noch für die Zukunftsängste und den ökologischen Pessimismus, welche aus der Umwelt- und Alternativbewegung auch in die Sozialdemokratie eingedrungen waren. Schmidt hielt beides für zutiefst irrational und unpolitisch. Er ließ sich nicht einmal sprachlich und symbolisch auf die Kommunikation mit den Kritikern aus der neu aufgelebten, historisch nun schon dritten deutschen Jugend- und Bildungsbürgerbewegung ein. Er verprellte damit vor allem ein pädagogisch-geisteswissenschaftliches Wählerpotential der jungen akademischen Generation, das die Sozialdemokratie Anfang der siebziger Jahre erst neu rekrutiert beziehungsweise aus dem inneren Traditionsbestand heraus hervorgebracht hatte und das zu den aktiven Trägern radikalreformerischer Initiativen gehörte. Im Altersbereich der 18- bis 30jährigen Wähler, bei denen die SPD seit Mitte der sechziger

Jahre ihre Spitzenwerte erzielt hatte, verlor die SPD nun zu Beginn der achtziger Jahre zwischen 10 und 14 Prozentpunkte. Den Gewinn aus den sozialdemokratischen Verlusten im Jungwählerbereich zogen in erster Linie die „Grünen".[210]

Als Regierungspartei hätte die Sozialdemokratie diesen Exodus zwar vermutlich nicht mental, so aber doch arithmetisch überstanden, wenn ihr nicht durch den erneuten wirtschaftlichen Einbruch und die außenpolitische Einflußminderung des Kanzlers zusätzlich Wähler zur anderen Seite des politischen Spektrums hin abgeflossen wären. Die SPD geriet in den frühen achtziger Jahren in eine ähnliche Zangenbewegung wie die Weimarer Sozialdemokratie 1924 und 1930 bis 1932, ein Teil ihrer Anhänger wandte sich der linken, ein anderer der rechten Konkurrenzpartei zu. Die taktischen Winkelzüge in der Koalition um Einsparmöglichkeiten im Bundeshaushalt, bei der die SPD regelmäßig den kürzeren zog, und die immer heftiger werdenden innerparteilichen Flügelkämpfe in der SPD, die zunehmend zu Lasten des Kanzlers ausgingen, stießen die Wähler der neuen Mittelschichten ab und erzürnten selbst die Stammwähler. Bei den Landtags- und Kommunalwahlen 1981/82 blieben zahlreiche Arbeiter zu Hause oder wählten gar die CDU, der die Mehrheit der Wähler nun allein zutrauten, den Haushalt zu konsolidieren und die Wirtschaft wieder flott zu machen.[211] Die durch gewerkschaftliche Protestaktionen lautstark artikulierte Distanzierung der organisierten Arbeitnehmer von der Koalition bedeutete das Ende der Kanzlerschaft Schmidt.[212] Der Rückmarsch der Sozialdemokratischen Partei unter die Vierzig-Prozent-Marke hatte indes schon früher begonnen; nun setzte er sich beschleunigt fort. Allein die abtrünnigen Arbeiter kehrten nach dem Bruch der Koalition und der Bestätigung der neuen Regierung Kohl/Genscher bei den Bundestagswahlen 1983 wieder zur Sozialdemokratie zurück. Die Wählerbasis der Sozialdemokratie reproletarisierte sich gleichsam und ähnelte wieder dem Profil der frühen sechziger Jahre. Der Anteil der Hauptschulabsolventen unter den sozialdemokratischen Anhängern hatte sich seit 1983 erhöht, die Quote der Höhergebildeten dagegen verringert.[213] 1987 stimmten fast zwei Drittel der Arbeiter für die SPD, etwa so viele wie bei der Bundestagswahl 1972. Gut halten, mitunter noch ausdehnen konnte sich die Sozialdemokratie in Regionen mit großen ökonomischen Strukturproblemen. Wirtschaftliche Schwächen und hohe Arbeitslosigkeit konservierten offenkundig ein gewerkschaftlich-sozialdemokratisches Arbeitermilieu und stabilisierten die politische Hegemonie der SPD wie beispielsweise in den Städten des Ruhrgebiets, wo die SPD über alle bundespolitischen Rückschläge hinweg von Mitte der sechziger bis Ende der achtziger Jahre ihre exponierte Stellung zu behaupten verstand.[214]

In den Wachstumsregionen der Bundesrepublik und innerhalb der Gruppen der neuen Mittelschichten hingegen war die 1970/71 begonnene

Talfahrt der Sozialdemokraten, die Schmidt in seiner Glanzzeit am Ende der siebziger Jahre zwischenzeitlich abbremsen konnte, nun nicht mehr aufzuhalten. In Baden-Württemberg verzeichneten die Sozialdemokraten seit den frühen siebziger Jahren einen stetigen Rückgang.[215] Kräftig zur Ader gelassen wurde die SPD insbesondere in den prosperierenden Großstädten der Bundesrepublik, die ihren wirtschaftlichen Boom überwiegend einem rasch expandierenden, auf hochwertige Produkte orientierten Dienstleistungssektor verdankten. Zwischen 1972 und 1987 verlor die SPD in München 17,1, in Frankfurt 13,4, in Stuttgart 12,9, in Karlsruhe 10,0, in Düsseldorf 8,3 Prozent ihrer Wählerstimmen. Auch in Hamburg fiel sie in diesem Zeitraum um 13,2 Prozentpunkte zurück.[216] Den Nutzen aus der Schwäche der SPD in den Städten mit fortgeschrittenem Strukturwandel zogen nach 1983 indessen weniger die Christdemokraten als vielmehr die „Grünen" und die FDP, die dort zusammen zwischen 20 und 30 Prozent der Wählerstimmen auf sich vereinten.[217]

Aus der Avantgarde der gesellschaftlichen Moderne war die Nachhut der Industriegesellschaft geworden. In der zweiten Hälfte der achtziger Jahre spielten die Sozialdemokraten unversehens die Rolle, die die Dramaturgie der Wählerforschung Anfang der siebziger Jahre zunächst den Christdemokraten zugedacht hatte. Die SPD war der politische Repräsentant der veralteten Strukturen und des sozialökonomischen Konservatismus geworden, während sich die Konkurrenz an die Spitze der Zukunftsentwicklung gestellt hatte. Die Sozialdemokraten in der unmittelbaren Post-Schmidt-Ära hatten zweifellos tatkräftig dabei mitgeholfen, dieses Bild im Wählerbewußtsein zu verankern. In den sechziger Jahren, als die Partei zielstrebig die Macht ansteuerte, gab sie sich selbstbewußt, fortschrittlich, modern, im Einklang mit der Zukunftsentwicklung. In den achtziger Jahren, als sie sich geradezu erleichtert von der Macht verabschiedet hatte, präsentierte sie sich grüblerisch, selbstquälerisch, pessimistisch, im nörgelnden Hader mit der Moderne. Die SPD inszenierte Kassandra. Die Zukunft malte sie düster aus; im Einsatz neuer Technologien und Medien witterte sie vorwiegend Gefahren, erkannte jedoch kaum die Chancen. Es war, als befände sich die Sozialdemokratie auf dem Bußgang, um für die Sünden der technologischen Großprojekte während der sozialliberalen Regierungszeit sühnen zu wollen. Teile der neuen sozialdemokratischen Funktionärsschicht schienen Mitte der achtziger Jahre ernsthaft zu glauben, daß der lebensreformerisch-alternative Betroffenheitskult auf den protestantischen Kirchentagen zum Lebensgefühl in der von ihnen für die Zukunft erwarteten postmaterialistischen Gesellschaft werden könne. Doch als die Sozialdemokraten den zivilisationskritischen Postmaterialismus entdeckten, zelebrierte die Mehrheit der neuen Mittelschichten, die diesen Wertewandel nach der damals üblichen soziologischen Definition eigentlich hätte praktizieren müssen, eher einen neureich-luxuriösen Konsumismus und eine unverhohlene Begeisterung für die Ergebnisse der High-Tech-Industrie – was die umweltbewußte Sortierung des Hausmülls keineswegs ausschloß. Die Sozialdemokraten, die in den alten Industrielandschaften der Bundesrepublik als Hüter des sozialpolitischen Besitzstandes auftraten und in den Wohnquartieren der neuen Mittelschichten postmaterialistische Losungen und zukunftsängstliche Verdrossenheit zum besten gaben, hatten den in ihrer weit überwiegenden Mehrheit nicht postmaterialistisch eingestellten Beamten, Angestellten und schließlich auch Arbeitern der prosperierenden Berufe und Regionen zur Mitte der achtziger Jahre mithin nichts Attraktives zu bieten.[218]

Die SPD entdeckt die Aufsteiger –
und scheitert an der deutschen Vereinigung

In den Planungsstäben des sozialdemokratischen Hauptquartiers in Bonn hatte man die Defizite und Fehlorientierungen der SPD-Politik durchaus frühzeitig erkannt. Zur gleichen Zeit, als Heiner Geißler der CDU einen Modernisierungskurs von oben zu verpassen suchte, entstand ein nahezu identisches Konzept und ebenfalls von oben in der „Baracke". Vor allem in zwei zentralen Punkten waren sich die Strategen des Adenauer- und des Ollenhauerhauses 1984/85 einig: Die Stimmen der Stammwähler hielten sie für gesichert; das Ringen um die Mehrheitsfähigkeit in der Republik spielte sich woanders ab: eben im Bereich der politisch nicht starr festgelegten neuen Mittelschichten. Auf deren spezifische Erwartungen und Bedürfnisse sollten die künftigen Wahlkämpfe und das Erscheinungsbild der Parteien in erster Linie zugeschnitten werden.

Die sozialdemokratischen Planer hatten den fortan für sie konstitutiven Wählerbereich durch Lebensstilanalysen noch schärfer zu umreißen und zu charakterisieren versucht.[219] Als Schlüsselgruppe auf dem Weg zur Wiedergewinnung der politisch-kulturellen Hegemonie galten ihnen das sogenannte „aufstiegsorientierte Milieu" und das „technokratisch-liberale Milieu" mit insgesamt 30 Prozent aller bundesdeutschen Wähler. Das „aufstiegsorientierte Milieu" bestand den SPD-Untersuchungen zufolge aus Facharbeitern und kleinen Angestellten, die den sozialen Aufstieg anstrebten und hohe Einkommens- und Konsumwünsche besaßen. Im „technokratisch-liberalen Milieu" überwogen Personen mit höherer formaler Bildung, die sich tolerant und emanzipatorisch gerierten, den Fortschritt bejahten, an ihren Karrieren arbeiteten, stets en vogue gekleidet und eingerichtet waren und im übrigen teuren Hobbys frönten. Da diese Gruppe eine oft stilprägende Vorbildfunktion in der Gesellschaft ausübte, stand sie ganz besonders im Fokus der Planspiele in der Abteilung Wahlen beim Bonner Parteivorstand.[220] Ein ernstzunehmender Postmaterialismus war jedenfalls in beiden Gruppen nicht anzutreffen. Dagegen stand wirtschaftspolitische Kompetenz hoch im Kurs. Eine Partei, der es daran mangelte, hatte in diesen Milieus keine Chance. Etatistische Wirtschaftskonzepte stießen dort auf wenig Gegenliebe. Mit flexiblen Arbeitszeiten sympathisierten dagegen viele. An der bundesdeutschen Politik störten sie die leerformelhafte Rhetorik und die routinemäßige Symbolik. Der Politiker ihrer Wahl, so analysierten die Wählerforscher in der SPD-Baracke 1984, sollte über eine konsistente Zukunftsperspektive verfügen, dabei auch unkonventionelle Methoden anwenden dürfen, eine „ja fast schon spielerische Einstellung zur Politik"[221] haben.

Die Wahlstrategen in der Bonner SPD-Zentrale hatten mithin schon 1984 die Umrisse eines Politikkonzepts entworfen, mit dem Oskar Lafontaine ab 1988 Furore machte und mit der er dann als Kanzlerkandidat seine Partei aus dem Tief herausholen sollte. In der Tat schien er der richtige Mann für eine Integration der verschiedenen Wählergruppen zu sein, die die SPD zur Rückkehr an die Macht benötigte. Er faszinierte die Generation der Radikalreformisten und Ökopazifisten der siebziger Jahre, die in der Agonie der sozialliberalen Koalition zu den „Grünen" abgewandert waren, seit seinem kompromißlosen Engagement gegen die Nachrüstung und wegen seines Plädoyers für Ökosteuern. Er beeindruckte die neuen Mittelschichten aus den Wachstumsbranchen durch seine Attacken gegen die Inflexibilitäten der Gewerkschaften, durch die unkonventionelle Art, wie er politische Konflikte in Fernsehstudios und Talk-Runden hineintrug und nicht zuletzt durch die Einstellung eines Spitzenkochs in der Bonner Saarlandvertretung. Und er hatte im Saarland bewiesen, daß er die traditionellen Arbeiter mobilisieren konnte, indem er klassisch sozialpolitische Fragen zum Thema von Wahlkämpfen machte, indem er aufkommende Ängste der „kleinen Leute" früher als andere spürte und sie mit populistischer Energie zur Sprache brachte. Kurz, es gab Grund zu hoffen, daß Lafontaine das Integrationsproblem der Sozialdemokraten in der zweiten Hälfte der achtziger Jahre lösen, die SPD wählbar für traditionelle Industriearbeiter, nichtpostmaterialistische Mittelschichten und inzwischen nicht mehr ganz so jugendbewegte Ökopaxler machen würde.

Bekanntlich führte Lafontaine die SPD noch weiter zurück in die fünfziger Jahre. Nur bei den 25- bis 40jährigen Wählern – und hier insbesondere bei den Frauen – hatte er etwas Erfolg und kompensierte einen Teil der Verluste, die die SPD in dieser Generation seit den frühen achtziger Jahren erlitten hatte. Gewiß, die so wunderbar ausgedachte Integrations- und Modernisierungsstrategie des „neuen Weges" ging nicht auf, weil den Sozialdemokraten die deutsche Einheit dazwischenfuhr. Deren nicht nur vom Kanzler als historisch empfundene Bedeutung hatte Lafontaine störrisch ignoriert; von Beginn des Prozesses an hatte er für die Ohren der damaligen

DDR-Bürger einen falschen Zungenschlag gebraucht; seine Mixtur aus Saartümelei, westdeutschem Egozentrismus und vagem Kosmopolitismus traf nicht den Nerv des Jahres 1990; auch wenn er die gesellschaftlichen und ökonomischen Probleme des Zusammenwucherns der beiden Teile Deutschlands zweifelsohne richtig erkannt und mit der gebotenen Eindringlichkeit herausgestellt hatte. Doch dann demontierten ihn die Medien, deren Gunst er zuvor besaß, mit ätzender Schärfe und zum Teil wütender, am Ende herablassender Verachtung. Schließlich mochte es so sein, daß die sozialdemokratischen Strategen des Ollenhauerhauses das Bedürfnis der Wähler nach unkonventionellen Politikern überschätzten, zumal wenn es sich um Bundestagswahlen handelte. Als Ministerpräsidenten goutiert die Mehrheit der Wähler wohl durchaus einen begabten Quergeist, auch in Talk-Shows wird ihn gewiß niemand missen wollen. Sobald es aber um die Bedeutung des Kanzlerpostens geht, wird den meisten dann doch bange, und sie verlassen sich lieber auf die guten alten Sekundärtugenden, wie sie einst Kanzler Schmidt postulierte: Berechenbarkeit und Verläßlichkeit. Mit diesen Tugenden aber hatte der saarländische Ministerpräsident, der montags mit harten Bandagen gegen Asylbewerber vorging, dienstags weltoffen-liberalen Flair und multikulturelle Gesinnung demonstrierte, nicht viel im Sinn.

Seit dem Sommer 1990 etwa, als sich ihre Niederlage bei den Bundestagswahlen bereits abzeichnete, begannen die Sozialdemokraten damit, an einer Legende zu basteln, an die viele von ihnen inzwischen fest glauben. Gemäß dieser Legende lief für die Sozialdemokraten bis zur Öffnung der Mauer alles bestens, die Integrations- und Modernisierungsstrategie sei aufgegangen, mit ihrer umweltpolitischen Kompetenz habe die SPD schließlich alle anderen Parteien überrundet und damit vor allem den wahlentscheidenden neuen Mittelschichten imponiert. Wäre dem Bundeskanzler Kohl nicht die „nationale Euphorie" zur Hilfe gekommen, dann säße heute Oskar Lafontaine auf seinem Stuhl. Zweifel daran sind angebracht. In der Tat mußte die CDU nach den Bundestagswahlen 1987 bei den Landtagswahlen einige schwere, teilweise dramatische Wählerverluste hinnehmen. Doch im Gegensatz zur bisherigen bundesdeutschen Geschichte profitierte die große oppositionelle Volkspartei, in diesem Fall eben die SPD, gar nicht oder nur unwesentlich von den Abnutzungserscheinungen der Regierung. Nicht nur die Einbußen der CDU waren infolgedessen dramatisch, sondern ebenso die Stagnation der SPD im Erosionsprozeß ihrer großen Konkurrenzpartei.[222] Höchst bedenklich für die SPD war zudem, daß sie ausgerechnet in einer Zeit kräftigen wirtschaftlichen Wachstums auf der Stelle trat. In ihrer ganzen Geschichte war die SPD eine Konjunkturpartei, die Erfolge erzielte, wenn die Wirtschaft florierte, und die auf Schwierigkeiten stieß, wenn der Abschwung begann. Durchsetzen läßt sich der soziale Reformismus der SPD nur in Zeiten wirtschaftlichen Aufschwungs. In Zeiten der ökonomischen

Depression wird die SPD von heute wohl mehr noch als die von gestern angesichts des großen sozialpolitischen Erwartungsdrucks ihrer traditionellen Klientel und wegen der erheblichen sozialen und mentalen Heterogenität und Interessensdivergenz ihrer Wähler als Regierungspartei vermutlich nicht einmal nur eine Legislaturperiode durchhalten.

Die Unionsparteien stehen vor ganz ähnlichen Herausforderungen und werden in den neunziger Jahren ebenfalls tüchtig Federn lassen. Doch mildert das nicht den Problemdruck, der zu Beginn der neunziger Jahre auf der Sozialdemokratie lastet. Sie verlor bei den Bundestagswahlen bei Jung und Alt. Die Zeiten, da sie im Jungwählerbereich noch über 50 Prozent der Stimmen erhielt, sind seit dem Aufkommen der „Grünen" passé. Bei den Erstwählern scheint aber auch Rot-Grün insgesamt nicht mehr über eine absolute Mehrheit zu verfügen, wie noch bei der Generation der 25- bis 39jährigen. Generationen wechseln eben, damit auch ihre Lebensgefühle und ihre politischen Präferenzen. Selbst im Ruhrgebiet mögen sich daraus langfristig Gefahren für die politische Hegemonie der Sozialdemokraten ergeben. 1990 jedenfalls brach dort die SPD im Jungwählerbereich ein, bei den Kommunal-, Landtags- und Bundestagswahlen. Allen Parteien wird überdies in Zukunft noch erhebliche Sorgen bereiten, daß wachsende Teile der Jungwähler dem Wahlakt in der parlamentarischen Demokratie keinen großen Sinn mehr beimessen und ihm gleichgültig fernbleiben oder ihn gar bewußt boykottieren. Bei den Landtagswahlen 1987 in Bremen gingen 34 Prozent der Erstwähler nicht an die Urnen, bei den Landtagswahlen in Bayern 1990 machten gar über 50 Prozent der Jungwähler keinen Gebrauch von ihrem Wahlrecht.

Zahlreicher beteiligen sich die älteren Bürger an der Wahl. Der Anteil der über 60jährigen an der Wählerschaft liegt bei rund 30 Prozent, ist also beträchtlich. Doch hat die SPD die quantitative Bedeutung der Senioren bis zur Bundestagswahl 1990 offenkundig nicht angemessen berücksichtigt, wie der jugendbewegte Charakter zahlreicher Wahlveranstaltungen und auch die Jugendtümelei vieler Kommentare am Abend der Bundestagswahl vom 2. Dezember 1990 zeigten. Dabei ist es den Senioren in der bundesdeutschen Gesellschaft außerordentlich wichtig, das Gefühl vermittelt zu bekommen, nicht vergessen und nicht auf ein Abstellgleis geschoben zu werden. Die Sozialdemokraten haben dies entschieden zu wenig beachtet – und dafür die Quittung erhalten: Die älteren Wahlberechtigten gaben bei der Bundestagswahl 1990 über 50 Prozent ihrer Stimmen den Unionsparteien. Fortlaufende Verluste verzeichnen die Sozialdemokraten schon seit einigen Bundestagswahlen in den Großstädten, auch wenn sie dort 1990 noch immer um gut 5 Prozent über dem Bundesdurchschnitt lagen. Insgesamt aber hat die SPD seit den sechziger Jahren hier weit mehr als 10 Prozentpunkte eingebüßt. Allmählich beginnt offenkundig auch in den für die

SPD lange Zeit stabilen Ruhrgebietsstädten einiges wegzubrechen. In der industriellen Arbeiterschaft, deren Unterstützung sich die SPD nach den Bundestagswahlen 1987 auch langfristig ganz und gar sicher wähnte, verlor die SPD überdurchschnittlich, ja dramatisch an Stimmen. [223] Sie fiel in ihrer Stammwählerschaft auf das Niveau von 1949 zurück, als lediglich 44 Prozent der Arbeiter für die SPD votierten. [224] 1990 waren es nicht mehr. [225] Schon die Erfolge der „Republikaner" im Jahr 1989 hatten signalisiert, daß Teile der jungen, autoritär disponierten Arbeiter wahlpolitisch in Bewegung geraten waren. Schließlich lag der Facharbeiteranteil im Elektorat der „Republikaner" höher als in der Wählerschaft der SPD, [226] und rund ein Fünftel der unter vierzigjährigen Schönhuber-Sympathisanten von 1989 hatten noch zwei Jahre zuvor, bei den Bundestagswahlen 1987, die Sozialdemokraten unterstützt. Bei den Europawahlen 1989 landeten die „Republikaner" in mehreren Arbeiterquartieren der Ruhrgebietsstädte einige bemerkenswerte Erfolge, die zu Lasten der SPD gingen. [227] Tatsächlich hat sich beginnend mit den frühen siebziger Jahren, forciert dann durch die postmaterialistische Wende 1982/83 zwischen dem Lebensstil, den Einstellungen, den Bedürfnissen, der Sprache und dem Habitus der traditionellen Stammwähler der SPD auf der einen und der Funktionärs- und Mandatsträgermehrheit der Partei auf der anderen Seite eine Kluft aufgetan und mit den Jahren noch vergrößert, die kaum zu schließen und nur schwer zu überbrücken sein wird. Schon die Weimarer Sozialdemokratie durchlebte einen vergleichbaren Prozeß der Entfremdung zwischen den Parteifunktionären und Teilen der jüngeren Industriearbeiterschaft, obwohl die Differenzen in den Lebenslagen beider Gruppen seinerzeit sehr viel geringer waren als heute. Und doch hatte die saturierte Attitüde einiger ihrer Politiker der SPD am Ende ungeheuer geschadet, da sie als Partei der „Bonzen" und „Bürokraten" in der Krise nicht mehr die Hoffnungen der „kleinen Leute" auf sich zog. Ähnliches mag den Sozialdemokraten in den kommenden Jahren widerfahren, wenn sich der ungelernte Arbeiter, der das schnelle Geld machen will, von dem sozialdemokratischen Studienrat, der Askese und Solidarität mit der Dritten Welt predigt, nicht mehr repräsentiert fühlt.

Die deutsche Vereinigung hat die Stammwählerkrise der Sozialdemokraten zusätzlich verschärft, da die Arbeiter in Ostdeutschland zu über 50 Prozent mit dem konservativen Lager sympathisierten. Noch Anfang 1990 hatten die sozialdemokratischen Wahlkampfplaner das Gegenteil erwartet und sogar eine strukturelle Mehrheitsfähigkeit der Sozialdemokraten im künftig einheitlichen Deutschland für möglich gehalten. Mit der Reintegration der alten sozialdemokratischen Hochburgen in Sachsen und Thüringen durch die Vereinigung erhofften sich die Politikstrategen in der Bonner „Baracke" einen Zuwachs an organisatorischer Stärke, vor allem aber einen kräftigen Anstieg der Wählerzahlen. Sie übersahen freilich, daß der Mythos vom „roten Mitteldeutschland" den Zustand des Jahres 1903 beschrieb, aber schon nicht mehr die Realität der Weimarer Republik widerspiegelte. Bereits in den zwanziger Jahren hatte ein dramatischer Zerfallsprozeß der sozialdemokratischen Hochburgen des Kaiserreichs in weiten Teilen Thüringens, im Vogtland und im südwestsächsischen Erzgebirge begonnen. Anfang der dreißiger Jahre waren die Sozialdemokraten in Thüringen bei rund 20 Prozent, im Vogtland bei kaum mehr als zehn Prozent der Stimmen angelangt. Diese Landesteile waren am Ende der Weimarer Republik tiefbraun, keineswegs aber mehr auch nur zartrosa. Dagegen blieben andererseits die Bereiche zwischen Leipzig und Dresden bis 1933 Domänen der SPD, die dort bei Wahlen weit überproportionale Stimmenanteile erzielte. Am meisten traf dies auf den industriellen Ballungsraum im Elbtalkessel zwischen Dresden und Riesa zu.[228] Genau dort aber erlebten die Sozialdemokraten 1990 ihr größtes Debakel. Die Arbeiter dieser Region wählten nicht mehr die Partei ihrer Großmütter und Großväter, sondern die Partei Helmut Kohls. Im Osten war die CDU 1990 in einem Maße Arbeiterpartei, wie über Jahrzehnte die SPD im Westen. Dadurch haben sich die Konturen der bundesdeutschen Wählerlandschaft zu Beginn der neunziger Jahre zumindest für einen historischen Moment verschoben. Der CDU wird dies ähnlich große Probleme schaffen wie den Sozialdemokraten. Die Heterogenität des Wählerspektrums der Unionsparteien ist gewachsen; sie sind nicht mehr allein die Parteien der Prosperitätsgebiete; erhebliche Integrationsanstrengungen kommen auf sie zu. Allerdings steht keineswegs fest, ob die CDU auch künftig die Partei der ostdeutschen Arbeiter sein wird. Noch scheinen die Wählerstrukturen in den neuen Bundesländern offener zu sein als (bisher) in den alten. Welche parteipolitischen Filter die 1991 ungeheuer angewachsene Verbitterung über den Zusammenbruch des Industriestandorts „ehemalige DDR" und über den Anstieg der Arbeitslosigkeit auf spätes Weimarer Niveau und darüber finden wird, bleibt abzuwarten. Bei Abschluß der Studie sahen Umfragen die Sozialdemokraten bei nahezu 40 Prozent, die Union hingegen bei unter 30 Prozent der ostdeutschen Wähler.[229] Für die Sozialdemokraten kommt vieles auch auf die Entwicklung der Gewerkschaften im Osten Deutschlands an, inwieweit sie sich als Interessenvertretung der Arbeitnehmer und Arbeitslosen etablieren können und ob sie ein Klientel- und Kooperationssystem mit den Sozialdemokraten begründen werden. Nach diesem Muster jedenfalls vollzog sich – allerdings unter ungleich günstigeren Voraussetzungen – im Ruhrgebiet der Aufstieg der Sozialdemokraten zur führenden politischen Kraft. Im Grunde sind die Aufgaben, die in Ostdeutschland anstehen und bewältigt werden müssen, genuin sozialdemokratische: staatliche Strukturpolitik, aktive Arbeitsmarktförderung, Aufbau einer modernen Infrastruktur, Wohnungsbau, sozialpolitische Absicherungen, Mitbestimmung. Nach dem Schiffbruch, den der marktwirtschaftliche Dogmatismus 1990/91 erlitten hat, reift im Osten Deutschlands eine Problemkonstellation heran, die in manchem an diejenige der Jahre 1966/67 im Westen erinnert. Damals waren die führenden Politiker der SPD bestens darauf vorbereitet; fraglich ist, ob dies auf die Sozialdemokraten der neunziger Jahre ebenfalls zutrifft. Allerdings hat sich die Situation seit den sechziger Jahren auch um einiges verkompliziert, und mit der deutschen Vereinigung haben sich die Schwierigkeiten der SPD – wie auch der CDU – noch zusätzlich verschärft. Schon in den achtziger Jahren war es der SPD nicht mehr gelungen, die unterschiedlichen Interessen und Lebensperspektiven ihrer potentiellen Wähler überzeugend zu verklammern und zur Koalition zu bringen.[230] Im neuen Deutschland hat sich die Heterogenität der Mentalitäten noch erweitert, ist die Vielfalt der Interessen noch gewachsen. Die Arbeiter im Osten stellen Forderungen auf, die auf Kosten der Arbeiter im Westen gehen. Und das Besitzstanddenken der Arbeitnehmer im Westen geht zu Lasten der Lohnabhängigen im Osten. Im neuen Deutschland wird es der SPD schwerfallen, Partei der Arbeiter zu bleiben.

So ganz ist sie es schließlich schon in der alten Bundesrepublik nicht gewesen. An die katholischen Arbeiter und die Arbeiter in den kleinen und mittleren Betrieben des ländlichen Raumes kam sie nie recht heran. Die materiell gut und sicher gestellten Arbeiter in den prosperierenden Wachstumsbereichen gingen ihr im Lauf der achtziger Jahre immer mehr von der Stange. Und selbst viele der klassischen Stammwähler aus dem großindustriellen Sektor reagierten verunsichert und mit Wahlenthaltung auf den Postmaterialismus, mit dem die SPD Mitte der achtziger Jahre die angegrünten Magister zurückholen wollte, und auf das moderne Outfit der späten achtziger Jahre, das den Sozialdemokraten Stimmen in den urbanen Quartieren der Techniker, Ingenieure und EDV-Experten einbringen sollte. Auch die Gruppe derer, die als Ganzes das Etikett der „neuen Mittelschichten" tragen, fällt auseinander: in diejenigen, die düster in die Zukunft sehen, ökologische Katastrophen befürchten, auf das Fahrrad umgestiegen sind und sich mit Vollwertkost ernähren, und in solche, die den Fortschritt bejahen, die technologische Entwicklung für beherrschbar halten, die Bedeutung der Ökologie zwar anerkennen, gleichwohl weiter gerne schnelle Autos fahren und zum Salat ihr Steak nicht missen möchten. Um mehrheits- und regierungsfähig zu werden, braucht die SPD sie alle: die fortschrittsbegeisterten Ingenieure, die ökopazifistischen und systemkritischen Studienräte, die großindustriellen Arbeiter und Gewerkschafter, die modernen CNC-Meßwart- und Fertigungswaren-Arbeiterelite, die katholischen Lohnabhängigen aus den Kleinbetrieben, die Angestellten im Dienstleistungsbereich, die Beamten aus dem öffentlichen Dienst. Die SPD muß die Dynamik der Generationenwechsel reflektieren, darf bei den Jungwählern nicht weiter verlieren und muß bei den Senioren aufholen. Ihre Gesellschaftspolitik hat sich an den Interessen der Arbeitnehmerfamilien mit Kindern zu orientieren, sie darf aber auch nicht die flexiblen Freizeitmöglichkeiten und -bedürfnisse der stetig wachsenden Gruppe der Alleinstehenden ignorieren. Es ist unwahrscheinlich, daß den Sozialdemokraten diese Integrationsleistung gelingen kann. In Weimar sind sie an dieser Aufgabe gescheitert. Allerdings zeichnet sich nicht ab, daß eine andere Partei die milieu- und kulturenübergreifende Synthese durch eine populistische Mobilisierung herzustellen vermag. Auch die Unionsparteien geraten in eine Wähler- und Identitätskrise, wie sie die Sozialdemokraten in den achtziger Jahren durchgemacht, aber nicht abgeschlossen haben. Die Glanzzeit der großen Volksparteien dürfte vorbei sein. Vielleicht bildeten die sechziger und siebziger Jahre eine Ausnahmeperiode in der bundesdeutschen Parteiengeschichte. Der Normalzustand hat sich wieder ein Stück weit hergestellt. Die Parteienlandschaft wird vermutlich schillernder und differenzierter, doch auch weiterhin mit zwei großen Volksparteien, die trotz Einbußen die Gravitationszentren der bundesdeutschen Politik konstituieren werden.

3. Programme, Symbole und Identitätsdiskussionen

Kurt Schumacher – ein Neuerer im Nachkriegssozialismus?

Die meisten historischen Interpreten sind sich einig: Kurt Schumacher hatte die SPD nach 1945 erneuern, die Partei sozial und normativ öffnen, für die Angehörigen des Mittelstandes wählbar machen wollen. Der Freiburger Historiker Heinrich August Winkler geht gar so weit, die Politik Schumachers als „dramatische Kurskorrektur"[231] der bis 1933 gültigen sozialdemokratischen Linie zu bezeichnen. Weithin herrschte die Auffassung vor, daß die Innovationsbestrebungen Schumachers allerdings ihre Grenze im Beharrungsvermögen der „Weimarer Traditionalisten" im Parteiapparat um Erich Ollenhauer und Fritz Heine fanden. Wir mögen uns dieser Deutung nicht anschließen. Das Mittelschichten- und Bauernproblem der SPD hat nicht erst Kurt Schumacher 1945/46 entdeckt, sondern vor ihm und durchaus mit adäquater Schärfe war bereits die sozialdemokratische Parteiführung der zwanziger Jahre darauf aufmerksam geworden. Wir sahen es. Das Agitationsvokabular, dessen sich Schumacher nach dem Zweiten Weltkrieg bediente, um die SPD nicht abermals von den Mittelschichten zu entfremden, war schon 1932/33 entstanden, in der jungen Generation, die damals aktiv die „Eiserne Front" trug und die die Parteireformdiskussion von Hamburg und Köln aus antrieb. Schumacher war Teil dieser Generation; ihn prägte deren Lebensgefühl, deren Drang nach kraftvoller, militanter Offensive, deren Leidenschaft für einen nationalen, mitunter populistisch begründeten, aggressiv postulierten Sozialismus. Einer der führenden, gar programmatischen Köpfe aber war Schumacher seinerzeit nicht. Wohl auch deshalb blieben die von Schumacher 1945/46 angestoßenen Überlegungen zur volksparteilichen Erneuerung der SPD bei ihm selbst in Ansätzen und Widersprüchen stecken und im ganzen hinter dem Niveau der Vorschläge der jungen Parteireformer von 1932/33 zurück.

Daß die Sozialdemokratie von einer Partei der Arbeiterklasse zu einer Partei des Volkes werden müsse, war jedenfalls keine Einsicht, zu der unmittelbar nach dem Zweiten Weltkrieg allein Schumacher gelangt wäre. Zumindest in der Rhetorik tauchte diese Zielsetzung in zahlreichen Versammlungsreden sozialdemokratischer Spitzenfunktionäre der Jahre 1945/46 auf, im Osten im übrigen gleichermaßen wie im Westen, bei Grotewohl und Buchwitz ebenso wie bei Schumacher und Ollenhauer. Letzterer hatte schon im Dezember 1942 in einer programmatischen Rede vor der „Union deutscher sozialistischer Organisationen in Großbritannien" – die die Exil-SPD und die Emigranten der linkssozialistischen Splittergruppen umfaßte – die Konturen einer künftigen sozialdemokratischen Volkspartei abgesteckt. Sie sollte möglichst viele Schichten der Bevölkerung ansprechen, auf doktrinäre Lehren verzichten, statt dessen Toleranz gegenüber den verschiedenartigen weltanschaulichen, religiösen und philosophischen Motivierungen des sozialistischen Engagements üben.[232] Das also, was in der Regel allein dem Neuerer Schumacher gutgeschrieben wird, hatte der Traditionalist Ollenhauer ebenfalls schon vorgedacht. Ollenhauer und seine sozialdemokratischen Mitexilanten in England traten außerdem dafür ein, daß die sozialdemokratische Volkspartei in einem neuen demokratischen Deutschland enger als zuvor in Weimar mit dem republikanisch gesinnten Bürgertum zusammenarbeiten solle. Aus der Perspektive der sozialdemokratischen Emigranten auf der britischen Insel war die Kooperation der freiheitlichen Arbeiterbewegung und des liberalen Bürgertums die Garantie für die Funktionsfähigkeit und den Bestand der anvisierten demokratischen Nachkriegsordnung.[233]

In diesem Punkt waren die vermeintlichen Traditionalisten Ollenhauer, Heine und Vogel zweifelsohne moderner als Kurt Schumacher, dessen – historisch und biographisch gewiß verständlichen – antibürgerlichen Affekte eher in die Kaiserreichszeit zurückführten, als daß sie in die Zukunft einer pluralistischen, parlamentarischen Demokratie wiesen. Schumacher hielt an der besonderen Mission und dem exklusiven historischen Recht der sozialdemokratischen Arbeiterbewegung fest; sie allein war ihm Fundament und Bürge einer demokratischen Grundordnung. Auf geschichtsphilosophische Konstruktionen griff er allerdings nicht zurück, um die politische Sonderrolle der nichtkommunistischen Arbeiterbewegung zu legitimieren; deren Primat begründete er allein mit dem Bankrott und dem Versagen des liberalen Bürgertums in den zwanziger und frühen dreißiger Jahren. Insofern unterschied sich Kurt Schumacher von den Sozialdemokraten zu Zeiten August Bebels, die eher einer geschichtstheologisch durchsäuerten Überhöhung der Arbeiterklasse im ganzen zuneigten. In manchem aber fiel der sozialdemokratische Parteivorsitzende nach 1945 wieder in den Agitationsstil und in die Symbolik der wilhelminischen Sozialdemokratie zurück. Wie sie, so präferierte auch er wieder das scharf kontrastierende Schwarz-Weiß, die schroffe Einteilung in Gute und Böse. Wie sie, so benutzte auch er polarisierende Gesellschaftsbilder: hier die demokratische Arbeiterbewegung, dort das klerikal-reaktionäre Bürgertum. Wie August Bebel, so wollte auch Schumacher alles oder nichts in der Politik. Wie jener, so mußte sich auch dieser mit dem Nichts begnügen. Bebel und Schumacher waren wahre Volkstribunen, mitreißende Redner, Führer, an die glaubte, wer zur SPD gehörte. Politiker aber waren beide im Grunde nicht. Spielräume zu nutzen, in Alternativen zu denken, mit dem Gegner zu koalieren, um sich Einfluß zu verschaffen und den anderen zurückzudrängen – das war nicht ihre Sache. Den Zugang zur Macht haben sie ihrer Partei eher versperrt denn geöffnet.

Auch mit der häufig gelobten Mittelstandspolitik Schumachers war es nicht weit her. So sehr unterschieden sich die Angebote, die er den Bauern, Gewerbetreibenden und Angestellten machte, nicht von den konventionellen Offerten der Sozialdemokraten vor 1933. Eine spezifische materielle Politik für die Mittelschichten, gar differenziert nach den einzelnen Berufssegmenten, formulierte er nicht.[234] Letztlich wertete auch er die Rechtslastigkeit großer Teile dieser Bevölkerungsgruppen schlicht als Folge mangelnder Aufklärung. Und infolgedessen überwies Schumacher nicht anders als Generationen von Sozialdemokraten vor ihm das Bündnisproblem vorwiegend in den Bereich der Schulungsarbeit und Agitation, mit deren Hilfe die Mittelschichten zur Einsicht in ihre wirkliche Klassenlage und in ihre Interessenidentität mit der Arbeiterschaft gebracht werden sollten. Schumachers spezifischer und vielleicht auch originärer Beitrag zur sozialdemokratischen Politik gegenüber diesem Segment der Gesellschaft war lediglich seine apodiktische nationale Orientierung, mit der er wohl in der Tat jugendlichen Randgruppen des deutschen Bildungsbürgertums imponierte. Im übrigen aber hatte die Sozialdemokratie Schumachers das Gros der Mittelschichten eher vor den Kopf gestoßen. Die aggressive Klassenkampfrhetorik des Parteivorsitzenden, seine starre deutschland- und europapolitische Haltung, seine kompromißlose Prinzipienreiterei und die bürokratischen Planungs- und Sozialisierungsforderungen seiner Partei verfehlten gänzlich die Stimmungslage und das Gefühlsleben der ruhebedürftigen und ausgleichsorientierten Bevölkerungsmehrheit der späten vierziger und fünfziger Jahre, vor allem eben außerhalb der sozialdemokratischen Traditionsschichten. Die ständigen Katastrophenprognosen und Verelendungsprophe-

zeiungen der Sozialdemokraten wurden bald durch das beispiellose wirtschaftliche Wachstum widerlegt. Mit ihren gleichwohl unverdrossen fortgesetzten
Krisenszenarien und düsteren Zukunftsbeschwörungen kapselten sich die
Sozialdemokraten erneut vom Rest der Gesellschaft ab und igelten sich in
eine Trutzburg ein, von der aus sie die ihrem Pessimismus zuwiderlaufende
soziale und politische Entwicklung annörgelten. [235] Daran änderte sich auch
in den ersten Jahren nach dem Tod von Schumacher nichts, dessen Ver-
mächtnis wie ein Alp auf die SPD lastete und ihre politische Handlungsfähigkeit noch auf lange Zeit beeinträchtigte. Erst als die Sozialdemokraten aus
dem Schatten des ersten Nachkriegsvorsitzenden heraustraten, waren sie in
der Lage, neue Wege zu gehen, die Partei in die Gesellschaft zurückzuführen, offen und attraktiv zu werden, die politische Macht zielstrebig und
flexibel anzupeilen. Es bleibt festzuhalten, daß sich das traditionelle sozialdemokratische Ghetto in der abgegrenzt-selbstgenügsamen Daueropposition zur bürgerlichen Gesellschaft nach 1945 nicht *trotz*, sondern ganz entscheidend *wegen* der Politik Kurt Schumachers restaurierte.

Auf dem Weg nach Godesberg
oder die Renaissance des Weimarer Jungsozialismus

Gewiß, die Diskussionen um eine grundlegende Revision der überkommenen Programmatik hatten schon unmittelbar nach Kriegsende begonnen.
Und Kurt Schumacher hat diese Debatten nicht schlichtweg behindert, sondern mitunter gar ein wenig anzustoßen und unorthodox zu beleben versucht, indem er frühere Außenseiter in der Sozialdemokratie zu Stellungnahmen ermunterte. Vor einer umfassenden Programmkorrektur aber
scheute er zurück. So spielten sich die theoretischen Diskurse nach 1945 vorerst wieder in kleinen elitären Zirkeln ab, unter dem Dach der Kulturzen-
trale der Sozialdemokratie, aber ohne das Mandat der Partei, ganz ähnlich
wie zu Zeiten der Weimarer Republik. Die meisten der Diskutanten
kannten sich auch aus dieser Zeit, vor allem aus den hitzigen Kontroversen
in der jungsozialistischen Bewegung der frühen zwanziger Jahren. In gewisser Weise wirkten die Kulturpolitischen Konferenzen der späten vierziger
Jahre, auf denen die Kleingruppe der sozialdemokratischen Intellektuellen
über die Fortentwicklung der sozialistischen Theorie grübelte und dispu-
tierte, wie ein Veteranentreffen des frühen Weimarer Jungsozialismus, ein
Vierteljahrhundert nach den erbitterten Fraktionskämpfen dort. Was damals auseinanderfiel, raufte sich nun wieder, geläutert und gereift, zusammen. Dagegen hielten sich die Exponenten der jugendlichen Protestgeneration in der Sozialdemokratie der frühen dreißiger Jahre, wie etwa Fritz
Erler und Willy Brandt, von den Theorieexegeten der Kulturpolitischen

Konferenzen fern. Schon in Weimar hatten sie mit den introvertierten Philosophiereien der älteren Jungsozialisten nicht viel anfangen können, ihnen ging es stets in erster Linie um Taten, Aktivismus, um Praxis. Dabei blieb es: Die oppositionelle SAJ-Generation der frühen dreißiger Jahre setzte Ende der fünfziger Jahre die Organisationsreform in der SPD durch, die versierten jungsozialistischen Theoretiker der frühen zwanziger Jahre – allen voran Willi Eichler und Heinrich Deist – stellten die programmatischen Weichen der Partei neu.

Auf den kulturpolitischen Tagungen in der unmittelbaren Nachkriegszeit erkannten die Protagonisten der früheren jungsozialistischen Flügelkämpfe endlich die Gemeinsamkeiten, die sie zwar immer schon verbunden hatten, die sie aber im Jugendalter sektiererisch-verbohrt nicht hatten wahrhaben wollen. Die jungen sozialdemokratischen Intellektuellen der Weimarer Zeit waren ganz überwiegend Kultursozialisten, für die die Autonomie des menschlichen Handelns höher stand als das Diktat vermeintlicher ökonomischer Gesetzmäßigkeiten. Der Protest aller Mitglieder dieser Gruppe, wie unterschiedlich er auch theoriegeschichtlich gekleidet und fraktionell gewandet war, richtete sich gegen die materialistische Denkart der Mitgliedermehrheit und die objektivistischen Lehrsätze in der offiziellen Schulungs- und Programmarbeit der Sozialdemokratie. Nun, in den späten vierziger und frühen fünfziger Jahren, verdichtete sich der einst heterogene frühe Weimarer Jungsozialismus zu einem gemeinsamen ethischen Sozialismus, der Endziele nicht mehr formulierte, Gesetzmäßigkeiten in Ökonomie und Geschichte abstritt, die Partei dafür an Grundwerte band, an denen sich das politische Handeln zu messen hatte.

Die Fäden im Lager des ethischen Sozialismus zogen erneut die Repräsentanten derjenigen Gruppe, die schon im Jungsozialismus der Jahre 1922 bis 1925 organisatorisch am diszipliniertesten und geistig am homogensten auftrat: die Schüler des Göttinger Philosophen Leonard Nelson. Diese Gruppe, die bis 1925 als Internationaler Jugend-Bund, danach als Internationaler Sozialistischer Kampf-Bund firmierte, hatte sich im Stil eines abgeschlossenen Ordens organisiert. Hinein kamen dort nur solche, die ein strenges Ausleseverfahren erfolgreich durchlaufen hatten, sich bedingungslos der Autorität des Leiters Nelson unterordneten, alle Beziehungen zur Familie abbrachen und nach asketischen Regeln zu leben bereit waren. Der Partei war dieser Bund, der im sozialdemokratischen Jugendbereich durchaus mit Erfolg agierte, unheimlich. Da die Anhänger Nelsons zudem offen die Demokratie mit Spott überzogen, fiel es dem Parteivorstand leicht, sie 1925 aus der Sozialdemokratie auszuschließen.[236] Erst als die Anhänger Nelsons nach dem Tode des Meisters, vor allem aber während der Emigration sich von einigen extravaganten Ideen des Philosophen verabschiedeten, den Vorzug der demokratischen Ordnung allmählich zu schätzen lernten und schließlich nach

1945 das Geheimbündlerische ablegten, konnten sie zu einer zweiten, in programmatischer Hinsicht höchst erfolgreichen Karriere in der Sozialdemokratie ansetzen. Ihren Orden hatten sie aufgegeben, aber die Kommunikation untereinander doch aufrechterhalten, so daß sie als disziplinierte Elite, die sie nun einmal waren, in der theoretischen Debatte der vierziger und fünfziger Jahre den Ton angaben und vor allem über ihren Kopf Willi Eichler der programmatischen Revision, die 1959 im Godesberger Programm einen vorläufigen Abschluß fand, ein großes Stück weit ihren Stempel aufzudrücken vermochten. Der ethische Grundwertesozialismus Nelsonscher Prägung bildete seit Ende der fünfziger Jahre das geistige Plateau der Sozialdemokratie. Und ein beachtliches Stück Nelsonianismus findet man ebenfalls noch in der Programmdebatte der achtziger Jahre, da der vielleicht produktivste sozialdemokratische Theoretiker dieses Jahrzehnts, Thomas Meyer, unzweifelhaft reichlich aus den geistigen Quellen des Göttinger Philosophen schöpft.

In den späten vierziger und frühen fünfziger Jahren aber werkelten die ethischen Sozialisten noch am Rande der Sozialdemokratie.[237] Allzu ernst nahm die Parteispitze die Treffen der Intellektuellen seinerzeit nicht; schließlich wurde dort neben Erwägenswertem auch allerhand krause Mystik und idealistischer Überschwang produziert. Doch ließ die Parteiführung die Theoretiker in ihrem Treiben gewähren. Lediglich die „Arbeitsgemeinschaft sozialdemokratischer Lehrer" nahm empört Anstoß daran, daß hier offenkundig eine Revision der ihnen sakrosankt erscheinenden marxistischen Lehr- und Glaubenssätze im Gange war.[238] Die Lehrer als Tempelhüter des marxistischen Kanons und des proletarischen Klassenkampfes – das war schon so in den zwanziger Jahren, und das sollte auch in der nachfolgenden bundesdeutschen Geschichte so bleiben.

Im Unterschied zu den Jahren der Weimarer Republik aber gelang den Programmreformern im Laufe der fünfziger Jahre der Ausbruch aus der Enge ihrer Konventikel und der Einbruch ins Zentrum des sozialdemokratischen Selbstverständnisses. Die gesellschaftliche Entwicklung und die Bundestagswahlen 1953 und 1957 erwiesen sich dabei als ihre wichtigsten Bundesgenossen. Die Anfänge der Enttraditionalisierung der bundesdeutschen Gesellschaft und vor allem die eindrucksvolle Steigerung des Reallohns und der Konsummöglichkeiten der Arbeiter entzogen den sozialdemokratischen Traditionalisten und der proletarischen Symbolik der Partei allmählich, aber sicher den Boden. Die entscheidenden Schubkräfte für den Erfolg der Programmrevisionisten aber gingen von den verheerenden Niederlagen der Sozialdemokraten bei den Wahlen 1953 und 1957 aus. Die beiden Schlappen trafen die Partei um so empfindlicher, da sie sich – anders als in der Weimarer Republik – nicht mehr in die Wagenburg ihres inzwischen weitgehend liquidierten Vereinsmilieus zurückziehen und dort in illusionäre Vertröstungen

auf eine bessere Zukunft des bei allen Rückschlägen doch organisations-
stark gebliebenen Sozialismus einlullen konnte. Der Rückmarsch in die Nische war den Sozialdemokraten jetzt verschlossen, ihnen half nur die Flucht
nach vorn: der Erfolg bei den parlamentarischen Wahlen, was indes zur Voraussetzung hatte, von milieuspezifischen Eigenarten und Abschottungen
Abschied zu nehmen und neuen Schichten Offenheit zu demonstrieren.
Damit schlug nun die Stunde der Partei- und Programmreformer.

Allerdings ließ sich eine traditionsreiche Partei mit einer über nahezu ein
Jahrhundert eingeschliffenen Mentalität und Symbolik nicht von einem Tag
zum anderen völlig ummodeln und erneuern. Nach dem Desaster bei den
Wahlen 1953 ging für ein halbes Jahr ein Beben durch die Partei; dann aber
hatten die Traditionalisten die Lage wieder im Griff und die Offensive der
Reformer fürs erste abgeschlagen. Deren Ansinnen, die roten Fahnen einzu-
ziehen und auf den Speichern der Parteihäuser einzumotten, die alten
Kampflieder aus dem Gesangsrepertoire der Parteiversammlungen zu streichen und die Anrede „Genosse" in Zukunft zu vermeiden, brach zu kühl
und schroff, zu unsentimental mit einer Lebenswelt, die noch den meisten
Mitgliedern Erinnerung, Heimat und Gewißheit bedeutete. Ein Sturm der
Entrüstung antwortete den forschen Veränderern der Symbolik, die mit
ihren kalten taktischen Kalkülen gar den Theoretikern das Leben schwermachten, da die erregte Debatte über den Nutzen roter Banner und martia-
lischer Klassenkampfverse die Diskussion um ein modernes Deutungs-
system der gesellschaftlichen Wirklichkeit und des sozialdemokratischen
Veränderungswillens überlagerte und zur Seite drückte.[239] Immerhin aber
errangen die Neuerer ein Jahr darauf auf dem Berliner Parteitag einen Teil-
erfolg, als die Delegierten in einer Präambel zum 1952 in Dortmund verabschiedeten Aktionsprogramm den Motivationenpluralismus für die
Mitgliedschaft in der SPD anerkannten, die historisch-materialistische Perspektive aufgaben und dem Wettbewerb in der Wirtschaft eine höhere Priorität beimaßen als den Instrumenten der Planung.[240] Doch so recht bewußt
war den Parteitagsvertretern ihre Trennung von einem langen Abschnitt Parteigeschichte gar nicht geworden, und im Konvolut des übrigen Aktionspro-
gramms gingen die zarten Ansätze einer Revision der konventionellen Orthodoxie regelrecht unter.[241] Die Dämme der Tradition brachen erst nach
den Bundestagswahlen 1957, die der CDU/CSU die absolute Mehrheit be-
scherten und den Abstand zwischen den Unionsparteien und den Sozialdemokraten auf nahezu 20 Prozent ausweiteten. Nun ergriff der Parteivorsitzende und Führer der Traditionalisten Erich Ollenhauer selbst die Initiative
und drang auf eine grundlegende Revision der Parteiprogrammatik.[242]
Dagegen hielten sich die Reformer Erler, Brandt und Kühn bedeckt; sie
waren sich nicht sicher, ob am Ende das herauskommen würde, was sie sich
wünschten. Der alte Taktiker Herbert Wehner schwieg beinahe bis zum

Schluß; erst als kein Zweifel mehr darüber bestand, wohin die Reise ging, sprang er rasch auf den bereits fahrenden Zug. Doch noch heute gilt er großen Teilen der Öffentlichkeit als Vater des dann 1959 verabschiedeten ›Godesberger Programms‹, der er nun wahrlich nicht war. Wenn es denn solche Väter gab, dann waren es in erster Linie der Nelsonianer Willi Eichler, der die philosophischen Neuorientierungen zäh und beharrlich auf den Weg gebracht hatte, und der durch den Hofgeismarer Jungsozialismus geprägte Heinrich Deist, der der Sozialdemokratie nach Jahrzehnten staatswirtschaftlicher Fehlschläge eine marktwirtschaftliche Kur verschrieb. Doch führten auch andere Autoren im Laufe der mühseligen Niederschrift des Programms die Feder, was diesem nicht unbedingt gut tat.[243] Es war, wie dann auch später bei allen anderen Programmdokumenten dieser Partei, ein Kompromißprodukt, ohne Glanz und sonderlichen Esprit, ohne intellektuelle Schärfe und Stringenz, eben zusammengeschnitten und dadurch konsensfähig, was so zu sein hat bei den großen Parteien in modernen demokratischen Gesellschaften. Dennoch kam die Botschaft, die das Programm vermitteln sollte, innen wie außen an, bei den sozialdemokratischen Mitgliedern ebenso wie in der veröffentlichten Meinung. Und darauf hatten es die Programmacher schließlich abgesehen. ›Godesberg‹, so interpretierten es die Zeitgenossen und so blieb es in den Erinnerungen haften, stand für die Transformation der Arbeiterpartei zur Volkspartei, für den Abschied von der geschlossenen marxistischen Weltanschauung und einem starr fixierten sozialistischen Endziel zugunsten eines grundwerteorientierten und pluralistischen Sozialismusverständnisses, für die Abwendung von bürokratischen Sozialisierungs- und Planungsmethoden und die Hinwendung zu marktwirtschaftlichen Regularien, für die Abkehr von freidenkerischem Antiklerikalismus und den Willen zur Verständigung mit den Kirchen.[244] ›Godesberg‹ war kein jäher Bruch mit der Parteitradition, den die Parteiführung lediglich taktisch und machtpolitisch exekutiert hätte, um aus der Defensive herauszukommen. Die Schubkraft der Wahlniederlagen für den Erfolg der Reformer ist gewiß nicht zu leugnen. Dennoch bedeutete ›Godesberg‹ den Abschluß eines Prozesses, der längst vor 1953 begonnen hatte.[245] Die Grundwerteorientierung der modernen Sozialdemokratie nach 1959 hatten die ethisch- und religiös-sozialistischen Zirkel und Jungsozialistengruppen schon seit den frühen zwanziger Jahren theoretisch anspruchsvoll vorgeprägt. Die Einsicht, daß die Sozialdemokratie als Arbeiterpartei keine Zukunft mehr hatte und sich daher neuen Schichten öffnen mußte, war auch der Parteiführung schon in den zwanziger Jahren gekommen. Um die Katholiken hatte sich die Parteispitze in den späten Weimarer Jahren besonders bemüht und deshalb den innerparteilichen Einfluß der weltanschaulich rigorosen Freidenker systematisch zurückgedrängt. Insofern fand eine Entwicklung, die in Weimar ihren Anfang genommen hatte, in Godesberg lediglich ihren Abschluß. Andererseits aber zeigte der Verlauf des Godesberger Parteitages ebenfalls, daß Traditionsbestände wie der Antiklerikalismus nicht einfach um der politischen Mehrheitsfähigkeit der Partei willen aus der kollektiven Mentalität der Sozialdemokratie auszulöschen waren. Fast wäre die Verabschiedung des ›Godesberger Programms‹ wegen des kirchenfreundlichen Passus im Entwurf noch in Gefahr geraten, da die dissidentische Majorität unter den Delegierten ihr tiefsitzendes Mißtrauen gegen die Religion und die „Pfaffen" nicht zurückstellen mochte. Indes stand für die Traditionalisten die Parteidisziplin höher noch als die Konfessionskritik, und so beugten sich die Freidenker zähneknirschend den Appellen der Parteitagsregisseure. Unbehagen artikulierte sich auf dem Parteitag auch am neuen marktwirtschaftlichen Kurs; Entschließungen, die den alten wirtschaftlichen Etatismus beibehalten sehen wollten, fanden immerhin die Zustimmung von fast 30 Prozent der Delegierten.[246] In Godesberg mündeten die Erneuerungsströmungen der Sozialdemokratie, aber sie führten noch reichlich traditionelles Treibgut mit, das auch dann noch im Wege lag, als die Sozialdemokratie am Ende der achtziger Jahre programmatisch abermals zu neuen Ufern aufbrechen wollte.

Technokratische Theorieindifferenz und linksutopische Antworten

›Godesberg‹ signalisierte den der Sozialdemokratie fernstehenden Schichten den Willen zur sozialen und normativen Öffnung. Doch bauten sich die verbreiteten Ängste, Vorbehalte und Blockaden gegen die SPD vor allem in den Mittelschichten erst dann im größeren Umfang ab, als die Partei in der „Großen Koalition" ihre politische Kompetenz und marktwirtschaftliche Verläßlichkeit unter Beweis gestellt hatte. Erst die erfolgreiche Absolvierung des Regierungstests brachte den Durchbruch zur Volkspartei. Programme setzen Zeichen, die aufmerksam beobachtet und interessiert diskutiert werden, doch überzeugend wirkt allein die materielle Politik. In den frühen sechziger Jahren trieb die Veränderung des sozialdemokratischen Selbstverständnisses rasch über den Stand von ›Godesberg‹ hinaus. All die über viele Jahre auf hohem Niveau, aber weitgehend introvertiert geführten philosophischen Debatten zur geistigen Neufundamentierung eines freiheitlichen Sozialismus hatten die Partei im Grunde nicht sonderlich berührt. Von den in Godesberg beschlossenen Grundwerten des demokratischen Sozialismus war schon wenige Wochen nach dem Parteitag, und dann für ein ganzes Jahrzehnt, faktisch keine Rede mehr. Den der Regierungsmacht zustrebenden Parteireformern, die nun auch der traditionellen sozialistischen Symbolik den Garaus machten, schwang selbst in den Grundwerten noch zuviel des überholten utopischen Denkens mit. Der Öffentlichkeit aber sollte demonstriert werden, daß die Sozialdemokraten nun nüchtern und pragmatisch dachten, ideologischen Flausen nicht mehr anhingen, dem Erlösungspathos ein für allemal abgeschworen hatten. Die Partei gab sich nun angelsächsisch-pragmatisch, nicht mehr tiefsinnig visionär. Sie arbeitete programmatisch an unmittelbar handlungsorientierten Konzepten und an funktionellen Instrumenten der Regierungstätigkeit, nicht mehr an Modellen der klassenlosen Gesellschaft, aber auch nicht an den Konturen eines grundwerteorientierten Reformprozesses. Die Sozialdemokratie präsentierte sich in den sechziger Jahren als die moderne Partei der Fachleute und Experten, die im Gegensatz zu den Konservativen die Aufgabe der Zukunft erkannt hatte und lösen würde.[247] Sie versprach, den Bildungsnotstand zu beheben und den technischen Fortschritt zu beschleunigen, den wissenschaftlichen Nachwuchs zu fördern und die Infrastruktur zeitgemäß auszubauen und umzugestalten, die SPD war die Partei der optimistischen Technokratie; und als solche imponierte sie den neuen Mittelschichten, gewann Wahlen, wurde regierungs-, schließlich mehrheitsfähig. Den Begriff und Wertekatalog des „Demokratischen Sozialismus" hatte sie zu alledem nicht gebraucht, eher als lästig empfunden, in der Öffentlichkeit gemieden, am Ende der sechziger Jahre beinahe selbst vergessen. Nach Jahrzehnten der ideologischen Überfrachtung war das Selbstverständnis der Sozialdemokratie während der sechziger Jahre in das andere Extrem umgeschlagen – die Politik der SPD hatte an normativer Grundierung verloren, ließ eine werteorientierte Perspektive vermissen. Fast war es so, daß sich sozialdemokratische Politik auf die sachverständige Exekution technischer Imperative in den jeweiligen Bereichen der Gesellschaft reduzierte.[248] Eine konzise, gar ethisch-sozialistische Reformkonzeption, die die Details des expertokratischen Handelns zusammengehalten und politisch definiert hätte, war nicht zu erkennen. Nach der radikalen Entideologisierung der Sozialdemokratie war es geradezu zwangsläufig, daß danach der Pendel wieder mit Schwung zur anderen Seite ausschlug und eine neue Ära utopischer Überschüsse, politischen Moralisierens und dogmatischer Sophistik beginnen sollte.

Ganz ähnlich wie in Weimar, so betrieben auch in den frühen siebziger Jahren die Repräsentanten jener bildungsbürgerlichen Schichten, die erst im Zuge der erfolgreichen volksparteilichen Veränderung der SPD zur Partei gefunden hatten, die Restauration des Ideologischen. Abermals sorgten sich Studenten, Lehrer, Pastoren und Hochschulprofessoren um die proletarische Substanz und die klassenkämpferische Verve der Sozialdemokratie. Es war schon eine merkwürdige Dialektik, die der SPD das Leben schwermachte, daß sie stets dort, wo sie sich *sozial* modernisierte, *ideologisch* wieder einen Schritt in die Vergangenheit zurücktat. Die jungen Akademiker, die Ende der sechziger, Anfang der siebziger Jahre in die SPD strömten – und seit den frühen achtziger Jahren allmählich die Parteielite stellten –, hatten die alten Schriften der marxistischen Klassiker entdeckt und sich mit buchstabengläubigem Eifer an die Lektüre gemacht.[249] Ein Stück 19. Jahrhundert kehrte als Farce in die Ortsvereine der Groß- und Universitätsstädte zurück, ein bizarres Gemisch aus der elitären Kulturkritik des protestantischen Bildungsbürgertums, des sektiererischen Manichäismus aus der Frühzeit der Arbeiterbewegung und der marxistischen Scholastik der kautskyanischen Epoche der Sozialdemokratie. Während einst indes die marxistischen Diskussionen noch durchaus Niveau besaßen und zumindest immanent schlüssig und stimmig wirkten, war das Werk der Epigonen nur noch konfus, unausgegoren, phrasenhaft, letztlich unernst. Die Sozialdemokratie hatte gerade nach Jahrzehnten oppositioneller Dauerohnmacht den politischen Machtwechsel in der Republik erreicht. Sie hatte eine stattliche Anzahl von Reformprojekten realisiert oder zumindest auf den Weg gebracht. Der materielle Wohlstand auch der Arbeitnehmer war beträchtlich. Die Lebensstile hatten sich seit den sechziger Jahren pluralisiert, die Kultur war facettenreicher, diskussionsfreudiger, bunter geworden. Die SPD hätte mit sich im reinen sein dürfen und sich als Partei der nachkonservativen, reformorientierten, sozial verpflichteten, offenen und pluralen bundesdeutschen Gesellschaft verankern können. Doch ausgerechnet in einer solchen historischen Konstellation hatten sich die jungen Intellektuellen in der SPD durch ihre Marxismusrezeption in eine revolutionäre Scheinwelt verfangen. In der bundesdeutschen Gesellschaft sahen sie zuallererst die Ausbeutung der „lohnabhängigen Massen" durch das Kapital realisiert. Der demokratische Staat fungierte nach ihrer Interpretation lediglich als Exekutivorgan der Kapitalverwertungsinteressen respektive der ökonomisch herrschenden Klasse. Daran änderte auch die Regierungsbeteiligung der Sozialdemokratie nichts, denn diese handelte lediglich als „Grenzträger kapitalistischer Herrschaft". Die Demokratie bezeichneten die sozialdemokratischen Nachwuchstheoretiker seinerzeit mit Vorliebe als „formal". Die Rechtsstaatlichkeit der bürgerlichen Demokratie hielten sie bestenfalls für einen Bluff der Bourgeoisie. Dagegen wähnten sie die Bundesrepublik unter sozialliberaler Flagge auf den Marsch in den autoritären Repressionsstaat. Die SPD leistete sich damals sogar einen (Stamokap-)Flügel, dessen Anhänger allen Ernstes davon überzeugt waren, daß die Staaten des „real existierenden Sozialismus" den westlichen Demokratien historisch um einen gewaltigen Schritt voraus seien.

Das alles war ganz unrealistisch und mit dem ›Godesberger Programm‹ schwerlich zu vereinbaren. Doch es half nichts: Eine Partei wie die SPD hat anders als die Union oder die FDP konstant mit solchen Stimmungen und Strömungen zu rechnen. Wer etwa der FDP beitritt, hat meist zuvor seine Interessen kühl definiert und kalkuliert und will sie in und mit dieser Partei pragmatisch und optimal durchsetzen, sonst nichts. Die aktiven Mitglieder der SPD, vor allem die jüngeren, erwarten seit jeher weitaus mehr von ihrer Partei: eine Art Geschichtsphilosophie, einen Deutungszusammenhang, eine Zukunftsvision, eine sinnträchtige Alternative zum Bestehenden, etwas Ganzheitliches, Friedensstiftendes, Internationalistisches, ein Stück Erlösung von den irdischen Übeln. Die SPD ist dadurch nicht einfach eine Partei, die Interessen aggregiert, Mehrheiten sucht und im politischen System möglichst viel Einfluß gewinnen und durchsetzen will. Sie ist immer auch zu einem guten Teil Weltanschauungsgemeinschaft, in der die Behauptung des programmatischen Prinzips mehr zählt – vor allem, was hier wichtig ist, als „glaubwürdiger" gilt – als der profane Wahlerfolg. Sie ist auch dann Protestbewegung und Opposition gegen das unvollkommene Hier und Jetzt, wenn ihre eigenen Repräsentanten die Regierung bilden. Nur in den sechziger Jahren schien es so, als hätte sich die SPD säkularisiert, dem Politikverständnis einer westlichen parlamentarischen Partei angepaßt. Doch das Sinnvakuum, das dadurch in der SPD entstand, füllte sich rasch mit neuem ideologischen Eifer und Pathos, was die Politikfähigkeit der Sozialdemokratie aufs neue belastete.

Und noch ein Weiteres kam hinzu: Die Sozialdemokratie war immer auch eine Erziehungs- und Sozialisationsstätte schwieriger jugendlicher Charaktere, die in ihrer Sturm- und Drangzeit über das Ziel hinausschossen, oft doktrinär daherredeten, mitunter einen wilden Radikalismus praktizierten – aber später dann, wenn sie sich ihre Hörner an den dicken Wänden der Realität abgestoßen hatten, nicht selten pragmatische Politiker wurden. Niemand wußte dies besser als der damalige Parteivorsitzende, der dies biographisch alles selbst durchgemacht hatte. Und keiner konnte das weniger verstehen als Helmut Schmidt, dem diese Erfahrung in der eigenen Adoleszenz fehlte. Jedenfalls konnte die SPD auch aufgrund dieser pädagogischen Funktion, die eben Geduld, Langmut, Behutsamkeit auch gegenüber höchst kapriziösen und irrationalen Eskapaden des eigenen Nachwuchses einschloß, nicht einfach politische Partei sein; auch aus diesem Grund hatte und hat sie es erheblich schwerer als ihre parteipolitische Konkurrenz. Doch löste die Parteiführung 1973 diese keineswegs leichte pädagogische Aufgabe mit Vernunft und Umsicht. Sie richtete den jungen, revolutionär gestimmten und umtriebigen Intellektuellen, die in die Partei gekommen waren, eine Spielwiese ein, auf der sie sich austoben konnten, allmählich ermüdeten und am Ende auch ein wenig reiften. Wie sah dieser Kunstgriff der Parteispitze aus? Die SPD-Spitze ließ die Theoretiker zwei Jahre lang über einen ›Orientierungsrahmen ’85‹ (OR ’85) diskutieren.[250] Dort konnten sie trefflich und folgenlos über Maßnahmen zur Lenkung der Investitionen, über Vergesellschaftungsmodelle und Planungsinstrumente disputieren. Die sozialdemokratischen Politiker in der Regierung scherte das nicht. Ein wenig unangenehm war, daß die SPD bei den Wählern weiterhin an Sympathien verlor, da diese den Zweck des erzieherischen Unternehmens nicht recht durchschauten und so den Eindruck bekommen mußten, als verhandelten die Sozialdemokraten ernsthaft die Möglichkeiten einer Sozialisierung der Schlüsselindustrien und Banken, was natürlich keineswegs der Fall war.[251] So unschön dieser Nebeneffekt war, die eigentliche Intention ging gleichwohl auf. Am Ende des Diskussionsprozesses waren die linken Brauseköpfe von einst schon sehr viel moderater geworden. Zwei Jahre intensiver Seminardebatten hatten ihre erhitzten Gemüter beruhigt; im übrigen waren sich Linke und Rechte in den zahlreichen Gremiensitzungen menschlich nähergekommen.[252] Die Partei schien befriedet. Und nicht zuletzt hatten die OR'85-Theoretiker ein über 200 Seiten starkes Opus vorgelegt, dem sie in weiser Voraussicht ein Glossarium zur Erklärung schwieriger Fremdwörter beifügten, was gewiß ein Schlaglicht wirft sowohl auf das ideologische Kauderwelsch, welches das Schriftstück prägte, als auch auf den didaktischen Eifer, der die Sozialdemokraten jener Jahre leitete.[253] Lesen wollte das Elaborat dann allerdings kaum jemand. Es verschwand, wie auch alle späteren, mühselig erarbeiteten und durchaus zum Teil anspruchsvollen Programmdokumente der SPD in den Schubladen, wahrscheinlicher noch: in den Papierkörben. Weder die Mitglieder noch die Wähler der Sozialdemokraten interessierten sich jemals dafür.

Ökopax und Identitätskrise

Indes hatten die Ideologieproduzenten des ›Orientierungsrahmens '85‹ historisch auch ein wenig Pech mit dem Zeitpunkt ihrer Klausurtätigkeit. Als sie sich noch die Köpfe über die klassischen Lenkungsfragen der Wirtschaft heißredeten, bewegte die Reformbewegungen in der Gesellschaft allmählich schon ein ganz anderes Thema: die Ökologie. Und das griff auch auf die SPD über und erledigte den Orientierungsrahmen gleichsam mit dem Tag seiner Verabschiedung. Die öden Schulungsabende über das Marxsche ›Kapital‹, die spitzfindigen Staatsableitungen im Juso-Diskurs, die Erstellung von Listen der zu vergesellschaftenden Großkonzerne – das alles war in der zweiten Hälfte der siebziger Jahre bei der 68er Generation in der SPD weitgehend passé. Deren Sympathie und aktive Unterstützung galt nun den Gegnern der Kernenergie, den alternativen Selbsthilfegruppen, den Häuserkämpfern in den Großstädten, dann den Protestbewegungen gegen die Nachrüstung. Das Herz der aktiven Reformisten in der Sozialdemokratie schlug für eine neue Gruppenkultur, die sich durch die von einem sozialdemokratischen Kanzler geführte Regierung nicht mehr repräsentiert, sondern zum fundamentaloppositionellen Verhalten herausgefordert fühlte. So

etwas aber hält keine Partei lange aus; als Regierungspartei muß sie scheitern. Schon Ende der siebziger Jahre, als Helmut Schmidt auf dem Höhepunkt seiner Popularität in der Bevölkerung angelangt war und die Parteien
der Regierungskoalition beachtliche Wahlerfolge in den Bundesländern erzielten, trug das Gros der sozialdemokratischen Aktivisten den Kanzler und
die Minister der eigenen Partei bestenfalls noch aus Pflichtgefühl und Disziplin, vielfach nur noch mit Widerwillen, kaum jedoch aus Sympathie oder
aus Begeisterung mit.[254] In den frühen achtziger Jahren vergrößerte sich die
Kluft zwischen der SPD und der von ihr zum großen Teil gestellten Regierung. Immer mehr Orts- und Bezirksverbände suchten die offene Konfrontation mit der Politik des Kanzlers. Die Partei fand sich in den Entscheidungen und Handlungen der Regierung nicht mehr wieder, sah sich zu einer
Akklamations- und Übersetzungsinstanz der Koalitionskompromisse miß-
braucht.[255] Eindringlich mahnten die sozialdemokratischen Reformisten
beim Kanzler den Vollzug der Parteitagsbeschlüsse an und reagierten erbittert, als dies nicht geschah, was gewiß nicht anders sein konnte, da Koali-
tionskabinette nun einmal keine Exekutivorgane von SPD-Konferenzbe-
schlüssen sind. Die sozialdemokratischen Regierungsmitglieder bauten
ihrer Partei in der Tat aber auch wenig Brücken und nahmen kaum Rücksicht auf die Gefühlslage, die unter den Mitgliedern nun einmal vor-
herrschte und die zumindest symbolisch zu befrieden ein Stück weit Realpolitik gewesen wäre. Doch in dieser Hinsicht hatten den Realpolitiker
Helmut Schmidt seine Instinkte verlassen. In den frühen achtziger Jahren
machte er keinen Hehl mehr aus seiner Verachtung für die Befindlichkeiten
seiner Partei, deren Debatten er im Grunde schon seit Anfang der siebziger
Jahre für unpolitisch und weltfremd hielt, die er lediglich als eine Belastung
seiner Regierungspolitik betrachtete. Wie viele erfolgreiche Staatsmänner
hatte sich Schmidt in den letzten Jahren seiner Amtszeit gleichsam eingebun-
kert, gegenüber Veränderungen von außen verschlossen und gegen Kritik
verriegelt. So hatte er die historische Dimension der Ökologiefrage zweifelsohne verkannt, zumindest unterschätzt. Anfangs registrierte er allein, daß
der Protest seine Wirtschafts- und Energiepolitik behinderte. Doch glaubte
er offensichtlich, daß es sich bei der ökologischen Bewegung um ein ver-
gängliches Modephänomen verwöhnter Bürgerkinder handele, das bei den
realistischen, zuvörderst an die Sicherung ihrer Arbeitsplätze interessierten
Arbeitnehmer nicht verfangen könne. Infolgedessen stand die Schmidt-
Regierung der siebziger Jahre bei einer der entscheidenden Fragen der
achtziger Jahre konzeptionslos da. Das Tabu, über neue Perspektiven und
Instrumente politischen Handelns nachzudenken, war insgesamt geradezu
charakteristisch für die quälende Schlußphase der sozial-liberalen Regierung, die schließlich nur noch hektisch Löcher zu stopfen versuchte, aber
nirgendwo mehr ein neues Muster zu weben imstande war.[256] Das offen-

kundige Unverständnis, die nachgerade bornierte Ignoranz der sozial-demokratisch geführten Regierungen im Bund und in den Ländern trieb die ökologische Bewegung erst in die fundamentalistisch-apokalyptische Oppositionshaltung, weit außerhalb der Sozialdemokratie und im dezidierten Gegensatz zu ihr. Als Anfang 1980 Umfragen signalisierten, daß die Sozialdemokratie bei den Erstwählern um 10 Prozent zurückgefallen waren, während die „Grünen" um diesen Anteil zugelegt hatten, sahen sich die sozialdemokratischen Reformer in ihren Warnungen und in ihrer Ablehnung des Regierungskurses bestätigt.[257] Ihre innerparteiliche Position bauten sie nun aus. Denn es traf die Partei ins Mark ihres Selbstverständnisses, nicht mehr Hoffnungsträger der Jugend zu sein. Ähnliches war ihr allein in den letzten Jahren der Weimarer Republik widerfahren, mit dem bekannten Ergebnis. Ein Trauma für die SPD mithin.[258] Mit jeder Wahl, bei der Jungwähler den Sozialdemokraten davonliefen, bekamen die Regierungskritiker, die für ein „Bündnis der Ökologie- und Arbeiterbewegung" unter dem Dach der Sozialdemokratie plädierten, neuen Auftrieb.[259]

Auf die für die SPD niederschmetternden Resultate der Kommunal- und Landtagswahlen beriefen sich aber auch die Anhänger des Kanzlers. Denn die Partei hatte nicht nur bei den links-alternativ gesinnten Jungwählern und Mittelschichten verloren, sondern ebenfalls beachtliche Einbußen in ihrem traditionellen Stammwählerbereich erlitten und Stimmen an die CDU abgegeben. Der Regierungsflügel in der SPD machte nun für die Stammwähler-verluste das undeutliche Erscheinungsbild der Sozialdemokratie verantwortlich, insbesondere den Sowohl-als-auch-Kurs des Parteivorsitzenden Brandt, der die Kanzlerkritiker vom linken Flügel nicht genügend in die Schranken weise. Für die Gefolgsleute von Schmidt stand also fest, daß die SPD zuletzt zu sehr den Alternativ- und Protestbewegungen nachgelaufen sei und dadurch viele Arbeitnehmer verschreckt und in das Lager der Union vertrieben habe. Die SPD befand sich Anfang der achtziger Jahre ganz offenkundig in einer „Krise ihrer Identität", wie es der Berliner Politologe und stellvertretende Vorsitzende der SPD-Grundwertekommission Richard Löwenthal ausdrückte. Die einen wollten die abtrünnigen Ökologen und Pazifisten zurückholen, was die anderen zu verhindern suchten, um die Stammwähler zu halten.

Der innerparteiliche Konflikt um die Krise sozialdemokratischer Identität im Spannungsverhältnis zwischen Alternativbewegung und Regierungspartei trieb im Herbst 1981 seinem Höhepunkt zu. Der Parteivorsitzende Brandt nutzte ein Referat, das er Ende Oktober anläßlich einer Gedenkveranstaltung zum 10. Todestag von Willi Eichler hielt, um seinen umstrittenen Integrationskurs zu verteidigen. Seine Rede richtete sich unmittelbar gegen diejenigen in der Partei, die die „Kernwählerschaft gegen neue Schichten auszuspielen" versuchten. Dagegen beharrte Brandt darauf, daß die SPD ihre Identität nicht ausschließlich in der traditionellen Verankerung finden und behalten könne. Sie müsse sich fortlaufend neu vergewissern und als Partei, die Mehrheiten anstrebe, „Bündnisse geradezu zimmern". Die Mitglieder- und Wählerkoalition, die Brandt zu schmieden beabsichtigte, reichte von den Facharbeitern und der technischen Intelligenz über die neuen Berufsgruppen des Dienstleistungsgewerbes bis hin auch zu den angegrünten Jugendlichen. Brandt zeigte sich überzeugt, daß diese keine der SPD fremden Anliegen verfolgten.[260]

Andere in der Partei waren entgegengesetzter Auffassung. Zu ihnen gehörte Richard Löwenthal, der eine ausführliche Replik im Theorieorgan der SPD ›Die Neue Gesellschaft‹ veröffentlichte.[261] Da kaum jemand diese Zeitschrift las und noch weniger sie ernst nahmen, hätte dieser Beitrag bestenfalls akademische Bedeutung bekommen. Dann aber bat die Vizepräsidentin des Deutschen Bundestages, Annemarie Renger, den Berliner Politikwissenschaftler um eine komprimierte Zusammenfassung seines langen Aufsatzes zu einigen kurzen Kernaussagen, die selbst aktiven Politikern zur Lektüre zuzumuten waren. Die sechs Thesen, die Löwenthal daraufhin formulierte, sandte Renger nun „persönlich-vertraulich" an etwa 50 Sozialdemokraten, mit der Bitte um Unterschrift.[262] Unter denjenigen die unterzeichneten, befand sich neben einigen prominenten Gewerkschaftsführern auch der Vorsitzende der Bundestagsfraktion Herbert Wehner.[263] Der Eklat war damit da, der Parteivorsitzende offen herausgefordert. Sein Name war zwar in den Thesen nicht explizit genannt, aber im Zusammenhang mit dem Aufsatz Löwenthals in der ›Neuen Gesellschaft‹, der sich ausdrücklich auf das Referat von Brandt anläßlich der Eichler-Gedenkveranstaltung bezog, war jedermann klar, gegen wen sich das von Renger lancierte Pamphlet richtete. Der Integrationsstrategie des Vorsitzenden war darin eine Absage erteilt worden. Die Thesen verlangten von der Sozialdemokratie vielmehr eine klare Entscheidung „für die große Mehrheit der Berufstätigen und gegen die Randgruppen der Aussteiger", für das „Recht auf Arbeit" und gegen die „wieder und wieder ausufernden ökologischen Forderungen".[264]

Als kurz darauf der Parteivorstand zusammentrat, stellte er sich nahezu einmütig hinter den Vorsitzenden und gegen die Attacke der „Textilarbeiterin Renger" und des „Metallarbeiters Löwenthal", wie Brandt in dieser Sitzung verbittert-spöttisch seine Kontrahenten bezeichnete.[265] Auch den meisten Sozialdemokraten, die die Regierungspolitik des Kanzlers für weitgehend richtig hielten, war klar, daß die SPD als Volkspartei gar keine andere Alternative besaß, als ständig die Integration heterogener Schichten und Mentalitäten zu versuchen und offen für neue Entwicklungen und Politikformen zu sein. Das war schließlich die Entscheidung von ›Godesberg‹, die gerade die gemäßigten Sozialdemokraten gegen die linken Rebellen Anfang der siebziger Jahre verteidigt hatten. Nun schien es ein wenig so, als hätte die 68er Generation in der SPD, die in den frühen siebziger Jahren rhetorisch die Klassenpartei wiederherstellen wollte, den Weg nach ›Godesberg‹ gefunden, während die Gruppe um Annemarie Renger zurück zur guten alten proletarischen Traditionskompanie strebte. Die Rezepte Löwenthals hätten ihren Teil dazu beigetragen. Gegen seine „Randgruppen"-Theorie konnten die Reformer überzeugende Argumente ins Feld führen.[266]

Schließlich hatten die Kommunalwahlen in den Großstädten 1981 gezeigt, daß rund ein Fünftel der Wähler unter 35 Jahren für die „Grünen" votiert hatte. Sie allesamt als Randgruppen und Aussteiger aus der Industriegesellschaft abzutun und links liegen zu lassen, war jenseits aller gesellschaftlichen Realität und hätte als strategisches Konzept die strukturelle Mehrheitsunfähigkeit der Sozialdemokraten für Jahrzehnte festgeschrieben.

Andererseits übersahen die Reformer, daß die Integrationsstrategie gegenüber den ökologischen Bewegungen, die ihnen von ihrer politischen Sozialisation und Generationserfahrung am meisten am Herzen lagen, nicht schon die Mehrheitsfähigkeit sicherte, sondern wohl in der Tat auch hohe Kosten verursachte. Schließlich verlor die SPD 1981/82 doppelt so viele Stimmen an die CDU wie an die „Grünen".[267] Gewiß wanderten viele aus Ärger über die Regierungspolitik zur Union. Doch mindestens ebenso viele schreckten die innerparteilichen Zustände in der SPD, die Flügelkämpfe, die allmähliche, aber sichere Demontage des Kanzlers. Die Wähler standen dabei unzweifelhaft auf der Seite des Kanzlers, nicht auf der Seite der deutlich von ihm abrückenden Partei. Auch 1982 blieb Schmidt, wie sämtliche demoskopischen Befunde auswiesen, der beliebteste Politiker in Bonn, seine Partei aber fiel in ein Meinungstief wie nie zuvor, seitdem man solche Wählerneigungen zu messen pflegt.[268]

Nach dem Sturz des Kanzlers im Oktober 1982 verloren die Regierungssozialdemokraten rasch an Boden. Schon wenige Monate, nachdem Schmidt abtreten mußte, hatte die Generation der Reformer, die in den späten sechziger und frühen siebziger Jahren der Partei beigetreten war, das Sagen in der SPD. Mit einer geradezu atemberaubenden Geschwindigkeit und einer nachgerade wild entschlossenen Gründlichkeit distanzierte sich die Partei nun von den politischen Positionen, für die in den Jahren zuvor Helmut Schmidt gestanden hatte. Die Sozialdemokraten begaben sich in die Rolle des Büßers, der alle Schuld der jüngsten Vergangenheit abtragen wollte und daher radikale Umkehr predigte. Die neue Parteielite in der SPD war von der Furcht getrieben, den Wertewandel in der Gesellschaft während der Agoniezeit der sozial-liberalen Koalition verpaßt und die abtrünnigen, ökologisch orientierten Jugendlichen vielleicht schon auf Dauer verprellt zu haben. Sie drängten daher im Eiltempo in jene Richtung, die nach ihrer Überzeugung die Jugend bereits eingeschlagen hatte, die über kurz oder lang aber auch die Bevölkerungsmehrheit und deren Werte nehmen würden. Die Sozialdemokraten nahmen Kurs auf die postmaterialistische Gesellschaft und übten Zivilisationskritik. Beeindruckt und beeinflußt hatten die Meinungsführer in der SPD dabei vor allem die Ergebnisse der Shell-Studie ›Jugend 81‹. Aus dieser Momentaufnahme jugendlicher Einstellungen deduzierten die sozialdemokratischen Politikplaner dann allerdings höchst voreilig einen generellen Trend zukünftigen gesellschaftlichen Bewußtseins. Die Jugendexpertise hatte ergeben, daß 95 Prozent der 15- bis 24jährigen nicht mehr an eine „sorgenfreie Gesellschaft" glaubten. 76 Prozent dieser Altersgruppe bewerteten Chemie und Technik als umweltzerstörend. Und über die Hälfte der jugendlichen Befragten äußerten die Ansicht, daß die Menschen „total durch Computer kontrolliert werden". Bei anderen repräsentativen Umfragen der frühen achtziger Jahre, die in der SPD große Beachtung fanden, hatten 30 Prozent der über 25jährigen angegeben, daß „materieller Besitz belastend" sein könne. 10 Prozent bekundeten gar, mit dem Gedanken zu spielen, „alles hinzuschmeißen und abzuhauen".[269]

Viele Sozialdemokraten nahmen all dies Mitte der achtziger Jahre für bare Münze. Sie verwechselten die launischen Sprünge des Zeitgeistes mit den langfristigen Wirkungen eines Wertewandels. Sie hielten die koketten Fluchtvorstellungen gelangweilter Mittelschichtler für ernsthaft erwogene Ausstiegspläne aus der Gesellschaft, was niemals der Fall war – meist reichten schon zwei Wochen Toskana oder eine aufregend inszenierte Kenia-Safari, um die Eskapismusphantasien wieder für ein Jahr zu vertreiben. Sie übersahen, daß das rhetorische Bekenntnis zu postmaterialistischen Werten oft mit einem höchst aufwendigen und zuweilen luxuriösen Lebensstil einherging. Sie ignorierten, daß nach den ersten Ängsten über die Auswirkungen der Computertechnik die Faszination dieses Mediums wuchs und überwog – gerade auch bei den Jugendlichen. Es war wie mit dem ›Orientierungsrahmen '85‹; die Sozialdemokraten kamen erneut zu spät. Bei ihrer hektischen Suche nach dem Zeitgeist glaubten die Sozialdemokraten ihm endlich ein Stück vorausgeeilt zu sein; dabei hechelten sie ihm schon wieder hoffnungslos hinterher. Mitte der achtziger Jahre hatte die Mehrheit der Bevölkerung genug von Ängsten, Sorgen und Weltuntergangsstimmungen. Sie trauten sich nun zu, die Probleme in den Griff zu bekommen und die Zukunft gestalten zu können. Im übrigen entdeckten auch die „Postmaterialisten" die Vorzüge des savoir-vivre, des anspruchsvollen Genusses, des exklusiven Konsums. Just in diesem Moment kleideten sich die Sozialdemokraten mit der härenen Kutte pietistischer Askese und Fortschrittsskepsis. Für letzteres gab es gewiß gute Gründe, der Postmaterialismus jedoch war lediglich ein großer Irrtum und hat der SPD in den achtziger Jahren schwer geschadet.

Programmdebatte der achtziger Jahre:
Zwischen Pietismus und Moderne

Die Wahl des Ortes, an dem die sozialdemokratischen Theoretiker die Veränderungen in der Gesellschaft und der politischen Orientierung der Partei diagnostizieren und diskutieren sollten, um das alte ›Godesberger Programm‹ durch ein neues Grundsatzprogramm zu ersetzen, war geradezu charakteristisch für die geistige Befindlichkeit der SPD in jenen Jahren. Die Sozialdemokraten begaben sich in ein Kloster: in das Kloster Irsee im Allgäu. Schon in den Jahren zuvor war die Organisation der Programmdebatte durch gewisse sakrale Züge aufgefallen. Die SPD hatte sich in den siebziger Jahren eine „Grundwertekommission" geschaffen, deren Mitglieder im Stile einer ständigen Glaubenskongregation mit unermüdlichem Eifer neue gesellschaftliche Tendenzen observierten und sie auf ihre Übereinstimmung mit den unantastbaren sozialdemokratischen Grundwerten hin überprüften. Die Kommission legte den sozialdemokratischen Katechismus aus und schrieb ihn fort – ganz ähnlich wie der „Rat der Weisen" in der Islamischen Republik Iran, mit dem Unterschied indes, daß der islamische Rat in der Tat über beträchtlichen politischen Einfluß verfügt, während die sozialdemokratischen Bibelausleger nicht einmal in der eigenen Partei nennenswerte Beachtung fanden. Doch wird wohl keine andere bedeutende nichtkommunistische Partei in der westlichen Welt über eine ähnliche Instanz verfügen, die eigens zur fortwährenden Interpretation gesellschaftlicher Prozesse vom Standpunkt eines festen Wertekanons aus eingesetzt wurde und mit zweifellos beeindruckendem Fleiß unaufhörlich Thesen, Memoranden und Denkschriften aller Art produzierte.

Das Konzil der Irseer Programmreformer tagte zwischen 1984 und 1986. An der Spitze der vom Essener Parteitag im Mai 1984 eingesetzten Programmkommission stand der Parteivorsitzende Willy Brandt, der in diesen Jahren so etwas wie einen zweiten Frühling erlebte und die Initiative zur Programmrevision selbst und mit erstaunlicher Führungskraft ergriffen hatte. Brandt wollte seine Partei erkennbar wieder aus der Depression herausholen und in die Offensive zurückbringen, indem sie als erste Partei der Bundesrepublik die Zukunftsfragen der Gesellschaft umfassend erörtern sollte. Der Parteivorsitzende leitete die Sitzungen der Kommission zielstrebig, straff, konzentriert und mit großer Autorität, so daß die Lieblingseskapaden sozialdemokratischer Theoretiker, die Diskussion über Planungsmethoden und Investitionskontrollen, gar nicht erst um sich greifen konnten. Im Juni 1986 legte die Kommission ihren Programmentwurf vor. Eins zumindest war den sozialdemokratischen Theoretikern gewiß nicht vorzuwerfen: mangelnder Fleiß. Mit 107 Seiten blieb die Brandt-Kommission zwar hinter dem ›Orientierungsrahmen '85‹ zurück, aber in der Geschichte der sozialdemokratischen Grundsatzprogramme war der Irseer Entwurf der bislang weitaus längste. Der ausufernde Umfang der programmatischen Dokumente in der SPD reflektierte sicher auch die seit den siebziger Jahren gewachsenen Integrationsaufgaben der Partei, die einfache, alle Gruppen gleichermaßen befriedigende Losungen nicht mehr zuließen. Aber er wirft ebenfalls ein Schlaglicht auf die Introversion der sozialdemokratischen Programmkommission, die die verbale Befriedigung aller Sonderinteressen im Inneren wichtiger nahm als die Wirkung nach außen, die durch dickleibige Programmpakete gewiß nicht zu erzielen war. Dabei sind die Hauptbotschaften, die die Irseer Programmacher aussenden wollten, rasch aufzuzählen. Mit „Irsee" meldeten die Sozialdemokraten tiefgehende Zweifel am bis dahin vorherrschenden Politikverständnis an. Das herkömmliche Wachstumsdenken lehnten sie ab. Sie strebten statt dessen eine Ökologisierung von Produktion und Konsum an. Weiter plädierten sie für eine auch ethisch begründete Kontrolle der Technik und der Produktivkraftentfaltung im ganzen. Der Sozialstaat sollte behutsam reformiert und durch nichtetatistische Selbsthilfeprojekte ergänzt und entbürokratisiert werden. Schließlich hatten noch feministische Vorstellungen Eingang in den programmatischen Entwurf gefunden, da die Sozialdemokraten jetzt „männlichen Denkmustern" eine Absage erteilten und Fähigkeiten reklamierten, die „lange als weiblich galten".[270]

Betrachtet man den programmatischen Diskussionsprozeß aus der Binnenperspektive der Kommission, so war er ohne Zweifel erfolgreich verlaufen. In den zwei Jahren der Irseer Programmdebatte hatten sich die Teilnehmer, die anfangs oft gegensätzliche, mitunter regelrecht konfrontative Positionen vertraten, erstaunlich weit angenähert. Am Ende konnten Politiker wie Eppler und Ehmke, Theoretiker wie Löwenthal und Strasser und Gewerkschafter wie Steinkühler und Rappe dem Entwurf zustimmen.[271] Vielleicht bedeutete die Einigung der beiden Gewerkschafter – an der seinerzeit der heutige Bundesgeschäftsführer Blessing entscheidend mitgewirkt hatte – sogar den Durchbruch für die Programmrevision und die Entschärfung des Konflikts zwischen den Arbeitsplatzverteidigern und den Ökologen in der SPD. Steinkühler und Rappe hatten sich im März 1985 im Rahmen der Programmkommission auf ein gemeinsames Papier zur Wirtschafts- und Umweltpolitik geeinigt, mit dem sie akzeptierten, daß Belange des Umweltschutzes den Erfordernissen des wirtschaftlichen Wachstums nicht nachzuordnen seien.[272]

Insoweit hatte die Programmdiskussion im Rahmen der Kommission jenen Teil der Aufgaben realisiert, die Programme seit jeher erfüllen sollen: Abbau der Gegensätze und Integration der heterogenen Standpunkte. Doch vollzog die Partei als Ganzes diesen Prozeß nicht nach. Die Debatte in der Abgeschiedenheit des Klosters übertrug sich nicht auf die Öffentlichkeit der SPD. Auch vom fertigen Entwurf sprang kein Funke über. Die Diskussion des Irseer Entwurfs auf dem Nürnberger Parteitag 1986 verlief ohne Elan und Esprit, eher wie eine lästige Pflichterfüllung.[273] Im Grunde war der Programmentwurf auch nicht dazu angetan, Emotionen zu entfachen, leidenschaftliche Debatten auszulösen, zum Widerspruch zu reizen oder begeisterte Zustimmung hervorzurufen. In der zweijährigen Kommissionsaussprache hatten die Programmgestalter alle Formulierungen hin und her geknetet, ständig nach Kompromissen gesucht, an konsensfähigen Formulierungen gebastelt, Ecken und Kanten weggefeilt, Originelles und Eigenwilliges aus dem Text geworfen. Der Entwurf enthielt viele grundvernünftige Passagen, aber ähnliches hat man längst woanders schon sehr viel pointierter, zündender oder analytisch zupackender gelesen. Über weite Strecken war der Text schlicht langweilig, mitunter pastoral und dort gar peinlich, wo die sämtlichst über 40 Jahre alten Programmatiker ganz offenkundig die Jugend hatten ansprechen wollen und sich anbiedernd im Jargon vergriffen.[274]

Schließlich kam der Irseer Entwurf zur Unzeit auf den Markt. Die Vorbereitungen des Bundestagswahlkampfes hatten begonnen; es gab wichtigeres für die Sozialdemokraten zu tun, als über Programme zu streiten, die doch keiner las. Die Resonanz in den Medien war ebenfalls alles andere als berauschend. Es zirkulierte viel Spott über den Zukunftspessimismus und den Griesgram, dem die Sozialdemokraten in Irsee gefrönt hätten. Dieses Stigma der pietistischen Fortschrittsfeindlichkeit haftet seither an diesem Entwurf, obwohl es so pauschal dem Programm nicht gerecht wird. Gleichviel, das Ziel war verfehlt. Durch die Partei ging kein Ruck, die Öffentlichkeit reagierte abweisend oder desinteressiert. Nach vorn hatte der Irseer Entwurf die Sozialdemokraten nicht gebracht.

Nach den Bundestagswahlen 1987 fiel der Programmvorschlag dann endgültig in Ungnade. Die SPD hatte insbesondere bei den modernen Arbeitnehmerschichten in den prosperierenden Regionen der Republik verloren. Dadurch erhielten solche Sozialdemokraten Auftrieb, die – wie etwa Peter Glotz schon 1984 – den „säuerlichen Antimodernismus" im Erscheinungsbild der SPD kritisierten und die Programmergüsse aus Irsee mit Skepsis betrachteten.[275] Ein neues Schlagwort machte nun in der SPD die Runde und symbolisierte die Tendenzwende, die sich im Sommer 1987 in der Partei vollzog: „Modernisierung". Die Initiative dazu hatten die beiden baden-württembergischen SPD-Politiker Ulrich Maurer und Dieter Spöri ergriffen. Baden-Württemberg war schließlich Zentrum der Wachstumsindustrien und Heimat zahlreicher technisch hochqualifizierter Arbeiter und Angestellter. Hier aber war die SPD seit den frühen siebziger Jahren und vor allem unter ihrem zwischenzeitlichen Landesvorsitzenden und Spitzenkandidaten Erhard Eppler, dem Vorsitzenden der Grundwertekommission und

Vordenker von Irsee, bei Wahlen stetig zurückgefallen. Für den Niedergang in den Zukunftsbereichen der Gesellschaft machten Spöri und Maurer das Profil der SPD als „Neinsager-Partei" verantwortlich. Die Sozialdemokraten hätten in der Vergangenheit, so die Modernisierer, ihre technologiepolitische Skepsis zwar unmißverständlich deutlich gemacht, im Gegenzug jedoch ihre eigenen positiven technologischen Perspektiven nicht hinreichend entwickelt. Spöri und Maurer legten ihrer Partei eine Neuorientierung des politischen Habitus nahe. Die Sozialdemokraten sollten den technischen Fortschritt zu ihrer eigenen Sache machen, den Leistungsgedanken bejahen und das gestiegene Bedürfnis nach Individualität und Flexibilität aufnehmen und in politische Konzepte übertragen.[276]

Der „neue Fortschritt", wie Maurer und Spöri ihren Modernisierungsanstoß etikettierten, fand Zustimmung auch bei den anderen Repräsentanten der sogenannten Enkelgeneration, wie etwa Rudolf Scharping, Björn Engholm und Gerhard Schröder. Für zusätzlichen Schwung und Elan sorgte dann der saarländische SPD-Vorsitzende Oskar Lafontaine, der sich 1988 an die Spitze der Modernisierungsbewegung in der SPD setzte. Mit sicherem politischen Instinkt und professionellem Geschick brach er Ende der achtziger Jahre eine Reihe von öffentlichen Konflikten vom Zaun, mit denen er mehrere Absichten verband. Erstens sicherten sie ihm die Schlagzeilen der Zeitungen und eine anhaltende Präsenz auf den Bildschirmen. Zweitens erweckte Lafontaine den Eindruck, als eile er dem gesellschaftlichen Meinungsprozeß stets ein Stück voraus, als wittere er Probleme, die sich erst anbahnten, früher als alle anderen Politiker. Und drittens versuchte er mit seinen Plädoyers für eine moderne, intelligente marktwirtschaftliche Politik und mit seinen Provokationen und Spitzen gegen die Gewerkschaften seiner Partei ein neues Image zu verpassen, sie aus dem Ghetto des sozialpolitischen Interessenverbandes der Arbeitnehmer in strukturschwachen Gebieten herauszuholen, sie vom Bild des politisch verlängerten Arms starrer Gewerkschaftsgroßorganisationen zu lösen.[277]

Die Umtriebigkeit und der Einfallsreichtum Lafontaines blieben keineswegs ohne Wirkung. Doch sein Ziel, die SPD endlich wieder als wirtschaftspolitisch undogmatische, moderne, zukunftsorientierte und kompetente Partei salon- und mehrheitsfähig zu machen, erreichte er nicht. Denn in die Quere kamen ihm nun die Theoretiker und Intellektuellen in der SPD, woran Lafontaine indes selbst ein gerütteltes Maß an Verantwortung trug. Die sozialdemokratischen Programmatiker hatten nach dem Mißerfolg von Irsee noch nicht aufgesteckt. 1987 richtete die SPD eine weitere Kommission ein, die nun im zweiten Anlauf die Abfassung eines neuen Grundsatzprogrammes bewerkstelligen sollte. Doch diese Kommission verheddert sich noch weitaus stärker als diejenige von Irsee. Der Schaden, den sie anrichtete, war beträchtlich, den Nutzen, den sie stiftete, gering. Die Malaise begann mit der Neubesetzung des Vorsitzes der Kommission: eben mit Oskar Lafontaine. Während Willy Brandt die Diskussion im programmatischen Zirkel noch straff und mit präzisen Zielvorgaben geleitet hatte, führte Lafontaine ohne Lust und Laune und in der Regel schlecht vorbereitet Regie. Er ließ die Teilnehmer spüren, daß er ihre Debatten für brotlose Kunst hielt, daß er sich von weitschweifigen Grundsatzprogrammen nichts versprach. Sein Interesse richtete sich auf den öffentlichen Diskurs in den Medien, nicht auf die binnenorientierte Reflexion im sozialdemokratischen Theorieseminar. Ernster nahm er hingegen die Arbeit in der Kommission „Fortschritt-90", in der politische Experten und Fachleute an einem ökonomisch seriös berechneten Regierungsprogramm der ökologischen Erneuerung formulierten. Mit einem solchen pragmatischen Programm, das konkrete Lösungsvorschläge auf aktuelle Probleme bereithielt, politische Phantasie und wirtschaftliche Solidität kombinierte, hoffte er, neue Wähler anzusprechen und zu gewinnen. Von einem weit ausholenden und bekenntnisreichen Grundsatzprogramm erwartete er das hingegen nicht.

Die geringe positive Ausstrahlung pathetischer Programmkatechismen hatte Lafontaine gewiß richtig bewertet. Aber er unterschätzte die destruktiven Effekte, die von einer fehlgeleiteten programmatischen Diskussion ausgehen konnten. Genau dies aber war Ende der achtziger Jahre der Fall. Schon die Zusammensetzung der Kommission stand unter einem ungünstigen Stern und spiegelte letztlich die Gleichgültigkeit der Bezirksorganisationen an der Debatte. Rund ein Siebtel der Bezirksvertreter in der Kommission zählte ehemals zur Führungsgarnitur des „Stamokap"-Flügels bei den Jungsozialisten. Nun hatten sich deren Repräsentanten im Laufe der Zeit ein wenig geläutert, im ganzen aber hielten sie auch in der zweiten Hälfte der achtziger Jahre daran fest, daß Sozialdemokraten sich besser am ›Kommunistischen Manifest‹ oder am ›Erfurter Programm‹ als an Godesberger Häresien zu orientieren hätten. Außer Frage stand für sie auch, daß Schlüsselindustrien und Großbanken verstaatlicht gehörten. Solche Positionen repräsentierten vermutlich die Einstellung von kaum mehr als einen Prozent der Bevölkerung. In der Kommission aber, die das Grundsatzprogramm der Sozialdemokraten für die folgenden Jahrzehnte ausarbeiten sollte, fühlten sich mehr als 10 Prozent der Mitglieder diesen Auffassungen verpflichtet. Ein Schuß marxistischer Fundamentalismus beschwerte mithin die Debatte in der neuen Kommission, die noch mehr im eigenen Saft schmorte als diejenige von Irsee. Zeitweise disputierten die Theoretiker unter sich, da sich die aktiven, parlamentarisch tätigen Politiker und Gewerkschafter, die einen vollen Terminkalender hatten und mit ihrer Zeit rationell umgehen mußten, von den sophistischen Debatten mit Grausen abwandten und den Sitzungen fernblieben. Im Dezember 1988 lief alles auf ein Desaster für die marktwirtschaftlichen „Modernisierer" zu. Überraschend zeichnete sich eine Mehrheit für die von Peter von Oertzen geführte Gruppe der linken Kommissionsmitglieder ab, deren Forderungen nach „Wirtschafts- und Sozialräten" sowie „einheitlichen nationalen Entwicklungsplänen" die SPD nicht, wie vorgesehen, ins nächste Jahrtausend geführt, sondern in die Jahre 1946/47, in die Welt des Viktor Agartz zurückkatapultiert hätten. Ein verheerendes Presseecho war die Folge. Nun aber machten die Parteiführung und die wirtschaftspolitischen Fachleute der SPD in den Ländern und in der Bundestagsfraktion mobil, um das Steuer der gänzlich vom Kurs abgeratenen Programmkommission noch einmal herumreißen zu können. So viel erreichten sie immerhin, daß eine im Prinzip marktwirtschaftliche Vorgabe, die durch allerlei sozialstaatlich-interventionistische Auflagen und Einschränkungen durchwirkt war, eine mehrheitliche Zustimmung von 13 der 24 anwesenden Kommissionsmitglieder erhielt. Die Parteiführung atmete auf und stellte zufrieden fest, daß man nicht „hinter Godesberg zurückgefallen" sei.[278]

Allerdings hatte sie ursprünglich andere Ziele mit der Reform der Programmatik verfolgt, als den Menschen lediglich klarzumachen, daß die SPD im Jahr 1989 nicht schlechter dastehe als 1959. Nichts konnte das Fiasko der Programmdebatte deutlicher machen als die seufzende Erleichterung darüber, daß es wenigstens nicht so schlimm gekommen war, wie man schon hatte befürchten müssen. Gerade aber in dem Bereich, auf den es für die Mehrheitsfähigkeit ankam und um den es den SPD-„Modernisierern" zu tun war, die Wirtschaftspolitik, hatten die Programmatiker der Bevölkerung ein groteskes Schauspiel geboten. Und allein dieses Gezerre um den wirtschaftlichen Kurs, die Schlachten von gestern und vorgestern, nahm die Öffentlichkeit von der gesamten Programmdiskussion wahr. Haften blieb vorwiegend der Eindruck, daß die SPD in wirtschaftspolitischer Hinsicht immer noch keine verläßliche Partei sei, daß sie im tiefsten Inneren staatlichen Lenkungsmodellen und Planungsmethoden weiterhin den Vorzug gebe – und dies zu einem Zeitpunkt, als in ganz Osteuropa die Planwirtschaften zusammenkrachten.[279] Die Programmdebatte der SPD in der zweiten Hälfte der achtziger Jahre war, was ihre Außenwirkung anging, ein einziger, historisch beispielloser Flop.

Die Sozialdemokraten hätten sich dabei das Theater mit der Programmkommission gut und gerne schenken können. Die Signale einer neuen Politik hatten die Sozialdemokraten längst auf anderen Ebenen ausgesandt; und dort wirkten sie auch überzeugender, prägnanter, einsichtiger und attraktiver als im Forum einer langjährigen akademischen, vorwiegend nach innen abgezirkelten Seminardebatte. Die Diskussionen um einen neuen Arbeitsbegriff, den Lafontaine mit Hilfe der Medien virtuos in Szene gesetzt hatte, oder die für die Frauen schließlich erfolgreiche, ebenfalls mediengestützte Kampagne um die Quotierung haben die „Modernität" und „Zukunftsorientierung" der SPD sehr viel sinnfälliger symbolisiert als die wolkigen und im übrigen von kaum jemandem zur Kenntnis genommenen Abhandlungen im schließlich Ende 1989 verabschiedeten ›Berliner Programm‹.[280] Die ökologische Erneuerung drückte sich seit 1983 im Wechsel der Führungspersonen, durch die Bildung rot-grüner Koalitionen in den Kommunen und Ländern, auch durch die effiziente, professionelle, pragmatische und dabei zum Teil durchaus innovatorische Arbeit der Kommission „Fortschritt-90" aus. Auch dazu brauchte es also keines längeren Grundsatztextes von erhabener Allgemeinheit mehr. Perspektivisch tut die Sozialdemokratie sicher gut daran, künftig verbissene und verbohrte Glaubenskämpfe um den Sozialismus einzustellen und besser nach dem Rezept der „Fortschritt-90-Kommission" zu verfahren, politischen Sachverstand aus verschiedenen Bereichen zu aggregieren, um integrierende Politikkonzepte auf seriöser Grundlage ideenreich, pragmatisch und wertorientiert verknüpft für eine moderne Regierungspolitik von heute und morgen zu verfassen. Übrigens ist die SPD einst nach langen Jahrzehnten ideologisch gefestigter Opposition nach diesem Muster an die Regierung gekommen.

4. Von der Facharbeiterpartei zur Partei des öffentlichen Dienstes? Mitglieder, Funktionäre und Mandatsträger der SPD

Die Sozialdemokratie ist die erste Partei in der deutschen Geschichte gewesen, die nach dem Ende der gegen sie gerichteten Sozialistengesetze in den neunziger Jahren des vorigen Jahrhunderts eine feste und auf Dauer angelegte Organisation entwickelt hat. Anders als bei den sogenannten bürgerlichen Honoratiorenparteien, die sich zum Zweck der Nominierung von Kandidaten und für den Wahlkampf jeweils neu bildeten, band die SPD auch zwischen den Wahlen ihre – wie wir heute sagen würden – Aktivisten und Mitglieder an sich. Nicht zuletzt dadurch war sie in ihrer Wählerschaft, nämlich in dem Milieu, aus dem sie hervorgegangen war, fest verwurzelt. Bereits die wilhelminische Sozialdemokratie trug im wesentlichen jene Züge, die sich nach dem Ersten Weltkrieg voll entfalteten und die wir als zur Solidargemeinschaft gehörig charakterisiert haben. Oder noch schärfer zugespitzt und für den weiteren Gang unserer Überlegungen aus der Perspektive derjenigen formuliert, die Ende der fünfziger und Anfang der sechziger Jahre die Partei reformieren wollten: Nach der Jahrhundertwende war jene Traditionskompanie entstanden, die man ein halbes Jahrhundert später mit der Öffnung zur Volkspartei hin endgültig überwinden wollte.

Analysiert man nämlich die Herkunft und die soziale Zusammensetzung der Mitglieder, Funktionäre und Führer der SPD vor 1914, dann war dies die Partei eines spezifischen Milieus, in das man hineingeboren wurde und das industriell, großstädtisch, protestantisch, facharbeiterlich und – zunehmend – freigewerkschaftlich geprägt war. Wer in diesem Milieu lebte, arbeitete, wohnte, seine karge Freizeit verbrachte und sich hier „zu Hause" fühlte, wurde natürlich nicht automatisch Sozialdemokrat. Vielmehr waren weitere Motivationen notwendig, und es bedurfte konkreter Anstöße von außen (Unterdrückung und Ausbeutung am Arbeitsplatz, politische Ereignisse, das Werben durch überzeugte Parteigänger), um den Mut aufzubringen, einer Partei beizutreten, die in der damaligen Zeit politisch und kulturell diskriminiert wurde und der die Illegalisierung drohte. Doch ist die wilhelminische Sozialdemokratie ganz stark von diesem besonderen Milieu geprägt worden, das jedenfalls zeigen die – insgesamt doch recht spärlichen – Daten und Informationen, die wir über Mitglieder, Funktionäre und Mandatsträger der damaligen Partei haben.

Die SPD jener Zeit war eine ausgesprochene Arbeiterpartei. In den meisten Orten, von denen Angaben zu den Berufen der Parteimitglieder vorliegen, lag ihr Anteil zwischen 80 und 90 Prozent, so in Düsseldorf 98 Prozent, in Frankfurt am Main 94 Prozent, in Offenbach 92 Prozent, in Nürnberg 88 Prozent und in München 77 Prozent. Die Facharbeiter beherrschten das Bild. Viele von ihnen übten handwerkliche Berufe aus, mit der Zeit stieg dann aber der Anteil der gelernten Industriearbeiter. Ungelernte, besonders die aus dem Produktionsprozeß herausgeschleuderten, die Gelegenheits- und die Wanderarbeiter, blieben unterrepräsentiert. Neben der großen Gruppe der Facharbeiter gab es dann, regional und lokal verschieden, eine zahlenmäßig geringe Gruppe von Kleinbürgern. So lag in München deren Anteil bei rund 20 Prozent, eine besonders starke Repräsentation. Doch waren diese Kleinbürger – Gastwirte, Schumacher und andere kleine Handwerker, Lebensmittel- oder Zigarrenhändler – entweder ursprünglich selbst Facharbeiter gewesen, oder sie blieben aufgrund ihrer Einstellungen und Verhaltensweisen diesem Milieu eng verbunden. Aus der kleinbürgerlichen Schicht rekrutierten sich häufig auch die Mandatsträger der Partei in den Landtagen und im Reichstag. Hier konnte man politische Arbeit und Beruf noch am ehesten miteinander vereinbaren, während Abgeordnetentätigkeit und Beschäftigung als Facharbeiter sich schon zeitlich nicht in Einklang bringen ließen. Die SPD war also von ihrer sozialen Zusammensetzung her nicht eine Partei der Ärmsten der Armen, sondern eine der verhältnismäßig gutsituierten, selbstbewußten Facharbeiter. Die Parteimitglieder nahmen nicht nur eine relativ gute Position auf dem Arbeitsmarkt ein, sondern sie waren offenkundig von bestimmten Mustern und Wertvorstellungen kollektiven solidarischen Handelns geprägt, wie sie in handwerklichen Traditionslinien zu dieser Zeit noch vorhanden waren. Neben sozialen und ökonomischen Gründen dürfte diese lebendig gebliebene Solidarität ein wichtiges Motiv zum Eintritt in die SPD gewesen sein. Genau aus diesem

Zusammenhang erklärt es sich dann auch, daß Gewerkschaften, eben Einrichtungen proletarischer Selbsthilfe, häufig als Politisierungsmedium wirkten und bestimmte Prädispositionen, die für einen Eintritt in die Sozialdemokratische Partei vorhanden waren, noch verstärkten. Natürlich vollzog nur ein Bruchteil der freigewerkschaftlich Organisierten den politischen Schritt und trat in die SPD ein. Doch dürfte der Anteil der Sozialdemokraten unter den Mitgliedern der freien Gewerkschaften 1930 bei rund 30 Prozent gelegen haben, während umgekehrt der Anteil der Freigewerkschafter unter den Parteigenossen regional und lokal weit auseinanderging und zwischen 10 Prozent in Frankfurt (1905), 40 Prozent in Bielefeld (1909) sowie Hamburg (1911/12) lag. Zur inneren Homogenität der Sozialdemokratie trug ferner bei, daß die Partei in protestantischen Nachbarschaften, in denen Arbeiter eine deutliche Distanz gegenüber der evangelischen Kirche an den Tag legten, besonders erfolgreich war. Schließlich war die Mehrheit der Parteimitglieder zwischen 20 und 40 Jahre alt, die SPD war also – im Gegensatz zu Klagen in späteren Jahrzehnten – keineswegs überaltert.[281]

Die wilhelminische SPD kam mit der Dichte, aber auch mit der Enge des Milieus, das sich in der Sozialstruktur ihrer Mitglieder und Funktionäre niederschlug, jenem Typus von Facharbeiterpartei sehr nahe, der dem einer Volkspartei gegenübergestellt werden kann. Beide Begriffe markieren dann auch die Wegstrecke, die die SPD von der Traditionskompanie der Wilhelminischen Ära bis zur heterogenen und offenen Partei der 1970er Jahre zurückgelegt hat. Bezogen auf die Sozialstruktur ihrer Mitglieder, Funktionäre und Mandatsträger bedeutet Volkspartei dabei nicht, daß sich die soziale Komposition der Gesellschaft in ihr spiegelt und wie in einem Regenbogen alle Farben gesellschaftlicher Gruppen prinzipiell gleichmäßig verteilt wären, sondern daß viele Farbtupfer in unterschiedlicher Intensität, vor allem aber auch in höchst verschiedenen Anteilen sich so wiederfinden, daß sie ihr eigenes Profil hat und daß die Abgrenzungen und Unterschiede gegenüber anderen Volksparteien, nämlich in unserem Fall gegenüber der CDU und CSU, leicht ins Auge fallen. Im folgenden wollen wir uns ansehen, welche sozialen Veränderungen die SPD selbst durchlaufen hat, um von der Ton in Ton farblich abgestimmten, bei unscharfem Hinsehen fast einfarbig erscheinenden Partei der Kaiserzeit zu einer buntscheckigen Wahlorganisation der Gegenwart zu werden.

So eintönig, facharbeiterlich und milieu-verankert, wie aus unserer knappen Skizze erscheinen mag, war in Wirklichkeit selbst die wilhelminische SPD nicht. Da gab es Außenseiter, beispielsweise aus dem jüdischen Bürgertum kommende Intellektuelle, die der Partei ebenso beitraten wie einige kleinere Angestellte. Und 1905 begann mit einem Paukenschlag eine Debatte, die bis heute nicht abgeschlossen ist. Eduard Bernstein fragte nämlich in einem Aufsatz in den ›Sozialistischen Monatsheften‹: „Wird die

Sozialdemokratie Volkspartei?" Bernstein antwortete positiv, indem er parteiensoziologisch argumentierte und eine empirische Analyse der sozialdemokratischen Wählerschaft als Beleg heranzog. Seine Überlegungen gingen dahin, daß die SPD angesichts des Wandels, der zur Ausdifferenzierung der Gesellschaft führe und in der die Mittelschichten erhalten blieben und das Proletariat eben nicht zur riesengroßen Mehrheit werde, sich im Parlamentarismus nach Bündnispartnern umsehen müsse. Wolle sie um die größtmögliche Stimmenzahl kämpfen, so legte Bernstein nahe, käme eine politische Koalition des Kleinbürgertums mit der Arbeiterklasse in Frage.[282] Und tatsächlich schienen spätestens in der Weimarer Republik Bernsteins Prognosen Wirklichkeit zu werden. Wir haben oben gesehen, daß zwischen 1919 und 1932/33 die SPD bei Wahlen punktuelle Erfolge bei nichtproletarischen Schichten, bei Landarbeitern und Kleinbauern, bei Angestellten und im jüdischen Bürgertum zu erringen vermochte. Und auch die soziale Zusammensetzung der Mitgliedschaft veränderte sich, insbesondere stieg der Anteil der kleinen Angestellten. Gerade die Parteiführer waren sensibel und blieben sich des Problems bewußt, neue Schichten für die Parteiarbeit gewinnen zu wollen. 1930 lag der Anteil der Angestellten unter den Mitgliedern bei etwa 10 Prozent, der der Beamten bei knapp 4 Prozent, der der Selbständigen (einschließlich „freier und geistiger Berufe") bei rund 5 Prozent, der der Arbeiter bei knapp 60 Prozent.[283] An einigen Orten, so nicht zufällig in Berlin mit seinen Kommunalverwaltungen, den preußischen und den Reichsministerien, nahm die SPD – wie bereits erwähnt – Züge einer Partei des öffentlichen Dienstes an. Nach den Schätzungen von Sühl lag der Anteil der Staatsbediensteten unter allen SPD-Mitgliedern bei 13 Prozent. Dazu zählten preußische Polizeibeamte, Volksschullehrer und Sozialarbeiter, Arbeiter der öffentlichen Betriebe und Gemeindearbeiter.[284] Kein Zweifel: In Weimar hatte die SPD sich auf den Weg zur Volkspartei gemacht, auch und gerade was die soziale Zusammensetzung der Mitglieder und Funktionäre angeht.

Neubeginn oder Wiederaufbau?

Kurt Schumacher schloß 1945 bewußt an die Lektion an, die bereits 1932/1933 in der Weimarer Sozialdemokratie aus ihrem eigenen Scheitern und dem Scheitern der ersten parlamentarischen Demokratie in Deutschland gezogen worden war. Mit Vehemenz und seinem ganzen Temperament polemisierte er gegen den Wiederaufbau der alten facharbeiterlich-milieuverengten Sozialdemokratie, er verlangte einen Neubeginn, forderte den Neuaufbau. Intuitiv bezog er sich wohl auch auf jene fundamental veränderten oder sich zu diesem Zeitpunkt noch im Wandel befindlichen gesellschaftlichen, kulturellen, konfessionellen und bewußtseinsmäßigen Bedingungen, die in Weimar die alten sozialmoralischen Teilkulturen konstituiert hatten. Das Dritte Reich, die brutale Verfolgung von Sozialdemokraten und Kommunisten, auch von einigen Katholiken und Protestanten, die Zerstörung und Zerbombung städtischer Nachbarschaften, Evakuierungen, Flucht und Vertreibung veränderten die deutsche Gesellschaft.[285] Die konfessionelle, kulturelle und soziale Segregation, die alten Milieus schienen eingeebnet zu werden. Genau darin muß Schumacher die Chance für den Neuaufbau gesehen haben, die SPD sollte als Massenpartei neu beginnen, an Gegenwart und Zukunft sich orientieren und nicht die Kämpfe der Weimarer Republik nochmals ausfechten. Nach Schumachers Willen sollte die Sozialdemokratie daher allen aufbauwilligen, nichtbelasteten Personen offenstehen, auch ehemaligen NSDAP-Mitgliedern, wenn sie sich im Nationalsozialismus nicht kompromitiert hatten. Den gewerblichen und kaufmännischen Mittelstand, die Bauern und die Angestellten, die Intelligenz und die Jugend sprach er in besonderer Weise an. An sie waren die nationalistischen Töne gerichtet, die uns heute im Rückblick seltsam berühren mögen. Nur sollten die ehemals antirepublikanischen und antidemokratischen Kräfte dort abgeholt werden, wo sie nach 1930 dem Nationalsozialismus auf den Leim gegangen waren. Sie sollten jetzt auch als Mitglieder und Funktionäre für die neue Massenpartei SPD gewonnen werden.

Schumacher stand mit seiner These vom Neuaufbau nicht allein. Hans Vogel, der alte SPD-Vorsitzende noch aus der Weimarer Zeit, hatte – unterstützt vom Exilvorstand – die SPD als Sammelbecken, als Volksbewegung für alle diejenigen verstehen wollen, die sich für Freiheit, personale Würde und gegen Willkür einsetzten. Fritz Tarnow hatte 1942 in Stockholm, angeregt durch das Vorbild der schwedischen Sozialdemokratie, die Idee einer sozialistischen Volkspartei entwickelt, die eine ganz andere Qualität als die Weimarer Sozialdemokratie haben sollte. Der Sozialismus, so Schumacher, sei nicht mehr Angelegenheit der Arbeiterklasse in dem alten Sinn des Wortes. „Er ist das Programm für Arbeiter, Bauern, Handwerker, Gewerbetreibende und geistige Berufe."[286] In das gleiche Horn bliesen die Vorstandskollegen Schumachers, etwa Ollenhauer, der in der SPD die Partei der Aufgeschlossenheit und der Toleranz erblickte, für alle, die in Deutschland menschlich und sozial fühlten, eben die Volkspartei.[287]

Und tatsächlich schien sich in den ersten Nachkriegsjahren durchaus eine soziale Öffnung der SPD hin zu einer linken Volkspartei anzubahnen. Flüchtlinge tendierten aufgrund ihrer aktuellen sozialen und ökonomischen Benachteiligung und ungeachtet ihrer vormaligen Schichten- oder Klassenzugehörigkeit zur SPD, sie wählten die Partei, traten ihr als Mitglied bei, wurden vereinzelt auch ihre Funktionäre. Und es waren offensichtlich demokratischer Patriotismus und Verständnis für den fehlgeleiteten Idealismus der ehemaligen HJ-Generation, der die Schumacher-SPD gerade für einige Jüngere anziehend machte.[288]

Auch die rapide in die Höhe schnellenden Mitgliederzahlen sprechen für die Anziehungskraft der SPD und für die soziale Öffnung der Partei. Ende 1946 zählte man in den drei Westzonen 711000 Mitglieder, in der Sowjetischen Besatzungszone waren es im April 1946, kurz vor der Vereinigung mit der KPD zur SED, 619000. In den Westzonen stieg die Zahl der Mitglieder bis Mitte 1948 auf fast 850000.[289]

Der Zulauf zur SPD dürfte höchst vielfältige, nicht nur politische Motive gehabt haben. Mit dem richtigen Parteibuch in der Tasche erhoffte man sich wahrscheinlich häufig auch leichteren Zugang zu Wohnraum, Heizmaterial, Nahrungsmitteln, Zuteilung eines Fahrrades oder Beschäftigung im öffentlichen Dienst. Einige Hinweise und Bemerkungen auf Parteitagen können so verstanden werden, daß die SPD auch als Patronage- und Karrierevehikel gesehen und benutzt wurde.[290] Uns kommt es hier nicht auf die moralisierende Bewertung von Motiven an, sondern auf die nüchterne Analyse der Mitgliederentwicklung in den ersten Nachkriegsjahren, die deutliche Indizien für die soziale Öffnung der SPD zeigt.

Schaut man jedoch noch schärfer hin, werden regionale und lokale Untersuchungen und Daten herangezogen, dann ergibt sich schon für die ersten Nachkriegsjahre ein recht widersprüchliches Bild. Bedenkt man die in Weimar praktizierte, auch emotional verwurzelte Solidarität, dann ist es eigentlich nicht weiter überraschend, daß sie unter denen, die das Dritte Reich überlebt hatten und die sich in den Notjahren nach 1945 trafen, wiederauflebte. Gleich ob jene schöne Geschichte, daß ein sozialdemokratischer Hauskassierer im Frühjahr 1945 die Parteikasse aus seinem Schrebergarten wieder ausbuddelte und bei den Genossen die Beiträge für die letzten 12 Jahre nachzukassieren begann, sich tatsächlich irgendwo ereignet hat oder nicht, so trifft sie doch einen realhistorischen Sachverhalt: Die SPD ist nach 1945 nämlich nicht (nur) neu aufgebaut, sie ist auch wiedergegründet worden. Kontinuität und Tradition waren angesagt. Mehr als zwei Drittel der SPD-Mitglieder 1945/46 waren bereits in der Weimarer Republik herangewachsen und in der Solidargemeinschaft vor 1933 sozialisiert worden. Damit stand die Partei an vielen Orten vor einem Generationsdilemma, es mangelte an Jüngeren, die erst im Nationalsozialismus erwachsen geworden waren. Fast überall traf zu, daß die alte Sozialdemokratie rekonstruiert wurde. Gerade die Funktionäre in den wiederentstehenden Ortsvereinen, erst recht die auf der Unterbezirks-Ebene, waren in Weimar verwurzelt, sie hatten häufig schon damals Funktionen inne. Als sich am 5. und 6. Oktober 1945 im Kloster Wennigsen bei Hannover die führenden Sozialdemokraten aus den drei Westzonen, ergänzt durch drei Vertreter des Zentralausschusses aus Berlin, insgesamt etwa 120 Personen, versammelten, trafen sich fast ausschließlich Genossen, die vor 1933 politisch aktiv gewesen waren und die sich maßgeblich am Wiederaufbau der Partei nach 1945 beteiligt hatten.[291] Und als in einer Pause des Nürnberger Parteitages 1947 die Aufforderung erging, daß sich die ehemaligen Mitglieder der Sozialistischen Arbeiterjugend in einem Nebenraum träfen, verließ schlagartig fast die Hälfte der Delegierten den Tagungssaal. Im Parteivorstand übernahm die alte Garde, die in der Weimarer Republik zum Teil als Volontäre im Parteiapparat geschult worden war, die Positionen der hauptamtlichen Parteisekretäre, so Alfred Nau als Parteikassierer, Fritz Heine als Pressesprecher und Herta Gotthelf als Frauenreferentin. Auch Erich Ollenhauer, der Vertreter Kurt Schumachers, gehörte zu dieser Gruppe.

Insgesamt stellte sich in der Partei das traditionelle Gefühl der Zusammengehörigkeit wieder ein, machte sich erneut der Stallgeruch der Weimarer Solidargemeinschaft breit. Der Impetus Schumachers, neu zu beginnen und neu aufzubauen, verpuffte vielerorts, an der Basis der Ortsvereine ebenso wie im Parteivorstand selbst. Dadurch erhielt aber jene Vorstellung Nahrung, die SPD sei eine Traditionskompanie, der Vergangenheit verhaftet, überaltert und zunehmend verkalkt. Wie sehr das alte Klima wieder zu herrschen begann, zeigten die Parteitage, auf denen die Notwendigkeit betont wurde, die neuen Mitglieder und besonders die Funktionäre im Geiste der Sozialdemokratie zu schulen. Manch alter Genosse warnte davor, die Jungsozialistengruppen als Diskussionsclubs aufzuziehen, man dürfe sie nicht zu selbständig werden lassen.[292]

Auch die wenigen Informationen, die wir über die soziale Zusammensetzung der Mitglieder und Funktionäre in den unmittelbaren Nachkriegsjahren haben, sprechen dafür, daß die SPD im wesentlichen wiedergegründet worden ist, sich noch nicht für neue Schichten in nennenswertem Umfang und auf längere Zeit zu öffnen vermochte. Die gewerkschaftlich organisierten Facharbeiter bildeten die soziale Basis, 1950 waren über die Hälfte der Mitglieder Arbeiter. Und auch die Biographien der Mitglieder der ersten SPD-Bundestagsfraktion zeigten die enge Verflechtung mit der Weimarer Solidargemeinschaft. Typisch waren gelernte Facharbeiter und kleinere kaufmännische Angestellte, Volksschulabschluß und anschließende Lehre, bevor dann der Sozialaufstieg innerhalb der Organisationswelt der sozialdemokratischen Arbeiterbewegung begonnen hatte.[293]

Unsere Überlegungen werden durch den katastrophalen Einbruch in der Mitgliederentwicklung bestätigt, der im Sommer 1948 begann. Bis zum 30. Juni 1948 war die Mitgliederzahl auf fast 900000 gewachsen, dann sank sie bis Ende 1948 auf 844000, bis zum 31. Dezember 1949 auf 736000. Diese Entwicklung setzte sich dann über sechs Jahre fort. Zwischen 1948 und 1954 verlor die SPD fast 300000 Mitglieder. Die Erklärung, die der Parteivorstand für die Mitgliederverluste gab, war naheliegend, gab auch einen Teil der Wahrheit wieder, reichte aber nicht aus, das Problem in seiner ganzen Komplexität zu erfassen: „Der Verlust an Mitgliedern ist ohne Zweifel auf die Auswirkungen der Währungsreform zurückzuführen. Mit dem Ansteigen der Arbeitslosigkeit und der Schrumpfung des Einkommens weitester Kreise der Mitgliedschaft ist es zu erklären, daß das Gros der Verluste Austritte sind, deren Motive finanzieller, nur in seltensten Fällen politischer Art sind."[294] Organisatorische Mängel werden als weiterer Grund von der Partei selbst angegeben. Doch steckt dahinter wohl nicht nur die Tatsache „unregelmäßiger Beitragskassierung", sondern für neue und insbesondere jüngere Mitglieder dürfte das Parteileben, wie es nach dem Vorbild Weimars wieder entstanden war, wenig attraktiv gewesen sein, es erstickte schon bald in Routine. Da fand montags der Frauen- oder der Jungsozialistenabend statt, dienstags trafen sich die Hauskassierer, mittwochs war die Mitgliederversammlung angesagt, donnerstags der Bildungsabend. Die Veranstaltungen liefen nach altem Ritual ab: Eröffnung – Vortrag – Diskussion – weitere Termine – Verschiedenes. Häufig sang man zum Abschluß ›Brüder, zur Sonne zur Freiheit‹.[295]

Andere Gründe kamen hinzu. Mancher „Konjunkturritter", der in die SPD eingetreten war, um materielle Vorteile mit Hilfe des richtigen Parteibuchs zu erlangen, und der dann erlebte, wie „seine" Partei bei Wahlen viel schlechter als erwartet abschnitt, wird die Gelegenheit der Währungsumstellung benutzt haben, um „abzuspringen". Nachdem Vertriebenenparteien zugelassen worden waren, verließen auch Flüchtlinge die SPD, in der sie keine Wurzel geschlagen hatten, um ihre spezifischen Ziele in ihren Interessenparteien besser verfolgen zu können. Und schließlich wirkte die SPD in den aktuellen politischen Streitfragen der Zeit – Primat der deutschen Wiedervereinigung oder Westintegration, Planwirtschaft oder freie Marktwirtschaft – nicht gerade anziehend auf mögliche neue Mitglieder. Es waren schließlich die „bürgerlichen" Parteien, die die politische Tagesordnung bestimmten und die in der öffentlichen Diskussion die Hegemonie gewannen.

Anders ist die Entwicklung in der Berliner SPD gelaufen. Hier zeichneten sich schon in den ersten Nachkriegsjahren die Konturen jenes Weges zur Volkspartei ab, den die Bundespartei erst ein Jahrzehnt später beschritten hat. Zunächst ging die Wiedergründung ganz ähnlich wie an anderen Orten vonstatten. Es waren überwiegend Altmitglieder, die sich schon in Weimar zur SPD bekannt hatten, die die Partei bis zum Herbst 1945 rekonstruierten. Darunter waren viele ehemalige Funktionäre, die vor 1933 in den Arbeiterkulturorganisationen, in den freien Gewerkschaften, den Genossenschaften und der Partei Aufgaben wahrgenommen hatten, auch sie kamen also aus der Solidargemeinschaft. In einer zweiten Phase strömten dann aber seit Ende 1945 Menschen in die Berliner SPD, die früher nicht freigewerkschaftlich oder sozialdemokratisch organisiert waren und deren Motiv ganz offenkundig war, in der von der SPD wesentlich mitbeherrschten Stadtverwaltung oder in den Bezirksverwaltungen eine Anstellung zu finden und Karriere zu machen. Auch hierin dürfte Berlin sich noch nicht grundsätzlich von anderen Kommunen unterschieden haben, in denen die SPD Patronage mitkontrollierte. Entscheidend für die dann anders laufende Entwicklung in Berlin war die Tatsache, daß die dortige SPD das Thema, das die politischen Konflikte beherrschte, zu ihrem Vorteil zu nutzen verstand. Sie wurde nämlich in dem sich zuspitzenden Kalten Krieg zum Symbol des Freiheitskampfes gegen die Sowjetische Militäradministration und ihre kommunistischen Vasallen. Nach der Urabstimmung im April 1946, in der die überwältigende Mehrheit der Sozialdemokraten in den Westsektoren die sofortige Vereinigung mit den Kommunisten zur SED abgelehnt hatte, und nach den Wahlen vom Oktober 1946 rekrutierte die „Berliner Freiheitspartei" vermehrt Mitglieder, die nicht aus der sozialdemokratischen Tradition kamen. Dieser Aufschwung hielt durch die Berliner Blockade 1948/49 hindurch bis 1950 an. Wie in anderen Großstädten war auch in Berlin die Mehrheit der Funktionäre schon in Weimar aktiv gewesen, ja ein Drittel von ihnen hatte unter dem Nationalsozialismus Verfolgung und Repressalien erlitten. Nur zeigt der Vergleich mit anderen SPD-Bezirken, daß in Berlin jüngere Funktionäre, darunter auch solche, die neu zur Sozialdemokratie gestoßen waren, sehr schnell in die vorderste Reihe rückten und sich in den Auseinandersetzungen des Kalten Krieges politisch zu profilieren vermochten. In anderen Städten – wie in Bremen – waren zur gleichen Zeit Klagen zu hören, daß die SPD hoffnungslos überaltert sei. Die volksparteiliche Öffnung der Berliner SPD zeigte sich auch darin, daß die Sozialstruktur der Mitglieder sich schnell veränderte. Der Anteil von Arbeitern sank 1946 bis 1950 kontinuierlich, der Anteil der Angestellten, derjenigen mit einem qualifizierten Schulabschluß (jenseits der Volksschule), der Akademiker und der öffentlich Bediensteten stieg. Viele der Angehörigen der neuen Mittelschichten hatten dabei ihre berufliche Laufbahn als Facharbeiter begonnen, sich dann in Abendschulen oder in den Betrieben weiterqualifiziert und waren schließlich Angestellte, nicht zuletzt im öffentlichen Dienst und bei den städtischen Unternehmen geworden. Der soziale Wandel der Berliner Mitgliedschaft fand also sowohl aufgrund eines Sozialaufstiegs wie durch Rekrutierung in der Partei bis dahin häufig verschlossen gebliebenen Schichten statt.[296] Die soziale Öffnung der Berliner SPD ist durch zwei Faktoren wesentlich begünstigt worden: (1) Sie war eine Partei des öffentlichen Dienstes und zog solche Personen an, die hier ihre Karrieren planten. (2) Entscheidend war aber, daß sie politisch attraktiv war, daß sie vor allem – wie es später in der Wahlforschung heißen sollte – über „issue-Kompetenz" verfügte, sie in der Öffentlichkeit als die Partei erfahren wurde, die sich in der konkreten historischen Situation des Kalten Krieges am geschicktesten und erfolgreichsten mit den Kommunisten auseinanderzusetzen vermochte. Die SPD mußte ihre Kompetenzüberlegenheit in zentralen Bereichen der Politik demonstrieren, um über ihr angestammtes sozialmoralisches Milieu hinaus in neue Schichten einzudringen und dort Mitglieder und Funktionäre zu gewinnen. Allein Partei des öffentlichen Dienstes zu sein reichte nicht aus. Dies war die Lektion aus der besonderen Entwicklung in Berlin. Es ist daher auch nicht überraschend, daß in den fünfziger Jahren entscheidende Anstöße für die Entwicklung der SPD zur Volkspartei aus Berlin, unter anderem von Ernst Reuter, Willy Brandt und Klaus Schütz kamen.

Jahre der Stagnation

Die fünfziger Jahre waren für die SPD eine Zeit der Stagnation, ja des Niedergangs. Nicht nur blieb sie bei den Bundestagswahlen im 30-Prozent-Turm eingesperrt, sondern in der sozialen Zusammensetzung, in den Einstellungen und Verhaltensweisen ihrer Mitglieder, Funktionäre und Mandatsträger trug sie durchaus Züge dessen, was man ironisierend als Traditionskompanie bezeichnet hat. Bis 1954/55 schmolz die Zahl der Mitglieder unter die magische Grenze von 600000 und stieg dann nur leicht über diese Marke.[297] Zwar gehen die Daten, Schätzungen und Angaben, die von der Partei selbst über die soziale Komposition ihrer Mitglieder in diesem Zeitraum gemacht wurden, auseinander, doch waren über 50 Prozent – wenn nicht gar zwei Drittel – der erwerbstätigen SPD-Mitglieder Arbeiter, nur rund ein Fünftel Angestellte oder Beamte, etwa ein Zehntel war freiberuflich oder selbständig tätig. Neun von zehn Mitgliedern hatten keine weiterführende Schul- oder Berufsausbildung, hatten also mit der Volksschule abgeschlossen, um daran eine Lehre anzuschließen. Der nichtkatholische, protestantische oder kirchlich nicht gebundene Bevölkerungsanteil überwog unter den Mitgliedern eindeutig. Eine wesentliche Änderung dieser Situation war zunächst und trotz der Umschichtungen, die sich in der Gesellschaft abzeichneten, anscheinend nicht zu erwarten, denn selbst bis 1962 lag der Anteil der Arbeiter unter den neuen Mitgliedern bei etwa 55 Prozent, er sank auch in den dann folgenden vier Jahren um nur 3 oder 4 Prozentpunkte.[298]

Vor allem mangelte es der SPD an jüngeren Mitgliedern, das Schlagwort von der „Vergreisung" machte wie schon in der Weimarer Republik die Runde auf den Parteitagen und durch die Vorstände. Als auf dem Dortmunder Parteitag 1952 der Parteivorstand über die berufs- und altersmäßige Zusammensetzung der Mitgliedschaft in einem Teilgebiet der Organisation berichtete, was aber „eine mutmaßliche Durchschnittswertung für das ganze Bundesgebiet erlaubt", muß die Delegierten der Schrecken gepackt haben: Nur 3 Prozent der Mitglieder waren 25 Jahre oder jünger, nur 10 Prozent im Alter zwischen 26 und 35 Jahren, nur ein knappes Drittel der Mitglieder war unter 45 Jahre alt. Egon Franke, der Berichterstatter des Vorstandes, beklagte vor allem die „Überalterung des Funktionärskörpers"; es sei nötig, sich „mit allen Mitteln" daranzumachen, Nachwuchskräfte mit verantwortlichen Aufgaben zu betrauen.[299] Selbst Hinweise, daß eine Verjüngung schon stattfinde, 22 Prozent der Delegierten des Hamburger Parteitages 1950 seien jünger als 40 Jahre alt gewesen,[300] klangen mehr wie das kräftige Pfeifen im dunklen Wald. Recht hilflos stand man vor der zunehmenden Überalterung der Partei, führte immer wieder die „skeptische Generation" als Erklärungsversuch an, die „verständliche Scheu vor Organisationen, ja die Feindlichkeit der Jugendlichen gegen Organisationen".[301] Auch hier schien im Verlauf der fünfziger Jahre keine Änderung in Sicht, selbst unter den Neuaufnahmen war nur etwa die Hälfte 40 Jahre oder jünger.[302]

Das Rückgrat des Parteilebens bildeten die Funktionäre. An der Basis der Organisation waren dies die Vorstandsmitglieder in den Ortsvereinen und die Hauskassierer. Sie waren der Partei treu ergeben, zuverlässig, kamen ihrer Pflicht nach, wie es die jeweilige Funktion vorschrieb. Offensichtlich mangelte es an politischem Schwung, an sozialer Phantasie, an Freude an der Politik. Die Ortsvereine waren übersichtlich und ressortmäßig organisiert. Neben dem geschäftsführenden Vorstand, nämlich dem Vorsitzenden und seinem Stellvertreter, dem Kassierer und der Schriftführerin (eben fast immer eine Frau), traten die Obleute für Bildungsarbeit, Werbung, Frauen und für Jungsozialisten. Sie wickelten die Parteiroutine ab, geschäftsmäßig, wenig anziehend für jüngere Menschen. So waren auch die Vorstände hoffnungslos überaltert, nur 25 Prozent ihrer Mitglieder waren jünger als 40 Jahre. Der Anteil der Arbeiter an den Vorstandsmitgliedern dürfte bei etwa der Hälfte gelegen haben. Der Anteil der Angestellten betrug etwa ein Viertel und lag damit höher als in der Mitgliedschaft, ein Sozialprofil, das sich später viel markanter ausgeprägt hat und bereits für die fünfziger Jahre auf die Tatsache hinweist, daß die SPD (wie andere Parteien auch) zunehmend zu einer Partei des öffentlichen Dienstes wurde.[303] Bezeichnenderweise waren unter den Vorstandsmitgliedern nur 10 Prozent Frauen – auch hier zeigte sich die SPD als Traditionskompanie.

Über die Sozialstruktur der Hauskassierer wissen wir nichts. Nachdem Zahlabende, die in der Weimarer Republik wöchentlich stattgefunden hatten und die vielerorts nach 1945 wiedereingerichtet worden waren, auf denen die Mitglieder ihre Beiträge entrichteten und beim Bier diskutierten, seit Anfang der fünfziger Jahre nicht mehr abgehalten wurden, waren die Hauskassierer oder – wie sie auch genannt wurden – die Unterkassierer an ihre Stelle getreten. Sie trieben jedoch nicht nur die Mitgliedsbeiträge ein, meist am Sonntagvormittag, sondern ihnen kam die Aufgabe zu, die lebendige Verbindung zwischen Parteiorganisation und den Mitgliedern herzustellen. Sie waren die – im Jargon der Sozialwissenschaften gesprochen – eigentlichen Kommunikatoren, die der Partei ihren Zusammenhalt gaben. Denn nicht jeder besuchte die Mitgliederversammlung, den Frauen- oder den Bildungsabend, aber mit „seinem" Hauskassierer sprach man über Gott und die Welt, kommentierte gelegentlich gemeinsam die Diskussionsrunde, die Werner Höfer sonntags um 12 Uhr zum Frühschoppen versammelt hatte und die über das Fernsehen lief – oder man kritisierte die Politik der eigenen Partei in der Kommune, im Land oder im Bund. Auch über die Situation im Betrieb, im Büro oder in der Behörde, in der das Mitglied arbeitete, wurde geredet. Die Hauskassierer brachten die Klagen und Beschwerden „ihrer" Mitglieder in die Funktionärsversammlungen ein, sie waren gleichsam die Fühler, die die lokale Partei in die Nachbarschaften und in die Betriebe, in die Gesellschaft allgemein ausgestreckt hatte. Sie gaben der Partei ihr „Wir-Gefühl". Kernstück der alten Struktur der Sozialdemokratie, wie sie sich in den fünfziger Jahren rekonstruiert hatte, war der soziale Typ des aus der Arbeiterschaft hervorgewachsenen Funktionärs. Diese Position in der SPD einzunehmen war auch eine Lebensform, man lebte in der Partei, hatte dort seine Freunde. Der typische Funktionär war in der Regel ein handwerklich oder industriell geprägter Facharbeiter, oder er kam aus den unteren und mittleren Angestelltenschichten.[304]

Aus dem gleichen Holz waren in den fünfziger Jahren die besoldeten Parteisekretäre geschnitzt. Nur waren sie über nebenberufliche Funktionärsarbeit in die hauptamtliche Tätigkeit hineingewachsen, sie waren insofern im Verständnis der eigenen Genossen sozial aufgestiegen, vom Facharbeiter zum Angestellten. Dies waren Persönlichkeiten, die nicht nur organisatorisch erfahren und begabt waren, sondern die auch bereit waren, Tag und Nacht, werktags und sonntags, für die Partei zu schuften, Einladungen herauszuschicken, Referenten zu besorgen, Versammlungen zu leiten, selbst Referate zu halten, Plakate zu kleben, Wahlkämpfe vorzubereiten, den Jusos zu helfen, die Vorstandsmitglieder der Ortsvereine politisch zu beraten. Betrachtet man die Vielfalt ihrer Aufgaben, die zeitliche Belastung und die geringen Aufstiegsmöglichkeiten (ein Unterbezirkssekretär konnte bestenfalls einmal zum Bezirkssekretär aufsteigen), dann wurden die Sekretäre vergleichsweise schlecht bezahlt. Daher lag es schon aus finanziellen Gründen nahe, daß sie aktiv in die parlamentarische Arbeit eintraten. Aber besonders wegen ihrer politischen Kenntnisse, organisatorischen Fähigkeiten und ihres taktischen Geschicks wurden sie von den jeweiligen Parteigremien für den Stadtrat oder Kreistag, den Landtag und sogar den Bundestag als Kandidaten aufgestellt und dann auch gewählt. So kumulierten – demokratisch legitimiert – die besoldeten Parteisekretäre nicht nur Macht in ihrer Person, sondern die Parteibüros entwickelten sich zu den politischen Nervenzentren der Kommunen und Regionen.[305]

Die Bundestagsfraktionen der SPD in den fünfziger Jahren entsprachen in einigen wesentlichen Merkmalen dem Sozialprofil der „Traditionskompanie", das wir auf den letzten Seiten herausgearbeitet haben. Doch gab es auch einige typische Abweichungen, die in Richtung volksparteiliche Öffnung wiesen. Eine detaillierte empirische Untersuchung liegt für die 1953 gewählte Fraktion vor.[306] Danach war im Vergleich zu anderen Fraktionen der Anteil der Abgeordneten, die keiner Kirche angehörten, hoch, er lag bei einem Drittel – hier wirkte die antiklerikal-freidenkerische Tradition der sozialdemokratischen Solidargemeinschaft nach, obwohl doch auch 32 Prozent der Abgeordneten sich als Protestanten bekannten. Die Mehrzahl der Parlamentarier hatte lediglich die Volksschule besucht, ein Drittel aber immerhin das Abitur abgelegt – ein deutlich höherer Anteil als unter Mitgliedern und Funktionären. 44 Prozent der SPD-Abgeordneten hatten einen Handwerker- oder Arbeiterberuf erlernt, waren dann aber früh aus ihrem Beruf ausgeschieden und hatten sich hauptamtlich der Gewerkschafts- und Parteiarbeit zugewandt. Von den wenigen Parlamentariern, die zum Zeitpunkt ihrer Wahl noch einen Arbeiter- oder Handwerkerberuf unselbständig ausübten, waren fast alle hauptamtliche Betriebsratsmitglieder in größeren Industrieunternehmen. Ganz ähnlich war die Karriere derjenigen verlaufen, die einen kaufmännischen Beruf erlernt hatten (17,3 Prozent der Fraktion), auch sie waren sehr bald Partei- oder Gewerkschaftsangestellte, Journalisten oder Sekretäre von der SPD nahestehenden Organisationen geworden. Unter den zehn Lehrern befanden sich neun Grundschullehrer, nur ein Oberschullehrer. Von den 162 SPD-Mitgliedern des Bundestages gehörten 123 (75,9 Prozent) schon vor 1933 einer politischen Partei, davon 119 einer Arbeiterpartei an. 34 Abgeordnete waren der SPD erst nach 1945 beigetreten. Beinahe die Hälfte der Fraktionsangehörigen war im Nationalsozialismus verfolgt worden, hatte unter KZ-Haft, Gefängnis- und Zuchthausstrafen, unter Polizeiaufsicht oder Emigration gelitten. Ein erheblicher Teil der Fraktionsmitglieder war neben der Parlamenttätigkeit auch ehrenamtlich in der Partei, als Orts- und Kreisvorsitzende, als Mitglieder von Kreis-, Unterbezirks- und Bezirksvorständen tätig, was natürlich auch der politischen Absicherung des Mandats diente. 36 Abgeordnete (22,2 Prozent) waren zu irgendeinem Zeitpunkt ihrer beruflichen Karriere Angestellte der Partei gewesen, zum Zeitpunkt der Wahl waren 25 von ihnen besoldete Parteisekretäre.

Insgesamt tritt uns also ein sozial erstaunlich geschlossenes Bild der Parteielite gegenüber, auch wenn in der SPD-Bundestagsfraktion der Anteil der Abgeordneten mit weiterführender Schulausbildung vergleichsweise hoch lag und der Typus des – in den Organisationen der Arbeiterbewegung – sozial Aufgestiegenen auffällt.

Auch die soziale Zusammensetzung des Parteivorstandes bestätigt den Eindruck, den wir für die Bundestagsfraktion 1953 gewonnen haben. Gefragt war und gewählt wurde der „Parteisoldat", derjenige also, der innerhalb der Sozialdemokratie seinen Weg gegangen war. Doch gab es auffällige Ausnahmen, die den Reformwillen und die Reformfähigkeit der SPD signalisierten, sich sozial und politisch zu öffnen. Da war 1952 nicht nur Herbert Wehner, ehemaliger Anarchist, dann Kommunist, in den Vorstand gewählt worden, sondern zwei Jahre später erhielt er die höchste Stimmenzahl unter den unbesoldeten Beisitzern. 1954 wurden dann Waldemar von Knoeringen, Intellektueller, Schöngeist und späterer „Kulturpapst" der Partei, und Heinrich Albertz, von Hause aus calvinistischer Pfarrer, in den Vorstand gewählt. Während Fritz Erler und Willy Brandt 1954 wegen ihres Drängens auf Parteireform und Konzipierung einer flexiblen und positiven Wehrpolitik noch spektakulär durchgefallen waren, wurden sie 1956 – gemeinsam mit Adolf Arndt – gerade als Reformer gewählt.[307]

Eines der markantesten Beispiele dafür, wie sehr in den fünfziger Jahren die SPD an einigen Orten ihren Traditionen und auch noch ihrem sozialmoralischen Stammilieu verbunden war, ist Bremen. Die dortige Parteigliederung kann als typische Arbeiterpartei angesehen werden, die aber nicht nur durch überkommene Solidarität, sondern aufgrund ihrer Mehrheitsposition in der Bürgerschaft und ihres Einflusses in den Behörden auch durch den Kitt der Patronage zusammengehalten wurde. Der überwiegende Teil der Spitzenfunktionäre und der sozialdemokratischen Abgeordneten in der Bürgerschaft, dem Landesparlament, hatte die Volksschule besucht, dann anschließend entweder eine Lehre zum Facharbeiter absolviert oder war kaufmännischer Angestellter geworden. Auch hier war eine Karriere typisch, die über die Partei- und Gewerkschaftssekretariate in die Politik oder auch in den öffentlichen Dienst führte. Im eigentlichen Machtzentrum saß der Fraktionsvorsitzende Richard Boljahn, in Personalunion Vorstandsvorsitzender der gemeinnützigen Wohnungsbaugesellschaft „Gewoba", der nicht nur Zugriff auf Posten, sondern auch auf Wohnungen hatte. Während er durch diese Konstellation führende Parteifunktionäre von sich abhängig machen konnte, ein frühes Beispiel für das, was in den siebziger Jahren dann „Verfilzung" genannt wurde, sorgte der integre Bürgermeister Wilhelm Kaisen für das positive Ansehen der Partei nach außen. Die meisten Neueintritte in die SPD kamen in den fünfziger Jahren über die SPD-Betriebsgruppen, sie rekrutierten sich in der Regel aus der Industriearbeiterschaft. In ihrem äußeren Erscheinungsbild, in ihren Symbolen, Ritualen und Festen gerierte sich die Bremer SPD ganz als Arbeiterpartei, der Weimarer Solidargemeinschaft verhaftet. Die rote Fahne, Sturmbanner der Partei, wurde hochgehalten, bei Festveranstaltungen entsprechend plaziert. Die Anrede „Genosse" und die Schlußfloskel von Einladungsschreiben „Mit sozialistischen

Grüßen" waren ebenso sakrosankt wie die rote Nelke am 1. Mai. Man wehrte sich gegen Reformer, die wie Carlo Schmid, Willy Brandt oder Fritz Erler diesen „Ballast" aus dem 19. Jahrhundert über Bord werfen wollten. Ein zivil-religiöser Kalender mit seinen Gedenkfeiern und Festen leitete die Bremer sozialdemokratische Aktivitas durch das Jahr: Am 4. Februar gedachte man der Niederschlagung der Bremer Räterepublik 1919 durch die Reichswehr, es folgten die Karl-Marx-Gedächtnisfeier, der 1. Mai, die Jugendweihe und die Sonnenwendfeier. Die Arbeitersänger, die proletarischen Spielmannszüge und die Sprechchöre gaben den feierlichen Rahmen für die Festansprachen. ›Brüder, zur Sonne zur Freiheit‹ wurde nicht nur zum Abschluß der Feiern, sondern auch am Ende der Parteiversammlungen gesungen.[308] Es war, als wäre die Zeit stehengeblieben.

Auch in Berlin klang die Weimarer Tradition nach, war die SPD keineswegs zum Träger der Modernisierung geworden, sie hatte sich aber doch für eine Entwicklung geöffnet, die zur Volkspartei führte. Dies war nicht ohne innerparteiliche Konflikte abgelaufen. Zwischen den Traditionalisten um den Parteivorsitzenden und Heroen des Widerstandskampfes 1946 gegen die Kommunisten, Franz Neumann, und den Reformern um Willy Brandt, der Erfahrungen aus dem skandinavischen Exil auf die deutsche Partei übertragen wollte, waren regelrechte Schlachten ausgetragen worden, deren Nebenschauplätze bis in die einzelnen Ortsvereine hineinreichten. Als Brandt Anfang 1958, inzwischen bereits Regierender Bürgermeister, über seinen innerparteilichen Opponenten gesiegt hatte und im Verlauf des Jahres durch Auslandsreisen international bekannt wurde und nach der von Chruschtschow Ende des Jahres mit einem Ultimatum vom Zaun gebrochene Krise die Berliner SPD zu einem großen Wahlsieg führte, wurde Berlin zum Hoffnungsträger für eine erneuerte, moderne, bei den Wählern erfolgreiche SPD. Der Wahlsieg in der geteilten Stadt hatte nämlich zweierlei demonstriert: Die SPD konnte siegen, wenn ihre Politik durch eine populäre Persönlichkeit verkörpert wurde, und die Wähler schenkten ihr auch in einer nationalen Krisensituation (anders als nach dem 17. Juni 1953 und nach dem Ungarn-Aufstand 1956) Vertrauen.[309] Auch die soziale Zusammensetzung der Mitglieder und Funktionäre der Berliner Partei hatte sich – unbemerkt von der Öffentlichkeit – so verändert, daß jetzt die neuen Mittelschichten, nicht mehr die Arbeiter dominierten. Dies sprang gerade beim Vergleich mit anderen Landesverbänden ins Auge. So war in Berlin 1955 der Anteil der Arbeiter an den Mitgliedern auf 26,4 Prozent gesunken, während er im Westlichen Westfalen 51,6 Prozent, im Saarland gar 53,2 Prozent, in Baden-Württemberg 40 Prozent und selbst in Südbayern 38,4 Prozent betrug. Hingegen war der Anteil der Angestellten und Beamten unter den Mitgliedern in Berlin auf 37 Prozent gestiegen. Unter den Funktionären war die Tendenz noch deutlicher, schlug die Tatsache durch, daß die Berliner SPD immer weiter zur Partei des öffentlichen Dienstes geworden war. Von den Funktionären waren 24,7 Prozent Arbeiter, 45 Prozent aber Angestellte und Beamte.[310]

Auch andere Signale bedeuteten Ende der fünfziger Jahre, daß die SPD sich aus dem Bann der Traditionskompanie zu lösen vermochte. Da hatte im Mai 1957 der Bundesparteitag der Gesamtdeutschen Volkspartei (GVP) beschlossen, die Partei aufzulösen und – aus Gründen der Deutschlandpolitik – den Übertritt in die SPD empfohlen. So stieß eine größere Gruppe gesinnungsethischer Protestanten zur SPD, darunter später so prominente Politiker wie Gustav Heinemann, Diether Posser, Johannes Rau und Erhard Eppler, aber auch eine so bekannte Katholikin wie die ehemalige Zentrums-Abgeordnete Helene Wessel.[311] Im folgenden Jahr hatten Sozialdemokraten positive Erfahrungen in der Kampagne „Kampf dem Atomtod" in der Zusammenarbeit mit christlichen Gruppen beider Konfessionen und mit Intellektuellen gemacht. Beide Ereignisse trugen dazu bei, den rigiden Antiklerikalismus und weltanschauliches Freidenkertum, Charakteristika der Weimarer Sozialdemokratie, in Frage zu stellen. Auch die Mitgliederzahlen begannen, nachdem sie sich Mitte der fünfziger Jahre stabilisiert hatten, allmählich und immer noch im Auf und Ab zu steigen. Anders formuliert, auch in der Mitgliederentwicklung und allmählichen sozialen und politischen Öffnung der Traditionskompanie schien ›Godesberg‹ sich am Horizont abzuzeichnen. Nachdrücklich wies Herbert Wehner in mehreren Reden und Vorträgen 1957 darauf hin, die SPD müsse sich im Einklang mit der gesellschaftspolitischen Entwicklung bringen, sich um die Vorgänge in der Bevölkerung kümmern und eine in den breiten schaffenden Schichten des Volkes wurzelnde Partei schaffen.[312]

Auszug aus dem Ghetto

Tatsächlich arbeitete die SPD sich jetzt allmählich aus dem Ghetto „Traditionskompanie" heraus, in dem sie, was die Ergebnisse bei Bundestagswahlen und auch die soziale Komposition der Mitglieder und Funktionäre anging, in den 1950er Jahren gefangen gesessen hatte. Dies war ein mühseliger Weg, voller Rückschläge und Enttäuschungen. Was schließlich Mitte der sechziger Jahre endgültig zum Durchbruch und Erfolg führte, war einem ganzen Bündel von wirtschaftlichen, sozialen und politischen Ursachen zu verdanken.

Da ist zunächst die Tatsache zu nennen, daß allgemeine ökonomische und soziale Entwicklungen in der deutschen Bevölkerung sich auch in der Parteimitgliedschaft und im Funktionärskörper spiegelten. Im Zusammenhang mit industriellen und technischen Wandlungsprozessen, mit Umschichtungen zwischen dem primären, sekundären und tertiären Sektor der Ökonomie und mit Veränderungen in einzelnen Wirtschaftszweigen sank der Arbeiteranteil zugunsten des Angestelltenanteils an der Zahl der Berufstätigen. Ebenso verringerte sich der Anteil der in der Landwirtschaft Beschäftigten sowie der Selbständigen. Teils als Ursache dieser sozialökonomischen Prozesse, teils als deren Folge erhöhte sich das allgemeine Bildungsniveau, gipfelte schließlich seit Mitte der sechziger Jahre in einer regelrechten „Bildungsrevolution". Quantitativ vergrößerten sich die neuen Mittelschichten, Arbeitnehmergruppen mit höherem Bildungsgrad und größerem Einkommen.[313] Parallel dazu lief eine Art Säkularisierungsprozeß ab, der die Bedeutung der Konfession für das Wahlverhalten und allgemein für politische Einstellungen minderte. Insgesamt wurden dadurch die Wände, die in der Weimarer Republik und auch noch am Anfang der Bonner Republik die politischen Teilkulturen voneinander getrennt hatten, immer poröser. Ohne gesellschaftlich geächtet zu werden, konnte sich jetzt ein Katholik, aber auch ein Protestant zur Sozialdemokratie bekennen.

Zur Enttäuschung führender sozialdemokratischer Politiker zeigten die große Organisationsreform, wie sie der Stuttgarter Parteitag 1958 beschlossen hatte, und die Verabschiedung des Godesberger Programms zunächst fast keine Wirkung, was die soziale Öffnung der Partei und die Gewinnung neuer Mitglieder anging. Beide haben nur indirekt Folgen gehabt, indem sie nämlich die Voraussetzungen und den Rahmen dafür schufen, daß die SPD sich Anfang der sechziger Jahre in der Auseinandersetzung mit der unter Adenauer immer mehr politisch erstarrenden, ja verkalkenden CDU als Partei der Modernisierung zu profilieren vermochte. Dies geschah in einer ganzen Serie von Konferenzen, Tagungen und anderen werbewirksamen Veranstaltungen, auf denen die SPD ihre Kompetenz in vielen Politikbereichen demonstrierte und durch die ihr von den Wählern, wie Umfragen zeigten, die „issue-Kompetenz" zugesprochen wurde. Gegenüber der ausgelaugten CDU gewann die SPD insbesondere in der Innen- und Gesellschaftspolitik, in der Bildungs-, Gesundheits-, Sozial- und Raumordnungspolitik die geistige und politische Hegemonie. Personell bot die Partei in ihrem Vorstand, vor allem aber in ihrer vom Kanzlerkandidaten Willy Brandt geführten Regierungsmannschaft eine Alternative zur CDU, die Modernisierung, Dynamik und Zukunftsoffenheit verhieß. Persönlichkeiten wie Carlo Schmid, Fritz Erler, Alex Möller, Karl Schiller, Gustav Heinemann oder Helmut Schmidt sprachen nicht nur neue Wählerschichten an, sie zogen auch neue Mitglieder in die Partei. Ganz entscheidend für den Erfolg war dann aber auch, daß die SPD von jenen politischen Konfliktthemen wie Westintegration, deutsche Wiedervereinigung und Planwirtschaft gelassen hatte, bei denen sie aus der Perspektive der Wähler falschgelegen hatte. Seit Anfang der sechziger Jahre wurde, wie innerparteiliche Kritiker monierten,

gegenüber den Regierungsparteien eine „Politik der Umarmung" betrieben
– man wollte es nicht anders, sondern nur besser machen als CDU, CSU und
FDP. Die Große Koalition, wie sie dann 1966 geschlossen wurde, war schon
Jahre vorher absehbar gewesen. Sie demonstrierte nicht nur die Regierungsfähigkeit der SPD, sondern öffnete die Tore der Partei auch für diejenigen,
die als politische „Konjunkturritter" nur auf solche Parteien setzen (und
gegebenenfalls ihr Mitglied werden), die auch Erfolg haben.

Mitgliederwerbeaktionen wurden jetzt veranstaltet, und sie hatten Erfolg. Nicht zufällig lautete das Motto der ersten, im Herbst 1959 durchgeführten Kampagne „Geh mit der Zeit, geh mit der SPD".[314] Modernität
sollte signalisiert werden. Willy Brandt, Nachfolger für den Ende 1963 ver-
storbenen Parteivorsitzenden Erich Ollenhauer, kündigte das „Große Gespräch unter Wissenschaftlern, Fachleuten und Angehörigen bestimmter
Zielgruppen" an. Bis Ende 1964 sollten 50000 neue Mitglieder gewonnen
werden.[315]

Schon vor der Verabschiedung des Godesberger Programms hatte die
SPD zu wachsen begonnen. Von Anfang 1957 bis Ende 1968 erhöhte die
Partei ihren Mitgliederstand um durchschnittlich 1,5 Prozent jährlich. Außergewöhnlich war der Zuwachs mit über 4 Prozent 1964/65, mehr als 70000 Personen traten ein und die Gesamtmitgliederzahl stieg um über 50000 an,
mehr als Brandt zum Ziel gesetzt hatte.[316] Hinter diesen nüchternen Zahlen
verbarg sich aber noch mehr, die Altersstruktur der Neumitglieder verjüngte
sich nämlich zunehmend. Während schon für 1958/59 positiv vermerkt
worden war, daß 55,7 Prozent der Neuaufgenommenen unter 40 Jahre alt
waren, stieg dieser Anteil für 1962, 1963 und 1964 auf 60, 1965 sogar auf 64
Prozent.[317] Zudem gewann die SPD Mitglieder aus Schichten, die für sie bis
dahin sehr schwer erreichbar waren, nämlich – ganz deutlich wiederum seit
Mitte der sechziger Jahre – Angestellte und Beamte. Bis 1965 war noch über
die Hälfte der neueintretenden Mitglieder Arbeiter gewesen, der Anteil der
Angestellten verharrte bei 16, der der Beamten bei 10 Prozent. Erst ab 1967/
1968 verschoben sich diese Relationen dann deutlich zugunsten der Angehörigen der neuen Mittelschichten.[318] Die sozialstrukturellen Veränderungen,
die die SPD jetzt durchlief, zeigten sich bei den Funktionären und Mandatsträgern noch deutlicher. Der Anteil der Angestellten und besonders der Beamten stieg, der der gelernten und in der Bewegung sozial aufgestiegenen
Arbeiter begann zu sinken. In ihren mittleren und oberen Rängen, in den
Fraktionen der Landtage und des Bundestages gewannen die Angehörigen
des öffentlichen Dienstes immer mehr Gewicht und Einfluß. So stellten in
den sechziger Jahren Beamte und Angestellte in der sozialdemokratischen
Bürgerschaftsfraktion Bremens fast zwei Drittel ihrer Mitglieder, wobei angesichts der besonderen Verhältnisse in dieser Stadt die Angestellten fast
ausnahmslos aus dem öffentlichen Dienst kamen.[319]

Gleichzeitig mit den sozialstrukturellen Veränderungen bei Mitgliedern und Funktionären entwickelte sich ein neues Verständnis von der SPD als einer sozial und geistig offenen Mitgliederpartei. In bewußter Abkehr von der Enge und Abgeschlossenheit der Partei in den fünfziger Jahren sei die SPD heute, so Klaus Schütz auf dem Karlsruher Parteitag 1964, kein Staat im Staate, sondern sie gebe Hunderttausenden, die aus den verschiedensten Schichten kämen, eine geistige Heimat. „Die Partei ist also mit ihrer Schichtung ein getreues Abbild der beruflichen und soziologischen Schichtung dieses Volkes. Sie ist eine Volkspartei."[320] Genau dieser Sachverhalt, so die weitere Überlegung, die besonders von Bruno Friedrich, dem eigentlichen Organisationsexperten der Partei, immer wieder und in immer neuen Wendungen vorgetragen wurde, sei für die SPD zu nutzen, sie müsse *durch* ihre und *mit* ihren Mitgliedern gleichsam ins Volk. Gerade die Parteiangehörigen seien ein wichtiger Faktor der politischen Willensbildung des Volkes, wenn er auch von der Wahlsoziologie vernachlässigt worden sei. Nur durch persönliche Kontakte seien auf Dauer neue Wählerschichten für die SPD zu gewinnen. Teamarbeit sei daher auf allen Ebenen der Mitgliederorganisation, auch in Ortsverein und Unterbezirk, notwendig, wenn es um Öffentlichkeitsarbeit gehe. Und bei aller sozialen und weltanschaulichen Vielfalt sei der gemeinsame Nenner, der die Sozialdemokraten verbinde, mehr Demokratie und mehr Mut zum Fortschritt zu fordern.[321] Die Argumente von Schütz und Friedrich fanden weite Zustimmung, nur Ulrich Lohmar warnte, daß angesichts der Entwicklung der Massenkommunikationsmittel auf dem Weg persönlicher Kontakte und Versammlungen nur wenig zu erreichen sei.[322]

Die soziale und politische Öffnung der SPD vollzog sich nicht spontan-naturwüchsig, sondern sie war politisch gewollt und gesteuert, und sie wurde – wie die gerade referierte Debatte auf den Parteitagen zeigte – in der Partei reflektierend begleitet. Sosehr diese Entwicklung in der damaligen Zeit innerparteilich begrüßt worden ist und auch notwendig war, um im Bund überhaupt regierungsfähig zu werden, so war dafür doch ein Preis zu entrichten, wie Peter von Oertzen aus der Retrospektive treffend hervorgehoben hat. Geschlossenheit, Disziplin und organisatorische Schlagkraft wurden gelockkert. Die alte Parteisolidarität ging allmählich verloren, die „sozialistische Weltanschauung", die der eigenen politischen Alltagsarbeit häufig erst ihren Sinn gegeben hatte. Auch der facharbeiterliche Lebenszusammenhang, der in den Betrieben und Nachbarschaften praktiziert worden war, verschwand.[323] Doch lief der Prozeß langsam ab, in dem die Elemente der Solidargemeinschaft immer mehr in den Hintergrund gedrängt wurden. Reste von ihr blieben bis heute an einigen, wenn auch nur noch wenigen Orten erhalten. Einen regelrechten innerparteilichen Modernisierungsschub brachten die Jahre 1969 bis 1976, in denen die Mitgliedschaft und auch der Funktionärskörper sich von Grund auf erneuerten.

Durchbruch zur Volkspartei

Der eigentliche Durchbruch zur Volkspartei gelang der SPD 1969 und in den Jahren danach, als Tausende und Abertausende in die Partei strömten. Noch kurz vorher, nämlich nach Bildung der Großen Koalition 1966, war der seit Ende der fünfziger Jahre zu beobachtende Aufwärtstrend unterbrochen worden, die Mitgliederzahlen stagnierten, ja waren kurzfristig 1967 und 1968 sogar rückläufig. Die Partei fand sich in einem kritischen Stadium ihrer Koalitionspolitik, sie hatte nicht nur den Oppositionsbonus durch den Regierungseintritt verloren, sondern gemeinsam mit der CDU wurden auch innerparteilich höchst kontroverse Entscheidungen – wie die Notstandsgesetze oder die Einführung eines Rentnerbeitrages zur Krankenversicherung – durchgesetzt. Andere brennende politische Probleme, vor allem eine weitere Entwicklung der Ostpolitik, waren von der Großen Koalition ausgeklammert worden. Enttäuschte Minderheiten verließen daraufhin die Partei, neue Bevölkerungsschichten wurden noch nicht gewonnen.[324]

Dann aber, nach Bildung der sozialliberalen Koalition 1969, die weithin als Aufbruchssignal in eine von Reformen geprägte Zukunft verstanden wurde, strömten aus Schichten, die die SPD bis dahin nicht angesprochen hatte, neue Mitglieder in die Ortsvereine. Die Motive und Gründe derjenigen, die jetzt der SPD beitraten, waren vielfältig. Dies wird deutlich, wenn man sich vor Augen führt, um welche Personengruppen es sich handelte:

Da sind an erster Stelle die Anhänger der APO zu nennen, die ursprünglich aus den Hochschulen kamen, dort gegen die autoritären Strukturen der Ordinarienuniversität rebelliert hatten, dann aber ihr – von plebiszitären Elementen immer stärker durchmischtes – Demokratieverständnis an alle Bereiche von Politik und Gesellschaft angelegt hatten. Sie gehörten zu den schärfsten Gegnern der Großen Koalition, da nach ihrer Meinung die Kontrollfunktion, die eine starke Opposition auszuüben hatte, damit das parlamentarische Regierungssystem überhaupt funktioniere, nicht mehr gewährleistet war. Zudem glaubte man, die Sozialdemokratie habe ihre ursprünglichen, aber auch ihre reformistischen Ziele verraten, wie sie nach ›Godesberg‹ herausgestellt worden waren, als die Partei zum Träger der Modernisierungshoffnungen geworden war. Dieses Vergehens hatte die SPD sich schuldig gemacht, als sie mit der CDU eine Koalitionsregierung einging. Das Ende der Großen Koalition wirkte auf viele der politisch hochsensibilisierten Anhänger der außerparlamentarischen Opposition wie eine Befreiung. Denn gleichzeitig hatte man insgeheim oder auch offen seine Hoffnungen auf die SPD gesetzt, weil deren Funktionäre und Mitglieder gegen den Faschismus gekämpft hatten oder doch wenigstens gegen den Nationalsozialismus resistent geblieben waren – im Unterschied zu vielen Eltern der rebellierenden Studenten und Jugendlichen. Vor allem aber verkörperte die Partei die demokratischen und sozialistischen Traditionen der deutschen Arbeiterbewegung, zu ihrer Geschichte gehörten die Namen von Marx und Engels, Rosa Luxemburg und Karl Liebknecht, aber auch von anderen Theoretikern wie Eduard Bernstein, an deren Wiederentdeckung man sich damals erst machte. Für jenen Teil der außerparlamentarischen Opposition, der sich nicht nur radikaldemokratischen oder anarchoiden Träumen hingab, sondern ein Gefühl und Verständnis für die politische Realität erhalten hatte, war die SPD im Moment des sozialliberalen Bündnisses attraktiv geworden. Hier konnte der „Marsch durch die Institutionen" angetreten werden, um mittelfristig die bundesrepublikanische Gesellschaft zu reformieren. Jener berühmte Satz aus der ersten Regierungserklärung Brandts, daß man mehr Demokratie wagen müsse, war genau auf die Hoffnungen dieser Gruppe gemünzt.

Von anderer Art waren diejenigen, die von der SPD als Partei der Modernisierung, als Träger der inneren Reformen und einer neuen Ostpolitik angezogen wurden. Sie hatten sich durch den Kompetenzvorsprung überzeugen lassen, den die Sozialdemokratie vor den anderen Parteien, gerade auch vor der CDU, in vielen Politikbereichen gewonnen hatte. Sie dürften von Rationalität und Kalkül bestimmter Reformkonzepte, aber auch von den diese repräsentierenden Persönlichkeiten beeindruckt gewesen sein. Angehörige dieser Gruppe gehörten den neuen Mittelschichten an, sie kamen nicht zuletzt aus der technischen Intelligenz. Sie dürften es gewesen sein, die der Reformeuphorie in den Anfängen der sozialliberalen Koalition großen Auftrieb gegeben haben.

Eine dritte Richtung ist zu nennen, die zahlenmäßig relativ klein war, die aber innerparteilich wie nach außen große Wirkung hatte und die die Wahlforschung als „Schiller-Wähler" bezeichnet hat, die es aber natürlich auch unter den neugewonnenen Mitgliedern gab. Dabei handelt es sich um diejenigen, die man von ihrer Herkunft her in einer bürgerlich-konservativen Partei vermutet hätte, die aber von der politischen Erstarrung der CDU und von der wirtschaftspolitischen Unfähigkeit Erhards angesichts der – vergleichsweise harmlosen – Rezession Mitte der sechziger Jahre abgestoßen wurden. Nach ihren Vorstellungen hatte eine moderne keynesianische Wirtschaftspolitik in Abstimmung und mit Teilen der Unternehmer und mit den Gewerkschaften zu erfolgen. Diese Politik wurde von der SPD vertreten, von ihren Finanz- und Wirtschaftsministern, von Karl Schiller, Alex Möller und Helmut Schmidt.

In die SPD, die 1966 in die Bundesregierung eingetreten war und die sie seit 1969 erstmals in der Nachkriegsgeschichte auch führte, strömten vermehrt jetzt auch diejenigen, die mit Hilfe des richtigen Parteibuches ihre Karriere im öffentlichen Dienst befördern oder materielle Vorteile erlangen wollten. Auch wenn jener Bonner Ministerialbeamte, der seit Jahrzehnten der CDU angehörte und 1969 dann auch der SPD beitrat, ein kurioser Ausnahmefall blieb, so darf der Patronagegesichtspunkt nicht übersehen werden, wenn der Aufschwung der SPD nach 1969 und die fundamentalen sozialen Umstrukturierungen in ihrer Mitgliedschaft untersucht werden.

In die SPD traten aber natürlich nach wie vor diejenigen ein, die – traditions- und milieugeleitet und zudem angezogen von einer modernen Wirtschafts- und Sozialpolitik – zur Kernmitgliedschaft der Partei gehörten, nämlich Arbeiter. Insgesamt wurde die soziale Komposition der Mitglieder, aber auch der Funktionäre und Mandatsträger vielfältiger, bunter und heterogener. Viele, die jetzt in die Partei kamen, waren hochpolitisiert, andere an der Sache, an bestimmten Politikbereichen, interessiert und zudem kompetent. Wiederum andere waren motiviert, dazu beizutragen, Politik und Gesellschaft in kurzer Zeit von Grund auf zu reformieren. Damit stieg aber das innerparteiliche Konfliktpotential rapide an. Integration der verschiedenen sozialen Gruppen und der weit auseinandergehenden programmatischen Vorstellungen, Konzepte, Erwartungen und Hoffnungen war jetzt gefragt. Die Sozialdemokratie stand vor einer Aufgabe wie nie zuvor in ihrer Geschichte und wie sie von keiner anderen Partei bislang zu bewältigen war. Insgesamt ist zunächst eine große Integrationsleistung vollbracht worden, vom Ortsverein bis zum Parteivorstand reagierte die Partei elastisch und flexibel, auch wenn die SPD an einigen Stellen auszufransen drohte, als etwa Abgeordnete die Bundestagsfraktion wegen der Ostpolitik verließen oder auf der Linken versucht wurde, neue Parteien zu gründen.[325]

Wie sahen nun konkret die Veränderungen unter Mitgliedern und Funktionären nach 1969 aus? Im Wahljahr 1969 gewann die SPD 100000 neue Mitglieder, im Wahljahr 1972 sogar 150000. Die Gesamtmitgliederzahl überschritt – Höhepunkt der Entwicklung – 1976 die Millionengrenze. Auf dem Hannoverschen Parteitag 1973 wies Willy Brandt stolz darauf hin, daß 300000 Mitglieder schon vor zehn Jahren der Partei angehörten, als er zum Vorsitzenden gewählt worden sei, „rund 670000 der heutigen Mitglieder sind seit damals beigetreten". Wie grundlegend die SPD ihr Gesicht und ihren Körper verändert hatte, zeigt auch die Tatsache, daß – als sie 1976 die Millionengrenze überschritt – über die Hälfte aller Mitglieder erst seit 1969 beigetreten war. Noch dramatischer war die Entwicklung in der Münchner SPD verlaufen, in der schon 1974 mehr als die Hälfte der Mitglieder nach 1969 beigetreten waren.[326] In diesen Jahren vollzog sich, was man überspitzt in drei Begriffen zusammenfassen kann:

1. „Verbürgerlichung" in dem Sinn, daß die SPD sich zu einer Partei der neuen Mittelschichten, der Angestellten, Lehrer, Sozialarbeiter und Techniker und damit auch zu einer Partei des öffentlichen Dienstes wandelte. Die Zahl der Arbeiter, die in die SPD neu eintrat, nahm bis 1974/75 prozentual ab, die Zahl der Angestellten und Beamten stieg hingegen relativ bis

1972. Der Anteil der Arbeiter sank unter den Neueintritten auf 28 Prozent (1977; 1952 nach der offiziellen Parteistatistik noch 45 Prozent), der der Angestellten und Beamten stieg von 22 (1952) auf 34 Prozent (1977). Angestellte und Beamte waren im Vergleich zu ihrem Anteil an der Bevölkerung (1977: 23 Prozent) deutlich überrepräsentiert, der Arbeiteranteil an den SPD-Mitgliedern entsprach dem in der Bevölkerung.[327] Selbst in dem von Industrie geprägten Nordrhein-Westfalen gerieten die Arbeiter unter den erwerbstätigen SPD-Mitgliedern mit 44 Prozent in eine Minderheit, Angestellte und Beamte stellten mit 50 Prozent eine Mehrheit.[328] Eine Diskrepanz zeichnete sich jedoch zwischen Wähler- und Parteibasis ab, die politisch und bei Wahlen bald relevant werden sollte: Gemessen an der Zusammensetzung sozialdemokratischer Wähler war nämlich der Anteil der Arbeiter an der Mitgliedschaft stark unterrepräsentiert, der der Beamten und Angestellte hingegen stark überrepräsentiert.[329] Gleiches trifft auf den Bildungsgrad sozialdemokratischer Wähler und Mitglieder (erst recht der Funktionäre) zu, auch hier öffnete sich eine tiefe Kluft. Oder allgemein formuliert: Das klassische historische Subjekt, das nach der ursprünglichen theoretischen Konzeption als Träger der Revolution und der künftigen sozialistischen Gesellschaft ausgemacht war, nämlich die Industriearbeiterschaft, war innerhalb der SPD-Mitglieder und -Funktionäre zu einem sekundären Faktor geworden.[330]

2. „Akademisierung" dadurch, daß parallel zur Bildungsexplosion seit Mitte der sechziger Jahre, dann aber vor allem motiviert durch die außerparlamentarische Opposition politisierte Schüler und Studenten (nicht nur der Sozial- und Geisteswissenschaften, sondern auch der Natur- und Technikwissenschaften) in die SPD eintraten. An ihren politischen Einstellungen und Verhaltensweisen hat sich auch nach ihrem Eintritt in das Berufsleben grundlegend nichts verändert. Die Anzahl der Mitglieder mit Abitur und Hochschulstudium hatte 1968 bis 1972 rapide zugenommen, sie waren im Vergleich zum Bevölkerungsdurchschnitt in der Gesamtmitgliedschaft bald deutlich überrepräsentiert (15 Prozent im Vergleich zu 8 Prozent). Gleichzeitig ging der Anteil derjenigen unter den Mitgliedern, die über einen Volksschulabschluß (ohne Lehre) verfügten, deutlich zurück.[331]

3. „Verjüngung" deswegen, weil Schüler, Studenten, auch Lehrlinge und junge Berufstätige der SPD beitraten. Auf dem Höhepunkt dieser Entwicklung, im politisch mobilisierenden Wahljahr 1972, waren fast zwei Drittel der in die SPD Eintretenden noch nicht 35 Jahre alt, ein Drittel sogar unter 25 Jahren. 1977 waren über 28 Prozent aller Mitglieder jünger als 34, über 51 Prozent jünger als 44 Jahre. Das mittlere Alter aller Mitglieder lag 1977 bei 45, das der neu eintretenden Mitglieder bei knapp 32 Jahren; es hatte 1971 und 1972 sogar unter 30 Jahren gelegen.[332] Politisch gesprochen drückten diese Daten die – bald Wirklichkeit werdende – Möglichkeit eines

Funktionäre der SPD unterschieden nach Beschäftigungsverhältnissen

	Mitglieder insgesamt in v. H. (1)	Funktionäre* in: Ortsvereinen in v. H. (2)	Unterbezirken in v. H. (3)	Bezirken in v. H. (4)
Angestellte	25,0	32,6	47,1	40,6
(Fach-)Arbeiter	29,0	27,4	7,5	6,8
Beamte	10,0	18,9	34,8	34,6
Landwirte	0,2	0,5	0,3	0,0
Selbständige	4,7	4,8	5,6	1,5
Berufssoldaten	0,6	0,5	0,4	0,0
Hausfrauen	10,9	5,2	5,4	4,5
Rentner, Pensionäre	10,5	5,5	2,4	6,8
Schüler, Studenten	7,4	4,1	6,2	5,3
Lehrlinge	1,6	0,4	0,3	0,0
	100 = 981,3 Tsd.	100 = 47,5 Tsd.	100 = 1531	100 = 133

* Vorsitzende, Stellvertreter, Kassierer, Beisitzer
Aus: Holger Thielemann, Neuere Daten zur Sozialstruktur von CDU und SPD.
In: Gegenwartskunde 28 (1979), Sonderheft 1, S. 83.

innerparteilichen Generationskonfliktes aus. Dies waren Jahre, in denen die Jungsozialisten zur innerparteilichen Opposition heranwuchsen und – gemeinsam mit Koalitionspartnern in der Partei wie der Arbeitsgemeinschaft der Frauen und der der Kommunalpolitiker sowie mit informellen linken Gruppierungen – den politischen Kurs der SPD nach links verschoben.

Die gerade herausgearbeiteten Entwicklungsrichtungen in der SPD-Mitgliedschaft (Verbürgerlichung, Akademisierung und Verjüngung) schlugen bei den Funktionären noch markanter durch. In der Partei hatte man lange genug auf junge Leute gewartet und wählte sie daher wohlwollend in Funktionen. Gleiches galt für die Akademiker, Angehörige der technischen Intelligenz und allgemein der neuen Mittelschichten, die zudem noch qualifiziert für bestimmte Aufgaben waren oder doch als kompetent galten, Tätigkeiten in der Partei zu übernehmen. Sie wurden als Experten in die Vorstände gewählt oder in die Fachausschüsse berufen. Und je höher man in der innerparteilichen Hierarchie kam, um so stärker machten sich Verbürgerlichung und Akademisierung bemerkbar. Nach einer bundesweiten Studie des Deutschen Instituts für Urbanistik überschritt 1977 von Stufe zu Stufe, von Ortsverein zu Unterbezirk und Bezirk der Anteil an Angestellten und Beamten unter den Funktionären immer deutlicher ihren Anteil unter den Mitgliedern.

Struktur der Mitglieder und Funktionäre der SPD in Nordrhein-Westfalen*

	Mitglieder insgesamt %	Ortsvereinsvorsitzende %	Beisitzer in Ortsvereinsvorständen %	Ortsvereinskassierer %	Unterbezirksvorsitzende %	Beisitzer in Unterbezirksvorständen %
Arbeiter	43,6	22,9	30,2	44,0	10,8	7,7
Angestellte	35,1 ⎱ 48,6	43,9 ⎱ 69,4	40,0 ⎱ 62,3	38,1 ⎱ 52,7	56,9 ⎱ 83,1	50,3 ⎱ 86,3
Beamte	13,5 ⎰	25,5 ⎰	22,3 ⎰	14,6 ⎰	26,2 ⎰	36,0 ⎰
Selbständige	7,8	7,7	7,5	3,3	6,1	6,0

* Stand: Februar 1974.

Aus: Manfred Güllner, Daten zur Mitgliederstruktur der SPD: Von der Arbeiterelite zu den Bourgeoissöhnchen. In: Transfer 2. Wahlforschung: Sonden im politischen Markt. Hrsg. von Carl Böhret u. a. Opladen 1976, S. 100.

Dieses Ergebnis wird auch durch eine Studie in Nordrhein-Westfalen 1974 bestätigt. Während hier 44 Prozent der Mitglieder Arbeiter waren, betrug ihr Anteil unter den Vorsitzenden der Ortsvereine 22,9, unter den übrigen Mitgliedern der Ortsvereinsvorstände 30,2, unter den Beisitzern in Unterbezirksvorständen gar nur 7,7 Prozent. Genau umgekehrt verlief die Vertretung der Beamten und Angestellten, wie obenstehende Tabelle zeigt.

Mit dem Anteil der Angestellten wuchs auch die Repräsentation des öffentlichen Dienstes in den höheren Funktionärsrängen, wie die entsprechenden Daten zu deren Gewerkschaftszugehörigkeit deutlich machen. Dies bestätigt sich auch, wenn die Gewerkschaftszugehörigkeit der 1976 für die SPD in den Bundestag gewählten 224 Abgeordneten aufgeschlüsselt wird. 131, also fast 60 Prozent gehörten einer Gewerkschaft an, die den öffentlichen Dienst organisiert, darunter 89 der ÖTV (Anteil der ÖTV-Mitglieder an der SPD 8,4 Prozent) und 32 der GEW (Mitgliederanteil 1,3 Prozent).[333] In der gleichen Fraktion hatten noch 5,4 Prozent der Abgeordneten einen Volksschulabschluß (im Vergleich zu 55 Prozent 1953), hingegen hatten 56,7 Prozent die höhere Schule abgeschlossen (1953: 34,4 Prozent). 75,5 Prozent der Fraktionsangehörigen waren Angestellte oder Beamte (einschließlich Regierungsmitglieder), nur 2,2 Prozent Arbeiter.[334]

Die sozialstrukturellen Veränderungen in der SPD waren von einem fundamentalen Wandel der politischen Kultur begleitet, die bis in die fünfziger Jahre noch wesentlich von der Tradition der sozialdemokratischen Solidargemeinschaft der Weimarer Republik bestimmt war. Die facharbeiterliche Milieubindung der Sozialdemokratie hatte sich immer mehr gelockert, der vertraute Stallgeruch war durchlüftet worden, die kältere Luft von Karriereorientierung und rational-zweckorientierter Politik hatte Einzug gehalten.

SPD-Mitglieder bekamen seit Mitte der sechziger Jahre ein zunehmend instrumentelles Verhältnis zu ihrer Partei. Sie war nicht mehr primär Heimat,
sondern wurde immer mehr Mittel zum Zweck. Nicht nur zahlenmäßig gerieten die Arbeiter in eine Minorität, sondern mancher Facharbeiter, der
noch das SPD-Mitgliedsbuch besaß, fühlte sich in seinem Ortsverein nicht
mehr zu Hause, er räumte den ewig diskutierenden Lehrern, Akademikern,
Beamten und Angestellten das Feld und resignierte anläßlich endloser Ge-
schäftsordnungs- und Personaldebatten. Bald wurden auf den Parteitagen
die „Großargumentierer" kritisiert, wurde gemahnt, die (jungen) Arbeiter
nicht zu vergraulen, Arbeitnehmer nicht an den Rand zu drängen; die Parteitage fänden schon fast ohne Vertreter der Arbeiterschaft statt.[335] Unter der
Oberfläche des politischen Aktivismus und intensiver politischer Partizipation machte sich offensichtlich auch Lethargie breit, die mit den sozialstrukturellen Veränderungen in der Mitgliedschaft zusammengehangen haben
dürfte.[336]

Ein wichtiges innerparteiliches Bindeglied, das für den lebendigen
Kontakt zwischen Mitgliedern und Funktionären gesorgt hatte, ging in
diesem Jahrzehnt allmählich verloren. Der Hauskassierer, der mit seinen
Genossen – wie bereits beschrieben – über Politik und Organisationsange-
legenheiten diskutiert hatte, wurde durch das automatische Bankeinzugs-
verfahren ersetzt. Die Beiträge ließen sich so pünktlicher und weniger auf-
wendig eintreiben; ein Stück „Kommunikation", wie es jetzt im Jargon
der Sozialwissenschaftler hieß, ging verloren. Der Typus des besoldeten
Parteisekretärs, einst Inkarnation der traditionellen Facharbeiterorgani-
sation und politisches Rückgrat der Partei in Vorständen und Fraktionen,
veränderte sich. Der ehemalige Facharbeiter oder kaufmännische Angestellte, der innerhalb der Parteiorganisation politisch in die Lehre gegangen und sozial aufgestiegen war, wurde durch den akademisch geschulten
Geschäftsführer abgelöst. Dieser war zwar formal besser ausgebildet, ihm
fehlten aber Jahre und häufig Jahrzehnte politischer Erfahrung – und er
blieb auf die Tätigkeiten eines Managers beschränkt, war nicht zugleich
auch noch Mandatsträger in der Kommune oder im Landtag, ihm mangelte es an politischer Macht.[337]

Andere Indikatoren signalisierten die Auflösung der traditionellen politischen Kultur der SPD. So rechnete sich eine zunehmend große Zahl von
Arbeitern sozial zur Mittelschicht, dazu gehörten auch solche, die Mitglied
der SPD waren.[338] Das entscheidende Motiv für den Eintritt in die SPD war
nicht mehr die eigene soziale Stellung und blieb nicht länger primär materieller Natur, sondern war politisch oder kulturell bestimmt.[339] Während bis
zum Ende der sechziger Jahre neue Parteimitglieder durch den Einfluß des
Elternhauses oder der Familie in die SPD „hineinsozialisiert" worden
waren, spielte die politische Prägung durch die Familie bei den 1970 einge-

tretenen Mitgliedern keine große Rolle mehr. Auch führte die Bindung an eine Gewerkschaft in viel geringerem Maße zum Eintritt in die SPD. Der einst enge Zusammenhang von Gewerkschafts- und Parteimitgliedschaft lockerte sich.[340]

Dies bedeutete aber nicht, daß die SPD generell oder ihre Mitglieder von den Ritualen, Symbolen und dem Verbalradikalismus der alten Sozialdemokratie ließen. Vielmehr waren es gerade die jüngeren, hervorragend ausgebildeten, aus nichtproletarischen Elternhäusern kommenden, in der APO politisierten Neu-Genossen, die ideologisch überkompensierten. Sie hielten das Banner der Arbeiterpartei hoch und kritisierten die Bemühungen, die SPD als Volkspartei zu formen.[341] Genau umgekehrt verhielten sich die älteren Mitglieder, die noch mit der facharbeiterlichen Solidargemeinschaft verbunden waren. Daß diese Diskrepanz, innerparteilichen Konflikt-, ja Sprengstoff für die Zukunft enthielt, liegt auf der Hand. Er sollte sich schon bald entzünden.

Stagnation – Niedergang – Konflikte

Analysiert man die Entwicklung der SPD zwischen 1976, als sie zahlenmäßig den Gipfelpunkt ihres Mitgliederwachstums erreicht hatte, und 1982, als sie wieder zur Oppositionspartei wurde, so sind zwei Faktoren besonders zu beachten. Erstens die soziale und politische Heterogenisierung der Mitgliedschaft, die im Jahrzehnt zuvor abgelaufen war und die die Sozialdemokratie zu einer vollentfalteten Mitglieder-Volkspartei gemacht hatte. Zweitens die Tatsache, daß die SPD als führende Regierungspartei zunehmend in politische Konflikte geriet, die die innerparteilichen Spaltungen förderten, so daß Gegensätze nicht nur zwischen den verschiedenen Parteiflügeln, sondern auch zwischen sozialdemokratischen Wählern, der Gesamtheit der Mitglieder, den Funktionären, Mandatsträgern und den Regierungsmitgliedern vehement aufbrachen.

Die Ostpolitik, die 1972 einen bis dahin nie gekannten Mobilisierungsschub gebracht hatte und die nicht nur in der Koalition zwischen SPD und FDP, sondern auch innerhalb der SPD den Kitt dargestellt hatte, der die potentiell auseinanderstrebenden Gruppen zusammenhielt, war 1973/74 erfolgreich abgeschlossen worden. Was jetzt in den Vordergrund trat, war nach dem Ölpreisschock und der folgenden Rezession die Wirtschaftspolitik. Kostenintensive Reformvorhaben mußten gestoppt werden, die Reformeuphorie, die noch 1972 geblüht hatte, kam zu einem abrupten, gerade die 68er frustrierenden Ende. Jetzt ging es um die Bekämpfung der Arbeitslosigkeit, um Krisenmanagement, um Sozialpolitik – im Winter 1975/76 lagen die Arbeitslosenzahlen erstmals deutlich über der Millionengrenze. Der im Zeichen der Ölkrise beschlossene verstärkte Ausbau der Kernenergie mobilisierte nicht nur die außerparlamentarische Ökologiebewegung, sondern stieß innerhalb der SPD auf so starke Kritik, daß auf dem Bundesparteitag im Dezember 1979 ein Antrag, aus der Kernenergie auszusteigen, über 40 Prozent der Delegiertenstimmen erhielt. Weiteren innerparteilichen Zündstoff lieferte im „deutschen Herbst" 1977 der Umgang der Bundesregierung mit der terroristischen Herausforderung. Die einen erhoben den Vorwurf, man verfahre viel zu schwach und rücksichtsvoll, während auf der Linken Krach geschlagen wurde, die SPD sei Wegbereiter des „Polizei- und Überwachungsstaates". Und schließlich wirkten die Diskussionen um den NATO-Doppelbeschluß, bei dem es nach den ursprünglichen Vorstellungen Helmut Schmidts darum gegangen war, den Rüstungswettlauf im Bereich der Mittelstreckenraketen zu unterbrechen und gerade nicht zu forcieren, wie Öl im Feuer innerparteilicher Diskussion, zumal die sich rasch verbreitende Friedensbewegung von außen Druck auf die Partei ausübte.[342] Die Integration der verschiedenen sozialen Schichten und politischen Gruppierungen, die zwischen 1969 und 1972 geglückt war, geriet jetzt immer mehr in die Krise. Der grandiose Wahlsieg von 1972 war für eine Vorwärtsstrategie innerer Reformen, die auch innerparteilich mobilisierend und solidarisierend hätte wirken können, nicht genutzt worden, vielmehr versank die Koalition, so Günther Grass' Klage im November 1973, im „schlafmützigen Trott", sie gab sich „allseits lähmender Selbstgefälligkeit" hin.[343] Das Scheitern von Willy Brandt als Kanzler war absehbar. Sein Nachfolger Helmut Schmidt polarisierte innerparteilich, stieß gerade die Jüngeren vor den Kopf. Doch es gab offensichtlich eine Arbeitsteilung zwischen beiden: Brandt versuchte als Parteivorsitzender die auseinanderdriftenden Gruppen, Fraktionen, Arbeitskreise, Flügel und Interessen zusammenzuhalten, während Schmidt die Bahn frei hatte, seine Politik ohne große innerparteiliche Rücksichten zu verfolgen. International anerkannt stieg er zum „Weltökonomen" auf und vermochte dadurch sozialliberale Wähler an die Koalition zu binden. Dieser innerparteiliche und koalitionspolitische Spagat war in dem Moment überdehnt, als die Gewerkschaften, Schmidts innerparteiliche Hausmacht, den Kanzler nicht mehr stützten, weil er 1981/82 plötzlich eine an Margaret Thatcher erinnernde Wirtschaftspolitik betrieb. In dieser Phase des nachlassenden Integrationsvermögens wurde auch bald deutlich, daß die ehemaligen Angehörigen der außerparlamentarischen Opposition, die die Sozialstruktur der Partei nach 1969 fundamental verändert hatten, jetzt die innerparteiliche Opposition bildeten beziehungsweise verstärkt hatten, wie sie sich um die Jungsozialisten herum entfaltete.[344] Intensive politische Partizipation schlug sich nicht nur innerparteilich in schärferen Konflikten nieder, sondern von außen stieg der Druck auf die SPD, nämlich durch Bürgerinitiativen, die neuen sozialen Bewegungen und schließlich Ende der siebziger Jahre durch die sich gründende Partei „Die Grünen". Man versuchte mit der Zeit zu gehen, und einige besonders behend Taktierende wollten die SPD gar zu einer großen institutionalisierten Bürgerinitiative machen.[345] Doch nicht nur auf der linken, auch auf der rechten Seite stand die SPD unter Druck, denn die CDU hatte inzwischen den allgemeinen Mobilisierungsschub von 1972 und ihre Oppositionsrolle genutzt, um ihre eigentliche Parteibildung nachzuholen. Sie war zu einer hervorragend organisierten Mitgliederpartei geworden, moderner, technologisch effizienter und für Wahlkämpfe besser gerüstet als die SPD.

Mit der Regierungsdauer stieg das Frustrationspotential in der SPD. Dies schlug sich auch in schrumpfenden Mitgliederzahlen nieder, von 1976 bis 1982 verlor die Partei – gemessen an den absoluten Mitgliederzahlen – fast 100000 Genossen. Die geringe Zahl der Neueintritte 1977 und 1978 glich denen der fünfziger Jahre. Auf dem Münchener Parteitag 1982 beklagte Brandt die geradezu klägliche Zahl von Neueintritten. Einzelne Delegierte gaben drastische Beispiele, „daß sehr viele Mitglieder aus dieser Partei ausgetreten sind. In meinem Ortsverein in Hamburg sind es allein im Jahre 1980 60 gewesen; im ganzen Unterbezirk waren es 240. Das ist sehr viel, und das belastet diesen Ortsverein und die Arbeit".[346]

Angesichts der Stagnation und dann des Rückgangs der Zahlen der Neueintritte und der Mitglieder insgesamt überrascht es nicht, daß das Durchschnittsalter der Parteiangehörigen wieder anstieg, der Verjüngungsprozeß, wie er im Jahrzehnt davor abgelaufen war, sich jetzt umkehrte. Hinzu kam aber, daß angesichts der ökonomischen Restriktionen, unter denen sozialdemokratische Regierungspolitik praktiziert wurde, und nicht zuletzt auch aufgrund von Äußerungen des Kanzlers, die wenig Verständnis für die Werthaltungen und Einstellungen von Jüngeren zeigten, die SPD abnehmend attraktiv für die Jugend war. Für diese Alterskohorte entwickelten sich Ende der siebziger Jahre und dann ganz deutlich in den achtziger Jahren die „Grünen" zum großen Magneten. So sank der Anteil von Mitgliedern, die unter 35 Jahre alt waren, also im Jungsozialistenalter, von 30,35 Prozent 1976 auf 24,1 Prozent 1982 – und fiel in den folgenden Jahren noch weiter ab. Gab es 1976 noch 103000 Sozialdemokraten unter 25 Jahren, so hatte sich deren Zahl 1982 fast halbiert und betrug 52000.[347]

Nach diesen Daten hat sich die Sozialstruktur der Mitglieder nur unwesentlich verändert. Seit 1987/88 nahmen prozentual die Arbeiter unter den Neueintritten leicht zu. An der Gesamtmitgliedschaft stieg ihr Anteil von 23 (1977) auf 28 Prozent (1983), der Anteil der Angestellten sank in der gleichen Zeit von 28 auf 26 Prozent, der der Beamten von 13 auf 11 Prozent. Im Gegensatz zur Mitgliederentwicklung hatte sich das Klima in der Partei aber in eine ganz andere Richtung entwickelt: Der Eindruck setzte sich durch und wurde auf den Parteitagen dann auch heftig beklagt, daß die Arbeiter immer mehr marginalisiert würden, daß sie im Willensbildungsprozeß eine zunehmend geringere Rolle spielten, ja an die Wand gedrückt würden. Bei den ewigen Theoriediskussionen konnten sie nicht mithalten und blieben enttäuscht zu Hause. Die Intellektuellen vergraulten die Arbeiter, die von ihnen abstrakt gerade als revolutionäres Subjekt emporstilisiert wurden.[348] Die Ursache für dieses allgemein als negativ empfundene Gefühl lag nicht zuletzt in jenen sozialen Änderungen begründet, den der Funktionärskörper inzwischen durchlaufen hatte. Hier war nämlich die Akademisierung weiter fortgeschritten, hatten sich die Funktionäre zunehmend von der sozialen und politischen Basis gelöst, wie sie in der Mitgliedschaft präsent war und in der Arbeiter statistisch Bedeutung hatten. Dies zeigte ganz drastisch eine Untersuchung der „mittleren Parteielite", nämlich der Delegierten zu den Bundesparteitagen.[349] Danach war der Anteil der Delegierten mit akademischem Grad von etwas über 50 Prozent Mitte der siebziger Jahre auf 61 Prozent 1986 gestiegen. Der Anteil derjenigen, die aus den Sozial- und Geisteswissenschaften kamen, hatte ebenfalls deutlich zugenommen und machte 1986 über die Hälfte aus, während etwa ein Fünftel aus der Juristischen Fakultät und ein Zehntel aus natur- und ingenieurwissenschaftlichen Studiengängen kam. Der Anteil der im öffentlichen Dienst Beschäftigten nahm moderat ab, was aber wohl eher das rückläufige Beschäftigungsangebot in den öffentlichen Verwaltungen als einen Strukturwandel reflektierte. Eine veränderte Einstellung signalisierte bei den Funktionären die Tatsache, daß – bei insgesamt relativ groß bleibender Distanz zur Kirche – Angehörige der mittleren sozialdemokratischen Parteielite in den achtziger Jahren die Kirche häufiger besuchten als zuvor. Ferner war generell ein ideologischer Wandel deutlich erkennbar. Gemessen an der Links-rechts-Selbsteinstufung sind Parteitagsdelegierte deutlich nach links gerückt, der Anteil derjenigen, die sich als „Linke" bezeichneten, ist von 15 Prozent 1976 auf 31 Prozent 1986 gestiegen. Eine analoge Entwicklung hat in der sozialdemokratischen Wählerschaft nicht stattgefunden. Damit ist die ideologische Distanz zwischen den mittleren Parteieliten und der Wählerschaft der SPD gewachsen. Zugleich ist unter den Parteitagsdelegierten die Sympathie für die „Grünen" größer geworden, eine weitgehende inhaltliche Nähe zu grüner Politik war festzustellen. Das Bild rundet sich, wenn hinzugefügt wird, daß – obwohl mehr als vier Fünftel der Delegierten Gewerkschaftsmitglieder waren – die Sympathien für den DGB deutlich nachgelassen haben, ideologisch sich das Band zwischen Sozialdemokratie und Gewerkschaften also weiter gelockert hat.

So problematisch es sein mag, von den Umfrageergebnissen unter Bundesparteitagsdelegierten auf die sozialdemokratischen Funktionäre insgesamt zu schließen, so sind diese Delegierten doch in ihren Ortsvereinen und Unterbezirken verankert und in der Regel Träger weiterer Funktionen, so daß die Entwicklungsrichtung, die sich in den Erhebungen niederschlägt, für den Funktionärskörper allgemein gelten dürfte. Damit ist aber ein strukturelles Problem angesprochen, das in den achtziger Jahren voll aufgebrochen ist und die SPD bis heute belastet, nämlich das der sozialen und politischen Diskrepanz der Funktionäre gegenüber den Mitgliedern und den sozialdemokratischen Wählern. Die sozialen und politischen Folgen, die sich aus dieser Situation ergeben können, sind innerhalb der Sozialdemokratie erkannt worden. Wie Diskussionen auf Parteitagen zeigen, geht es dabei sowohl um die politische Marginalisierung von Arbeitern innerhalb der Partei, um Verluste von Mitgliedern, gerade aus dem traditionellen Milieu der SPD in Großstädten, als auch um Wahlniederlagen, die die Partei auf der Gemeindeebene hinnehmen mußte.[350]

Diese Überlegungen hat der Freiburger Politikwissenschaftler Gerd Mielke systematisiert, um die Wahlniederlagen der SPD in bestimmten Großstädten wie Frankfurt, München und Stuttgart, um aber auch die Mitgliederverluste in einigen dieser Orte erklären zu können. Danach ist die vormals breit angelegte Integrationsfähigkeit der SPD aufgrund der oben angedeuteten innerparteilichen Entwicklungen bei den Funktionären gleichsam verkrümmt, verengt und reduziert worden. Auf der Ebene der Ortsvereins- und Unterbezirksvorstände und der der Delegierten zu den entsprechenden Parteitagen hätten Angehörige des akademisierten Mittelstandes sich als neue Parteielite etablieren können. Eine bestimmte Alterskohorte, nämlich die 68er, die Anfang der siebziger Jahre zur SPD gestoßen seien, die in ihrem Politikverständnis stark partizipatorisch und am qualitativen Fortschrittsdenken orientiert seien, hätten innerparteilich die Macht übernommen. Dies sei die Generation der „Bärte und wippenden Brüste", wie Güllner sie ironisch charakterisiert hat, nämlich derjenigen, die nach der SINUS-Studie dem alternativ-linken Milieu zuzurechnen seien. Unter ihnen dominierten immaterielle Werte wie Mitmenschlichkeit, Selbstverwirklichung, Kommunikation, Freiheit und soziale Gerechtigkeit. Man begreift sich als links, fühlt sich den neuen sozialen Bewegungen und den „Grünen" verwandt, ist skeptisch gegenüber der Technik und dem technologischen Fortschritt. Dieses Welt- und Selbstverständnis stehe aber in deutlicher Distanz, ja im Gegensatz zu den Lebenswelten und Weltbildern der Arbeiter, der Kleinbürger und des aufstiegsorientierten neuen Mittelstandes. Diese Bevölkerungsgruppen zählten ebenfalls zu den Mitgliedern der SPD und seien als Wähler wichtig, wolle man Mehrheiten erzielen. Die Ursache für Mitgliederverluste und Wahlniederlagen in Großstädten liege genau darin, daß einer sich immer weiter ausdifferenzierenden heterogenen Gesellschaft eine Parteielite gegenübertrete, die durch ihre sozialstrukturelle Homogenität und eine relativ hohe Geschlossenheit der Wertorientierungen geprägt sei und die deswegen innerparteilich nicht zu integrieren vermöge und bei Wahlen unfähig sei, für einen Sieg notwendige Wählergruppen überhaupt anzusprechen, geschweige denn entsprechende Wählerkoalitionen zu bilden. Die Krise der SPD in den Großstädten Ende der siebziger bis Mitte der achtziger Jahre wurde von Mielke also im wesentlichen auf innerparteiliche Entwicklungen zurückgeführt.[351] Geht man davon aus, daß den Überlegungen Mielkes ein im Kern zutreffender Sachverhalt zugrunde liegt (und dies wurde durch Diskussionen auf den Bundesparteitagen bestätigt), dann stellt sich – stark zugespitzt – die Frage, ob angesichts der sozialen und politischen Verengungen auf der Funktionärsebene die SPD nicht dabei ist, sich vom Typus einer offenen Volkspartei zurückzuentwickeln hin zu einer zwar sozial homogenen, politisch aber in der Gesellschaft immer mehr abgeschotteten Partei. Diese Frage werden wir im Auge behalten, wenn im folgenden die Struktur der Mitglieder, Funktionäre und Mandatsträger in der Gegenwart untersucht wird.

Konsolidierung in der Opposition?

Oberflächlich betrachtet hat es seit 1982, als die SPD im Bund wieder die Oppositionsrolle übernahm, nur geringfügige Veränderungen in der Entwicklung der Mitgliederzahlen gegeben. So sank die Gesamtzahl der Mitglieder von 926 000 im Jahre 1982 auf 910 000 Ende 1987. Seit dem Frühjahr 1988 verzeichnet die SPD wieder eine positive Mitgliederentwicklung, die Gesamtzahl stieg bis Ende 1989 auf 921 000, und der positive Trend hielt auch im Wahljahr 1990 an.[352] Wie viele sozialdemokratische Mitglieder es in der ehemaligen DDR gibt, läßt sich angesichts des desolaten Zustandes der dortigen Parteiorganisation nicht präzis sagen, doch dürfte eine Zahl um 20 000 für das Frühjahr 1991 realistisch sein.

Damit ist aber ein für die SPD zentrales Problem angesprochen, nämlich das der beachtlichen regionalen Unterschiede, die es dabei gibt, Mitglieder zu gewinnen, Differenzen also in der „Organisationsdichte". Dabei kann unter „Organisationsdichte" die Zahl von Parteimitgliedern auf 100 wahlberechtigte Bürger verstanden werden. Sozialdemokratische Hochburgen und Gebiete der Diaspora werden erkennbar, wenn die Organisationsdichte verglichen wird. Dies betrifft dann nicht nur die Mitglieder, sondern auch Erfolge und Mißerfolge bei den Wählern, denn es gilt die Faustregel: „Je weniger Mitglieder, desto weniger Stimmen." Offenkundig besteht ein Zusammenhang zwischen Organisationsdichte und Wähleranteilen. Sieht man einmal von den fünf neuen Bundesländern ab, dann ist die Organisationsdichte der SPD im Saarland am höchsten, am geringsten in Baden-Württemberg und Südbayern.

An der Spitze der Unterbezirke steht Dortmund (Westliches Westfalen) mit 5,36 Prozent, das Schlußlicht bildet Biberach (Baden-Württemberg) mit

Organisationsdichte der Bezirke und Landesverbände der SPD 1989
(geordnet nach der höchsten Dichte)

Bezirk/ Landesverband	Wahl- berechtigte	Mitglieder	Organisations- dichte[1]
Saar	842646	39032	4,63 (4,39)
Hessen-Nord	1108764	41798	3,77 (3,73)
Rheinhessen	400874	11991	3,00 (2,99)
Westliches Westfalen	4647626	138236	2,97 (2,97)
Hessen	4220919	122709	2,91 (2,90)
Pfalz	1024014	29284	2,86 (2,83)
Hessen-Süd	3112155	80911	2,60 (2,61)
Rheinland-Pfalz	2888854	73124	2,53 (2,50)
Bremen	518989	12521	2,41 (2,49)
Braunschweig	950474	22899	2,41 (2,42)
Nordrhein-Westfalen	12926753	288887	2,23 (2,22)
Hannover	2405486	53164	2,21 (2,24)
Rheinland/Hessen-Nassau	1463966	31849	2,17 (2,14)
Niedersachsen	5661261	114900	2,03 (2,05)
Bund (ohne Berlin)	45773179	895362	1,96 (1,95)
Bund (mit Berlin)	47306049[2]	921430	1,95 (1,95)
Ostwestfalen-Lippe	1414891	27296	1,93 (1,93)
Schleswig-Holstein	2057364	39054	1,90 (1,90)
Hamburg	1251841	23087	1,84 (1,87)
Niederrhein	3913809	70705	1,81 (1,81)
Mittelrhein	2950427	52650	1,78 (1,73)
Franken	2937140	51197	1,74 (1,74)
Berlin	1532870	26068	1,70 (1,69)
Weser-Ems	1651794	28075	1,70 (1,69)
Nord-Niedersachsen	653507	10762	1,65 (1,67)
Niederbayern-Oberpfalz	1566941	24427	1,56 (1,53)
Bayern	8450805	115587	1,37 (1,37)
Südbayern	3946724	39963	1,01 (1,02)
Baden-Württemberg	6953747	66461	0,96 (0,97)

[1] Prozentsatz der Mitglieder an der Zahl der Wahlberechtigten zur Europawahl 1989 (Berlin: Abgeordnetenhauswahl 1989); Mitgliederstand vom 31. 12. 1989/EDV; Prozentsatz in Klammern: Vorjahr. [2] Summe der Wahlberechtigten zur Europawahl 1989 und zur Berliner Abgeordnetenhauswahl 1989. – Diese Tabelle wurde vom SPD-Vorstand zur Verfügung gestellt.

0,37 Prozent.[353] In diese Daten gehen nicht nur das Organisationsvermögen und -unvermögen der Sozialdemokratie ein, sondern offensichtlich spielen regionale politisch-kulturelle Faktoren insofern eine Rolle, als es Gebiete gibt, in denen generell die Organisationsfreudigkeit groß ist, andere, in denen sie geringer ist.[354] Allgemein läßt sich an den Daten für die SPD aber ablesen, daß – sieht man von Hamburg und Berlin als Sonderfälle ab – mit steigender Bevölkerungsdichte auch die Organisationsdichte wächst.

Betrachtet man die soziale Komposition der SPD-Mitglieder, dann wird deutlich, daß eine seit der Öffnung zur Volkspartei anhaltende Tendenz sich stabilisiert hat. Sowohl bundesweit wie an einzelnen Orten und in verschiedenen Regionen sind die Angehörigen der neuen Mittelschichten (Angestellte und Beamte) überrepräsentiert, die Arbeiterschaft hingegen ist unterrepräsentiert. So waren 1989 26,4 Prozent der erwerbstätigen SPD-Mitglieder Arbeiter (Anteil der Arbeiter an den Erwerbstätigen 1988: 38,8 Prozent), hingegen 26,37 Prozent Angestellte und 10,71 Prozent Beamte.[355] Dies galt für den Bezirk Pfalz (Arbeiter 23 Prozent, neue Mittelschichten 39 Prozent) ebenso wie für Nordrhein-Westfalen (Arbeiter 26 Prozent, neue Mittelschichten 40 Prozent) und Bremen.[356] Ganz extrem muten die Daten für Essen an, hier betrug nämlich der Anteil der Arbeiter an den Mitgliedern 12, der der Angehörigen der neuen Mittelschichten 40 Prozent.[357] Ähnlich auffällig zeigt sich die soziale Zusammensetzung der Berliner SPD: Unter den erwerbstätigen Mitgliedern waren 17,6 Prozent Arbeiter (Anteil an der erwerbstätigen Bevölkerung: 38,3 Prozent), 49,4 Prozent Angestellte (erwerbstätige Bevölkerung: 44,8 Prozent) und 24,6 Prozent Beamte (erwerbstätige Bevölkerung: 9,2 Prozent).[358] In beiden Städten, Industriezentren und (einst) Hochburgen der SPD, würde man einen viel höheren Anteil von Arbeitern an den Mitgliedern vermuten. Doch dominiert in Essen die Sozialdemokratie die Stadtverwaltung. In Berlin verfügte die Partei lange Zeit über Patronage in Bezirksverwaltungen, aber auch bei einigen Senatsbehörden und insbesondere in öffentlichen Unternehmen wie der Stadtreinigung, den Berliner Verkehrsbetrieben oder den Städtischen Gas- und Elektrizitätswerken. Beide Städte sind nicht zufällig als Beispiele für sozialdemokratischen Filz, die personelle Verquickung von Partei und öffentlichen Verwaltungen, in Verruf geraten. Es sind die Angehörigen des öffentlichen Dienstes, die in den sozialdemokratischen Organisationen beider Städte den Ton angeben und in der Mitgliedschaft eine Mehrheit haben. So waren 1984 in Berlin (West) 30,7 Prozent der Erwerbstätigen im öffentlichen Dienst beschäftigt. Der entsprechende Anteil der erwerbstätigen SPD-Mitglieder betrug aber Ende der achtziger Jahre 65,3 Prozent. Bei den Angestellten, die in der Berliner SPD organisiert sind, waren 57,7 Prozent, bei den Arbeitern 58,8 Prozent im öffentlichen Dienst beschäftigt. Das Arbeiterdefizit wird also durch den Mangel an Industriearbeitern noch verschärft, und auch die – quantitativ im Prinzip in der Mitgliedschaft im Vergleich zu den Erwerbstätigen angemessen vertretenen – Angestellten rekrutieren sich überwiegend aus der öffentlichen Sphäre.[359] Nun soll hier keineswegs unkritisch-lamentierend der Vorwurf erhoben werden, die SPD sei eine Partei des öffentlichen Dienstes geworden. Vielmehr ist dreierlei modifizierend zu bedenken: (1) Die gleiche Tendenz ist auch bei den anderen im Bundestag oder in Landtagen vertretenen Parteien zu beobachten, bei der CSU ebenso wie bei den „Grünen". Bekanntlich dominieren CDU und CSU in bestimmten Ländern und Gemeinden ebenfalls die öffentlichen Verwaltungen, und sie sind dort ähnlich der SPD in Berlin oder Essen Patronageorganisationen. (2) Viele der als Angestellte oder Beamte im öffentlichen Dienst beschäftigten Sozialdemokraten sind von ihrem erlernten Beruf her Arbeiter.[360] Sie können ihre Herkunft nicht verleugnen, und obwohl sie formal Angestellte oder Beamte sind, tragen sie zur facharbeiterlichen Milieufärbung der jeweiligen Ortsvereine und Unterbezirke bei. (3) Der „öffentliche Dienst" ist keine einheitliche, undifferenzierte graue Masse, unterteilt sich nicht nur in Arbeiter, Angestellte und Beamte, sondern dazu gehören so verschiedenartige Berufe wie Busfahrer und Professor, Sachbearbeiter und Gärtner, Lehrer und Müllwerker, Krankenschwester und Staatssekretär. „Öffentlicher Dienst" ist eben nicht gleich „öffentlicher Dienst", hinter diesem Etikett verbergen sich höchst divergierende politische Einstellungen und Verhaltensweisen, Interessen und programmatische Zielvorstellungen. Auch innerhalb der SPD bilden die Angehörigen des öffentlichen Dienstes keine einheitliche Interessengruppe oder gar Fraktion, sie sind auf allen Schattierungen des politischen Spektrums, in den verschiedensten Arbeitsgemeinschaften und Flügeln zu finden.

Die Extremfälle Berlin und Essen machen aber nur eine Tendenz erkennbar, die in diesen Orten besonders deutlich auftritt, in der Gesamtpartei aber gleichermaßen vorhanden ist. Es geht um das Problem, wie die SPD in ihrem sozialen Umfeld, das von ständigen Veränderungen betroffen ist, verankert wird. Die Sozialdemokratie könnte nämlich durch ihre starke öffentlich-administrative Färbung in die Gefahr geraten, den Kontakt zu entscheidenden gesellschaftlichen Schichten zu verlieren, ohne den ihr Anspruch nicht realisiert werden könnte, eine Volkspartei zu sein. Technische Angestellte und auch Arbeiter in Privatunternehmen des produzierenden Bereichs und des Dienstleistungsgewerbes, die als wichtige Träger der technologischen Modernisierung und damit des gesellschaftlichen Wandels gelten können, sind unter den Mitgliedern der Partei, erst recht unter den Funktionären, unterrepräsentiert. Das, was unter dem Schlagwort der „Tertiärisierung" der Gesellschaft gemeint ist, schlägt sich in der Mitgliedschaft der SPD nur bedingt nieder, „nämlich nur insoweit, als der öffentliche Sektor überproportional vertreten ist".[361] Die angesprochene Gefahr ist um so größer, als die Verengung der sozialen Basis zwischen Erwerbsbevölkerung und Mitgliedschaft auf der Ebene der Funktionäre noch verstärkt wird.

Dies jedenfalls zeigen die Daten, die aus regionalen und lokalen Erhebungen vorliegen. Von den Delegierten zu nordrhein-westfälischen Parteitagen waren nur 13 Prozent Arbeiter (Mitglieder: 26 Prozent), aber 36 Prozent Angestellte (Mitglieder: 29 Prozent) und 23 Prozent Beamte (Mitglieder: 11 Prozent). Nur 15 Prozent der Vorstandsmitglieder, 11 Prozent der Ortsvereinsvorsitzenden sind gewerbliche Arbeitnehmer.[362] In Essen lag der Arbeiteranteil bei den Funktionären bei 8,6 Prozent (Mitglieder: 12 Prozent), der Angestelltenanteil bei 39,8 Prozent (Mitglieder: 24,85 Prozent) und der Beamtenanteil bei 17,6 Prozent (Mitglieder: 15,7 Prozent).[363] In Berlin zeigt sich das gleiche Bild: 11,1 Prozent der „einfachen Funktionäre" (auf der Ebene der Ortsvereine) sind Arbeiter, 53,3 Prozent Angestellte und 26,7 Prozent Beamte; 6,5 Prozent der „höheren Funktionäre" sind Arbeiter, 53,2 Prozent Angestellte und 33,9 Prozent Beamte.[364] Die soziale Zusammensetzung der Funktionäre entspricht also noch weniger als die der Mitglieder dem Bevölkerungsdurchschnitt. Soziale Selektivität setzt sich nach oben hin fort, die Einfärbung durch den öffentlichen Dienst nimmt zu. Dies läßt sich relativ leicht erklären. Der Zeitaufwand, der für die Wahrnehmung von Funktionen notwendig ist, kann im öffentlichen Dienst leichter aufgebracht werden als in der Privatwirtschaft. Bestimmte Hilfsmittel, nicht zuletzt das für Besprechungen, Informationsaustausch und „Kungeleien" unvermeidliche Telefon, stehen auch in der Dienstzeit zur Verfügung. Man trifft sich mittags in den Kantinen der Verwaltungen und kann dort schon vorbesprechen, in welche Richtung die Versammlung am Abend laufen soll. Durch ihren Beruf erwerben Angehörige des öffentlichen Dienstes Erfahrungen und auch Informationen, die sie politisch nutzen können: Sie wissen, wie man eine Geschäftsordnung geschickt handhabt, wie man eine Diskussion leitet oder einen Redebeitrag wirkungsvoll formuliert.[365] In der Regel sind sie formal gut ausgebildet, häufig Akademiker, was ihrer politischen Karriere zumeist auch zugute kommt.

So gilt für Nordrhein-Westfalen, daß Akademiker „besonders häufig in die Führungs- und Entscheidungsgremien der mittleren und höheren Parteiebene" gewählt werden, daß sie hingegen in den Vorständen der Ortsvereine nur leicht überrepräsentiert sind.[366] In Essen haben die Funktionäre eine deutlich höhere Schulbildung als die Mitglieder: Bei den Funktionären verfügen 39 Prozent über das Abitur, ein Fachhochschul- oder Universitätsexamen, bei den Mitgliedern hingegen nur 26 Prozent.[367] Auf die Akademisierung der sozialdemokratischen Funktionäre wird ein Schlaglicht durch die Tatsache geworfen, daß 61 Prozent der Delegierten zum Bundesparteitag 1986 über einen akademischen Grad verfügten.[368]

Ein weiteres Problem, das aus den Mitgliederstatistiken erkennbar wird und analog zu den fünfziger Jahren zu sehen ist, ist die allmähliche Überalterung der Partei. Der Anteil derjenigen an der Gesamtmitgliedschaft, die im Jungsozialistenalter (unter 35 Jahren) sind, ist von einem Höhepunkt von 30,9 Prozent 1974 auf 18,62 Prozent 1989 gesunken. Zwar ist der Trend zur

Überalterung 1988 etwas abgeschwächt worden,[369] doch fehlen der SPD – so der Parteivorsitzende Hans Jochen Vogel – „5,6 Jahrgänge" fast „vollständig",[370] die von den „Grünen", den Bürgerinitiativen oder den neuen sozialen Bewegungen angezogen worden sind oder die sich politisch deutlich apathischer verhielten – gleichsam als Angehörige einer „Null-Bock-Generation" – als vorausgegangene Jahrgänge.[371] Für die Altersverteilung in der Mitgliedschaft insgesamt ist typisch, daß die jungen und alten Leute unterdurchschnittlich, die mittleren Altersgruppen aber im Vergleich zur Wahlbevölkerung überdurchschnittlich vertreten sind. Besonders die 40- bis 49jährigen sind im Vergleich zur gleichen Altersschicht unter den Wählern überrepräsentiert, eine Tendenz, die sich auch unter den Funktionären fortsetzt. Genau dies ist aber die APO-Generation, die nach 1969 beziehungsweise 1972 der Partei beigetreten ist. Insgesamt sind die Funktionäre im Vergleich zu den Parteimitgliedern nicht überaltert, sondern beider Durchschnittsalter ist etwa identisch.[372]

Positiv sieht für die SPD die Bilanz aus, wenn man den steigenden Frauenanteil unter den Mitgliedern verfolgt. Lag dieser 1972 noch bei 18,7 Prozent, so ist er bis Mitte 1980 auf 27,11 Prozent gestiegen. Unter den Neueintritten waren 1989 fast 37 Prozent Frauen.[373] Waren Frauen vor wenigen Jahren unter Funktionären und Mandatsträgern noch deutlich unterrepräsentiert,[374] so hat sich die Situation, beginnend noch vor dem Quotierungsbeschluß von 1988, dramatisch verändert. In Berlin sind Frauen im Funktionärskörper mit rund 37 Prozent besser vertreten als in der Mitgliedschaft mit 32,2 Prozent.[375] Unter den Vorstandsmitgliedern auf der lokalen Ebene ist bundesweit der Frauenanteil von 15 Prozent (1977) auf 17 Prozent (1986) gestiegen. Im Bundesvorstand waren sie 1986 mit 25 Prozent, in der Bundestagsfraktion 1987 mit 16 Prozent und im Vorstand der Bundestagsfraktion 1987 sogar mit 29 Prozent,[376] 1991 hingegen mit 27 Prozent vertreten. Und während 1976 nur 10 Prozent der Delegierten zum Bundesparteitag dem weiblichen Geschlecht angehörten, waren dies 1986 fast 33 Prozent.[377]

Daß Sozialdemokraten eifrige Gewerkschafter sind, zeigt ein Vergleich zwischen dem gewerkschaftlichen Organisationsgrad der Mitglieder und der Bevölkerung. Mindestens 35,4 Prozent der SPD-Angehörigen sind gewerkschaftlich organisiert, hingegen nur etwa 18 Prozent der Wahlberechtigten.[378] Während der gewerkschaftliche Organisationsgrad in Nordrhein-Westfalen bei den Wahlberechtigten bei 20 und bei den abhängig Beschäftigten bei 45 Prozent liegt, befindet er sich bei Sozialdemokraten bei 40 Prozent, nimmt aber unter Funktionären – insbesondere in höheren Positionen – erheblich zu.[379] Ein ähnliches Bild ergibt sich für Berlin: 52 Prozent aller SPD-Mitglieder gehören einer Gewerkschaft an, hingegen nur 37,6 Prozent der abhängig Beschäftigten. Auch hier zeigt sich die oben schon herausgearbeitete Tendenz, daß nämlich Partei und öffentlicher Dienst eng miteinander verschränkt sind. 58 Prozent der sozialdemokratischen Gewerkschafter arbeiten nämlich in öffentlichen Verwaltungen und Betrieben; auch in diesem Zusammenhang wird ein Organisationsdefizit im privatwirtschaftlichen Bereich erkennbar.[380] Nicht zuletzt aus diesem Grund sollte man mit der Interpretation von allgemeinen Daten zur Mitgliedschaft von Sozialdemokraten in Gewerkschaften vorsichtig umgehen und sie nicht voreilig als noch bestehenden engen Zusammenhang zwischen facharbeiterlich-proletarischem Milieu und SPD überstrapazieren. Etwa die Hälfte sozialdemokratischer Gewerkschafter gehört Arbeitnehmerorganisationen im öffentlichen Dienst an, darunter sind gerade die Akademiker der APO-Generation. Zudem schließen Gewerkschaftsmitgliedschaft und kritische bis ablehnende Distanz gegenüber den Gewerkschaften einander nicht aus. Und schließlich gehört es innerhalb der Sozialdemokratie, historisch erklärbar, einfach noch zum guten Ton, Gewerkschaftsmitglied zu sein. Wer innerhalb der Partei Karriere macht, gar nach einem Mandat strebt, tritt tunlichst einer DGB-Gewerkschaft bei. Wie sonst läßt es sich erklären, daß in den SPD-Bundestagsfraktionen von 1980, 1983 und 1987 mehr als 97 Prozent der Abgeordneten gewerkschaftlich organisiert waren? Von den 193 Parlamentariern gehörten 1987 87 der ÖTV, 49 der GEW und 29 der IG-Metall an.[381] Überspitzt und ironisch formuliert hat es für einen höheren sozialdemokratischen Funktionär, erst recht für einen Mandatsträger, auch Züge von einem Ritual, einer Gewerkschaft beizutreten und ihr Mitglied zu bleiben.

Unser Sarkasmus wird allerdings abgemildert, wenn wir der Frage nachgehen, welche Bedeutung die Sozialisation im Elternhaus dafür gehabt hat, daß jemand in die SPD eingetreten ist. Hier zeigt sich dann, daß die Mitgliedschaft regelrecht vererbt werden kann und ein hoher Prozentsatz der Neumitglieder aus SPD- und gewerkschaftsgeprägten Familien stammt.[382]

Allerdings ist auch die Tendenz deutlich erkennbar, daß die sozialisationsbedingte Bindung an das sozialdemokratische Milieu bei neuen Mitgliedern in den letzten Jahren schwächer ausgeprägt ist als bei den alten.[383] Ein sozialdemokratischer Traditionsbezug bleibt aber noch erkennbar, wenn nach Motiven für den Parteieintritt geforscht wird. Gerade im Vergleich zu anderen Parteien – CDU und FDP – wird deutlich, daß es wenigstens in Bremen Sozialdemokraten bei ihrem Parteieintritt darum geht, dazu beizutragen, soziale Ungerechtigkeit abzubauen (83,1 Prozent nennen dies als Hauptmotiv, im Unterschied zu 36,9 Prozent bei der CDU). Sozialdemokraten suchen auch viel stärker als Mitglieder anderer Parteien nach sozialen Kontakten, nach Solidarität, ja nach Nestwärme.[384]

Diesem Wunsch nach Solidarität und Gemeinschaft steht die Organisationswirklichkeit gegenüber, nämlich die relativ geringe aktive Teilnahme des größten Teiles der Mitglieder am Parteileben. Regional und lokal verschieden übernehmen nur 5 bis 10 Prozent der Mitglieder Funktionen, nicht mehr als 25 bis 30 Prozent der Genossen sind überhaupt politisch mobilisierbar.[385] Schon eher ist man bereit, im Wahlkampf an einer Versammlung oder Kundgebung der SPD teilzunehmen oder bei Festen und anderen geselligen Veranstaltungen der Partei mitzumachen.[386] Peter Glotz, ehemaliger Bundesgeschäftsführer, hat die geringe Mobilisierungsfähigkeit mit Veränderungen im Charakter der Arbeit zu erklären versucht, die nämlich „zu einem Individualisierungsschub, einer Pluralisierung der Lebensstile und einer neuen Entfaltung der Privatsphäre", zu einem – wie Kulturkritiker meinen – „familialen Privatismus" geführt hätten.[387] So interessant diese These ist, so läßt sie sich empirisch kaum erhärten. Zudem ist zu zweifeln, ob früher – abgesehen von politischen Ausnahmesituationen, in denen (wie beim Bau der Berliner Mauer, bei Bildung der Großen Koalition oder im Konflikt um die Ostpolitik 1972) die Mehrheit der Sozialdemokraten elektrisiert wurde – die politische Partizipation höher gewesen ist. Eine Faustregel „alter Hasen" der SPD schon in den fünfziger Jahren sagte, daß zu Versammlungen nicht viel mehr Genossen kämen, als der Ortsverein Funktionäre hätte, und der durchschnittliche Versammlungsbesuch 15 bis 20 Prozent der Mitglieder nicht überträfe.

Dabei sind Sozialdemokraten mit ihrer eigenen Stellung und Rolle in der Partei und mit den Einflußmöglichkeiten, die sie auf innerparteiliche Entscheidungen haben, insgesamt zufrieden.[388] Die Demokratie in der SPD wird von ihnen realistisch und ohne direktdemokratischen Anspruch eingeschätzt. Man weiß, wer in der Partei einflußreich ist, nämlich Vorstandsmitglieder, kommunale Amtsinhaber und Mitglieder von Landtagen und des Bundestages. Und man weiß, wer weniger Einfluß hat, die Parteisekretäre zum Beispiel.[389] Halten wir an dieser Stelle inne, nachdem wir die Mitglieder und Funktionäre mit Hilfe verschiedener Indikatoren beschrieben haben, und versuchen, uns konkret vorzustellen, welcher Art die Parteimitglieder eigentlich sind, denen man heute in einem Ortsverein begegnet. Acht verschiedene Typen lassen sich unterscheiden.

Da fallen zunächst die *Amateurpolitiker* auf, die kurzfristigen Weltverbesserer und alternativen Gesinnungsethiker, denen die historische Dimension abhanden gekommen ist. Sie wollen nicht nur die Welt in kurzer Zeit verändern, und sie beachten dabei nicht die Restriktionen, die sich ihrem Willen entgegenstellen, sondern sie „bringen sich auch selbst ein" in die Parteiarbeit, sie wollen sich dabei „selbst verwirklichen". Sie hoffen, sich in der Gemeinschaft wohlzufühlen, sie suchen die sprichwörtliche Nestwärme, und sie sind baß erstaunt, wenn es schon innerhalb des eigenen Ortsvereins zum politischen Konflikt kommt – obwohl sie es doch so gut meinen. Bei den Amateurpolitikern dominiert die Binnenperspektive, ihr Blick ist auf ein Ziel – Frieden, Rettung der Umwelt, Emanzipation der Frauen – gerichtet. Man schmort gleichsam im eigenen Saft, ist introvertiert, wendet sich nicht nach außen, um in der Gesellschaft Verbündete zu suchen und Wählerkoalitionen zu schmieden. Amateurpolitiker sind irritiert, wenn ihnen ein Parteifreund ruppig erklärt, daß nicht Selbstverwirklichung das primäre Ziel einer Partei sei, sondern die Mehrheitsgewinnung, um dann Macht ausüben zu können. Hier wirkt auf unselige, weil verdeckte Weise die Geschichte des deutschen Antiparteienaffektes fort, nach dem Politik, Pragmatismus und Kompromisseschließen sowieso schmutzige Geschäfte seien.

Im Unterschied dazu ist da der *Jungsozialist,* der häufig von der Geschichte der Arbeiterbewegung, vielleicht von einigen ihrer brillanten Theoretiker, auf jeden Fall aber von deren einstiger Solidarität beeindruckt und angezogen ist und der hofft, davon in der SPD noch einen Hauch zu erhaschen. Er weiß klug zu reden, ist häufig noch Schüler oder Student und wurde im Ortsverein herzlich willkommen geheißen und umworben, ganz einfach weil er jung ist, ein Nachwuchsgenosse. Ein gewisses Maß an Realitätsbezug zeichnet ihn aus, was selbst in seinen radikalen Diskussionsbeiträgen noch durchschimmert. Er ist nicht zu den „Grünen" gegangen. Vielleicht hatte er die spätere berufliche Karriere, bewußt oder unbewußt, im Kopf.

Dann sind da natürlich die *alten 68er,* noch ganz beseelt vom Geist der außerparlamentarischen Opposition. Inzwischen etwas behäbiger geworden, sitzen sie mittlerweile im Vorstand des Ortsvereins oder Unterbezirks, vertreten die Partei im Kreistag oder Stadtrat. Sie haben eine hervorragende formale Ausbildung genossen, können glänzend argumentieren oder Sitzungen leiten, demonstrieren dabei Toleranz, eingedenk eigener antiautoritärer Vergangenheit. Nach ihrer Selbsteinschätzung gehören sie zu den neuen sozialen Bewegungen, zur Frauenbewegung oder Friedensbewegung, und natürlich sind sie „angegrünt". Beruflich findet man sie häufig im öffentlichen Dienst als Lehrer, Sozialarbeiter, auch als Juristen und Verwaltungsbeamte.

Ganz anders kommen die *gewerkschaftlich organisierten Facharbeiter* daher, manchmal in der zweiten oder sogar dritten Generation Mitglied in der Sozialdemokratie: gediegen und solide, manchem Intellektuellen etwas schwerfällig erscheinend, aber in der Nachbarschaft und im Betrieb grasverwurzelt. Für sie ist die Verwirklichung sozialer Gerechtigkeit der wichtigste Grund, warum sie in der Partei sind – und natürlich die Familientradition. Der Facharbeiter fühlt sich aber nicht mehr so recht wohl im Ortsverein, die Akademiker theoretisieren ihm zu viel, er glaubt sich an die Wand gedrückt – obwohl er doch umworben und bekniet wird, seine Beisitzerfunktion im Vorstand ja nicht aufzugeben, man sei doch der sozialdemokratischen Tradition, die gerade er verkörpere, verpflichtet.

Aus ähnlichem Holz ist der *Rentner* geschnitzt, auch er gelernter Facharbeiter oder kleiner Angestellter im öffentlichen Dienst zu einer Zeit, als es noch gar nicht so karrierefördernd war, Sozialdemokrat zu sein. Er hat den Zweiten Weltkrieg noch bewußt erlitten, hat die Verfolgung der Genossen vielleicht noch selbst erlebt, erinnert sich gar an das Ende der Weimarer Republik. Wenn Intellektuelle oder Studenten vom „sozialdemokratischen Urgestein" schwärmen, dann meinen sie ihn, denn bei ihm scheinen politische Prinzipien, eigener Lebenslauf und soziale Realität noch nahtlos zueinander zu passen.

Ferner ist da der unauffällige, politisch sich immer direkt im Kompromiß aller kontroversen Meinungen bewegende kleinere oder mittlere *Verwaltungsbeamte* oder *Angestellte* im öffentlichen Dienst. Er fühlt sich insgesamt wohl in der SPD, übernimmt die eine oder andere Aufgabe, früher war er der typische Hauskassierer. Sehr ehrgeizig ist er nicht, doch wird er vor sich selbst auch nicht verleugnen, daß er seine Karriere im Hinterkopf hatte, als er den Aufnahmeschein ausfüllte.

Des weiteren ist der „*Modernisierer*" zu nennen, der zur technischen oder administrativen Intelligenz zählt, unter seinen Parteigenossen noch zu den jüngeren, nämlich zu der den 68ern nachfolgenden Generation gehört. Gegenüber dem technischen Fortschritt ist er positiv eingestellt, nur sollte dieser sozial- und umweltverträglich ablaufen. Die deutsche Vereinigung hat zu seinem Bedauern bestimmte politische Probleme, vor allem den nachzuholenden ökonomischen Aufbau in der ehemaligen DDR auf die Tagesordnung gesetzt, so daß Wirtschaftswachstum im nächsten Jahrzehnt angesagt sein dürfte, Fragen der Umwelt hingegen zurückgedrängt werden. Der „Modernisierer" gehört nicht zu denen, die es nach Amt und Würden in der Partei oder Kommune gelüstet, er ist aber bereit, in Fachausschüssen der SPD mitzuarbeiten und sein Wissen dort einzubringen.

Schließlich ist auch in der SPD ein neuer Typus von Politiker zu finden, der *Karrierist,* den man – noch bevor er seinen unaufhaltsamen Aufstieg beginnt – in den Ortsvereinen entdecken kann: jung, dynamisch, alert und geschmeidig, aber (wenn es denn sein muß) auch mit harten Ellbogen ausgestattet, ein Profi der Politik, bei dem politische Inhalte sekundär, die eigenen Karrierechancen primär sind. „Leistung und Effizienz" lautet das Motto, „Unprofessionalität und Diletanttismus" sind ihm ein Greuel. Dieser Typus von Politiker findet sich heute bei CDU, CSU und FDP, aber eben auch bei der SPD in den kommunalen Gremien, in den Landtags- und Bundestagsfraktionen. Im Ortsverein nehmen die Karrieristen jede Funktion an, wenn es nur dem eigenen Fortkommen hilft. Und über kurz oder lang sind sie auch Vorsitzende eines Ortsvereins, es sei denn, man müßte einen altgedienten Genossen verdrängen und würde deswegen als „Vatermörder" politisch verachtet und in seiner Karriere gebremst.

Natürlich haben wir nicht alle Typen von Sozialdemokraten erfaßt, denen man im Ortsverein auf der Mitgliederversammlung begegnet. Bei den einzelnen Ausprägungen, die wir genannt haben, gibt es Abstufungen, Übergänge zu anderen Typen, sie kommen „rein" in der Realität nicht vor. Und doch vermitteln sie einen Eindruck vom politischen Alltag „an der Basis", von der Farbigkeit des lokalen Parteilebens. Dabei haben wir uns auf die Aktivmitglieder bezogen, die wenigstens hin und wieder bei einer Versammlung erscheinen. Über die „Karteileichen", die die Beiträge regelmäßig von ihrem Konto abbuchen lassen, aber sonst nicht in Erscheinung treten, wissen wir wenig. Das gleiche gilt für die Sozialdemokraten in den fünf neuen Bundesländern, in denen es zur Jahreswende 1990/91 vergleichsweise wenige Mitglieder gab. Die Partei dort ist mehr als ein „Pfarrerhilfsverein", wie es in der politisch unterhaltenden Presse vorübergehend hieß. Angehörige der technischen Intelligenz scheinen nämlich eine größere Rolle zu spielen, also gerade diejenigen, an denen es der Partei in den alten Bundesländern mangelt. Doch wie die soziale und demographische Zusammensetzung der Mitglieder im übrigen aussieht, warum man in die SPD eingetreten ist, wer zu den aktiven, wer zu den passiven Parteimitgliedern gehört, welche Rolle die Sozialdemokratie „vor Ort" in der Nachbarschaft und Kommune spielt, bleibt zunächst unbekannt.

Sieht man sich für die elf alten Bundesländer an, wie sehr die Sozialdemokratie in ihr gesellschaftliches Umfeld in den Gemeinden eingebunden ist, dann ergibt sich ein überraschendes Bild, das die These von Mielke modifiziert, zwischen SPD-Mitgliedern und Wählern verlaufe ein Bruch. Denn die Ortsvereine sind in ihrer Umgebung eindeutig grasverwurzelt, und ihr primäres Interesse gilt der Kommunalpolitik. Natürlich gibt es regionale Differenzen. Nur zeigen Untersuchungen für Nordrhein-Westfalen, die Pfalz, Berlin, Bremen und Essen, daß etwa die Hälfte aller Sozialdemokraten in den örtlichen Vereinen Mitglied sind und dort zu den Aktiven gehören, etwa im Gesangsverein, im Sportverein, im Heimat- und Bürgerverein oder bei der Freiwilligen Feuerwehr. Was die örtlichen Vereine angeht, so liegt der Organisationsgrad von SPD-Mitgliedern etwa doppelt so hoch wie in der Bevölkerung. Und er liegt nochmals deutlich höher, betrachtet man den Organisationsgrad sozialdemokratischer Funktionäre und Mandatsträger, diese sind regelrechte „Vereinsmeier". So waren in Nordrhein-Westfalen 66 Prozent der Mandatsträger und 55 Prozent der Ortsvereinsvorsitzenden in zwei oder mehr lokalen Vereinen Mitglied.[390] Aus der Untersuchung geht nicht hervor, ob die Funktionäre und Mandatsträger schon vor Übernahme ihrer Partei- und öffentlichen Ämter Mitglieder und Aktivisten in den vielfältigen lokalen Vereinen gewesen sind. Nur besagt die politische Erfahrung, daß gerade diejenigen, die eine Basis im örtlichen Vereinswesen haben, gute Chancen besitzen, auch innerparteilich für kommunale Mandate nominiert zu werden, ja dies ist häufig geradezu eine Voraussetzung, um zu kandidieren. Allein schon dieser Sachverhalt zeigt, daß man nicht umstandslos und undifferenziert davon sprechen kann, daß von einer Verwurzelung in der Gesellschaft durch die Mitglieder bei den Parteien heute keine Rede sein könne.[391] Hinzu kommt aber, daß im Zentrum des Parteilebens im Ortsverein die Kommunalpolitik steht. Die Mitgliederversammlungen befassen sich primär mit entsprechenden Themen. Und dies gilt unabhängig von der Größe, der Lage oder dem politischen und sozialen Kontext, in dem der Ortsverein arbeitet. Auf die Frage nach dem Hauptgewicht der Arbeit im Ortsverein gaben 1981 in Nordrhein-Westfalen (nur eine Nennung war möglich) 33 Prozent der Ortsvereine „kommunalpolitische Themen" an, bundespolitische Themen wurden von 9 Prozent genannt, landespolitische von 1 Prozent.[392] Ein Viertel der Neumitglieder in der Pfalz hat kurz nach dem Parteieintritt schon bei Kommunalwahlen kandidiert.[393] In diesem Zusammenhang überrascht dann auch nicht, wenn 43,4 Prozent befragter Parteimitglieder der Überzeugung waren, daß sie auf die Kommunalpolitik Einfluß nehmen könnten.[394]

Ein Bindeglied zwischen lokaler Partei und Bevölkerung stellen die Bürgerzeitungen dar, die von Ortsvereinen, Unterbezirken und auch den Gemeinde-, Rats- oder Kreistagsfraktionen herausgegeben werden. Auch hier liegen für Nordrhein-Westfalen genauere Daten vor. Anfang der achtziger Jahre gab über ein Drittel der dortigen Ortsvereine eine solche Publikation heraus. Schwerpunktmäßig waren diese bei mittelgroßen Ortsvereinen oder gerade in solchen Gebieten zu finden, in denen die SPD bei Wahlen einen vergleichsweise niedrigen Anteil gewinnt. In den sozialdemokratischen Hochburgen hingegen werden Bürgerzeitungen eher von den kommunalen Fraktionen oder vom Unterbezirk veröffentlicht. In solchen Bürgerzeitungen bestimmt die Kommunalpolitik die Berichte und Kommentare, ja Fragen der Bundes- und Landespolitik und Arbeitnehmerfragen werden nur am Rande behandelt.[395] Oder zusammenfassend und zugespitzt formuliert: Die Ortsvereine, dort, wo die Mitglieder „zu Hause" sind und wo die Sozialdemokratie als politische Partei konkret erfahren wird, gleichen lokalen Vereinen: Sie sind in das örtliche Vereinswesen verwoben. Ihr Problem besteht weniger darin, nicht im örtlichen Umfeld verwurzelt zu sein, als vielmehr, eine zu lokalistische Perspektive und Praxis zu haben.

5. Vom „ehernen Gesetz der Oligarchie"
zur „lose verkoppelten Anarchie":
Zur Organisationsentwicklung der SPD nach 1945

Wer sich über den organisatorischen Zustand der zeitgenössischen SPD informieren will und einen Blick in jene Bücher wirft, die unzulässig verallgemeinernd als „einschlägige Sekundärliteratur" zum bundesrepublikani-

schen Parteiensystem bezeichnet werden, wer zudem mit sozialdemokratischen Mitgliedern und Funktionären „an der Basis", in den Ortsvereinen
und Unterbezirken spricht, um zu erkunden, wie es um die innerparteiliche
Demokratie bestellt ist, stößt auf überraschende Übereinstimmung. Das
Bild, das da von der sozialdemokratisch-volksparteilichen Organisation ge-
zeichnet wird, ist markant und eindeutig. Danach stellt die SPD eine zentra-
listisch-hierarchische Oligarchie dar, die effizient, professionell und durchbürokratisiert (fast) ausschließlich auf den Zweck des Machterwerbs und
der Machtausübung orientiert sei. Willensbildung vollziehe sich von oben
nach unten, „oben" fielen die Entscheidungen, kurz: innerparteiliche Demokratie existiere nicht, sei schon vor langer Zeit erstickt, die einfachen
Mitglieder und Funktionäre hätten nichts zu sagen, verfügten über wenig
oder keinen Einfluß.

Dieses Image der SPD scheint ein schlagendes Beispiel für das Wirken
eines „ehernen Gesetzes der Oligarchie" in Großorganisationen zu sein, hat
jedoch nichts mit dem formalen Aufbau der Partei, ihren Statuten, Wahlord-
nungen oder Geschäftsordnungen zu tun, erst recht nichts mit der heutigen
Organisationswirklichkeit. Diese ist nämlich viel komplexer, unübersichtlicher, diffuser, aber auch demokratischer als gemeinhin angenommen wird. In
der politischen Realität ist die sozialdemokratisch-volksparteiliche Organisation nämlich keineswegs stromlinienförmig hierarchisch und effizient zugespitzt, in ihr finden sich vielmehr Brüche und Gegensätzlichkeiten, strukturelle Vielfalt und dysfunktionale Fragmentierung. So agieren auf den verschiedenen Ebenen nicht nur die Gebietsverbände – die Ortsvereine, Unterbezirke, Bezirke, Landesverbände und der Bundesverband – organisatorisch
und politisch relativ autonom, sondern gleiches gilt auch für die innerparteilichen Interessengruppen, die Arbeitsgemeinschaften wie die der Frauen, der
Jungsozialisten und der Arbeitnehmer. In diesen einzelnen Segmenten der
Partei herrscht durchaus innerorganisatorische Demokratie im Sinne der
Willensbildung von unten nach oben. Daneben gibt es die vielfarbigsten Parteiflügel, außerdem auf der lokalen und regionalen Ebene Strukturen zur
Karriereförderung, regelrechte Patronagemaschinen. Außerhalb der formalen Parteiverbände, aber politisch auf sie bezogen, beraten und entscheiden
in den Kommunalparlamenten, in den Landtagen und im Bundestag die sozialdemokratischen Fraktionen. In den Stadt- und Kreisverwaltungen, in
Landesregierungen und – so der Wähler will – in der Bundesregierung am-
tieren Sozialdemokraten. Das SPD-Organisationsnetzwerk ist horizontal
und vertikal in unsystematischer Weise segmentiert, es ist keinesfalls auf ein
einziges Ziel ausgerichtet, Machterwerb und Machtausübung sind nicht der
alleinige Zweck der Partei. Vielmehr ist die SPD als Volkspartei auch eine
soziale Organisation, ja ein Zusammenschluß von freiwillig beigetretenen
Mitgliedern, in manchen Zügen durchaus vergleichbar mit entsprechenden

Vereinen wie der Freiwilligen Feuerwehr, einem Buch-Club oder einer Bürgerinitiative. Nicht nur einfache Mitglieder und Funktionäre, auch Landtags- oder Bundestagsabgeordnete, auch Staatssekretäre und Minister suchen sich in der Partei selbst zu verwirklichen, Selbstbestätigung oder auch ein Stück Heimat zu finden, „sie bringen sich ein". In anderen Worten: Amateurhaftes, Vereinsmeierei, Ineffektivität gehören zur Organisationspraxis der SPD, auch wenn diese Dinge von Sozialwissenschaftlern bei ihren Analysen oft übersehen werden.

Damit haben wir aber auch schon die These formuliert, die wir im folgenden weiter erläutern und konkretisieren und mit der wir wider den Stachel gängiger Interpretationen löcken wollen. Bevor wir diese These weiter ausführen, bleibt zunächst jedoch zu fragen, woher die Vorstellung rührt, die SPD sei eine „eherne Oligarchie". In erster Linie sind dabei historische Gründe zu nennen.

Zur Organisationsgeschichte der Sozialdemokratie

Es war Robert Michels, der vor dem Ersten Weltkrieg in mehreren Aufsätzen und dann vor allem in seinem 1911 erschienenen Werk ›Zur Soziologie des Parteiwesens in der modernen Demokratie‹ das formulierte, was als „ehernes Gesetz der Oligarchie" bekannt geworden ist. Zwar bezog Michels seine These, daß sich nämlich oligarchische Strukturen und undemokratische Tendenzen gleichsam naturnotwendig herausbildeten, auf alle Großorganisationen, doch hatte er konkret die SPD der damaligen Zeit vor Augen. Diese war aus seiner Sicht eine Kampforganisation, eine ausgezeichnet organisierte Riesenpartei, eine Monstermaschine, die mit der preußischen Heeresorganisation verglichen werden könne und in der Disziplin und Unterordnung herrschten. Es gebe klare Befehlssträge, die Sprache der Militärwissenschaft werde gesprochen. Die Macht zentralisiere sich an der Spitze. Dies sei ein gesetzmäßiger Prozeß: „Dem Führungsbedürfnis der Menge und ihrer Indifferenz steht der natürliche Machthunger der Führer gegenüber." Die Großorganisation SPD werde durchbürokratisiert, in ihr herrsche das Gesetz des demokratischen Zentralismus. „Wer Organisation sagt, sagt Tendenz zur Oligarchie." Und: „Mit zunehmender Organisation ist die Demokratie im Schwinden begriffen." Schließlich: „Die politische Organisation trägt zur Macht. Die Teilnahme an der Macht macht stets konservativ."[396] So elegant und eingängig die Formulierungen Michels' waren – sie wirken aus diesem Grund auch bis heute fort –, so hatten sie doch nur wenig mit der Organisationswirklichkeit der wilhelminischen Sozialdemokratie zu tun. Persönliche Ressentiments des Autors, der sich gerade vergeblich um eine

Reichstagskandidatur für die SPD in Marburg bemüht hatte, der ursprünglich Syndikalist gewesen war und später zum glühenden Anhänger Mussolinis wurde, dürften bei seinen Urteilen, ja bei manchen Verurteilungen nicht auszuschließen sein. In der Realität war die SPD vor 1914 organisatorisch immer noch von den Erfahrungen der Partei unter dem Sozialistengesetz und von Befürchtungen geprägt, erneut verboten und verfolgt zu werden. Neben einem relativ eng geknüpften Netz von Vertrauensleuten, der inneren Organisation, die jederzeit bereit war, in die Illegalität abzutauchen, war die SPD nämlich auf der Ebene der Wahlkreise nur sehr lose zusammengeschlossen. Es gab lange Zeit keine feste Parteimitgliedschaft, und außerhalb der Partei existierten viele Freizeitvereine, Konsumgenossenschaften und natürlich die freien Gewerkschaften. Die Wahlkreisvereine selbst verfügten über eine relativ große Selbständigkeit bei der Aufstellung ihrer Reichstagskandidaten und im Pressewesen. Auf einer Ebene darüber genossen auch die Agitationsbezirke ein gewisses Maß an Autonomie. Sie stellten zudem eine Art Puffer zwischen den Wahlkreisvereinen und dem Parteivorstand dar, so daß dieser nicht direkt in die Angelegenheiten der Basisorganisationen eingreifen konnte. Doch auch auf Reichsebene konkurrierten mehrere Machtzentren gegeneinander, nämlich der Parteivorstand, die Reichstagsfraktion und der Parteitag, und formal außerhalb der politischen Organisation, für diese aber durchaus gewichtig ist in diesem Zusammenhang die Generalkommission der Gewerkschaften zu nennen. Was manchem – so nicht zuletzt Robert Michels – als drohendes Gespenst der Bürokratisierung erschien, lief in Wirklichkeit auf nicht viel mehr hinaus, als daß Friedrich Ebert nach seiner Wahl in den Parteivorstand 1905 dafür sorgte, daß Schreibmaschinen angeschafft und Telefone angeschlossen wurden. Innerhalb der SPD fand zudem eine ständige Auseinandersetzung zwischen den Parteiflügeln um die Frage von Zentralisation oder Dezentralisation statt. Die Minorität, nämlich die Reformisten, die in Süddeutschland ihre Hochburgen hatten, plädierten für innerparteilichen Föderalismus und argumentierten gegen Gehorsamsforderungen und ein Machtmonopol der Berliner Parteispitze. „Im ganzen also stellte die Partei ein komplexes Gefüge von direkten und indirekten Einflüssen, Machtpositionen, von Autorität und Souveränität, formaler und informaler Verantwortlichkeit der verschiedenen Instanzen dar."[397]

Im Vergleich zu den bürgerlichen Parteien der damaligen Zeit ist die SPD allerdings eine zentralisierte und disziplinierte Organisation gewesen.[398] Auch setzte sich vor dem Ersten Weltkrieg durchaus eine allgemeine Zentralisierungstendenz durch, die direkt damit zusammenhing, daß die Gefahr der möglichen Illegalisierung und Unterdrückung der Sozialdemokratie abnahm. Zudem erschien die SPD nicht zuletzt deswegen als eine geschlossene Partei, die zur These von der gesetzmäßigen Oligarchisierung verleiten konnte, weil sie aus einem homogenen, nämlich industriearbeiterlich-städtisch-protestantischen Milieu hervorgegangen war. Doch darf soziale und politisch-kulturelle Einheitlichkeit natürlich nicht mit einer Kategorie wie der der Oligarchie oder Hierarchie gleichgesetzt werden. Dennoch wurde das Image der SPD als einer von wenigen zentral geführten Großorganisation auch in der Weimarer Republik nicht zuletzt dadurch tradiert, ja verstärkt, daß die Solidargemeinschaft, also das Gefüge von Partei, Freien Gewerkschaften, Genossenschaften und Arbeiterkulturvereinen sich quantitativ ausweitete, qualitativ ausdifferenzierte und an innerer Kohärenz gewann. Dies förderte insgesamt die Selbstabschottung der Sozialdemokratie, so daß institutionell die Grenzen zwischen „drinnen" und „draußen" klar erkennbar waren. Dabei vertiefte der scharfe Konflikt mit den Kommunisten die Selbstisolierung im eigenen Lager. Zugleich setzte sich aber auch jene allgemeine Zentralisierungstendenz fort, die schon vor dem Ersten Weltkrieg erkennbar war, die spätestens nach Überwindung der Inflationskrise in den – wenigen – Jahren relativer Stabilisierung der Weimarer Republik noch beschleunigt wurde. Der Eindruck, die Partei verknöchere und erstarre, ihre Organisationsstruktur verkalke und eine kleine Elite herrsche von oben herab, konnte auch dadurch entstehen, daß im Parteivorstand und in der Reichstagsfraktion, beide eng miteinander verkoppelt, nur wenige personelle Wechsel vorkamen. Das Gerücht, nur durch Tod könne man aus dem Parteivorstand – ähnlich einem Kardinalskollegium – ausscheiden, nahm seinen Lauf.

In Wirklichkeit war die sozialdemokratische Parteiorganisation und das sie umgebende Netzwerk von Kultur- und Wirtschaftsorganisationen funktional, politisch und geographisch differenziert und bestand aus relativ autonomen Gebietsverbänden, Arbeitsgemeinschaften und Vereinen, die alle dezentral vor Ort grasverwurzelt waren. Zwischen Ortsvereinen, Unterbezirken und Parteibezirken, zwischen den Arbeiterkulturvereinen und den Wirtschaftsgenossenschaften bestanden Dissonanzen und Konkurrenzbeziehungen, wurden Konflikte ausgetragen und partikulare Interessen durchgesetzt. Innerhalb der Organisationen gab es vielfältige Fraktionierungen, Generationsdifferenzierungen, Streitereien, die viel zu komplex waren, um sie auf die vereinfachenden Schablonen von „links – rechts" oder „radikal – reformistisch" zu pressen.[399] Natürlich gab es Spannungen zwischen Partei und Gewerkschaften, zwischen den einzelnen Freizeitverbänden und der Partei, vor allem aber immer wieder innerhalb der einzelnen Gliederungen. Und zu keiner Zeit hat der hauptamtliche Apparat die Macht in der Partei und ihren Lagerorganisationen übernommen, dazu waren die hauptamtlichen Funktionäre, die Partei- und Gewerkschaftssekretäre und die Geschäftsführer von viel zu unterschiedlichen Interessen geleitet. Sie vertraten höchst divergierende politische Ansichten. Außerdem waren die ehrenamtlichen Funktionäre, die natürlich auch auf den verschiedensten Flügeln zu finden und von zum Teil auseinandergehenden Interessen bestimmt waren, kompetent und kritisch genug, um die „Hauptamtlichen" zu kontrollieren.[400] Trotz vorhandener Zentralisierungstendenzen, auch Ansätzen zu Bürokratisierung und Verkalkung, ist die SPD zu keiner Zeit zu einer oligarchischen Großorganisation geworden, in der Befehlsstränge nur von oben nach unten gelaufen wären. Vielmehr ist die Partei immer demokratischer, pluralistischer und vielfältiger gewesen, als dies Michels beschrieben hat und auch viele Sozialdemokraten in der Weimarer Zeit selbst annahmen.

Organisatorisch schloß die Sozialdemokratie nach dem Ende des Nationalsozialismus fast bruchlos an die Weimarer Republik an. Es hatte den Anschein, eine Traditionskompanie formiere sich wieder – trotz Kurt Schumachers Appell, man müsse neu anfangen, dürfe nicht einfach wiederaufbauen. Die altgedienten Funktionäre fanden sich in den Ortsvereinen und Unterbezirken sehr schnell erneut zusammen. Allerorten war von der Wiedergründung der Organisation und von unerschütterlicher Parteitreue die Rede. So legten die pfälzischen Sozialdemokraten in ihrem ersten Statut nach Kriegsende fest, daß in ein führendes Amt im Ortsvereins- oder Unterbezirksvorstand nur gewählt werden dürfe, wer mindestens ein Jahr vor der Naziherrschaft Mitglied in einem Ortsverein des Reiches gewesen war und sich stets einwandfrei antifaschistisch im Dritten Reich benommen hatte.[401] Und auch das Statut, das der erste Nachkriegsparteitag im Mai 1946 in Hannover beschloß, stimmte im Wortlaut fast vollständig mit dem Organisationsstatut von 1929 überein. Formell galt das › Heidelberger Programm‹ von 1925 weiter, bis es durch das Dortmunder Aktionsprogramm von 1952 ergänzt und erst 1959 vom ›Godesberger Programm‹ abgelöst wurde. Grundlage der Parteigliederung waren die damals 24 Bezirke, die bewußt an den Bezirksgrenzen der Weimarer Republik orientiert wurden. Obwohl der Aufbau einer relativ zentralistischen Organisation in der Partei unumstritten war und die Parteiführung auf Funktionsbündelung drängte, behielten die Bezirke ein gewisses Maß an Autonomie, führten zunächst ein relativ großes politisches Eigenleben. Sie konnten nach dem damaligen Statut die Höhe der Beiträge ihrer Mitglieder selbst bestimmen, und sie – nicht der Parteivorstand – erhielten die Personalhoheit über die in ihrem Gebiet beschäftigten Parteisekretäre. Unterhalb der Bezirke wurden Unterbezirke, Kreisorganisationen (entgegen der sozialdemokratischen Tradition von den Alliierten verlangt, aber 1950 wieder aus dem Statut gestrichen) und Ortsvereine eingerichtet. 1948 gab es fast 10 000 Ortsvereine, eine Zahl, die sich – in den alten Bundesländern – bis heute erhalten hat. Unmittelbar nach dem Zweiten Weltkrieg ist also die alte Parteiorganisation restauriert worden, wenn auch auf die Westzonen beschränkt.[402] Das traditionelle Netzwerk, das vor 1933 die Solidargemeinschaft ausgemacht hatte, ist nach 1945 allerdings nicht wieder vollständig hergestellt worden. Dies war kein mechanischer Reflex auf das allmählich zerfallende sozialdemokratische Milieu, sondern eine bewußte politische Entscheidung, die natürlich die inzwischen vollzogenen und weiter ablaufenden politischen und gesellschaftlichen Veränderungen berücksichtigte. So war der Entschluß für eine Einheitsgewerkschaft, in der Sozialdemokraten, Christen, Liberale und Kommunisten sich verbanden, eine der Konsequenzen aus der Niederlage, ja dem Versagen der Gewerkschaften im Ausgang der Weimarer Republik. Wenn auch die lokalen, regionalen und zonalen gewerkschaftlichen Aufbauprozesse verschieden abliefen und Konzeptionen kontrovers diskutiert wurden, so bestand doch Konsens darüber, daß die alten Richtungsgewerkschaften nicht wiederaufleben sollten. Zu Recht gingen Sozialdemokraten davon aus, daß sie in den Gremien der Industriegewerkschaften und des gewerkschaftlichen Dachverbandes über eine Mehrheit verfügen würden. Entscheidend war aber, daß die alten Milieugrenzen, gerade die zwischen sozialdemokratischem und katholischem Lager, eingeebnet wurden. Auch wenn in Mitgliedschaft und Führungsgruppen Gewerkschaften und Sozialdemokratie personell eng verbunden blieben, hatte die Gründung von Einheitsgewerkschaften doch erhebliche Konsequenzen für das Verhältnis zwischen diesen und der SPD. Beide Organisationen traten sich jetzt selbständiger gegenüber, gingen in den siebziger und achtziger Jahren auch auf deutliche Distanz zueinander. Konfliktpotentiale waren zwischen ihnen angelegt und wurden auch aktualisiert. Mit Gründung der Arbeitsgemeinschaft für Arbeitnehmerfragen (AfA) wurden die Gewerkschaften innerhalb der SPD dann zu einem – wenn auch besonders hervorgehobenen und umworbenen – Akteur unter anderen.

Auch die meisten Arbeitersportorganisationen sind nach 1945 nicht wiederaufgebaut worden. Ähnlich wie bei den Gewerkschaften hatte man gehofft, in den allgemeinen Sportverbänden eine Mehrheit zu gewinnen. Insgesamt ging dieses Kalkül nicht auf, wenn auch in einigen Landessportverbänden und Fachverbänden 1946/47 Sozialdemokraten dominierten, die dann aber häufig von alten, im Nationalsozialismus diskreditierten Sportführern abgelöst wurden. Dennoch ist der sozialdemokratische Einfluß im organisierten Sport bis heute dadurch zu spüren, daß der Breitensport in besonderer Weise und intensiver als in den zwanziger Jahren gefördert wird. Im übrigen war auch schon in der Weimarer Republik eine Mehrheit der sporttreibenden (Fach-)Arbeiter in sogenannten bürgerlichen Vereinen organisiert gewesen, was das „Untertauchen" prominenter und weniger prominenter Arbeitersportler in diesen Organisationen während des Nationalsozialismus erleichtert hatte. Die Gründung einer Einheitssportorganisation nach 1945 hatte aber noch eine weitere, oft übersehene Ursache: Nach dem Krieg waren die meisten Sportplätze und -hallen zerstört, so daß man gemeinsam in den wenigen intakt gebliebenen trainierte und spielte. Oft wurde der Sport dann von den Kommunen organisiert. Der einheitliche Sportverband konstituierte sich also auch von unten her.

Eine ähnliche Entwicklung – nämlich die Kommunalisierung von Aufgaben – lief auch im Bereich der Betreuung von Kindern, Jugendlichen und Alten ab. Hier wurden kommunale Gruppen gegründet, die Städte, Kreise und Gemeinden kümmerten sich um die Probleme der Kranken und Armen. Es ist bekannt, daß die Falken und die Arbeiterwohlfahrt wie auch der Arbeiter-Samariter-Bund bald nach 1945 wiedergegründet wurden. Doch war die Tendenz, sie zu den tradierten Schutz- und Solidareinrichtungen wiederaufzubauen, in einer historischen Situation wie der nach 1945 und 1949 nicht mehr so stark, weil Arbeiter als gleichberechtigte Bürger immer mehr am gesellschaftlichen Leben teilnehmen konnten. Zudem hoffte man innerhalb der Sozialdemokratie, Einfluß auf andere Teile der Bevölkerung zu gewinnen, wenn die überkommenen organisatorischen Bindungen gelöst und Selbstabschottungen abgeschafft würden.[403] So veränderten die wiedergegründeten traditionellen Vereine des Parteiumfeldes ihre Qualität, sie durchliefen in der Nachkriegsgeschichte einen Funktionswandel. War in ihnen zunächst noch ein Hauch der alten Solidargemeinschaft zu spüren, so folgten bald Kommunalisierung und das, was man als zunehmende „Versozialstaatlichung" bezeichnen kann. Aus einem Ort sozialdemokratischer Heimat wurden Dienstleistungsinstitutionen: aus der Sozialistischen Jugend „Die Falken" ein Jugendreise- und Betreuungsbüro, das Mittel aus dem Bundesjugendplan schöpfte; aus der Arbeiterwohlfahrt ein normaler freier Wohlfahrtsverband, unterstützt und finanziert von Kommunen, Ländern und dem Bund; aus dem Arbeiter-Samariter-Bund eine Parallelorganisation des Roten Kreuzes.

Das sozialdemokratische Organisationsnetzwerk ist also nicht nur unvollständig restauriert worden, vielmehr noch nahmen die wiederaufgebauten Verbände schon bald einen neuen Charakter an. Spätestens seit Mitte der fünfziger Jahre sind sie nicht mehr Vereine einer bestimmten gesellschaftlichen Gruppe. Damit sind aber jene Reste des Milieus, wie sie in großstädtisch-industriellen Regionen durchaus noch vorhanden waren, organisatorisch durch sozialdemokratische Kulturorganisationen nicht mehr abgesichert und abgeschottet worden. So setzte sich eine Entwicklung durch, die in der Weimarer Republik bereits angelegt war, wegen der Fragmentierung der politischen Kultur sich aber nicht realisieren konnte: nämlich die Öffnung des sozialdemokratischen Vereinswesens gegenüber der Gesellschaft. Die Sozialdemokratie kam in diesem Bereich auf dem Weg zur Volkspartei einen weiteren Schritt voran.

Ganz anders sah es allerdings innerhalb der SPD selbst aus. Hier bestimmten zunächst Restauration, Abschließung, Stagnation und Hierarchisierung die Organisationswirklichkeit. Der Parteivorstand entwickelte sich zum eigentlichen Machtzentrum, er stand schließlich an der Spitze einer Machtpyramide. Dies lag nicht zuletzt an der Persönlichkeit Kurt Schumachers. Dieser verlangte Unterordnung, gab Anweisungen, duldete keine Opposition und war nicht fähig zu offener, demokratischer Diskussion, etwa im kleinen Kreis des Parteivorstandes.[404] Und es war Schumacher, der die ungenügende Zentralisierung der Sozialdemokratie scharf kritisierte und verlangte, die Schlagkraft der Partei müsse erhöht werden. Entsprechend sahen die ›Herner Beschlüsse‹, auf einer gemeinsamen Sitzung von Parteivorstand und Parteiausschuß im November 1949 verabschiedet und im Befehlston formuliert, folgendes vor: „Für die Straffung der Organisation! Schaffung des einheitlichen Organisationsaufbaues: Ortsvereine, Unterbezirke, Bezirke, Parteivorstand. Regelmäßige Durchführung von monatlichen Mitglieder- oder öffentlichen Veranstaltungen. Neugestaltung des Versammlungswesens. Verstärkung der Information und Berichterstattung über politische Fragen ... Allgemeine Mitgliedsbuchkontrolle auf Beitragshöhe und -rückstände zum Jahreswechsel 1949/50 ... Für die Stärkung der Partei! Berufung von Agitationsobleuten in alle Organisationsteile."[405] Ganz im Sinne der Zentralisierung verabschiedete der Hamburger Parteitag 1950 dann ein Statut, durch das die Stellung der Bezirke geschwächt werden sollte. Sie verloren ihre Finanzhoheit und wurden gezwungen, in Bundesländern, in denen mehrere Bezirke nebeneinander bestanden, nach Richtlinien des Parteivorstandes zusammenzuarbeiten.

Innerhalb des Parteivorstandes waren es die besoldeten Mitglieder, der geschäftsführende Vorstand, der die Zügel fest in der Hand hielt, der dem Vorsitzenden Schumacher zuarbeitete und ihm in unbedingter Loyalität verbunden war. Zu diesem Kreis gehörten Erich Ollenhauer als stellvertretender Vorsitzender; Herta Gotthelf, die die Frauenarbeit leitete; Fritz Heine, Presse- und Propagandachef; Alfred Nau, zuständig für Finanzen und Verwaltung; Herbert Kriedemann, agrar- und sozialpolitischer Experte; und Egon Franke, der das Organisationsressort betreute. Es gab eine Vereinbarung im geschäftsführenden Vorstand, daß – außer dem Parteivorsitzenden und seinem Stellvertreter – keiner der fünf weiteren besoldeten Vorstandsmitglieder ein Bundestagsmandat annehmen durfte, damit „sie mit ihrer ganzen Kraft der Partei zur Verfügung stehen" konnten.[406] Und tatsächlich lebten die „Besoldeten" für und von der Partei, ganztägig in der Odeonstraße in Hannover und später in der „Baracke" in Bonn, dem Parteihauptquartier. Sie hatten einen deutlichen Informationsvorsprung vor ihren unbesoldeten Kollegen, waren durch einen besonderen Wahlmodus auf den Parteitagen herausgehoben und schienen in ihrer Wiederwahl weitgehend abgesichert. Außerdem praktizierten sie das Recht, die übrigen Vorstandskandidaten zur Wahl vorzuschlagen. Auf die Politik des Parteivorstandes und insbesondere des geschäftsführenden Vorstandes hatten andere Bundesgremien der Partei faktisch keinen Einfluß, sie konnten gegenüber der „Zentrale" keine Kontrolle ausüben. Der Parteiausschuß, die Interessenvertretung der Bezirke, besaß weder ein Beschlußrecht, noch konnte er überhaupt unabhängig vom Parteivorstand tagen. Und die sozialdemokratischen Fraktionen im Frankfurter Wirtschaftsrat, im Parlamentarischen Rat und dann im Bundestag verstanden sich als „Sprachrohr der Partei", die Führungsrolle des Parteivorstandes gegenüber den Fraktionen war zunächst unumstritten. So erklärte Ollenhauer die „Gesamthaltung der sozialdemokratischen Fraktion" im Wirtschaftsrat so: „Von allem Anfang an hat sich die Fraktion bewußt als ein Organ der Partei betrachtet und sich den politischen Entscheidungen der Partei unterstellt."[407] Und Schumacher desavouierte die sozialdemokratische Fraktion im Parlamentarischen Rat, dem er selbst nicht angehörte, indem er gegen den Verfassungsentwurf, bei dem die Sozialdemokraten mitgearbeitet hatten, ein Veto einlegte, legitimiert durch einen entsprechenden Beschluß von Parteivorstand und Parteiausschuß. Erst Jahre später und nach dem Tod Schumachers begann die Bundestagsfraktion gegenüber dem Vorstand und auch dem Parteitag selbständiger und selbstbewußter aufzutreten.[408]

Angesichts der Machtanhäufung im geschäftsführenden Parteivorstand überrascht es nicht, daß dieser oder einzelne seiner Mitglieder – allen voran Fritz Heine, dem die Verantwortung für Wahlniederlagen angelastet wurde – immer häufiger in den Mittelpunkt innerparteilicher Unmutsäußerungen gerieten. Einer der härtesten Kritiker war der spätere Vorsitzende der Bundestagsfraktion und stellvertretende Parteivorsitzende Fritz Erler, der in der Auseinandersetzung um das neue Statut von 1950 mit dem Mangel an innerparteilicher Demokratie, an Diskussionsfreude und politischer Phantasie scharf ins Gericht ging und die Allmacht der Vorstände – gemeint war natürlich vor allem der geschäftsführende Vorstand – attackierte: „... die Grundfrage ist die, sind unsere Organe, sind unsere Vorstände – ich gehöre selbst zu einem solchen, trotzdem spreche ich es aus – sind die Vorstände Organe der Partei oder ist die Partei das Instrument ihrer Vorstände?"[409]

Erler hatte damit den inneren Zustand der SPD, wie er sich dann bis Mitte der fünfziger Jahre verfestigte, auf den Punkt gebracht. Nach Währungsreform, Gründung der Bundesrepublik und der Niederlage bei den Bundestagswahlen 1949 waren allerorten organisatorische Mängel, Ansätze zur Bürokratisierung und Verapparatung, schrumpfende Mitgliederzahlen, fehlende politische Vitalität und allgemeiner Stillstand zu registrieren. Hatte unter Schumacher der Parteivorstand sich noch durch politische Aggressivität hervorgetan, so schien dieses Gremium unter Ollenhauer für manchen Beobachter zu einer Art oberster Verwaltungsbehörde zu verkommen, die zwischen den Parteiflügeln lavierte, Spannungen und

Gegensätze ausglich und dem Primat der Parteieinheit anhing. Schon 1948 hatte Herbert Wehner als Hamburger Delegierter das Bild beklagt, das die Partei dem Außenstehenden biete: „... sie sehen bei uns viel Bürokratismus, viel Schablone, und sie sehen bei uns allzuviel Selbstzufriedenheit im Beharren auf alte Traditionen." Andere Delegierte bemängelten, die Partei sei „oft nur eine Partei-Behörde", viele Genossen fühlten sich als „Befehlsempfänger", man dürfe nicht „Methoden einreißen lassen, die etwa nach Politbüro riechen", der Selbstherrlichkeit des Parteivorstandes müsse ein Riegel vorgeschoben werden.[410] Ollenhauer hielt dagegen: „Wir haben eine stolze Organisation, wir sind die geschlossenste Partei, die es in Deutschland gibt", wenn er auch sofort einschränkte, die SPD müsse sich öffnen und zur Volkspartei für alle Menschen werden, „die in Deutschland menschlich und sozial fühlen".[411] Auf den Parteitagen häuften sich die Klagen der Delegierten, die Ortsvereine verfielen in Routine und erstarrten, sie seien zudem überaltert.[412] Im Parteivorstand selbst war man sensibel genug, die allmähliche Lähmung der SPD zur Kenntnis zu nehmen und zu verlangen, „ihr einen belebenden, den Zeitverhältnissen entsprechenden Charakter" zu geben. Doch die Antwort auf die drängendsten, sich zuspitzenden Probleme blieb traditionsgeleitet: „wesentliche Straffung der Parteiorganisation", „bessere und engere Kooperation zwischen Partei und Fraktion durch die Bildung von Arbeitsausschüssen", „Gründung einer zentralen Parteischule".[413] Die Niederlagen bei den Bundestagswahlen 1953 und 1957 wirkten jeweils wie ein Schock, sie lösten Programmdebatten und Bestrebungen aus, die Parteiorganisation von Grund auf umzugestalten. In verschiedenen Bezirken, aber auch in Ortsvereinen und Unterbezirken formierten sich Reformergruppen, erstes Anzeichen dafür, daß die Sozialdemokratie nur scheintot war und revitalisiert werden konnte.

Die Reformer hatten zunächst vor allem die Parteisymbolik im Visier, die politisch-kulturell die Sozialdemokratie in der Öffentlichkeit immer noch als etwas Gesondertes, Spezifisches auswies. Die Symbole der Traditionskompanie wurden in Frage gestellt – selbst ein symbolischer Akt von tieferer Bedeutung. So hatten Heinrich Albertz, vom Calvinismus beeinflußter Pastor, Sozialminister in Niedersachsen und Vorsitzender der Arbeiterwohlfahrt, sowie Carlo Schmid, aus großbürgerlicher Sozialisation stammend und der Weimarer Solidargemeinschaft intellektuell und gefühlsmäßig fernstehend, wiederholt seit 1950 gefordert, die SPD solle den „Ballast" aus ihrer Tradition abwerfen, nicht nur Parteisymbole wie die rote Fahne oder die Anrede „Genosse", sondern auch historischen Determinismus und ökonomistische Interpretationen der Gesellschaft sowie chiliastische Visionen. Es ging ihnen und anderen letztlich um die Säkularisierung der Sozialdemokratie, um so deren Verhältnis zu Kirchen und Religion zu verbessern. Ins gleiche Horn blies Fritz Erler, als er forderte, die Partei solle mit ihren über-

lieferten Symbolen, insbesondere mit der roten Fahne vorsichtiger umgehen, um nicht dem – vom politischen Gegner geschürten – Vorwurf ausge-
setzt zu werden, doch mit den Kommunisten verwandt zu sein.

Innerparteiliche Proteste, ja Aufruhr, waren zunächst die Antwort auf der-
artige Überlegungen. So veröffentlichte Erich Ollenhauer im ›Neuen Vorwärts‹ eine Festrede, die er zur 90-Jahr-Feier der sozialistischen Arbeiterbewegung in Wuppertal gehalten hatte: „Eine sozialdemokratische Partei ohne
das Symbol der roten Fahne wäre eine Partei ohne Herz. Die Partei ohne die
Lieder und die Kampfgesänge, die uns in 90 Jahren ans Herz gewachsen sind
und die vielleicht und hoffentlich morgen durch neue zeitgerechte ergänzt
werden, ohne das kameradschaftliche ‚Du‘, ohne die verbindende und ver-
pflichtende Anrede ‚Genosse‘ würde eine Partei ohne Blut sein."[414] Und
1954 äußerten Vorstand und Parteiausschuß sich allgemein zur sozialdemokratischen Programmatik und gingen dabei auch auf die Parteisymbole ein:
„Für die Sozialdemokratische Partei Deutschlands und die Parteien der Sozialistischen Internationale ist die rote Fahne das Wahrzeichen der Glau-
benskräfte des freiheitlichen demokratischen Sozialismus. In Zeiten politischer Unterdrückung schöpften Millionen daraus die Kraft, unter Einsatz
ihrer Person und ihres Lebens für die Freiheit zu kämpfen … Die rote Fahne
ist aus traditionellen, politischen und menschlichen Gründen unlösbar mit
dem Sozialismus verbunden. Auch ihr Mißbrauch durch die Kommunisten
und Faschisten setzt ihren Wert als Symbol des demokratischen Sozialismus
nicht herab … Die Anrede ‚Genosse‘ ist in der Partei im Kampf für gemein-
schaftliche große Ideen als Ausdruck besonderer Verbundenheit entstanden. Diese Betonung innerer Verbundenheit ist ein Zeichen solida-
rischer Kraft."[415] Sowenig die Reformer sich hier, was die Symbolik der
Partei anging, durchzusetzen vermochten, so brachen sie mit ihren Provokationen doch die innerparteiliche Lähmung auf, brachten Diskussionen und
Kontroversen in Gang und bereiteten damit indirekt jenen wichtigen Schritt
der SPD auf dem Weg zur Volkspartei vor, der für viele Außenstehende überraschend kam und der in seiner Bedeutung kaum überschätzt werden kann:
die Organisationsreform von 1958.

Die Stuttgarter Organisationsreform von 1958 und ihre Folgen

Tatsächlich war die SPD Mitte der fünfziger Jahre in ihrer Organisationswirklichkeit jenem negativen Ansehen erschreckend nahegekommen, das
von ihr in der Öffentlichkeit bestand – und dies trug natürlich zur Verfesti-
gung jener Vorstellung bei, die Sozialdemokratie sei oligarchisch und hierarchisch von oben nach unten strukturiert und entspräche in etwa dem, was
Robert Michels 50 Jahre zuvor in grellen Farben skizziert hatte. Organisato-

risch war das Parteileben in Routine verfallen, Bürokratisierung hatte sich breitgemacht, es fehlte fast jeder politische Schwung. Politisch hatte die Partei auf die falschen Karten gesetzt: Trotz aller sozialdemokratischen Kassandrarufe war nach Gründung der Bundesrepublik der wirtschaftliche Aufschwung gekommen. Alle Welt begann, das deutsche „Wirtschaftswunder" zu bestaunen, und innenpolitisch hatte die vollzogene Westintegration gerade nach dem Volksaufstand vom 17. Juni 1953 und dem Ungarnaufstand vom Oktober 1956 den westdeutschen Wählern ein Gefühl der Sicherheit gebracht. Die Niederlagen bei den Bundestagswahlen 1953 und 1957 hätten die Parteiführung also eigentlich nicht überraschen dürfen. Dennoch reagierte sie viel zu langsam und schwerfällig.

Ganz anders verhielten sich dagegen verschiedene Reformergruppen, die aus der Bundestagsfraktion, aus den sozialdemokratisch regierten Ländern und aus den Kommunen kamen und deren Ziel es war, die Partei programmatisch und organisatorisch von Grund auf zu erneuern. Da hatte sich in der Bundestagsfraktion seit 1953 bereits eine informelle Elite herausgebildet, an deren Spitze Fritz Erler, Herbert Wehner und Carlo Schmid standen, die von ihrem Temperament, ihrer Biographie und ihren politischen Überzeugungen eigentlich kaum zueinander paßten, die aber in ihrem Willen zu politischer Reform und Mobilisierung der Sozialdemokratie übereinstimmten. Diese Troika meldete im Herbst 1957 ihren Führungsanspruch als gleichberechtigte stellvertretende Vorsitzende der gerade neugewählten Bundestagsfraktion an – und sie setzte sich gegen den anfänglichen Widerstand von Erich Ollenhauer, dem Partei- und Fraktionsvorsitzenden, durch. Zudem wurde Franz Neumann, Berliner SPD-Vorsitzender, alter Vertrauter Schumachers und Symbol der erstarrenden Funktionärspartei, nicht mehr in den Fraktionsvorstand gewählt.[416] Sein Kontrahent in Berlin, Willy Brandt, war gerade Regierender Bürgermeister geworden. Wenige Monate später verdrängte Brandt mit Hilfe von Klaus Schütz Neumann auch aus der Funktion des Landesvorsitzenden der Partei, so daß – gleichsam nach Vorbild des britischen Parlamentarismus, des Westminster-Modells – die Ämter des Parteiführers und des Regierungschefs in einer Person vereinigt waren. Außer Brandt und Schütz spielten in der innerparteilichen Reformdiskussion aus den Ländern vor allem Heinz Kühn aus Nordrhein-Westfalen, aber auch Waldemar von Knoeringen aus Bayern und einige der sozialdemokratischen Ministerpräsidenten wie Zinn, Brauer und Kaisen eine Rolle. Kommunalpolitiker hatten dabei insoweit eine Bedeutung, als sie vor allen anderen bestrebt sein mußten, das „Ghetto der Selbstisolierung" zu verlassen „und die Öffnung zur Gesellschaft, die in der Kommune noch überschaubar ist", zu wagen.[417]

Bei ihren organisatorischen Überlegungen hatten die Reformer die Traditionalisten im Blick, an deren Spitze als Symbol Ollenhauer stand. Er galt als treuer, aus der Weimarer Solidargemeinschaft kommender, politisch aber phantasieloser, ja bürokratischer Parteisoldat, ein Typus von Parteifunktionär, der auf allen Ebenen zu dominieren schien. In das Visier organisatorischer Reformbestrebungen geriet aber vor allem der geschäftsführende Parteivorstand, bei dem die operative Leitung der Partei lag. Dies war eine vergleichsweise homogene Gruppe von Parteireferenten, die traditionsgeleitet vor 1933 sozialisiert worden war, sich gegenüber neuen, unerprobten Ideen skeptisch bis ablehnend verhielt und den überkommenen Strukturen und Programmen nachhing. Die herausgehobene Stellung der „Besoldeten"[418] – und auch der Parteisekretäre auf den anderen Ebenen der Partei – bewirkte aber oft, daß die Parteiorganisation gegenüber sozialdemokratischen Parlamentariern und zuweilen selbst gegenüber sozialdemokratischen Regierungsmitgliedern auf der Landesebene das Sagen hatte. Zusammengefaßt, der Primat der Parteiorganisation stand über den durch die Verfassungen vorgegebenen und eingerichteten Institutionen wie Parlament und Exekutive.

Mit der Organisationsreform, wie sie vom Stuttgarter Parteitag im Mai 1958 beschlossen wurde, ist dieses Verhältnis genau umgekehrt worden. Der Vorrang der Parteiorganisation gegenüber Parlamentsfraktionen und sozialdemokratischen Regierungen ist faktisch aufgehoben worden, und es waren die Parlamentsfraktionen (allen voran die des Bundestages), die an die Schaltstellen politischer Macht gelangten. Man könnte diesen Vorgang als die „Parlamentarisierung" der deutschen Sozialdemokratie bezeichnen, nämlich als die Anpassung der SPD an die Strukturen und die Funktionsweise des parlamentarischen Regierungssystems. Dieses ist dadurch gekennzeichnet, daß die Parlamentsmehrheit, eine Fraktion oder mehrere Koalitionsfraktionen, die Regierung kreiert, die von ihr auch politisch abhängig ist, wie die Möglichkeit des Mißtrauensvotums zeigt. Parlamentsmehrheit und Regierung bilden eine politische Aktionseinheit, bei ihnen liegt das Zentrum politischer Macht. Und es ist die parlamentarische Opposition, die gegenüber dieser Regierungsmehrheit personell und inhaltlich die potentielle Gegenmacht, die politische Alternative darstellt, indem sie in den verschiedenen Politikbereichen die Regierung attackiert, Gegenkonzeptionen artikuliert und ihre „Schattenminister" zu Wort kommen läßt, um sie dadurch in der Öffentlichkeit bekannt zu machen. Es ist also die Partei im Parlament, die Fraktion, die – gleich ob als Opposition oder als Regierungsmehrheit – im parlamentarischen Regierungssystem die Politik der Partei formuliert, popularisiert und eben auch personell vermittelt. Die Parteiorganisation spielt dabei nur eine sekundäre Rolle. Genau dieses Verständnis vom Funktionieren des parlamentarischen Regierungssystems hat der 1964 gerade zum Vorsitzenden der Bundestagsfraktion gewählte Fritz Erler auf dem Karlsruher Parteitag ausgedrückt: Die Fraktion „gibt Impulse und empfängt Impulse. Sie vertritt unsere Politik durch Darstellung auf der Parlamentstribüne, in der Presse, durch ihre Informationen und durch die Reden der Abgeordneten im Lande. Sie gestaltet Politik durch ihre Einwirkung mit Hilfe parlamentarischer Initiativen, in der Arbeit der Ausschüsse und des Plenums und in der Übertragung der dabei gewonnenen Erfahrungen auf die Beschlußkörperschaften der Partei. Sie wirkt demokratisch mit an der Vertretung unseres Landes in der Umwelt, sei es in europäischen Parlamenten, bei Konferenzen aller Art, bei Hunderten von Begegnungen mit politisch Verantwortlichen und Publizisten des Auslandes – sei es bei Reisen dorthin oder bei Gegenbesuchen hier. So ist die Fraktion ein wirksames Instrument sozialdemokratischer Gesamtpolitik".[419] Erler hielt Weisungen der Partei an die Fraktion, wenn sie über grundsätzliche Parteitagsbeschlüsse hinausgingen, für schädlich, ja sie würden diese in ihrer Arbeit behindern.[420] Mit der Organisationsreform von 1958 stellte die SPD sich auch in ihrer Praxis endgültig auf den Boden der parlamentarischen Demokratie. Sie warf den Ballast obrigkeitsstaatlicher Traditionen über Bord, nämlich die Entmündigung der Volksvertretung und ihrer Fraktionen, wie sie für den Bismarckschen Konstitutionalismus typisch war, außerdem die Selbstisolierung im Ghetto der eigenen Parteiorganisation, charakteristisch für die SPD in der Weimarer Republik und im ersten Jahrzehnt der Bundesrepublik.

Was war in Stuttgart beschlossen worden, was war konkret geschehen? Gegen den erbitterten Widerstand von Ollenhauer und Nau, gegen die Empfehlung des Vorstandes und einer eigens eingesetzten Organisationskommission hatte der Parteitag entschieden, die Institution der besoldeten Vorstandsmitglieder abzuschaffen. Während bis zu diesem Zeitpunkt die besoldeten Vorstandsmitglieder vom Parteitag in einem gesonderten Wahlakt gewählt wurden, sah der Paragraph 17 des Statuts jetzt vor, daß die Parteispitze in vier (und nicht mehr in fünf) Wahlgängen bestimmt würde, nämlich in einem für den Vorsitzenden, einem weiteren für seine Stellvertreter sowie für den Kassierer und in einem vierten für *alle* übrigen Vorstandsmitglieder. In der Debatte hatte Heinz Kühn sich scharf dagegen gewandt, „den Naturschutzzaun eines besonderen Wahlgangs" um eine Gruppe des Vorstands zu ziehen. Vielmehr solle die nach politischen Gesichtspunkten gewählte Führung der SPD Arbeitsgebiete dann unter sich aufteilen,[421] dürften Ressorts also nicht von vornherein festgelegt sein. Helmut Kalbitzer (Hamburg) bemängelte, die besoldeten Parteivorstandsmitglieder seien nach dem Krieg faktisch nicht gewählt, sondern nur bestätigt worden. In dieser Position würden sie entweder zu unflexiblen „Beamten" oder zu Managern, die ihre Machtbefugnisse überschritten.[422] Und der Kasseler Delegierte Hans Mangold wollte das institutionelle Übergewicht der besoldeten Angehörigen des SPD-Vorstandes zugunsten von mehr Parteidemokratie beseitigt sehen, die Spitze der Sozialdemokratie solle „zu einer echten Repräsentanz auch

für die geistige Gestalt der Parteidemokratie" gemacht werden.[423] Alfred
Nau hatte dagegen argumentiert, Freistellung durch Besoldung sei notwendig, weil im Vorstand eine Gruppe von Mitgliedern sein müsse, „die sich
ganz auf die ihr übertragene politische und organisatorische Arbeit konzen-
trieren kann".[424] Und Ollenhauer beharrte – vergeblich – darauf, daß die
hauptamtlichen Leiter einzelner Arbeitsgebiete für die Durchführung ihrer
Aufgaben die Autorität eines vollberechtigten Mitgliedes des Parteivorstandes benötigten.[425]

An die Stelle der Gruppe der „Besoldeten" trat nach dem neuen Statut
von 1958 ein aus der Mitte des Vorstandes gewählter geschäftsführender Vorstand, nämlich das Parteipräsidium, über dessen Mitgliederzahl der Parteitag zu beschließen hatte. In den Vorstand wurden 1958 elf neue Mitglieder
gewählt, darunter neun Bundestagsabgeordnete, davon allein sechs Angehörige des Fraktionsvorstandes, nämlich Irma Keilhack, Martha Schanzenbach, Helmut Schmidt, Gustav Heinemann, Heinrich Deist und Ludwig
Metzger. Die beiden übrigen neuen Mitglieder des Parteivorstandes waren
Willy Brandt und Alex Möller. Nicht wieder in den Vorstand gewählt wurden
die beiden bisherigen besoldeten Mitglieder Herta Gotthelf und Fritz Heine
sowie der in Berlin und in der Fraktion bereits entmachtete Franz Neumann.
Von den neun Mitgliedern des ersten Parteipräsidiums waren sieben Bun-
destagsabgeordnete, nämlich Ollenhauer, Wehner, C. Schmid, Erler, Deist,
Schoettle und Schanzenbach, lediglich der stellvertretende Parteivorsitzende
Waldemar von Knoeringen und der Schatzmeister Alfred Nau gehörten dem
Bundestag nicht an.[426] Damit waren nicht nur die Reformer an die Spitze
der Partei vorgerückt, sondern damit ging das politische Schwergewicht
der Sozialdemokratie auf die Bundestagsfraktion über. Parteiapparat und
Parteiorganisation wurden fortan politisch aus dem Bundeshaus kontrolliert. Das Profil der Partei wurde künftig von der Bundestagsfraktion, nicht
mehr von der zentralen Funktionärsbürokratie bestimmt; von ihr gingen die
politischen Initiativen aus, und sie nutzte die Parlamentstribüne entsprechend – allerdings in Verbindung mit jenem Amt im westlichen Deutschland,
das nach dem des Kanzlers zu jener Zeit national und international die
größte Öffentlichkeitswirksamkeit erreichte: dem des Regierenden Bürger-
meisters von Berlin. Es waren daher Willy Brandt, Fritz Erler und Herbert
Wehner, die bis zum Eintritt der SPD in die Große Koalition 1966 das Bild
von der SPD in der Öffentlichkeit entscheidend prägten.

Die Organisationsreform von 1958, die damit verbundenen personellen
Entscheidungen und die daraus hervorgehende „Parlamentarisierung" der
SPD können in ihrer Bedeutung und in ihren Auswirkungen kaum über-
schätzt werden, sie stehen gleichrangig neben der programmatischen Er-
neuerung der Partei, wie sie sich durch Beratung, Verabschiedung und
Popularisierung des Godesberger Programms von 1959 vollzog. Die Organi-

sationsentscheidung von 1958 stellte die Weichen für jene Entwicklung, die schließlich in die organisatorische Vielfalt, Heterogenität, Widersprüchlichkeit, Komplexität und Differenzierung mündete, die für die Sozialdemokratie als Volkspartei typisch ist.

Mit der Abschaffung eines geschäftsführenden Vorstandes auf der Bundesebene, dem besoldete Mitglieder angehörten, wurde zugleich ein organisationspolitisches Signal an die gesamte Partei gegeben. In den folgenden Jahren ist die politisch starke Stellung der besoldeten Parteisekretäre in den Bezirken und Unterbezirken immer mehr in Frage gestellt worden, die parteibeherrschende Struktur hauptamtlicher Funktionäre begann sich aufzulösen. An die Stelle politischer Sekretäre, die innerhalb der sozialdemokratischen Organisation aus Facharbeiterberufen sozial aufgestiegen waren, trat jetzt – wie bereits beschrieben – ein anderer Typ des Geschäftsführers, ab den siebziger Jahren häufig akademisch ausgebildet. Die politische Führung der Partei ging in die Hände derjenigen über, die Mitglieder der Landtagsfraktionen oder der Kommunalparlamente waren und die ihr Gehalt nicht von der Partei erhielten, sondern in einer öffentlichen Verwaltung oder einem Privatunternehmen verdienten. Auch wenn dieser Vorgang sich wenigstens über zwei Jahrzehnte hinzog, löste sich doch allmählich jene Funktionärsstruktur auf, die über die verschiedenen Ebenen hinweg die SPD als pyramidenförmigen Monolith hatte erscheinen lassen. Immer mehr bestimmten die Angelegenheiten der Kommune oder des Landes die Tagesordnungen der Parteitage, Delegiertenversammlungen und Mitgliederversammlungen sowie die tägliche Routine. Die Parteiorganisation selbst trat zunehmend in den Hintergrund.

Der hierarchische Aufbau der SPD wurde aber noch auf andere Weise unterbrochen. Wir hatten gesehen, daß die operative politische Führung nach 1958 vom Parteivorstand faktisch auf die Bundestagsfraktion übergegangen war. Dadurch ging aber auch die politische Bindung zwischen Parteivorstand und Bundespartei und den darunter liegenden Gebietsverbänden, vor allem den Bezirken, immer mehr in die Brüche. Der Vorstand verselbständigte sich tendenziell und koppelte sich allmählich von den Bezirken ab. Kommunikation in Sachen Bundespolitik lief nicht mehr aus der „Baracke" beziehungsweise dem Ollenhauer-Haus nach unten in die Bezirke, Unterbezirke und Ortsvereine, sondern kam aus dem Bundestag, von der Fraktion, die durch das Fernsehen sich direkt an die Funktionäre und Mitglieder „draußen im Land" wandte. Organisationsreform und neue Medien schwächten den Parteivorstand nicht nur in seiner politischen Rolle, sondern die Bundespartei entkoppelte sich organisatorisch zunehmend von den übrigen Parteigliederungen. Direkter, plebiszitärer Appell der Fraktionsführung von der Bühne des Bundestages aus (oder im Falle Brandts aus dem Schöneberger Rathaus) an das Parteivolk trat an die Stelle der alten, oligarchischen Kommunikationsstrukturen, wie sie im ersten Jahrzehnt der Geschichte der Bundesrepublik sich ausgeformt hatten.

Die gerade skizzierte Tendenz zur Lockerung der organisatorischen Bindungen zwischen den verschiedenen Parteiebenen ist in der Zeit zwischen der Verabschiedung des Godesberger Programms 1959 und der Bildung der Großen Koalition 1966 beziehungsweise der sozialliberalen Koalition 1969 durch eine weitere Entwicklung noch verstärkt worden. Die Sozialdemokratie versuchte nämlich gegenüber der unter Adenauer immer mehr erstarrenden und politisch phantasielos werdenden CDU sich in vielen Politikfeldern als kompetentere Partei und insgesamt als Kraft der Modernisierung in der Bundesrepublik zu profilieren und dadurch regierungsfähig zu werden. Zu diesem Zweck wurde eine ganze Serie von Fachkonferenzen, Bundeskonferenzen und Deutschlandtagen veranstaltet, man suchte das „große Gespräch" mit den verschiedensten Gruppen der Gesellschaft. Die Parteiführung, allen voran Karl Schiller und Alex Möller, pflegten auf wirtschaftspolitischen Tagungen den Kontakt mit „der Wirtschaft". Fachkonferenzen legitimierten programmatische Grundsätze in der Rechts-, Bildungs- und Kulturpolitik, die das Godesberger Programm konkretisierten. Man versuchte, aus der Ecke des ewigen Nein-Sagers herauszukommen, in der die SPD in den Augen vieler Wähler in den fünfziger Jahren gestanden hatte. Die „Gemeinschaftsaufgaben" wurden als gesellschaftspolitische Priorität proklamiert. Im Oktober 1962 fand der „Kongreß Deutsche Gemeinschaftsaufgaben" statt, in dessen Rahmen öffentlichkeitswirksam vier Foren mit Wissenschaftlern, Politikern und Praktikern tagten: „Gesundheit um jeden Preis", „Aufstieg durch Bildung", „Wir sind eine Familie" und „Gute Stube Stadt".[427] Gemeinsamkeiten mit den Regierungsparteien wurden hervorgehoben, nur wurde betont, daß die SPD alles besser, vor allem kompetenter angehen würde. Eine Art permanenter Wahlkampf lief ab; die Wahlkampfmethoden selbst wurden verfeinert und ausgeklügelter, man lehnte sich an amerikanische Vorbilder an.

Im Zusammenhang unserer Überlegungen zur Organisationsentwicklung der SPD sind aber nun zwei Tatsachen von Bedeutung: (1) Diese Modernisierungsstrategie wurde faktisch aus der Bundestagsfraktion, aus ihrem Vorstand heraus konzipiert und vom Parteipräsidium, das – wie wir gesehen haben – mit diesem personell weitgehend identisch war, übernommen und vom Parteivorstand legitimiert. Nicht nur traf das Präsidium sich einmal wöchentlich, sondern es kam auch häufiger zu ein- oder zweitägigen Klausurtagungen zusammen.[428] Die Formulierung der Tagespolitik und die politisch-strategischen Anstrengungen lagen in der Hand derjenigen, die beiden Gremien, Vorstand der Bundestagsfraktion und Parteipräsidium, in Personalunion angehörten. Der Parteivorstand hingegen legitimierte lediglich die dort bereits gefaßten Entscheidungen, der einst mächtige Parteiapparat führte sie aus, blieb aber ohne größeres politisches Gewicht. (2) Während die Bundesparteitage in den fünfziger Jahren, also in jener Periode, in der die SPD ihre hierarchische Struktur am weitesten ausgebildet hatte, immerhin Ort innerparteilicher Konflikte, Ausdruck noch bestehender innerer Demokratie und auch der Verbindung zwischen den Parteibezirken und der Bundes-SPD war, wurde in den sechziger Jahren dieses formal höchste Gremium der Partei bei grundsätzlichen Politikentscheidungen immer mehr umgangen. An seine Stelle traten die Bundes- und Fachkonferenzen, deren Teilnehmer ihr Mandat formal vom Vorstand, faktisch aber vom Parteipräsidium erhielten. Und diese Konferenzen trafen und legitimierten Entscheidungen, die eigentlich in die Kompetenz des Parteivorstandes, des Parteiausschusses beziehungsweise des späteren Parteirats (als höchstem Gremium zwischen den Parteitagen) oder des Parteitages gehörten. Dabei wird unter „entscheiden" und „legitimieren" auch das verstanden, was ohne formale Abstimmung über die Bühne ging, indem nämlich auf den Bundeskonferenzen und Fachtagungen „diskutiert", „überlegt", „klargestellt" oder „verdeutlicht" wurde, was die Sozialdemokratie in den einzelnen Politikfeldern plante und für den Fall der Regierungsübernahme vorbereitete.[429]

Die Modernisierungsbemühungen der SPD waren von Erfolg gekrönt, Mitte und Ende der sechziger Jahre erschien die Partei in der Öffentlichkeit als regierungsfähig, in vielen Politikfeldern kompetenter als die Regierungsparteien, und sie hatte ihr altes sozialistisch-proletarisches Image verloren.[430] Organisatorisch vollzog sich gleichzeitig eine relative Loslösung der verschiedenen Parteiebenen. In der Bundes-SPD wurden Parteivorstand und Parteiapparat immer mehr zu Instrumenten des Präsidiums.

Die sozialen Veränderungen in der Parteimitgliedschaft, die wir oben beschrieben haben, ihre Heterogenisierung und Pluralisierung, die sich seit 1969 rapide durchsetzten, beschleunigte und verstärkte wiederum die organisatorische Auflockerung, ja Entkopplung innerhalb der SPD. Um die verschiedenen Zielgruppen außerhalb der Partei anzusprechen, um aber auch die entsprechenden Mitgliedergruppen in die Sozialdemokratie integrieren zu können, wurden die für diese Zwecke vorgesehenen Institutionen, die Arbeitsgemeinschaften, besonders gefördert. Sie gewannen entsprechend an Bedeutung. Jetzt begann innerparteilich der Aufstieg der Jungsozialisten, aber auch – weniger spektakulär – der der Arbeitsgemeinschaften der Frauen und der der Kommunalpolitiker. Gegen die aus der außerparlamentarischen Opposition in die Partei strömenden Akademiker wurde als Gegengewicht die Arbeitsgemeinschaft für Arbeitnehmer gegründet. Die innerparteilichen Flügel gewannen jetzt nicht nur schärfere Konturen, sondern sie fanden sich in mannigfaltigen Gruppierungen wieder, die nicht allein auf den viel zu einfachen Nenner von „links" und „rechts" zu reduzieren waren. Der Grad innerparteilicher Fragmentierung nahm damit zu, die SPD wurde organisatorisch zu einer pluralistischen Partei.

Gleichzeitig strömten politisch hochmotivierte Neumitglieder in die Partei, brachten frisches Leben in die Ortsvereine und Unterbezirke. Immer stärker bestimmten die Amateurpolitiker den Alltag an der Basis. Sie waren unbefangener als die älteren Mitglieder im Umgang mit den Wählern, und sie hatten weniger Scheu, neue Diskussionsformen zu erproben.[431] Vor allem aber traten sie selbstbewußt auf, ließen sich „von oben" – etwa bei der Kandidatenaufstellung für den Bundestag oder den Landtag – nicht hineinreden, und sie stürzten sich, grasverwurzelt und basisdemokratisch, wie sie sich verstanden, in die Kommunalpolitik. Dadurch aber gewannen die Ortsvereine und Unterbezirke ein viel stärkeres Eigenleben, die Verbindung zu Bezirk und Bundespartei bestand zuweilen nur noch darin, daß man eine temperamentvoll-radikale Resolution oder einen umfänglich-detaillierten Antrag mit den gewählten Delegierten „nach oben" schickte, im übrigen aber bei seinen politischen Leisten in der Kommune oder im Landkreis blieb. Dem Abkoppelungseffekt des Vorstandes auf der Bundesebene entsprach somit die zunehmende Verselbständigung der unteren Gebietsverbände an der Basis der Partei. In der Mitte des Organisationsgefüges lösten sich damit aber auch die Bezirke aus ihren Bindungen nach unten wie nach oben.

Bezogen auf die Organisation bedeutete die Entwicklung der SPD zur Volkspartei dann aber nichts anderes, als daß die Partei sich horizontal und vertikal zunehmend fragmentierte, daß innerparteiliche Arbeitsgemeinschaften und Flügel sowie die Gebietsverbände auf den verschiedenen Ebenen immer mehr vergleichsweise selbständigen Segmenten ähnelten, sie jedenfalls nicht in eine stromlinienförmig sich zuspitzende Oligarchie einbetoniert waren. Den Begriff, den wir für diesen organisatorischen Zustand der Volkspartei SPD für geeignet halten, ist der der lose verbundenen Fragmente, der lose verkoppelten Anarchie.

Was heißt „lose verkoppelte Anarchie"?

Was verbirgt sich hinter dieser irritierenden, verschiedenartige Assoziationen hervorrufenden Begrifflichkeit, die den organisatorischen Zustand von Volksparteien – in unserem Fall den der SPD nach 1969 und nach 1972 – erfassen soll? Was also heißt „lose verkoppelte Anarchie"? Um dies zu erläutern, müssen wir etwas ausholen.

Wir gehen davon aus, daß Parteien ihren eigenen spezifischen Organisationscharakter haben. Dabei ist die Organisationswirklichkeit von Volksparteien oder von Großparteien nicht allein durch deren Satzungen und Sta-

tuten oder durch die Bestimmungen des Parteiengesetzes zu erfassen. Diese
weisen vielmehr nur auf einen Ausschnitt der Organisationspraxis hin. So
etwa heißt es im Anschluß an Artikel 21 des Grundgesetzes in Paragraph 1
des ›Gesetzes über die politischen Parteien‹, daß Parteien an der politischen
Willensbildung des Volkes auf allen Gebieten des öffentlichen Lebens mit-
wirken, indem sie insbesondere unter anderem „auf die Gestaltung der
öffentlichen Meinung Einfluß nehmen, die politische Bildung anregen und
vertiefen, ... sich durch Aufstellung von Bewerbern an den Wahlen in Bund,
Ländern und Gemeinden beteiligen, auf die politische Entwicklung in Parlament und Regierung Einfluß nehmen, die von ihnen erarbeiteten politischen Ziele in den Prozeß der staatlichen Willensbildung einführen und für
eine ständige lebendige Verbindung zwischen dem Volk und den Staatsor-
ganen sorgen". Parteien werden danach als politische Gebilde mit einem
politischen Zweck verstanden, nämlich Teilnahme an der politischen Willensbildung des Volkes. Diese Hauptaufgabe wird zwar in mehrere speziel-
lere Bereiche unterteilt, ohne daß aber das Hauptmerkmal der Parteien dadurch verändert würde. Was in den Formulierungen unberücksichtigt bleibt,
ist die Tatsache, daß Parteien auch soziale Gebilde sind, die ein Eigenleben
führen.

Der Gesetzgeber ist dem vorherrschenden Begriffsmodell in der Parteienforschung gefolgt, das von einer politischen Zweckbestimmung ausgeht,
damit aber bestimmte Bereiche der Organisationsrealität von Parteien ausblendet. In der bisherigen politikwissenschaftlichen Literatur wird die
Eigentümlichkeit von Parteien über ein Zweck- und Funktionsmodell beschrieben.[432] Autoren gehen dabei von einem instrumentalen und funktionellen Organisationsverständnis aus, das darauf angelegt ist, Parteien ausschließlich als politische Zusammenschlüsse zu interpretieren. Danach ist es
das Ziel von Parteien, Macht zu erwerben und auszuüben, und dem werden
andere Funktionen untergeordnet, die in der Literatur aufgelistet werden
wie die Interessenvermittlung und Interessenaggregation, die Programmfor-
mulierung und -artikulation, die Elitenauswahl und die Stimmenmaximie-
rung. Max Weber hat die Parteien entsprechend als rationale Zweck-Mittel-
Gebilde des politischen Machtkampfes gesehen. Nachgerade monokausal-
mechanistisch werden Parteien intentional auf Machtkampf im politischen
System hin interpretiert, werden die vielfältigen Tätigkeiten von Parteien
und ihre Binnenorganisation als ausschließlich diesem Zweck dienend begriffen. Wenn Programme formuliert, Versammlungen und Parteitage abgehalten, Kompromisse geschlossen oder Kandidaten für öffentliche Ämter
nominiert oder Vorstände gewählt werden, dann diene dies dem Machterwerb und der Machtausübung. Rationalität und Effizienz scheinen die
Kriterien einer solchen Organisation zu sein.

Nun weiß jeder, der sich auch nur etwas in unseren großen Parteien auskennt, daß diese als Organisationen und in ihrem Handeln keineswegs rational und effizient auf die Zwecke Machterwerb und Machtausübung angelegt sind. Vielmehr gibt es da Betriebsamkeit und zeitraubenden Leerlauf, Kompetenzwirrwarr, bei vielen Mitgliedern, ja selbst bei Funktionären wechselnde Motivation, überhaupt mitzumachen. Selbst Apathie ist nicht selten anzutreffen. Es wird spontan improvisiert oder zäh an einem Resolutionstext gearbeitet, der schließlich doch für die Katz ist und im Papierkorb landet. Manch einer ist ratlos, irritiert, was er in der Partei überhaupt soll und was die Partei eigentlich will. Es wird aber auch – und gerade in der SPD – nach Solidarität, Nestwärme, Bierseligkeit und Vereinsmeierei gesucht. Daneben gibt es zur gleichen Zeit Kompetenzaufteilung, zielgerichtetes Handeln und Kooperation, klar formulierte Positionen, kontinuierliche Mitarbeit, Professionalität, Karrierestreben und strategisches Handeln. Kurz, das Binnenleben der Parteien verläuft widersprüchlich und unstimmig, ist häufig unverbunden und fragmentiert. Viele Ungereimtheiten zeigen sich. Dies paßt alles nicht zu jener Zweckrationalität, die Max Weber postuliert hat. Die Parteien werden eben nicht wie von einer unsichtbaren Hand geordnet und in ihrem Handeln gelenkt. Vielmehr werden in den Parteien zahlreiche soziale Aufgaben wahrgenommen, die eben nicht in das gängige Interpretationsschema passen: Zwischenmenschliche Kontakte werden gepflegt, Geselligkeits- und Freizeitbedürfnisse, aber auch individuelle, eventuell sogar neurotische Profilierungsbedürfnisse und -zwänge befriedigt. Selbstbestätigung wird gesucht und – man denke nur an die endlosen Debatten in manchen Ortsvereinen oder auf Delegiertenkonferenzen – auch gefunden. Freunde treffen sich, feste Beziehungen werden geknüpft. Mancher erfährt Orientierungs- oder sogar Lebenshilfe, wird politisch gebildet, erhält politische Informationen, begreift politische Zusammenhänge.

Wer Volksparteien als spezifische Organisationen begreifen will, hat die gerade angedeuteten Widersprüchlichkeiten und Unfertigkeiten, die strukturellen Ungereimtheiten, die Vielfalt und Dysfunktionalität, auf die er bei einem Gang durch die Empirie immer wieder stößt, in seine Analyse einzubeziehen. Unsere Großparteien stellen eine Mischung dar von zweckrationalen Organisationen, denen es um Machterwerb und Machtausübung geht, und von Freiwilligenorganisationen, die durch einen relativ hohen Grad an Unverbindlichkeit und Introvertiertheit gekennzeichnet sind. Diese zweite Seite ist bisher von der Parteienforschung stark vernachlässigt worden. Sie aber erklärt erst die Besonderheit moderner Großparteien.

Wie wenig darüber hinaus die SPD den Kriterien von Organisationsrationalität und -effizienz entspricht, soll im folgenden Abschnitt angeschnitten werden, bevor wir uns weiter unten systematischer der sozialdemokratischen Organisationsempirie zuwenden:

1. Die Organisationsgrenzen der Partei nach außen sind nicht klar definiert. So gehören die sozialdemokratischen Fraktionen im Bundestag, in den Landtagen und in den Kommunen, die – wie dargestellt – nach der Organisationsreform von 1958 sich zum eigentlichen Machtzentrum innerhalb der Sozialdemokratie entwickelt haben, formal überhaupt nicht zur Partei. Die Arbeitsgemeinschaften organisieren nicht nur bestimmte partikulare Interessen innerhalb der SPD, sondern sie sollen auch bestimmte Zielgruppen außerhalb ansprechen, sie bilden also ganz bewußt eine Brücke zwischen Partei und Gesellschaft (etwa zu gewerkschaftlich organisierten Arbeitnehmern oder zur Frauenbewegung), sie sind mithin innerhalb der Parteiorganisation und außerhalb verankert. Und die Wählerinitiativen, die 1969 und 1972 von Intellektuellen und Künstlern allerorten gegründet wurden, um die SPD und Willy Brandt im Wahlkampf zu unterstützen, waren ganz eindeutig organisatorisch nicht Teil der Partei – und doch erhielten Günter Grass, Walter Jens oder Ralf Dahrendorf Rederecht auf Bundesparteitagen, erst recht auf Bundeskonferenzen und Fachtagungen.

2. Das Organisationsziel der SPD ist keineswegs klar und eindeutig festgelegt. Nicht nur gibt es in der Partei eine permanente Diskussion um Programm und Ziel, sondern bei den einzelnen Mitgliedern findet sich auch kein Konsens, warum sie eigentlich in der Partei sind. Selbst wenn man sich abstrakt auf den Zweck, Macht zu erwerben und auszuüben, einigen kann, bleibt immer noch zu klären, mit welchem Ziel Macht praktiziert werden soll. Viele Mitglieder verhalten sich im Sinne des angeblichen Organisationsziels keineswegs rational und effizient, sie sind eingetreten, um Selbstbestätigung zu erfahren oder Geselligkeit zu finden. Die Sozialdemokratie trägt eben Züge eines normalen Vereins, der Mitglieder auch für die Freizeitgestaltung organisiert.

3. Mithin ist die Rolle des Mitglieds in der Partei nicht klar definiert. Dies zeigt sich schon darin, daß die Beteiligung am Parteileben höchst unterschiedlich intensiv ausfallen kann, gleichsam zwischen den Extremen von „Karteileiche" und „Betriebsnudel". Mitglieder kommen und gehen, machen mit oder verhalten sich apathisch. Auch nicht jeder, der hyperaktiv ist, paßt in das zweckrationale, zielorientierte Interpretationsschema von Parteien; er kann beispielsweise auch das Mitglied im Vorstand sein, das für Festivitäten und Freizeit zuständig ist.

4. Viele Teilbereiche der Organisation, Ortsvereine etwa oder Juso- und Frauenarbeitsgemeinschaften, aber auch informelle Gruppierungen und Diskussionszirkel innerhalb der Partei führen ein intensives, nach außen abgeschottetes Eigenleben, sie sind selbstgenügsam, ja fast introvertiert. Ferner sind zwischen den Organisationssegmenten die Aktivitäten keineswegs aufeinander abgestimmt, sie laufen nebeneinander her oder sie verlaufen kontrovers und widersprüchlich. So kommt es, daß die SPD nach

innen und nach außen mit vielen Zungen redet, die Kommentatoren ver-
zweifeln, wer denn eigentlich für *die* SPD spricht. Man denke etwa an das
Antragsrecht zu Parteitagen, das alle Parteigliederungen, vom Ortsverein
an aufwärts, haben: Da liegen zum gleichen Sachproblem den Delegierten
nicht nur Dutzende von Anträgen vor, sondern diese widersprechen sich in
manchen Details, häufig aber auch prinzipiell.

   5. Wirtschaftlichkeit, gemessen an betriebswirtschaftlichen Effizienzkrite-
rien, existiert innerhalb der Partei nicht. Dazu gibt es viel zuviel Doppel-
arbeit, Leerlauf und sinnlose Tätigkeiten, die alle nichts mit Machterwerb zu
tun haben. Legt man einen rationalen Wertmaßstab an, dann ist die SPD
– wie die anderen großen Parteien, in der Bundesrepublik, die CDU und die
CSU – ein schlecht organisiertes, unterentwickeltes, ja fast dysfunktionales
Gebilde.

   6. Ein kontinuierlicher Informations- und Kommunikationsfluß von
oben nach unten und von unten nach oben findet nicht statt. Nicht einmal
die formalen Kommunikationswege sind eigentlich klar. Zwar gibt es eine
Mitgliederzeitschrift, auch Spezialinformationen für besondere Funktio-
närsgruppen und Pressedienste – doch wie kann das Parteipräsidium in
einer politisch kritischen Situation die Mitglieder an der Basis mobilisieren, zu Demonstrationen auf die Straße bringen? Ein Schneeballsy-
stem zur Nachrichtenverbreitung wurde nicht eingerichtet, entspräche
auch einem hierarchischen Organisationsaufbau, den die SPD gerade
nicht hat. Und die Computerisierung ist noch nicht so weit vorange-
trieben, daß man in diesem Fall elektronische Medien einsetzen könnte.
Den Parteiführern bleibt nichts anderes übrig, als die allgemeinen Kom-
munikationsmittel – allen voran Fernsehen und Rundfunk – zu benutzen,
um sich direkt an die Mitglieder zu wenden.

   7. Schließlich sind Kompetenzen innerhalb der Partei nicht klar geregelt.
Konkret gefragt: Wer nominiert eigentlich den Kanzlerkandidaten? Der Parteivorstand, die Bundestagsfraktion, der Parteirat, ein Parteitag? Oder wer
kann für die SPD verbindliche Erklärungen in einer außenpolitischen Krisensituation, beispielsweise beim Beginn des zweiten Golfkrieges abgeben?
Der Parteivorsitzende oder der Fraktionsvorsitzende, der Vorsitzende des
Arbeitskreises I (Außen- und Sicherheitspolitik) der Bundestagsfraktion
oder der entsprechende Fachausschuß beim Parteivorstand? Der Parteivorstand selbst? Oder der Vorsitzende des Außenpolitischen Ausschusses des
Bundesrates, wenn dieser ein sozialdemokratischer Ministerpräsident ist?
Alle Genannten haben sich zum Nahen Osten geäußert, und zwar auch ganz
formal für die SPD! Daraus ergibt sich schon, daß innerparteilich Entschei-
dungsprozesse faktisch wenig geregelt sind, sie verlaufen oft verschlungen
und unübersichtlich. Wir hatten dies schon am Beispiel der Rolle der Bun-
deskongresse und der Fachkonferenzen gesehen, die in den sechziger Jahren

stattfanden und die – obwohl formal dafür nicht vorgesehen – faktisch in verschiedenen Politikbereichen Entscheidungen vorbereiteten oder sogar trafen, diese aber auf jeden Fall legitimierten. Oder man denke an die Verabschiedung eines neuen Parteiprogramms: Formal wird dies zwar vom Parteitag beschlossen. Aber vorher gibt es Dutzende von Entwürfen, Hunderte von Kommissionen und Expertengremien auf allen Ebenen der Partei, die überlegen, diskutieren und empfehlen. Die Entwürfe werden revidiert und redigiert. Ja, Sinn eines solchen Verfahrens ist vielleicht nicht einmal der Beschluß zum Programm als vielmehr der Weg dahin, auf dem Tausende und Abertausende von Sozialdemokraten sich beteiligen. So werden die verschiedenen Flügel, Interessen und Gebietsverbände auf einen Nenner gebracht, integriert. Hinzu kommt, daß die personelle Zusammensetzung der Entscheidungsträger häufig wechseln kann, man denke etwa an die Fluktuation von Delegierten auf Parteitagen oder an den höchst unregelmäßigen Besuch von Mitgliederversammlungen.

Dies alles hat mit der herkömmlichen Vorstellung von Ordnung, Zielgerichtetheit und Rationalität in einer Organisation kaum etwas zu tun. In Wirklichkeit ist die sozialdemokratische Parteiorganisation ein höchst komplexes und kompliziertes, widersprüchliches und eigenartiges soziales Gebilde, eben kein geschlossener Körper. Die Vorstellungen, daß *die* Partei wie eine Person handele, geht an der Totalität sozialer Abläufe, die in ihr stattfinden, völlig vorbei.

Die Organisationsrealität der SPD kann viel angemessener auf den Begriff der fragmentierten, lose verkoppelten Anarchie gebracht werden. Dabei ist zunächst der Ausdruck „Anarchie" zu klären, der Assoziationen wie Terror und Chaos hervorruft, die in unserem Zusammenhang fehl am Platze sind und auch mit dem historischen Phänomen des Anarchismus nur am Rande zu tun haben. Im Kontext von Organisation bedeutet „Anarchie" vielmehr ein Modell und eine Organisationswirklichkeit, die durch Dezentralisation, ein gewisses Maß an Autonomie der Einzelteile, lockere Verbindung der Segmente in Form einer Föderation und – auf jeden Fall gemessen an den Erwartungen – durch weitgehende Abwesenheit oligarchischer Herrschaftsstrukturen geprägt ist.[433] Aus diesem Grund können wir auch von lose verkoppelten Fragmenten sprechen.

„Lose verkoppelte Anarchie" als Organisationstypus, dem die Volkspartei SPD nahekommt, weist sich nach folgenden Kriterien aus:

1. Relative Autonomie der einzelnen Organisationssegmente, wie wir sie gerade skizziert haben.

2. Eine präzise Zielsetzung, die für die gesamte Organisation, das heißt ihre Struktur wie ihre einzelnen Mitglieder und Funktionäre gilt, existiert nicht. Vielmehr bestehen voneinander abweichende Ziele für die einzelnen Parteimitglieder, aber auch für die verschiedenen Organisationssegmente.

Dies schließt nicht aus, daß nicht doch eine abstrakte, aber eben nicht zweckrationale, sondern vielmehr symbolische Zwecksetzung existieren mag, die alle Mitglieder und Organisationsteile integriert, im Fall der SPD der „demokratische Sozialismus".

3. Die Organisation funktioniert nicht nach festen Mustern oder gar Gesetzen, sie ist vielmehr ständigem Wechsel und permanenter Veränderung unterworfen. Planvolles Handeln ist kein durchgängiges Prinzip, sondern Zufälle, die sich aus bestimmten Konstellationen ergeben, oder "trial and error", "muddling through" spielen eine Rolle.

4. Die Teilnahme der einzelnen Parteimitglieder und -funktionäre am Organisationsleben variiert extrem, qualitativ, quantitativ und auch zeitlich.

Die Besonderheit der sozialdemokratischen Volkspartei als Organisation besteht gerade in der strukturellen Fragmentierung und Entkopplung der einzelnen Parteisegmente. Die Kenner, die die Partei von innen her, aus dem Ollenhauer-Haus oder auch aus der Perspektive der Bezirke, in eigener Erfahrung erleben, beklagen die föderalistische Struktur, die fehlende Möglichkeit, von Bonn her auf die Partei Einfluß zu nehmen. „Die Fähigkeit zu geschlossener Aktion hat ab- und die Verselbständigung von Landesverbänden und Bezirken hat zugenommen."[434] Daß Volksparteien und in unserem Fall die Sozialdemokratie nachgerade „balkanisiert" erscheinen, liegt nicht zuletzt daran, daß sie von außen ständig herausgefordert werden und von der sie umgebenden Umwelt extrem abhängig sind. Konkret bedeutet das: Die Ortsvereine sind in den Nachbarschaften grasverwurzelt, ihre Funktionäre sind – wie wir im Kapitel über ›Mitglieder‹ gezeigt haben – mit den lokalen Vereinen eng verbunden. Die Fraktionen stellen ein Bindeglied zwischen Partei und politischem System dar. Und die Arbeitsgemeinschaften bilden Brücken zwischen der Sozialdemokratie und den verschiedensten Interessengruppen, sozialen Bewegungen und Bürgerinitiativen.

Organisatorische Fragmentierung der Sozialdemokratie führt aber auch dazu, daß die Parteieliten auf den verschiedenen Ebenen und Stufen der Organisation relativ selbständig und unkontrolliert in Freiräumen zu agieren vermögen. Durch organisatorische Abkoppelung werden die Parteieliten weder „von unten" noch „von oben" systematisch kontrolliert, sie verfügen vielmehr auf der Ebene, auf der sie angelagert sind, über Macht. Dies jedenfalls trifft auf den Bund und die Landesverbände oder die Bezirke zu. Etwas anders stellt sich die Situation in den Ortsvereinen dar, in denen die Vorstände in der Mitgliedschaft und in der Nachbarschaft verwurzelt sind. Hier findet durchaus entsprechende Kontrolle statt. Die Unterbezirke stehen dabei zwischen den Ortsvereinen und den Bezirken, ihre Eliten haben sich tendenziell verselbständigt, werden von der Basis aber durchaus gelegentlich kontrolliert. Durch die relative Autonomie der Parteieliten, wie wir sie skizziert haben, entsteht aber von außen betrachtet der Eindruck, es handele sich beim Parteipräsidium oder beim Vorstand eines Landesverbandes oder Bezirks um die Machtspitze einer oligarchisch strukturierten Partei. Von außen ist die Entkoppelung der verschiedenen Organisationsstufen nur schwer zu erkennen.

Die organisatorische Fragmentierung der SPD verläuft entsprechend der territorialen Gliederung horizontal, da gibt es fast 10 000 Ortsvereine, über 300 Unterbezirke (davon 286 in den alten Bundesländern), 22 Bezirke, Landesverbände mit unterschiedlicher Kompetenz und natürlich die Bundespartei. Vertikal wird die Partei durch die verschiedenen funktionalen Institutionen fragmentiert, durch die Arbeitsgemeinschaften, die Parteiflügel, die Patronagestrukturen und die Fraktionen, die aber selbst wiederum in Gebietsorganisationen und damit auch horizontal gegliedert sind. Und schließlich kommt eine historisch-zeitliche Dimension hinzu, die die Fragmentierung noch vertieft: Innerhalb der SPD stehen nämlich (regional ausdifferenziert) verschiedene Organisationstypen nebeneinander, die historisch unterschiedlichen Perioden angehören.[435] Da erkennt man in Nordrhein-Westfalen den Typus der Solidargemeinschaft, in Essen den der Patronagepartei und in der Diaspora, in Baden-Württemberg oder in Oberbayern, den der Honoratiorenpartei. In den neuen Bundesländern scheint die SPD sich als ein Zwitter zwischen Diaspora-Partei und Patronageorganisation zu entwikkeln, denn auf wenige aktive Mitglieder entfallen viele öffentliche Ämter.

Auch in unseren Volksparteien, allen voran die SPD, ist also die neue Unübersichtlichkeit zu beobachten. Die Sozialdemokratie ähnelt einem bunten Flickenteppich aus höchst verschiedenfarbigen, verschiedenstofflichen, verschieden großen und verschieden geschnittenen Teilen. Diese Stücke sind lose miteinander verknüpft, an einigen Stellen enger, an anderen sehr lose. Dennoch unterscheidet sich dieser Flickenteppich SPD in Farbe, Machart und Konturen von dem der anderen Großpartei, der CDU und CSU. Innerparteilich ist Koalitionsbilden angesagt: Wer sich inhaltlich oder personell durchsetzen will, muß sich ad hoc auf mittlere Zeit mit anderen Akteuren, mit anderen Segmenten verbünden.

Organisatorische Fragmentierung und Dezentralisation, loses Verknüpfen von Einzelteilen und permanentes innerparteiliches Koalieren sind jene Elemente, die in der traditionellen Parteienforschung und insbesondere in Untersuchungen zur zeitgenössischen Sozialdemokratie übersehen oder vernachlässigt worden sind.

Bleibt angesichts unserer zugespitzten Argumentation zu fragen, was die SPD überhaupt zusammenhält, was sie zu einer Partei macht, in der die Teile als Segmente eines Ganzen erkennbar sind. Wir haben die zentrifugalen Kräfte bewußt überbetont, um jenen Glauben an Michels' These vom „ehernen Gesetz der Oligarchie" zerstören zu helfen. Natürlich sind auch zusammenführende Kräfte vorhanden, und sie sind wirksamer, als es nach unserer bisherigen Interpretation zunächst erscheinen mag. Die SPD stellt einen Mischtypus von sozialem Gebilde nach Art eines Freiwilligenvereins und politisch-rationalem Zweckverband dar. Machterwerb und Machtausübung geben durchaus einen Teil der Organisationswirklichkeit wieder – und integrieren die Partei. Man will Wahlen gewinnen, bestimmte politische Ziele inhaltlich durchsetzen und auch Personen in Machtpositionen hieven, also Patronage betreiben. Programme und programmatische Kurzformeln, die sich zuweilen auf bloße Rituale reduzieren, verbinden selbstverständlich auch. Man denke an jenes schon erwähnte allgemeine Ziel vom „demokratischen Sozialismus" oder – etwas konkreter – an jene Formel, die seit dem Dortmunder Aktionsprogramm bei fast allen theoretischen Diskussionen angemahnt wird: „So viel Planung wie nötig, so viel Markt wie möglich", jedermann kann hier seine eigene Interpretation zurechtlegen, gleich ob er sich als „Linker" oder „Rechter" begreift. Auch die Anrede „Genosse", die Grußformel „Mit sozialistischen Grüßen" (was immer die sein mögen), die rote Fahne und die eigene sozialdemokratische Geschichte, der Widerstand gegen die Nazis, die Erinnerung an die sozialdemokratischen Theoretiker und Staatsmänner verbinden natürlich auch. Und die zeitgenössischen Führer der SPD tragen ebenfalls zur innerparteilichen Integration bei, wenn sie denn wenigstens einen Hauch charismatischer Ausstrahlung haben, wie dies bei Willy Brandt nun ganz eindeutig der Fall ist.

Geht man von der These aus, die sozialdemokratische Partei sei mit „lose verkoppelter Anarchie" auf ihren Begriff gebracht, wie zeigt sich die Organisationspraxis der Volkspartei dann im einzelnen?

Zur organisationssoziologischen Empirie der zeitgenössischen SPD

Sehen wir uns die Organisationswirklichkeit auf den verschiedenen Ebenen der Partei und in den funktional bestimmten Gliederungen, in den Arbeitsgemeinschaften und verschiedenen Flügeln, etwas näher an.

Wir hatten schon im Kapitel über die soziale Zusammensetzung der Mitglieder und Funktionäre gesehen, daß die unteren Gebietsverbände, die *Ortsvereine*, in ihren Nachbarschaften verwurzelt sind, daß ihr primäres Interesse der Kommunalpolitik gilt, sie im örtlichen Vereinswesen verwoben sind und sie den lokalen Vereinen durchaus ähneln. Ihre Perspektive und auch ihre politische Praxis kann nicht anders als lokalistisch bezeichnet werden. Dies ist in den siebziger Jahren, als mit der Öffnung zur Volkspartei neue Konzepte der „Vertrauensarbeit" entwickelt wurden, auch ganz bewußt so angestrebt worden, man wollte gleichsam „in die Nachbarschaft" gehen, Sozialdemokraten sollten in den Vereinen und Verbänden, in Eltern-, Betriebs- oder Personalräten und in freien Initiativen mitarbeiten.[436]

„Zu einem neuen Organisationskonzept gehören Bürgerbüros, Bürger-
zentren für kulturelle Neigungsgruppen, gemeinsame Medienarbeit, die
Arbeit mit Familien und mit Kindern, das organisierte Arbeitsplatz- und
Nachbarschaftsgespräch, Kontaktgruppen und Kontaktstellen, um isolierte
Mitbürger zu erreichen und ihnen zu helfen, Begegnungen zwischen den Ge-
nerationen", so lautete einer der Kernsätze eines auf dem Hamburger Par-
teitag 1977 diskutierten Antrages des Bezirks Franken zur Erneuerung der
Parteiorganisation, der von Bruno Friedrich inspiriert worden war.[437]

Tatsächlich legen die Ortsvereine heute einen Schwerpunkt ihrer politischen Tätigkeit nicht nur auf die Lokalpolitik, sondern darüber hinaus
werden die Landtags- und Bundestagsabgeordneten auch an den örtlichen
Kirchturm angekettet. Da mag ein Abgeordneter noch so brillante Reden in
Bonn oder in der Landeshauptstadt halten und zur ersten Garnitur der
Bundes- oder Landesprominenz zählen, wenn er sich nicht um seinen Wahlkreis und die dortigen Ortsvereine kümmert, wird ihm das übelgenommen,
ja seine Wiedernominierung mag sogar gefährdet sein. Wie in Großbritannien oder in den USA gilt: Wahlkreisarbeit wird auch in Deutschland groß-
geschrieben, die örtlichen Genossen wollen mit ihren Abgeordneten wenigstens hin und wieder mal ein Bier trinken.

Zwar fallen die eigentlichen kommunalpolitischen Entscheidungen in den
Fraktionen der Kreistage, der Stadt- und Gemeindeparlamente, doch sind
die dortigen Mandatsträger fest in die Ortsvereine integriert, ja sie verstehen sich häufig als deren Abgesandte. Ortsvereine stellen also so etwas
wie ein lokales Forum dar, hier kommt man „an den Bürger ran".[438] Es überrascht daher nicht, wenn wiederholt vorgeschlagen worden ist, Mitgliederversammlungen grundsätzlich öffentlich zu halten und „politische Betroffe-
fene", die nicht SPD-Mitglieder sind, mit einem Rede- und Antragsrecht
auszustatten.[439] Eine andere Anregung lief darauf hinaus, die Sozialdemokratie noch bürgernäher zu gestalten, indem man die Dreigliederung Ortsverein – Unterbezirk – Bezirk durch eine vierte Untergliederung ergänzen
wollte, nämlich – unterhalb des Ortsvereins und statutarisch verankert –
„Sektionen", „Distrikte" oder „Abteilungen" einzurichten gedachte.[440] Tatsächlich ist dies faktisch in vielen größeren Ortsvereinen geschehen, wenn es
auch nicht immer einen entsprechenden Niederschlag in den Satzungen
gefunden hat. Ortsvereine stellen sich heute als relativ autonome, introvertierte Gebilde dar, sie tragen – zugespitzt formuliert – zuweilen sogar regelrecht autistische Züge. Ortsvereine sind nach außen durchaus als solche
erkennbar. Aber intern wird den Mitgliedern vor allem ein Gefühl der Zusammengehörigkeit bei Familienausflügen und Sommerfesten vermittelt,
Binnenkontakte und Kommunikation werden über das Medium „Kommunalpolitik" gepflegt.[441]

Der gerade skizzierte organisatorische Zustand erhält seine legitimatori-

schen Weihen dadurch, daß er als Ausdruck der innerparteilichen Demokratie und Basisverbundenheit vor allem von den Amateurpolitikern zele-
briert wird. Demokratisierung der innerparteilichen Willensbildung habe
dadurch stattgefunden, daß die Mandatsträger strikt „an die Basis" gebunden würden und das Mitspracherecht der Bürger in den sie unmittelbar
betreffenden Angelegenheiten über das „bloß formale Wahlrecht" hinaus erweitert worden sei. In diesem Zusammenhang ist „Parteibasis" ein schillernder Begriff. Darunter wird nicht die Gesamtzahl der einfachen Mitglieder am Ort verstanden, sondern in der Organisationspraxis läuft er
darauf hinaus, daß die aktiven Funktionäre in den Ortsvereinen und Unterbezirken gemeint sind, die die ehrenamtlichen Ämter ausüben, an fast allen
Sitzungen teilnehmen, bei der Parteiarbeit stets präsent sind – also nicht
mehr als 15 bis 20 Prozent der Sozialdemokraten insgesamt.[442] Dennoch ist
der direktdemokratische Impetus, ja Überschwang, der ursprünglich aus
der außerparlamentarischen Opposition stammt und seit Anfang der achtziger Jahre nochmals „grün" aufgeladen worden ist, so stark, daß Jungsozialisten gelegentlich gefordert haben (ob ironisch gemeint oder nicht, bleibt
unklar), die Ortsvereine in Bürgerinitiativen umzuwandeln, die konkrete
kommunalpolitische Projekte verfolgen,[443] oder die wohnortbezogene Organisationsstruktur der SPD so zu reformieren, daß neben die Ortsvereine
gleichberechtigt „gruppen- und themenbezogene Arbeitsgemeinschaften"
treten.[444]

Wie sehr die Ortsvereine sich verselbständigt, autonomisiert und kommu-
nalisiert haben, zeigen die Bemühungen der Bundespartei, bundes- und allgemeinpolitische Themen wieder in die Diskussionen der Basisgliederungen
hineinzubringen, die Genossen zu mobilisieren und die Partei wieder kam-
pagnefähig zu machen. Denn genau darauf lief unter anderem das vom damaligen Bundesgeschäftsführer Peter Glotz ins Leben gerufene Projekt ›Lebendiger Ortsverein‹ hinaus. Dabei geht es darum, daß seit dem Münchener
Parteitag 1982 Organisationsgliederungen für beispielhafte Vertrauensarbeit in ihrem Ort mit dem Wilhelm-Dröscher-Preis, dotiert mit 10000 DM,
ausgezeichnet werden können. Dies ist mit einer Ausstellung ›Lebendiger
Ortsverein‹ verbunden, an der 1982 70 Untergliederungen teilnahmen und
die jeweils im Zusammenhang mit ordentlichen Bundesparteitagen wiederholt wird. Dies war in der Endphase der sozialliberalen Koalition ein Versuch, die umstrittene und wenig ausstrahlungsfähige Regierungspolitik mit
Hilfe einer vitalen Partei zu konterkarieren und der Sozialdemokratie eine
bessere Außendarstellung zu ermöglichen. Zugleich war dies aber auch eine
Antwort auf die „Grünen", die die Jungwähler immer stärker anzogen, und
auf die Unionsparteien, die sich in ihrer Oppositionszeit von Honoratiorenparteien zu schlagkräftigen Mitgliederparteien gewandelt hatten.[445] Die
Bundes-SPD ging förmlich auf die Suche nach den organisatorisch weitge-

hend abgekoppelten, selbständig agierenden unteren Gebietsverbänden der eigenen Partei, um in Bonn politische Hilfe von der Basis zu erhalten. Die *Unterbezirke* haben organisatorisch einen tendenziell ähnlichen Verselbständigungsprozeß durchlaufen wie die Ortsvereine, auch wenn der Grad der erlangten Autonomie nicht mit dem der Ortsvereine vergleichbar ist. Unterbezirke nehmen eine Mittelstellung zwischen den untersten Gebietsverbänden und den Bezirken ein. Innerparteilich war und ist man bemüht, ihre Grenzen an die der Kreise beziehungsweise der Bundestagswahlkreise anzupassen, was deren Unabhängigkeit stärkt. Nach der Vorstellung der sozialdemokratischen Organisationsexperten sollen die Unterbezirke zu leistungsstarken Koordinations-, Dienstleistungs- und Kommunikationszentren ausgebaut werden, deren Büros zu Anlaufpunkten für Mitglieder, Funktionäre und Mandatsträger, zu einer Kontakt- und Auskunftsstelle für Bürger und Öffentlichkeit, zu einem Service-Zentrum für alle konzeptionellen und organisatorischen Arbeiten werden, und sie sollen einen Geräte- und Technikpool für die Öffentlichkeitsarbeit und sämtliche Aktionen bieten.[446]

Das eigentliche Machtzentrum im organisatorischen Aufbau der Partei stellen die *Bezirke* dar, jene Zwischenebene zwischen Unterbezirken und Bundespartei. Über sie heißt es im Paragraphen 8 des Organisationsstatuts: „Grundlage der Organisation ist der Bezirk, der vom Parteivorstand nach politischer und wirtschaftlicher Zweckmäßigkeit abgegrenzt wird." Macht ist nicht zuletzt deswegen bei ihnen angelagert, weil sie über die Personalhoheit verfügen, sie regeln die Stellen- und Personalfragen in eigener Regie, so daß beim Parteivorstand, im Ollenhauer-Haus, nicht bekannt ist, wie viele hauptamtliche Mitarbeiter die SPD insgesamt hat. Alle Versuche des Parteivorstandes, den Bezirken die Personalhoheit abzunehmen, sind in der Vergangenheit an den partikularen Interessen dieser Gebietsverbände und am Widerstand der Bezirksfürsten gescheitert. Anders hingegen ist die Situation beim Vermögen der SPD, also vor allem bei Immobilien und Beteiligungen an Unternehmen. Auf dem Wege der Wiedergutmachung ist nach 1949 das Vermögen zentral vom Parteivorstand für die SPD erstritten worden, mit Zwischenstufen ist jetzt das gesamte Grund- und Beteiligungsvermögen im Eigentum der Bundespartei, die dadurch gestärkt wurde. Das war in der Weimarer Republik anders, den Bezirken und Unterbezirken gehörten vor 1933 auch Grundstücke und Häuser.[447] Im übrigen aber stellen die Bezirke ein historisches Relikt dar, ihre Grenzen entsprechen denen der – wie es damals hieß – Agitationsbezirke in der Weimarer Republik und im Kaiserreich, sie folgen den Grenzen der preußischen Regierungsbezirke. Sie sind, was ihr Territorium und die Mitgliederzahl angeht, von höchst unterschiedlicher Größe. Da gibt es Minibezirke mit weniger als 10000 Mitgliedern. Etwa im Bundesland Rheinland-Pfalz bestehen drei Bezirke, Rheinland/Hessen-Nassau, Rheinhessen und Pfalz, nebeneinander; bis heute sind alle Versuche gescheitert, sie in einem Bezirk zusammenzufassen – nicht nur Ausdruck organisatorischer Zersplitterung, sondern auch politischer Ineffektivität.[448] Im übrigen werden innerhalb der Organisation die Bezirke wie Dinosaurier, überkommen aus alter Zeit, gesehen. So der Jungsozialisten-Vorsitzende des Bezirks Westliches Westfalen: „Die materielle Ausstattung im Bezirk ... gleicht ... insgesamt eher einem Antiquitätenladen" und ein Juso-Funktionär aus dem Bezirk Rheinland/Hessen-Nassau: „Der Apparat auf Bezirksebene ist das Letzte, was ich anderen Bezirken wünschen würde, und das Erste, was wir der CDU schenken sollten." Daß diese Äußerungen nicht nur aus jugendlichem Überschwang und direktdemokratischer Attitüde kommen, zeigt das Ergebnis, das eine Unternehmensberatungsfirma vorlegte, nachdem sie im Auftrag des Vorsitzenden Gerhard Schröder den Bezirk Hannover durchleuchtet hatte: Mißmanagement und Leerlauf herrsche, der betriebliche Informationsaustausch stocke, der Umgang mit technischem Gerät lasse zu wünschen übrig, kurz, die SPD sei dort ein „bürokratischer Verein" voller „hochdotierter Leute" mit der Mentalität von „Lebenszeitbeamten".[449]

Ein politisches Problem besteht darin, daß die Grenzen von Parteibezirken nicht notwendigerweise mit denen von Bundesländern, die eine mittlere Ebene im politischen Aufbau der Bundesrepublik darstellen, übereinstimmen. So umfassen die Länder Nordrhein-Westfalen, Rheinland-Pfalz, Hessen und Niedersachsen mehrere Bezirke. Nach dem Organisationsstatut der SPD können in solchen Fällen „nach politischer Zweckmäßigkeit Landesverbände als weitere Organisationsgliederung gebildet werden". Die Stärke der Bezirke zeigt sich jedoch in der direkt anschließenden Formulierung, daß nämlich durch die Bildung eines *Landesverbandes*, „die Eigenschaft der Bezirke als Grundlage der Organisation nicht berührt" werde. Bezeichnend für die innerorganisatorischen Machtverhältnisse ist dabei die Tatsache, daß erst 1971 Landesverbände im Statut erwähnt werden.[450] Es hängt nun von der konkreten politischen Situation in einem Bundesland ab, welcher Einfluß dem Landesverband zukommt. Unter den Ministerpräsidenten und Landesvorsitzenden Kühn und Rau in Nordrhein-Westfalen sowie Börner in Hessen sind die Bezirke landespolitisch weitgehend entmachtet worden, die Organisationskompetenz für die Wahlkämpfe wurde auf den Landesverband konzentriert und die politische Macht in den jeweiligen Staatskanzleien.[451] Ganz anders hingegen war bis 1991 die Situation in Bayern, wo der Landesverband ein Anhängsel der Bezirke, der scheinbar kraftstrotzenden „Herzogtümer" Franken, Niederbayern/Oberpfalz und Südbayern blieb. Dort verfügten die Bezirke über die Finanzhoheit, die Mitgliedsbeiträge gingen an sie, beim Landesverband verblieb lediglich die Wahlkampfkostenerstattung für die Landtagswahlen. Daß die hervorragend und im Vergleich dazu zentralistisch organisierte CSU angesichts derartiger Zersplitterung allein schon einen institutionellen Vorteil gegenüber der SPD hatte, liegt auf der Hand und blieb den Genossen natürlich auch nicht verborgen, allen voran den Landesvorsitzenden von Wilhelm Hoegner über Waldemar von Knoeringen und Hans-Jochen Vogel bis zu Rudolf Schöfberger. Doch sind zwei Versuche, den Landesverband zu stärken, in der Vergangenheit jämmerlich an den partikularen Regionalismen und an den Bezirksfürsten gescheitert. Erst nach einer erneuten, katastrophalen Niederlage bei den Landtagswahlen im Herbst 1990 wurden im April 1991 die Bezirke aufgelöst und ein organisatorisch und finanziell geeinter Landesverband Bayern gebildet. Die neue Landesvorsitzende Renate Schmidt, Vizepräsidentin des Bundestages und in Süddeutschland populär, war nur bereit zu kandidieren, wenn aus den bisherigen Bezirken ein Landesverband gemacht würde.[452]

Daß die angesprochene Organisationsproblematik in Bayern aber nicht die Hauptursache für die dortigen Wahlniederlagen ist, zeigt ein Hinweis auf Baden-Württemberg, das schon immer einen Landesverband bildete und nicht in Bezirke unterteilt war. Beide Bundesländer sind wahl- und organisationspolitisch für die Sozialdemokratie schlimmste Diaspora. In einem Drittel der Gemeinden gibt es keine Ortsvereine. Dort, wo sie existieren, spielen sie in der politischen Kommunikation kaum eine Rolle. Ja, in den Ortsvereinen sammeln sich häufig diejenigen, die im CSU- beziehungsweise CDU-Staat Außenseiter geblieben sind. Die SPD stellt fast so etwas wie eine negative Honoratiorenpartei dar. Diejenigen Sozialdemokraten aber, die in Bayern und Baden-Württemberg bei Kommunalwahlen, etwa für Bürgermeisterämter, siegen, tun dies aufgrund ihrer persönlichen Popularität und Kommunikationsfähigkeit, zuweilen auch begünstigt durch die Zerrissenheit der örtlichen CSU oder CDU.[453] Die baden-württembergische SPD hat aber gegenüber der bayerischen einen Vorsprung: Aufgrund der landesweiten Organisation und ihrer Finanzhoheit vermag sie systematisch von oben her ein effizientes System von Geschäftsstellen und damit auch eine – wenigstens für den Zweck von Landtags- und Bundestagswahlen – funktionsfähige Infrastruktur aufzubauen. Daß dies für die Sozialdemokratie auch bundesweite Implikationen hat, dürfte unbestritten sein, denn so lange die SPD bei Bundeswahlen in Bayern und Baden-Württemberg nicht wenigstens 30 Prozent der Stimmen gewinnt, dürfte es auch bundesweit nicht zu einem Sieg reichen.

Auf der Ebene der *Bundespartei* hat sich seit der Organisationsreform von 1958 strukturell nichts geändert. Das eigentliche Führungsgremium der SPD ist nach wie vor das Parteipräsidium, das personell mit dem Vorstand der Bundestagsfraktion und – soweit man an der Macht ist – mit der Bundesregierung und den Ministerpräsidenten sozialdemokratisch regierter Länder verschränkt ist. Es gilt also nach wie vor der Primat der Fraktionen und Regierungen, der Institutionen des parlamentarischen Regierungssystems, gegenüber Parteiorganisation und -apparat. Der *Parteivorstand*, dem formal die Leitung der Partei obliegt, ist nun keineswegs das oligarchische und zentrale Führungsorgan. Vielmehr sind im Parteivorstand die verschiedenen Flügel, Interessengruppen und regionale Verbände, die Landesverbände und Bezirke, vertreten sowie sorgsam in ihrem politischen Gewicht untereinander austariert. Der Vorstand hält die auseinanderstrebenden Kräfte zusammen, er integriert die Partei, führt sie aber nicht. Diese Aufgabe kommt dem Parteipräsidium zu, in dem aber auch die unterschiedlichen Strömungen und Interessen zu berücksichtigen sind, die starken Landesverbände – etwa Nordrhein-Westfalen – und die einflußreichen Arbeitsgemeinschaften – so die der Frauen – müssen sich dort wiederfinden. Bei Entscheidungen ist tunlichst darauf zu achten, innerparteilich niemandem zu sehr und immer vor den Kopf zu stoßen. Als Integrationsorgan der SPD fungiert auch der *Parteirat*, das zwischen den Parteitagen statutarisch höchste Gremium, in dem unter anderem die Bezirke und Landesverbände nach ihrer Mitgliederstärke, die Vorsitzenden der Landtagsfraktionen, die sozialdemokratischen Ministerpräsidenten und stellvertretenden Ministerpräsidenten sowie die Vorsitzenden des Seniorenrats und des Gewerkschaftsrats und ein Vertreter des Gesamtbetriebsrats vertreten sind, eine Institution mit über 150 Mitgliedern.

Das Machtzentrum der SPD im Bund ist irgendwo zwischen Parteipräsidium, dem Vorstand der Bundestagsfraktion, natürlich – wenn man die Regierung stellt – den führenden Kabinettsmitgliedern und den wichtigsten Ministerpräsidenten zu finden. Es stellt sich durch Personalunion zwischen parlamentarischen beziehungsweise Regierungsfunktionen und Zugehörigkeit zum Präsidium her. In der *Parteizentrale* selbst, im „Apparat", werden – anders als bis 1958 – große politische Entscheidungen nicht getroffen. Vom Erich-Ollenhauer-Haus werden vielmehr zwei Aufgaben erfüllt, nämlich (1) die Verbindung zwischen den verschiedenen Teilorganisationen und Gebietsverbänden der Sozialdemokratie wird gepflegt, innerparteiliche Kommunikation betrieben, und (2) Wahlkämpfe werden vorbereitet und geführt. Der Parteivorstand ist so etwas wie ein Dienstleistungsbetrieb geworden, ja, Anke Fuchs als Bundesgeschäftsführerin hat selbst von der „Service- und Dienstleistungsfunktion des Ollenhauer-Hauses" gesprochen.[454]

Angesichts der Fragmentierung der Sozialdemokratie, wie wir sie oben skizziert haben und hier empirisch ausführen, ist „innerparteiliche Kommunikation" in der Organisationswirklichkeit eine schwierige Aufgabe und Herausforderung, die jedenfalls schwerer zu realisieren ist, als es der aus dem sozialwissenschaftlichen Jargon stammende Begriff zunächst vermuten läßt. Die Indizien und die Klagen, daß die Verständigung zwischen den verschiedenen Organisationsebenen und Organisationssegmenten nicht mehr richtig funktioniere, häuften sich seit etwa 1969/70. Sie hängen direkt mit dem sozialen und generationsmäßigen Umbruch zusammen, den die Mitgliedschaft und der Funktionärskörper der SPD in dieser Zeit durchlief. Allein von der Bundestagswahl 1969 bis zu der von 1976 wurden mehr als 60 Prozent der hauptamtlichen Mitarbeiter der Partei neu eingestellt.[455] Die Mehrheit der alten Parteisekretäre, die das Rückgrat der traditionellen Sozialdemokratie bildeten, wurden durch neue Geschäftsführer ersetzt. Da mußten zwangsläufig auch die alten Kommunikationsstrukturen zerbrechen. Dies war zugleich ein sicheres Anzeichen für die Tatsache, daß das Milieu, in dem die Sozialdemokratie in der Weimarer Republik verankert war und in dem sie in den fünfziger Jahren noch wurzelte, nicht mehr existierte oder im Zerfall begriffen war. So erklärte auf dem Parteitag 1970 der damalige Bundesgeschäftsführer Wischnewski, innerparteiliche Reform, deren Grundlage „die Verbesserung der Kommunikation" wäre, sei notwendig: „1. Die regelmäßige und umfassende Information der in den Organen der Partei Verantwortlichen und aller Mitglieder. 2. Die Verbesserung des Informationsflusses aus der Organisation zur politischen Führung der Partei." Innerparteiliche Demokratie könne „nur verwirklicht werden, wenn eine permanente Kommunikation zwischen allen Gliederungen der Partei stattfinden kann".[456] Ein scharfsinniger Beobachter innerparteilicher Organisationspraxis bemerkte aus der Perspektive eines Unterbezirks, daß seit Jahren betont werde, der Information der Mitglieder käme große Bedeutung zu, daraus würden jedoch nur geringe Konsequenzen gezogen. „Allen Beteiligten ist völlig klar, daß für die Integration neuer Mitglieder, die Information der Funktionäre zu wenig getan wird, und daß darunter nicht nur die Qualität der Willensbildung, sondern auch die Wirkung der Partei nach außen leidet."[457] Unter dem Eindruck der Verjüngung der SPD und der notwendig werdenden Integration von Studenten und Akademikern glaubten einige prominente Sozialdemokraten, dem Problem durch Einführung direktdemokratischer Elemente in die Willensbildungsprozesse der Partei beikommen zu können. So schlug Erdmann Linde „Ämterrotation, Funktionswechsel und Funktionsverteilung" vor,[458] Hans Apel bewertete den Gedanken der Urabstimmung der Parteimitglieder bei wichtigen Fragen als „gar nicht so völlig verrückt".[459] Und Hermann Schmitt-Vockenhausen hielt es bei der Aufstellung von Bundestagskandidaten für notwendig, „eine stärkere Beteiligung der Mitglieder und der Bevölkerung zu erreichen. Ob man das über Primaries oder über Urabstimmungen aller Mitglieder oder wie auch sonst erreicht, ist gleich".[460] Es ist bezeichnend, daß diese Vorschläge von Sozialdemokraten kamen, die eher dem rechten Flügel der Partei angehörten. Sie gedachten offensichtlich gegen den radikaldemokratischen Ansturm der Anhänger der außerparlamentarischen Opposition, die in der Sozialdemokratie ihren Marsch durch die Institutionen angetreten hatten, die schweigende Mehrheit der Mitglieder mit Hilfe von Urabstimmungen und Urwahlen zu mobilisieren. Es war Bruno Friedrich, der gestandene Organisationspraktiker, der sich gegen derlei Experimente aussprach: „Genossen, mir ist eine dreistündige Personaldebatte mit 20 engagierten Genossen über einen Kandidaten wichtiger als eine Abstimmung per Briefzettel unter Beteiligung von weiteren 80 Genossen, die sich für die Partei sonst überhaupt nicht interessieren."[461] Innerparteiliche Kommunikationsprobleme ließen sich auf diese Weise nicht lösen. Sie sind bis heute auch nicht einmal durch die Einführung von EDV überwunden worden. Die Anschaffung von neuen Technologien und Computern im Ollenhauer-Haus ist offensichtlich chaotisch verlaufen. Nicht nur hing die SPD hier der CDU und CSU um einige Jahre und Dutzende von Millionen Mark hinterher, sondern es gab bis 1983 in der Parteizentrale auch keinen ausgebildeten EDV-Experten.[462]

Die Organisation des Ollenhauer-Hauses ähnelt in gewisser Weise der eines Ministeriums. Jedenfalls wurde nach 1969 eine Abteilungsorganisation eingeführt. Da gibt es Mitarbeiter für Innen- und Rechtspolitik, Sozialpolitik, Außen- und Sicherheitspolitik, Bildungspolitik und Kommunalpolitik sowie für die Pressearbeit. An der inneren Parteiorganisation orientieren sich verschiedene Referate für Personalfragen, innere Dienste, Finanzverwaltung, Organisation, Rechtsfragen, innerparteiliche Information, Wahlen und parteiinterne Gremien. In unregelmäßigen Abständen wird die gründliche Umstrukturierung des gesamten Hauses gefordert, was beim Wechsel im Amt des Parteivorsitzenden tatsächlich auch geschehen kann. So ist 1991, vor der Wahl Björn Engholms, in der Diskussion, nicht nur die Abteilungen neu zu schneiden,[463] sondern auch die bisherigen Abteilungsleiter samt und sonders zu entlassen oder zu versetzen. Bei der inneren Struktur der Parteizentrale soll künftig auch darauf geachtet werden, daß es keine Nebenregierung gibt, wie sie vom Betriebsrat nach Ansicht einiger Beobachter bisher ausgeübt wurde. Doch das eigentliche Hauptproblem wird man damit nicht lösen können, da es strukturell die gesamte Organisation betrifft. Es geht nämlich um die Kommunikationsdefizite, die aufgrund der Fragmentierung der Partei zustande kommen. Von Bonn aus können immer nur Serviceangebote an die Parteigliederungen gemacht werden, die diese annehmen oder nicht beachten.

Wir hatten das Projekt ›Lebendiger Ortsverein‹ schon erwähnt, bei dem es eigentlich darum gehen soll, bundes- und allgemeinpolitische Themen in die Parteigliederungen einzubringen und entsprechende Diskussionen zu ermuntern. Dieser „Arbeitsbereich" bietet jedoch „ein breites Sortiment an Service-Leistungen und individuellen Beratungshilfen",[464] die zum Teil recht unpolitisch aussehen: Organisation von Fahrgemeinschaften, Kunstmärkten, Kinderflohmärkten, Kleidersammelstellen und Secondhand-shops, aber auch Aufarbeitung der lokalen Parteigeschichte, Gestaltung von regionalen Parteitagen und Betriebsgruppenarbeit.[465] Auf ähnlichem Niveau liegt ein 1985 eingerichteter „SPD-Urlaubs-Service", später in „SPD-Reise-Service GmbH" umbenannt. Urlaub mit politischem Rahmen-programm soll geboten werden, „Urlaub, in dem durch die Gesinnungsge-meinschaft die sozialen Hemmschwellen der Kommunikation und des Kennenlernens erheblich geringer sind als bei individuellen Buchungen oder individuellem Privaturlaub" – so ein interner Vermerk 1985 an den da-maligen Bundesgeschäftsführer. Eines der erfolgreichsten Angebote war 1989 und 1990 der „Glasnost-Sonderzug der SPD mit der Transsibirischen Eisenbahn".[466] Eine andere „Aktion" nennt sich „Kleine Netze". Da geht es um eine „Gesprächsreihe von Jugendlichen mit Politikern, Abgeordneten oder Mandatsträgern. Zuhören, Verstehen, Werben, Informieren, Disku-tieren, Feiern ... Zielgruppe: möglichst sensible, intelligente und kritische junge Leute ... Einlader: Politiker, Abgeordnete ..."[467] Konkret: Ein Abge-ordneter soll dieselbe kleine Gruppe von Jugendlichen mehrmals einladen, mit ihnen feste Kontakte knüpfen. Das Ergebnis dieses Unternehmens sah nach Aussage seines Initiators, Peter Glotz, so aus: „Der Effekt war, daß von allen Abgeordneten, die angeschrieben worden waren – Landtags- und Bundestagsabgeordnete, das sind um die 1000 Leute – 25 oder 30 dieses Pro-gramm abgerufen haben."[468] Das Resultat muß für den Bundesgeschäfts-führer tief enttäuschend gewesen sein, zeigt vor allem aber, wie wenig „Bonn" in die Partei einzugreifen und sie zu mobilisieren vermag. Aber genau um diese Mobilisierungsfähigkeit ist es Peter Glotz, dem unermüdli-chen Ideenspender und Aktivisten, bei seinen Initiativen gegangen. Sein Ziel war es, Sozialdemokraten zu punktuellen Massenkundgebungen moti-vieren zu können, seiner Partei die Kampagnefähigkeit zurückzugewinnen, auch in die verschieden neuen sozialen Bewegungen einzudringen, in die Frauenbewegung, die Umweltbewegung, die Friedensbewegung und die Ar-beitsloseninitiativen.[469] Das Beispiel, an dem er sich immer wieder aufrich-tete, war der Bundestagswahlkampf 1972, als Tausende für die SPD, Willy Brandt und die Ostpolitik auf die Straße gingen – deswegen auch am Ende der achtziger Jahre seine Forderung, die Sozialdemokratie müsse eine neue „Ostpolitik" formulieren. Nur fand die Mobilisierung 1972 wegen des rich-tigen, auch emotionalisierenden Wahlkampfthemas, wegen des passenden "issues" statt. Die Parteiorganisation konnte die sowieso laufende Kam-pagne nur verstärken. ›Lebendiger Ortsverein‹, „Kleine Netze" oder „Ur-laubs-Service" dürften daher wohl vergebliche Liebesmüh sein, sie heben die strukturelle Fragmentierung der Sozialdemokratie nicht auf.

Unsere These, die Bundeszentrale der SPD sei heute eine weitgehend von der übrigen Organisation abgekoppelte Dienstleistungseinrichtung, zeigt sich am deutlichsten in der zweiten Aufgabe, der das Ollenhauer-Haus neben der innerparteilichen Kommunikation nachkommt, nämlich der Vorbereitung und Durchführung von Bundestags- und Europawahlkämpfen. Diese werden nämlich nicht von der gesamten Parteiorganisation getragen, sondern von Wahlkampfexperten in der „Baracke" und von Werbeagenturen, die für die SPD arbeiten. Die Agenturen versuchen dann, die Parteimitglieder zu mobilisieren, damit sie dazu beitragen, die Stammwähler am Wahlsonntag in die Stimmlokale zu locken. Aber nicht zufällig sind Klagen typisch, wie sie Bundesgeschäftsführer Peter Glotz nach der Bundestagswahl 1987 erhoben hat, daß nämlich die ungenügende Mobilisierung der Sozialdemokraten selbst ein wesentlicher Grund für die Wahlniederlage gewesen sei.[470] Die Parteiorganisation mit ihren aktiven Mitgliedern und Funktionären ist heute nicht mehr wie in der Weimarer Republik und auch noch in den fünfziger Jahren Subjekt der Wahlkampfführung. Dieser These widerspricht auch nicht der Bundestagswahlkampf 1972, als die Ostpolitik und das Mißtrauensvotum gegen Kanzler Willy Brandt so aktivierend wirkten, daß auch die einfachen Parteimitglieder, die sich sonst eher apathisch verhielten, tatkräftig eingriffen.

Die Professionalisierung des Wahlkampfes und seine Verselbständigung von der Parteiorganisation gehen sogar so weit, daß nicht im Parteivorstand, ja selbst nicht einmal im Parteipräsidium die Werbekampagne technisch und politisch im Detail konzipiert wird. Vielmehr werden Strategie und Taktik von den Agenturen zusammen mit dem Kanzlerkandidaten, seinen wichtigsten Beratern, dem Bundesgeschäftsführer und zwei oder drei besonders interessierten Präsidiumsmitgliedern (darunter gegebenenfalls der Partei- oder Fraktionsvorsitzende oder einer ihrer Vertreter) entwickelt. Daß es dabei zu Konflikten zwischen den Experten im Ollenhauer-Haus, den Beratern des Kanzlerkandidaten und den Werbeagenturen kommt, ist nicht ungewöhnlich. Im Bundestagswahlkampf 1986/87, als der nordrheinwestfälische Ministerpräsident Johannes Rau für das Kanzleramt nominiert worden war, „fiel das fast in zwei Apparate auseinander", so Peter Glotz, „es gab deutliche Konflikte zwischen Hombach/Clement auf der einen Seite und mit mir auf der anderen Seite – die waren auf lange Zeit kaum regelbar".[471] Wegen dieser Erfahrung wagte dann 1990 keiner der Experten aus der Parteizentrale, gegen die zum Teil verheerenden Anfängerfehler zu protestieren, die im engeren Kreis um den Kanzlerkandidaten Oskar Lafontaine gemacht wurden – was wiederum zur bitteren Niederlage beitrug. Dabei bedient sich die Wahlkampfleitung, selbst wenn sie in zwei konkurrierende Gruppen gespalten sein sollte, der modernsten politischen Werbetechniken und -hilfsmittel. Amerikanische Wahlkampagnen dienen in dieser Hinsicht als Vorbild. Seit 1960 stützt die SPD sich auf Public-Relations-Experten, auf Spezialisten, die Fernsehspots produzieren, und auf Umfrageinstitute.[472]

Ein Debakel wie 1953 kann mithin nicht mehr passieren, als die Sozialdemokratie ohne Beratung von außen und nur auf ihr eigenes Presse- und Propagandareferat gestützt, ungewollte Wahlkampfhilfe für die CDU mit der Parole „Statt Adenauer Ollenhauer" lieferte, eine personelle Alternative, die in der Öffentlichkeit zugunsten der Regierenden wirkte.[473]

Das Ollenhauer-Haus bietet seine Wahlkampfexpertise den Landesverbänden und Parteibezirken auch als Dienstleistung für deren Landtagswahlkämpfe an. Diese erhalten – wenn gewünscht – Beratung und Hilfe durch eine kleine Gruppe von Fachleuten, die kontinuierlich beispielsweise die Entwicklung im Meinungsbild der Bevölkerung verfolgt und die an anderer Stelle, bei anderen Wahlen gesammelte Erfahrungen allen zugänglich machen will.[474] Hier wird also versucht, die organisatorische Fragmentierung der Sozialdemokratie zu überbrücken. Dabei muß diese im Wahlkampf nicht nur zum Nachteil gereichen. Vielmehr besteht heute die Notwendigkeit, die verschiedenartigsten Wählergruppen zur gleichen Zeit, aber je spezifisch anzusprechen. Und da kann sich Pluralismus in der Partei sogar als Vorteil erweisen. Denn die innerparteilichen Interessengruppen und Flügel sprechen im Wahlkampf jeweils verschiedene Wählerschichten an. Konkret funktioniert das folgendermaßen: Werbeagenturen wenden sich in deren Namen an unterschiedliche Zielgruppen, die Jungsozialisten an die ökologiebewußten jüngeren Wähler, die Arbeitsgemeinschaft sozialdemokratischer Frauen an die Anhänger der Frauenbewegung und an die berufstätigen Frauen, die Arbeitsgemeinschaft für Arbeitnehmerfragen an die Facharbeiter und an die Angestellten und Beamten im öffentlichen Dienst. Die SPD vermag also durch ihre Arbeitsgemeinschaften, Flügel und Regionalverbände mit vielen Stimmen zu reden und auf diese Weise viele Wählerschichten anzusprechen. Nicht organisatorische Geschlossenheit und Einförmigkeit sind notwendigerweise gefragt, sondern Vielfalt und Pluralismus.

Im Zusammenhang mit Wahlkämpfen ist auch jene Institution der SPD zu sehen, die formal nach dem Organisationsstatut ihr oberstes Organ darstellt, nämlich der *Bundesparteitag*. Dieser tagt alle zwei Jahre, wählt den Parteivorstand, die Kontrollkommission und die Bundesschiedskommission, er beschließt über die Tätigkeitsberichte der verschiedenen Bundesgremien der Partei, auch über den der Bundestagsfraktion. Er berät „über die Parteiorganisation und alle das Parteileben berührenden Fragen", und er berät und beschließt über die eingegangenen Anträge. In der politischen Wirklichkeit kommt den Parteitagen jedoch häufig eine Werbe- und Wahlkampffunktion zu, sie stellen regelrechte Heerschauen sozialdemokratischen Potentials dar. Sie werden so terminiert, daß sie vor Bundestags- oder Landtagswahlen stattfinden, und sie werden in solche Länder einberufen, in denen Wahlen bevorstehen. Selbstdarstellung ist angesagt, Geschlossenheit nach außen gefordert.[475] Die 400 stimmberechtigten Delegierten, in den Bezirken gewählt, werden an Zahl von den redeberechtigten Gästen, von den hauptamtlichen Funktionären, vor allem aber von den Journalisten bis zum Sechsfachen übertroffen. „Das ‚höchste Beschlußorgan' pflegt als zahlenmäßige Minderheit in einer Fernseh-Arena zu sitzen."[476]

Innerparteiliche Willensbildung und politische Entscheidungen des Parteitages werden dadurch erschwert, daß den Delegierten zu ordentlichen Bundesparteitagen Hunderte von Anträgen, in der Regel sogar weit über tausend, vorliegen, da alle Organisationsgliederungen, also auch die Ortsvereine, antragsberechtigt sind. Während 1948 dem Parteitag 58 Anträge vorlagen, war diese Zahl 1968 auf knapp 800, 1970 auf etwas über 1000 und 1971 auf 1350 gestiegen.[477] Sosehr diese Entwicklung als Ausdruck gestiegener politischer Partizipation zu gelten hat, so ersticken Parteitage doch in der Antragsflut, zumal der Parteivorstand auch regelmäßig über die Erledigung früher beschlossener Anträge zu berichten hat. Um den Bundesparteitag zu einem entscheidungsfähigen Gremium zu machen, das die zentralen politischen Stellungnahmen der Partei beschließt, ist wiederholt versucht worden, das Antragsrecht zu reformieren. Vor allem wollte man den Ortsvereinen das Recht nehmen, Anträge direkt an den Bundesparteitag zu stellen.[478] Entgegen der ausdrücklichen Empfehlung der Antragskommission hat der Parteitag sich jedoch geweigert, diesem Vorschlag zuzustimmen.[479] Zur Vereinfachung der Beratungen ist in das Statut lediglich eine Antragskommission aufgenommen worden, die aus je einem Delegierten der Bezirke und acht vom Parteivorstand zu benennenden Mitgliedern besteht und die zwei Wochen vor dem Parteitag allen Delegierten ihre Stellungnahme zusendet.

Dieses Beispiel zeigt bereits, daß Bundesparteitage nicht nur als Public-Relations-Veranstaltungen zur Eröffnung von Wahlkämpfen angesehen werden dürfen, sondern daß sie auch Organe demokratischer Willensbildung sind, die selbst gegen die Vorstellungen von Antragskommission, Parteivorstand, Parteipräsidium oder Bundestagsfraktion – wenigstens gelegentlich – Beschlüsse fassen. Dabei müssen Konflikte nicht notwendigerweise in der Öffentlichkeit und auf dem Forum des Parteitages ausgetragen werden. Im Vorfeld finden Sondierungen, ja regelrechte Verhandlungen zwischen den verschiedenen Flügeln, Bezirken oder Arbeitsgemeinschaften statt. Koalitionen werden geschmiedet und manchmal noch vor dem Parteitag im Parteivorstand oder von der Antragskommission „abgesegnet", indem entsprechende Empfehlungen an die Delegierten gehen. Aber es kommt auch zu offenen Feldschlachten. Trotz gewisser vorheriger Absprachen kam es im Parteivorstand zu großen Überraschungen bei der Vorstandswahl auf dem Parteitag 1973 in Hannover, als die „Linke" einen Sieg errang und deren Repräsentanten wie der Führer der Berliner Linken, Harry Ristock, der Vorsitzende der Jungsozialisten, Wolfgang Roth, Peter von Oertzen und weitere innerparteiliche Oppositionelle gewählt wurden, während namhafte Parteivorstandsmitglieder wie Carlo Schmid und Annemarie Renger die erforderliche Mehrheit verfehlten.[480] Eine innerparteiliche Koalition zwischen den Arbeitsgemeinschaften der Jungsozialisten und der Frauen, den Kommunalpolitikern und den Linken hatte obsiegt. Bei den Auseinandersetzungen geht es nicht nur um Personalfragen, sondern auch um politische Inhalte. So wurde ebenfalls 1973 ein unter dem Vorsitz von Helmut Schmidt erarbeiteter ›Entwurf eines ökonomisch-politischen Orientierungsrahmens 1973 bis 1985‹ aufgrund heftiger innerparteilicher Kritik an eine neu gebildete Kommission zurückgewiesen. Bereits zwei Jahre vorher hatte der Parteitag gegen den Parteivorstand und gegen die sozialdemokratischen Mitglieder der Bundesregierung die Behandlung des Paragraphen 218 auf die Tagesordnung gesetzt, einen Beschluß zum Tarifkonflikt in der Metallindustrie gefaßt und die Heraufsetzung der Spitzenbesteuerung auf 60 Prozent verlangt.[481] Und 1977, 1979 und 1982 haben die Parteitage die sozialdemokratische Bundesregierung unter Helmut Schmidt unter anderem in den Bereichen der Energie-, der Sicherheits- und Außenpolitik scharf kritisiert. Parteitage haben also durchaus ein eigenes politisches Gewicht. Allerdings zeigt gerade die Antragsflut, von der wir gesprochen haben, daß Parteitage kaum ein Bindeglied zwischen den unteren Gebietsverbänden und der Bundespartei darstellen, auch in dieser Beziehung greift unsere These von der Fragmentierung.

Wenn von der Bundesebene der SPD die Rede ist, dann kommen wir, soll die politische Wirklichkeit in ihrer Machtkonstellation begriffen werden, nicht umhin, von der sozialdemokratischen *Bundestagsfraktion* zu sprechen, auch wenn sie, wie wir gesehen haben, formal nicht zur Parteiorganisation selbst gehört. Dennoch liegt bei ihr seit der Organisationsreform von 1958 die eigentliche Macht, jedenfalls dann, wenn die Partei in der Opposition ist. In den Jahren, in denen die SPD an der Bundesregierung beteiligt war beziehungsweise ist, verschiebt sich das Machtzentrum zur Regierungsmehrheit,[482] also jener Verbindung, die dem parlamentarischen Regierungssystem eigen ist, in dem die Exekutive aus der Parlamentsmehrheit so hervorgeht, daß Kabinett und Mehrheitsfraktion(en) eine Aktionseinheit bilden. Fraktionen stellen bekanntlich nichts anderes dar als die Parteien im Parlament, die im Plenum wie in den Ausschüssen als die primären Organisatoren des Parlamentsbetriebes fungieren. In ihren Gremien fällt die politische Entscheidung darüber, welche Grundhaltung die ihr angehörenden Abgeordneten bei den Beschlüssen des Bundestages einnehmen.[483] Welches Bild die Sozialdemokratie in bundespolitischen Fragen in der Öffentlichkeit abgibt, entscheidet sich also in der Fraktion. Ihr wird mit dem Parlament gleichsam eine Plattform geboten, von der aus sie sich, im Zeitalter des Fernsehens, direkt und unmittelbar an die sozialdemokratischen Mitglieder,

Anhänger und Wähler wenden kann, von der aus man aber auch um neue Wähler zu werben vermag. Es sind der Fraktionsvorsitzende und die Fraktionssprecher (wenn man an der Regierung beteiligt ist natürlich der Kanzler und die Minister), die in der Öffentlichkeit als Repräsentanten der Sozialdemokraten bekannt sind, gleich ob sie Mitglied des Parteivorstandes oder des Parteipräsidiums sind. Allerdings ist die Fraktionsführung faktisch im Parteipräsidium verankert, und es entspricht den Regeln des parlamentarischen Regierungssystems, daß der Fraktionsvorsitzende im Bundestag gerade dann auch Vorsitzender der Partei und Kanzlerkandidat ist, wenn die Partei sich in Opposition befindet.

Die Entwicklung der SPD zur Volkspartei hat sich in der Bundestagsfraktion auf zweierlei Weise niedergeschlagen, nämlich durch ihre zunehmende innere Gliederung und Ausdifferenzierung und durch ihre Verselbständigung von der Parteiorganisation:

Was ist mit Ausdifferenzierung gemeint? Während die sozialdemokratische Fraktion des 1. Deutschen Bundestages (1949 bis 1953) ihrer Arbeit im wesentlich in den Fraktionssitzungen nachging, an denen alle SPD-Abgeordneten teilnahmen, wurden in der 2. Wahlperiode (1953 bis 1957) zur Vorbereitung der Fraktionssitzungen und der Parlamentsarbeit sieben Arbeitskreise gebildet, die sich an den Politikbereichen Außenpolitik, Innenpolitik, Wirtschaftspolitik, Sozialpolitik, Haushalt und Finanzen, Heimatvertriebene und Rechtswesen orientierten und denen jeweils die Abgeordneten angehörten, die in den entsprechenden Ausschüssen tätig waren. Diese Arbeitsteilung hat sich bis heute erhalten, die Zahl der Arbeitskreise schwankt zwischen sieben und acht. Die weitere Ausdifferenzierung fand jedoch dadurch statt, daß innerhalb der Arbeitskreise Arbeitsgruppen gebildet wurden, deren Zahl kontinuierlich gestiegen ist. So war 1989 der Arbeitskreis „Außen- und Sicherheitspolitik" in 19 Arbeitsgruppen unterteilt, darunter von ihrer Kompetenz so breit angelegte wie „Außenpolitik" und „Sicherheitsfragen", aber auch so spezialisierte wie „Tiefflug", „Truppenübungsplätze, Fluglärm" oder „Polen", „Frankreich", „Sowjetunion" und „USA". An der Spitze jedes Arbeitskreises steht ein stellvertretender Fraktionsvorsitzender, jede Arbeitsgruppe hat ihren Obmann. Damit ist das Machtgefälle zwischen den einzelnen Abgeordneten angesprochen, nämlich die Hierarchisierung der Fraktion, die im Verlauf der Jahre ebenfalls komplexer und unübersichtlicher geworden ist.[484] Unterschieden nach ihrem politischen Einfluß differenziert Steffani vier beziehungsweise drei Abgeordnetengruppen[485]: (1) Abgeordnete mit Regierungsämtern (Bundesminister, Staatsminister und Parlamentarische Staatssekretäre, deren Aufgabe es ist, die Verbindung zwischen der Fraktion und der Regierung oder den Staatsverwaltungen zu pflegen); (2) die Fraktionsführung (bei der SPD der Fraktionsvorsitzende, seine acht Stellvertreter; außerdem vier Parlamentarische Geschäftsführer, nämlich der politische Geschäftsführer und je ein Geschäftsführer für Personal und Finanzen, Organisation sowie Verbindung zu gesellschaftlichen Gruppen und Verbänden, daneben 26 weitere Mitglieder); (3) die Experten und Verbandsvertreter (dies ist der aktive Kern der Abgeordneten in den Ausschüssen, hierzu zählen auch die Obleute der Arbeitsgruppen); (4) die Fraktionsteilhaber (oft als „Hinterbänkler" bemitleidet, die aber wichtige Verbindungsaufgaben gegenüber den Wahlkreisen, den unteren Gliederungen der Partei, auch den Arbeitsgemeinschaften und Interessengruppen wahrnehmen. Sie bilden „oft genug die politisch sensible Hand der Fraktion am Puls der Bevölkerung"[486]). Bei den Oppositionsfraktionen fehlt natürlich die zuerst genannte Gruppe, die der Regierungsmitglieder. Hier kommt dann – wie bei der SPD seit 1982 – der Fraktionsführung die größte Bedeutung zu; der Fraktionsvorsitzende ist der Widerpart des Kanzlers in den Debatten – im Fraktionsvorstand befinden sich Angehörige der alternativen künftigen Regierungsmannschaft.

Zur Ausdifferenzierung der Fraktion gehört dann aber auch, daß die Zahl ihrer hauptamtlichen Mitarbeiter und der Etat, über den sie verfügen kann, kontinuierlich gestiegen sind. Das erste Fraktionsbüro verfügte 1949 über einen kleinen Mitarbeiterstab von neun Personen, darunter spätere Abgeordnete wie Hans Hermsdorf und Annemarie Renger. Erst 1952 ist der erste wissenschaftliche Assistent der SPD-Fraktion eingestellt worden, nämlich Horst Ehmke als Mitarbeiter des Parlamentarischen Geschäftsführers Adolf Arndt. Ab 1955 erhielt jeder Arbeitskreis einen wissenschaftlichen Mitarbeiter zugeteilt. Zur Verbesserung der Öffentlichkeitsarbeit war bereits ein Jahr zuvor ein Pressereferat unter Franz Barsig eingerichtet worden. Mit steigender Mitarbeiterzahl gewann die Fraktion gegenüber der Parteiorganisation zunehmend an Gewicht. Am Ende der 3. Legislaturperiode (1957 bis 1961) wurde die Fraktionsarbeit von etwa 40 Mitarbeitern, darunter zehn wissenschaftlichen Assistenten unterstützt; 1972 waren es 125 Mitarbeiter, darunter 48 Referenten; 1980 170 Mitarbeiter, davon 55 Referenten; und 1990 250 Mitarbeiter, von denen 65 wissenschaftliche Referenten waren.[487] Damit entspricht die Zahl der Fraktionsmitarbeiter in etwa der Zahl der hauptamtlich Beschäftigten im Ollenhauer-Haus. Die SPD-Fraktion verfügt heute über ihre eigene kleine Bürokratie, die im Ansatz ein Gegengewicht zur Ministerialadministration bildet, die aber doch auf jeden Fall so ausgebaut ist, daß die SPD als Oppositionsfraktion aus den Ministerien jener Bundesländer, in denen sie an der Macht ist, Expertisen in bestimmten Politikbereichen einzuholen und zu verarbeiten vermag.

Kommen wir jetzt zum Komplex der Verselbständigung. Diese Zahlen reflektieren nämlich auch die zunehmende Selbständigkeit der Bundestagsfraktion gegenüber Parteiorganisation und Ollenhauer-Haus, dessen Mitarbeiterzahl nicht nur über Jahrzehnte stagnierte, sondern wegen der Fi-

nanznot der SPD in den letzten Jahren sogar rückläufig war. Bereits vor der
Organisationsreform von 1958 haben aus der Weimarer Solidargemeinschaft
kommende, sensible innerparteiliche Beobachter die Verlagerung der politischen Gewichte von der Partei zur Bundestagsfraktion registriert und – zum
Beispiel 1956 – davor gewarnt, daß die Partei und Parteiführung zu einem
Werkzeug der Bundestagsfraktion degradiert werde.[488] Nach den Entscheidungen von 1958 ist das Machtzentrum der Sozialdemokratie dann tatsächlich
bei der Fraktion zu finden gewesen. Dabei ist das Verhältnis von Parteiorganisation und Bundestagsfraktion kein starres, mechanistisch-asymetrisches,
sondern wird mit dem sich verändernden politischen Kontext immer wieder
neu bestimmt. So liegt es auf der Hand, daß die Parteiorganisation in ihrer
politischen Bedeutung noch verlor, als die SPD 1966 in die Bundesregierung
eintrat. Im Jahrbuch der SPD 1968/69, also nach Bildung der Großen Koalition, wird in diesem Zusammenhang lakonisch bemerkt, daß „die Gefahren
der Unterschätzung, Verniedlichung und Vernachlässigung der Organisation der Partei ... seit dem Eintritt der SPD in die Bundesregierung nicht
von der Hand zu weisen" seien.[489] Die Partei mußte sich von der Regierungsmehrheit, also von sozialdemokratischer Fraktion und Kabinettsmitgliedern abgekoppelt fühlen, als in der zweiten Hälfte der siebziger Jahre angesichts der ökonomischen Rezession, die sich zur Weltwirtschaftskrise
weitete, der politische Spielraum immer enger wurde. Entscheidungsmög-
lichkeiten wurden nur von Regierung und Fraktion ausgelotet, diese
konnten aber gegenüber den Parteiaktivisten nur schwer vermittelt werden.
In der Partei griff das Unbehagen immer mehr um sich, zum bloßen Anhängsel von Regierung und Fraktion zu werden. Das Konfliktpotential
wuchs. So ging Herbert Wehner als Fraktionsvorsitzender auf dem Parteitag
1977 ausführlich auf das Verhältnis von Fraktion und Partei ein: „Die Bundestagsfraktion der SPD ist keine besondere Partei über der Partei oder zwischen den Parteikörperschaften. Die Mitglieder der Fraktion der SPD im
Deutschen Bundestag sind als vom Volk gewählte sozialdemokratische Abgeordnete sowohl Mitglieder und Vertrauenspersonen der Sozialdemokratischen Partei Deutschlands als auch dem Volke verantwortlich. Dies ist ein
natürliches Spannungsfeld, und ihm entspricht ein von manchen mehr, von
anderen weniger als selbstverständlich empfundener Spannungszustand,
der manche Irritationen und auch manche Nervenschwierigkeiten ... erklären mag."[490] Und zwei Jahre später klagten Willy Brandt, Karl Ravens
und Dieter Spöri, es hapere an der Rückkoppelung der Entscheidungen von
Parlament und Regierung an die Parteimitgliedschaft.[491] 1979 beschäftigte
sich Wehner angesichts zunehmender Entfremdung erneut mit dem Verhältnis von Partei und Bundestagsfraktion: „Es ist, offen zugegeben, für
manchen Sozialdemokraten oft nicht leicht, zu verstehen oder anderen verständlich zu machen, daß z. B. Beschlüsse oder Anträge von Ortsvereinen

nicht unverzüglich umgesetzt werden in öffentlich sicht- und hörbar ge-
machte parlamentarische Initiativen und positive Entscheidungen. Das liegt
einmal an den Mehrheitsverhältnissen, das liegt zum anderen an Koalitions-
notwendigkeiten, und das liegt auch daran, daß man die Dinge Zug um Zug
in Bewegung zu bringen hat; sonst geht gar nichts."[492] Auf dem Münchener
Parteitag 1982 zeichnete sich das nahe Ende der sozialliberalen Koalition bereits ab. Etwa Horst Ehmke bemängelte, daß es der Partei nicht gelungen
sei, „die Regierung in dem Maße, in dem es erforderlich ist, an die Partei zu-
rückzubinden. Es ist ihr andererseits nicht gelungen zu verhindern, daß die
innerparteiliche Kritik ins Alternative abdriftet", ein deutlicher Hinweis
also auf die Herausforderung durch die „Grünen". Ehmke befürchtete, daß
– sollte sich an dieser Situation nichts ändern – „die Herrschaft der
Schwarzen" herbeisignalisiert werde,[493] was einige Monate später auch tatsächlich eintrat. Ein strukturelles Problem der Kanzlerschaft Schmidt lag
nicht zuletzt darin, daß der Regierungschef – anders als sein Vorgänger
Brandt und auch als seine CDU-Vorgänger – nicht zugleich auch Parteivorsitzender war, sondern nur stellvertretender Vorsitzender blieb. Wirkte trotz
des gespannten persönlichen Verhältnisses die Arbeitsteilung zwischen
Brandt (innerparteiliche Integration) und Schmidt (Regierungspolitik) zunächst entlastend, so erwies sie sich mit zunehmendem Druck der Ökologiebewegung, der von außen und innerparteilich erfolgte, als problematisch.[494]
Die Partei entglitt dem Kanzler immer mehr, das Ende der sozialliberalen
Koalition war in dem Moment gekommen, als Schmidts innerparteiliche
und innerfraktionelle Hausmacht, der in diesem Zusammenhang bereits erwähnte Gewerkschaftsflügel, ihm in der Arbeits- und Sozialpolitik nicht
mehr folgte. Die Regierung scheiterte nicht zuletzt daran, daß Helmut
Schmidt seine Machtbasis in der Partei verlor.

Die Parteiorganisation hat also im Verlauf der Regierungszeit Schmidt mit
den sich zuspitzenden Problemen und Konflikten an politischem Gewicht
gegenüber der Bundestagsfraktion und der Regierung gewonnen. Dies gilt
auch für die folgenden Jahre der Opposition, es besteht ein ambivalentes
Gleichgewicht zwischen den beiden Seiten. Dieses latente Spannungsverhältnis wurde aktualisiert, als Oskar Lafontaine, stellvertretender Parteivorsitzender, Ministerpräsident des Saarlandes und in der Bundestagsfraktion
ohne Machtbasis, zum Kanzlerkandidaten der SPD gekürt wurde. Gerade
im sich rapide vollziehenden deutschen Vereinigungsprozeß brachen die
Friktionen zwischen der Partei, ihrem Kanzlerkandidaten und der Fraktion
immer wieder auf, so in der Stellungnahme zum Zehn-Punkte-Plan von
Bundeskanzler Kohl vom Januar 1990, der die Bildung einer Konföderation
vorsah, und zum Vertrag über die Schaffung einer Währungs-, Wirtschafts-
und Sozialunion sowie zum Einigungsvertrag.

Im Zusammenhang unserer Überlegungen ist die Tatsache wichtig, daß

die sich wandelnden Beziehungen zwischen Fraktion und Bundespartei,
gleich in welcher Konstellation sie sich seit 1958 jeweils befunden haben, als
Ausdruck der strukturellen Fragmentierung der sozialdemokratischen
Organisation begriffen werden können.

Das, was organisatorisch die Sozialdemokratie jedoch erst zu dem macht,
was wir als lose verkoppelte Anarchie bezeichnen, ist die vertikale Fragmentierung, die durch die *Arbeitsgemeinschaften* und die Parteiflügel hinzu-
kommt und die sich auf allen Ebenen der Gebietsverbände findet. Nach
Paragraph 10 des Organisationsstatuts der SPD können „für besondere Aufgaben" auf Beschluß des Parteivorstandes Arbeitsgemeinschaften gebildet
werden. In der politikwissenschaftlichen Literatur sind diese – nicht völlig zu
unrecht, aber doch ziemlich undifferenziert – als innerparteiliche Interessengruppen bezeichnet und mit den Vereinigungen in CDU und CSU verglichen
worden. Dabei sind zwei Typen zu unterscheiden, nämlich (1) die drei
großen Arbeitsgemeinschaften: die Arbeitsgemeinschaft für Arbeitnehmerfragen (AfA), die Arbeitsgemeinschaft sozialdemokratischer Frauen (AsF)
und die der Jungsozialisten (Jusos), die eine bestimmte Klientel innerparteilich organisieren und die entsprechend Wähler außerhalb der Partei anzusprechen suchen und auf die wir an anderer Stelle ausführlicher eingehen;
(2) die kleineren sogenannten Facharbeitsgemeinschaften, die Angehörige
spezifischer Berufsgruppen beziehungsweise die Funktionäre in bestimmten
Politikfeldern zusammenfassen. Zum letztgenannten Typus gehören die
Arbeitsgemeinschaft für Bildung (früher Arbeitsgemeinschaft sozialdemokratischer Lehrer), die Arbeitsgemeinschaft sozialdemokratischer Juristen,
die Arbeitsgemeinschaft für Selbständige, die Arbeitsgemeinschaft Sozialdemokraten im Gesundheitswesen (früher die Arbeitsgemeinschaft sozialdemokratischer Ärzte und Apotheker), die Sozialdemokratische Gemeinschaft für Kommunalpolitik und die Bundesarbeitsgemeinschaft für Städte-
bau- und Wohnungspolitik.[495] Partikulare Interessen können innerparteilich
in den verschiedenen Gebietsverbänden, aber auch in Expertengremien, in
Ausschüssen und Beiräten institutionalisiert werden, die die entsprechenden Vorstände politisch beraten. So gab und gibt es auf Bundesebene
einen Agrarpolitischen Ausschuß, einen Ausschuß für Wohnungspolitik und
Städtebau, einen Bildungspolitischen Ausschuß, einen Sportbeirat sowie
einen Verkehrspolitischen Beirat.[496] Es liegt auf der Hand, daß die Tätigkeit
von Arbeitsgemeinschaften und Ausschüssen sich nicht nur überschneidet,
sondern daß die Arbeitsweise und Funktion häufig nicht durchschaubar
sind.[497]

Diese organisatorische Unübersichtlichkeit innerhalb der Sozialdemokratie hat sich aus ihrer Entwicklung zur Volkspartei ergeben. In der Weimarer Solidargemeinschaft haben zwar Vorfeldorganisationen, die Kultur-
und Freizeitverbände, gegeneinander konkurriert und sich in ihrer Tätigkeit

überschnitten, doch sind innerhalb der SPD selbst die verschiedenen Teilorganisationen am politisch engen Zügel geführt worden. Dies galt im Prinzip auch noch für die Arbeitsgemeinschaften – etwa die der Jungsozialisten – in den fünfziger Jahren. Diese sind aus dem Kuratel des Parteivorstandes erst nach der Organisationsreform 1958 und im Zusammenhang mit den sozialen Veränderungen in der Mitgliedschaft und bei den Funktionären, mit der Öffnung der SPD zur Volkspartei, ausgebrochen, wenn auch das Wetterleuchten derartiger Veränderungen schon Mitte der fünfziger Jahre zu beobachten gewesen ist.[498] Die soziale und politische Ausdifferenzierung und Pluralisierung der Partei führten zu größerer Vielfalt innerparteilicher Flügel und Institutionen. 1972 wurden die Arbeitsgemeinschaft für sozialdemokratische Frauen und die für Arbeitnehmerfragen gegründet, 1973 lag dem Parteitag ein Antrag auf Einrichtung einer Arbeitsgemeinschaft für Agrarfragen vor.[499] Auch das Profil der einzelnen Arbeitsgemeinschaften prägte sich immer markanter aus. Innerorganisatorische Spannweite und Toleranz nahmen zu. Die Arbeitsgemeinschaften strebten nach größerer Autonomie. Auf dem Bundesparteitag 1971 wurde gefordert, ihnen die Satzungsfähigkeit zu geben, ebenso sollten sie auf den Parteitagen das Antragsrecht erhalten.[500] Zwar wurden beide Anträge abgelehnt, dennoch waren sie für die zentrifugalen Kräfte in jener Zeit typisch. Einige Arbeitsgemeinschaften gerierten sich zunehmend wie selbständige Organisationsgliederungen. Erdmann Linde spitzte diesen Sachverhalt ironisierend zu: Die nach 1945 übersichtliche Gliederung der Arbeitsgemeinschaften habe sich so sehr aufgefächert – da gebe es eine Arbeitsgemeinschaft Sozialdemokratischer Polizisten in Nordrhein-Westfalen oder eine Arbeitsgemeinschaft Sozialdemokratischer Winzer und andere mehr –, daß die SPD sich zu einem „ständischen Dachverband" entwickelt habe. Er empfahl daher, künftig es bei drei großen Arbeitsgemeinschaften zu belassen, denen für Arbeitnehmer, Frauen und Jungsozialisten, und die bisher ständischen Arbeitsgemeinschaften in Arbeitskreise umzuwandeln.[501] Doch auch diese Empfehlung blieb ohne Konsequenzen.

Tatsächlich reißen seit dieser Zeit die Klagen nicht ab, die SPD sei ein übergeordneter Zusammenschluß weitgehend autonomer Interessengruppen, so Willy Brandt 1975: Über die Rolle und Aufgaben der Arbeitsgemeinschaften dürften keine Unklarheiten entstehen. „Die SPD ist kein Dachverband von Verbänden."[502] Im gleichen Jahr aber berichtete das Jahrbuch in weit größerem Umfang als seine Vorgänger über die Arbeitsgemeinschaften. Zwei Jahre später, als die innerparteilichen Konflikte um die sozialdemokratische Regierungspolitik sich immer mehr zuspitzten und auch die Arbeitsgemeinschaften – nach Ansicht des Parteivorsitzenden – zügellos öffentliche Äußerungen in bezug auf die eigene Partei und Regierung abgaben, spitzte Brandt noch weiter zu und verlangte, daß „obskure Vorstellungen vom Sinn der Arbeitsgemeinschaften als Partei in der Partei abgebaut werden".[503] Holger Börner, Bundesgeschäftsführer der SPD, hieb in die gleiche Kerbe und ging mit dem Anspruch von Arbeitsgemeinschaften ins Gericht, „Ersatzparteien zu werden".[504] 1983 gelang dem Parteivorstand, eine Teilreform durchzusetzen. Die Vorstände der Facharbeitsgemeinschaften wurden verkleinert, und diesen wurde das Recht aberkannt, große Bundesdelegiertenkonferenzen abzuhalten; statt dessen durften sie lediglich Fachkonferenzen durchführen. Nur die Arbeitsgemeinschaften für Frauen, Arbeitnehmer, Jungsozialisten und Selbständige bestehen noch in der alten Form weiter.[505] Damit wurde das eigentliche Strukturproblem, die organisatorische Fragmentierung der Sozialdemokratie durch partikulare Interessen, aber nicht gelöst. Bis heute, so Holger Börner 1990, ist die Zerklüftung der SPD in Arbeitsgemeinschaften und die Tatsache, daß das alte facharbeiterliche Fundament teilweise zerbrochen, teilweise viel zu schmal geworden ist, verantwortlich dafür, daß die Sozialdemokratie in Diaspora-Gebieten wie Bayern und Baden-Württemberg nicht von der Stelle kommt.

Wenn die Kritik an der fragmentierenden Wirkung der Arbeitsgemeinschaften so eindeutig und in der SPD-Spitze auch einmütig erfolgt, ist zu fragen, warum bislang keine grundlegende organisatorische Reform stattgefunden hat, die vielleicht sogar radikal deren Auflösung vorsieht. Die Antwort ist banal: Die Arbeitsgemeinschaften nehmen für die Partei wichtige Aufgaben wahr, und gerade von den mittleren Funktionären, von der mittleren Parteielite, werden immer wieder große Hoffnungen in sie gesetzt: (1) Unbestritten ist, daß sie innerparteilich „wenigstens noch Fühler zu der vielbeschworenen Basis haben", wie 1983 der damalige Jungsozialistenvorsitzende feststellte, eine Meinung, die auch von Herbert Wehner geteilt wurde.[506] (2) Die funktionale Differenzierung der Sozialdemokratie wird aus wahlstrategischen Überlegungen beibehalten. In Wahlkämpfen können die verschiedenen Arbeitsgemeinschaften ihre jeweils unterschiedliche Klientel ansprechen und um deren Stimmen werben. Dabei werden auch Erklärungen herausgegeben und Vorschläge entwickelt, die nicht (oder noch nicht) die offizielle Position der Partei wiedergeben. Aufgrund dieser Arbeitsteilung vermögen die Sozialdemokratie und ihre Arbeitsgemeinschaften mit vielen Zungen zu reden. Sie können sich an höchst unterschiedliche Wählergruppen wenden und auch sich widersprechende Standpunkte artikulieren, ohne daß sofort der Vorwurf mangelnder Geschlossenheit erhoben würde.[507] (3) Manche Funktionäre, die von der politischen Routine in der Alltagsarbeit der Ortsvereine und Unterbezirke abgestoßen werden, erhoffen sich von den Arbeitsgemeinschaften eine Belebung der innerparteilichen Willensbildung und Demokratie, sachkompetente Diskussionen und größere politische Ausstrahlung der Partei in die Kommunen hinein. Aus diesem Grunde plädieren sie dafür, neben das territoriale Prinzip der Wohnortorganisation das funktionale der Arbeitsgemeinschaften zu stellen, diese zur zweiten Säule der Organisation zu entwickeln.[508] (4) Mit Hilfe der Arbeitsgemeinschaften könnte die Sozialdemokratie in gesellschaftliche Bereiche vordringen, die ihr bisher verschlossen blieben. Aus eben diesem Grund wurde 1953 die „Bundesarbeitsgemeinschaft selbständiger Schaffender in der SPD" gegründet, die an die vor 1933 bestehende Organisation für wirtschaftlich Selbständige anknüpfte und die die nach 1945 an einigen Orten spontan entstandenen „Arbeitsgemeinschaften selbständiger Schaffender" zusammenfaßte.[509] Selbst wenn die SPD bei diesen Berufsgruppen bisher nicht sehr erfolgreich war und die Arbeitsgemeinschaft wiederholt kurz vor dem Scheitern und der Auflösung stand,[510] wird doch wenigstens symbolisch und programmatisch mit dieser Organisation der volksparteiliche Anspruch hochgehalten. In ähnlicher Weise hat die SPD sich mit ihrem Wissenschaftsforum und mit einem im März 1986 veranstalteten Ingenieur-Kongreß an eine Wählerklientel gewandt, die sie nur vorübergehend, in der Aufbruchsphase 1969 und 1972, zu gewinnen vermocht hatte. Anfang der neunziger Jahre werden Überlegungen immer ernsthafter diskutiert, angesichts der wachsenden Zahl von Senioren und ihrer nicht zu unterschätzenden Bedeutung bei Wahlen eine entsprechende Arbeitsgemeinschaft zu konstituieren – und damit dem Vorbild der CDU zu folgen.

Sosehr also die organisatorisch fragmentierende Wirkung von Arbeitsgemeinschaften unbestritten ist, so gehören deren Zielgruppenarbeit und die in sie gesetzten Erwartungen doch auch zur Organisationsrealität der SPD. Die Arbeitsgemeinschaften dürften in Zukunft nicht nur fortbestehen, sondern ihre Zahl wird sich vermutlich sogar noch vergrößern.

Daß die verschiedenen *Parteiflügel* zur Heterogenisierung, Pluralisierung und Fragmentierung der SPD beitragen, ist bekannt. So hat mancher Historiker die Geschichte der deutschen Arbeiterbewegung als die der Entwicklung ihrer verschiedenen Flügel, der Konkurrenz zwischen Linken und Rechten, Radikalen und Reformisten, Marxisten und Revisionisten, zwischen Theoretikern und Pragmatikern, zwischen Idealisten und Machtpolitikern beschrieben und interpretiert. Während im Kaiserreich und in der Weimarer Republik die Sozialdemokraten durch ihren Volksmarxismus miteinander verbunden worden waren und innerhalb der Partei regelrechte Glaubenskämpfe um die einzig wahre und richtige Auslegung der Klassiker des Sozialismus stattfanden und sich daran verschiedene Gruppierungen herausbildeten, hat sich seit der Entfaltung zur Volkspartei die Situation grundlegend geändert. Idealtypisch kann heute zwischen drei Arten von Fraktionierungen unterschieden werden, die sich im Prinzip auf der Ebene aller Gebietsverbände und in den Arbeitsgemeinschaften wiederfinden: (1) für einen längeren Zeitraum sich konstituierende, in ihrer programmatisch-ideologischen Position sich unterscheidende, häufig undifferenziert als

„links" und „rechts", unter Umständen auch als „zentristisch" bezeichnete Flügel; (2) ad hoc aus Anlaß bestimmter aktueller Konflikte sich bildende innerparteiliche Gruppierungen; (3) Patronagemaschinen, die in aller Regel nur lokal oder regional oder beschränkt auf eine bestimmte Organisationsgliederung operieren.

Sehen wir uns diese innerparteilichen Fraktionierungen näher an; zunächst zu den programmatisch-ideologisch begründeten Flügelbildungen: In den Programmdebatten der Sozialdemokratie ließen sich relativ einfach die verschiedenen Flügel ausmachen, und sie wurden mit Etiketten belegt, die aus der Geschichte der Partei stammten. So unterscheidet etwa Helga Grebing in den Auseinandersetzungen in den fünfziger Jahren und um das Godesberger Programm die neomarxistische Linke, die Gruppe der Reformer (zu der die „radikale" Rechte und ein mehr zur Mitte zu rechnender Kreis gehörten) und die „Reformisten" um Ernst Reuter und Willy Brandt.[511] Deutlich differenzierter zeigte sich die innerparteiliche Auffächerung während der Beratungen um den ›Orientierungsrahmen‹ in den siebziger Jahren. Heimann nennt hier die Traditionalisten, nämlich marxistische Gruppierungen verschiedener Richtungen; die Sozialreformer, zu denen er Helmut Schmidt zählt; die ethischen Sozialisten, deren Wortführer Brandt und Erhard Eppler seien; und schließlich die reformstrategisch orientierten Marxisten, die über wenig Einfluß verfügten und zu denen Teile der Jungsozialisten zählten.[512] Verharrt man nicht auf der programmatisch-theoretischen Ebene und bezieht die Positionen verschiedener Gruppierungen, die sie in konkreten Politikfeldern einnehmen oder gar deren politische Praxis mit ein, dann wird das Bild noch bunter und widersprüchlicher, dann versagen auch die geläufigen Schablonen wie „links" und „rechts". Bezeichnenderweise benennen diese Gruppierungen sich häufig nach dem Ort, an dem man sich zuerst versammelt hat. Typisch ist dann auch, daß diese sich von oben nach unten, aus der Bundestagsfraktion oder aus dem Parteivorstand heraus konstituieren, daß sie sich eben nicht basisdemokratisch von unten nach oben herausbilden. Dabei lassen sich Gruppen in der Fraktion und „Kreise" außerhalb des Parlaments nicht klar trennen, es gibt Doppelmitgliedschaften und Querverbindungen. So gab es in den siebziger Jahren den „Frankfurter Kreis", der als traditionelle Formierung der Linken angesehen wird, in dem die entsprechenden Bundestagsabgeordneten, die Jungsozialistenspitze und profilierte Linke aus den Bezirken vertreten waren, und die sich zum Beispiel vor Parteitagen regelmäßig zur Verabredung ihres Vorgehens trafen. Die sich links begreifenden Bundestagsabgeordneten hatten sich innerhalb der Fraktion 1972, angeregt von Jochen Steffen, zum „Leverkusener Kreis" zusammengeschlossen. Sie bildeten damit ein Gegengewicht zu den „Kanalarbeitern", die als „rechts" galten und sich in den fünfziger Jahren um Egon Franke formiert hatten. Zwischen „Kanalern" und „Leverkusener Kreis" hatte sich Ende 1972 dann eine Gruppierung von Abgeordneten zusammengefunden, die „Linke Mitte", zu der die damaligen stellvertretenden Fraktionsvorsitzenden Metzger und Ehrenberg, der frühere Jungsozialistenvorsitzende Corterier und Peter Glotz zählten.[513] Obwohl ein gewisses Maß an Kontinuität erkennbar ist, sind diese Fraktionierungen in ständiger Veränderung begriffen. So ist beispielsweise die Linke in den achtziger Jahren protestantischer und gesinnungsethischer geworden. „Heinemanns Erben", wie Peter Glotz sie nennt, haben auch innerparteilich an Einfluß gewonnen. Als deren zentrale Figur ist Erhard Eppler zu nennen, Unterstützung kam von kräftigen Minderheiten aus dem evangelischen Bürgertum und aus akademischen Zirkeln.[514] Auch sind die Übergänge zwischen den Flügeln fließender geworden, zuweilen laufen landsmannschaftliche Interessen denen der verschiedenen Gruppierungen zuwider. So unterstützen die Delegierten Nordrhein-Westfalens zu einem Bundesparteitag ihre „Landsleute" bei Vorstandswahlen ungeachtet, ob sie als „links" oder „rechts" gelten. Und selbst wenn die Flügel relativ verfestigt sind, lassen sich personalpolitische und inhaltliche Kompromisse finden, die dann unter Umständen in regelrechten Verhandlungen zwischen ihren Repräsentanten abgesprochen werden.[515] Allen Gruppen und Gesprächskreisen ist gemeinsam, daß sie innerparteilich Macht erwerben und Macht erhalten wollen.[516] Um dieses Ziel zu erreichen, versuchen die Flügel zuweilen, von außen neue Mitglieder zu ihrer parteiinternen Stärkung zu gewinnen. Müller-Rommel vermag zu zeigen, daß die Integrierung von parteiexternen Oppositionsgruppen zur Bildung informeller Fraktionierungen in der SPD führen konnte.[517] Oder eine Arbeitsgemeinschaft wird weitgehend identisch mit einem Parteiflügel, so wie die Jungsozialisten sich Mitte der siebziger Jahre als informelle sozialistische Fraktion in der SPD begriffen haben. All das trägt zur weiteren Fragmentierung der Sozialdemokratie bei.

Als zweites konstituierendes Moment einer innerparteilichen Gruppenbildung hatten wir den Standpunkt zu aktuellen politischen Fragen ausgemacht. Insgesamt haben die alten Parteiflügel in den achtziger Jahren nämlich an Bedeutung verloren. Dies liegt natürlich auch daran, daß die Sozialdemokratie seit 1982 nicht mehr in der Bundesregierung ist und sich an deren Politik innerparteiliche Konflikte mithin nicht entzünden können. Zudem lassen sich heute politische Differenzen bekanntlich nicht mehr auf der einfachen Meßlatte von „progressiv" bis „konservativ", von „links" bis „rechts" ablesen: Wer die Umwelt bewahren will, ist der fortschrittlich oder konservativ, rechts oder links? Neben die alten Parteiflügel sind neue Gruppierungen getreten, die Ökologen oder die Friedensbewegten. Und innerhalb der Partei werden anläßlich aktueller Konflikte oder Debatten Ad-hoc-Koalitionen geschlossen. Dies zeichnete sich schon in der Schlußphase der sozialliberalen Koalition ab, als die SPD durch die Bürgerinitiativen, die

Neuen Sozialen Bewegungen und die „Grünen" herausgefordert wurde und sich auf den Parteitagen gegen den von Kanzler Schmidt angeregten Nachrüstungsbeschluß der NATO über die alten Flügel hinweggreifende Abstimmungsblöcke zeigten. Im gleichen Zusammenhang ist auch die bereits erwähnte Tatsache zu sehen, daß 1981/82 der Gewerkschaftsflügel der Partei von Helmut Schmidt abfiel und damit die Weichen für das Ende der Koalition stellte. Ein weiteres Beispiel: Bei den langjährigen Beratungen um das schließlich 1989 verabschiedete Berliner Programm hatten sich immer wieder „neue Mehrheiten und Minderheiten" gezeigt, „die quer durch die alten Flügel gehen, von Thema zu Thema anders".[518] Damit ist ein Hinweis auf jenes Fraktionierungsmuster gegeben, das für die SPD künftig typisch sein dürfte, in dem nämlich ad hoc gebildete innerparteiliche Koalitionen die traditionellen Flügel immer mehr in den Hintergrund drängen.

Kommen wir in unserem Exkurs über die Parteiflügel zum dritten Bereich, den Patronageinteressen. Neben den traditionellen Flügeln und den Ad-hoc-Koalitionen bestehen innerhalb der SPD solche Gruppierungen, deren Angehörige sich in dem einenden Gedanken treffen, ihre Karriere gegenseitig zu fördern. Natürlich wird dies nach außen kaschiert. Analysiert man sie aber in ihrem konkreten Verhalten, dann kann man durchaus von Patronagemaschinen sprechen, oder von Gewinn- und Erwerbsgemeinschaften, wie sie ein ehemaliger Regierender Bürgermeister Berlins ironisch genannt hat. Diese waren besonders in Städten und Ländern zu finden, in denen die SPD seit Jahrzehnten an der Macht war und in denen Parteiorganisation und öffentliche Verwaltung miteinander verfilzten. Die Stadt Essen – wie bereits erwähnt – ist ein aktuelles Beispiel für das, was gemeint ist. Hier sind die Ortsvereine der SPD zunehmend von den Angestellten der Stadtverwaltung majorisiert worden, Mitgliedschaft in der SPD hatte sich beim Aufstieg in der Verwaltung als hilfreich herausgestellt. Die Parteiaktivisten der Ortsvereine waren 1990 zu 60 Prozent bei der Stadt beschäftigt. Oder anders herum betrachtet: 17 Prozent der Beschäftigten der Essener Stadtverwaltung gehörten der SPD an, aber nur 2,4 Prozent der wahlberechtigten Bevölkerung. Das Macht- und Patronagezentrum der lokalen Partei liegt in dem Dreieck von Oberbürgermeister, Fraktionsvorsitzendem im Rat der Stadt (zugleich Vorsitzender des Personalausschusses des Rats) und Oberstadtdirektor. Innerparteilich besteht eine Koalition von sozial aufgestiegenen ehemaligen Facharbeitern, die dem alten sozialdemokratischen Milieu entstammen, und Angestellten der Stadtverwaltung.[519] Auch die Flügelkämpfe in der Berliner SPD, seit dem Ende der vierziger Jahre andauernd, haben immer etwas damit zu tun gehabt, daß es um personalpolitische Machtpositionen, primär nicht um Inhalte der Politik gegangen ist. Zugespitzt formuliert kann man sagen, in der Berliner Partei konkurrierten mehrere Patronageorganisationen gegeneinander, die ihre

Rekrutierungsbasis in verschiedenen Bezirks- und Senatsverwaltungen hatten. Die sich außen zeigende Zerrissenheit und das „Verfilzungssyndrom" schränkten schließlich die Regierungsfähigkeit der Berliner SPD ein und trugen zu deren Abwahl erheblich bei. Bestimmte Skandale wurden in der Öffentlichkeit automatisch und zu Recht mit einer Senats- oder Bezirksverwaltung und damit mit der SPD und bestimmten Partei-Flügeln identifiziert.[520] Selbst die „Kanalarbeiter" in der Bundestagsfraktion trugen Züge einer Patronageorganisation. Nach Aussagen ihres „Chefs", Egon Franke, hatten sie sich in den fünfziger Jahren konstituiert, weil sie sich durch einen sozialdemokratischen Bundestagsvizepräsidenten brüskiert fühlten. Diese Gruppe verdienter Gewerkschafter und Kommunalpolitiker, oft als „Hinterbänkler" deklariert, arbeitete dann in den sechziger Jahren besonders eng zusammen, um den „Akademikern" zu zeigen, daß ihre Bäume nicht in den Himmel wuchsen. Obwohl politisch keineswegs homogen – es gab in ihren Reihen beispielsweise Befürworter und Gegner der Großen Koalition und der Notstandsgesetzgebung –, wurden bei Parteiwahlen, insbesondere bei Wahlen in der Fraktion detaillierte Abstimmungsstrategien entwickelt und durchgesetzt. Man beförderte die eigenen „engeren Freunde" in die Vorstände und die wichtigsten Ausschüsse, zudem kontrollierte man, wer von den Linken gewählt wurde. In den achtziger Jahren haben die „Kanaler" bis zur Bedeutungslosigkeit an Einfluß verloren,[521] ihr politisches Programm wirkt im „Seeheimer Kreis" fort.

Betrachtet man die SPD von außen, so kann der unbefangene Zuschauer den Eindruck gewinnen, innerhalb der Partei gäbe es so viele Strömungen, Tendenzen, Gruppierungen, Koalitionen, Fraktionierungen und Konflikte, wie sie in der Weimarer Republik zwischen mehreren Parteien, heute aber in einer der beiden großen Volksparteien, in unserem Fall der SPD, vorhanden sind. Die Flügelbildung und innere Ausdifferenzierung ist in dem Moment erleichtert worden, als die SPD mit Godesberg ihren neuen programmatischen Konsens gefunden hatte und als sie als Partei der Modernisierung sich im Aufschwung befand. Toleranz gegenüber innerparteilicher Gruppenbildung war erst recht angesagt, ja notwendig, als nach 1969 und 1972 sich die Sozialstruktur der Mitglieder und Funktionäre fundamental veränderte. Auch wenn die soziale Basis der Sozialdemokratie heute schmaler geworden ist, wie oben gezeigt wurde, hat die innerparteiliche Fraktionierung dennoch nicht prinzipiell nachgelassen. Auch die Art der Gruppenbildung hat sich verändert, sie ist weniger fest institutionalisiert und daher unverbindlicher.

Organisatorisch stellt die SPD heute ein eigenartiges Gebilde dar, das in seinen Besonderheiten, die die zeitgenössische Partei von der sozialdemokratischen Solidargemeinschaft unterscheiden, nur unzulänglich untersucht ist. Der heutigen SPD mangelt es an organisatorischer Geschlossenheit,

Macht ist auf viele Zentren verteilt. Thesenartig formuliert unterscheiden vier Merkmale die SPD der Gegenwart von jener Traditionskompanie, die noch in den fünfziger Jahren existierte:

1. Parteipräsidium, Parteivorstand und Mitarbeiterstab der Bundespartei stehen nicht an der Spitze einer hierarchischen Organisation, sondern sie sind zu einer Dienstleistungszentrale für innerparteiliche Kommunikation sowie für Wahlkämpfe geworden.

2. Ortsvereine und Unterbezirke führen ein politisches Eigenleben, sie haben sich verselbständigt und agieren weitgehend autonom. Weder der Bundesverband noch der Landesverband, die im Verbund mit den jeweiligen Fraktionen Machtzentren für Bundes- oder Landespolitik darstellen, vermögen in sie hineinzuregieren. Die Bezirke stellen – soweit sie nicht mit den Landesverbänden identisch sind – organisatorisch erstarrte Bürokratien dar, von denen innerparteilich keine Impulse ausgehen.

3. Der innerparteiliche Willensbildungsprozeß findet ausgesprochen pluralistisch-unübersichtlich statt, die verschiedenen Parteiflügel, Interessengruppen (in Form der Arbeitsgemeinschaften), Gebietsverbände und Patronagegruppen konkurrieren mit- und gegeneinander. Die einstige Solidarität, die die SPD in ihrem Innern zusammenhielt, ist heute zerfallen. Innerparteilich ist daher Koalitionsbildung angesagt. Die Formulierung der Parteipolitik erfordert ein langes und mühseliges Aushandeln von Kompromissen.

4. Als Organisation zeichnet die SPD ein Doppelcharakter aus. Sie ist in dem Sinne ein Kampfverband, daß sie Machterwerb und Machtausübung anstrebt. Zugleich ist sie jedoch eine freiwillige Vereinigung von Mitgliedern, die – wie in anderen Vereinen auch, zum Beispiel in Freizeitvereinen – nicht nur aus politischen Gründen, sondern auch aus sozialen Gründen der Partei beigetreten sind, die in ihr Dinge wie Selbstbestätigung, Freizeitgestaltung oder ein Stück Heimat finden wollen.

Aktuelle Diskussionen um die organisatorische Reform der SPD drehen sich letztlich darum, die von uns herausgearbeitete Fragmentierung, die lose verkoppelte Anarchie, wenn nicht zu überwinden, so doch abzumildern. Da geht es darum, die Partei von oben her so zu reformieren, daß sie in Wahlen ihr Produkt so verkaufen kann, wie dies etwa die Firma Toyota bei der Markteinführung ihrer Autos in der Bundesrepublik getan habe. Jedes Parteibüro müsse zentral gelegen sein, mit Abgeordnetenbüros verbunden und zu einer Service- und PR-Station werden. So wird gefordert, das Spitzenmanagement der Partei in Bonn zu wechseln und die Organisations- und Leistungsstruktur im Ollenhauer-Haus zu verändern. „Hochprofessionelle Arbeitskommissionen" zur Reform der Parteiorganisation sind einzusetzen, in die Experten von außen einbezogen werden, „die Erfahrungen aus der sozialwissenschaftlichen Forschung und aus der Unternehmens- und Managementberatung mitbringen".[522] Die ersten Reformansätze unter dem neuen Bundesgeschäftsführer Karlheinz Blessing sind vielversprechend. So wird das Verhältnis zwischen Parteivorstand und Bundestagsfraktion so eng werden, wie seit 1958 nicht mehr. Und auch die Einrichtung einer Abteilung Öffentlichkeitsarbeit spricht dafür, daß die SPD sich künftig wählerwirksamer darzustellen vermag. Natürlich ist in den fünf neuen Bundesländern die Organisation von Grund auf und überhaupt erst aufzubauen.

Bei vielen dieser Vorschläge ist zu spüren, daß unausgesprochen die CDU-Organisation, die erst seit Mitte der siebziger Jahre errichtet wurde und daher moderner als die der SPD ist, als Vorbild dient. Allerdings wird in diesem Zusammenhang übersehen, daß die CDU-Wählerbasis heute noch homogener ist als die der SPD, daß aber in den neunziger Jahren auch die konservative Volkspartei sich an die Heterogenisierung und Pluralisierung der Wählerschaft wird anpassen müssen. Zudem steht der CDU der Generationswechsel noch bevor, den die SPD am Beginn der neunziger Jahre wenigstens teilweise vollbracht hat. All dies wird auch zu einer gewissen Fragmentierung des CDU-Apparates führen, der heute von außen betrachtet so effizient wirkt. Allerdings dürfte die SPD so lange größte Probleme haben, Bundestagswahlen zu gewinnen, wie sie nicht wenigstens teilweise ihre organisatorische Zerrissenheit überwindet und nachdrücklicher als heute auch zwischen den Wahlen die Wähler anzusprechen vermag. Dazu gehört dann auch, daß sie sich innerparteilich und in der Öffentlichkeit personell profilieren muß. Als Oppositionspartei wird sie mittelfristig daher nicht darum herumkommen, die Funktionen des Fraktionsführers, des Parteivorsitzenden und des Kanzlerkandidaten in einer Person zu vereinigen und darüber hinaus ihre Fraktionssprecher in zentralen Politikbereichen zu so etwas wie „Schattenministern" zu machen.

6. Zwischen „Arbeitergroschen" und „Staatsknete": Zu den Parteifinanzen der SPD

Der Wandel der Sozialdemokratie von der Traditionskompanie zur Volkspartei läßt sich an der Finanzierung der Partei verdeutlichen, ja, er ist in diesem Bereich nachgerade paradigmatisch verlaufen. Die fundamentalen Veränderungen, die sich seit den fünfziger Jahren in der sozialdemokratischen Parteifinanzierung vollzogen haben, lassen sich in drei Punkten zusammenfassen:

1. Während die Solidargemeinschaft der Weimarer Republik und die nach 1945 wiedergegründete SPD fast ausschließlich von den Mitgliedsbeiträgen, also von den Groschen der Arbeiter und Angestellten lebte, ist für die SPD als Volkspartei das charakteristisch, was als staatlich dominierte Mischfinan-

zierung bezeichnet werden kann. Vornehmlich aus drei Quellen speisen sich die Etats der modernen SPD, nämlich aus Mitgliedsbeiträgen, aus Spenden und aus staatlichen Zuschüssen. Für die gesamte Parteitätigkeit, nämlich für innerparteiliche Kommunikation, für Wahlkämpfe sowie für die Arbeit der Fraktionen und der parteinahen Stiftungen, werden in verschiedenen öffentlichen Haushalten umfangreiche Mittel bereitgestellt. Die typische Finanzstrategie bundesrepublikanischer Volksparteien läuft auf zunehmende staatliche Finanzierung, auf „Verstaatlichung" hinaus.[523] Parallel dazu verlieren Beitragseinnahmen und Spendenaufkommen vergleichsweise an Bedeutung.

2. Während bis in die fünfziger Jahre die Parteiorganisation dadurch eine Einheit bildete, daß alle Gebietsverbände von den Mitgliedsbeiträgen finanziert wurden, indem diese prozentual innerorganisatorisch verteilt worden waren, schlägt heute die strukturelle Fragmentierung der Sozialdemokratie in der Parteifinanzierung voll durch. Auch hier bestätigt sich unsere Interpretation von der SPD als lose verkoppelte Anarchie. In ihrer Finanzierung haben sich die drei Ebenen Ortsverein/Unterbezirk – Bezirk/Landesverband – Bundesverband heute weitgehend voneinander abgelöst, sie sind nicht aufeinander angewiesen, sondern sorgen in je unterschiedlicher Weise selbst für ihren Unterhalt.

3. Die alte Solidargemeinschaft lebte wesentlich davon, daß viele Genossen selbst anpackten, freiwillig in der Organisation und für die Organisation mitarbeiteten. Sie leisteten „Hand- und Spanndienste", wie dies im Jargon der Parteifinanzierungsexperten heißt, sie erbrachten „geldwerte Leistungen". Da wurden während der Wahlkämpfe Flugblätter verteilt, Plakate geklebt und die „Agitationsveranstaltungen" selbst gestaltet. Einladungsschreiben zu den Mitgliederversammlungen, zu den Juso- oder Frauenabenden verteilten die Funktionäre eigenhändig. Bei den proletarischen Festen sang der Arbeiter-Sängerbund, rezitierte der Sprechchor der „Roten Falken", standen die Arbeitersamariter bereit, Erste Hilfe zu leisten. In der Volkspartei hat Professionalität die Solidarität ersetzt, und die kostet Geld, viel Geld. Werbefirmen konzipieren heute den Wahlkampf, produzieren Fernsehspots, lassen Plakate kleben und die Wahlzeitung der SPD sonntags verteilen. Versammlungseinladungen werden mit der Deutschen Bundespost versandt. Bei Wahlveranstaltungen besteht – selbst wenn ein ganz prominenter Redner kommt, vielleicht sogar der Kanzlerkandidat selbst – die Hauptsorge des örtlichen Vorstandes darin, daß auch ja genug Mitglieder kommen, um die ersten Reihen der Stadthalle mit eigenen Leuten füllen zu können und damit penetrante Zwischenrufer oder Störer in den hinteren Teil des Saales abzudrängen. Beim Frühlings- oder Sommerfest der SPD wird eine Tanzkapelle angemietet und das Rahmenprogramm bestreiten für Honorar lokale Künstler – darunter möglichst ein Kabarettist,

man ist ja eine politische Partei. Natürlich gibt es in der SPD auch heute noch freiwillig mitarbeitende Funktionäre, hier hat die Partei einen organisatorischen und finanziellen Vorsprung vor der CDU, doch ruht die Arbeit meist auf den wenigen Schultern der Vorstandsmitglieder, die zudem wegen chronischer Überlastung klagen. Im ganzen betrachtet werden Tätigkeiten, die früher von den Genossen selbst wahrgenommen wurden, heute von professionellen Dienstleistungsunternehmen erbracht, für die entsprechend zu zahlen ist, so daß die Parteiausgaben – wen wundert es – kontinuierlich steigen.

Finanzierung in der Solidargemeinschaft

Unmittelbar nach 1945 finanzierte die SPD ihre Ausgaben fast ausschließlich durch die Beiträge der Mitglieder. Da die Zahl der Sozialdemokraten bis 1948 kontinuierlich stieg, wuchs auch das Beitragsaufkommen, und trotz inflationärer Tendenzen gab es keine gravierenden Finanzierungsprobleme. Durch die Währungsreform ging bis auf einen Bruchteil die „geldliche Substanz" verloren, in der Hauptkasse fanden sich plötzlich nur noch 1795 DM.[524] Eine Sammel- und Spendaktion, Erhöhung von Werbebeiträgen, die direkt und vollständig an den Parteivorstand abzuführen waren und die Beitragstreue der Mitglieder, die auch mit dem neuen Geld ihren Obolus entrichteten, halfen die Finanzkrise zu überwinden.[525] 1949 tauchte in der Einnahmerechnung zum ersten Mal eine Kategorie auf, die in den folgenden Jahren an Bedeutung gewinnen sollte: 24779 DM Fraktionsbeiträge,[526] nämlich Beiträge der in den Bundestag gewählten Sozialdemokraten. Hier handelte es sich bereits um staatliche, wenn auch um indirekte staatliche Parteifinanzierung, denn die Abgeordneten zweigten einen bestimmten Prozentsatz ihrer Diäten, die aus dem Bundeshaushalt kamen, als regelmäßigen Beitrag an die Partei ab. Bereits 1950 flossen aus dieser Quelle 184000 DM, 1954 291000 DM, 1958 411000 DM, 1963 711000 DM, Beträge, die ins Gewicht fielen und von den Einnahmen der Bundespartei jeweils etwa 10 bis 14 Prozent ausmachten. Insgesamt stieg das Beitragsaufkommen in den fünfziger Jahren ständig, betrug 1952 6674000 DM und 1960 10072000 DM. Zwar war 1950 eine bundeseinheitliche Beitragsstaffelung beschlossen worden (bis zu diesem Zeitpunkt hatten die Bezirke die Beitragshöhe festgesetzt), doch war die Verteilung dieser Einnahmen zwischen Bezirk, Unterbezirk und Ortsverein regional höchst unterschiedlich geregelt.[527] Selbst in einer historischen Periode, in der die Sozialdemokratie organisatorisch einer Oligarchie am ehesten nahekam, bestand also für die einzelnen Gebietsvorstände ein großes Maß an finanzieller Autonomie.

Die Sozialdemokratie war in den fünfziger Jahren die einzige Partei in der Bundesrepublik, die „in aller Öffentlichkeit Rechenschaft ablegt und offen über die Finanzgebahrung spricht", was – so Alfred Nau, der Kassierer im geschäftsführenden Vorstand – die politische und moralische Sauberkeit der Organisation zeige.[528] Scharf ging Nau mit den bürgerlichen Parteien ins Gericht, die etwas zu verbergen hätten, nämlich Industriespenden, die von außen eingeworben würden, Unternehmermillionen, die politische Macht kauften. Die steuerliche Absetzbarkeit dieser Spenden als Betriebsausgaben hielt er für skandalös, diese würden steuerlich stärker begünstigt als beispielsweise der soziale Wohnungsbau oder die Anstrengungen der Flüchtlinge um den Wiederaufbau ihrer Existenz.[529] Ganz vom Ethos der Solidargemeinschaft geprägt, berichtete die SPD öffentlich – wie schon in der Weimarer Republik – auch über die Verwendung der eingenommenen Mittel. So gab die Bundespartei 1955 58 Prozent für „Allgemeine Agitation", 28,1 Prozent für Gehälter und Sozialabgaben und 13,5 Prozent für „Allgemeine Verwaltung" aus, 1959 für Werbung und Information 67 Prozent, für Gehälter, Sozialbeiträge und Verwaltung zusammen 29 Prozent.[530] So breit und nichtssagend diese Rubriken zunächst klingen mögen, in den Jahrbüchern waren sie detailliert aufgeschlüsselt. Da ging es um Werbung, Wahlen und Gehälter, aber auch um Autokosten, Bauarbeiten, Fernsprechanlagen, Büroeinrichtung, Tagungen, Porto, Büromaterial oder Beiträge an die Sozialistische Internationale. An der Spitze der Ausgaben standen in den Wahljahren natürlich die für Wahlkampf, in den anderen Jahren aber Werbung, gefolgt von den Gehaltskosten. Auch die Wahlkämpfe wurden natürlich im wesentlichen aus Mitgliedsbeiträgen finanziert, etwa 1953 waren für die Bundestagswahl insgesamt 3,5 Millionen DM ausgegeben worden, davon brachten die Ortsvereine 700 000 DM auf, die Unterbezirke und Bezirke 1,8 Millionen DM und der Parteivorstand 1 Million DM. Daneben wurden noch 2 Millionen DM für „Agitation vor und nach den Wahlen" verwendet.[531]

Ganz aus diesem ethisch aufrechten und sauberen Verhalten, wie es sich in der nachgerade demonstrativen öffentlichen Rechenschaftslegung niederschlug, entsprang in den fünfziger Jahren auch die Grundüberzeugung der Sozialdemokraten, daß die eigene Partei und Parteien allgemein staatlich nicht subventioniert werden dürften. Als im Juni 1958 das Bundesverfassungsgericht die bis dahin geübte Praxis, Spenden an Parteien zur „Förderung staatspolitischer Zwecke" steuerlich zu begünstigen, für verfassungswidrig erklärte, die bürgerlichen Parteien daraufhin vorübergehend in eine finanzielle Notsituation gerieten und 1960 erstmals 5 Millionen DM in den Bundeshaushalt für die im Bundestag vertretenen Parteien – für den Zweck der politischen Bildungsarbeit – einrückten, stimmte die SPD aus prinzipiellen Gründen dagegen, akzeptierte jedoch die Gelder, nämlich 1 128 000 DM. Die staatlichen Zuschüsse erhöhten sich dann schnell, erreichten 1966 bereits 38 Millionen DM, nachdem 1963 die Zweckbindung für politische Bildungsarbeit entfallen war. Die SPD protestierte und argumentierte geschickt dagegen. Die Parteien müßten vom Staat unabhängig bleiben, so Alfred Nau: „Wir wollen keine Parteien, die durch den Staat getragen werden. Im Gegenteil: die deutsche Demokratie braucht Parteien, die fähig und willens sind, den Staat mitzutragen."[532] Die Sozialdemokraten seien entschlossen, sich nicht dem Wohlwollen einer wechselnden Parlamentsmehrheit auszuliefern, sondern man verlasse sich auf die 650000 Organisierten.[533] Gewollt oder ungewollt solle gerade die Mitgliederpartei getroffen werden. „Man hofft und rechnet damit, daß auf lange Sicht gesehen bei uns Initiativen erlahmen, das Eigenleben belastet wird, ja verödet und die organisatorische Aktivität und das finanzielle Gefüge durcheinander geraten. Das wäre ein Schlager und ein schöner Erfolg für die anderen."[534] Herbert Wehners Überlegungen gingen in die gleiche Richtung: Die Gefahr sei groß, „daß mit zunehmenden Staatsmitteln die Rolle derer, die Funktionäre genannt werden, absinkt".[535] Doch – die SPD kassierte. Zunächst ging ein „beträchtlicher Teil" der neuen Staatsmittel in die politische Bildungsarbeit außerhalb der Partei, in die Förderung junger Wissenschaftler in der Parteiforschung, in die Förderung der Schülermitverwaltung, in Bücher für Schulen und Wohnheime.[536] Doch dann begann der süße und bequem zu erlangende Nektar staatlicher Zahlungen immer mehr zu munden, vor allem konnte man gegenüber den Konkurrenten nicht ins Hintertreffen geraten. Nau formulierte Bedingungen, unter denen finanzielle Hilfe durch den Staat verfassungspolitisch und verfassungsrechtlich akzeptabel sei: Die Höhe müsse beschränkt bleiben, Eigenmittel müßten überwiegen; es seien klare Bestimmungen zur Verwendung zu treffen, „und hier meinen wir die politische Bildungsarbeit" und die Ausgabe dieser Beiträge sei zu kontrollieren, öffentlich Rechenschaft abzulegen.[537] In den beiden Jahren 1966 und 1967 erhielt die SPD insgesamt 22 Millionen DM Zuschüsse aus der Staatskasse, 60 Prozent der Einnahmen der Bundespartei. Damit war auch für die SPD das Tor zur staatlichen Parteifinanzierung weit geöffnet. Trotz aller Skrupel, die weiterbestanden und auch auf den Parteitagen geäußert wurden, konnte man den Verlockungen dieser Art der Finanzierung nicht widerstehen. Ja, man brauchte sie dringend zum Unterhalt der Organisation und zum Führen der Wahlkämpfe, auch wenn ein Parteiengesetz, das die Bedingungen, die man aufgestellt hatte, festgelegt hätte, zu diesem Zeitpunkt noch nicht existierte. Damit trat neben die Einnahmen der Partei aus Mitgliedsbeiträgen und Kleinspenden die staatliche Subventionierung. Mischfinanzierung war jetzt angesagt; auch beim Geld wurde die SPD zur Volkspartei. Bald waren alle Skrupel, staatliche Alimentierung lähme die Motivation von Mitgliedern und Funktionären, verflogen. Das Parteiengesetz von 1967 legitimierte den inzwischen eingetretenen Zustand. In den dann folgenden 25 Jahren wurde die Parteifinanzierung modifiziert, die Finanzquellen sprudelten munterer und vielfältiger, die Rechenschaftslegung von Ausgaben und Vermögen kam hinzu, doch der qualitative Durchbruch zur Volkspartei ist in der zweiten Hälfte der sechziger Jahre vollzogen worden.

Finanzierung in der Volkspartei

Betrachtet man die heutige Finanzierung der Parteien insgesamt, dann schöpfen diese in der Tat überwiegend aus staatlichen Quellen, „Staatsknete" ist ihre Hauptkost. Die SPD bildet keine Ausnahme. Zwar hat das Bundesverfassungsgericht in einem Urteil festgelegt, und der Gesetzgeber hat dies in das Parteiengesetz übernommen, daß höchstens die Hälfte der Einnahmen der Parteien aus staatlichen Mitteln stammen dürfe. Formal hält man sich auch an diese 50-Prozent-Klausel, faktisch wird sie jedoch umgangen. Um dies zu erläutern und damit unsere These zu begründen, daß die Finanzierung moderner Volksparteien – und damit auch der SPD – zunehmend „verstaatlicht" worden ist, wird auf die drei Quellen eingegangen, aus denen Parteien sich speisen, nämlich (1) Mitgliedsbeiträge; (2) Spenden; (3) staatliche Zuschüsse. Dies geschieht natürlich am Beispiel der SPD.

1. In den Rechenschaftsberichten der SPD erscheinen (wie übrigens auch bei der CDU) die Mitgliedsbeiträge als relativ größte Einnahmequelle. Im Vergleich zu anderen Parteien ist der Anteil der Beiträge an den Gesamteinnahmen bei der Sozialdemokratie am höchsten. Hier reflektiert sich noch die Tradition der Solidargemeinschaft, aber auch die Tatsache, daß die Partei als Mitgliederorganisation über fast 1 Million Beitragszahler verfügt. Seit 1968 schwankt der Anteil der Beiträge an den Gesamteinnahmen zwischen 27,7 (1972) und 53,1 Prozent (1977), er lag im Durchschnitt der Jahre 1984 bis 1987 bei 42 Prozent.[538] Die Beiträge sind nach Einkommen gestaffelt, sie liegen zwischen 3 DM monatlich (bei Einkommen unter 600 DM) und 400 DM monatlich (bei Einkommen über 7000 DM). Seit dem 1. Januar 1991 wird zudem ein Sonderbeitrag in Höhe von 10 Prozent des Mitgliedsbeitrages erhoben, um aus den auf diese Weise zusammenkommenden Mitteln die Parteiorganisation in den fünf neuen Bundesländern aufzubauen. Im Rechnungsjahr 1988 kamen 114 Millionen DM aus Beiträgen zusammen, 58,2 Prozent der Gesamteinnahmen.[539] Die scheinbar private Finanzierungsweise durch Mitgliedsbeiträge ist bereits staatlich eingefärbt, nämlich durch besondere steuerliche Anreize beziehungsweise durch staatlichen Verzicht auf Besteuerung. Nach der sogenannten Kleinspendenregelung, die Mitgliedsbeiträge und eben „kleinere Spenden" umfaßt, können Zuwendungen an Parteien bis zu 1200 DM (bei gemeinsam veranlagten Ehepaaren bis zu 2400 DM) jährlich zur Hälfte von der Steuerschuld abgesetzt werden. Wer 1 DM an die Partei zahlt, erhält also 50 Pfennig vom Finanzamt zurück. Ferner können darüber hinaus Mitgliedsbeiträge und Spenden bis zu 60000

DM (beziehungsweise 120000 DM) vom zu versteuernden Einkommen abgesetzt werden, die sogenannte Großspendenregelung. So vernünftig politisch insbesondere die Kleinspendenregelung sein mag, da sie die Teilnahme des einzelnen an der politischen Willensbildung in den Parteien begünstigt (auch Beiträge und Spenden sind bekanntlich Ausdruck politischer Willensbildung) und die Parteien bei ihren für die Demokratie wichtigen Aufgaben fördert, so liegt hier doch ein staatlicher Eingriff vor. Noch ein weiterer Aspekt der „Verstaatlichung" der Parteifinanzierung im Bereich der regelmäßigen Beitragszahlungen kommt hinzu: Mandatsträger, also Mitglieder von Gemeinde- und Landesparlamenten, des Bundestages sowie politische Beamte, also Stadträte und Bürgermeister, Minister und Staatssekretäre, führen nämlich einen Teil ihrer Diäten oder ihres Einkommens an ihre Partei ab. Dadurch erhöht sich das Beitragsaufkommen bei der SPD um mehr als ein Fünftel.[540] Die Sonderzahlungen der Abgeordneten, Minister und Kommunalvertreter stammen offensichtlich, wenn auch indirekt, aus öffentlichen Kassen.

2. Spenden haben bei den Einnahmen der SPD nie eine große Rolle gespielt, nur in Wahljahren betrugen sie mehr als 10 Prozent der Gesamteinnahmen, und sie dürften auch dann vor allem von Mitgliedern gekommen sein. Dabei fällt unter den Begriff „Spende" sowohl eine Sachspende an den Ortsverein, etwa Gewinne für eine Tombola beim Sommerfest oder 25 Kilo Bonbons vom örtlichen Supermarkt für das Kinderfest, wie die Großspende, die von der Deutschen Bank oder vom Spiegel-Verlag[541] an die Bundesparteien gehen und die im Rechenschaftsbericht offengelegt werden muß, wenn sie eine Höhe von 40000 DM übersteigt. Was hier an staatlicher Einfärbung eine Rolle spielt, wurde bereits oben erwähnt, nämlich die steuerliche Vergünstigung.

3. Als staatliche Einnahmen zählen nach dem Parteiengesetz nur die Mittel, die für Parteien zur Führung eines angemessenen Wahlkampfes notwendig sind, wie die Formulierung in einem Urteil des Bundesverfassungsgerichts von 1966 lautete, die in das Parteiengesetz übernommen wurde. Nach der Regelung der Wahlkampfkostenerstattung werden für jeden Wahlberechtigten bei einer Europa-, Bundestags- oder Landtagswahl 5 DM in einen Fond gezahlt, der dann entsprechend des Wahlergebnisses auf jene Parteien verteilt wird, die mindestens 0,5 Prozent der abgegebenen gültigen Stimmen erhalten haben. Diese Einnahmen fallen bei der Haushaltsplanung der Parteien erheblich ins Gewicht. Je nachdem, wie viele Wahlen in einem Jahr stattfinden, liegen sie bei der SPD zwischen etwa 25 und 50 Prozent der gesamten Einkünfte, betrugen 1988 27,1 Prozent.[542] Nicht eingerechnet in die Rubrik staatlicher Einnahmen sind dabei solche Einkünfte, die dennoch aus öffentlichen Haushalten kommen, nämlich (1) der sogenannte Chancenausgleich, mit dem der Steuervorteil ausgeglichen werden

soll, den Parteien mit hohen Einkünften aus steuerlich begünstigten
Spenden und Mitgliedsbeiträgen erhalten; (2) ein sogenannter Sockelbetrag, 1989 eingeführt, der 6 Prozent der Wahlkampfkostenpauschale ausmacht und an die Parteien gezahlt wird, die mindestens 2 Prozent der
Stimmen bei der letzten Wahl erhalten haben.[543] Wir können hier nicht auf
die höchst komplizierten Details staatlicher Parteienfinanzierung eingehen.
Entscheidend für unsere Überlegungen ist, daß die Staatsquote, nämlich der
staatliche Anteil an den Gesamteinnahmen der Partei, über 50 Prozent, ja
zwischen 60 und 70 Prozent liegt.[544] Dieser Anteil ergibt sich auf jeden Fall
dann, wenn die staatlichen Zuschüsse an die Fraktionen und Parteistiftungen, auf die weiter unten noch kurz eingegangen werden wird, wenigstens teilweise einberechnet und die ohne Entgelt den Parteien zur Verfügung gestellten Werbezeiten im Fernsehen während des Wahlkampfes, die
kommunalen Werbeflächen (Stelltafeln) und Veranstaltungsräume in öffentlichen Gebäuden mitbedacht werden.

Unsere zweite These lautet, daß auch in der Parteifinanzierung sich die
Interpretation bestätigt, die sozialdemokratische Organisation könne als
lose verkoppelte Anarchie begriffen werden. Tatsächlich finanzierten die
verschiedenen Organisationsebenen sich auf jeweils unterschiedliche
Weise und weitgehend autonom, sie sind finanziell nicht aufeinander angewiesen. Die Bundespartei, also die „Baracke", hat ihre Tätigkeiten in den
letzten Jahrzehnten überwiegend mit Fremdmitteln bezahlt, nicht mit Mitgliedsbeiträgen, nämlich mit den Erstattungsbeiträgen für Europa- und
Bundestagswahlkämpfe, mit anderen staatlichen Mitteln wie neuerdings
dem Sockelbetrag, mit Großspenden und Krediten. Eine vom Bundespräsidenten eingesetzte Sachverständigenkommission zur Neuordnung der Parteienfinanzierung hat 1983 festgestellt, daß seit 1977 der SPD-Parteivorstand sich zu fast 75 Prozent aus Erstattungsbeträgen und zu nur 20 Prozent
aus Mitgliedsbeiträgen finanziert habe. Hierin sah die Kommission auch
einen wesentlichen Grund dafür, daß die Parteizentrale sich in ihren alltägli-
chen Organisations- und Verhaltensformen immer deutlicher der staatlichen
Bürokratie annähere.[545] 1988 erhielt der Parteivorstand nur 24,4 Prozent
der Gesamteinnahmen der Partei, überwiegend staatliche Mittel. 55,8 Prozent der Wahlkampfkostenerstattung flossen nach Bonn.[546] Dabei leidet die
Bundespartei seit zwei Jahrzehnten unter chronischem Geldmangel, nicht
zuletzt wegen eines ungenügenden Anteils an den Mitgliedsbeiträgen. Sie ist
daher zum Sparen gezwungen und muß Kredite aufnehmen. Dennoch, um
die Veränderungen gegenüber der Weimarer Republik und den fünfziger
Jahren deutlich zu machen: Das Ollenhauer-Haus ist im Zweifelsfall nicht
auf die Mitgliedsbeiträge, nicht auf die Arbeiter- und Angestelltengroschen
angewiesen, es kann sich zur Not selbst finanzieren.

Im Unterschied zur Bundesebene sind die Bezirke und Landesverbände finanziell recht üppig ausgestattet. Sie erhalten nämlich die Mittel aus der Erstattung der Kosten für die Landtagswahlen und sie bekommen zudem noch einen hohen Anteil an den Mitgliedsbeiträgen zugewiesen. 1988 waren dies 41,7 Prozent aller Beiträge.[547] So hat der SPD-Landesverband Niedersachsen 1988 und 1989 je 2,36 Millionen DM Wahlkampfkostenerstattung erhalten, zudem noch 2,44 beziehungsweise 2,57 Millionen DM aus Mitgliedsbeiträgen – die Partei war für den Landtagswahlkampf im Mai 1990 bestens gerüstet.[548]

Die Ortsvereine und Unterbezirke stehen finanziell am günstigsten da. 1988 erwirtschafteten sie bundesweit einen Überschuß von mehr als 14 Millionen DM. Sie leben von Mitgliedsbeiträgen und Spenden. 1988 gingen 42,2 Prozent aller Beiträge und 86 Prozent aller Spenden an diese Organisationsgliederungen.[549] Die Ortsvereine kommen nicht zuletzt deswegen gut über die Runden, weil Ortsvereinsvorsitzende ihren Mitgliedern empfehlen, ihre Beiträge niedrig zu halten und statt dessen an den Ortsverein zu spenden[550] – Mitgliedsbeiträge werden zwischen den Organisationsebenen aufgeteilt, Spenden verbleiben zu 100 Prozent bei dem Gebietsverband, an den sie gegeben werden.

Aus den genannten Daten zeigt sich, daß auch im Bereich der Parteifinanzierung für die SPD ein Problem vorliegt, das aus der Struktur einer lose verkoppelten Anarchie resultiert. Während die lokalen Organisationskörperschaften große Summen einnehmen, einen Überschuß machen und Geld auf Sparkonten anlegen, ist die Parteizentrale in den roten Zahlen, war vorübergehend sogar überschuldet.[551] Das Ollenhauer-Haus wäre in der Vergangenheit fast schuldenfrei gewesen, wenn es sich aus den Kassen der Ortsvereine und Unterbezirke hätte entlasten können. So aber mußten Kredite auf dem Kapitalmarkt aufgenommen werden, wenn man so will, ironischerweise aus Geldern, die die Genossen an der Basis zur Sparkasse getragen hatten. In den lokalen Parteiorganisationen aber herrscht Mißtrauen gegenüber der eigenen Parteiführung; die Meinung überwiegt, daß sie das Geld nicht sinnvoll ausgebe.[552]

Zur lose verkoppelten Anarchie im Bereich der Parteifinanzierung gehören noch zwei Institutionen, die hervorzuheben sind und auf die kurz einzugehen ist, nämlich die Fraktionen im Bundestag, in den Ländern und Gemeinden und die parteinahe Friedrich-Ebert-Stiftung. Beide, Fraktionen wie Stiftung, sind formal und zum Teil auch real von der SPD selbständig, stehen aber doch im engen Zusammenhang sozialdemokratischer Politik. Beide werden fast vollständig staatlich finanziert, beide entlasten durch ihre Tätigkeit die SPD-Kassen und beide sind letztlich Ausdruck dafür, daß – betrachtet man die Parteifinanzierung insgesamt – diese sich immer komplexer und differenzierter entwickelt hat.

Fraktionen erhalten regelmäßige Zuschüsse, um ihrer Arbeit im Bun-

destag, in den Landtagen und in den kommunalen Körperschaften nachgehen zu können. Da sind wissenschaftliche Mitarbeiter und Schreibkräfte
einzustellen, Büros müssen angemietet und ausgestattet werden, Schreibmaschinen, Computer, Fotokopierer und Telefonrechnungen sind zu be-
zahlen. Die Fraktionszuschüsse setzen sich in der Regel (so unter anderem
im Bundestag) aus dem Grundbetrag, den jede Fraktion erhält, und dem Zuschlag, der nach der Zahl der Fraktionsmitglieder bemessen wird, zusammen. Diese Mittel haben, so Hans Herbert von Arnim, Experte auf diesem
Gebiet, „Wachstumsraten wie im Schlaraffenland" erlebt, im Bundestag
stiegen sie von 3,4 Millionen DM jährlich (1966) auf 85,4 Millionen DM
1990.[553] In den Landtagen haben sich diese Zuwendungen seit 1967 verzehn-
facht, sie betrugen 1989 rund 72 Millionen DM. Die SPD erhält heute im
Bundestag als Fraktionszuschuß in etwa soviel, wie ihr im Jahresdurch-
schnitt einer Wahlperiode aus der Wahlkampfkostenerstattung zugewiesen
wird. Zu diesen Zuschüssen, die die Fraktionen erhalten, kommen oft noch
weitere geldwerte Leistungen hinzu: Vom Parlament werden Räume zur
Verfügung gestellt, teilweise erhalten die Fraktionen Mitarbeiter zugeteilt,
die auf der Gehaltsliste des Parlaments stehen. Nun ist immer wieder die
Vermutung geäußert worden, daß Fraktionsmittel auch für Parteizwecke
ausgegeben werden, und Eingeweihte bestätigen dies. Da kann ein Frak-
tionsassistent freigestellt werden, um im Wahlkampf zu helfen, oder vom
Fraktionsbüro werden die Einladungen für die Mitgliederversammlung
eines Ortsvereins geschrieben und verschickt. Bei diesen Beispielen ist der
Fall klar. Was jedoch steckt hinter einer Formulierung, wie sie von Egon
Bahr als Bundesgeschäftsführer in einer Zeit größter Finanznot der Partei,
als Mitarbeiter der „Baracke" entlassen werden mußten, benutzte, daß
„auch dank der Zusammenarbeit mit der Bundestagsfraktion" vom Parteihauptquartier effektiv mehr geleistet worden sei?[554] Dieser Bemerkung
liegt ein Strukturzusammenhang des parlamentarischen Regierungssystems
zugrunde, daß nämlich Fraktionsarbeit auch den Parteien zugute kommt,
denn Fraktionen sind nichts anderes als die Parlamentsparteien. Zeichnen
sich die Fraktionsführer in einer Redeschlacht des Bundestages durch schla-
gende Argumente und beißenden Witz aus, gewinnt die Partei natürlich an
Ansehen. Und in der Fraktion ist Sachverstand bei den Abgeordneten und
Mitarbeitern konzentriert, der der Politikformulierung der Partei zugute
kommt, so daß dadurch teure wissenschaftliche Beratung von außen gespart
wird.[555] Eine klare Trennung von Fraktion und Partei, von staatlichen Zuschüssen an die eine oder an die andere Seite ist also überhaupt nicht möglich,
beide bilden eine politische Einheit.

Auf ähnliche Weise spart die SPD durch die Tätigkeit der Friedrich-Ebert-
Stiftung Mittel. Die Stiftung wurde 1925 nach dem Tode des ersten Reichs-
präsidenten mit dem Ziel gegründet, Arbeiterkindern den Besuch von Uni-

versitäten zu ermöglichen und sie dabei finanziell zu unterstützen. Nicht für alle Tätigkeitsfelder der Stiftung gilt im gleichen Maß, daß sie der SPD notwendige Aufwendungen abnehmen, zum Beispiel die politische Bildungsarbeit, die Förderung deutscher und ausländischer Studenten und Doktoranden, die sozialwissenschaftliche und historische Forschung, der Unterhalt des Parteiarchivs, das Publikationswesen und die Auslandsarbeit mit dem Schwerpunkt der Entwicklungshilfe.[556] Aber auch Kleinvieh macht Mist: Die SPD braucht ihr Archiv nicht selbst zu unterhalten. Die Parteigeschichte wird von den Historikern der Stiftung geschrieben. In den Heimvolkshochschulen können Funktionäre geschult werden, auch wenn bei entsprechenden Veranstaltungen nicht nach der Parteizugehörigkeit gefragt werden darf. Verdiente jüngere Genossen erhalten unter Umständen einen Bonus bei ihrer Bewerbung um die Studienförderung. Aus dem Forschungsinstitut erfolgt Politikberatung. Und in europäischen Hauptstädten und in den USA unterhält die Stiftung Büros, die einem diplomatischen Dienst für die Sozialdemokratie nicht völlig unähnlich sind. Auch wenn institutionell und personell Stiftung und Partei heute scharf voneinander getrennt sind, besteht zwischen beiden dennoch ein politischer Zusammenhang. Und das Finanzvolumen, über das die Friedrich-Ebert-Stiftung verfügt, ist ansehnlich, 1990 betrug es 185,3 Millionen DM, nur etwas weniger als das gesamte Parteieinkommen.[557] Einschränkend sei jedoch zugleich hinzugefügt, daß mehr als die Hälfte der Stiftungsaktivitäten im Ausland, vor allem in Entwicklungsländern stattfindet.[558]

Die SPD ist heute eine Volkspartei unter anderen – das jedenfalls zeigt die Struktur ihrer Finanzierung –, das erweist sich aber auch in ihrem nicht zu stillenden Durst nach, wenn immer es geht, neuen staatlichen Unterstützungsquellen. Das alte Ethos der Solidargemeinschaft, als man auf sich selbst gestellt von den Beiträgen der Mitglieder lebte und davon auch noch Vermögen in Form von eigenen Druckereien, Verlagen, Buchhandlungen, Zeitungen und Volkshäuser bilden konnte, ist dahin. Seit der Wende zur Volkspartei ist auch die SPD wiederholt in den Ruch gekommen, in Finanzskandale und Manipulationen verwickelt zu sein. So war sie an der Flick-Affäre nicht unbeteiligt, kam in den Genuß einiger Gelder, die der Generalbevollmächtigte des Unternehmens, von Brauchitsch, zur „Pflege der Bonner Landschaft", wie er süffisant formulierte, angelegt hatte. Ungeklärt ist noch immer, woher die 7 647 550 DM stammten, die im Rechenschaftsbericht der Partei für das Jahr 1982 auftauchten, Ergebnis einer von Schatzmeister Nau „im Jahr 1982 abgeschlossenen Aktion zur Sammlung von Spenden".[559] Nach dem Parteiengesetz war die Partei verpflichtet, die Herkunft der Spenden offenzulegen, doch der Name des Spendeneintreibers, Alfred Nau, verbarg die Namen der eigentlichen Spender. Ungeklärt geblieben ist bisher auch der Verdacht des ›Spiegel‹, die Friedrich-Ebert-Stiftung habe Manipulationen mit der israelischen Fritz-Naphtali-Stiftung betrieben, durch die Millionen in die Kasse der SPD geschleust worden sein sollen, so daß noch Steuern nachzuzahlen seien.[560] Immerhin scheiterte der Versuch, eine Generalamnestie für die Betroffenen in den Parteispendenaffären durchzusetzen, zweimal am Widerstand der SPD-Bundestagsfraktion, insbesondere ihres protestantisch-ethischen Flügels, in dieser Situation angeführt vom heutigen Präses der Synode der Evangelischen Kirche Deutschlands, Jürgen Schmude.

Der Drang nach Geld, nach mehr und mehr Geld ist in gewisser Weise auch verständlich. Personalkosten und Sachmittelkosten steigen, vor allem kletterten die Ausgaben für die Wahlkämpfe schneller in die Höhe als der Index für Lebenshaltungskosten. Da ist der Griff zur Pulle staatlicher Finanzierung am bequemsten, doch macht er auf Dauer süchtig. SPD und CDU ziehen am gleichen Strang, einmütig erhöhen sie die Zuwendungen für die Parteistiftungen und die Fraktionen, führen sie den verfassungsrechtlich höchst dubiosen Sockelbetrag ein und heben in Nordrhein-Westfalen die Wahlkampfkostenpauschale für die nächste Landtagswahl von 5 DM auf 6,50 DM je Wahlberechtigten an.[561] Kein Zweifel, die Parteien und die SPD müssen in die Lage versetzt werden, ihre notwendigen Aufgaben angemessen zu finanzieren. Doch müßte den Bürgern, vor allem aber den Parteimitgliedern und -funktionären plausibel gemacht werden können, was die angemessenen Kosten für den Unterhalt einer Partei eigentlich ausmachen. Hier besteht eine Vertrauenslücke, die nicht nur mit der Kritik an deutschen, auch sozialdemokratischen Biertischen zu tun hat. Vielmehr ist auch das Strukturproblem anzugehen, welches wir herausgearbeitet haben, daß nämlich die Parteispitze unterfinanziert, die Parteibasis aber mit einem Geldpolster ausgestattet ist. Ein innerparteilicher Finanzausgleich zwischen den verschiedenen Organisationsebenen wäre vernünftig. Dieser aber dürfte an der fragmentierten Struktur der sozialdemokratischen Organisation scheitern.

7. Zielgruppenarbeit: Zwischen Arbeitsgemeinschaft und Bürgerinitiative

Schmoren im eigenen Saft:
Die drei großen Arbeitsgemeinschaften in der SPD

Vom AWO-Kaffeekränzchen zum bildungsbürgerlichen Feminismus:
Die Arbeitsgemeinschaft sozialdemokratischer Frauen

Die Gründung der „Arbeitsgemeinschaft sozialdemokratischer Frauen" (AsF) erfolgte im Sommer 1972. Sie fiel in eine Zeit des Generationswechsels und eines tiefgreifenden sozialen Wandels innerhalb der weiblichen Mit-

gliedschaft der SPD. Diese Umbruchssituation prägte die AsF bis Ende der
siebziger Jahre. Sie führte zu Reibungen, Spannungen und zahlreichen Konflikten. Am Ende blieb auch hier die sozialdemokratische Traditionskompanie
auf der Strecke. Die neue Emanzipationsbewegung sozialdemokratischer
Feministinnen seit den späten siebziger Jahren hatte mit der alten sozialdemokratischen Frauengeneration der fünfziger und sechziger Jahre sozial,
mental, kulturell und ideologisch kaum mehr Gemeinsamkeiten.

Sozialdemokratische Frauengruppen existierten bereits vor Gründung
der AsF, allerdings genossen sie noch nicht den parteioffiziellen Status einer
Arbeitsgemeinschaft.[562] Die organisatorische und politische Leitung der
Frauengruppen teilten sich ein Frauenbüro beim Parteivorstand und ein zentraler „Frauenausschuß". Bis 1958 führte Herta Gotthelf die Regie in der
sozialdemokratischen Frauenarbeit. Danach wurde sie im Zuge der vom
Stuttgarter Parteitag beschlossenen Organisationsreform von Marta Schanzenbach abgelöst. Von 1966 bis zur Gründung der AsF leiteten die beiden
Bundestagsabgeordneten Annemarie Renger und Elfriede Eilers die Frauen-
gruppe. Alle vier Frauen waren noch im Traditionsmilieu der sozialdemokratischen Solidargemeinschaft groß geworden. Ihre Leitungsfunktionen in der
Frauenarbeit hatten sie nicht durch Wahlen, sondern durch Entscheid des
Parteivorstandes übertragen bekommen. Zwar fanden regelmäßig Frauen-
konferenzen statt, doch die Delegierten besaßen kein Wahlrecht. Auch sonst
ging es dort nicht sonderlich politisch und bewegend zu. Die Spitzenfunktio-
närinnen pflegten lange Referate zu halten; dann wurden Resolutionen verabschiedet; Debatten und Kontroversen kamen in der Regel nicht auf.

Die sozialdemokratischen Frauen damals suchten Harmonie und nicht
den Konflikt. Die jungen Akademikerinnen, die in den siebziger Jahren allmählich die AsF majorisierten, hatten in der Retrospektive nur Verachtung
für die Praxis der sozialdemokratischen Frauengruppen in den fünfziger und
sechziger Jahren übrig. Höhnisch bezeichneten sie die Zusammenkünfte
ihrer Vorgängerinnen – in den emanzipatorischen siebziger Jahren oft auch
als „Muttitypen" abqualifiziert – als „Häkelkreise" und „Kaffeekränzchen".
In der Tat wurden in den fünfziger und sechziger Jahren in den sozialdemokratischen Frauengruppen eher Kochrezepte als Clara-Zetkin-Weisheiten
ausgetauscht. Indes wäre letzteres keineswegs politischer gewesen. Die sozialdemokratischen Frauengruppen bestanden seinerzeit noch zur Hälfte
aus Hausfrauen; ein weiteres Viertel der Mitglieder arbeitete in der Fabrik.
Akademikerinnen hingegen fanden sich kaum. Das Gros der weiblichen
SPD-Mitglieder fühlte sich schon seit den letzten Jahren der Weimarer Republik, vermittelt oft über die Ehemänner, mit der Partei verbunden. Viele
arbeiteten über Jahrzehnte ehrenamtlich in der Arbeiterwohlfahrt mit.
Zahlreiche Frauen hatten ihre Ehemänner durch den Krieg oder infolge des
Widerstandes gegen den Nationalsozialismus verloren und lebten als allein-

erziehende Mütter von einer kargen Rente. In den sozialdemokratischen Frauengruppen nun suchten sie Gleichgesinnte und Gleichgestellte, gewiß auch ein wenig unterhaltende und gesellige Abwechslung vom Einerlei eines harten Alltags. Als militante Frauenrechtlerinnen verstanden sie sich nicht. Auseinandersetzungen mit ihrer Partei und den Männern zu führen, kam ihnen nicht in den Sinn. 1970 artikulierte sich erstmals eine neue Generation in der sozialdemokratischen Frauenbewegung. Auf der Bundesfrauenkonferenz in Nürnberg Ende Oktober 1970 monierte eine Gruppe junger Delegierter den konventionellen Ablauf der Versammlung und forderte eine stärkere Politisierung der zentralen Zusammenkünfte. Vor allem in den Großstädten prallten die beiden Generationen von SPD-Frauen heftig aufeinander. Die älteren Sozialdemokratinnen hatten ihren jüngeren Kontrahentinnen bald kaum etwas entgegenzusetzen. Diese kamen oft aus einer anderen gesellschaftlichen Schicht, waren akademisch gebildet, hatten einen Beruf erlernt und übten ihn aus. Alles an ihnen war anders: Sprache, Habitus, Umgangsstil. Die Jüngeren waren den älteren rhetorisch weit voraus. Diese Überlegenheit spielten sie aus; sie führten endlose Diskussionen, argumentierten aggressiv, rechthaberisch, rigide und nicht selten hochfahrend-arrogant, ja: ein wenig herrisch. Viele Frauen aus dem Arbeitermilieu der sozialdemokratischen Solidargemeinschaft reagierten darauf verängstigt und eingeschüchtert; sie zogen sich resigniert, verwirrt, voll inneren Zorn, oft auch zutiefst gedemütigt aus den Frauengruppen zurück.

Das Gros der jüngeren engagierten sozialdemokratischen Frauen war zugleich bei den Jungsozialisten organisiert. Dort schufen sie sich Anfang 1971 einen Arbeitskreis „Emanzipation" und damit ein bundesweites Diskussionszentrum, in dem sie auch ihre strategischen Handlungsschritte für ihr weiteres Vorgehen in den sozialdemokratischen Frauengruppen abstimmten und festlegten. Die Fäden im Arbeitskreis zogen insbesondere Ute Canaris und Dorothee Vorbeck. Feministischen Zielsetzungen fühlte sich der Arbeitskreis indes zunächst noch nicht verpflichtet. Noch wog bei den weiblichen Jungsozialisten das gemeinsame Bekenntnis zum Klassenkampf mit den jungen bärtigen Revolutionären schwerer als die Differenz des Geschlechts. 1973 ließen sich die Frauen des Arbeitskreises „Emanzipation" von den Männern des Juso-Bundesvorstandes sogar die Konferenztaktik für die Bundesversammlung der AsF in Ludwigshafen autoritär diktieren. Im Vorfeld des AsF-Bundestreffens hatten sich Vertreterinnen des Arbeitskreises „Emanzipation" mit der bisherigen Bundesführung gütlich über die personelle Besetzung der künftigen AsF-Spitze geeinigt. Elfriede Eilers sollte Bundesvorsitzende bleiben; die Frauen aus dem Arbeitskreis „Emanzipation" hatten dafür einen der beiden Stellvertreterposten für die südhessische SPD-Linke Dorothee Vorbeck zugesichert bekommen. In letzter Minute aber zauberte der Juso-Bundesvorstand mit Herta Däubler-Gmelin noch eine Gegenkandidatin zu Elfriede Eilers aus dem Hut. Anfangs sträubten sich die Frauen des Arbeitskreises „Emanzipation" noch dagegen, die oktroyierte Gegenkandidatur mitzutragen, zumal Herta Däubler-Gmelin dem Arbeitskreis nicht einmal angehörte. Doch dann behielt die revolutionäre Disziplin die Oberhand und Herta Däubler-Gmelin erreichte 61 Stimmen, während sich Elfriede Eilers ohne Glanz mit 89 Stimmen behauptete. Die knappe Differenz zwischen den Voten für Eilers und Däubler-Gmelin zeigte, daß die jungen Linken in der AsF im Vormarsch waren. Insgesamt waren nun drei der Ihren im neunköpfigen Vorstand der AsF vertreten.[563]

Doch bis Mitte der siebziger Jahre stellte die Frauenriege der mittleren und älteren Generation in der AsF noch die Mehrheit. Die Juso-Aktivistinnen hatten sich bis dahin erst in den Groß- und Universitätsstädten durchgesetzt. Die Frauengruppen in den ländlichen Regionen hingegen waren noch kaum vom bildungsbürgerlichen Emanzipationssozialismus berührt worden. Auf den AsF-Konferenzen der Jahre 1974/75 wehrten ihre Vertreterinnen die Vorstöße der jungen Linken zunächst noch mit Erfolg ab. Auf dem familienpolitischen Kongreß der AsF Ende 1974 war zwischen den beiden Generationen ein Streit über die Erwerbstätigkeit der Frau entbrannt. Die jungen, linksstehenden Delegierten traten vehement für die obligatorische Berufstätigkeit der Frauen ein. Sie bezeichneten dies als unabdingbare Voraussetzung für die Emanzipation. Die Majorität hingegen, unter ihnen viele Hausfrauen, mochte sich so dezidiert nicht festlegen. Ihre Wortführerin war die Bundesvorsitzende Elfriede Eilers, die in der Berufstätigkeit der Frau „nicht das allein seligmachende Mittel" sah und den Frauen lieber die „Freiheit der Wahl" überlassen wollte.[564]

Die jungen Linken in der AsF aber suchten weiterhin die Offensive. Sie begaben sich dabei nun auf das Gelände der Theorie. Hier fühlten sie sich den Frauen der älteren Generation haushoch überlegen. Schließlich politisierten sie schon seit Jahren in den Theoriezirkeln der Jusos, kannten Marx und Engels und kultivierten einen Jargon, der Eindruck machte. Anfang 1974 hatte die AsF auf Drängen der jüngeren Frauen eine Programmkommission eingesetzt. In der Tat beherrschten hier die jungen Sozialdemokratinnen unter der intellektuellen Führung von Ute Canaris von Beginn an das Feld. Der Entwurf, der nach fast anderthalb Jahren Diskussion dabei entstand, war ihr Entwurf, in der Sprache von Juso-Strategiepapieren gehalten, voll von pseudomarxistischem Verbalradikalismus. Meinten die Programmproduzentinnen ihren Entwurf ernst, dann strebten sie die Umwandlung der Sozialdemokratie in eine revolutionäre Partei zum Zwecke des Sturzes der herrschenden Kapitalistenklasse und des bürgerlich-parlamentarischen Systems an. Diese Schlußfolgerung wurde, wie seinerzeit üblich, zwar nicht explizit gezogen, aber der analytische Teil ließ im Grunde keine andere Konsequenz zu. Denn schließlich unterstellten die AsF-Theoretikerinnen, daß

sozialdemokratische Reformpolitik im Parlamentarismus unweigerlich auf
Systemgrenzen stoßen müsse. Und ebenso gewiß war ihnen, daß die herr-
schende Klasse ihre Positionen „nicht kampflos" preisgeben werde.[565] Irgendwie und irgendwann also war mit einem revolutionären letzten Gefecht
zu rechnen.

Solche Szenarien hatten schon der Zwischenkriegssozialdemokratie mehr
geschadet als genutzt. Ein wenig haben sie zur Tragödie des Austromar-
xismus beigetragen, der sich mit Vorliebe die Welt mit solchen radikal klingenden Formeln deutete. Was einst in der Katastrophe endete, lebte nun in
der Sozialdemokratie der frühen siebziger Jahre als Farce junger Bildungsbürger wieder auf, die genußvoll in die Rolle der Revolutionäre schlüpften,
die alten sozialdemokratischen Biedermänner und -tanten ein wenig provozieren und erschrecken wollten, im übrigen aber keineswegs ernsthaft an all
das glaubten, was sie an theoretischen Phrasen von sich gaben. Aber es beschäftigte seinerzeit Kommissionen, Parteitage, Konferenzen, so auch die
„Arbeitsgemeinschaft sozialdemokratischer Frauen". Die Gruppe um Elfriede Eilers hatte seinerzeit ihre liebe Mühe, die revolutionären Husaren-
ritte der jungen Linken abzuwehren. Nach einer ungemein gereizt und polemisch geführten Debatte lehnte die Konferenz mit gerade 129 : 115 Stimmen
den Entwurf der Programmkommission ab. Er hätte die AsF in theoretischer Perspektive in die gleiche Sackgasse manövriert wie zur gleichen Zeit
die Jungsozialisten.[566]

Noch turbulenter aber verlief die Wahl des nun dreizehnköpfigen Füh-
rungsgremiums der AsF. Der Arbeitskreis „Emanzipation" beanspruchte
insgesamt sieben Vorstandssitze, strebte also die Mehrheit im Leitungsorgan
der sozialdemokratischen Frauenorganisation an. Die reale Majorität der
demokratisch gewählten Delegierten aber schloß sich dem ultimativen Verlangen der jungen Linken nicht an und vergab nur vier Vorstandsämter an
Mitglieder des „Arbeitskreises", und auch dies erst im zweiten Wahlgang.
Die linke Minorität war entrüstet. Angesichts der nur knappen Niederlage,
die sie bei der Abstimmung über den Programmentwurf erlitten hatte, wäre
eine etwas stärkere Partizipation – wenn auch keineswegs die ursprünglich
geforderte Dominanz – im Führungszirkel zweifellos fairer, dem Kräftever-
hältnis in der AsF angemessener gewesen. Eine ganz Nacht lang stritten nun
die Mitglieder des Arbeitskreises „Emanzipation", ob sie sich überhaupt
noch an der Vorstandsarbeit beteiligen sollten. Besonders die nicht wieder-
gewählte bisherige stellvertretende AsF-Vorsitzende Dorothee Vorbeck plädierte für eine radikale Verweigerungshaltung. Am Ende der langen Nacht,
in der Freundschaften in die Brüche gingen, hatte sie die Mehrheit der AsF-
Linken für ihre Position gewonnen, den Arbeitskreis aber darüber gespalten.
Die vier Vorstandslinken nahmen ihre Wahl nicht an. Der Arbeitskreis
„Emanzipation" löste sich auf.[567]

Der Generationswechsel in der AsF setzte sich dennoch fort; die Akademisierung der weiblichen Mitglieder der SPD ging weiter, auch in den mittleren und kleineren Städten der Bundesrepublik. Die Zeit der AWO-Frauen aus den Traditionsresten der Weimarer Arbeiterbewegung und der Schumacher-Sozialdemokratie lief unweigerlich ab. Die Änderung des sozialen und kulturellen Profils der AsF drückte sich 1977 auch im Wechsel an der Führungsspitze der Arbeitsgemeinschaft aus. Mit Elfriede Eilers trat nun die letzte Repräsentantin der alten sozialdemokratischen Frauenbewegung, die noch durch das solidargemeinschaftliche Organisations- und Lebensmilieugeflecht der Traditionskompanie geformt worden war, aus dem Leitungsgremium ab. Es folgte eine etwa dreijährige Zeit des Übergangs, in der die AsF nicht mehr überwiegend in der Tradition der alten sozialdemokratischen Frauengruppen stand, aber auch noch nicht ganz ausschließlich Emanzipationsbewegung und innerparteiliche Interessenorganisation akademischer Mittelklassefrauen mit sozialistischen Neigungen geworden war. Die Übergangssituation verkörperte auch das Spitzentrio, das Anfang 1977 von der Siegener Bundeskonferenz der AsF gewählt wurde. Die beiden stellvertretenden Bundesvorsitzenden, die bayrische Landtagsabgeordnete Ursula Pausch-Gruber und die niedersächsische Landtagsabgeordnete Inge Wettig-Danielmeier, gehörten zwar nicht mehr dem Juso-Alter an, zählten aber doch zu den akademisch gebildeten, eher links und stärker feministisch orientierten Frauen in der SPD.[568] Dagegen personifizierte die neue Bundesvorsitzende Elfriede Hoffmann die Klammer zur älteren Generation und vor allem zu den traditionellen Kernschichten der Sozialdemokratie. Die 51 Jahre alte gelernte Metallarbeiterin stand für die Generation der Trümmerfrauen. 1953 war sie der SPD beigetreten. In der IG Metall stieg sie zur hauptamtlichen Funktionärin auf; seit 1971 war sie stellvertretende Leiterin der Abteilung Frauen beim Bundesvorstand des DGB. Die akademische neue Linke in der AsF versprach sich durch die Wahl von Elfriede Hoffmann gewissermaßen einen stärkeren Kontakt zur Arbeiterklasse. Doch begegneten viele jüngere Frauen der AsF der eher konservativen Gewerkschafterin von Beginn an mit Skepsis und Ablehnung. Obwohl Elfriede Hoffmann in Siegen ohne Gegenkandidatin zur Wahl antrat, votierten von 241 abstimmenden Konferenzvertreterinnen immerhin 42 Delegierte gegen sie, 36 weitere enthielten sich der Stimme.

In Siegen 1977 begann auch der Prozeß einer tiefen Entfremdung zwischen der „Arbeitsgemeinschaft sozialdemokratischer Frauen" und dem sozialdemokratischen Bundeskanzler Helmut Schmidt. Die ersten Keime der anfänglichen Disharmonie, die sich dann ab 1979 zu offener Zwietracht auswuchsen, legte unzweifelhaft der Kanzler durch eine höchst unsensible, mißglückte Rede vor den Delegierten der Siegener AsF-Bundeskonferenz. Schmidt trat auf wie seinerzeit häufig in Versammlungen seiner Partei: Er hielt den Delegierten eine Standpauke, wetterte los, belehrte, maulte und kanzelte ab. Die Herzen der Sozialdemokraten gewann er dadurch nicht. Auch die Frauen der AsF brachte er gegen sich auf. In seinem Referat auf der Siegener Bundeskonferenz schimpfte Schmidt über die akademische Sprache, die nun auch den Stil der Zusammenkünfte der AsF prägte. In diesem Zusammenhang warf Schmidt den organisierten sozialdemokratischen Frauen überdies mangelnde Bürgernähe vor. Er empfahl ihnen, sich die Konservativen zum Vorbild zu nehmen. Nach Auffassung des Kanzlers gingen die Unionsparteien nämlich „besser auf die seelische Stimmung der Mehrheit der Frauen ein". Es sei doch nichts Minderwertiges, hielt Schmidt der jungen, links orientierten AsF-Generation vor, „wenn eine Frau ihre Entscheidung zugunsten der Familie und nicht fürs Berufsleben fällt". Ihm jedenfalls läge nichts daran, „alle Frauen ins Berufsleben zu pressen". Das Gros der Delegierten hörte sich die Belehrungen Schmidts anfangs verblüfft, dann erschüttert, bis zum Ende aber doch schweigend an. Schließlich war Schmidt sozialdemokratischer Kanzler; die meisten Frauen fühlten sich daher zur Loyalität verpflichtet und schluckten ihren Ärger gleichsam hinunter. Einige Konferenzteilnehmer aber verschafften ihren Unmut über die Epistel des Kanzlers Luft und begannen zu pfeifen und zu zischen.[569] Der Kanzler fühlte sich dadurch in seinem Weltbild indes lediglich bestätigt. Auf einer wenig später stattfindenden Konferenz der „Arbeitsgemeinschaft für Arbeitnehmerfragen" erklärte Schmidt seinen nun ganz überwiegend männlichen Zuhörern, daß die protestierenden Frauen auf der Siegener AsF-Konferenz nur solche gewesen wären, die selber noch keine Kinder geboren hätten. Die sozialdemokratischen Arbeitnehmer applaudierten zustimmend.[570]

Solcherlei Borniertheiten schufen in der AsF eine sich allmählich steigernde aggressive Stimmung gegen die Partei und ihre Männer. Wäre Schmidt auf der nun folgenden Bundeskonferenz der AsF, die im Mai 1979 in Erlangen abgehalten wurde, aufgetreten, er wäre wohl gnadenlos und nicht mehr nur von einer Minderheit ausgepfiffen worden. Aber von AsF-Zusammenkünften hielt sich Schmidt nach 1977 wohlweislich fern. Die neue Aggressivität der AsF entlud sich dafür über den Europawahlbeauftragten der SPD, Bruno Friedrich, der das Hauptreferat der Konferenz halten sollte, die unter dem Motto „Frauen für Europa – Frauen für den Frieden" stand. Die dezidiert feministische Gruppe in der AsF hätte Friedrich am liebsten gar nicht mehr reden lassen; Männer sollten bestenfalls nur noch zuhören dürfen. Als Friedrich dann aber doch das Wort erhielt, fanden sich für die Feministinnen noch genügend Gelegenheiten, dem sozialdemokratischen Europapolitiker in die Parade zu fahren und sich über seine Vortragsmetaphern zu mokieren. Denn Friedrich machte den Fehler, den damals viele sozialdemokratische Männer begingen. Sie spürten, daß die Frauen in der

SPD im Vormarsch waren, und versuchten daher, sich gönnerhaft bei ihnen anzubiedern. Mit dieser Peinlichkeit erreichten sie in der Regel das Gegenteil von dem, was sie bezwecken wollten. In Erlangen ging es infolgedessen streckenweise wie auf Weiberfastnacht zu. Der Saal tobte, als Friedrich in instinktloser Verkennung der bereits explosiven Konferenzstimmung Zuflucht ausgerechnet bei Hemingway nahm: „Die AsF muß sich die Frage stellen, ob sie den Mut hat zu befehlen. Ich bin der Meinung, eine Frau, die den Mut hat zu befehlen, wird genauso wie Hemingway (in ›Wem die Stunde schlägt‹) es bezeichnet, Männer finden, die sie akzeptieren."[571] Danach hatte Friedrich Mühe, weiter Gehör zu finden. Buhrufe und höhnisches Gelächter hallten ihm entgegen.

Aber auch Frauen, die es im Umgang mit Männern an Härte fehlen ließen, erging es nun in der AsF nicht besser. Voran der Vorsitzenden der Arbeitsgemeinschaft selbst. Elfriede Hoffmann hatte sich des Vergehens schuldig gemacht, Bundeskanzler Schmidt einen Strauß Vergißmeinnicht zu schenken. Er sollte durch diese Geste daran erinnert werden, endlich eine Stabsstelle für Frauenpolitik in der Bundesregierung zu errichten. Als Elfriede Eilers in ihrem Rechenschaftsbericht das Plenum über diese symbolische Aktion informierte, wurde auch sie durch ironische „Oh"s, Buhrufe, Pfiffe und höhnische Kommentare unterbrochen.[572] Die vorab allgemein erwartete, als sicher gehandelte Wiederwahl Elfriede Hoffmanns zur Bundesvorsitzenden war nun gefährdet. Die nach vorn drängende, linksfeministische AsF-Generation präsentierte überraschend eine eigene Kandidatin: Karin Junker, 15 Jahre jünger als Elfriede Hoffmann, eine selbstbewußte Journalistin, die während der Studentenbewegung politisiert worden und dann in die SPD eingetreten war. Sie versprach, die Männer in der Partei mit knallharten Forderungen zu konfrontieren, statt sie mit Blumensträußen zu beglücken. Vermutlich bildete der Frauentypus, den Karin Junker repräsentierte, auf der Erlanger Konferenz schon eine Mehrheit. Doch fürchteten einige Delegierte aus der nachgewachsenen bildungsbürgerlich-feministischen Generation, mit der Nichtbestätigung der DGB-Funktionärin Elfriede Hoffmann die Gewerkschaften vor den Kopf zu stoßen. Davor aber schreckten sie noch zurück. Dennoch konnte sich die amtierende Vorsitzende nur knapp gegen ihre jüngere Rivalin behaupten. Elfriede Hoffmann erhielt 138 Stimmen; für Karin Junker votierten immerhin 118 Konferenzteilnehmerinnen.[573]

Allzuviel zu sagen hatte Elfriede Hoffmann danach nicht im AsF-Bundesvorstand. Das Zepter schwang dort insbesondere die Bonner Journalistin Karin Hempel-Soos. Im Herbst 1980 wurde Elfriede Hoffmann dann noch förmlich, wenn auch keineswegs formgerecht entmachtet. Die Bindungen an die Gewerkschaften war der Mehrheit in der AsF nun nicht mehr so wichtig; jetzt zählte vor allem, den Anschluß an die akademische Frauenbewegung nicht zu verlieren. Elfriede Hoffmann war dabei im Weg; sie wurde weggedrängt. Der AsF-Bundesvorstand erhoffte sich durch den Putsch gegen die Vorsitzende, die autonomen Frauen, die seit dem Spätsommer 1980 in heller Empörung gegen die AsF standen, wieder zu besänftigen und zu versöhnen. In Aufruhr hatte die Feministinnen ein im Namen der AsF veröffentlichter Artikel versetzt, der zuerst im sozialdemokratischen Pressedienst ›ppp‹ und dann als Flugblatt erschienen war.[574] Der AsF-Bundesvorstand hatte den Artikel weder gekannt noch autorisiert. Die Publikation war im Frauenreferat des Parteivorstandes entstanden und trug den Titel ›Alice Schwarzer, die Ziege als Gärtnerin‹. Die Verfasserin, Monika Steffen-Funken, setzte sich darin mit der Wahlboykottdiskussion auseinander, die die Herausgeberin der Zeitschrift ›Emma‹, Alice Schwarzer, in ihrem Blatt vom Zaun gebrochen hatte. Nach Auffassung von Frau Steffen-Funken verfolgte Alice Schwarzer mit der ›Emma‹-Debatte lediglich das Ziel, die Auflagenhöhe ihrer Zeitschrift zu steigern. Schon in der Vergangenheit habe Alice Schwarzer einen „bemerkenswerten Geschäftssinn" gezeigt und daher ihr Blatt nach einem kommerziell eingängigen Rezept gestaltet: „Sex, Verbrechen, Horror, Schaugeschäft, Humor, Jet-Set."

Eine Woge der Entrüstung schlug unmittelbar nach Veröffentlichung des Artikels dem konsternierten, da ahnungslosen AsF-Bundesvorstand aus dem Lager der Anhänger Alice Schwarzers entgegen. Auf Podiumsdiskussionen mit der AsF zogen autonome Frauen das Flugblatt hervor und verließen dann theatralisch protestierend die Veranstaltungen. Die AsF, in jüngster Zeit mehr und mehr dem Feminismus zugeneigt, fürchtete nun, von den Schwestern der Bewegung geächtet und gebannt zu werden. Eiligst distanzierten sich die beiden stellvertretenden Bundesvorsitzenden, Ursula Pausch-Gruber und Inge Wettig-Danielmeier, von „diesem Pamphlet".[575] In einer Klausurtagung Mitte Oktober 1980 verurteilte der AsF-Bundesvorstand bei einer Enthaltung die Veröffentlichung von Mona Steffen-Funke, die auf Druck der AsF-Spitze nun gemeinsam mit der Frauenreferentin des Parteivorstandes, Anni Jansen, in eine andere Abteilung der „Baracke" versetzt wurde.[576] Enthalten hatte sich bei der Abstimmung lediglich die Vorsitzende der „Arbeitsgemeinschaft sozialdemokratischer Frauen", eben Elfriede Hoffmann. Daraufhin nötigten ihr die übrigen Vorstandsfrauen die verbindliche Zusage ab, auf dem nächsten Bundeskongreß der Arbeitsgemeinschaft im Juni 1981 nicht mehr zu kandidieren. Schließlich gingen sie noch einen Schritt weiter und stellten die gewählte Bundesvorsitzende sofort kalt. Der Bundesvorstand beschloß, die Führung der Organisation ab Januar 1981 in die Hände der beiden stellvertretenden Bundesvorsitzenden zu legen. Zu einer solchen Entscheidung war indes der Bundesvorstand keineswegs befugt; sie widersprach den Bestimmungen des Statuts der Arbeitsgemeinschaft und setzte sich über alle demokratischen Verfahrens- und Kontrollregeln hinweg. Schließlich oblag die Besetzung des Vorsitzes allein und mit guten Gründen der dafür legitimierten Bundeskonferenz. Doch das kümmerte die AsF-Vorstandsriege nicht, die zur gleichen Zeit aber vehement gegen den „autoritären Führungsstil" des Kanzlers zu Felde zog. Die AsF war am Ende der siebziger Jahre eben in Teilen eine Organisation der Töchter des deutschen Bildungsbürgertums. Und das deutsche Bildungsbürgertum schwärmte nun einmal seit jeher für die innere Führungskraft von Bewegungen und verachtete die Rationalität formalisierter Regeln einer demokratischen Willensbildung. So sahen es denn wohl auch die AsF-Vorstandsfrauen des Jahres 1980: Sie wollten Teil der feministischen Bewegung sein und fanden sich daher ganz im Recht, eine Vorsitzende, die dabei störte, ohne Beachtung lästiger Satzungbestimmungen ihres Amtes zu entheben. Die Führungsriege in der AsF führte ihren Putsch gegen die Vorsitzende im übrigen geschickt im stillen aus. Die Öffentlichkeit bekam davon kaum etwas mit, auch die Partei nahm nur wenig Notiz von den Vorkommnissen im Führungszirkel der Frauenarbeitsgemeinschaft. Die Parteispitze griff nicht ein, was sie hätte tun müssen, aber in den achtziger Jahren, die nun angebrochen waren, gebot der Opportunismus, den selbstbewußten AsF-Frauen nicht mehr allzu deutlich entgegenzutreten.

Die Amtsenthebung von Elfriede Hoffmann im Herbst 1980 markierte das Ende des Wandels der AsF von den traditionellen sozialdemokratischen Frauengruppen im Arbeitermilieu zur feministischen Emanzipationsbewegung der akademischen Mittelschicht. Die Veränderungen in der AsF standen dabei beispielhaft für die Transformation der Sozialdemokratie seit den frühen achtziger Jahren, indem die Partei ihre soziale Orientierung und ihr programmatisches Selbstverständnis neu definierte. Die Sozialdemokraten buhlten nun um die Gunst der sozialen Bewegungen der postmaterialistisch eingestellten neuen Mittelschichten und riskierten dafür die Entfremdung von den traditionellen Kerngruppen der Partei und den Konflikt mit den Gewerkschaften. In den Gewerkschaften herrschte jedenfalls Verstimmung darüber, wie die AsF mit einer der Ihren umgesprungen war. Die Beziehungen vereisten. Elfriede Hoffmann, über das Vorgehen ihrer Vorstandskolleginnen in der AsF schwer gekränkt, tat das Ihre, um die Mißstimmung weiter anzuheizen, und kolportierte in den gewerkschaftlichen Gremien, daß die AsF nur noch Mittelschichtpolitik betreibe.

In der Tat war die AsF in den achtziger Jahren eine innerparteiliche Interessenorganisation der jungen Frauen aus den neuen Mittelschichten geworden. Insofern war nun der Wechsel an der Spitze der AsF zumindest soziologisch konsequent. Als Nachfolgerin für Elfriede Hoffmann wählten die Delegierten der AsF-Bundeskonferenz 1981 die durch den Studentenprotest der sechziger Jahre sozialisierte Göttinger Sozialwissenschaftlerin Inge Wettig-Danielmeier zur neuen Vorsitzenden. Angesichts der stärkeren Tertiärisierung und Akademisierung der Gesellschaft war der soziale Wandel der Mitgliedschaft der AsF nur folgerichtig. Allerdings überwogen in der Frauenarbeitsgemeinschaft wie in der Partei im ganzen unter den Akademikern weit überproportional die Absolventen geisteswissenschaftlicher und pädagogischer Studiengänge, die auf die postmaterialistischen Moden jener Jahre ungleich mehr ansprachen als alle übrigen Bevölkerungskreise und dadurch den politischen Blickwinkel der Partei einseitig verzerrten. Insgesamt besaßen 8 der 13 Bundesvorstandsmitglieder der AsF von 1983 einen Hochschulabschluß; alle Vorstandsfrauen gingen einem Beruf nach. Unter den Delegierten der Bundeskonferenz von 1983 hatten 38 Prozent ein Hochschulstudium absolviert. Lediglich 28 Prozent der Konferenzteilnehmerinnen waren Hausfrauen, während unter allen weiblichen Mitgliedern der Partei der Hausfrauenanteil immer noch bei fast 50 Prozent lag.[577] Exakte Angaben über ihre Mitgliederzahlen hat die AsF niemals veröffentlicht. Legt man die Daten einer Infas-Analyse von 1977 zugrunde, dann waren in der AsF der späten siebziger Jahre nur 11000 der 220000 weiblichen SPD-Mitglieder aktiv. Im statistischen Durchschnitt bedeuteten diese Zahlen, daß zumindest seinerzeit jedes aktive AsF-Mitglied zugleich auch Funktionärin im Vorstand der jeweils örtlichen Gruppe der Frauenarbeitsgemeinschaft gewesen sein muß.[578] Die Mitglieder kommunizierten in einem seit den späten siebziger Jahren nun weitgehend homogenen bildungsbürgerlichen Kleingruppenmilieu mit sich selbst. Die Aktiven in der AsF nutzten die Arbeitsgemeinschaft in erster Linie für den innerparteilichen Machtkampf; die Aktionen waren auf die Gremien der Sozialdemokratie konzentriert, nicht auf Interventionen in die Gesellschaft hinein angelegt.[579] Andererseits empfing die AsF alle Impulse von außerhalb, aus den sozialen Bewegungen, denen die sozialdemokratischen Frauen von Herkunft und Mentalität nahestanden. Einen eigenständigen relevanten Beitrag zur Strategiedebatte der Frauen brachte die AsF hingegen nicht hervor. Dazu wurde auf AsF-Konferenzen einerseits zu introvertiert, andererseits zu opportunistisch – stets mit Blick auf die übrigen bewegten Frauen und in Abwägung der innerparteilichen Konsequenzen – diskutiert. Die AsF schmorte mithin im eigenen Saft. Selbst dort, wo die AsF öffentlichkeitswirksam und erfolgreich den Kampf um die Quote führte, nutzte sie nur – bezeichnenderweise innerparteilich – ein gesellschaftliches und politisches Stimmungshoch für die Frauenemanzipation, das andere geschaffen hatten. Doch dazu im einzelnen später.

In den achtziger Jahren beschäftigte sich die AsF vor allem mit vier Themen: mit der Friedenspolitik, der Arbeitszeitverkürzung, dem Paragraphen 218 und der Frauenquote bei der Verteilung von Funktionen und Mandaten. In der Friedenspolitik verschmolz die AsF zu Beginn der Dekade ganz mit der Bewegung, die gegen die Nachrüstungspolitik des sozialdemo-

kratischen Bundeskanzlers demonstrierte. Zusammen mit den Jungsozialisten kündigte sie als erste sozialdemokratische Organisation dem Kanzler
die Gefolgschaft in der Außen- und Sicherheitspolitik auf. Trotz der beschwörenden Mahnungen von Parteichef Willy Brandt und Geschäftsführer
Peter Glotz lehnte die AsF-Bundeskonferenz in Bad Godesberg Mitte Juni
1981 den von Schmidt lancierten NATO-Doppelbeschluß ab.[580] Allein die
Erwähnung des Kanzlers weckte schon den Zorn der Delegierten. Seine
Politik galt den sozialdemokratischen Frauen als friedensgefährdend. Dagegen ignorierten sie gänzlich – wie damals viele SPD-Gruppierungen – die
erheblichen sowjetischen Rüstungsmaßnahmen der siebziger Jahre, die zu
einem Ungleichgewicht im Bereich der Mittelstreckenraketen zugunsten
der UdSSR geführt hatten. Die sozialdemokratischen Frauen riefen zur Teilnahme an den beiden Großdemonstrationen auf, die im Oktober 1981 und
im Juni 1982 gegen die Nachrüstungspolitik der NATO stattfanden.[581] Die
AsF gehörte in den achtziger Jahren zu den wichtigsten Trägern jener gesinnungspazifistischen und diffus antiamerikanischen Stimmung, die die SPD
außenpolitisch immer mehr in die Sackgasse manövrierte, in der sie sich zu
Beginn der neunziger Jahre zum Schaden ihrer Regierungsfähigkeit auf
nationaler Ebene befindet. Die Einsicht, daß es in der Welt Aggressoren und
diktatorische Regime gibt, die allein durch pazifistische Kundgebungen
nicht zur Friedfertigkeit zu bewegen sind, ging in der SPD auch durch den
wachsenden Einfluß der AsF allmählich verloren; sie konnte auf vielen Parteiversammlungen kaum mehr ausgesprochen werden. Die Protagonisten
des feministischen Gesinnungspazifismus gaben vor, aus Auschwitz gelernt
zu haben, und zogen dabei den historisch merkwürdigen Schluß, daß Deutsche sich aus gewaltsam ausgetragenen außenpolitischen Konflikten heraus-
zuhalten haben und die Eindämmung und Bekämpfung aggressiver totali-
tärer Staaten anderen Nationen zu überlassen sei. Sie spielten mithin die
Appeasementdemonstrationen der sozialistischen Linken in Paris und
London von 1938/39 nach, die seinerzeit die Emigranten der SPD in Ver-
zweiflung gestürzt hatten. Doch *diese* Geschichte hat die in den achtziger
Jahren in der SPD dominierende bildungsbürgerliche 68er Generation niemals aufgearbeitet. Die SPD ist durch den Bekenntnispazifismus weit hinter
das Jahr 1960 zurückgefallen. Eine Mehrheit der Sozialdemokratie weigert
sich anzuerkennen – und fühlt sich dabei noch von erhabener Moralität –,
daß sich gerade das wirtschaftlich und kulturell moderne demokratische
Deutschland außenpolitisch nicht im Winkel verstecken darf, sondern seine
auswärtigen Interessen und Verpflichtungen kühl, souverän und in der Tat
historisch normal definieren und rational durchsetzen muß. Eine Partei, die
sich dieser Erkenntnis verweigert, wird ein Land nicht führen können.

Neben ihren friedenspolitischen Manifestationen nahm die AsF in den
achtziger Jahren noch häufig zum Problem der Verkürzung der täglichen

und wöchentlichen Arbeitszeit Stellung. Da sie die gleiche Verteilung der Arbeit zwischen Männern und Frauen in Beruf und Familie postulierte, trat sie für eine Reduzierung der Erwerbsarbeitszeiten ein. Auf ihrer Godesberger Bundeskonferenz 1983 forderte die AsF die 35-Stunden-Woche mit dem Ziel des Sechs-Stunden-Tages.[582] Bis Mitte der achtziger Jahre hatte sich die Perspektive noch erweitert. Als mittelfristiges Ziel setzten die Frauen nun die 30-Stunden-Woche; langfristig träumten sie von der 25-Stunden-Woche für alle.[583]

Über diese Vision gab es keinen Dissens innerhalb der Arbeitsgemeinschaft. Dagegen entzündete sich an der Frage der Reform des Paragraphen 218 eine Kontroverse, die die SPD-Frauen nahezu die ganzen achtziger Jahre beschäftigte und in zwei zunächst unversöhnlich gegeneinander stehende Lager zerriß. Erst 1990 gelang es der Führung, die Gegensätze zu überbrücken. Der Disput begann auf der Godesberger Bundeskonferenz im Juni 1983. Eine Delegiertengruppe beantragte, daß sich die AsF für eine ersatzlose Streichung des Paragraphen 218 stark machen möge. Eine knappe Mehrheit der Konferenz verhinderte die Annahme der Entschließung und forderte statt dessen die SPD auf, „weiter das Ziel einer großzügigen Fristenlösung zu verfolgen, damit das Selbstbestimmungsrecht der Frauen gewahrt wird".[584] Zwei Jahre später, auf der AsF-Bundeskonferenz in Hannover, brachte der Berliner Bezirk der Arbeitsgemeinschaft erneut den Antrag auf ersatzlose Streichung des Abtreibungsparagraphen ein und scheiterte damit abermals nur knapp.[585] In den folgenden zwei Jahren schienen die Anhängerinnen der Streichung weitere Unterstützung gesammelt zu haben und so allmählich über eine Majorität zu verfügen. Fast alle AsF-Mitglieder rechneten damit, die meisten in der Parteiführung befürchteten im Vorfeld der Mannheimer Bundesversammlung der sozialdemokratischen Frauen 1987, daß sich die Befürworterinnen einer Streichung des Paragraphen 218 nun durchsetzen würden. Einige Frauen aus der Parteispitze versuchten in letzter Minute, das Schlimmste zu verhindern.

Emphatisch warnten Anke Fuchs und Herta Däubler-Gmelin die Delegierten in einer äußerst hitzig und emotional geführten Debatte davor, dem Streichungsantrag zuzustimmen. Als Begründung für ihre eindringliche Intervention führten sie allein taktische Motive ins Feld: die Aussichtslosigkeit des Begehrens angesichts der politischen Kräfteverhältnisse in der Bundesrepublik und die Gefahr der demagogischen Diffamierung durch die Unionsparteien.[586] Eine ethische Diskussion über das Abtreibungsproblem führte die AsF – wie auch die SPD im ganzen – dagegen in all den Jahren kaum, und wenn, dann auf einem erbarmungswürdig niedrigen Niveau. Es gab gewiß empirisch überzeugende Gründe, das Strafrecht für ungeeignet zu halten, werdendes Leben zu schützen. Doch es sprach viel dafür, unter Verzicht auf rhetorische und schnelle Bekenntnisformeln über das Spannungsverhältnis des Lebensrechts eines Embryos auch in den ersten drei Monaten und des Selbstbestimmungsrechts der Frauen – um nur einen Aspekt eines noch weit vielschichtigeren Problems zu nehmen – gründlich nachzudenken und unpolemisch zu diskutieren. Doch eine solche Ethikdiskussion fand während der achtziger Jahre nicht statt, obwohl die SPD-Frauenorganisation gleichzeitig – und dies dann durchaus unpassend – die Moralisierung der Politik in der SPD betrieb.

Die taktischen Einwände gegen die Streichungslösung überzeugten auf der Mannheimer Bundeskonferenz dann doch die Mehrheit der Delegierten. Für die meisten jedenfalls überraschend stimmten 121 gegen den Streichungsantrag; 111 hatten sich für ihn ausgesprochen. Offenkundig hatten sich einige Delegierte aus Angst vor dem öffentlichen Echo noch umstimmen lassen. „Ich denke", betrieb die stellvertretende AsF-Vorsitzende Karin Junker im nachhinein Motivforschung, „daß vor allem die Furcht vor Unterstellung, sie wollen Abtreibung bis zur Geburt, eine große Rolle gespielt hat."

Ein bißchen war dadurch der Hausfrieden in der AsF gefährdet. Die unterlegenen Streichungsbefürworter waren vor allem dadurch verärgert, daß ihre siegreichen Kontrahentinnen bei Bekanntgabe des Abstimmungsergebnisses in lauten Jubel ausgebrochen waren. In der AsF-Führung herrschte danach Einigkeit: So konnte es mit den Abtreibungsabstimmungen – die politisch übrigens in der Tat nichts bewegten, weder so noch so – von Bundeskonferenz zu Bundeskonferenz nicht weitergehen. Der Ausweg aus dem Dilemma erfolgte dann nach bewährter sozialdemokratischer Manier. Die Frauen schufen sich eine Kommission. Und diesem Gremium gelang dann in der Tat im Herbst 1989 ein Kompromiß, auf den sich dann auch im wesentlichen die Bundeskonferenz der AsF Anfang März 1990 in Essen verständigte.[587] Darin wurden natürlich das Selbstbestimmungsrecht der Frauen über ihren Körper und ihre Lebensplanung hervorgehoben und ihr grundsätzliches Recht auf Schwangerschaftsunterbrechung bekräftigt, doch begrenzte die AsF diese Rechte bis zu der Zeit, ab der der „Embryo außerhalb des Mutterleibs selbständig lebensfähig ist". Das war auf Beschluß der AsF-Konferenz die 22. Schwangerschaftswoche; bis dahin sollten die Frauen legal und jederzeit auf Antrag bei der Möglichkeit freiwilliger Beratung abtreiben können. Die Parteiführung war von dem Essener Beschluß nicht sonderlich erbaut, sorgte sich über die Reaktionen in den Medien und fürchtete eine Kampagne der Union. Doch die Konferenz fand zwei Wochen vor den ersten demokratischen Volkskammerwahlen in der Geschichte der DDR statt. Alle Welt sah nach Ost-Berlin. Niemand interessierte sich für Resolutionen der „Arbeitsgemeinschaften sozialdemokratischer Frauen". Die Parteispitze konnte aufatmen, den Beschluß einer ihrer Arbeitsgemeinschaft geschäftsmäßig abheften und im übrigen die politische Tagesordnung weiterverfolgen.

Mehr als jedes andere Thema beschäftigte die „Arbeitsgemeinschaft sozialdemokratischer Frauen" die Quotenfrage. Dabei vertauschten sich im Übergang von den siebziger zu den achtziger Jahren zwar die Fronten nicht in Gänze, aber doch ein wenig. Die entschiedensten Gegner einer Frauenquote in der SPD der siebziger Jahre – meist Angehörige der jungen, links orientierten Generation – fochten Mitte der achtziger Jahre am eifrigsten für diese Methode zur innerparteilichen Gleichstellung der Geschlechter. In der Tat tat sich vor den energischen, publicitygestützen Aktionen der AsF in der SPD nicht viel, um den niedrigen Anteil der Frauen in der Mitgliedschaft der Partei zu erhöhen, vor allem aber, um das noch eklatantere Frauendefizit in den Gremien und Parlamentsfraktionen abzubauen. Hier gab es zwischen den fünfziger und siebziger Jahren sogar noch Rückschritte, und im Vergleich zur Sozialdemokratie der Weimarer Republik hinkte die Partei in den ersten dreißig Jahren ihrer bundesdeutschen Geschichte in der Frauenfrage hinterher. Kurz bevor die Sozialdemokratie durch die Nationalsozialisten verboten und ausgeschaltet wurde, zählte sie einen Frauenanteil von etwa 23 Prozent.[588] Auf diese Größe kam die SPD erst wieder 1980. Am niedrigsten lag der Anteil weiblicher Mitglieder im Jahr 1966 mit 17,3 Prozent. Danach stieg er kontinuierlich an. 1989 setzte sich die SPD zu 26,9 Prozent aus weiblichen Mitgliedern zusammen, was immer noch um die Hälfte unter dem Frauendurchschnitt der Bevölkerung lag.[589] Noch eindeutiger fiel die männliche Dominanz in den Gremien der SPD aus. Anfang der siebziger Jahre übten in lediglich 30 der 8800 Ortsvereine Frauen den Vorsitz aus. In nur 2 der 220 Unterbezirke standen Sozialdemokratinnen an der Spitze. Die Führung der 22 Bezirksorganisationen lag ausschließlich in männlichen Händen. Zu den Bundesparteitagen wurden im Schnitt 7 bis 8 Prozent weibliche Delegierte entsandt.[590] Der Anteil der Frauen in der sozialdemokratischen Bundestagsfraktion in den Jahren 1965 bis 1983 lag stets unter 10 Prozent, während er in den Legislaturperioden zuvor noch darüber angesiedelt war.[591] Den geringsten Frauenanteil in der Geschichte der Bundesrepublik wies mit 5,4 Prozent ausgerechnet diejenige Fraktion der SPD aus, die 1972 auf dem Höhepunkt der sozialdemokratischen Reform- und Emanzipationseuphorie gewählt wurde und bis 1976 im Bundestag saß.

Um so überraschender mochte es scheinen, daß sich 1971 eine Mehrheit der organisierten Frauen – gegen den dringenden Rat von Elfriede Eilers und Annemarie Renger – von einer Schutzklausel im Parteistatut der SPD trennen wollte, die den Frauen einen Mindestanteil von vier Sitzen im Parteivorstand garantierte. Besonders die Repräsentantinnen der jüngeren Frauengeneration lehnten diese Kontingentierung ab. Sie sahen darin lediglich ein Alibi für eine im übrigen nicht praktizierte Gleichberechtigung. Der ganz und gar männlich dominierte Parteitag in Bonn 1971 hatte keinen Grund, dem Ansinnen der Frauen zu widersprechen, und tilgte den Schutzparagraphen aus dem Statut. Indes führte dies zunächst keineswegs – wie von den rebellischen Frauen erhofft und erwartet – zu einer Politisierung und stärkeren Partizipation der weiblichen SPD-Mitglieder. Der nächste Parteivorstand zählte statt wie früher vier nun nur noch zwei Frauen, ohne daß die Dezimierung um die Hälfte eine Revolte im weiblichen Teil der sozialdemokratischen Basis ausgelöst hätte.[592]

Nach diesen deprimierenden Erfahrungen brachte 1977 der ausschließlich aus eher rechts orientierten Sozialdemokratinnen bestehende AsF-Bundesvorstand die Quote ins Spiel. Der Siegener Bundeskonferenz legte er einen Antrag auf ›Einführung eines Quotenverfahrens‹ vor. Danach sollten die Frauen bei der Besetzung von Mandaten und Funktionen mindestens entsprechend ihres Anteils an der Mitgliedschaft berücksichtigt werden. Der Entschließungsentwurf der Bundesspitze stieß indes auf den heftigen Widerspruch der Frauen aus der 68er Generation. Im griffigen Jargon nun schon vergangener APO-Jahre skandierten sie auf dem Siegener Bundestreffen die Losung „Laßt die Pfoten von den Quoten". Während der Bundesvorstand sich durch die Quote einen Einbruch in die „vermännlichten Strukturen" durch die „Macht der Zahl" erhoffte, fürchteten die jungen Linken, als Alibi- und Proporzfrauen in ein innerparteiliches Ghetto abgeschoben zu werden. „Ich will keine Quote im Vorstand sein", gab eine Delegierte dieser aus selbstbewußtem Trotz gespeisten Besorgnis Ausdruck. Die Majorität der Konferenz dachte ähnlich. Eine knappe Mehrheit der Delegierten stimmte gegen die Quoteninitiative der Bundesführung.[593]

Am unglücklichsten über den Mißerfolg des AsF-Bundesvorstandes waren einige Männer der sozialdemokratischen Parteispitze, allen voran der Parteivorsitzende Willy Brandt und sein Geschäftsführer Egon Bahr. Brandt hat wohl als erster sozialdemokratischer Politiker in der Bundesrepublik die Quotenregelung empfohlen. Er hatte das gelungene Beispiel der skandinavischen Sozialdemokratien vor Augen und wünschte sich gleiches für die SPD. Infolgedessen hielten er und Egon Bahr die Entscheidung von Siegen „nicht für einen weisen Beschluß".[594] Brandt und Bahr trieb die Sorge, daß sich die politisierten Frauen von der SPD abwenden könnten, wenn sich am Frauendefizit in den Gremien und Ämtern der Partei nicht bald etwas ändere. In der Tat kam es Ende der siebziger Jahre zu spektakulären Parteiaustritten der AsF-Vorsitzenden von Baden-Württemberg und der stellvertretenden Landesvorsitzenden der Frauenarbeitsgemeinschaft in Schleswig-Holstein. Letztere plante das, wovor Brandt und Bahr ein wenig Angst hatten und was sie mit der Quotenregelung verhindern wollten, die Bildung einer eigenen Frauenpartei.[595]

So stand die Quote auf der Erlanger Bundeskonferenz der SPD-Frauen 1979 erneut zur Debatte. An den Argumenten im Wechselspiel des Für und Wider hatte sich seit Siegen nichts geändert, wohl aber an der Form der

Schlußabstimmung. Sie wurde nun geheim durchgeführt, ein bei Anträgen auf sozialdemokratischen Konferenzen historisch absolut rares Verfahren, das zeigte, wie ernst die AsF die Sache nahm, wie wichtig es ihr war, die von fraktionellen Absprachen und Gruppenzwängen unbeeinflußte Meinung der Delegierten zu erkunden. Die Befürworter der Quote erlitten dabei eine recht deutliche Niederlage. 91 Delegierte stimmten für die Einführung der Quote, aber 148 sprachen sich dagegen aus; 10 enthielten sich.[596]

Nach der geheimen Abstimmung in Erlangen lag die Quotenregelung erst einmal für Jahre auf Eis. Sie kam erst dann wieder in die Diskussion und wurde schließlich umgesetzt, als es ihrer – so Willy Brandt in seinen ›Erinnerungen‹ – „kaum mehr bedurft" hätte. Denn auf dem Parteitag 1988, der die Quote beschloß, waren die Frauen schon mit 35,2 Prozent der Delegierten vertreten – aufgrund von Wahlen, ohne Hilfe des Zwangsmittels der Kontingentierung.[597] Noch gut eine Dekade zuvor war nur jeder zehnte Delegierte eines sozialdemokratischen Parteitages weiblichen Geschlechts. In den frühen achtziger Jahren aber hatte die Bewegung der Frauen eine enorme Schubkraft entwickelt. Das lag ursächlich zunächst weniger an den Aktivitäten oder der Überzeugungskraft der AsF als an den Anstößen von außen, den Entwicklungen in der Gesellschaft, in den Medien, in den anderen Parteien. Die Signale waren eindeutig: Bei den Kommunalwahlen 1984 in München waren die oft auf hinteren Listenplätzen plazierten Frauen durch die Wähler nach vorn kumuliert worden, was das Wahlgesetz in Bayern ermöglichte. Heiner Geißler entdeckte nun auch die Bedeutung der Frauen und machte sie zum Thema des Essener Parteitages der CDU.[598] Die „Grünen" waren über die Quote gar noch hinausgegangen und hatten im Vorstand ihrer Bundestagsfraktion ein Feminat etabliert. Umfragen ergaben 1985, daß eine Mehrheit der Wähler den „Grünen" den stärksten Einsatz für die Belange der Frauen attestierte.[599] Die Frauen waren gesellschaftlich eindeutig im Vormarsch; die Alarmglocke in der sozialdemokratischen Parteispitze läutete; man fürchtete, besonders unter den jungen Wählerinnen an die „Grünen" zu verlieren, und war daher geneigt, weitreichende Konzessionen an die Frauen in der Partei zu machen.

Im Sommer 1985 nutzte die AsF die Gunst der Stunde, zu der sie selbst so viel nicht beigetragen hatte, und eröffnete eine furiose und am Ende wirkungsvolle Publicitykampagne. Während die politische Klasse Bonns Urlaub machte und für die Journalisten Saueregurkenzeit herrschte, füllte die Arbeitsgemeinschaft das Sommerloch mit einer Kette von Pressekonferenzen, die von Mal zu Mal mehr Zulauf der Zeitungs- und Fernsehkorrespondenten fanden. Der unerwartete Erfolg ihrer Öffentlichkeitsaktionen aber feuerte die AsF-Vertreterinnen sichtlich an. Mit jeder Pressekonferenz traten sie selbstbewußter auf, steigerten die Aggressivität und Reichweite ihrer Drohungen und Forderungen. Beim Start ihrer Kampagne verlangte die AsF noch lediglich eine Partizipation an Funktionen und Ämtern gemäß ihres Mitgliederanteils in der SPD. Die Losung, die die sozialdemokratischen Frauen dafür Mitte Juli 1985 erfunden hatten, lautete: „Jeder vierte Kandidat eine Kandidatin." Fünf Wochen später, durch ein anhaltend freundliches Presseecho zu weiteren Öffentlichkeitsdarstellungen der Arbeitsgemeinschaft ermuntert, präsentierte die AsF schon sehr viel weitergehende Perspektiven. Sie stellte nun das Modell der norwegischen Arbeiterpartei vor, in der bei Wahlen und Nominierungen jedes Geschlecht mit mindestens 40 Prozent berücksichtigt sein mußte. Dies bedeutete die Quote. Noch hielten es die AsF-Vertreterinnen – die nun ihrer Partei auch mit Wahlkampfboykott und eigenen Frauenlisten drohten – offen, ob auch sie diese Lösung präferierten. Aber zumindest war die Quote nach sechs Jahren wieder in der Diskussion der Frauenarbeitsgemeinschaft. Mit Wucht landete sie nun auch wieder auf der Tagesordnung der Partei.[600]

Überraschend schnell und unerwartet deutlich übernahm die AsF dann das norwegische Modell. Unmittelbar vor der Hannoveraner Bundeskonferenz der Frauen Anfang Oktober 1985 hatte sich die Antragskommission noch nicht auf eine Empfehlung verständigen können. Mit 13:13 herrschte in der Quotenfrage ein Patt.[601] Doch die Mehrheit der Delegierten der Bundesversammlung segelte auf Quotenkurs, und die Bundesvorsitzende Wettig-Danielmeier – eigentlich einer solchen Regelung eher skeptisch gegenüberstehend – beeilte sich jetzt, die Regatta anzuführen und sie in die norwegische Richtung zu steuern. Mit einer Mehrheit von zwei Dritteln der Delegierten beschloß die Konferenz, daß in das Statut der SPD „die Bestimmung aufgenommen (wird), daß in allen Entscheidungsgremien sowie bei der Besetzung aller Funktionen und Mandate mindestens 40 Prozent eines jeden Geschlechts vertreten sein müssen".[602]

Und mit diesem Beschluß gingen die Frauen in die Ortsvereine, in die Unterbezirke, in die Bezirke und Landesverbände. Viel männlichen Widerstand brauchten sie nicht aus dem Weg zu räumen, denn die Sozialdemokraten männlichen Geschlechts gingen überwiegend auf Tauchstation. Am Rande der Parteitage standen sie beisammen, mokierten sich flüsternd über die „Emanzen", schimpften über die Quotenmode, versicherten sich gegenseitig, diesen „Quatsch" nicht mitmachen zu wollen, im Plenum aber schwiegen sie tapfer und stimmten schließlich so, wie es opportun und der weiteren Parteikarriere förderlich war, also für die Quote. Über die Hürde der Zweidrittelmehrheit, die ein solcher Beschluß zur Änderung des Statuts benötigte, brachte sie aber vor allem der Parteivorsitzende Hans-Jochen Vogel, der auf dem Münsteraner Parteitag sein ganzes Prestige und politisches Gewicht in die Waagschale warf, um die Frauenquote durchzusetzen. Die Abstimmung geriet ein Stück weit zur Vertrauensfrage für Vogel, den zu demontieren sich die meisten Delegierten dann doch nicht trauten.[603] Am

Ende votierten 362 für, 54 gegen die 40-Prozent-Quote, die in mehreren Stufen für innerparteiliche Funktionen bis spätestens 1994, bei den Mandatsträgern bis 1998 vollständig erreicht sein muß.[604]

Zu Beginn der neunziger Jahre ist die Quote in großen Teilen der Partei Realität geworden. Probleme gibt es allerdings im ländlichen Bereich, in kleineren Ortsvereinen und Unterbezirken und vor allem in den sozialdemokratischen Gliederungen der fünf neuen Bundesländer. Die Quote hat gewiß ihr Ziel – die weit unterproportionale Vertretung der Frauen in den Funktionen und Ämtern der Partei abzubauen – erreicht. Doch bewegte sich vieles auch schon zuvor in diese Richtung, sicher nicht zuletzt durch das Druckmittel einer für viele Männer bedrohlichen Regelung des Frauenanteils. Die frühen Einwände gegen eine solche Kontingentierung sind nicht alle vom Tisch. Die Frauenfrage ist durch die Quote ein wenig bürokratisiert, gleichsam statutarisch reglementiert und politisch stillgelegt worden. Die innerparteilichen Wahlen haben sich teilweise mehr als früher schon entpolitisiert. Jahreshauptversammlungen und Unterbezirkskonferenzen verlaufen seit der Quote vielerorts noch umständlicher und langweiliger. Bei den Wahlen ist vieles vorher von den Drahtziehern der Partei bereits abgesprochen und ausgekungelt, um die nach den Regeln erforderlichen Proportionen herzustellen. Doch gibt es auch gegenläufig Entwicklungen dort, wo sich die Konkurrenz zwischen den Frauen selbst verstärkt hat. Auch hinter der Quotenoffensive der AsF verbargen sich schließlich Interessen. Profitiert haben davon die AsF-Aktivisten der 68er Generation, die Ende der achtziger Jahre nun alle schon weit über 40 waren. Als Verlierer fühlen sich – wie zu hören ist – offenkundig einige junge Männer von den Jungsozialisten, die bei Wahlen keine Chance haben, weil mittelalte Männer und Frauen, durch langjährige Hausmacht oder neuartige Quote, vorgezogen werden.[605] Ein neuer Generations- und Geschlechterkonflikt mag sich da anbahnen.

Traditionstruppe ohne Biß: Die Arbeitsgemeinschaft für Arbeitnehmerfragen

Kaum etwas spiegelte den Wandel der Sozialdemokratie von der industrieproletarischen Traditionskompanie zur mehr und mehr akademisch geprägten Volkspartei signifikanter wider als die Gründung der „Arbeitsgemeinschaft für Arbeitnehmerfragen" (AfA) im Jahr 1973. Über hundert Jahre wäre den Sozialdemokraten die Bildung einer separaten Unterorganisation eigens für die Arbeitnehmer wohl nachgerade absurd erschienen, da sich die Partei doch insgesamt als historische Emanzipationsbewegung zur Lösung eben dieser Arbeitnehmerfragen begriff. Ende der sechziger, Anfang der siebziger Jahre aber hatte sich die Sozialdemokratie radikal verändert. Die Welle aktiver Neumitglieder vornehmlich bildungsbürgerlicher Herkunft schwemmte die Traditionsschichten der SPD an den Rand der Partei. Plötzlich brauchten die klassischen Arbeitnehmer einen besonderen Schutzraum und eine exklusive Interessenstruktur, um sich in der Partei noch einigermaßen behaupten zu können. Die AfA wurde gegründet. Seither ist sie ein Reservat für klassische Arbeitnehmerforderungen, ein Damm und Korrektiv gegenüber den wechselnden Modernisierungsschüben und nicht zuletzt eine innerparteiliche Interessenorganisation sozialdemokratischer Gewerkschafter, Betriebs- und Personalräte. Aus der Zahl der Klientel, die die AfA zu vertreten beansprucht, und der personellen Verflechtung mit den Gewerkschaften rührt ihr Gewicht in der SPD, aber auch die Grenze ihres Einflusses. Schließlich nimmt der Umfang der klassischen Arbeitnehmerschichten kontinuierlich ab, und die machtpolitische Relevanz der Gewerkschaften schrumpft seit Jahren. Die AfA ist jedoch in der Partei nicht zu übergehen, es wird in der Regel peinlichst darauf geachtet, die Arbeitsgemeinschaft nicht vor den Kopf zu stoßen, doch die Musik machen andere in der Partei. Nach der Melodie der AfA wird in der SPD jedenfalls nicht getanzt.

Ganz traditionslos ist die AfA 1973 indes nicht entstanden. Sie trat gewissermaßen das Erbe der sozialdemokratischen Betriebsgruppen und der 1950 gegründeten „Sozialen Arbeitsgemeinschaften" an.[606] Diese Organisation sozialdemokratischer Gewerkschafter sollte in den späten vierziger und frühen fünfziger Jahren zuvörderst den seinerzeit in einigen Großbetrieben noch beträchtlichen Einfluß der Kommunisten zurückdrängen und die sozialdemokratische Politik in den Belegschaften verankern. Nachdem die Kommunisten auch in ihren früheren Hochburgen kaum noch auf Resonanz stießen, erlahmte die sozialdemokratische Betriebspolitik ebenfalls, obwohl die SPD-Führung in kurzen Abständen immer wieder Richtlinien erließ, um die Organisationen in den Fabriken zu reaktivieren. Es tat sich jedoch recht wenig. Nach der Godesberger Wende verlor auch die Parteispitze das Interesse an den Betriebsgruppen. In den sechziger Jahren existierten lediglich in einigen großen Werften, Maschinenfabriken und Zechen in großstädtisch-industriellen Zentren wie Dortmund, Duisburg, Bremen, Hamburg, Berlin und Frankfurt noch sozialdemokratische Betriebsorganisationen. Bewegung geriet in die sozialdemokratische Betriebspolitik erst wieder zu Beginn der Großen Koalition. Aus Unbehagen über den volksparteilich-pluralistischen Kurs der SPD machte sich 1967 der DGB-Chef von Rheinland-Pfalz, Julius Lehlbach, daran, „Arbeitsgemeinschaften sozialdemokratischer Gewerkschafter" zu gründen. Die SPD reagierte darauf mit einer Doppelstrategie. Sie unterband einerseits die Initiative Lehlbachs, richtete andererseits aber selbst auf Landes- und Bezirksebene „Ausschüsse für Arbeitnehmerfragen" ein. Daraus nun ging auf Empfehlung der vom Parteivorstand eingesetzten Kommission „Reform der Parteiorganisation" und auf Beschluß des Parteitags in Bonn-Bad Godesberg 1971 die „Arbeitsgemeinschaft für Arbeitnehmerfragen" hervor.

Die AfA konstituierte sich im Oktober 1973 in der Duisburger Mercatorhalle. Während 1967 noch in erster Linie linke Sozialdemokraten die Revitalisierung sozialdemokratischer Betriebspolitik betrieben, unterstützten in den frühen siebziger Jahren nun vor allem Sozialdemokraten des rechten Flügels die Bildung der AfA. Insbesondere Helmut Schmidt und Hans-Jochen Vogel gehörten zu den entschiedensten Fürsprechern der neuen „Arbeitsgemeinschaft". Sie beabsichtigten, mit der AfA ein Gegengewicht zu den ungeliebten Jungsozialisten zu errichten.[607] Drastisch und unverblümt brachte der damalige Bundestagsabgeordnete Friedhelm Farthmann Hoffnung und Kalkül der Parteirechten auf den Begriff: Die AfA sei „die letzte Bastion gegen die intellektuelle Unterwanderung der Partei".[608] In der Tat sah anfangs alles danach aus, als sei die AfA hauptsächlich als Schlagstock gegen Jusos und Linksintellektuelle und als Prätorianergarde für die sozialliberale Regierungspolitik gedacht. Auf den konstituierenden Landes- und Bezirkskonferenzen der AfA, die der Duisburger Gründungsversammlung vorausgingen, zogen die Redner aus der Arbeitnehmerschaft vielfach kräftig gegen die Studenten in den Jusogruppen vom Leder. Die wenigen Arbeiter, die die Jungsozialisten zu bieten hatten, fielen bei den Delegiertenwahlen für die Duisburger AfA-Bundeskonferenz überwiegend durch. Auch der damalige Renommierproletarier des Juso-Bundesvorstandes, der Siegerländer Walzwerker Loke Mernizka, erreichte in seinem Bezirk Westliches Westfalen nicht die nötige Stimmenzahl, um an der Gründungsversammlung der AfA teilnehmen zu können.[609] Die Jungsozialisten waren empört und mißtrauisch. Sie waren sich sicher, daß die AfA ein innerparteiliches „roll back von rechts" – so der frühere bayrische Juso-Vorsitzende Klaus-Ulrich Spiegel – bezwecken sollte.

Der Verlauf der Duisburger AfA-Konferenz zeigte dann aber, daß sich die Jusos etwas grundlos gesorgt, die Parteirechten hingegen vorschnell triumphiert hatten. Die Beschlüsse, die die Arbeitnehmervertreter verabschiedeten, waren – unter Verzicht zwar auf die akademische Marxismusrhetorik – kaum weniger radikal gefaßt als manche Resolutionen der Jusos. Und dabei blieb es auch in den nächsten Jahren. Auf den AfA-Bundeskonferenzen versammelten sich keineswegs die Claqueure der sozialliberalen Koalition. Im Gegenteil, die Parteiprominenz, die immer in großer Zahl zu den AfA-Bundeskonferenzen anrückte, bekam stets den geballten Unmut und Zorn der Arbeitnehmerrepräsentanten über die Regierung zu hören. Auf den Bundeskongressen ließen die sozialdemokratischen Gewerkschafter regelmäßig Dampf ab, schimpften laut gegen die da oben in Bonn, wetterten gegen die kapitalistischen Unternehmer und stimmten schließlich radikalen Anträgen zu. Im Unterschied zu den Jusos oder später den Frauen beließ es die AfA indes bei dieser Konferenzradikalität. Vor allem unter der Führung von Helmut Rohde, der zunächst als Staatssekretär, später als Minister in die Kabinettsdisziplin eingebunden war, bekam man von der AfA zwischen den Bundeskonferenzen öffentlich kaum etwas zu hören. Nur dort sagten die AfA-Delegierten den Politikern, was sie dachten, danach traten sie wieder in Reih und Glied und verhielten sich diszipliniert, loyal, still. Die AfA vertraute in den siebziger Jahren in erster Linie auf Gespräche und Abkommen mit den führenden Sozialpolitikern ihrer Partei. Öffentliche Kampagnen vermied sie dagegen. So war die Arbeitnehmer-Arbeitsgemeinschaft für die SPD-Führung ein im ganzen kalkulierbarer Faktor, dessen Integration keine sonderlichen Probleme bereitete, trotz der ärgerlichen Beschlüsse, die die AfA alle zwei Jahre im schroffen Gegensatz zur Regierungslinie der sozialliberalen Koalition faßte.

Auf der Gründungsversammlung in Duisburg 1973 etwa nahmen die Delegierten ohne große Diskussion einen Antrag des Bezirks Hessen-Süd an, wonach das private Eigentum an Produktionsmitteln von einer bestimmten Größenordnung an zu enteignen sei.[610] Banken und Versicherungen gehörten auf AfA-Beschluß generell in öffentliches Eigentum überführt. Außerdem plädierten die Konferenzteilnehmer für Maßnahmen wie Investitionslenkung; von der Regierung forderten sie Preiskontrollen. Der Finanzminister der sozialliberalen Koalition und frühe Freund der AfA, Helmut Schmidt, hatte dies alles durch eine eindringliche Rede verhindern wollen, vergebens, die Delegierten hörten nicht auf ihn. Schmidt hatte ursprünglich gehofft, durch Bildung der AfA die „schweigende Mehrheit der vernünftigen Arbeiter" für eine pragmatische Politik mobilisieren zu können. Doch auf den Konferenzen der Arbeitnehmergliederung kam nicht die schweigende Mehrheit zusammen, hier versammelten sich Aktivisten aus dem Funktionärskörper der Gewerkschaften, wo durchaus noch antikapitalistische Affekte anzutreffen waren, der Traum von einem sozialdemokratischen Musterstaat, der die Investitionen vergesellschafteter Betriebe planvoll dirigieren und deren Erträge gerecht verteilen würde.

So ging das in den folgenden Jahren weiter. Konferenz für Konferenz schlugen die AfA-Delegierten radikale Töne an, um dann wieder zwei Jahre Ruhe zu geben. Geradezu charakteristisch war das Verhalten in der Mitbestimmungsauseinandersetzung Mitte der siebziger Jahre. Sie setzte die Forderung nach paritätischer Mitbestimmung der Arbeiter in den Großbetrieben ganz nach oben auf die Liste ihrer politischen Zielsetzungen. Auf ihrer Bremer Bundeskonferenz Mitte Juni 1975 gaben sich die Delegierten in dieser Frage kämpferisch-entschlossen. Den Regierungskompromiß, der auf Verlangen der FDP ein Sonderwahlrecht für die leitenden Angestellten vorsah, lehnten sie ohne Wenn und Aber ab. Trotz der beschwörenden Interventionen des Bundeskanzlers Schmidt, des Parteivorsitzenden Brandt, des Fraktionsvorsitzenden Wehner, des Arbeitsministers Arendt und des eigenen Vorsitzenden Rohde nahmen die Konferenzvertreter einen Antrag an, der die sozialdemokratischen Bundestagsabgeordneten aufforderte, in der laufenden Legislaturperiode besser gar keine Mitbestimmungsregelung zu verabschieden als den vorliegenden Regierungsentwurf.[611] Damit hatte die AfA die sozialdemokratisch geführte Regierung in einem zentralen Punkt ihrer Politik desavouiert. Der AfA-Beschluß hätte das sozialliberale Kabinett in eine schwere Krise stürzen können, wenn die Arbeitnehmer ihrer maximalistischen Linie treu geblieben wären und im Bundestag so gestimmt hätten, wie es der Konferenzbeschluß von ihnen verlangte. Doch die AfA handelte in solchen Situationen eben nicht wie die Jungsozialisten oder die Ökopazifisten vom bildungsbürgerlichen Flügel der SPD. Wenn es darauf ankam, zeigte die AfA Disziplin und trug die Regierung, die die Partei nun einmal stellte. Ein halbes Jahr nach dem Bremer Konferenzradikalismus praktizierte die AfA-Führung wieder Realpolitik und pragmatische Regierungsloyalität. Im Januar 1976 stimmten der Bundesausschuß und der Bundesvorstand der AfA dem Mitbestimmungskompromiß der Koalition zu.[612]

Es blieb gleichwohl der Verdruß über die Regierung. Aus den Redebeiträgen der Gewerkschaftsaktivisten auf der AfA-Bundeskonferenz im Juni 1977 in Saarbrücken sprach viel Verbitterung und Enttäuschung über das sozialliberale Kabinett. Schmidt und Brandt wurden kühl empfangen. Beifall von der SPD-Prominenz erhielt nur Wehner. Er war über all die Jahre das Idol der AfA-Mitglieder. Ihn verehrten und feierten sie. Merkwürdigerweise übersahen sie, daß es gerade Wehner war, der die ungeliebten Regierungskompromisse einfädelte und in der Fraktion autoritär durchboxte. Auch in Saarbrücken zeigte die AfA wieder deklamatorisch Flagge, tadelte die Regierung für „defensive Rezessions- und Resignationspolitik" und forderte vom Kabinett eine aktive Beschäftigungspolitik zur Beseitigung der Arbeitslosigkeit.[613]

In der Presse galt die AfA trotz all ihrer Kritik an der Regierung weiterhin als Hausmacht des Kanzlers. Tatsächlich genoß Schmidt in den späten siebziger Jahren hohe Sympathie bei den bundesdeutschen Arbeitnehmern, auch bei denjenigen in der SPD. Doch die politische Einstellung zahlreicher Gewerkschaftsaktivisten in der AfA spiegelte nicht die Haltung und Mentalitätslage der Arbeitnehmermehrheit. Nicht nur die postmaterialistischen Bildungsbürger, sondern auch die Gewerkschaftsaktivisten vertieften die Kluft zwischen der Sozialdemokratie und ihren potentiellen Anhängern. Als Schmidt auf dem Zenit seiner Popularität in der Bevölkerung stand, ging die AfA auf Distanz zum Kanzler. Die Bundeskonferenz in Nürnberg Anfang September 1979 war die erste, an der Schmidt nicht teilnahm. Verärgert hatte ihn die Zielsetzung des vom AfA-Bundesvorstand formulierten Leitantrages, außerdem fühlte er sich von der Wahl des Hauptreferenten brüskiert: Hans-Ulrich Klose. Zwischen Klose und Schmidt gab es seit Ende 1978 Krach. Der frühere Hamburger Bürgermeister hatte 1978 plötzlich sein linkes Damaskus erlebt und erregte nun durch antikapitalistische Ansichten öffentliches Aufsehen. Er äußerte Verständnis für die „Stamokap"-Theorie, und ein wenig in deren Sinne bezeichnete er den Staat negativ als „Reparaturbetrieb des Kapitalismus". Solche Töne wollten nun auch die Delegierten der Bundeskonferenz in Nürnberg hören, und Klose gab ihnen, was sie von ihm verlangten. Er wurde stürmisch gefeiert. Dagegen rührte sich keine Hand, als der AfA-Bundesvorsitzende Rohde das Grußtelegramm des Kanzlers vorstellte. „Niemand klatschte", beobachtete ein Zeitungskorrespondent, „die AfA-Leute saßen einfach nur so da, starr, kalt, abweisend."[614] Sie beschlossen Anträge, von denen jeder wußte, daß sie der Politik der Regierung zuwiderliefen. Die AfA-Bundeskonferenz machte sich für eine grundlegende Neuorientierung der Wirtschafts- und Sozialpolitik stark, forderte den Ausbau staatlicher Planungsinstrumente, die Bildung von Strukturräten und die Aufstellung eines Bundesentwicklungsplans.[615] Nichts davon war in einer sozialliberalen Koalition zu verwirklichen, und auch vom Kanzler und der Mehrheit seiner Parteifreunde im Kabinett war bekannt, daß sie von solcherlei Staatsbürokratismus nicht viel hielten.

Auch in der ersten Hälfte der achtziger Jahre hielt sich die AfA an ihr Rezept, in schwierigen politischen Situationen Realpolitik und Parteiloyalität zu praktizieren, zwischendurch aber auf den Konferenzen die Ventile zu öffnen, um die angestauten Frustrationsgefühle der Mitglieder und Aktivisten abzulassen. Von den drei großen Arbeitsgemeinschaften war die AfA in den frühen achtziger Jahren die einzige, die dem Kanzler – wenn auch zähneknirschend, manchmal auch laut protestierend[616] – die Treue hielt. Selbst in seiner Nachrüstungspolitik folgte sie ihm, wenn zum Schluß auch nur noch mit knapper Mehrheit. Auf der AfA-Bundeskonferenz in Bonn-Bad Godesberg Anfang Februar 1982 stellten sich 125 Delegierte hinter, aber immerhin 112 Delegierte gegen die Sicherheitspolitik von Helmut Schmidt.[617] Im Grunde zeigte auch dieses Ergebnis, daß dem Kanzler in der SPD die Fundamente wegbrachen.

Zwei Jahre danach, als keine Rücksichten mehr auf Koalitions- und Regierungszwänge zu nehmen waren, trumpften die AfA-Delegierten wieder mit radikalen Beschlüssen auf, die angesichts der Wählerverluste und des Machtverfalls der SPD noch weniger Aussicht auf Realisierung hatten denn zuvor. Doch das störte die Delegierten nicht. Es reichte ihnen, daß sie vermittels ihrer Resolutionen wieder mit sich im reinen sein konnten. Sie fragten nicht danach, was sie damit gesellschaftlich bewirkten. Die alte sozialistische Selbstgenügsamkeit kehrte in die SPD zurück, auch wenn der Parteivorsitzende Brandt auf der AfA-Bundeskonferenz Anfang 1984 davor warnte. Doch die Delegierten schlugen die Mahnungen des Parteichefs in den Wind und forderten den Parteivorstand allen Ernstes auf, „ein geschlossenes Konzept zu erarbeiten, das die Notwendigkeit der Vergesellschaftung der Schlüsselindustrie und der Unternehmen mit marktbeherrschender Stellung den Mitgliedern verständlich darstellt".[618] Beruhigend für die Parteispitze war lediglich, daß solche Konferenzdeklarationen kaum in die Öffentlichkeit drangen. In solchen Situationen konnte es der Parteispitze nur recht sein, was ihr sonst ein wenig Kummer bereitete, nämlich daß wohl selbst die übergroße Mehrheit der bundesdeutschen Arbeitnehmer keinen blassen Schimmer hatte, was sich hinter dem Kürzel „AfA" verbarg. Die meisten hätten wohl auf eine Versicherungsgesellschaft, nicht aber auf eine Unterorganisation der SPD getippt. Denn die AfA beschäftigte sich wie so viele Gliederungen der SPD in erster Linie mit sich selbst, arbeitete vorwiegend introvertiert, war für viele ihrer Mitglieder in erster Linie Instrument für innerparteiliche Interessenkämpfe und nicht zuletzt für Karrieren.

In den achtziger Jahren verstärkte sich die Binnenfixierung der AfA noch weiter. Ein ganzes Jahrzehnt lang drehte sich das Sinnen und Trachten der AfA-Funktionäre um die Organisationsreform der SPD. Zeitgleich und parallel mit den Frauen versuchte die AfA-Führung durch eine Änderung des Statuts der SPD, ihre Interessen stärker durchzusetzen, eine größere personelle Teilhabe der Mitglieder aus der Arbeitnehmerorganisation an den Parteitagen zu erzwingen. Die AsF operierte in ihrem innerparteilichen Interessenkampf mit dem Instrument der Quote; die AfA bediente sich der Betriebsgruppen, für die sie Delegations- und Antragsrechte beanspruchte. Die furiose Kampagne der AsF endete mit einem vollem Erfolg für die sozialdemokratischen Frauen; die AfA hingegen wurde mit rhetorischen Zugeständnissen und vagen Kompromißformulierungen abgespeist. In den achtziger Jahren hatte sich in der SPD eben einiges verschoben: Die Frauen des Bildungsbürgertums waren im Aufwind, die Traditionsschichten der SPD gerieten allmählich ins Abseits. Die kulturelle Entfremdung zwischen den Mitgliedern der AfA-Betriebsgruppen und der neuen akademisch geprägten Funktionärselite in der SPD war in der Tat beträchtlich. Viele AfA-Aktivisten verspürten kaum noch Lust, an Ortsvereinstreffen teilzunehmen. Es fehlte ihnen zum einen an Zeit, neben ihrem betrieblichen Engagement noch Ortsvereinsarbeit zu leisten, zum anderen fühlten sie sich in den SPD-Versammlungen einfach nicht mehr wohl. Dort ging es nicht um ihre Themen und Probleme, dort redete man nicht in ihrer Sprache, dort fanden sie nicht ihresgleichen. Dort stießen sie lediglich auf Studienräte, Pfarrer, Sozialarbeiter und Studenten mit einem akademischen Jargon und ohne Verständnis für die Sorgen und Nöte derer, die einen Arbeitsplatz zu verlieren hatten – so jedenfalls klagten AfA-Mitglieder wieder und wieder auf den Konferenzen ihrer Arbeitsgemeinschaft. In der Partei, hieß es verbittert auf

AfA-Versammlungen, fange der Mensch erst bei A 15 an.[619] Auch mit der Politik der Sozialdemokratie haderten die AfA-Funktionäre in den achtziger Jahren. Der Wechsel zum postmaterialistischen Ökopazifismus nach 1983 erfolgte ihnen zu rasch und radikal. Noch größeres Mißtrauen regte sich bei ihnen freilich, als die Partei nach den Bundestagswahlen 1987 die Aufsteigerschichten entdeckte und die Zauberformel von der „Modernisierung" in die Welt setzte. Die Arbeitnehmer fürchteten, zu den Verlierern dieser Modernisierung zu gehören, als Anachronismus beiseite geschoben zu werden. Lafontaines Verstoß in der Arbeitszeitfrage versetzte sie in helle Aufregung.[620] Am Ende der achtziger Jahre hatte sich in AfA-Kreisen der Eindruck verfestigt, daß die Partei einen Yuppie-Kurs verfolge. Auf der Bundeskonferenz der AfA im März 1990 wetterte der Bundesvorsitzende Dreßler giftig gegen den „Jet-set" und die „Schicki Mickis" in seiner Partei.[621]

Seit dem Ausscheiden Herbert Wehners hatten die Arbeitnehmer keinen Politiker mehr, mit dem sie sich identifizieren konnten. Mit den neuen Stichwortgebern in der SPD, von Eppler über Glotz bis Lafontaine, konnten sie nichts anfangen. Es waren zwei Welten, die sich da während der achtziger Jahre auftaten, die klassischen Arbeitnehmer hier, die neue akademische Funktionärselite der SPD dort. Und die klassischen Arbeitnehmer hatten dabei das Gefühl gewonnen, als sei die Welt der Akademiker nun auch die Welt der SPD geworden, in der für gewerbliche Arbeiter und Angestellte kein Platz mehr sei.

Angesichts dieser problematischen Auseinanderentwicklung zwischen den Traditionskernen der SPD und der neuen Funktionärsschicht der Partei machte der Vorschlag der AfA, die Funktionen der Betriebsgruppen aufzuwerten und das organisatorisch-zahlenmäßige Gewicht der Arbeitnehmer zu erhöhen, durchaus einen Sinn. Die Dominanz der Berufszugehörigen aus dem öffentlichen Dienst auf der Vorstands- und Delegiertenebene der SPD und unter den Mandatsträgern der Partei war in der Tat, wie wir weiter oben im einzelnen zu zeigen versucht haben, eklatant. Während die SPD den unteren Schichten über 100 Jahre lang bis in die sechziger Jahre noch eigene Aufstiegsmöglichkeiten geboten hatte, reproduzierte sich nun in der Partei das Ausleseverfahren der Gesellschaft. Darin unterschied sie sich nicht mehr von den anderen Parteien. Die AfA nahm das Defizit an Arbeitnehmern der gewerblichen Wirtschaft im Funktionärskörper der SPD seit den frühen achtziger Jahren zum Anlaß, um eine Kampagne zur Organisationsreform zu führen. Anfangs stellte sie dabei noch die Forderung auf, die Betriebsgruppen mit den Ortsvereinen gleichzustellen.[622] Dann aber mußten sich die AfA-Vertreter belehren lassen, daß das Parteiengesetz eine solche Regelung verbot. Daraufhin übernahm die AfA einen Vorschlag des SPD-Geschäftsführers Peter Glotz, der die Betriebsgruppen mit dem Recht ausstatten wollte, die Hälfte der insgesamt 20 Prozent Ex-officio-Mitglieder auf Unterbezirksparteitagen aus ihrer Mitte zu wählen.[623] Der Münchner Parteitag der SPD 1982 aber machte sich diesen Antrag der AfA nicht zu eigen. Er stellte die Betriebsarbeit der Arbeitsgemeinschaft mit der Tätigkeit der Ortsvereine nur *politisch* gleich, was organisatorisch keinerlei Folgen hatte, also rhetorische Kosmetik war.[624] Allerdings verpflichtete eine Parteitagsentschließung die Unterbezirke, die aktiven sozialdemokratischen Arbeitnehmer zu Betriebsgruppenkonferenzen zusammenzurufen, um die Arbeitnehmerpolitik zu intensivieren. Der Nürnberger Parteitag von 1986 bekräftigte diesen Beschluß. Über 85 Prozent der Unterbezirke indes kümmerten sich nicht um diese Parteitagsdirektiven. Bis 1988 hatte gerade jeder siebte Unterbezirk eine Betriebsgruppenkonferenz durchgeführt, was ein Schlaglicht auf die geringe Bedeutung warf, die die SPD der achtziger Jahre den klassischen Arbeitnehmern beimaß.[625] Anders als zur gleichen Zeit die AsF konnte die AfA in der SPD niemanden schrecken oder aufrütteln, konnte sie die Partei für ihre Anliegen nicht in Bewegung setzen.

Doch spornte die Art, wie die SPD-Frauen im Sommer 1985 die Quotenoffensive ergriffen hatten, auch die Arbeitnehmer noch einmal an. Nach den Bundestagswahlen 1987 versuchte der AfA-Bundesvorsitzende Rudolf Dreßler, der 1984 Helmut Rohde in der Führung der Arbeitsgemeinschaft abgelöst hatte, ganz offenkundig das gelungene Vorbild der Frauenaktion zu imitieren. Auch er machte nun Druck über die Medien, um dadurch in die Partei hineinzuwirken. Im Frühjahr 1987 bombardierte der AfA-Chef die Presse mit Erklärungen, Meldungen, Artikeln und Hintergrundinformationen. Zeitweise war kein zweiter Sozialdemokrat in den bundesdeutschen Gazetten so sehr präsent wie Rudolf Dreßler, der gleichsam die Rolle des sozialdemokratischen Renommierarbeitnehmers spielte. In immer neuen Variationen verkündete der Vorsitzende die gleiche Botschaft. Er beklagte, daß ein großer Teil der Arbeitnehmer im Parteileben nicht mehr vertreten sei. Er geißelte die Wohnortstruktur der SPD als Organisationsprinzip der fünfziger Jahre. Er stellte dagegen den Betrieb als gesellschaftlichen Mittelpunkt der politischen Kommunikation heraus. Er verlangte, die Betriebsgruppen neben den Ortsvereinen als „zweite Säule" der SPD anzuerkennen, ihnen Delegations- und Antragsrecht auf den Parteitagen zu gewähren.[626] Auf einer organisationspolitischen Konferenz der AfA Ende Mai 1987 wurde diese Position noch einmal offiziell verabschiedet und danach in die Parteigliederungen hineingetragen.[627] Zu entscheiden hatte schließlich der Münsteraner Parteitag von 1988. Während die Frauen sich auf diesem Parteitag in der Quotenfrage mit Aplomb durchsetzten, mußten die Arbeitnehmer mit einer die Bezirke und Unterbezirke zu nichts verpflichtenden „Kann"-Bestimmung vorliebnehmen. Zwar hatte sich auch der Parteivorstand dafür stark gemacht, den Betriebsgruppenkonferenzen ein Delegationsrecht für die Unterbezirksparteitage einzuräumen, doch schon im Vorfeld des Parteitages hatte sich abgezeichnet, daß sich dafür keine Zweidrittelmehrheit finden würde.[628] Die innerparteiliche Lobby der Arbeitnehmer war in der zweiten Hälfte der achtziger Jahre einfach sehr viel schwächer als die der Frauen. Auf Beschluß des Münsteraner Parteitages konnten die Bezirke das Delegationsrecht der Betriebsgruppenkonferenzen satzungsmäßig erlauben, aber sie mußten es nicht. Immerhin aber wurde die Bildung von Betriebsgruppenkonferenzen mit Antrags- und Personalvorschlagsrecht zu den Unterbezirksparteitagen statutarisch festgeschrieben.[629]

Doch die AfA hatte sehr viel mehr angepeilt und war damit gescheitert. Wie aber kam es, daß diese Arbeitsgemeinschaft im ganzen so erfolglos operierte, obwohl zu ihren Bundeskonferenzen – im krassen Unterschied zu den Bundestreffen anderer Arbeitsgemeinschaften – stets der ganze Troß der Parteiführung anreiste und obwohl sie personell eng mit den großen Gewerkschaftsverbänden verflochten war? Im Grunde wirkte die AfA wie ein Tiger, der zuweilen furchterregend fauchte, aber, da er zahnlos war, letztlich niemanden erschrecken konnte. Die Krise der Gewerkschaften hatte auch die innerparteiliche Position der AfA geschwächt. Das galt vor allem in der zweiten Hälfte der achtziger Jahre und insbesondere nach den Bundestagswahlen 1987. Die AfA hätte eigentlich für ihre Initiative zur Organisationsreform keinen unglücklicheren Termin wählen können. Denn der Ausgang der Bundestagswahlen 1987 schien die Argumentation für ihr Betriebsgruppenmodell gerade erst schlagend widerlegt zu haben. Bei den traditionellen Arbeitnehmerschichten der kriselnden großindustriellen Regionen hatte die SPD schließlich außerordentlich gut abgeschnitten. Dagegen verzeichnete sie weitere Einbrüche in den neuen Mittelschichten, vor allem bei den Arbeitnehmern in den kleinen und mittleren Unternehmen der prosperierenden Wirtschaftszweige. Um künftig mehrheitsfähig zu werden, mußte die SPD also in erster Linie ihre Defizite in dieser Wählergruppe wettmachen. Hierzu aber konnte die AfA, konnten die sozialdemokratischen Betriebsgruppen nichts Wesentliches beitragen. Die Aufwertung der bestehenden sozialdemokratischen Betriebsgruppen hätte die SPD den neuen, modernen Arbeitnehmerschichten nicht nähergebracht, sondern ihre traditionellen Wählerstrukturen lediglich konserviert. Ihr Image als sozialpolitische Interessenvertretung großindustrieller Arbeiter und als Karriereverein für Berufszugehörige des öffentlichen Dienstes – was beides eben wenig attraktiv für Techniker und EDV-Spezialisten war – wäre weiter verfestigt worden.

Denn die AfA war im Kern nur in diesen beiden Bereichen verankert: in den traditionellen Großindustrien vor allem Nordrhein-Westfalens und eben insbesondere – was Dreßler und die übrigen AfA-Repräsentanten stets etwas schamhaft verschwiegen – im öffentlichen Dienst. 65 Prozent aller sozialdemokratischen Betriebsgruppen waren Ende der achtziger Jahre in

Großbetrieben mit mehr als 1000 Beschäftigten angesiedelt. Von den bundesdeutschen Arbeitnehmern aber arbeiteten nur 20 Prozent in Betrieben dieser Größenklasse. Dagegen waren 60 Prozent der Lohn- und Gehaltsabhängigen in Kleinbetrieben mit bis zu 499 Arbeitern und Angestellten beschäftigt. Zu dieser Betriebskategorie gehörten indes lediglich 17 Prozent der sozialdemokratischen Betriebsorganisationen.[630] Mit der überwiegenden Mehrheit der Arbeitnehmer also vor allem auch der Zukunftsindustrien stand die AfA gar nicht im Kontakt. In Flächenländern wie vor allem Bayern, aber auch Niedersachsen und Schleswig-Holstein lag die Betriebsarbeit der SPD weitgehend brach. Im Grunde funktionierte sie zufriedenstellend nur im Ruhrgebiet und mit Abstrichen noch in den Stadtstaaten. Bezeichnenderweise lagen 20 der 37 Unterbezirke, die überhaupt den Münchner Parteitagsbeschluß befolgt und zwischen 1982 und 1988 Betriebsgruppenkonferenzen durchgeführt hatten, in Nordrhein-Westfalen. Die AfA war ein Papiertiger. In ihr waren in den achtziger Jahren bestenfalls 5 Prozent der insgesamt etwa 600 000 in der SPD organisierten Arbeitnehmer aktiv. Rein statistisch war in der AfA ganz ähnlich wie in der AsF nahezu jedes Mitglied zugleich ein Funktionär.

Die AfA organisierte also nicht die Arbeitnehmer, sondern hauptberufliche Arbeitnehmervertreter, Betriebsräte, Personalräte, Gewerkschafter und Abgeordnete, die die Parteigliederung in erster Linie als Instrument im innerparteilichen Gruppenkampf und Karriereleiter im Proporzsystem der Ämter- und Mandatsverteilung benutzten. Die AfA-Organisationsreform hätte keineswegs die Arbeiter in das SPD-Parteileben zurückgebracht, auch wahrscheinlich nicht einmal die Betriebsratsvorsitzenden eines Montanunternehmens, sie hätte die Vorstände und Konferenzen wohl noch mehr für die Personalräte und Amtsleiter städtischer Kommunalverwaltungen geöffnet. Denn im öffentlichen Dienst war die AfA am stärksten präsent. Die Organisationsreform der AfA hätte, wäre sie durchgeführt worden, keineswegs die Dominanz des öffentlichen Dienstes in der SPD abgebaut, wie Rudolf Dreßler vorgab, sondern im Gegenteil noch verstärkt. Schließlich arbeiteten 55 Prozent der sozialdemokratischen Betriebsgruppen im Bereich des öffentlichen Dienstes, in dem sonst nur etwa 20 Prozent der bundesdeutschen Arbeitnehmer beschäftigt waren. Auch in einer Stadt wie Dortmund war die größte sozialdemokratische Betriebsgruppe nicht etwa bei Hoesch, sondern in der Stadtverwaltung aktiv.[631] Und wäre die AfA mit ihren Vorstellungen erfolgreich gewesen, so hätten sich ganz gewiß auch an den Gymnasien und Universitäten – wer weiß, vielleicht sogar in den evangelischen Pfarrhäusern – Betriebsgruppen gebildet – und die klassischen Arbeitnehmer noch mehr verdrängt.

Andererseits waren die Warnungen der AfA vor einer Entfremdung zwischen den klassischen Arbeitnehmerschichten und der neuen akademisch

geprägten Funktionärsschicht in der SPD gewiß berechtigt. Die SPD-Partei-
führung war sich der Stammwähler nach den Bundestagswahlen 1987 zu sicher gewesen und hatte mit ihrer unvermittelt modernen Attitüde Ende der
achtziger Jahre ganz offensichtlich viele Wähler aus ihren Traditionsquar-
tieren verunsichert und verschreckt, wie die Landtagswahlen, die Europa-
und schließlich die Bundestagswahl 1990 deutlich gezeigt hatten. Insofern
spricht einiges dafür, die sozialdemokratischen Positionen in den Großbetrieben keineswegs zu vernachlässigen, sondern die Arbeit dort auch besonders zu prämieren. Doch ob die AfA in ihrem jetzigen Zustand in der Lage
ist, die sich andeutende Erosion der sozialdemokratischen Stammilieus etwa
im Ruhrgebiet aufzuhalten, ist zu bezweifeln. Offenkundig bricht gerade bei
den Arbeiterjugendlichen die jahrzehntelange sozialdemokratische Hegemonie auseinander. Der Nachwuchs aber stößt in der AfA auf verkrustete
Rang- und Altersstrukturen. Gegen die hauptamtlichen Gewerkschaftsfunktionäre der älteren Generation besitzen sie keine Chance, sich durchzusetzen. Die über 40 Jahre alten Personal- und Betriebsräte beherrschen die Versammlungen der Arbeitsgemeinschaft und bestimmen über den Ausgang
der Wahlen. So waren auf der Bundeskonferenz 1984 in Karlsruhe nur 3,3
Prozent der Delegierten jünger als 30 Jahre. Dagegen hatte ein Drittel der
Konferenzvertreter das 50. Lebensjahr schon überschritten. Insgesamt
waren 71,2 Prozent der Delegierten älter als 40 Jahre.[632] Für jüngere Frauen
war die AfA gänzlich unattraktiv, da zumindest auf den Bundeskongressen
der Organisation die (älteren) Männer zu etwa 90 Prozent dominierten.

   In der Partei sind die Schwächen der AfA allgemein bekannt, und daher
nimmt man diese Arbeitsgemeinschaft auch nicht sonderlich wichtig. In der
Regel wird aber darauf geachtet, die AfA nicht allzusehr zu brüskieren und
ihre zyklischen Frustrationsausbrüche durch rhetorische Zugeständnisse
und organisatorische Teilkonzessionen zu dämpfen. Ein offener Konflikt
mit den Betriebsräten und Gewerkschaftsfunktionären ist weiterhin nicht
opportun, wie Lafontaines Vorstoß Ende der achtziger Jahre im Zuge seines
Modernisierungskonzepts gezeigt hat. Ganz offenkundig soll der neue Geschäftsführer der SPD, Karlheinz Blessing, der als Akademiker von der IG
Metall kam, eine Brücke zwischen den Traditionsschichten und der neuen
Funktionärselite in der SPD schlagen. Hierdurch mag sich auch das Gewicht
der AfA ein wenig verstärken. Ihr sozialpolitischer Traditionalismus hat
durch die deutsche Vereinigung und nach den Bundestagswahlen 1990 in der
SPD jedenfalls wieder an Fürsprechern gewonnen. Zumindest bleibt die
AfA eine vernehmliche Stimme im gemischten Chor der SPD. Sie ist Be-
standteil der lose verkoppelten Anarchie und wird immer dann, wenn die
einen postmaterialistische Gesinnung predigen, die anderen den neuen Individualismus ausrufen, die alten Tugenden der Solidarität und der sozialpolitischen Absicherung einklagen. Die Klientel der AfA ist in der Sozialdemo-

kratie nicht zu übergehen, auf sie müssen Postmaterialisten und Modernisierer auch in Zukunft Rücksicht nehmen. Im Zentrum des Parteiinteresses
aber stehen die Mitglieder der AfA nicht mehr.

„Im mosernden Abseits": Die Jungsozialisten

Auf keiner Ebene der Partei vollzog sich der Wandel von der proletarischen Traditionskompanie zum akademischen Neosozialismus Ende der
sechziger Jahre so früh, so rasch, so radikal und so dramatisch wie bei den
Jungsozialisten. Die Jusos wurden schließlich zum Träger der tiefgreifenden
Veränderungen, die sich im Parteileben der SPD seit den frühen siebziger
Jahren abspielten. Allerdings ging auch keine Unterorganisation der SPD so
beschädigt aus diesem Prozeß hervor wie eben die Jungsozialisten. Während
sie Anfang der siebziger Jahre noch öffentlich Furore machten und die Aufmerksamkeit der Medien auf sich zogen, interessierte sich in den achtziger
Jahren niemand mehr für die Jugendorganisation der Sozialdemokratie;
weder innerhalb noch außerhalb der Partei und auch nicht die bundesdeutschen Jugendlichen. Ihr rein theoretischer Radikalismus, ihre abgehobenen
Seminardiskussionen, ihre für die wenigsten Mitglieder nachvollziehbaren
Fraktionskämpfe in den Führungszirkeln, ihr buchstabengläubiger Dogmatismus und ihre ideologischen Verbohrtheiten haben die Jusos seit Mitte der
siebziger Jahre in ein Sektendasein abrutschen lassen, aus dem sie bisher
nicht wieder herausgefunden haben. Von den drei großen Arbeitsgemeinschaften haben die Jungsozialisten gewiß am wenigsten Wirkung nach
außen; mit ihren Themen erreichen sie kaum die Bevölkerungsgruppe, die
sie eigentlich erreichen sollen und wollen. Aber keiner in der Sozialdemokratie weiß einen Ausweg aus der Sackgasse, in die sich die Jungsozialisten
verrannt haben und immer wieder aufs neue verrennen. In der Frage, wie es
weitergehen soll mit der nun seit Jahren bereits rückläufigen Jugendarbeit
der SPD, herrscht in der Partei in allen Lagern Ratlosigkeit.

Die Gründung der Arbeitsgemeinschaft der Jungsozialisten erfolgte auf
Beschluß des Parteivorstandes im Mai 1946.[633] In ihr waren und sind formell
alle sozialdemokratischen Parteimitglieder bis 35 Jahre organisiert. Bis 1959
wurde die Organisation lediglich durch einen Zentralsekretär – anfangs
Hans Hermdorf, später Werner Buchstaller – geführt, den der Parteivorstand einsetzte. Ein gewählter Bundesvorstand existierte nicht, zwischen
1952 und 1958 fand nicht einmal eine Bundeskonferenz statt. Die Politik der
Jungsozialisten wurde nur von der Parteispitze her administriert. Die beiden
ersten, zwischen 1959 und 1963 noch vom Bundesausschuß gewählten Vorsitzenden der Arbeitsgemeinschaft waren Holger Börner und Jürgen Wischnewski, der noch als 39jähriger an der Spitze der sozialdemokratischen

Jugend stand. 1963 durfte erstmals ein Bundeskongreß den Vorsitzenden, allerdings noch keinen Vorstand wählen. Das Delegiertenvotum fiel auf den Münchner Jungsozialisten Günter Müller, der in den frühen siebziger Jahren zur CSU konvertierte. Einen ordentlichen, handlungsfähigen und demokratisch gewählten Bundesvorstand mit Vorsitzenden, zwei Stellvertretern und vier Beisitzern erhielten die Jusos erst auf ihrem Kongreß im März 1967, als sich der sozialdemokratische Jugendverband aus der autoritären Gängelung durch die Parteispitze löste.

Bis Mitte der sechziger Jahre waren die Jungsozialisten mithin eine parteikonforme Organisation, die alle Anweisungen und Vorgaben der Partei loyal befolgte und umsetzte. In erster Linie konzentrierten sich die Jusos auf die Schulungsarbeit. Daneben engagierten sie sich vor allem im Wahlkampf. Sie klebten Plakate und verteilten Werbematerial; sie veranstalteten „Miss"-Wahlen und kreierten Slogans wie „Hör auf Deine Frau – wähle SPD". Im allgemeinen winkte den Aktivisten für solcherlei Einsatz der Lohn einer sicheren Partei- oder Abgeordnetenkarriere. Theoriediskussionen und intellektuelle Dispute reizten die Jusos der fünfziger und frühen sechziger Jahre hingegen nicht. An den Debatten um das neue, schließlich in Godesberg verabschiedete Grundsatzprogramm waren sie nicht beteiligt. Hier konnte die Partei allein aus den Quellen des Parteinachwuchses Weimarer Provenienz schöpfen.

Mitte der sechziger Jahre aber trat eine neue Juso-Generation auf den Plan, die den etwas schlafmützigen, jedenfalls unkreativen Parteigehorsam des Jugendverbandes aufkündigte. Die Rebellion im Verband erfolgte keineswegs, wie immer noch häufig angenommen wird, erst 1969, sondern schon einige Jahre früher und zunächst durchaus ohne die Impulse der 68er aus dem Sozialistischen Deutschen Studentenbund (SDS) Rudi Dutschkes. Schon auf dem Hamburger Bundeskongreß der Jusos im Jahr 1965 hatte sich die Fronde zu Wort gemeldet;[634] Ende 1967 zählte sie die Mehrheit im Verband. Und die Protagonisten der Revolte waren nicht erst durch die APO politisiert worden, sondern allesamt schon in der ersten Hälfte der sechziger Jahre, einige auch früher, der SPD beigetreten. Auf dem Mainzer Bundeskongreß im Dezember 1967 beendeten sie die Ära Börner – Wischnewski – Müller und legten den Grundstein für eine seither fortwährende Spannung zwischen der SPD und ihrer Parteijugend.[635] 1967 war die Stimmung unter den Juso-Rebellen allerdings noch eher radikaldemokratisch als antikapitalistisch oder gar dogmatisch marxistisch. Sie prangerten alles an, was ihnen nach einer autoritären Deformierung der Demokratie aussah: die Notstandsvorlagen der Bundesregierung, die Existenz der Großen Koalition überhaupt und auch den Beschluß der Unvereinbarkeit von SPD- und SDS-Mitgliedschaft. Der Bundesvorsitzende Günter Müller versuchte dies alles zu verhindern, aber die Mehrheit der Mainzer Versammlung setzte sich über seine Einsprüche und Vetos grimmig hinweg.

Im Zentrum des Münchner Bundeskongresses und im Mittelpunkt der politischen Identität der neuen, nun dominierenden Juso-Generation – die in den achtziger Jahren von der Orts- bis zur Landesebene die Politik der SPD beherrschte – aber stand nicht die Gesellschafts-, sondern die Deutschlandpolitik. Kein anderes Thema hat die Jungsozialisten dieser Generation so sehr beschäftigt und politisch nachhaltig geformt. In diesen entscheidenden Jahren ihrer politischen Sozialisation bildete sich bei den „Enkeln" Willy Brandts eine deutschlandpolitische Orientierung heraus, die sie gleichsam fürs Leben prägte – und mit der sie 1989/90 ziemlich Schiffbruch erlitten. Die deutsche Vereinigung traf auf eine Sozialdemokratie, deren nun führende Partei- und Fraktionsschicht sich seit der Jugendzeit in der zweiten Hälfte der sechziger Jahre von der politischen Maxime leiten ließ, die Zweistaatlichkeit Deutschlands als historisch nicht zu revidierende, vom Standpunkt des Weltfriedens auch durchaus zu begrüßende Realität ein für allemal anzuerkennen.

Exakt das war die Position, die der Leiter eines seit 1965 diskutierenden Juso-Arbeitskreises für gesamtdeutsche und osteuropäische Fragen, Harald B. Schäfer, den Delegierten der Mannheimer Konferenz vortrug. Am Ende einer vielstündigen, erhitzt geführten Debatte identifizierte sich die Mehrheit der Versammlung mit der Position Schäfers. Eine Entschließung erkannte die Oder-Neiße-Linie an, sprach von „zwei deutschen Staaten mit unterschiedlicher Wirtschafts- und Gesellschaftsordnung", forderte den Verzicht auf den Alleinvertretungsanspruch der Bundesrepublik und befürwortete Kontakte mit der Freien Deutschen Jugend (FDJ) der DDR. Danach brach auf der Konferenz ein Tumult aus; die Delegierten der Landes- und Bezirksverbände Berlin, Braunschweig, Westliches Westfalen und Pfalz verließen aus Protest gegen diese Erklärung den Saal. Der Kongreß mußte daraufhin wegen Beschlußunfähigkeit abgebrochen werden. Auch der Parteivorstand distanzierte sich sofort von der Juso-Resolution.[636] Der Chefredakteur des ›Deutschlandfunks‹ und frühere Vorstandssprecher der SPD, Franz Barsig, griff sogar zu deutschnationalen Metaphern Weimarer Machart, um den SPD-Nachwuchs für seinen Beschluß zu geißeln: Er nannte ihn „Verräter", die dem Außenminister „in den Rücken gefallen" seien.[637]

Doch die Jusos setzten ihren deutschland- und entspannungspolitischen Kurs fort; bald lag er ja auch im Trend der offiziellen sozialliberalen Regierungspolitik. Allenthalben brachen jetzt Juso-Delegationen in die osteuropäischen Hauptstädte auf, um die kommunistischen Jugendverbände zu besuchen und mit ihnen über Fragen des Weltfriedens zu beraten. Am 17. Juni 1970, also 17 Jahre nach dem Arbeiteraufstand in Ostdeutschland, ließ sich eine Juso-Abordnung „spontan" von Walter Ulbricht zu einem Meinungsaustausch unter Genossen einladen.[638] Ganz und gar repräsentativ war das, was die Juso-Arbeitsgemeinschaft in Münster, die der Geschichtsstudent Michael Catenhusen leitete, der in den achtziger Jahren zum Sprecher der parlamentarischen Linken in der SPD-Bundestagsfraktion avancierte, zwei Wochen später zur Deutschlandpolitik beschloß. Es sei „grundsätzlich auszugehen von den staatlichen und territorialen Realitäten, die sich historisch nach 1945" herausgebildet hätten. Dies bedeute den „Verzicht auf eine nationalstaatliche Wiedervereinigungspolitik". Schließlich erforderte der Abbau der Spannungen in Deutschland und Europa nach Auffassung der Jungsozialisten – zweifellos nicht nur in Münster und sicher nicht nur im Jahr 1970 – „die äußere und innere Konsolidierung der DDR".

Die Jusos hegten zwar gewiß keine großen Sympathien für den bürokratischen Sozialismus in Osteuropa, aber ein wenig freute es die meisten doch, daß die – wie sie sie sahen – konservative, kapitalistische, selbstherrliche Bundesrepublik eine andere gesellschaftliche Realität in Deutschland anerkennen mußte, ob sie nun wollte oder nicht. Die Jungsozialisten gönnten ihrer „bürgerlichen Republik" den realsozialistischen Pfahl im kapitalistischen Fleisch. Im übrigen war diese Generation überzeugt, daß es die Deutschen aufgrund ihrer Geschichte verdient hätten, auf immer zweigeteilt zu bleiben. Für die Jungsozialisten der spätsechziger Jahre stand fest, daß ein einiges Deutschland nur Unheil bringen würde. Aufgrund ihres friedenspolitischen Credos betrachteten sie auch in den achtziger Jahren – in der SPD inzwischen zu Amt und Würden gekommen – die Freiheits- und Menschenrechtsbewegungen in Osteuropa oft mißtrauisch, zumindest mit Besorgnis. Sie fürchteten eine Destabilisierung der Blöcke, deren Existenz die Sozialdemokratie dieser Generation als Grundlage des Friedens starr voraussetzten. Als der Staatssozialismus in Osteuropa in die Brüche ging, als die DDR wie ein Kartenhaus zusammenfiel, da reagierten die „Enkel" in der SPD, die das seit 1967 alles anders prognostizierten und vor allem wünschten, verstört, unsicher, warnend, ja fast ablehnend und beleidigt. Die Zweistaatlichkeit war ihnen zum Dogma geworden, aus der sie alle ihre außenpolitischen Perspektiven entwickelt hatten. Sie konnten nicht verstehen, daß die meisten Menschen in Ostdeutschland von einer Eigenständigkeit der DDR nichts, aber auch gar nichts wissen wollten, daß sie von Sozialisierungsexperimenten, auch solchen, die das Etikett des „dritten Weges" trugen, die Nase gestrichen voll hatten.

Doch zurück zu den späten sechziger Jahren, zum Mainzer Bundeskongreß. Dort hatten die Rebellen am Ende davor zurückgeschreckt, die personalpolitischen Konsequenzen aus ihrer inhaltlichen Mehrheitsposition zu ziehen. Zwar entledigten sie sich des bisherigen Vorsitzenden Günter Müller, aber sie wählten dann nicht den Mann der Linken, sondern den Kandidaten der Mitte, Peter Corterier. Aber Corterier, der sich gleich nach der Konferenz von der dort verabschiedeten Resolution distanzierte, war nur

ein Mann des Übergangs, der die sich weiter radikalisierenden Jusos im
Grunde schon nach wenigen Monaten nicht mehr repräsentieren konnte.
1968 und Anfang 1969 hielt sich der Juso-Extremismus vorerst noch in
radikaldemokratischen Bahnen. Auf dem Frankfurter Juso-Bundeskongreß
im Mai 1968, der die abgebrochene Konferenz von Mainz fortsetzte,
wandten sich die Delegierten abermals gegen die Große Koalition; sie übten
Kritik an der Springerpresse, bejahten die Notwendigkeit der Außerparlamentarischen Opposition und erklärten sich mit den Teilnehmern am Stern-
marsch des Kuratoriums „Notstand der Demokratie" solidarisch.[639] Der ra-
dikaldemokratische Impetus des Jahres 1968 spiegelte sich auch in einem
Manifest, das die bayrischen Jusos im Mai dieses Jahres verabschiedeten.
Darin hieß es, es sei nicht gelungen, die formale Demokratie des Grundgesetzes zu einer gefestigten und gelebten Demokratie auszuprägen: „Autoritäre Denkmodelle und Strukturen bestimmen die Familie, die Schule, die
Parteien, die Verwaltung, das Militär und die Wirtschaft."[640] Noch waren die
Verlautbarungen der Jungsozialisten von marxistischen Phrasen frei; noch
gebärdeten sie sich nicht als revolutionärer Vortrupp der Arbeiterklasse;
noch ging es ihnen mehr um die Realisierung einer radikalen Demokratie als
um die Vorbereitung der proletarischen Revolution. Sie wollten nicht zurück
zum ›Erfurter Programm‹, sondern sie definierten ihren Standort aus den
Werteprämissen des ›Godesberger Programms‹, das in den übrigen Teilen
der Partei schon sehr in Vergessenheit geraten war. Sie hielten am „Ursinn
des Godesberger Programms" fest, formulierten die Jungsozialisten Baden-
Württembergs noch im Juli 1969.[641]

Die Basis der Juso-Linken hatte sich seit dem Mainzer Bundeskongreß
weiter verbreitet. Ihren wichtigsten Erfolg feierten die Radikaldemokraten
im Berliner Landesverband, dessen Delegation in Mainz noch die deutschlandpolitische Entschließung als Verrat an der Freiheit von 2,2 Millionen
Berlinern gebrandmarkt und danach die Versammlungsstätte verlassen
hatte. Im Laufe des Jahres 1968 aber verlor die bisherige Berliner Führung
um Jürgen Grimming ihre Mehrheit in den Abteilungen. Grimming mußte
abtreten; für ihn rückte Jürgen Egert an die Spitze des Berliner Juso-Vor-
standes, dem nun auch Gert Börnsen, Wolfgang Roth und Klaus-Uwe Benneter angehörten.[642] Überall in der Republik waren die Linken in der sozialdemokratischen Jugendorganisation im Vormarsch. In Kassel wurde Hans
Eichel zum Unterbezirksvorsitzenden gewählt.[643] In Bremen setzten sich
Klaus Wedemeier und Olaf Dinné durch.[644] Und am weitesten waren die
Jusos in Schleswig-Holstein vorangekommen: Ihr Kandidat, der 29 Jahre
alte Björn Engholm, zog 1969 in den Bundestag ein.[645]

Im übrigen aber konnte – entgegen einer weitverbreiteten Legende – von
einer bewußten und gezielt gesteuerten Integration der Protestgeneration in
die SPD während der Jahre 1968/69 keineswegs die Rede sein. Die Parteifüh-

rung wurde von den Veränderungen innerhalb des Juso-Verbandes und der darauffolgenden Neueintritte überrascht und überrollt. Sie lockte die APO-Sympathisanten nicht, sondern versuchte sie anfangs barsch und rüde zu reglementieren oder sie sich gar vom Hals zu schaffen. 1968/69 wagte die SPD gegenüber dem revoltierenden Nachwuchs nicht mehr Demokratie, sondern vertraute vielmehr der alten Methode der Gängelung und Kontrolle von oben. Erst als sie damit scheiterte und sich vor allem deswegen deftige Kritik in der linksliberalen Presse einhandelte, gab die Parteiführung ihre vormundschaftliche Attitüde gegenüber der Parteijugend auf und ließ sie für Jahre gewähren. Zuvor aber hatten einige Juso-Unterbezirksführungen auf Anordnung der sozialdemokratischen Parteivorstände abtreten müssen, so in Frankfurt, Rüsselsheim und in Köln. Die Kölner Jungsozialisten hatten sich lediglich geweigert, Plakate für Jürgen Wischnewski zu kleben, da sie ihm seine positive Haltung zu den Notstandsgesetzen verübelten.[646] 1969 reichte das, um einen gewählten Vorstand amtszuentheben. Auch auf der zentralen Ebene ging es seinerzeit keineswegs liberaler zu. Anfang November 1968 hatte der Parteirat beschlossen, die Höchstgrenze für die Jusos auf 25 Jahre herabzusetzen.[647] Damit wollte die Parteiführung – die diese Pläne allerdings später fallenließ, als Drohmittel aber auch während der siebziger Jahre immer wieder hervorholte – die Radikalisierung ihrer Jugendorganisation bremsen, für die sie die älteren Jungsozialisten verantwortlich machte. Anfang 1969 drehte die SPD dem Sozialdemokratischen Hochschulbund (SHB), dem die überwiegend studentisch geprägte Führungsgarnitur der Juso-Rebellen angehörte oder angehört hatte, den Geldhahn zu. Alle Zuschüsse und Zuwendungen an die einst als Konkurrenzunternehmen zum SDS gegründete sozialdemokratische Hochschulorganisation wurden gestrichen.[648] Fest an der Leine hielt die Parteiführung die Jusos auch während des Wahlkampfes für die Bundestagswahlen 1969. Ein Aufruf, den der Juso-Bundesvorstand verfaßt hatte, durfte nicht an die Presse gehen. Wahlkampfaktionen wurden verboten.[649] Als die Jusos Anfang Dezember 1969 in München ihren Bundeskongreß durchführten, mußten sie zuvor alle Konferenzunterlagen dem Vorstand zur Genehmigung vorlegen. Die Parteispitze bestand auf Kontrolle; den Dialog oder die diskursive Auseinandersetzung suchte sie nicht. Von der gesamten geladenen Parteiführung war auf der Münchner Bundeskonferenz, die gemeinhin als Zäsur in der Geschichte der Jusos interpretiert wird, lediglich Jürgen Wischnewski anwesend. Auch in den nächsten zwei Jahrzehnten änderte sich daran nichts. Weder die AfA noch die AsF wurde von der Parteiprominenz so stiefmütterlich behandelt wie die Jusos. Eine kluge und behutsame Integration der kritischen Jugend fand eben nicht statt. Als sich die Jusos radikalisierten, hatte die Parteiführung nicht den Mut, sich auf den Konferenzen den Diskussionen und Konflikten zu stellen. Danach, als es mit den Jusos auch quantitativ bergab ging und die Fernsehanstalten keine Kamerateams mehr zu den Kongressen des Parteinachwuchses schickten, zeigte sich erst recht kaum noch ein bedeutender Sozialdemokrat auf den Bundesversammlungen. Ein Auftritt dort brachte in der Partei keine Pluspunkte. Die Parteispitze schaffte es Ende der sechziger, Anfang der siebziger Jahre nicht, sich der Herausforderung durch die Jusos zu stellen, mit ihnen hart zu diskutieren, ihre Position im offenen Diskurs vorzutragen, zu klären und ohne Dogmatismus, aber auch ohne Opportunismus zu verteidigen. Die Partei schwankte statt dessen nur zwischen den Polen von Reglementierung, Anbiederung und Gleichgültigkeit.

So nahm die Radikalisierung ihren Lauf. Seit 1969 mutierten die Jungsozialisten vom radikaldemokratischen Gewissen ihrer Partei zur sozialistischen Systemopposition. Auf ihrem Bundeskongreß in München Anfang Dezember 1969 warfen die Jusos der Sozialdemokratie in einer Entschließung über „Zustand und Aufgabe der Partei" vor, sie habe sich in den letzten Jahren der „vorherrschenden Bewußtseinslage der westdeutschen Bevölkerung angepaßt" und dabei ihre frühere „sozialistische Konzeption" fallengelassen. Nun begann sie wieder, die Zeit, in der die Reinheit der Gesinnung den Vorzug vor der Mehrheitsfähigkeit in der Bevölkerung erhielt und gegenteilige Auffassungen des Verrats an den ewigen Prinzipien bezichtigt wurden. Gerade 10 Jahre hatte die Partei es einmal anders versucht und war damit höchst erfolgreich gefahren. 1969 aber wurde sie deshalb von den Jungsozialisten gescholten, ihren „Charakter als Klassenpartei aufgegeben" zu haben, „um sich auch bürgerlichen Schichten zu öffnen und sich von ihnen wählen zu lassen". Damit aber sollte nach dem Willen der Jusos künftig Schluß sein; sie traten jetzt mit dem Postulat an, die „Ideologie der Volkspartei" zu überwinden.[650]

Dabei war die Linksentwicklung der Jungsozialisten in der zweiten Hälfte der sechziger Jahre eine Folge eben dieser kritisierten volksparteilichen Entwicklung der Partei. Denn am stärksten von allen Gliederungen der Partei hatten sich die Jusos akademisiert und „verbürgerlicht". Die Sprecher der Rebellen kamen durchweg von der Universität. Auf keiner der bisherigen Bundeskonferenzen waren so viele Akademiker und so wenige Volksschulabsolventen wie auf der Konferenz in München 1969, die der alten sozialistisch-proletarischen Klassenpartei hinterherweinte.[651] Dem neuen Bundesvorstand der Jungsozialisten gehörten nun ausschließlich Akademiker an; der einzige Arbeiter, der den Mut zur Kandidatur aufbrachte, fiel mit Pauken und Trompeten durch.[652] Die Sprache, in der die Delegierten auf der Konferenz diskutierten, ähnelte dem seinerzeit üblichen Jargon eines universitären Seminars der Politologie. Auch in den Juso-Arbeitsgemeinschaften vor allem der größeren Städte waren die meisten Leitungsfunktionen an Studenten der Politologie, Soziologie, Pädagogik und Geschichte übergegangen.

Und dennoch war die Linksentwicklung der Jungsozialisten nicht nur Ausfluß der außerparlamentarischen Studentenbewegung von 1967–1969. Die
bekannten APO-Aktivisten, gleichviel welcher Ebene, hatten mit der Radikalisierung nichts zu tun. Der politische Wandel im Nachwuchsverband der
SPD war hausgemacht, eingeleitet und vollstreckt von zwar jüngeren, aber
fast schon gestandenen Sozialdemokraten, die dabei gewiß von der Dynamik und dem Flair der Teach-ins und Demonstrationen der APO profitiert
hatten. Im übrigen aber setzten sich auch die Juso-Bundesvorstände zwischen 1969 und 1972 – mit Ausnahme des früheren SHB-Geschäftsführers
Wolfgang Kiehne, der nun das Juso-Bundessekretariat leitete – aus Sozialdemokraten zusammen, die schon vor 1966 in den Besitz des SPD-Parteibu-
ches gekommen waren. Der neue, in München zum Nachfolger des obschon
nicht mehr kandidierenden, dennoch demonstrativ mit 146 : 11 Stimmen ab-
gesetzten Peter Corterier gewählte Bundesvorsitzende Karsten Voigt hatte
nicht des Anstoßes durch die revoltierenden Studenten bedurft, um in die
Politik zu finden. Er war der SPD schon 1962 beigetreten. Als ihn die Delegierten in München zum Vorsitzenden kürten, war er bereits ein ordentlicher
Ortsvereinsvorsitzender der SPD: im Frankfurter Westend. Nichts an ihm
und seinem Habitus erinnerte an einen rauschebärtigen, langhaarigen APO-
Rebellen. Natürlich trug er – wie die meisten Delegierten der Münchner
Konferenz ebenfalls – bei seiner Wahl Anzug und Krawatte, wenngleich der
Binder immerhin in Rot gehalten war. Gewiß stand die sprachliche Mixtur
aus Neomarxismus und Frankfurter Schule, deren sich Voigt in den Jahren
seines Juso-Vorsitzes bediente, für die 68er Generation, aber die Rigidität,
mit der er seinerzeit für Schulung, klare theoretische Positionen eintrat und
innerparteiliche Gegner bekämpfte, sein asketisch-biederes Äußeres repräsentierten eher einen Typus, der nun ebenfalls im Zuge der volksparteilichen
Öffnung der SPD in der Partei nach vorn drängte und sie in den achtziger
Jahren sehr stark prägte: der Typus des politisierten, pädagogisch ambitio-
nierten Linksprotestanten. Voigt kam nicht über das proletarisch-sozialisti-
sche Lebensmilieu – das nun von solchen Jusos am stärksten sentimental ver-
klärt und zurückverlangt wurde, die es familiär am wenigsten kannten – zur
SPD, sondern über die evangelische Jugendarbeit in Hamburg. In Frankfurt
arbeitete er dann als politischer Bildungsreferent beim „Bund für Volksbil-
dung".
Nach ihrer Linkswende gab es für die Jungsozialisten vermutlich drei
Möglichkeiten der weiteren Entwicklung. Erstens: Die Jusos konnten sich
weiter radikalisieren, sich in doktrinäre marxistische Ideologien verrennen,
in einer abgekapselten revolutionären Scheinwelt Vorhut der Arbeiterklasse
spielen. Zweitens: Die Jungsozialisten konnten das konzeptionelle Va-
kuum, das sich seit einigen Jahren durch die Theorieindifferenz der SPD
nach ›Godesberg‹ aufgetan hatte, durch phantasievolle, über den Tag hin-

ausreichende Reformentwürfe mittelfristiger Reichweite füllen, auf diese Weise gleichsam zu einer "Fabian Society" der siebziger Jahre werden. Und drittens: Die Jungsozialisten konnten unmittelbar den Marsch durch die Institution „Partei" antreten, den Generationswechsel schnell und unsentimental einleiten, in Funktionen und Ämter drängen, der parlamentarischen und gouvernementalen Macht zusteuern.

Für die dritte Möglichkeit entschieden sich die Jungsozialisten des Saarlandes, deren Protagonisten einen Instinkt für Machtfragen hatten, zudem machbaren Reformkonzeptionen und intellektuellen Provokationen, soweit sie einen voranbrachten, zugänglich blieben, an seminarmarxistische Exegesen aber keine Zeit verschwendeten. Im Oktober 1970 meldete die Presse aus dem Saarland einen „parteipolitischen Knüller". Dort war erstmals in der Geschichte der bundesdeutschen Sozialdemokratie ein Jungsozialist, wenn auch äußerst knapp, zum Vorsitzenden eines SPD-Landesverbandes gewählt worden, der 32jährige Sonderschullehrer Friedel Läpple. Ein aufmerksamer Korrespondent der ›Frankfurter Rundschau‹ aber hatte bemerkt, daß der Drahtzieher des Coups noch ein ganz anderer, weit jüngerer Sozialdemokrat gewesen war: „Der Triumph der Jungsozialisten ist nicht zuletzt aber der Geschäftüchtigkeit eines noch Jüngeren zu danken, dem 26jährigen stellvertretenden Fraktionsvorsitzenden Oskar Lafontaine, an dem vorbei seit gut einem Jahr keine Politik mehr zu machen ist."[653] Tatsächlich brachte die konsequente und ehrgeizige Parteiarbeit, die erfolgreiche Saarbrücker Kommunalpolitik und das Machtstreben der Juso-Riege um Lafontaine die SPD im Saarland, das für die Sozialdemokratie traditionell eher Diasporagebiet war, in den achtziger Jahren an die Regierung, wo sie seither bekanntlich mit absoluter Mehrheit regiert.

Auch in die zweite, hier skizzierte Richtung bewegte sich ein Teil der Jungsozialisten, für den vielleicht beispielhaft Wolfgang Roth steht. Diese Gruppe arbeitete Anfang der siebziger Jahre an einem detaillierten und konkreten Reformkatalog zur Kommunalpolitik, der als Aktionsprogramm auf dem Kommunalpolitischen Kongreß der Jusos Ende April 1970 diskutiert und verabschiedet wurde. Diese Initiativen stießen sogar bei solchen Sozialdemokraten auf Anerkennung und Zustimmung, denen sonst der Ruf vorauseilte, Jusos reihenweise schon zum Frühstück zu verspeisen. Der Münchner Oberbürgermeister Hans-Jochen Vogel, der mit dem Parteinachwuchs seiner Stadt völlig über Kreuz lag, gestand freimütig ein, daß die Jusos mit ihrem Mannheimer Aktionsprogramm das bisher einzige Gesamtkonzept zur Kommunalpolitik in der Geschichte der Bundesrepublik vorgelegt hätten. Auch der Bundeswohnungsminister Lauritz Lauritzen äußerte Wohlgefallen über die Schrift.[654] Das Echo in den Medien war nahezu durchgängig freundlich, von der linksliberalen ›Frankfurter Rundschau‹, über die ›Zeit‹, bis zur konservativen ›Frankfurter Allgemeinen‹.[655] 1970 verfügten die Jungsozialisten in der Öffentlichkeit durchaus noch über einigen Kredit. Ihre innerparteilichen Provokationen empfanden die meisten Berichterstatter in den Medien noch als erfrischend. Schließlich konnte die „alte Tante SPD" ein bißchen frischen Wind gut vertragen. Die Jusos als Antriebsmotor für reformerischen Elan wurden 1970/71 durchaus noch goutiert.

Doch in den nächsten drei, vier Jahren verspielten die Jusos diesen Bonus bis auf den letzten Pfennig. Zwischen 1972 und 1975 wandte sich auch die liberale Öffentlichkeit entnervt bis angewidert von der SPD-Jugendorganisation ab. Denn diese hatte sich auf den „Marsch ins moserende Abseits" begeben, wie es der SPD-Vorsitzende von Schleswig-Holstein, Jochen Steffen, fraglos ein Gönner der rebellischen Jugend, 1974 verärgert formulierte.[656] Auf ihren Konferenzen führten die Jusos nun – in drei Fraktionen gespalten, die sich jeweils an abstrakter Radikalität zu überbieten versuchten – ideologische Spiegelfechtereien vor, die an die Glaubenskämpfe des Mittelalters erinnerten: voll Intoleranz, dogmatisch und rechthaberisch. Ihre Streitkultur war ungeheuer illiberal. Ihre jeweiligen Kontrahenten in den Diskussionen des Verbandes behandelten die Jusos wie Feinde; Andersdenkende wurden als Verräter an den geheiligten Grundsätzen des Sozialismus und der Arbeiterklasse, zumindest aber als Opportunisten und Abweichler unerbittlich abqualifiziert. Je radikaler jemand auf Juso-Tagungen auftrat, je linker seine Sprüche klangen, desto größer fiel das Wohlwollen aus, das ihm seine Zuhörer gewährten. Mit ihrem geistigen Hochmut, ihrer enervierenden Besserwisserei und ihrer schwer erträglichen Humorlosigkeit verprellten die Jusos dann schließlich auch die vielen Freunde und Sympathisanten, auf die sie sich zu Beginn der siebziger Jahre durchaus noch hatten stützen können.

Die Bundeskonferenzen in den Jahren 1974 und 1975 waren die letzten, die noch einmal ein großes Aufgebot an Medienvertretern heranlockten. Danach beschäftigte sich die Öffentlichkeit nicht mehr mit den Jusos. Sie verstand diese einfach nicht mehr, konnte auch beim besten Willen nicht mehr die Geheimsprache der Konferenzen dechiffrieren, schaffte es nicht, sich in den Wirren der Fraktions- und Flügelkämpfe sowie Geschäftsordnungstricks – die viele Juso-Strategen noch besser beherrschten als die Zitate aus den Marx/Engels-Werken – zurechtzufinden und den Lesern ihrer Zeitungen, den Zuhörern der Nachrichtensendungen ein einigermaßen klares Bild vom jeweiligen Verlauf der Konferenztage zu vermitteln. Dabei gaben sich die etablierten Linken der älteren Generation, die den Juso-Kongressen beiwohnten, redliche Mühe, zumindest den verzweifelt-ratlosen linksliberalen Journalisten zu übersetzen, worüber der Nachwuchs gerade zankte. Das war absurd genug. 1974 stritten die Jungsozialisten in München auf ihrer Bundesversammlung darüber, ob der Kapitalismus schon durch Investitionslenkungsmaßnahmen schrittweise oder erst nach Erreichen einer Mindestschwelle von Enteignungen der Schlüsselindustrien und der Kreditunternehmen zu überwinden sei.[657] So richtig war dann am Ende aber niemanden klar, wer in der Abstimmung gewonnen hatte, wie also dem Kapitalismus demnächst der Garaus bereitet werden sollte. Doch verglichen mit der Auseinandersetzung, die sich ein Jahr darauf auf dem Wiesbadener Bundeskongreß abspielte, besaß das Konferenzspektakel in München ein hohes Maß an Rationalität und realpolitischem Kalkül. In Wiesbaden disputierten nämlich die Delegierten nächtelang über die Kardinalfrage aller bundesdeutschen Klassenkämpfe, ob der Staat ideeller Gesamtkapitalist sei oder nur als solcher wirke. Auch hier war am Ende nicht ganz klar, was die Konferenzteilnehmer besser fanden. Erst entschieden sie sich für die eine, dann für die andere Möglichkeit. Bei soviel Unklarheit in entscheidenden revolutionären Fragen durfte und darf es die Jusos eigentlich nicht wundern, daß es bislang mit dem proletarischen Sturm auf die kapitalistischen Festungen nicht recht klappte. Zumal dann, wenn man wie die Jungsozialisten per Beschluß erkannt hatte, daß der Staat der Bourgeoisie Beistand leistete, denn der Staat, auch der sozialdemokratisch regierte, war in der bürgerlichen Gesellschaft stets „eine wesentliche kapitalistische Maschine, Staat der Kapitalisten".[658] Nur Politiker mit klarem Blick und kühlem Verstand, wie Peter Glotz, konnten erkennen, daß das alles nicht so ernst zu nehmen war, daß später aus den Produzenten und Konsumenten solcher Phrasen, die weder sozialdemokratisch noch überhaupt irgendwie politisch waren, ordentliche Sozialdemokraten werden würden: „Viele von denen", so Glotz in einer Nachbetrachtung des Münchner Bundeskongresses, „werden in wenigen Jahren an hervorragender Stelle für einen demokratischen Reformsozialismus kämpfen. Die erzieherische Kraft der reformistischen Arbeiterbewegung ist ungebrochen."[659]

Nach dem Wiesbadener Bundeskongreß 1975, der noch über Jahre als „absoluter Tiefpunkt in der Geschichte der Jusos"[660] galt, schritt die Fraktionierung des Verbandes weiter fort. Die drei Gruppen bildeten nun noch festere und abgeschlossenere Zirkelstrukturen aus, und sie gründeten jede für sich eigene Periodika. Der „Stamokap"-Flügel, der dieses Etikett deshalb trug, da er der von ostdeutschen und französischen Kommunisten abgesehenen Theorie des „Staatsmonopolistischen Kapitalismus" anhing, nannte sich fortan „Hannoveraner Kreis" und gab die ›Zeitschrift für Sozialistische Politik und Wirtschaft‹ heraus. Die Reformsozialisten, die jedenfalls praktisch solche waren, auch wenn sie in theoretischen Erörterungen einigen Eifer an den Tag legten, um zu beweisen, daß sie ebenfalls gute, wenn nicht gar bessere Marxisten seien, hießen nun „Malenter Kreis" und kommunizierten in der zweimonatlich erscheinenden Zeitschrift ›Sozialistische Praxis‹. Die kleinste Gruppe, die aus den ehemaligen Antirevisionisten bestand, die das aber in der zweiten Hälfte der siebziger Jahre nicht mehr sein wollten, allerdings weiterhin nach puritanisch marxistisch begründeten dritten Wegen zum Sozialismus fahndeten, firmierte als „Göttinger Kreis" und gab ebenfalls alle zwei Monate ein schwer verständliches, Juso-Esoterikern aber große Befriedigung verschaffendes Blättchen heraus, das den Titel ›Sozialist‹ trug und trägt. Um diese Zirkel und Kreise machten die Aktivisten der drei Strömungen, deren Differenzen an der Basis der örtlichen Juso-Arbeitsgemeinschaften wohl nur die wenigsten begreifen und nachvollziehen konnten, viel Aufhebens. Vor allem die Drahtzieher des „Hannoveraner Kreises" tagten oft streng geheim in Hinterzimmern von Autobahngaststätten oder irgendwelchen Spelunken, um sich ihre Konferenztaktiken gegen die „Rechten" – womit die Reformsozialisten, also die Parteilinken gemeint waren – zurechtzulegen. All dies spielte sich aufregend konspirativ ab, gleichsam wie bei den verklärten Bolschewiki im zaristischen Rußland. Nur fürchtete man sich nicht, wie weiland Lenins Genossen, von der Geheimpolizei enttarnt, sondern von einem Spitzel der gegnerischen Fraktion ausgehorcht zu werden. Diese Jungsozialisten haben sich ab Mitte der siebziger Jahre als politisch ernstzunehmender Faktor selbst ausgeschaltet und schließlich auf Null gebracht. Häufig wird zwar erzählt, die Jungsozialisten seien an Helmut Schmidt gescheitert; dessen unsensible Haltung zu den neuen sozialen Bewegungen habe die Jugend aus der Partei getrieben. Doch diese Jugend war schon vorher zu einem großen Teil von den Jusos abgestoßen worden. Ihren eklatanten Einflußverlust hat sich der Parteinachwuchs selbst zuzuschreiben. Ihr marxistisches Gezänk hatte mit der Lebenswelt, den Bedürfnissen und Interessen der bundesdeutschen Jugendlichen nichts zu tun. Und nicht nur Helmut Schmidt, sondern auch die Jugendorganisation selbst verschlief über ihren abgehobenen Fraktionskämpfen die neuen Themen und Bewegungen.

Während sich an der Ökologiefrage eine neue Jugendbewegung herausbildete, zerrieben sich die Jusos in Diskussionen über den „staatsmonopolistischen Kapitalismus" und in Führungskrisen. 1977 hatte es die Stamokap-Fraktion endlich geschafft, mit Hilfe der „Göttinger"-Jusos ihren Kandidaten Klaus-Uwe Benneter an die Spitze des Verbandes zu hieven.[661] Die dogmatischen Marxisten hatten nun die Mehrheit in der Organisation. Doch schon wenige Monate später war es mit ihrer Herrlichkeit vorbei; ihr Verbalradikalismus führte die Jusos endgültig in den Abgrund politischer Bedeutungslosigkeit. Kurz nach seiner Wahl hatte Benneter in einem Interview mit der Zeitschrift ›Konkret‹ erklärt, daß er für sich und seine Freunde die Mitgliedschaft in der SPD nicht als Dogma betrachte. Außerdem machte er deutlich, daß für ihn die CDU der Klassenfeind, die Kommunisten demgegenüber nur ein politischer Gegner, häufig genug aber auch ein durchaus genehmer Bündnispartner seien. Die Parteiführung fackelte nicht lange und warf den neuen Bundesvorsitzenden aus der Partei. In der Tat war die Grenze der Integrationsmöglichkeiten erreicht. Aber die Partei brauchte auch keinen Aufstand der Jusos gegen ihre Maßnahme zu erwarten. Dafür hatte sich der Verband in den vergangenen Jahren selbst schon zu sehr zur Ader gelassen und geschwächt. Zu der zentralen bundesweiten Protestversammlung gegen den Ausschluß ihres Vorsitzenden, zu der die Jusos pflichtgemäß nach Essen aufriefen, erschienen gerade 500 Demonstranten. Die Jungsozialisten standen 1977 vor einem Trümmerhaufen. Sie waren ohne Vorsitzenden und zudem zutiefst zerstritten; ihr Mitgliederbestand bröckelte mehr und mehr ab, viele Arbeitsgemeinschaften stellten ihre Arbeit ein. Sie besaßen kaum noch Fürsprecher bei der älteren Parteilinken, und die Öffentlichkeit hatte ihnen die Gunst längst entzogen. Daß sich die Jusos ein Jahr darauf auf niedrigem Niveau wenigstens einigermaßen konsolidieren konnten, hatten sie im wesentlichen ihrem neuen Vorsitzenden zu verdanken, der auf dem Bundeskongreß in Hofheim 1978 gewählt wurde: Gerhard Schröder.[662] Zusammen mit dem Bundessekretär Rudolf Hartung dämmte er den Verbalradikalismus und die kommunistisch orientierte Bündnisstrategie der Stamokap-Jusos ein, die nun wieder bis 1984 warten mußten, ehe sie den Verband erneut faktisch dominieren konnten. Und mit Susi Möbbeck stand von 1988 bis 1991 auch wieder eine der Ihren an der unmittelbaren Spitze des Verbandes.

Gerhard Schröder war der letzte Bundesvorsitzende, der noch einer breiten Öffentlichkeit bekannt war. Von seinen Nachfolgern nahm das Publikum dann keine Notiz mehr, ob sie nun Piecyk, Hartung, Skirke, Guggemos, Möbbeck oder Ludwig hießen. Auch darin reflektierte sich der gänzliche Bedeutungsverlust der Parteigruppierung in den achtziger Jahren. Die Jusos taten in diesem Jahrzehnt dennoch so, als habe sich die Welt um sie herum überhaupt nicht verändert. Sie diskutierten und stritten weiterhin im Stil der frühen siebziger Jahre. Kein Mensch interessierte sich mehr für ihre Fraktionskämpfe. In der Praxis der lokalen Arbeitsgemeinschaften spielten die Differenzen der Bundeskonferenzen nicht die geringste Rolle. Und wohl nur die wenigsten aktiven Jusos hätten die zentralen inhaltlichen Unterschiede zwischen den „Stamokap"-Jusos und den „Reformsozialisten" erklären können. Aber die Matadoren der gegnerischen Kreise und Zirkel betrieben auf den Bundeskonferenzen unverdrossen ihre Kabalen weiter, als hinge davon der Ausgang der Weltrevolution ab. Auch in den achtziger Jahren wurde auf Bundeskonferenzen nächtelang um Formulierungen und Spiegelstriche in Positionspapieren gefeilscht, die danach niemand mehr las, die für die Praxis wertlos waren. Von Bundeskonferenz zu Bundeskonferenz wiederholte sich ein infantiles Mensch-ärger-dich-nicht-Spiel. Es ging den Juso-Fraktionen zuallererst darum, der jeweils anderen eins auszuwischen, sie zu majorisieren. Was um den Verband herum passierte, interessierte die Delegierten nicht wirklich. Ihre Debatten waren rein introvertiert, die internen Querelen für sie der Nabel der Welt. Die theoretische Formel, um die gestritten wurde, taugte als Hammer, um den innerverbandlichen Gegner zu schlagen, nicht als Medium, um die Gesellschaft zu deuten. Alles andere war Personalpolitik. Welche Fraktion stellt den Bundesvorsitzenden, wer hat die Mehrheit im Vorstand? So lauteten die Fragen, mit denen sich die Personenklüngel, die sich Fraktionen und Ideologien zur besseren Legitimation zugelegt hatten, in erster Linie beschäftigten. Die Fraktionen von ehedem waren in den achtziger Jahren zu persönlichen Seilschaften heruntergekommen, als Diskussionszusammenhänge hatten sie sich aufgelöst. Dafür trugen sie nun moderne Bezeichnungen. Die Reformsozialisten von einst, die stets darunter gelitten hatten, als schlichte Reformisten angesehen zu werden, nannten sich nun „Undogmatische Sozialisten" oder auch kurz: „Undogs". Die früheren „Stamokap"-Jusos legten sich das Etikett „Projekt Moderner Sozialismus" zu, kurz: „ProMS". Geschickt wie sie zweifellos waren, hatten sie schon früh die „Feminisierung" der Jusos auf ihr Banner geschrieben und dann gekonnt und im übrigen erfolgreich die Frauenquote, die die Jusos bereits 1984 einführten, für ihre Gruppeninteressen instrumentalisiert. Trotz des reichlichen Gebrauchs der Wörter „modern" und „Feminisierung" blieb diese Gruppe aber auch während der achtziger Jahre ihren traditionellen Wurzeln treu, hielt am Marxismus fest und verdammte in ungebrochener leninistischer Manier die Jusos der anderen Façon als „Opportunisten" und „Rechte".

Politisch kauerten die Jungsozialisten weiterhin in den von allen anderen schon verlassenen Schützengräben antikapitalistischer Kritik an den westlichen Gesellschaftssystemen. Unter der Dominanz der Marxisten des ehemaligen „Stamokap"-Flügels bewegten sich große Teile der Jusos Anfang der achtziger Jahre zudem im Schlepptau der DKP-Bündnispolitik. Die Nachrüstungspolitik des sozialdemokratischen Kanzlers wurde auf Juso-Bundeskonferenzen als „Teil einer umfassenden Kriegsvorbereitung" gebrandmarkt, Kritik an der Aufrüstung des Warschauer Pakts als Spaltung der Friedenskräfte zurückgewiesen.[663] Während die Planwirtschaften im Osten Europas spektakulär zerfielen, die katastrophalen Folgen des staatlichen Dirigismus für die gesellschaftliche und individuelle Initiative und Kreativität bedrückend deutlich wurden, setzten sich die Jusos unverdrossen für staatliche Lenkungs- und Planungsmechanismen ein. Ihrer Partei machten sie wie gehabt den Vorwurf, kapitalistische Illusionen zu schüren.[664] Als Oskar Lafontaine 1988 damit begann, die ausgetretenen etatistischen Pfade zu verlassen und einer intelligenten marktwirtschaftlichen Politik das Wort zu reden, da rief ihn die Juso-Mehrheit gleichsam zum Hauptfeind der Bewegung aus. 1988 torpedierte die marxistische Mehrheit im Juso-Bundesvorstand eine Einladung an den saarländischen Ministerpräsidenten für den Bundeskongreß der Jungsozialisten.[665] Lieber blieben sie unter sich und frönten der eigenen Radikalität. 1989 beschloß der Bundeskongreß dann ganz offiziell, daß der „Lafontainismus" „die größte Gefahr für die Linke in der Bundesrepublik" darstellte.[666] Mit Lafontaine versöhnte sich die Juso-Mehrheit erst wieder, als dieser sich hartnäckig der Dynamik des deutschen Einigungsprozesses verschloß. Die deutsche Einigung bereitete dem SPD-Nachwuchs großes Unbehagen. Im Juni 1985 hatten sie auf ihrem Bundeskongreß noch die Geraer Forderungen des damaligen Partei- und Staatschefs Erich Honecker unterstützt. Bei nur einer Gegenstimme waren die Delegierten damals für die Anerkennung der DDR-Staatsbürgerschaft und die Abschaffung der Zentralen Erfassungsstelle in Salzgitter eingetreten.[667] Den Sturz Honeckers im Oktober 1989 kommentierte das Bundesvorstandsmitglied Ingo Arend mit dem Satz, hier sei der „letzte große Mann der deutschen Arbeiterbewegung" abgetreten.[668] Ohne Gespür für eine sich verändernde Realität insistierten die Jusos bis 1990 auf die Zweistaatlichkeit Deutschlands. Glaubte man der Bundesvorsitzenden Susi Möbbeck, dann lagen die Westdeutschen im Taumel einer „nationalen Besoffenheit".[669] Doch klammerten sich die Bürger vielmehr an ihr Portemonnaie, dachten ängstlich an höhere Steuern und schwierige Zeiten als an nationalen Aufbruch und neue Weltmachtstellung. Die nationalistische Erregung stellte sich nicht ein in der Republik der Saturierten; sie trieb ihr Unwesen nur in der Phantasie von Grass, Glotz und eben einiger Jusos.

Nicht nur politisch, auch zahlenmäßig ging es mit den Jungsozialisten während der achtziger Jahre rasant bergab. Während die Juso-Generation der späten sechziger, frühen siebziger Jahre nach der Ära Schmidt in der SPD Erfolg hatte, an die Spitze der Orts-, Unterbezirks- und Bezirksorganisationen gewählt wurde, allmählich die Landesvorsitzenden, Ministerpräsidenten und regierenden Bürgermeister stellte und schließlich einen Kanzlerkandidaten und den neuen Parteivorsitzenden hervorbrachte, vollzog sich ein dramatischer Bedeutungs- und Mitgliederschwund in den nachfolgenden Altersgruppen. Die SPD wähnte sich in den achtziger Jahren enkelhaft jung, dabei dünnte sich die Schicht der wirklich jungen Sozialdemokraten stetig aus. 1975, als die Jungsozialisten schon mit vollem Tempo ihrem inneren Zerfall zutrieben, zählte die SPD noch 300 000 Mitglieder im Juso-Alter zwischen 16 und 35 Jahren. 1989 hatten dagegen nur mehr 172 000 Sozialdemokraten das 35. Lebensjahr noch nicht überschritten.[670] Prozentual ausgedrückt: 1975 gehörten 30,3 Prozent der SPD-Mitglieder formell zu den Jungsozialisten; 1989 waren es nur noch 18,6 Prozent.[671] Unter den bundesdeutschen Wahlberechtigten lag der Prozentsatz derjenigen, die sich im Alter der Jungsozialisten befanden, dagegen Ende der achtziger Jahre immerhin bei rund 30 Prozent. Die SPD war also inzwischen – von den Relationen her ganz so wie zu Zeiten der Weimarer Republik – in dieser Altersklasse, in der sie Anfang der siebziger Jahre besonders erfolgreich abschnitt, nur noch weit unterproportional vertreten. Das gilt auch für den größten Teil ihrer Hochburgen, die infolgedessen von unten zu erodieren drohen. In Hamburg und Bremen machten die Sozialdemokraten unter 36 Jahren nur noch den Anteil von etwa 15 Prozent aus.[672] Auch im Ruhrgebiet mangelt es an sozialdemokratischem Nachwuchs. Im östlichen Teil des Reviers bilden die 16- bis 35jährigen zwar knapp 35 Prozent der Gesamtbevölkerung, aber nur 17 Prozent der sozialdemokratischen Mitgliedschaft.[673] Auch das sozialdemokratische Traditionsmilieu dieser alten Industrieregion reproduziert sich also nicht mehr wie noch in den Jahrzehnten zuvor gleichsam von selbst. Am besten sieht es noch in einer vergleichsweise neuen Hochburg der SPD aus, im Saarland. Dort belief sich der Anteil der Sozialdemokraten im Juso-Alter Ende Dezember 1989 immerhin auf 26 Prozent.[674] Jugendlicher ist sonst keine andere Bezirks- oder Landesorganisation in der SPD. Empirisch nicht zu belegen, aber doch zu vermuten ist, daß die vergleichsweise hohe Quote jüngerer Sozialdemokraten im saarländischen Landesverband mit der außergewöhnlichen Ausstrahlung des Ministerpräsidenten Oskar Lafontaine zu tun hat, dessen Habitus und politischer Stil ganz offenkundig besonders jüngere Menschen anspricht.

Die Partei der Enkel hat sonst den wirklich Jungen nichts zu bieten. In der zweiten Hälfte der achtziger Jahre traten zwischen 60 und 70 Prozent der 16- bis 20jährigen, die sich der SPD angeschlossen hatten, binnen eines Jahres geradezu fluchtartig wieder aus der Partei aus.[675] In der Routine der Ortsvereine fanden sie keine attraktiven Anknüpfungspunkte für ein Engagement. Die Funktionen in der Partei waren schon fest besetzt, vor allem durch die Juso-Generation der Endsechzigerjahre. Auch im Bundestag der Legislaturperiode zwischen 1987 und 1990 saß nicht ein einziger Sozialdemokrat, der dem Juso-Alter zuzurechnen war.[676] Die Arbeitsgemeinschaft der Jusos selbst drehte sich, wie oben beschrieben, nur noch um sich selbst und frönte einem welt- und jugendabgewandten Konventikeldasein. Nur etwa 10 Prozent der Sozialdemokraten unter 35 Jahre sahen einen Sinn darin, dort mitzumischen; alle übrigen jungen Sozialdemokraten hielten sich von den Jungsozialisten strikt fern. Und so fordern inzwischen auch die Jusos für sich von der Partei die Quote; sie wollen mit mindestens 10 Prozent an allen Funktionen und Ämtern beteiligt werden.[677]

Wie soll es nun weitergehen mit der Nachwuchsrekrutierung der Sozialdemokratie, wie mit der Arbeitsgemeinschaft der Jungsozialisten? Darauf weiß in der Partei niemand eine befriedigende Antwort. Fast hat es den Anschein, als habe die Parteispitze schon alle Hoffnungen fahren lassen, daß es mit den Jusos noch einmal aufwärtsgehen könnte. Auf dem jüngsten Potsdamer Bundeskongreß der Jungsozialisten im März 1991, bei dem die jungen Sozialdemokraten aus dem Westen und Osten Deutschlands erstmals gemeinsam tagten, ließ sich kein prominenter Sozialdemokrat sehen. Wo immer die Jungsozialisten anklopften, holten sie sich einen Korb. Weder

Lafontaine noch Engholm, weder Wieczorek-Zeul noch Thierse konnten oder wollten es einrichten, in Potsdam zu erscheinen, um ein Referat zu halten.

Das Merkwürdige am Zustand der Jusos ist, daß sie immer noch Visionen und Utopien anhängen, in Kategorien denken und in Formeln reden, die schon zu Beginn der siebziger Jahre im Schwange waren. Seither hat in der Gesellschaft zwar schon ein mehrfacher Generationswechsel stattgefunden, aber davon wurde die Organisation der Jungsozialisten kaum erfaßt. Sie sind in ihrer kulturellen Entwicklung und geistigen Orientierung nahezu stehengeblieben, sie stagnierten auf dem Diskussionsniveau des linken Protests von 1978 oder 1979. Inzwischen ist die Juso-Generation der späten sechziger und der siebziger Jahre in das Establishment der Partei vorgerückt. Die ökopazifistischen Altersjahrgänge bestimmen die Linie der SPD. Nach allen Regeln des Generationswechsels und des Generationskonflikts müßten eigentlich in der SPD bald junge Politiker heranwachsen, die sich an dem zur Konvention erstarrten linkspazifistischen Spießertum eines Teils des Parteiestablishments rieben und dazu provozierende Alternativen formulierten. Es wäre an der Zeit, daß die Jungsozialisten aus dem Juste-milieu des 68er Denkens in ihrer Partei ausbrechen, statt es wie bisher nur noch zu bekräftigen. Der SPD und den Jusos würde eine Art neuer Hofgeismar-Kreis gut tun. Der 1923 gegründete Hofgeismar-Kreis war eine jugendliche Protestantwort auf den zum Ritual erstarrten Marxismus der Partei, auf die konzeptionellen Defizite der SPD in der Außenpolitik, auf die deklamatorische Leere des rhetorischen Internationalismus, auf die Wirklichkeitsferne der Sozialisierungsideologien. Die SPD der neunziger Jahre steht vor einer ganz ähnlichen Konstellation. Auch hier ist es an der Zeit, daß eine neue Generation den gefühlswabernden Pazifismus von Teilen der Partei überwindet, da eine rationale Außenpolitik damit nicht zu machen ist. Auch die SPD von heute kann den Quell einer kritischen Generation gebrauchen, für die republikanischer Patriotismus nicht des Teufels ist, die Weltpolitik als Herausforderung und nicht als Schrecken ansieht, die Menschen- und Völkerrecht vor Frieden um jeden Preis setzt, die Politik *machen* will, pragmatisch, zielbewußt und phantasievoll, statt in politischen Orthodoxien und ideologischen Schattengefechten zu versauern. Als Appendix der 68er Generation haben die Jungsozialisten keine Chance, Beachtung zu finden, Motor von Veränderungen zu werden, die Routine und mentale Selbstgenügsamkeit der Partei aufzubrechen oder die geistige Stagnation zu überwinden. Eine neue kritische Generation müßte die Weltsicht des mittleren und führenden Parteiestablishments radikal in Frage stellen, müßte – wenn es denn so sein soll – nicht mehr Antonio Gramsci, sondern Jean Jaurès lesen, müßte sich wieder mehr an Helmut Schmidt ein Vorbild nehmen, müßte intelligente marktwirtschaftliche Steuerungskonzepte erarbeiten, statt uralte und hundertfach gescheiterte Vergesellschaftungsmodelle nachzubeten. Sie müßte sich mit Lust, Energie und einer reflexiven Verantwortungsethik auf eine zum Glück von Gegensätzen durchzogene Bürgergesellschaft praktisch einlassen, statt von der schrecklichen Utopie einer allseits befriedeten, harmonischen und klassenlosen Gesellschaft des „demokratischen Sozialismus" zu träumen.

Zugegeben, es sieht nicht so aus, als wachse eine solche Generation bei den Jungsozialisten heran. Doch seit den späten achtziger Jahren lassen sich immerhin bescheidene Ansätze dazu erkennen. In einigen Teilen der Republik, so in Hamburg, Nordrhein-Westfalen, Baden-Württemberg und Rheinland-Pfalz, ist eine zweifellos noch kleine Gruppe von sogenannten Juso-„Realos" entstanden, die sich über das „Theorie-Gekasper" der vorherrschenden Gruppierungen mokiert, sich ironisch vom „grünlich-grämlichen Teil der Linken" absetzt und anstelle von Vergesellschaftungskonzepten auf eine „effiziente gesellschaftliche Steuerung von Marktprozessen" setzt.[678] Für die Jusos der früheren „Stamokap"-Richtung sind diese „Realos" schlimmer noch als der bourgeoise Klassengegner. Aber auch die sogenannten „Undogmatischen" wahren bislang Distanz, da viele von ihnen immer noch der „sozialistischen Utopie" anhängen. Doch scheint hier einiges im Fluß zu sein. Seit dem Potsdamer Bundeskongreß im März 1991 steht erstmals seit Jahren wieder ein „Undogmatischer" an der Spitze des Verbandes. Eine Zweckkoalition aus „Undogmatischen" und jungen Sozialdemokraten aus den neuen Bundesländern hatte sich knapp gegen die bisherige marxistische Mehrheit durchsetzen können.[679] Indes ist fraglich, ob diese Mehrheit stabil ist und für einen radikalen Neuanfang genutzt werden kann. Schmoren die Jusos weiter im eigenen Saft – und der Verlauf der Debatten auf der Potsdamer Konferenz läßt dies vermuten –, bleiben sie dem pazifistisch-linken Denken in der SPD verhaftet, dann werden die organisationsstärkeren und disziplinierter als die „Undogmatischen" agierenden Jusos des ehemaligen „Hannoveraner Kreises" die Scharte von Potsdam rasch auswetzen und die Führung des Verbandes bald wieder übernehmen.[680] In diesem Fall aber bleiben die Jusos auch auf weiteres da, wo sie sich nun schon seit über 15 Jahren bewegungslos aufhalten: in der Trostlosigkeit des politischen Abseits.

Intellektuelle als Wahlhelfer: Die Sozialdemokratische Wählerinitiative

Die Weimarer SPD zählte, wir sahen es, durchaus einige bemerkenswerte Intellektuelle zu ihren Sympathisanten und Mitgliedern. Doch im ganzen traf sicher zu, daß die Mehrheit der Weimarer Intelligenz entweder ganz links oder ganz rechts, aber nicht hinter der nüchternen und wohl auch wenig Esprit versprühenden Realpolitik der Funktionärs- und Facharbeiterpartei SPD stand. Nach 1945 war die geistig-kulturelle Situation verändert. Über die dreißiger und vierziger Jahre hatten sich sowohl die völkischen als auch die kommunistischen Visionen diskreditiert. Anfangs hielten sich infolgedessen die desillusionierten Schriftsteller, Dichter und Regisseure ganz von den Niederungen der Parteipolitik fern. Ende der sechziger Jahre aber entdeckten die Intellektuellen – nun schon gewiß einer neuen Generation – plötzlich ihr Herz für die SPD. Es galt jetzt als schick, sich öffentlich zu den Sozialdemokraten zu bekennen. Die SPD, der über Jahrzehnte der Makel kleinbürgerlicher Enge und Intellektuellenfeindlichkeit anhing, wurde die Partei des Geistes, jedenfalls für einige Jahre, bis die schwärmerische Liebe der Dichter und Denker für ihre neue Partei über der Routine prosaischer Politik wieder erkaltete.

Der Spiritus rector der Annäherung von Intellektuellen an die Partei war zweifelsohne der Dichter der ›Blechtrommel‹, Günter Grass. Seit Mitte der sechziger Jahre rief er bei Bundestagswahlen regelmäßig zur Stimmabgabe für die SPD auf. An etlichen Wahlkämpfen in Bund und Ländern war er aktiv beteiligt, er reiste über Wochen und Monate landauf, landab, um mit einigen anderen Schriftstellern für die SPD zu trommeln. Auf seinen Anstoß ging auch die in der deutschen Geschichte wohl erste Wählerinitiative von Literaten für eine politische Partei zurück, das Wahlkontor Deutscher Schriftsteller, das sich Mitte Juni 1965 in Berlin bildete. Ausgetüftelt hatte Grass diese Idee mit dem Organisator der „Gruppe 47", Hans Werner Richter, und dem jungen Berliner Verleger Klaus Wagenbach. Eine Gruppe von Schriftstellern – so die Überlegung des Trios – sollte dem Bundestagswahlkampf der SPD sprachlichen Schliff geben.[681] Ende April 1965 überzeugten sie den Berliner Wirtschaftssenator Karl Schiller von ihrem Vorhaben. Auch Schiller litt unter der drögen Funktionärssprache früherer sozialdemokratischer Wahlkämpfe, und er erkannte rasch, daß der Beistand der Literaten das Ansehen der SPD in bildungsbürgerlichen Kreisen anheben würde. Und das war schließlich das Ziel der SPD in den sechziger Jahren: aus dem Ghetto der Funktionärspartei herauszukommen und sich neuen Schichten zu öffnen. Schiller räumte in den nächsten Wochen die Widerstände einiger Sozialdemokraten – ganz besonders Herbert Wehners, der von den Literaten nichts hielt[682] – gegen das Projekt aus dem Weg. Die Berliner SPD stellte den jungen Literaten Büroräume in der Nähe der Gedächtniskirche zur Verfügung und bezahlte sie für ihre Geistesarbeit, nicht gerade üppig, aber doch so, daß die damals überwiegend noch keineswegs berühmten Prosaschreiber einigermaßen über die Runden kamen. Das „Wahlkontor Deutscher Schriftsteller" entstand; am 16. Juni 1965 begannen die Dichter und Romanciers damit, das Niveau der Wahlkampfreden literarisch zu heben, Slogans auszubrüten, über griffige Parolen zu sinnieren.

Der Vater des Kontors, Günter Grass, arbeitete dort nicht mit. Er begab sich statt dessen in den Wahlkampfwochen auf eine Tournee quer durch die Bundesrepublik, meist begleitet von seinen Schriftstellerkollegen Paul Schallück und Max von der Grün, um durch Reden und Diskussionen für die SPD zu werben.[683] Auch das sah nicht jeder in der SPD allein mit Freude; viele sorgten sich um die moralische Reputation der Partei, da doch manchem biederen Bürger die Bücher des kaschubischen Schnauzbartes ziemlich pornographisch, jedenfalls anstößig erschienen. Die Werke der im Berliner „Wahlkontor" tätigen Schriftsteller waren demgegenüber der Öffentlichkeit eher unbekannt; einige hatten bis dahin auch noch kaum publiziert. Dem Kontor gehörten etwa 17 Literaten an, darunter Nicolas Born, Peter Härtling, Hubert Fichte, Hermann Peter Piwitt, Günter Herburger, Hans Christoph Buch und Peter Schneider. Die Leitung des Büros lag in den Händen von Klaus Röhler; die Kasse führte Klaus Wagenbach. Mitglied der SPD war keiner von ihnen. Was sie politisch einte, war ihre Gegnerschaft zur CDU. Tagsüber war das Büro leer; an ihren Texten bastelten die Literaten bei Nacht. Dies hatte weniger mit der bohemehaften Natur der Schriftsteller als mit den Erfordernissen des Wahlkampfes zu tun. Zwischen 22 und 24 Uhr tickerten nämlich über den Fernschreiber die jeweils neuesten Wahlkampfparolen der Unionsparteien, zu denen die „Kontoristen" sich dann passende Erwiderungen einfallen lassen mußten.[684] Im wesentlichen arbeiteten die Berliner Wahlhelfer dem Kanzlerkandidaten Willy Brandt sowie Karl Schiller, Helmut Schmidt und Fritz Erler zu. Am besten harmonierten Schmidt und sein Ghostwriter Wagenbach. Schmidt übernahm von allen SPD-Politikern die meisten Vorschläge aus dem Berliner „Kontor".[685] Im übrigen gingen die professionellen Wahlkampfhelfer der SPD aber vorsichtig und zurückhaltend mit den Angeboten der Schriftstellerinitiative um. Sie amüsierten sich zwar selber immer wieder köstlich über Slogans wie „Der Frau treu bleiben, die Partei wechseln – SPD", aber sie schreckten dann doch davor zurück, die bundesdeutschen Wahlbürger mit derart laszivem Humor zu irritieren. Denn um nichts in der Welt wollte die SPD seinerzeit den Eindruck erwecken, sie sei nicht seriös, mithin nicht die rechte Partei für die Regierungsverantwortung. So blieb vieles von dem, was die jungen Berliner Schriftsteller aushecken, in den Schubladen der SPD-Wahlkampfmanager. Am Ende ihrer Kampagne verfaßten die Kontoristen noch einen Wahlaufruf für die SPD, dem sich immerhin 62 bundesdeutsche Intellektuelle, darunter viele mit einem bekannten Namen, anschlossen. Von dem gesellschaftskritischen Impuls der dann folgenden Jahre war diese Proklamation noch gänzlich unberührt. Die Intellektuellen riefen lediglich nach einer „Politik, die auf die Zukunft vorbereitet". Sie wünschten sich „Sachlichkeit und Verhandlungsbereitschaft" und plädierten daher „für eine Regierung der Sozialdemokraten". Unterschrieben hatten diesen Aufruf unter anderem Ilse Aichinger, Ernst Bloch, Max Born, Tilla Durieux, Günter

Eich, Axel Eggebrecht, Rudolf Hagelstange, Marie Luise Kaschnitz, Wolfgang Koeppen, Fritz Kortner, Victor de Kowa, Siegfried Lenz, Marcel
Reich-Ranicki, Hans Erich Nossack, Erwin Piscator und Wolfgang
Staudte.[686] Die Unterzeichnung verweigert hatte dagegen Heinrich Böll,
der im Sommer 1965 der vielleicht schärfste öffentliche Kritiker der intellektuellen Wahlkampfhelfer war. In einem Beitrag für die Zeitschrift ›Merkur‹
setzte er sich polemisch mit seinen Schriftstellerkollegen auseinander:
„Diese Annäherung wird der SPD kaum mehr als 25 Stimmen einbringen,
sie möglicherweise mehr kosten. Es ist ja auch entweder albern oder selbst-
mörderisch, einer Partei Sträußchen zu binden, die in puncto ‚Notstandsgesetze‘ offensichtlich bereit ist, sich nicht jetzt, aber später zu arrangieren; die
in puncto ‚Wiederaufrüstung‘ päpstlicher ist als alle Päpste miteinander; die
ihren Parteitag mit Transparenten schmückt ‚Die Grenzen von 1937‘; die aus
Opportunismus die erste und einzige Antiatombewegung in der Bundesrepublik vertan hat; die keinen Hehl daraus macht, daß sie auf eine große
Koalition aus ist – die große Koalition wäre genau das, was uns noch gefehlt
hat: absolute politische Promiskuität."[687]

Die Schriftsteller des Kontors, die sich nie sonderlich ihren Kopf über das
machtpolitische Kalkül der SPD zerbrochen hatten, empfanden dann ähnlich wie Böll, als 1966 die Große Koalition tatsächlich gebildet wurde. Empört sandten sie ein Protesttelegramm nach Bonn, ohne daß dies bekannter-
maßen den Lauf der Dinge in der Republik geändert hätte. Danach war für
die meisten der Berliner Schriftsteller die SPD erst einmal für lange Zeit ge-
storben; für sie rührten sie fortan keinen Finger mehr. Ausnahmen bildeten
lediglich Peter Härtling und Günter Grass. Grass, von den bundesdeutschen
Literaten der am stärksten politisch denkende Kopf, erkannte zumindest die
taktische Funktion der Großen Koalition. Aber auch er war über die Elefan-
tenhochzeit zwischen den beiden großen Volksparteien vergrätzt; mürrisch
sprach er von der „Grenze des Zumutbaren".[688] In den Landtagswahlkämpfen zur Zeit der Großen Koalition unterstützte er lediglich den linken
Spitzenkandidaten der schleswig-holsteinischen SPD, Jochen Steffen. Doch
begann Grass 1968 trotz alledem damit, abermals Mitstreiter für eine neuerliche Wählerinitiative zugunsten der SPD im Bundestagswahlkampf 1969 zu
sammeln. Zur Kernmannschaft, die sich im Hause Grass in Berlin-Frie-
denau einfand, zählten der Historiker Eberhard Jäckel, der Publizist Günter
Gaus, die Politologen Arnulf Baring und Kurt Sontheimer sowie der Sozio-
logiestudent und Vorsitzende des Sozialdemokratischen Hochschulbundes,
Erdmann Linde.[689] Die neue Wählerinitiative, die die Berliner Runde aus
der Taufe hob, sollte sich nicht mehr nur auf Literaten und Intellektuelle beschränken, sondern auch andere Bevölkerungskreise ansprechen, mithin zu
einer breiten Bürgerinitiative werden. Der Zirkel um Grass machte gewissermaßen aus der Not eine Tugend. Denn zuvor hatte sich Grass bei meh-

reren prominenten Schriftstellern, darunter Peter Weiss, Martin Walser und Heinrich Böll, die er für sein Projekt gewinnen wollte, eine Abfuhr geholt. Sie mochten bei ihm und der SPD nicht mitmachen.[690] Grass stand in jenen Jahren bei den Linksintellektuellen, die mit der Studentenbewegung sympathisierten und die revolutionäre Attitüde zelebrierten, nicht hoch im Kurs. Den APO-Aktivisten war er ein verachtenswerter sozialdemokratischer Konterrevolutionär; sein Schriftstellerkollege Reinhard Baumgart nannte ihn verächtlich einen „späten Weimarianer".[691] Grass zahlte in gleicher Münze zurück und beschimpfte die rebellischen Studenten als „Faschisten im Marxpelz". Im übrigen gab er den jungen Idealisten kühl zu Protokoll: "I have no Weltanschauung."[692]

Als sich die „Sozialdemokratische Wählerinitiative" (SWI) im Januar 1969 der Öffentlichkeit präsentierte, machte es daher den Eindruck, als wären die meisten Intellektuellen den Sozialdemokraten schon wieder davongelaufen. Während im Berliner Kontor noch 17 Literaten der SPD Schreibhilfe geleistet hatten, zählte die Presse unter den Initiatoren der SWI nur noch drei, die bei gutem Willen als Schriftsteller durchgingen: Grass selbst, Günter Gaus und Golo Mann.[693] Eine große Zukunft prognostizierten die Medien der SWI infolgedessen nicht. Sie irrten jedoch. Im Laufe des Wahljahres 1969 wuchs sich die Sozialdemokratische Wählerinitiative zur Überraschung selbst ihrer Gründer zu einer veritablen Bürgerbewegung aus, die sich rasch flächendeckend ausbreitete, Monat für Monat mehr Sympathisanten anzog, im Wahlkampf hohe Wellen schlug und als Ganzes ein neues Element in die Wahlkampfauseinandersetzung der parlamentarischen Demokratie einführte: das offene Bekenntnis mehr oder weniger prominenter Bürger, auch der örtlichen Ebene, zu einer Partei – in diesem Falle zur SPD.

Das größte Verdienst daran hatte zweifelsohne Günter Grass. Er verrichtete in den Frühjahrs- und Sommermonaten 1969 geradezu Knochenarbeit, um die SWI bekannt zu machen und um für die SPD zu werben. Während seiner Tour durch die Republik trat er bei insgesamt 190 Veranstaltungen auf. Die Orte, die sich Grass für seine Kundgebungen wählte, lagen überwiegend in der sozialdemokratischen Diaspora, in Wahlkreisen also, in denen die Unionsparteien oft mehr als 60 Prozent der Stimmen holten. Bezeichnenderweise schloß Grass seine Tournee in Garmisch-Partenkirchen ab, im Wahlkreis von Franz Josef Strauß. Ärger bekam er während seiner Reise allerdings weniger mit aufgebrachten Anhängern der Unionsparteien als mit den Auslaufmodellen der Studentenbewegung, die seine Veranstaltungen nach ebenso bewährter wie schlechter APO-Manier zu stören versuchten. Im übrigen sah die Dramaturgie des SWI-Reisespektakels – neben Grass waren noch Jäckel, Sontheimer und der frühere AStA-Vorsitzende von Hamburg, Jens Litten, auf Achse – folgenden Handlungsablauf an den jeweiligen Ankunftsorten vor: Gespräch mit dem sozialdemokratischen Bundestagsabgeordneten, Werkbesichtigung, Diskussion mit dem Betriebsrat, danach Zusammenkunft im kleinen, aber offen gehaltenen Kreis zwecks Gründung einer örtlichen Wählerinitiative, dann abschließend die große Bürgerveranstaltung mit An- und Aussprache.[694]

Die von Günter Grass geführte SWI-Karawane ermunterte immer mehr Menschen, sich für die Sozialdemokratie zu engagieren. Wie die Pilze schossen SPD-Wählerinitiativen im Laufe des Sommers 1969 aus dem Boden. Unmittelbar vor der Bundestagswahl existierten in rund 100 der 248 Wahlkreise örtliche Initiativen.[695] Vor allem war aus der Schriftsteller- und Professoreninitiative eine breite Prominenteninitiative geworden, in der die Stars aus Funk und Fernsehen allmählich überwogen. Insbesondere in den Bavariakreisen Münchens mußte, wer en vogue sein wollte, schon der SWI angehören. Siegfried Lowitz, Horst Tappert, Martin Benrath, Claus Biederstaedt, die beiden Verhoevens, Gila von Weitershausen – sie alle waren dabei.[696] Auch außerhalb Münchens gehörte es unter den Lieblingen des bundesdeutschen TV-Publikums zum guten Ton, sich in Zeitungsinseraten zur Wahl der Sozialdemokraten zu bekennen. Das reichte vom EWG-Kuli über den Vergißmeinnicht-Frankenfeld, die Fernsehmutti Inge Meysel, den Forellenhofbesitzer Hans Söhnker bis hin zum Olympioniken Erhard Keller.

Ihren Höhepunkt aber hatte die SWI 1969 noch keineswegs erreicht. Der sollte erst drei Jahre später, bei den Bundestagswahlen 1972 kommen. In den dazwischenliegenden Landtagswahlen mischte die SWI ebenfalls mit. Der Matador war weiterhin Günter Grass, kräftigen Beistand leisteten ihm nun aber noch Luise Rinser und – Heinrich Böll.[697] Die Ostpolitik der sozialliberalen Koalition und der politische Stil des Kanzlers Willy Brandt hatten den rheinischen Schriftsteller vorübergehend mit den vorher so heftig attackierten Sozialdemokraten versöhnt. Auch er zog nun durch die Lande, um seinem Publikum den Sinn einer Stimmabgabe für die SPD zu erläutern. Die Reiserouten der SWI-Aktivisten wurden zentral koordiniert und vorbereitet. Die Initiative verfügte seit den Bundestagswahlen 1969 über ein zentrales Büro in Bonn mit mehreren von der Partei und der Friedrich-Ebert-Stiftung bezahlten hauptamtlichen Kräften. Das Unternehmen trug mithin deutlich professionellere Züge als das noch vergleichsweise dilettantisch werkelnde Berliner Schriftstellerkontor.[698] 1969 managte Erdmann Linde das SWI-Sekretariat; ein weiterer Mitarbeiter redigierte die Zeitschrift der Initiative, ›dafür‹; der dritte im Bunde, ein Doktorand der Germanistik, kümmerte sich um die Belange der örtlichen Initiative. 1970 übernahm die Architektin Veronika Schröter die Leitung des Bonner SWI-Büros, das ganz bewußt nicht in den Räumen der Parteizentrale, sondern an der Adenauer-Allee untergebracht war. Abgelöst wurde sie von Heinke Jaedicke, die seither die Geschäfte der SWI führt.[699]

Im Bundestagswahlkampf 1972 setzte sich das fort, was 1969 durch die SWI ausgelöst worden war: der Trend zum öffentlichen Bekenntnis. Ein halbes Volk lief mit Stickern, Anstecknadeln, Plaketten herum, um für eine Partei, einen Kandidaten, eine politische Allianz zu werben. Vor allem unter denjenigen, die ihr Geld mit Belletristik, Musik, Unterhaltung, Malerei, Regieführung oder Schauspielerei verdienten, gab es im Herbst 1972 kaum noch jemanden, von dem der interessierte Zeitungsleser nicht wußte, welcher Partei er sein Kreuzchen zu geben beabsichtigte. Im Rückblick schrieb die ›Zeit‹ von einem „Bekenntnisfieber", das in jenen Monaten in Deutschland ausgebrochen war.[700] Den Sozialdemokraten konnte es nur recht sein, denn sie profitierten von diesem Fieberstoß. Hunderte von Prominenten der leichten und schweren Muse, der Wissenschaft und des Sports riefen 1972 zur Wahl der SPD auf. Dagegen hatte die CDU Mühe, auch nur ein halbes Dutzend halbwegs bekannter Persönlichkeiten zu finden, die genügend Courage besaßen, für ihre Sympathie mit den Unionsparteien öffentlich einzustehen. CDU war out, Beteiligung an einer SWI-Initiative dagegen in. Am Ende des Wahlkampfes verteilten sich über die Bundesrepublik fast 400 örtliche Wählerinitiativen für die SPD. Den Hauptbeitrag zur SWI-Kampagne leistete erneut Günter Grass, der allein 129 Veranstaltungen abwickelte. Sein norddeutscher Schriftstellerkollege Siegfried Lenz, der den zweitgrößten Fleiß an den Tag legte, brachte es auf 42 Auftritte.[701] So entstand am Ende der Aktion zwangsläufig der Eindruck, als sei der Aufstieg der SPD unaufhaltsam. Sie hatte schließlich die Wissenschaft und die Kunst hinter sich. Die Schickeria in den westdeutschen Metropolen zeigte sich mit der Plakette „Bürger für Brandt", auf Jacketts und Blazers aus dem Hause Dior und Montana befestigt, bei Vernissagen, Empfängen, Premieren und Partys. Die SPD schien es geschafft zu haben; sie war nicht mehr nur die Partei der Proleten und Kleinbürger, sondern nun auch der – Hautevolee.

Doch Moden vergehen und wechseln, wie man weiß. Was im Herbst 1972 noch als Dernier cri, aufregend und todschick, galt, war eine Saison später schon ein alter Hut, den niemand mehr aufsetzte. 1974 war die SPD bei den urbanen Schickimickis genauso out wie zwei Jahre zuvor die Union. „So schwer sich manche Stars von Film und Fernsehen vor zwei Jahren getan hätten, zu erklären, was sie an der SPD so gut finden", kommentierte Herbert Riehl-Heyse mokant in der ›Süddeutschen‹, „so schwer fiele es ihnen heute, ihre (gegenteilige) politische Position rational zu erklären."[702] Es war eben nur „eine Partyattitüde", wie Martin Walser 1974 ironisch anmerkte, „es war von Grünwald bis Blankenese alles nicht so gemeint".[703] Gewichtiger waren sicher die Frustrationen politisch ernsthafter und schon seit Jahren engagierter Schriftsteller, wie etwa Günter Grass und Siegfried Lenz. Nach dem Enthusiasmus von 1972 machte sich danach auch bei ihnen Enttäuschung über die Sozialdemokratie breit. Mit den Höhenflügen der Sozialdemokratischen Wählerinitiative war es nach den Novemberwahlen vorbei. Vieles von dem, was an örtlichen Initiativen im Wahlkampf entstanden war, gab schon bald danach wieder auf.

In sozialdemokratischen Kreisen und im Büro der „Wählerinitiative" erzählte man sich in den achtziger Jahren gerne, daß die Abwendung der Intellektuellen eine Folge des Kanzlerwechsels 1974 und des dann einsetzenden politischen Rechtskurses unter Schmidt gewesen sei. Doch das ist bestenfalls die halbe Wahrheit. Die Leidenschaften der Schriftsteller für die Sozialdemokraten kühlten sich schon während der Kanzlerschaft von Willy Brandt ab. Vier Monate nach der Bundestagswahl ließ Günter Grass auf einer Versammlung der SWI in Bonn seinem Zorn über die Partei, für die er gerade noch hundertfach getrommelt hatte, freien Lauf: „Fett und allzu selbstsicher fläzt sich die SPD im Schatten einer Mehrheit."[704] Auch das Denkmal, das die Literaten ihrem Friedenskanzler errichtet hatten, begann zu bröckeln. Kritik an Brandt, den alle eigentlich verehrten, wurde laut. Er solle mehr hervortreten, die Zügel endlich in die Hände nehmen, sein Kabinett straff führen, meinten die Schriftsteller und ließen das dem Kanzler im Januar 1974 über die Geschäftsführerin der SWI, Heinke Jaedicke, schriftlich mitteilen.[705] Brandt nahm sich zwei Monate Zeit, bevor er antwortete und die Appelle zurückwies. Die Rezepte der SWI, schrieb Brandt an die Bürochefin der Wählerinitiative, „begünstigten leider ein Klima, in dem die Bereitschaft wächst, reaktionäre Patentlösungen zu akzeptieren und sich einer ‚Politik der Stärke' (nach innen) auszuliefern".[706] Tatsächlich war es keineswegs linke Gesellschaftskritik, die die Literaten bewegte, als sie Unzufriedenheit über die sozialdemokratisch geführte Regierung äußerten. Die Schriftsteller waren der Konflikte überdrüssig, sie suchten Harmonie, Ausgleich und Konsens. Das war wohl schon 1972 ihr Anliegen und Ziel gewesen, eine Nation, die im inneren und äußeren Frieden lebte, Versöhnung schuf, Konfrontationen abbaute; eine heimelige Republik der Guten, der Antifaschisten, der besonnenen Reformer, der Friedfertigen. Darauf jedenfalls lief es hinaus, als Heinrich Böll, Thaddäus Troll und Günter Grass im März 1974 die Gelegenheit bekamen, in einer Sondersitzung der SPD-Bundestagsfraktion die Motive für die Mißstimmung unter den SWI-Aktivisten vorzutragen. Die Disharmonie der Gesellschaft war es, die sie ängstigte. Alle drei klagten über die Zerrissenheit der Gesellschaft, ihr Auseinanderfallen in Interessenhaufen, das ständige Zerreden, der ausdauernde Streit und Zank auch in der SPD. Am stärksten politisch vom SWI-Trio argumentierte Grass, der den Sozialdemokraten vorwarf, ihre Rolle als Regierungspartei noch nicht gefunden zu haben und „sich selbst Opposition zu sein: indem sie kleinmacht, was sie leistet".[707]

Der Zorn der Führungsriege in der SWI richtete sich nicht gegen die Realpolitiker und behutsamen Pragmatiker in der SPD, sondern gegen die Feuerköpfe, gegen die radikalen Utopisten, präziser: gegen die Jusos. Schon in seiner Philippika auf der SWI-Sitzung Ende März 1973 schimpfte Grass über diejenigen in der SPD, die „im Rausche weitergehender Resolutionen das Machbare geringschätzen". Er meinte damit die Jungsozialisten, die er für Gefangene ihrer „klischeehaften Begriffe" hielt.[708] Eine noch schlechtere Meinung von den Jusos hatte sein Schriftstellerkollege Siegfried Lenz, der im Frühjahr 1974 in mehreren Interviews gegen die „katastrophale Weltfremdheit" und „utopische Verbiesterung" der jungen Rebellen im sozialdemokratischen Nachwuchsverband zu Felde zog. Lenz konnte nicht begreifen, daß die SPD selbst noch die Stamokap-Jusos in ihren Reihen duldete und der Unterwanderung der Partei keinen Einhalt gebot. Der Autor der ›Deutschstunde‹ empfahl der Parteiführung, sich von 2,5 bis 4 Prozent der Parteimitglieder zu trennen, selbst auf die Gefahr hin, sich dadurch eine Konkurrenzpartei zu verschaffen. Denn die entschieden größere Gefahr sah Lenz in einer weiteren Linksentwicklung der Sozialdemokratie, die sie – so seine pessimistische, wenngleich nicht unrealistische Prognose – irgendwann in naher Zukunft auf 30 Prozent der Wählerstimmen herunterbringen würde.[709] Nicht ganz so hart ging Peter Härtling mit den Jusos ins Gericht. Aber auch er vertrat 1974 die Meinung, daß die SPD in der Regierung eigentlich „bewundernswürdig viel getan" habe, was die Jungsozialisten aber nicht begriffen hätten, da sie pure Theoretiker seien.[710]

Mit Helmut Schmidt aber konnte Peter Härtling – und mit ihm wohl die meisten Literaten – ebensowenig anfangen. In der Tat kühlte sich das Verhältnis zwischen den Intellektuellen innerhalb der SWI und der Partei nach dem Kanzlerwechsel 1974 noch weiter ab. Gewiß, die Literaten unter den Wahlhelfern der SPD waren nach den Bundestagswahlen 1972 enttäuscht darüber, wie Willy Brandt abschlaffte, wie die Politik der sozialliberalen Koalition an visionärer Kraft verlor und sich im Kleinklein verzettelte. Aber Brandt blieb doch ihr Idol, der sie mit der bundesdeutschen Politik und irgendwie auch mit dem Staat versöhnt hatte. Mit ihm konnten sie sich identifizieren, weil er in den dunklen Jahren auf der richtigen Seite gestanden und die Braunen bekämpft hatte, später dann, weil er die Aussöhnung mit dem Osten betrieb. Er war der Repräsentant des besseren Deutschlands. Und waren die Literaten auch keine Freunde der ideologischen Rechthaberei der Jusos – schon unter deren verquasten Sprache litten sie –, so schätzten sie doch eine Politik, die über den Tag hinaus reichte, Sensibilität ausstrahlte, Züge eines friedlichen utopischen Traums barg.

Wie sollten sie da mit dem kühlen Technokraten und Pragmatiker, dem leitenden Angestellten der Bundesrepublik Deutschland, Helmut Schmidt, zurechtkommen? Mit jemandem, der nicht Visionen versprühte und die Herzen ansprach, sondern nüchtern und mitunter oberlehrerhaft über die Zusammenhänge der Weltwirtschaft dozierte. Schmidt, der Macher und

Freund des Militärs, hatte nach dem Rücktritt Brandts wohl den Absturz der SPD in der Wählergunst stoppen, nicht aber die Abkehr der Literaten aufhalten können. Schmidt sei doch „ein ganz uninteressanter Mann", äußerte seinerzeit der Lyriker Peter Rühmkorf und sprach dabei gewiß nicht nur für sich selbst. Dem Empfinden wohl der Mehrheit der SWI-Literaten gab Peter Härtling Ausdruck: „Willy Brandts Politik kam aus der Person. Wenn er vom Mitleid mit den Schwachen der Gesellschaft sprach, dann habe ich das ernst genommen. Das hat mich ungeheuer bewegt. Bei Helmut Schmidt ist das nicht so. Ich habe jetzt für mein Engagement keine Bezugsperson in der Partei."[711] Den Pragmatismus des Brandt-Nachfolgers im Kanzleramt fand Härtling einfach „schrecklich", wie er in einem Interview kundtat.[712]

Die intellektuellen Akteure in der Sozialdemokratischen Wählerinitiative zogen sich also weiter zurück. Besonders Günter Grass, der Primus inter pares im Literatenzirkel der SWI, zeigte Ermüdungs- und Resignationserscheinungen. In den Landtagswahlkämpfen 1974 mischte er nicht mit. Er beanspruchte nun für sich, nach Jahren eines unentwegt außengewandten Aktivismus, ein „Recht auf Melancholie".[713] Doch als dann Anfang 1975 der Text der Rede, die Franz Josef Strauß in Sonthofen gehalten hatte, in die Öffentlichkeit drang, klopften die ersten innerlich emigrierten Schriftsteller wieder an die Tür des Bonner SWI-Büros und fragten an, ob es nicht etwas für sie zu tun gebe.[714] Strauß war und blieb ein verläßlicher Freund der SPD, der den Sozialdemokraten stets half, wenn sie in Schwierigkeiten steckten. Vor allem machte er die Intellektuellen bange und trieb sie stets – Enttäuschungen hin, Frustrationen her – wieder zur SPD zurück. 1976, zu Beginn des Bundestagswahlkampfes, waren dann die Protagonisten der SWI – allerdings nicht die Film- und Schlagerstars– wieder zur Stelle, widerstrebend zwar, nach langer innerer Einkehr, mit viel Wenn und Aber. Sie boten dennoch ihre Mitarbeit erneut an. Wurden sie gefragt, weshalb sie das taten, dann antworten die meisten von ihnen: wegen der Unionsparole „Freiheit statt/oder Sozialismus". Durch diesen Slogan fühlten sie sich persönlich diffamiert, und deshalb zogen sie erneut – wenn auch mit Bauchschmerzen, wie sie stets hinzufügten – für die SPD in den Wahlkampf: Luise Rinser, Thaddäus Troll, Walter Jens, Dieter Hildebrandt, Peter Härtling – und auch wieder Günter Grass.[715]

Aber der alte Schwung von 1972 war dahin, und das nun unwiderruflich. Fast hatten sich die Wählerinitiativen schon überholt. Das Sensationelle dieser Unternehmungen war fort. 1969/72 befriedigten sie noch voyeuristische Bedürfnisse: Das Publikum erfuhr, was ihre angehimmelten Stars für parteipolitische Neigungen hatten. Mitte der siebziger Jahre aber wußte inzwischen auch der letzte, daß Kulenkampff rot, von Ambesser schwarz, Kempowski blau-gelb eingestellt waren. Als Prominenteninitiative hatten solche Wählerbewegungen ihren Charme und ihren Reiz verloren. Doch auch in den örtlichen Sozialdemokratischen Wählerinitiativen kam kein rechter Schwung auf. „Der Impetus ist einfach weg", klagte die Koordinatorin der SWI, Heinke Jaedicke.[716] Von den knapp 400 Wählerinitiativen des Jahres 1972 bestanden vier Jahre später nur noch 150.[717]

Ihnen allen fehlte das Thema, das positive politische Ziel, das mitreißen und Kräfte freisetzen konnte. 1972 befanden sich die Wählerinitiativen noch mit der Moral im Bunde, da sie für Entspannungspolitik und Völkerfreundschaft fochten. 1976 aber waren sie reine Verhinderungsinitiativen, die Strauß stoppen, Kohl aufhalten, den Regierungswechsel vereiteln wollten. Der sozialdemokratische Kanzler bot ihnen keine Politik, für die sie sich leidenschaftlich in die Schanze werfen konnten. Schließlich war nicht emanzipatorischer Aufbruch, sondern Krisenmanagement angesagt. Dafür nahm auch Günter Grass nicht mehr die Strapaze einer monatelangen Wahlkampftournee auf sich. Er, der 1969 auf etwa 190 Wahlversammlungen geredet, 1972 noch 129 Veranstaltungen absolviert hatte, nahm 1976 kaum noch ein halbes Dutzend Termine wahr.

Nach den Bundestagswahlen 1976 wiederholte sich der Zyklus im Verhältnis zwischen den Intellektuellen und der SPD. Abermals zogen sich die Schriftsteller, Literaten und Kabarettisten enttäuscht und unzufrieden über die Politik der Regierung zurück, haderten mit dem „Deutschen Herbst" 1977, mit der Atompolitik, mit dem Nachrüstungsbeschluß. Die SWI siechte dahin, war nur mehr ein zentrales Bonner Büro ohne Bewegung. Doch dann kürte die Bundestagsfraktion der Union Franz Josef Strauß zum Kanzlerkandidaten, und erschrocken sammelte sich das intellektuelle Deutschland – zumindest ein gewichtiger Teil davon – wieder um die gute alte Tante SPD, die wohl den Traum vom libertären Sozialismus oder der radikalen Demokratie nicht realisierte, aber eben doch gut genug war, den gefürchteten Bayern zu verhindern. Stolz konnte die SWI-Managerin Jaedicke der Presse melden, daß sie alle wieder mitmachten: Lenz und Grass, Richter und Härtling, Jäckel und Hildebrandt und all die übrigen, auf die das Publikum nun schon gewohnheitsmäßig stieß, wenn „Bürger" in Zeitungsinseraten für die Wahl der SPD, für Frieden und saubere Umwelt oder andere schöne Dinge aufriefen.[718] Grass begab sich wieder auf Vortragstournee, ständig begleitet vom Theoretiker aus bewegten Juso-Zeiten, Johano Strasser. Es schien, als habe der Schnauzbart sogar mit dem Kanzler seinen Frieden gemacht. Mal lobte er Schmidt wegen seiner „staatspolitischen Klugheit", dann nannte er ihn einen „Außenpolitiker von europäischem Rang"; in jedem Fall bescheinigte er ihm eiserne Nerven.[719] So empfanden 1980 viele. Als zwischen den beiden Großmächten Funkstille herrschte, ein neuer Kalter Krieg – für viele gar Schlimmeres – drohte, da waren auch die Intellektuellen ganz froh, einen Kanzler zu haben, der besonnen und rational reagierte, das Konzept

der Sicherheitspartnerschaft vertrat, ein bißchen zwischen Moskau und
Washington zu vermitteln versuchte.

1980 aber lag die Handlungsführung der sozialdemokratischen Wählerinitiativen schon nicht mehr im Bonner SWI-Büro, sondern beim Heidelberger Graphiker Klaus Staeck. Die von ihm gegründete „Aktion für mehr
Demokratie" trat gewissermaßen die Nachfolge des SWI-Unternehmens
der siebziger Jahre an. Allerdings organisierte die Staecksche Initiative nicht
vorwiegend Intellektuelle und Prominente des Showgeschäfts, sondern daneben ganz explizit und mehrheitlich Repräsentanten der Gewerkschaften.
Im Wahlkampf 1980 stand die Kampagne der „Aktion für mehr Demokratie" unter dem Motto „Freiheit statt Strauß". Ihr schlossen sich ebenfalls
Literaten und Publizisten wie Luise Rinser, Leonie Ossowski, Günter Wal-
raff und Axel Eggebrecht an. Die „Aktion" hatte an die 100 regionale Büros
eingerichtet, die als Anlaufstellen und Sammelpunkte für lokale und regionale Initiativen der Anti-Strauß-Kampagne dienten.[720]

Doch auch die SWI bestand in den achtziger Jahren fort und existiert
– unter Ausschluß öffentlicher Wahrnehmung – bis heute. Aber die „Wählerinitiative" beschränkt sich seit den frühen achtziger Jahren faktisch auf das
zentrale Bonner Büro, das im wesentlichen Dienstleistungsfunktionen wahr-
nimmt. Koordinierungsaufgaben für die lokalen Sozialdemokratischen
Wählerinitiativen wie ehedem braucht sie dabei nicht mehr zu erfüllen, da
die örtlichen Gruppen inzwischen von der Bildfläche verschwunden sind.
Dafür vermittelt das zentrale SWI-Sekretariat nun auf Anfrage von Unterbezirken und Bezirken Referenten aus dem intellektuellen Umfeld der
Partei. In diesem Umfeld verrichten die hauptamtlichen Mitarbeiterinnen
der SWI eine eher introvertierte Arbeit. Sie laden zu Diskussionen ein, unterstützen und tragen kleinere Projekte, fördern Ausstellungen, betreuen Intellektuelle bei den programmatischen Diskussionen der Partei. Die Bezeichnung „Sozialdemokratische Wählerinitiative" macht infolgedessen
keinen rechten Sinn mehr – auch wenn es weiterhin öffentliche Aufrufe wie
„Wir sammeln Vogel-Stimmen" (1983) oder „Bürger für Oskar" (1990) gegeben hat –, da das Bonner Sekretariat eher ein Lobbybüro für parteinahe
oder organisierte Intellektuelle geworden ist und vorwiegend Binnenpflege
betreibt. Einiges spricht allerdings dafür, daß auch diese dauerhaft stille Zu-
wendung, die das SWI-Büro den Intellektuellen angedeihen läßt, der Partei
Nutzen bringt. Die Partei hat dadurch ein wenig den Verdacht zerstreuen
können, den zunächst viele SWI-Aktive hegten, daß sie von den Sozialdemokraten nur vor Wahlen gefragt seien und insofern lediglich für den Wahlkampf instrumentalisiert oder gar verheizt werden sollten. Vor allem durch
das vom damaligen Geschäftsführer Peter Glotz angeregte und 1983 gegründete „Kulturforum" – das als eingetragener Verein formell von der Partei unabhängig ist – hat die SPD zumindest auf zentraler Ebene eine Infrastruktur

etabliert, die die Bande zwischen SPD und Intellektuellen auch zwischen den Wahlkämpfen verstärkt hat. [721] Der Verein hat seit seiner Gründung eine Reihe öffentlich beachteter Symposien wie das über „Zivilen Ungehorsam" oder jenes über „Zukunft der Aufklärung" durchgeführt und etliche Lesungen und Ausstellungen organisiert. [722] Die SPD hat dadurch ganz offenkundig mit einigem Erfolg den Eindruck erweckt, sie sei an den Intellektuellen auch als Ideenlieferanten, Kompetenzträger und Anstoßgeber interessiert.

Denn ganz ohne Zweifel stand die SPD auch am Ende der achtziger Jahre unter den avancierten bundesdeutschen Geistesarbeitern gut da. Die Sozialdemokraten hatten in den achtziger Jahren alle möglichen Probleme, aber ein Intellektuellenproblem hatten sie im Grunde nicht, auch wenn, besonders seit den Erfolgen der „Grünen", darüber viel und aufgeregt geschrieben worden ist. Gewiß fiel es der von Klaus Staeck geleiteten „Aktion für mehr Demokratie" seit 1980 nicht mehr so leicht wie 1972 noch der SWI, prominente Literaten und Künstler vor den Kampagnenwagen der SPD zu spannen. Aber der Enthusiasmus vieler Intellektueller für die Entspannungspolitik und die Person Willy Brandts seinerzeit war auch irrational. Sie bedeutete eher eine Belastung denn eine Hilfe für die Partei. Der idealistische Überschwang der Literaten überfrachtete sie mit Erwartungen, die die Politik nicht erfüllen konnte, was dann unweigerlich zu Enttäuschung, Frustration, Resignation oder aber Nihilismus führen mußte. Umgekehrt hat die oberflächliche Politisierung der Prosa jener Jahre das Niveau der bundesdeutschen Literatur nicht angehoben, da holzschnittartige Parteinahmen und Gesinnungskitsch mitunter mehr zählten als Imagination, Phantasie, Kreativität, sprachliche Kraft. Fieberstöße, wie die von 1972, bekommen einer rationalen politischen Kultur nicht. Es gibt wenig Grund, sich ernsthaft eine Synthese von Geist und Politik zu wünschen, von der 1972 einige Feuilletonisten träumten. Den Intellektuellen und der Politik tut es unzweifelhaft gut, wenn beide ein wenig Distanz zueinander halten, ohne daß sie andererseits einen Graben zwischen sich aufreißen müssen wie zu Zeiten der Weimarer Republik.

Im ganzen konnte die SPD, was ihr Verhältnis zu den Intellektuellen anging, mit der Normalität der achtziger Jahre durchaus zufrieden sein. Gewiß, es gab den Durchhänger in der Agoniezeit der sozialliberalen Koalition 1981/82. Und sicher entwickelten viele Intellektuelle Sympathien für die anfangs noch unorthodoxen, provozierenden Alternativen der „Grünen". Aber einen dramatischen Einbruch erlitten die Sozialdemokraten durch die grüne Konkurrenz in ihrem intellektuellen Umfeld nicht. Von der Traditionstruppe der SWI konvertierten lediglich Luise Rinser, Heinrich Böll und Horst-Eberhard Richter. Richter aber kehrte bald zur SPD zurück; wie dann auch viele andere, als der Anfangscharme der „Grünen" verflogen war, die neue Partei längst nicht mehr so faszinierend fanden oder gar als Hoffnungsträger ansahen. Bis 1990 hatte sich das Sympathisantenpotential der SPD sogar noch verbreitert und ausgefächert. Stützen konnte sich die SPD nach wie vor auf ihre Stammannschaft aus den SWI-Zeiten der siebziger Jahre. Neu hinzugekommen waren im Laufe der achtziger Jahre einige frühere linksliberale Sympathisanten der FDP, wie Ralph Giordano und Esther Vilar, ehemalige DKP-Freunde wie Dietrich Kittner, einstige DDR-Dissidenten und Autoren wie Günter Kunert, Jurek Becker, Erich Loest und Stephan Krawczyk sowie Intellektuelle und Theaterleute, die sich parteipolitisch in der Vergangenheit eher zurückgehalten hatten, wie Jürgen Habermas, Volker Schlöndorff, Jürgen Flimm oder Hans-Günther Heyme.[723]

Nicht aller konnte sich die Partei sicher sein. Aber im ganzen hat die SPD die achtziger Jahre in dieser Gruppe außergewöhnlich gut überstanden. Der politisch-kulturelle Wandel nach dem Kanzlersturz 1982 hat ihr nicht geschadet, eher genutzt. Erst in allerjüngster Zeit scheinen einige Intellektuelle aus der linken Öffentlichkeit der achtziger Jahre sich aus dem allmählich spießig wirkenden Juste-milieu der Republik zu verabschieden, um sich auf neue Aufgaben der deutschen Politik in einer veränderten weltpolitischen Konstellation einzustellen, wovon die SPD aber mehrheitlich überhaupt nichts wissen will. Die Zukunft wird zeigen, ob sich hier wieder größere Konflikte und Differenzierungen anbahnen. Alles in allem aber darf die SPD ihr Verhältnis zu den Intellektuellen in der Bundesrepublik seit den sechziger Jahren als Erfolgsgeschichte verstehen. Das gilt zumindest vor dem Hintergrund ihrer eigenen Historie im Kaiserreich und in der Weimarer Republik und im aktuellen Vergleich zu den mit ihr konkurrierenden Parteien, die durchweg nicht über ein auch nur annähernd großes Sympathisantenumfeld im Bereich der geisteswissenschaftlichen und literarischen Intelligenz verfügen. Dafür aber reüssierten die konservativ-liberalen Parteien um so mehr in der technischen Intelligenz, bei der die SPD seit dem Abgang Schmidts und den postmaterialistischen Neuansätzen kontinuierlich Federn ließ. Erfolge bei den Intellektuellen, Einbrüche in der technischen Intelligenz – am Ende mag es da einen Zusammenhang geben.[724]

8. Die Schwierigkeiten der Sozialdemokraten mit dem Katholischen Volk (oder: Warum in Deutschland keine skandinavischen Verhältnisse herrschen)

Ressentiments, Unverständnis und Abstand. Das erste Nachkriegsjahrzehnt

Das Verhältnis zu den Katholiken blieb für die Sozialdemokraten auch in der Bundesrepublik über gut drei Jahrzehnte ein zentrales Thema ihrer Politik. Die Bedeutung dieser Frage war nach 1945 eher noch gewachsen, da die neue Bundesrepublik bis zum Jahr der Vereinigung sehr viel katholischer war als das alte Deutsche Reich. Der Katholizismus bildete weiterhin eine Expansionsgrenze für die Sozialdemokratie. Hätte es die Katholiken nicht gegeben, die SPD wäre die strukturelle Mehrheitspartei der bundesdeutschen Politik geworden. In der Bonner Republik hätten „skandinavische Verhältnisse" geherrscht. Da die Katholiken aber nun einmal existierten, mußten sich die Sozialdemokraten Gedanken machen, wie sie deren starre Frontstellung gegen die SPD aufbrechen konnten. Ohne Geländegewinn in den Regionen des Katholizismus hatten sie jedenfalls in der neuen Republik keine Aussicht, führende Regierungspartei zu werden.

Bis Ende der fünfziger Jahre aber gestalteten sich die Beziehungen zwischen Sozialdemokraten und Katholiken kaum anders als in Weimar. In großen Teilen der sozialdemokratischen Mitgliedschaft existierten nach wie vor stark freidenkerische Affekte gegen Religion und Kirche. Die Parteiführung versuchte wie in den späten zwanziger Jahren die konfessionskritischen Emotionen und Aktivitäten unter Kontrolle zu bringen und einzudämmen. Zugleich versicherte sie, ebenfalls in Anknüpfung an die Initiativen der SPD-Spitze in der Endphase der Weimarer Republik, den Religionszugehörigen jedweder Couleur Verständnis und Toleranz entgegenzubringen. Insbesondere der Parteivorsitzende Kurt Schumacher gab in vielen seiner Reden zu verstehen, daß es ihm und seiner Partei einerlei sei, ob jemand aus philosophischen oder ethischen Gründen oder aus dem Geist der Bergpredigt seinen Weg zur Sozialdemokratie gefunden habe. In den programmatischen Diskussionen auf den Kulturpolitischen Konferenzen der SPD führten religiöse Sozialisten nun oft sogar das Wort. Vor allem aber hatten die Scharfmacher im freidenkerischen Sozialismus der Weimarer Zeit, die Anhänger Leonard Nelsons, während der Emigration ihre Kirchenkampfattitüde gänzlich aufgegeben. Die Korrektur erfolgte ziemlich radikal. Kaum ein zweiter Sozialdemokrat suchte in den fünfziger Jahren so unermüdlich den Kontakt zu den Kirchen wie Willi Eichler, der Kopf der „Nelsonianer".

Doch all dies wurde von der katholischen Kirche nicht honoriert. Die neuen Töne in den programmatischen Debatten der SPD nahmen die Katholiken kaum wahr; den Toleranzerklärungen Schumachers und anderer Sozialdemokraten mißtrauten sie zutiefst. In den Wahlkämpfen der späten vierziger und frühen fünfziger Jahre rückten sie oft geradezu militant an die Seite der Unionsparteien. Die Wahlhirtenbriefe des Episkopats enthielten die unmißverständliche Empfehlung an das katholische Volk, der CDU und CSU die Stimme zu geben, denn – so die bischöfliche Botschaft zu den Bundestagswahlen 1953 – „in deutschen Ländern, die von sozialistischen und liberalistischen Mehrheiten regiert werden, macht man sich häufig einer hohen Intoleranz gegenüber den Christen und ihren Gewissensforderungen schuldig".[725] 1957 beantwortete Bischof Keller von Münster auf die offen-

kundig durchaus von vielen katholischen Arbeitnehmern gestellte Frage, ob
ein Katholik guten Gewissens SPD wählen könne, öffentlich „mit einem ein-
deutigen ‚Nein'". Keller beharrte dabei auf der Gültigkeit der von Papst
Pius XI. 1931 erlassenen Sozialenzyklika ›Quadragesimo anno‹, in der der
Satz stand: „Es ist unmöglich, gleichzeitig ein guter Katholik und ein wirklicher Sozialist zu sein."[726]

Die katholische Unnachgiebigkeit gegenüber dem sozialdemokratischen
Liebeswerben rührte immer noch zuallererst von den nach wie vor bestehenden, tiefgreifenden kultur- und erziehungspolitischen Differenzen her,
die die SPD und die Kirche trennten. In diesem Punkt zeigten sich die Sozialdemokraten in den ersten 15 Jahren der westdeutschen Nachkriegsentwick-
lung in der Tat wenig flexibel. Vermutlich fehlte es den führenden Sozialdemokraten, die im Prinzip eine Verbesserung des Klimas zwischen SPD und
Katholizismus wünschten, auch an Einfühlungsvermögen und an Kennt-
nissen des katholischen Selbstverständnisses, um den Standpunkt, vor allem
aber die Ängste der Kirche nachempfinden zu können. Im Grunde glaubten
die Sozialdemokraten, mit ihren Toleranzbekundungen schon genug getan
zu haben. Schließlich hatten sie damit bewiesen, daß sie nicht mehr dogmatisch auf eine einzige – nämlich atheistische – weltanschauliche Perspektive
insistierten und daß sie ihre eigenen rigorosen Freidenker in die Schranken
verwiesen. Religion behandelten sie als Sache jedes einzelnen; das ging die
Partei nichts an, darüber wollte sie weder richten noch urteilen.

Den führenden Sozialdemokraten kam diese Haltung ungemein fortschrittlich vor, und sie waren sehr stolz darauf. Vor dem Hintergrund ihrer
Geschichte hatten sie auch allen Grund dazu, gleichwohl: die katholische
Kirche überzeugte diese Einstellung ganz und gar nicht.[727] Sie definierte
sich eben nicht als die institutionelle Vertretung einer beliebigen weltanschaulichen Privatentscheidung einzelner Personen. Die Kirche sah sich als
göttliche Stiftung, im Besitz letzter Wahrheiten, mit verbindlichem Missions-
auftrag. Ein Katholik mußte immer als Katholik handeln, auch im gesellschaftlichen Bereich, und deswegen reklamierte die Kirche auch dort einen
weitgehenden Mitwirkungsanspruch. Wo es um die Erziehung und Orientierung der katholischen Bevölkerung selbst ging, verlangte sie einen Gestaltungsraum, den allein sie ausfüllte und bestimmte. Das betraf im wesentlichen die Schule, die nach katholischer Auffassung nur konfessionell, nur
christlich sein konnte.[728] Die Erfahrungen des Nationalsozialismus und die
Eindrücke aus dem Osten Deutschlands hatten die Katholiken in dieser Haltung noch bestärkt, hatten sie noch unbeugsamer werden lassen. Dagegen
stand nun die Politik der Sozialdemokraten, die seit eh und je für die weltliche Gemeinschaftsschule eintraten. Daran änderte sich auch nach 1945
zunächst nichts, und Konzessionen mochten die Sozialdemokraten nicht machen, auch nicht um des taktischen Vorzugs willen, mit den Katholiken poli-

tisch ins Gespräch zu kommen. Denn ein solcher Dialog konnte seinerzeit noch nicht durch ein säkularisiertes Toleranzverständnis zustande kommen, sondern allein dadurch, daß die Sozialdemokratie die Kirche als Kirche – und nicht lediglich als Organisationsausdruck privat bleibender Frömmigkeit – akzeptierte und ihr in der für sie entscheidenden kulturpolitischen Frage, der Schulpolitik, einige Schritte weit entgegenkam. Das aber überforderte die SPD.[729] Die historisch keineswegs unbegründeten antikonfessionellen Mentalitäten vieler Sozialdemokraten bildeten ein zu großes Hindernis, das auch eine politisch umsichtigere Führung als der Schumacher-Vorstand in den späten vierziger Jahren wohl kaum hätte überwinden können. Schumacher selbst verachtete taktische Zugeständnisse und ritt statt dessen Prinzipien. Daß die katholischen Pfarrer und Bischöfe seinen Toleranzversprechen keinen Glauben schenkten, erboste ihn außerordentlich. Er ließ sich immer häufiger zu antiklerikalen Ausfällen hinreißen, die schließlich darin gipfelten, daß er die katholische Kirche als „fünfte Besatzungsmacht" bezeichnete. Der so an den Pranger gestellte Katholizismus rückte nur noch enger an die Unionsparteien heran und schlug seinerseits mit giftigen Verdächtigungen und Unterstellungen zurück. Das Episkopat verbot den Priestern und Theologen, an sozialdemokratischen Veranstaltungen teilzunehmen. Offizielle Gespräche zwischen Vertretern der SPD und Repräsentanten der Kirche, die im ersten Nachkriegsjahrzehnt das schwer gestörte Verhältnis ein wenig hätten entkrampfen können, fanden nicht statt, obwohl besonders die bayrische SPD mehrfach deswegen sondiert hatte.[730]

Argwöhnische Annäherung und allmähliche Entspannung. Von den fünfziger zu den sechziger Jahren

Insofern kam es einer Sensation gleich, als der bayrische SPD-Vorsitzende Waldemar von Knoeringen Anfang Dezember 1957 auf einer Veranstaltung seiner Partei etwas vage orakelte, daß es möglicherweise schon bald zu einer offiziellen Begegnung zwischen Abgesandten der Kirche und der Sozialdemokratie kommen könne.[731] Knoeringens Andeutung machte Schlagzeilen. Schließlich ging es hier um eine Premiere, die die Sozialdemokraten hoffen, konservative Katholiken aber schaudern ließen. Die Prognose des bayrischen SPD-Chefs erfüllte sich. Am 11. und 12. Januar 1958 trafen erstmals in der Geschichte Delegationen der SPD und des Katholizismus zu einer Tagung über das Thema „Christentum und Sozialismus" in der bayrischen Katholischen Akademie zusammen.[732] Deren junger Leiter, der Prälat Karl Forster, hatte das Treffen mit Billigung des Münchner Kardinals Josef Wendel, im Kontakt mit von Knoeringen und gegen den erbitterten Wider-

stand einiger Unionspolitiker und katholischer Verbandsfunktionäre einge-
fädelt und durchgesetzt. Forster hatte einen nüchtern-kühlen Blick für gesellschaftliche und politische Realitäten. Er erkannte klar, daß sich der
Traum vieler Katholiken von einer christianisierten deutschen Gesellschaft
unter der politischen Vorherrschaft der Christsozialen und Christdemokraten nicht erfüllte. Mit Politikern wie Franz Josef Strauß verband ihn
wenig; ihn hielt er lediglich für die Karikatur eines christlichen Politikers.
Forster beabsichtigte, der katholischen Kirche einen größeren politischen
Gestaltungsraum zu verschaffen. Insofern ging es ihm darum, die einseitige
Bindung an die Union zunächst etwas zu lockern und Beziehungen zur anderen großen Partei allmählich aufzubauen. Langfristig strebte er wohl ein
Verhältnis der Äquidistanz des Katholizismus zu den politischen Parteien
an, wie sie von den Kirchen in England und Frankreich praktiziert wurde. In
den frühen sechziger Jahren gehörte Forster dann zu den entschiedensten
Befürwortern einer Großen Koalition innerhalb seiner Partei, der CSU, und
innerhalb des Katholizismus. In den eigenen Reihen brachten ihm seine unorthodoxen und couragierten Vorstöße seinerzeit in den Verdacht, ein
halber Sozialist zu sein, was indes gänzlich absurd war.[733]

Auf der von Forster organisierten Tagung der Katholischen Akademie in
Bayern nun standen etwa fünfzig Sozialdemokraten, darunter Waldemar
von Knoeringen, Carlo Schmid, Wilhelm Mellies, Arno Hennig, Adolf
Arndt, einer ungefähr gleich großen Anzahl von katholischen Theologen,
Priestern und Laien gegenüber. Allein die Zusammensetzung der sozialdemokratischen Delegation verriet, warum der Umgang zwischen Katholiken
und Sozialdemokraten sich überaus schwierig gestaltete: Unter den Emis-
sären der SPD befand sich nicht ein einziger Katholik; es gab einfach keinen
in der Führungsriege der Partei, und viel änderte sich daran auch in den folgenden drei Jahrzehnten nicht. Den Dialog in der Akademie führten also
Katholiken hier und Protestanten sowie Freidenker dort. In wirtschafts- und
sozialpolitischer Hinsicht kamen sich die beiden Seiten rasch nahe. In den
Referaten, die für die Sozialdemokraten Gerhard Weisser, für die katholische Gruppe Oswald von Nell-Breuning hielten, fanden sich zahlreiche
Übereinstimmungen, die sich in der nachfolgenden Aussprache noch verstärkten. Von der Harmonie der sozialpolitischen Debatte stachen allerdings die scharf kontrastierenden Interpretationen ab, die die Diskussion
um die Wertgrundsätze von Sozialdemokraten und Katholiken kennzeich-
neten. Dabei hatten die Sozialdemokraten ganz offensichtlich gehofft, auch
in diesem Diskurs Punkte zu sammeln. Eifrig wiesen die Redner der SPD allenthalben darauf hin, daß sich die Partei schon weit vom Marxismus entfernt habe, eine verbindliche Weltanschauung nicht mehr vertrete, auf letzte
Wahrheiten künftig verzichte. Die Katholiken aber zeigten sich davon keineswegs positiv beeindruckt, im Gegenteil. Ihr Referent in dieser Angele-

genheit, der Jesuitenpater Gustav Gundlach, Professor an der Gregoriana in Rom und eigens auf Wunsch von Papst Pius XII. zu diesem Treffen nach Bayern gereist, machte es den Sozialdemokraten geradezu zum Vorwurf, sich von einer Politik der letzten Wahrheiten – die marxistisch begründet zwar gewiß grundfalsch, christlich orientiert aber einzig richtig sei – emanzipiert und säkularisiert zu haben. Der programmatische Wandel der Sozialdemokratie wertete die Partei mithin in den Augen eines der einflußreichsten Berater des Papstes durchaus nicht auf, wie die anwesenden SPD-Politiker ursprünglich kalkuliert hatten. Eher blitzte mitunter ein wenig Verachtung gegen die neue ideologische Indifferenz der SPD in den Ausführungen des Jesuitenpaters durch. Nach ihrem Abschied vom dogmatischen Marxismus – den die Partei zu diesem Zeitpunkt offiziell noch gar nicht vollzogen hatte – sei die SPD, so Gustav Gundlach, lediglich eine laizistisch-rationalistische Komponente des Liberalismus, damit aber für Katholiken auch weiterhin unannehmbar. Einen Grund, die Sozialenzyklika ›Quadrogesimo anno‹ aufzugeben, sah er jedenfalls nicht. Nach wie vor sei es unmöglich, zugleich guter Katholik und wirklicher Sozialist zu sein.

Angesichts dieser Haltung war auch das ein Jahr später verabschiedete ›Godesberger Programm‹ nicht in der Lage, die Barrieren, die einer Annäherung von SPD und Katholiken aus dogmenorientierter Sicht im Wege standen, ein Stück weit abzubauen. Denn dieses Programm drückte parteioffiziell die Abkehr von den letzten Wahrheiten aus, verwarf das Dogma und begrüßte den Pluralismus. Dabei umfaßte der Wertepluralismus auch die christliche Ethik, die als mögliche Quelle sozialdemokratischen Engagements eigens im Programm hervorgehoben wurde. Überdies kamen die Sozialdemokraten mit ihrem Grundsatzprogramm den Anliegen und Interessen der Kirche weiter entgegen denn je zuvor in ihrer Geschichte. Sie achteten nun den „besonderen Auftrag" und die „Eigenständigkeit" der Kirchen und Religionsgemeinschaften. Sie bejahten ihren „öffentlich-rechtlichen Schutz" und boten ihnen eine Zusammenarbeit „im Sinne einer freien Partnerschaft" an. Schließlich sprach die SPD die Katholiken noch durch eine besondere Broschüre an, die den Titel ›Katholik und Godesberger Programm‹ trug und von katholischen Akademikern viel gelesen und mit wüsten Verdächtigungen kommentiert wurde. So blieb es überwiegend in den folgenden 15 Jahre. Die Sozialdemokraten machten den Katholiken unentwegt Avancen und Zugeständnisse, sie umgarnten und hofierten sie, sie vermieden alle kritischen Töne und nahmen jedwede Rücksicht auf die katholischen Gefühle. Sie bewegten sich bis an den Rand der Selbstverleugnung und verscherzten es sich dabei fast mit der liberalen Öffentlichkeit, der der katholikenfreundliche Kurs der Sozialdemokraten entschieden zu weit ging. Zurück aber bekamen es die Sozialdemokraten knüppeldick: Mißtrauen, Hohn, Verachtung, Invektiven, ja Haß antwortete ihnen vor allem aus den

Gazetten und Laienverbänden des Katholizismus, am wenigsten noch aus dem Episkopat. Die SPD schluckte dies alles, bewahrte Contenance, behielt das Ziel fest im Auge und suchte unverdrossen das Gespräch mit katholischen Würdenträgern, natürlich mit dem Ziel, an die katholischen Wähler heranzukommen.

Selbstverständlich wußten auch die Priester, Theologen und Laien im Katholizismus, daß sich hinter all den Freundlichkeiten der Sozialdemokraten überwiegend wahlpolitische Motive verbargen. Voll Argwohn betrachteten sie daher die Godesberger Wende der Sozialdemokratie. Kaum war das Programm auf dem Markt, da brachten die katholischen Publizisten eine Flut von Artikeln und Broschüren unter das katholische Volk, um es davor zu bewahren, der „Katholikenfängerei" der Sozialdemokraten auf den Leim zu gehen.[734] Das ›Godesberger Programm‹, so lautete der Tenor nahezu aller Schriften von katholischer Seite in den frühen sechziger Jahren, sei allein in betrügerischer Absicht aufgesetzt worden; die Sozialdemokraten aber hätten sich keineswegs wirklich gewandelt. Ihre Schulpolitik entbehre weiterhin der religiösen Bindung, über das Erziehungsrecht der Eltern verliere das Programm kein Wort; von den sittlichen Gütern der Ehe und Familie sei ebenfalls keine Rede. In diesem Sinne predigten auch die obersten Hirten im deutschen Katholizismus, so Kardinal Frings zum Abschluß der Kölner Bußwallfahrt für Männer in der Nacht vom 2. auf den 3. April 1960,[735] und so auch noch gut vier Jahre später der Münchner Kardinal Döpfner. Immerhin gestand Döpfner in seiner Predigt in der Münchner Frauenkirche ein, daß die Sozialdemokraten mit dem ›Godesberger Programm‹ eine Brücke zum Katholizismus hatten bauen wollen. Nach „reiflicher Überlegung" aber war der Kardinal zu dem Ergebnis gekommen, daß die Brücke „nicht befahrbar, der Abgrund zur Stunde nicht geschlossen (ist)".[736] Das tief sitzende Mißtrauen der Katholiken gegen die Sozialdemokraten brachte etwa zur gleichen Zeit der Chefredakteur der Katholischen Nachrichten-Agentur auf den geschichtsträchtigen Erfahrungsbegriff: „Hundert Jahre sozialdemokratischer Vergangenheit wiegen schwerer als ein neues Programm." Das Gros der Katholiken dachte ähnlich. Das ›Godesberger Programm‹ allein holte sie noch nicht aus ihrer Distanz gegenüber der SPD heraus. Bei den Bundestagswahlen im September 1961, also rund zwei Jahre nach der Verabschiedung des neuen Grundsatzpapiers, stimmten lediglich 26 Prozent der Katholiken für die SPD – exakt so viel aber waren es schon bei den Wahlen zum ersten Bundestag im Jahre 1949.[737]

Im Grunde aber hatten die Sozialdemokraten in den frühen sechziger Jahren gar keine Chance, die Gunst und das Wohlwollen der katholischen Theologen zu erlangen. So wie das Selbstverständnis des deutschen Katholizismus seinerzeit beschaffen war, hätte die SPD die Priester nur dann überzeugt, wenn sie sich in eine lupenreine katholische Partei, in ein bundesdeutsches „Zentrum" gleichsam, transformiert hätte. Denn genau mit diesem katholischen Maximalismus, der immer noch so tat, als müßte die Gesellschaft als Ganzes den Geboten der einen Kirche folgen, konfrontierten die Theologen die SPD und gaben dies ultimativ als die Richtung aus, in die die Partei zu gehen habe, wenn sie die Gnade der Kirche finden wolle. Die „freie Partnerschaft", die das ›Godesberger Programm‹ den Kirchen bot, wiesen die Katholiken empört und schroff zurück.[738] Sie empfanden es geradezu als Zumutung, von den Sozialdemokraten wie eine beliebige Interessenorganisation bewertet und mit der Partei selbst als „Partner" in einen gleichen Rang gestellt zu werden. Der Kirche gehörte der Primat, so sahen es die Katholiken noch. Und die Parteien hatten sich danach zu richten. So maßen die theologischen Interpreten der Kirche das ›Godesberger Programm‹ allein an den absoluten Maßstäben der katholischen Soziallehre und verwarfen es daher. Ein sozialdemokratisches Programm hätte nur dann ihre Zustimmung gefunden, wenn es die letzten Wahrheiten der Kirche verkündigt hätte und der katholischen Auffassung von der Rolle Gottes in der Welt gefolgt wäre.

Als Sozialdemokraten und Katholiken sich Anfang März 1960 in der Katholischen Akademie in Königstein erneut zu einem Gesprächskreis zusammenfanden, bekamen die Vertreter der SPD den Fundamentalismus voll zu spüren.[739] Wieder hoben die Vertreter der Sozialdemokratie die Motive für den programmatischen Wandel ihrer Partei hervor und begründeten ihre Absage an Utopien und geschlossene Weltanschauungen. Und wieder ernteten sie damit nur Kritik. Der Hauptreferent der Katholiken, der Jesuitenpater Oskar Simmel, erkannte in der Utopieskepsis der Sozialdemokraten keinen Vorzug; vielmehr bereitete ihm der neue Pragmatismus der SPD nach eigenen Bekundungen sogar Angst. Den Pluralismus und die normative Offenheit des Godesberger Programms lehnte er ab. Was die Kirche von der Sozialdemokratie erwartete, wenn diese für Katholiken als politische Partei in Betracht kommen wollte, machte der Pater unmißverständlich deutlich: Die SPD müsse ihre Politik an der „Gottbezogenheit des Staates" ausrichten. Dies war die Forderung der Kirche, darunter gab es für sie keinen Kompromiß. Die programmatische Revision der SPD in den späten fünfziger Jahren hatte die Partei mithin auf dem katholischen Terrain zunächst nicht vorangebracht. Die Säkularisierung, Liberalisierung und Öffnung der Partei hatte sie zumindest in den Augen der Theologen eher noch verdächtiger gemacht. Um die Kluft zwischen Katholizismus und Sozialdemokratie zu schließen, zumindest ein bißchen zuzuschütten, brauchte nicht nur die Partei, sondern auch die Kirche ihr ›Godesberg‹. Dort konnte es zwar nicht um eine Verweltlichung und religiöse Pluralisierung der Kirche selbst gehen, wohl aber um eine neue Definition des Ortes der Kirche in einer säkularisierten, liberalen und demokratischen Gesellschaft, die aus vielen geistigen

Quellen schöpfte und ihren Sinn nicht mehr aus einer einzigen Heilsbotschaft bezog. Die Kirche mußte erst akzeptieren, daß die Gesellschaft nicht eine katholische war. Sie mußte sich erst damit abfinden, daß die Hoffnung auf eine Rechristianisierung trog, daß es kein Zurück zu der Zeit vor der Aufklärung und der gesellschaftlichen Moderne gab. In gewisser Weise mußte sich die Kirche in der Tat erst in die Rolle einfinden, die ihr das ›Godesberger Programm‹ zuwies, wovon die Kirche aber zunächst überhaupt nichts wissen wollte: in die Rolle einer staatlich geschützten Interessenorganisation einer bestimmten Bevölkerungsgruppe mit historisch begründeten spezifischen gesellschaftlichen Funktionen und Aufgaben. Dazu brauchte sie politische Partner, denn davon hing ihr gesellschaftliches Gewicht ab. Und diese Partner betrachtete man nach den Möglichkeiten einer vernünftigen Zusammenarbeit zum gegenseitigen Nutzen, nicht aber nach den Maßstäben absoluter Übereinstimmung in den Grundnormen. Diese Lektion hatte die Sozialdemokratie in den späten fünfziger Jahren endlich gelernt; dem deutschen Katholizismus stand sie noch bevor.

Erteilt wurde sie ihm von außen, von Rom aus. Die deutsche Kirche selbst besaß nicht genügend Kraft, Antrieb und innere Einsicht zu einer grundlegenden Umorientierung. Den Wandel leitete die Kurie ein, der 1958 zum Papst Johannes XXIII. gewählte Angelo Guiseppe Roncalli. Seine Sozialenzykliken versöhnten die Kirche mit den Tugenden und Ansprüchen der modernen aufgeklärten Gesellschaft, mit der Meinungsvielfalt und der Toleranz. Die abschließende Pastoralkonstitution des von Papst Johannes XXIII. einberufenen Zweiten Vatikanischen Konzils erkannte als erstes amtskirchliches Dokument die Demokratie und den Pluralismus als grundlegende Voraussetzungen zur Verwirklichung der Menschenrechte an. Die Sozialdemokraten nahmen die Veränderungen, die sich an der Spitze des Katholizismus vollzogen, mit großer Genugtuung wahr. Denn schließlich entzog die Neuorientierung des Vatikans der Kritik des deutschen Katholizismus am ›Godesberger Programm‹ im Grunde den Boden, nahm ihr zumindest die radikale Konsequenz, die bisher darauf hinauslief, daß sich für Katholiken Sympathien mit den Sozialdemokraten verboten. Die Politiker der SPD ließen nun in der ersten Hälfte der sechziger Jahre keine Gelegenheit aus, um auf Übereinstimmungen zwischen Aussagen des Godesberger Programms und Textstellen in den päpstlichen Sozialenzykliken hinzuweisen. Allerdings zeigte der deutsche Katholizismus deswegen noch keine Wirkung. Er verhielt sich den Reformimpulsen der Kurie gegenüber skeptisch und zurückhaltend. Daß sich die Sozialdemokraten so euphorisch über den frischen Wind äußerten, der von der Ewigen Stadt herüberwehte, stimmte die Führung der deutschen Katholiken eher noch mißtrauischer.

Dennoch stand den vorsichtigen und geduldig vorgetragenen Vorstößen der SPD in das Feld des Katholizismus nun keine geschlossene Abwehrreihe mehr gegenüber. Rom bot den sozialdemokratischen Strategen nun eine offene Flanke, die sie für einen präzise vorbereiteten Treffer nutzten. Am 5. März 1964 empfing Papst Paul VI. eine von Fritz Erler angeführte Delegation der SPD zu einer Privataudienz.[740] Der Parteiabordnung gehörten noch Waldemar von Knoeringen, Peter Nellen, Ernst Paul und Alexander Kohn-Brandenburg an. Die Sozialdemokraten hatten die Möglichkeiten des Papstbesuches über Wochen unter größter Geheimhaltung und zielgerichtet am deutschen Episkopat vorbei sondiert. Als die Audienz vom Vatikan schließlich gewährt und bekanntgegeben wurde, schlug diese Nachricht in der deutschen Öffentlichkeit wie eine Bombe ein. Denn im allgemeinen fanden nur Repräsentanten von Regierungen oder Abgesandte befreundeter Organisationen Zugang zum Papst. Die Audienz im Petersdom bedeutete also für die Sozialdemokraten einen ungeheuren Prestigegewinn unter den deutschen Katholiken. Viele konservative Katholiken aber reagierten bestürzt; sie wurden fast irre an ihrer Kirche. Vertreter der Unionsparteien und führende Persönlichkeiten der deutschen Kirche setzten Anfang März, also wenige Tage vor der avisierten Audienz, noch einmal alle Hebel in Bewegung, um den Papstbesuch der Sozialdemokraten zu vereiteln. Im selben Flugzeug, das die sozialdemokratische Delegation nach Rom brachte, flogen katholische Emissäre mit, die das Treffen mit dem Papst in letzter Minute verhindern sollten. Indes vergebens. Das Ereignis des 5. März 1964 senkte bei vielen Katholiken die Hemmschwelle, die sie bis dahin hinderte, die Sozialdemokratie zu wählen. Das deutsche Episkopat war durch all das vergrätzt. Offenen Protest gegen die Handlungsweise der Kurie konnten sich die Bischöfe zwar nicht leisten, da dies die Kirche insgesamt zu sehr beschädigt hätte. Die Sozialdemokraten aber ließen sie ihren Unwillen spüren. Als deren Vorsitzender Willy Brandt im Sommer 1964 um ein Gespräch mit dem Kölner Kardinal Josef Frings nachsuchte, erhielt er lediglich eine kühle Absage, über die die Kirche die Öffentlichkeit im übrigen gezielt-indiskret erst im Wahljahr 1965 informierte.[741]

Doch solcherlei Heckenschüsse irritierten die Sozialdemokraten nicht. Mitte der sechziger Jahre wollte die SPD mit aller Energie und Entschlossenheit heraus aus der Oppositionsohnmacht und hinein in die Regierung. Einen Kulturkampf konnte sie sich nicht leisten, die Katholiken aber brauchte sie. Und so setzten sie unbeirrt und zielstrebig ihren Umschmeichlungs- und Umarmungskurs gegenüber der katholischen Kirche fort, verstärkten ihn gar noch. Als Einbruchsstelle diente ihnen weiterhin die Öffnung in Rom. 1965 handelte die sozialdemokratisch geführte Landesregierung in Niedersachsen mit dem Vatikan ein Konkordat aus. Der päpstliche Nuntius hatte zu seinem großen Erstaunen ein leichtes Spiel, denn die Sozialdemokraten drängten ihm geradezu die für die Katholiken günstigsten Bestimmungen auf, darunter eine Katholische Fakultät und eine garantierte jährliche Mindestsubvention von 3,25 Millionen DM für die Diözesen. Doch damit nicht genug. Ausgerechnet im mehrheitlich protestantischen Niedersachsen warfen die Sozialdemokraten ihre bis dahin eisern verteidigten weltlichen Erziehungsgrundsätze über Bord und garantierten den Katholiken den Fortbestand und die Neueröffnung von katholischen Bekenntnisschulen. Ohne viel Federlesen hatten die Sozialdemokraten also die zentrale kulturpolitische Differenz zwischen Katholizismus und Sozialdemokratie beseitigt und den katholischen Würdenträgern ihre argumentative Hauptwaffe gegen die Wahl der SPD gleichsam aus den Händen geschlagen. Vielen Protestanten war zwar etwas mulmig angesichts der weitreichenden Konzessionsbereitschaft gegenüber den Katholiken, und etliche Liberale und Linke gerieten gar in Aufruhr über die kirchenfreundliche Politik der Partei, doch die Sozialdemokraten kümmerten sich darum nicht. Es ging um die Macht, nicht um die Beruhigung liberaler Gewissen. Als der freidemokratische Koalitionspartner in der niedersächsischen Landesregierung dieses Spiel nicht mehr mitmachen wollte und das Scheitern des Konkordats drohte, wechselten die Sozialdemokraten ohne viel Aufhebens den politischen Partner und bildeten mit der CDU eine Große Koalition. Und vermutlich war dies Zweck und Ziel des gesamten Manövers.[742] Denn das Einverständnis zu den Konfessionsschulen brachte kaum katholische Wähler. Schon Mitte der fünfziger Jahre fand sich für die Bekenntnisschulen keine Mehrheit mehr unter den Katholiken. Die Sozialdemokraten suchten vielmehr Bündnispartner für eine Regierungsbeteiligung in Bonn, sie strebten die Große Koalition im Bund an; Hannover war dabei Signal und Probelauf. Das niedersächsische Konkordat sollte den einflußreichen katholischen Interessensgruppen in den Unionsparteien die Furcht vor einem sozialdemokratischen Regierungseintritt nehmen; das Vertragswerk mit dem Vatikan sollte manifestieren, daß die SPD endgültig einen Schlußstrich unter ihre antiklerikale Vergangenheit gezogen hatte und zu einer seriösen, maßvollen, berechenbaren Kompromiß- und Koalitionspolitik imstande war.

Das zähe Ringen der Sozialdemokraten um die Seelen der Katholiken hatte Mitte der sechziger Jahre in der Tat Erfolg. Schon der Papstbesuch der Erler-Delegation Anfang März 1964 hatte ein Loch in die Abwehrmauer des deutschen Katholizismus gerissen, hatte nicht nur hektische Torpedierungsversuche, sondern auch Nachdenklichkeit ausgelöst. Der Ort, an dem das neue Denken zur Sprache kam, war wiederum die Katholische Akademie in Bayern. Zwei Monate nach der Romreise der sozialdemokratischen Politiker stellte dort der Geistliche Direktor beim Zentralkomitee der Deutschen Katholiken, Prälat Haussler, die parteipolitischen Weichen des Katholizismus neu. Die SPD konnte nach den Ausführungen Hausslers „nicht mehr als kirchenfeindlich angesehen werden". Eine eindeutige Kirchenpartei gebe es in der bundesdeutschen Gesellschaft nicht mehr; insofern bedürfe es auch keiner Parteikirche mehr. Für den Katholizismus stelle sich daher die politische und kulturelle Lage so dar, daß er seine Vorstellungen „jeder Partei, jeder Koalition, jeder zuständigen Verwaltungsinstanz präsentiert".[743] Nichts anderes aber strebten die Sozialdemokraten im Umgang mit der Kirche an: einen Umgang, wie er zwischen Organisationen, Interessengruppen und Parteien in pluralistischen Gesellschaften normal war. Bislang war das jedoch auf heftige Abwehr des Katholizismus gestoßen, wie wir gesehen haben.

Seit 1965 mehrten sich aus den Reihen der katholischen Kirche die Freundlichkeiten für die Sozialdemokraten. Im Spätsommer 1965 bescheinigte der Münchner Weihbischof Walter Kampe der SPD, den Nachweis erbracht zu haben, daß in ihr „Menschen ganz verschiedener Grundhaltungen"[744] gemeinsam Politik machen könnten. Im Februar 1966 erkannte das Amtsblatt des Essener Ruhrbischofs Hengsbach an, daß viele Katholiken in der SPD eine „realistische und vernünftige, eine akzeptable Alternative zur CDU"[745] betrachteten. Im Herbst 1966 äußerte sich der Berliner Generalvikar, Prälat Walter Adolph, äußerst zufrieden über die Zusammenarbeit mit dem sozialdemokratisch geführten Senat.[746] Und im Juni 1969 wünschte der Vorsitzende der Deutschen Bischofskonferenz, Kardinal Joseph Döpfner, den bayrischen Sozialdemokraten in einem Grußtelegramm gar ein „erfolgreiches Gelingen" ihres Parteitages[747] – ähnliches wäre noch in den frühen sechziger Jahren ganz und gar undenkbar gewesen.

Die Zeit der apodiktischen Verweigerungshaltung und Konfrontationsstrategie der katholischen Kirche gegenüber den Sozialdemokraten schien in der zweiten Hälfte der sechziger Jahre endgültig vorbei. Die Kirche war zwar durch zahlreiche verbandspolitische Stricke, historische Verflechtungen und personelle Zusammenhänge mit den Unionsparteien verbunden, doch bemühte sich die Hierarchie in diesen Jahren um etwas mehr Abstand zur CDU und CSU und um ein wenig Annäherung an die SPD, um so ein Stück weit parteipolitische Neutralität zu demonstrieren. Zumindest in ihren politischen Gesprächskontakten war die Kirche nicht mehr einzig und allein auf die Union festgelegt. Einfluß versuchte sie nun auch über den Dialog mit den Sozialdemokraten zu nehmen, der in dieser Zeit regelmäßig unter der Schirmherrschaft des Katholischen Büros in Bonn stattfand.[748] Ein besonderes Vertrauensverhältnis hatte sich vor allem zwischen dem stellvertretenden SPD-Vorsitzenden Herbert Wehner und dem Bischof von Münster, Heinrich Tenhumberg, entwickelt, die sich häufig zu Zwiegesprächen trafen.[749] Unter den deutschen Bischöfen war Tenhumberg in den späten sechziger und frühen siebziger Jahren der entschiedenste Verfechter einer politischen Neutralität der Kirche. 1969 zirkulierten in der Öffentlichkeit gar Gerüchte, daß der Münsteraner Bischof der SPD beigetreten sei, was dieser allerdings eiligst dementierte.[750]

Den bis dahin größten Schritt auf das Terrain des Katholizismus schafften die Sozialdemokraten im Jahr 1966 durch zwei Ereignisse. Zum einen wurde erstmals in der Geschichte dieser Institution mit Georg Leber ein Sozialdemokrat in das Zentralkomitee der Deutschen Katholiken gewählt. Zum zweiten gelangen der SPD bei den Landtagswahlen in Nordrhein-Westfalen große Einbrüche in das Reservoir der katholischen Wähler, und sie erreichte dadurch fast die absolute Mehrheit der Stimmen.[751] Im Wahlkampf hatten die Bischöfe der Bistümer Nordrhein-Westfalens erstmals Zurückhaltung geübt und nicht, wie zuvor, mehr oder weniger deutlich zur Wahl der CDU aufgerufen. In Fragen der Ordnung irdischer Dinge, so hatten die Bischöfe nun durch einen Hirtenbrief von der Kanzel verkünden lassen, gebe es für Christen berechtigte Meinungsverschiedenheiten, und daher besitze keine Partei das Recht, die kirchliche Autorität ausschließlich für sich zu beanspruchen. Die Sozialdemokraten konnten mit diesem bischöflichen Appell hochzufrieden sein, für die Union bedeutete er nahezu einen Affront. Seither gab es für die CDU in diesem überwiegend katholischen Bundesland, das in früheren Jahrzehnten keineswegs eine Hochburg der Sozialdemokraten, sondern eher des Zentrums und der CDU gewesen war, wenig zu bestellen. Die Niederlage der Union in Nordrhein-Westfalen läutete das Ende der Kanzlerschaft Erhardts ein und machte den Sozialdemokraten den Weg in die Regierung der Großen Koalition frei. Das Kalkül der Sozialdemokraten war aufgegangen; die katholische Karte hatte gestochen. Doch damit waren die Trümpfe der Partei noch nicht ausgespielt. Drei Jahre später, bei den Bundestagswahlen 1969, gewann die SPD am stärksten in den katholischen Dienstleistungszentren zwischen Düsseldorf und Bonn hinzu, was die Partei erstmals über 40 Prozent brachte und sie schließlich zur führenden Regierungspartei werden ließ. Auch in diesem Kapitel unserer Untersuchung bestätigt sich mithin das, worauf wir nun schon mehrere Male gestoßen sind: In den sechziger Jahren hatte die SPD ein klares Handlungskonzept, das sie umsichtig und zielstrebig verfolgte, schließlich energisch und erfolgreich durchsetzte. Vermutlich waren die unideologischen sechziger Jahre das für die Partei politisch erfolgreichste Jahrzehnt in ihrer Geschichte überhaupt.

Am Ende der sechziger Jahre konnten die Sozialdemokraten zufrieden Bilanz ziehen, nicht nur was ihr Verhältnis zum Katholizismus betraf. Für die sozialdemokratischen Strategen war dabei entscheidend: Es gab allen Anlaß, die Dinge optimistisch zu sehen. Die jahrzehntelangen Spannungen zwischen Kirche und SPD schienen abgebaut zu sein. Die Kommentare in den Kirchenzeitungen klangen nicht mehr so gereizt und giftig wie früher, wenn von der SPD die Rede war, sondern mitunter jetzt schon wohlwollend. Das Episkopat bemühte sich sichtlich, einen Weg der parteipolitischen Neutralität zu finden. Der Hirtenbrief zu den Bundestagswahlen 1969 begünstigte weder die eine noch die andere Partei. Im Zentralkomitee der Deutschen Katholiken saß nun ein Sozialdemokrat; dies mochte erst ein Anfang sein. Jedenfalls waren auf dem Katholikentag in Essen 1968 auch noch zwei weitere Sozialdemokraten an Podiumsdiskussionen beteiligt: Willi Kreiterling und Hermann Schmitt-Vockenhausen, der dann in der Tat bald neben Leber in das katholische Zentralkomitee einrückte. Auch mit den Papstbesuchen ging es – unspektakulärer als noch 1964 – weiter; im November 1969 empfing Papst Paul VI. Herbert Wehner und Georg Leber zu einer Privataudienz.[752] Am wichtigsten jedoch war, daß die Partei Wahlen gewann und auf dem besten Weg zur Mehrheitsfähigkeit war, eben weil sich ein wachsender Teil der katholischen Wähler der SPD nicht mehr verschloß.

Katholischer Kulturkampf. Die sozialliberalen Jahre

Doch der Friede, der Mitte der sechziger Jahre zwischen Sozialdemokraten und Katholiken zu herrschen schien, trog. 1970 griff in den katholischen Regionen und Kirchenzeitungen erneut und für Jahre eine Kulturkampfstimmung um sich, die an Gereiztheit den Emotionen der fünfziger Jahre keineswegs nachstand. Der Machtwechsel in Bonn hatte die gläubigen Katholiken erschüttert, verängstigt, aggressiv gemacht. In der Bonner Republik hatten sie sich bis dahin heimisch gefühlt; ihre Parteien – die CDU und die CSU – führten fast ein Vierteljahrhundert die Regierung; christliche Bekenntnisse schmückten zumindest die Sonntagsreden von Ministern und Kanzlern, sie gehörten gleichsam zum guten Ton der bundesdeutschen Gesellschaft. Plötzlich befand sich die Partei der Christen in der Opposition, in der Wahrnehmung vieler Katholiken vor die Tür des eigenen Hauses gesetzt, an den Rand gedrängt, vielleicht schon bald wieder verfolgt, wie unter Bismarck oder schlimmer noch in der „sowjetisch besetzten Zone". Schließlich stand an der Spitze der neuen Regierung jetzt ein Sozialist, der jedenfalls nicht in dem Ruf stand, ein eifrig praktizierender Christ und Kirchgänger zu sein. Die vier Jahre kontrolliert-vorsichtiger Entspannungspolitik zwischen den Spitzen der Sozialdemokratie und des Episkopats hatten den vielen gläubigen Katholiken ihr über nahezu ein Jahrhundert angesammeltes Mißtrauen gegen die „Roten" nicht nehmen können. Mit Bildung der sozialliberalen Koalition wurden alle Ängste, Ressentiments und Affekte wach und mobil. Der Katholizismus ergriff gleichsam die Flucht nach vorn und ging präventiv zur Attacke gegen die neue Regierung über.

Das Signal zum Angriff blies Anfang 1970 die Zeitung des Vatikans ›L'Osservatore Romano‹. In Rom war die Zeit der Progressivität vorbei; die Kurie sah sich wieder als Fels, der den liberalistischen Verfallserscheinungen trotzte. In Westeuropa hatte nach Auffassung des Vatikanorgans eine „Sex-Explosion" stattgefunden. Das Blatt nannte auch die Verantwortlichen

dafür: die Sozialdemokraten in den Regierungen. „Das Vorrücken der sexu-
ellen Revolution traf mit dem der Sozialdemokraten zusammen."[753] Damit
hatte die Vatikanzeitung das Stichwort gegeben, das der deutsche Katholizismus sofort aufnahm und in den folgenden Jahren in den Mittelpunkt
seiner Kampagnen gegen die sozialliberale Koalition stellte: den Zerfall der
sittlichen Werte durch die Systemveränderer in den Reihen der SPD.

Daß statt der lauen Lüfte der Entspannung nun der eisige Wind der Konfrontation aus dem katholischen Milieu fegte, bekam im April 1970 besonders der Münsteraner Bischof Heinrich Tenhumberg zu spüren. Tenhumberg
hatte in einer Fernsehsendung erklärt, daß er es für wünschenswert halte,
wenn künftig auch ein katholischer Oberhirte Mitglied der Sozialdemokratie würde. In diesem Zusammenhang wies Tenhumberg auf eine besondere „innere Nähe zu Herbert Wehner" hin.[754] Die Fernsehübertragung
löste im deutschen Katholizismus einen Sturm der Entrüstung aus. Die Medien der Glaubensgemeinschaft, für die Kritik an einem Angehörigen des
Episkopats sonst tabu war, fielen nahezu unisono über den Münsteraner Bischof her. Besonders übel nahmen ihm seine Kritiker die eingestandene
Nähe zu Wehner, der den meisten katholischen Gläubigen immer noch als
„Kommunist", „leninistischer Berufsrevolutionär" und „Agent des Kommunismus" galt.[755] Tenhumberg hatte sich entschieden zu weit vorgewagt und
die Stimmung an der Basis völlig verkannt. Die strenggläubigen Katholiken
hatten die Versöhnungsveranstaltungen mit den Sozialdemokraten Ende
der sechziger Jahre mit großer Skepsis, oft in einer Haltung innerer Emigration, beobachtet. Nun, Anfang der siebziger Jahre, erlegten sie sich keine
Beschränkungen mehr auf; sie fühlten sich in ihren Befürchtungen bestätigt
und setzten die eher zögerlich-moderaten Vertreter der Kirchenhierarchie
unter Druck, die neue Regierung zu bekämpfen. Das Episkopat war seinerzeit eher getriebene als treibende Kraft im Konflikt mit dem Soziallibera-
lismus. Die Bischöfe gaben diesem Druck nach, auch Heinrich Tenhumberg.
Einen Monat nach seinem spektakulären Fernsehauftritt verfaßte er mit den
vier anderen Bischöfen Nordrhein-Westfalens einen Hirtenbrief, der sich
nun wieder eindeutig gegen die Politik der regierenden Sozialdemokraten
wandte.[756] Die Zeit der politischen Neutralität des Katholizismus, vier
Jahre zuvor noch in Nordrhein-Westfalen folgenreich praktiziert, war damit
vorbei. Die Konflikte aber verschärften sich noch. Nachdem die Sozialdemokraten auf ihrem Parteitag im November 1971 mit großer Mehrheit für
die Fristenlösung in der Frage des Schwangerschaftsabbruchs stimmten, war
die Stimmung in der Beziehung zwischen der SPD und der Kirche auf dem
Gefrierpunkt angelangt. Die Fäden, die umsichtige Repräsentanten der
beiden Lager in den sechziger Jahren geduldig und mühselig gemeinsam geknüpft hatten, rissen jäh ab. In Ton und Aussage erinnerten die bischöflichen Erklärungen jetzt wieder an die Hirtenbriefe der fünfziger und frühen

sechziger Jahre. Das Jahr 1972 läuteten die drei Oberhirten im deutschen Katholizismus, die Kardinäle Jaeger, Döpfner und Höffner, mit Warnungen vor den Reformabsichten der Regierung im Strafrecht, vor einer weiteren Säkularisierung und einer entgrenzten Pluralisierung der Gesellschaft ein.[757] Der Paderborner Kardinal Jaeger sprach nun nach längerer Zeit wieder prinzipienfixierte Wahlverbote aus. Ein Katholik könne keine Partei wählen, so Jaeger, die den christlichen Moralgrundsätzen widerspreche. Jedem Kirchgänger war klar, welche Parteien der Kardinal damit meinte. Sein Amtsbruder in Köln, Kardinal Höffner, bestätigte und präzisierte im Februar 1972 das Wahlverbot: „Abgeordnete, die nicht bereit sind, die Unantastbarkeit menschlichen Lebens, auch des ungeborenen Kindes, zu gewährleisten, sind für einen gläubigen katholischen Christen nicht wählbar."[758] Das katholische Massenblatt ›Neue Bildpost‹ bezeichnete nun den SPD-Vorschlag zur Reform des Paragraphen 218 schlicht als „Mordanschlag".[759] Je näher der Termin der Bundestagswahlen heranrückte, desto stärker traten die katholischen Einrichtungen und Publizisten an die Seite der oppositionellen Unionsparteien, indem sie deren Vokabular benutzten und die gesellschaftliche Wirklichkeit der Bundesrepublik in den düstersten Farben malten. Den Wahlkampf des Katholizismus eröffnete im August 1972 das Zentralkomitee der Katholiken, das 1971 dem Sozialdemokraten Georg Leber den Laufpaß gegeben hatte und fest in der Hand von Unionspolitikern war. Die Erklärung des Zentralkomitees beschrieb die bundesdeutsche Gegenwart mit Begriffen wie „Brutalität", „Verherrlichung von Gewalt", „subjektive Beliebigkeit".[760] Hoffnungsvolle Zeichen oder positive Entwicklungen hatte das Zentralkomitee dagegen nirgendwo ausmachen können. Dafür nannte es den Verantwortlichen für den moralischen Niedergang des Landes klipp und klar beim Namen: Es war der Staat, der „seit einigen Jahren diesem sittlichen und rechtlichen Verfall immer weniger entgegentritt". Rund sechs Wochen nach der Ouvertüre des Zentralkomitees trat dann die Arbeitsgemeinschaft der katholischen Verbände, der unter anderem der Caritasverband, der Caecilienverband und der Borromäusverein angehörten, ebenfalls mit einem Wahlaufruf auf den Plan. Der Tenor war der gleiche: Die Ordnung sei durch Systemveränderer bedroht; es fehle an staatlichen Maßnahmen gegen Zügellosigkeiten, Brutalitäten und sittlichen Zerfall.[761] Schließlich gaben im September 1972 noch die Bischöfe, über Wochen von den Verbänden und Medien des Katholizismus gedrängt, eine Erklärung zur gesellschaftspolitischen Entwicklung der Bundesrepublik ab. Im Ton vielleicht etwas moderater, stimmten sie in der Richtung mit den Verlautbarungen des Zentralkomitees und der „Arbeitsgemeinschaft" überein. Auch die Bischöfe sahen die Fundamente der Gesellschaft in Gefahr und beklagten den Abbau sittlicher Werte.

Eine Kulturkampfstimmung aber, wie sie Deutschland seit langem nicht mehr erlebt hatte, kam noch in den letzten Wochen vor der Bundestagswahl am 19. November 1972 auf, als in die Öffentlichkeit drang, daß das Hauptquartier der SPD unionsnahe Pfarrer in einer politisch zweifelsohne obszönen Aktion von der sozialdemokratischen Basis überprüfen und beobachten ließ. Die Abteilung Öffentlichkeit im Erich-Ollenhauer-Haus hatte die 220 Unterbezirke der SPD durch Rundschreiben angewiesen, über Geistliche, die mit der CDU oder CSU sympathisierten, Informationen, Zeitungsausschnitte und Belege zu sammeln und sie dem Parteivorstand zuzuleiten.[762] Ein Schrei der Empörung ging durch das katholische Milieu. Erinnerungen an Bismarck wurden wach, man zog Parallelen zum Nationalsozialismus und zu den kommunistischen Staaten. Der Verständigungsgeist der späten sechziger Jahre hatte sich endgültig verflüchtigt; die katholischen Geistlichen, Publizisten und Kirchgänger standen entschlossen auf der Seite der Unionsparteien und setzten sich leidenschaftlich für eine Ablösung der sozialliberalen Koalition ein.

Was war schiefgelaufen zwischen Sozialdemokraten und Katholiken? Wie konnte die Stimmung so rasch wieder umschlagen? Weshalb zerbrach der mühsam ausgehandelte Verständigungspakt zwischen den beiden Lagern schon nach wenigen Wochen der ersten Belastungen? Ein Grund war wohl, daß es sich bei den jahrelangen Annäherungsbemühungen zwischen Katholiken und Sozialdemokraten nur um Kontakte auf Spitzenebene gehandelt hatte; die Basis der Kirche und der SPD war darin nicht integriert und hatte diesen Prozeß mental auch nicht mit- und nachvollzogen. Wehner und Bischof Tenhumberg konnten noch 1972 höflich und verbindlich miteinander verkehren; vermutlich empfanden sie sogar persönliche Sympathien für einander. Aber sie führten ihre Gespräche streng geheim; sie wirkten damit nicht in die Partei, nicht in die Kirche hinein, trugen insofern nichts dazu bei, die Spannungen zwischen Kirchgängern und Parteiaktivisten auf den unteren Ebenen ihrer Institutionen zu entkrampfen. Episkopat und sozialdemokratische Minister pflegten Ende der sechziger Jahre korrekte Umgangsformen; jeder für sich lernte dabei wohl auch hinzu, baute Feindbilder ab. In den Milieus aber blieben die Feindbilder bestehen.[763] Für die meisten Mitglieder der SPD waren die Katholiken auch noch Ende der sechziger Jahre kurz die „Schwarzen", für die Katholiken waren die Sozialdemokraten eben die „Roten". Beide Gruppen waren, Akademietagungen hin, Gesprächsforen her, einander fremd, und sie mißtrauten sich herzlich. Ende der sechziger Jahre hatte vor allem die Spitze des Katholizismus diese Emotionen ein wenig eindämmen, aber nicht beseitigen können. 1970 nahmen die Gefühle dann freien Lauf. Gerade die konservativen Katholiken, die seit Mitte der sechziger Jahre die Welt nicht mehr verstanden, da sie sich des Feindbildes beraubt sahen, erhoben sich. Das katholische Milieu, durch den Regierungswechsel in Panik geraten und durch die Säkularisierung von schleichender Auszehrung bedroht, richtete sich auf, demonstrierte noch einmal Biß und Aggressivität. Der Dialog zwischen Sozialdemokraten und Katholiken in den sechziger Jahren aber hatte noch ein weiteres Defizit. Und dafür trugen die Sozialdemokraten die Verantwortung. Sie tauschten mit ihren katholischen Gesprächspartnern profunde Einsichten und Reflexionen über Grundwerte und letzte Wahrheiten aus, bereiteten sie aber nicht auf die konkreten Reformprojekte vor, die sie dann ab 1969 angingen und die die Katholiken vor den Kopf stießen. Einiges spricht allerdings dafür, daß die sozialdemokratischen Spitzenpolitiker der sechziger Jahre die Reformdynamik und den Emanzipationseifer ihrer Partei nicht geahnt und vorhergesehen haben. Offenkundig hatten Brandt, Wehner und Schmidt den Bischöfen zu Beginn der sozialliberalen Koalition zugesichert, daß die Regierung keine Fristenlösung anstrebe. Doch ließ sich ihre in den frühen siebziger Jahren sozial und ideologisch stark gewandelte Partei nicht mehr nach den politischen Managermethoden des vergangenen Jahrzehnts leiten. Der Demokratisierungs- und Veränderungsimpetus auf den sozialdemokratischen Parteitagen jener Jahre setzte sich darüber hinweg, kümmerte sich nicht um Absprachen und Kompromißlösungen auf der Spitzenebene. Die Bischöfe aber fühlten sich getäuscht und glaubten nicht mehr an die Verläßlichkeit der Zusagen ihrer sozialdemokratischen Verhandlungspartner.

Allerdings lag die Schärfe und Rigidität des katholischen Protests über die sozialliberalen Rechtsreformen – vor allem in den Bereichen der Schwangerschaftsunterbrechung, der Pornographie und der Ehescheidung – nicht allein in der Sache begründet. Mit einem Gutteil dieses Reformprojekts hatte bereits die Regierung der Großen Koalition begonnen, die schon 1969 die Strafen für Blasphemie, Ehebruch und Homosexualität abgeschafft hatte.[764] Die katholische Kirche hatte diese Gesetzesnovellierungen stillschweigend hingenommen und keine lautstarken Protestaktionen dagegen entfesselt. Das Menetekel des Zerfalls der sittlichen Werte durch die liberale Rechtspolitik des Staates beschwor sie erst, als in Bonn die Sozialdemokraten mit der FDP die Regierung stellten und die Union unversehens zur Opposition degradiert war. Vermutlich wäre der Kulturkampf in den frühen siebziger Jahren ausgeblieben, wenn nach den Bundestagswahlen 1969 die Große Koalition fortgesetzt worden wäre und ein sozialdemokratischer Justizminister die bereits begonnene Politik der Rechtsreformen in diesem Rahmen weiter fortgeführt hätte. Die Kirche hätte gewiß gegen die Liberalisierung des Abtreibungsparagraphen und der Ehescheidung – wofür im Grunde auch eine Mehrheit der Unionsabgeordneten eintrat – schwerwiegende Bedenken geltend gemacht, sie hätte aber ihre Kritik wohl nicht überwiegend durch schrille Pamphlete, einseitig verzerrende Erklärungen und sinistre Kanzelpredigten vorgetragen, sondern wahrscheinlich in erster Linie

versucht, über Einflußkanäle zu Ministern, Staatssekretären und Bundestagsabgeordneten Veränderungen der Reformvorhaben zu erreichen.[765]
    Aber diese Einflußkanäle fand sie nach dem Regierungswechsel 1969 gewissermaßen von einem Tag zum anderen nicht mehr vor. Für die katholische Kirche bedeutete dies einen Schock, der sie unvorbereitet traf – und der vermutlich die Überreaktion auslöste, mit der der Katholizismus der sozialliberalen Regierung von Anfang an begegnete, auch wenn man in Rechnung stellt, daß die sozialliberale Reform des Paragraphen 218, vor allem manche leichtfertige, kaltschnäuzig-emanzipatorische Begründungen dafür, dem ethischen Grundempfinden zahlreicher gläubiger Katholiken zutiefst widersprach. Zwanzig Jahre hatte die Kirche über einen unmittelbaren Draht zur politischen Macht verfügt. In den Kabinetten war das katholische Volk großzügig vertreten. In den Ministerien saßen Leute, die in den katholischen Verbänden groß geworden waren, die in Kolpinghäusern verkehrten, für die Caritas spendeten, im Kirchenchor sangen, das Bistumsblatt bezogen, an den Prozessionen teilnahmen und mit dem Pfarrer die örtlichen Feste eröffneten. Über diese Leute in Bonn sicherte sich die Kirche Einfluß. Nach dem Machtwechsel aber waren sie nicht mehr da, die Minister und Staatssekretäre, die aus der katholischen Arbeiterbewegung kamen oder während des Studiums im katholischen Cartell Verband organisiert waren. Die neuen Leute entstammten einem anderen Milieu, hatten einen anderen biographischen Hindergrund. Unter den 14 Ministern im neuen Kabinett waren nur noch zwei Katholiken: Josef Ertl von der FDP und Georg Leber von den Sozialdemokraten. Die Bundestagsfraktion der SPD hatte gerade 11 Prozent Katholiken; in der CDU/CSU gehörten demgegenüber stets rund zwei Drittel der katholischen Kirche an.[766] Die Kirche sah ihre Felle davonschwimmen, war wohl ernsthaft besorgt, an den Rand gedrängt zu werden. Sie spürte die Gefahren, die ihr von der Säkularisierung der Gesellschaft drohten. Um so unruhiger war sie, daß ihr in dieser Situation auch noch der politische Schild der Unionsparteien abhanden kam und die „Roten" nun führend an der Macht waren, denen sie trotz aller Papstbesuche und Konkordate nicht über den Weg traute. Als es in der SPD in den frühen siebziger Jahren ideologisch wieder hoch herging, fühlten sich die konservativen Skeptiker im Katholizismus bestätigt. Jetzt zeigte das katholische Vereinsmilieu Zähne, bereit, das christliche Abendland gegen den Sozialismus zu verteidigen. In der gesellschaftlichen Opposition des Kulturkampfes im 19. Jahrhundert war dieses Milieu gewachsen, jetzt fühlte es sich wieder in die Opposition gedrängt – und war entschlossen, sich zu wehren.
    Allerdings besaß die geschlossene katholische Lebenswelt keineswegs mehr die Stabilität früherer Jahrzehnte. An den Rändern franste sie aus; der Zerfallsprozeß hatte bereits begonnen und schritt in den siebziger Jahren voran. Das Wort der Kirche, die Empfehlungen der Bischöfe galten längst

nicht mehr bei allen Katholiken. Der Ausgang der Bundestagswahlen 1972 machte den Würdenträgern dies drastisch deutlich. In der Schlußphase des Wahlkampfes hatte sich der Katholizismus vollständig auf die Seite der Opposition geschlagen und die Parteien der Regierung nahezu ohne Wenn und Aber bekämpft. Die Kirche wollte den Regierungswechsel unbedingt. Die Ergebnisse der Wahlen trafen sie dann wie ein Schock. Sie rissen sie jäh aus der Illusion, daß der Regierungswechsel von 1969 lediglich ein Betriebsunfall war, daß es nun aber wieder zurück zu einer christlich-katholischen Gesellschaft gehe. Die Hierarchie mußte erkennen, daß ihr ein beträchtlicher Teil der Kirchenangehörigen die Gefolgschaft versagte. Die Sozialdemokraten hatten bei den Wahlen noch zugelegt und waren jetzt die stärkste Partei im Parlament. Ihren Stimmenzuwachs verdankte die SPD dabei vor allem einer Gruppe: den Katholiken. Im Vergleich zu den Bundestagswahlen 1969 hatten nun 5 Prozent mehr Katholiken der Sozialdemokratie ihre Stimmen gegeben. Die katholischen Arbeiter hatten sich erstmals in der Geschichte der Bundesrepublik zu über 50 Prozent für die Partei Willy Brandts entschieden, dessen Ostpolitik und mitunter sakral wirkende Symbolik – Kniefall, Andacht, visionäres Pathos – offenkundig den Stimmungsnerv der Katholiken trafen.

Als Brandt noch am Wahlabend des 19. November vor den laufenden Kameras den katholischen Wählern seinen Dank aussprach, wußten die katholischen Verbandsfunktionäre, Theologen und Priester, daß sie eine schwere Niederlage erlitten hatten. Den Regierungswechsel hatten sie nicht erreicht. Des katholischen Volkes konnten sie sich als Ganzes nicht mehr sicher sein. An der Sozialdemokratie führte künftig kein Weg mehr vorbei. Wie es schien und die Wahlforscher prognostizierten, mußte man nun mit einer längeren Phase sozialdemokratischer Dominanz rechnen. Es wäre mithin für den Katholizismus sinnlos und selbstzerstörerisch gewesen, sich störrisch den Realitäten zu verweigern und weiterhin fundamentaloppositionell gegen die Regierung anzurennen, zumal die Kirche ja – im Unterschied zu früheren Kulturkampfzeiten – die Katholiken nicht mehr geschlossen hinter sich hatte. Ein Teil der Gläubigen war zu den Sozialdemokraten gewandert; auch um sie mußte sich die Kirche kümmern und dies offenkundig mit anderen Mitteln und Methoden als die, die man 1971/72 vorrangig angewandt hatte. Die Kirche schaltete daher nach den Bundestagswahlen 1972 auf Mäßigung und Realpolitik um.

Den Anfang dazu machte der Präsident des Zentralkomitees der Deutschen Katholiken, der rheinland-pfälzische CDU-Politiker Bernhard Vogel. In einem Interview mit der Herder-Korrespondenz wertete Vogel den Ausgang der Bundestagswahl als ein Zeichen dafür, daß der Katholizismus „politisch pluraler" geworden sei. Allerdings habe die Kirche „noch nicht gelernt, mit diesem Pluralismus tatsächlich zu leben". Der Katholizismus müsse künftig verschiedene Ansichten zu politischen Problemen und Programmen tolerieren. Wahlverbote, wie sie Kardinal Höffner 1972 ausgesprochen hatte, schadeten nach Vogels Ansicht dem Katholizismus eher, als daß sie Nutzen brachten. Im übrigen setzte sich der Präsident des katholischen Zentralkomitees für die „Fortsetzung des Brückenschlags" zwischen Katholiken und Sozialdemokraten ein.[767] Eine ähnliche Position nahm wenige Tage später auch die Katholische Nachrichtenagentur (KNA) ein, die in den Monaten vor den Bundestagswahlen häufig kaum von einem Verlautbarungsorgan der Unionsparteien zu unterscheiden war. Im Januar 1973 aber sprach sich die KNA für eine größere Distanz zur CDU und CSU und für eine mittlere Stellung „zwischen den Parteien" aus.[768]

Im Katholizismus hatten Anfang 1973 ganz offensichtlich diejenigen Oberwasser, die wieder an die Verständigungs- und Öffnungspolitik der Kirche anknüpfen wollten. Die Bundestagswahl 1972 hatte ihnen bewiesen, daß die Konfrontationspolitik fehlgeschlagen war und daher nicht wiederaufgenommen werden sollte. Auch im „Katholischen Büro", der politischen Repräsentanz des Katholizismus in der Bundeshauptstadt, dachte man so und arbeitete behutsam an einer Korrektur der bisherigen Politik unter der sozialliberalen Koalition und an einer neuen Strategie gegenüber den Parteien des Regierungslagers. Die Umrisse dieses Konzepts entfaltete der Leiter des „Büros", Prälat Wilhelm Wöste, Ende Januar 1973 in einem der Öffentlichkeit nicht zugänglich gemachten Referat vor dem Wilhelm-Böhler-Klub in Bonn, der bis 1969 das Scharnier zwischen Katholizismus und christdemokratischer Regierungsmacht gebildet hatte, mithin über großen Einfluß verfügte und lediglich katholischen Politikern der Unionsparteien offenstand. Wöste ging in seinem Vortrag davon aus, daß die Kirche nach ihrer Niederlage bei den Wahlen 1972 einen neuen Umgang mit den Parteien suchen mußte. Der Prälat stellte dabei das Modell der Äquidistanz zu den Parteien vor, von dem sich die französischen und nordischen Bischöfe in ihren politischen Äußerungen leiten ließen. Zwar verwarf der Leiter des „Katholischen Büros" dieses Modell, aber keineswegs in Bausch und Bogen, wie dies auf dem Höhepunkt der schrillen Kampagnen der Kirche gegen die sozialliberale Koalition sicher noch geschehen wäre. Wöste führte das Konzept der Äquidistanz vielmehr als eine realistische Option in den Diskurs ein, nicht für die Gegenwart, aber für die nahe Zukunft, worauf dann aktuell schon systematisch hinzuarbeiten war. Die Voraussetzungen für eine Äquidistanz seien in der Bundesrepublik nicht gegeben, so Wöste, aber: „Man kann vielleicht sagen: noch nicht gegeben. Das ist aber eine Frage der Entwicklung." Doch selbst in der Bundesrepublik existiere schon jetzt unter den demokratischen Parteien keine mehr, in der nicht zumindest Teile der Mitglieder den Aufgaben der Kirche gegenüber aufgeschlossen seien. „Das muß die Kirche zur Kenntnis nehmen", folgerte der Chef des „Katholischen Büros". „Sie muß, falls sie keine anderen Erfahrungen hat, diesen Mitgliedern der Parteien den guten Willen zubilligen, vielleicht auch der gesamten Partei ... Die Kirche muß deswegen auch mit diesen Menschen sprechen. Sie kann sie nicht, soweit es sich um Katholiken handelt, einfach als Katholiken zweiter Klasse behandeln. Das ist eine Tatsache, die wir sehen müssen." Politisch bedeutete dies für die Kirche, so die Bilanz der Überlegungen Wöstes, daß sie wieder Gesprächsbereitschaft bekunden mußte, und zwar „nach allen Seiten" hin.[769]

Anfang 1973 sah es ganz so aus, als sei die unbedingte Parteinahme der Kirche für die Union, ihre kompromißlose Gegnerschaft zur Sozialdemokratie zwischen 1970 und 1972 nur eine kurzlebige Episode, ein Ausrutscher, ein kleiner Rückfall in die früheren Jahre, gleichsam ein letztes Aufflackern des fast verloschenen Feuers im klerikal-konservativen Milieu gewesen. 1973 schien die Kirche wieder den Weg gehen zu wollen, den sie bereits Mitte der sechziger Jahre eingeschlagen hatte. Sie schien sich ganz offenkundig, mangels überzeugender Alternativen, mit den nun nicht mehr ganz so neuen Machthabern in Bonn arrangieren zu wollen. Sie selbst suchte jetzt die Kooperation und den ständigen Kontakt. Anfang Februar 1973 kamen Repräsentanten der Kirche und Vertreter der SPD innerhalb weniger Tage gleich zu zwei Treffen zusammen, während in den sechziger Jahren nach einem Gespräch mitunter Jahre vergehen mußten, bis die Kirche den Gläubigen wieder die Nachricht von einer abermaligen Zusammenkunft mit den Sozialdemokraten zumuten zu können meinte. Der Eifer, mit dem die Kirche nun bei den Sozialdemokraten vorstellig wurde, machte Schlagzeilen: ›Katholische Kirche bemüht sich um Sozialdemokraten‹,[770] lautete die Überschrift zu einem Artikel, mit dem die ›Frankfurter Rundschau‹ Mitte Februar 1973 erschien. Die machtpolitischen Konsequenzen der Wahl vom 19. November 1972 hatten die katholischen Würdenträger rascher an den Verhandlungstisch mit den Sozialdemokraten gebracht als alle Programmreformen, Grundwertediskussionen, kirchenfreundlichen Broschüren oder päpstlichen Audienzen zuvor. An einem offenen Kulturkampf gegen Bonn wie 1971/72 schienen vor allem die Bischöfe jegliches Interesse verloren zu haben. Auf der Herbstversammlung der Oberhirten in Fulda 1973 überwogen die Stimmen derjenigen, die für einen Rückzug der Kirche aus der aktiven Parteipolitik plädierten.[771] Der Münchner Kardinal Döpfner ging im November 1973 auf der Katholischen Synode, einem gemeinsamen Gremium von Klerikern und Laien, sogar so weit, das Werte- und Sittengemälde, mit dem die Kirche in den frühen siebziger Jahren die bundesdeutsche Gesellschaft konfrontiert hatte, kritisch zu begutachten. Der Kardinal gestand ein, daß sich die Kirche mit dem allgemeinen Bewußtseinswandel nicht wirklich auseinandergesetzt, sondern ihn lediglich pauschal denunziert hatte. Döpfner forderte infolgedessen von den Katholiken,

über neue Modelle ethischen Verhaltens in der modernen Welt nachzudenken.[772]

Die sozialdemokratische Parteiführung konnte mit dieser Entwicklung zufrieden sein. Sie war heilfroh, daß der Faden zum Katholizismus, der 1971 gerissen war, wieder aufgenommen werden konnte. Sie tat das Ihre, um die Katholiken bei Laune zu halten und sie von der staatspolitischen Verläßlichkeit
der Sozialdemokraten zu überzeugen. So traten Spitzenpolitiker der SPD mit
einer Schärfe, die nicht einmal die Vertreter der Union übertreffen konnten,
dem Kirchenpapier der FDP entgegen, das eine rigide Trennung von Staat
und Kirche – vor allem im Einzugssystem der Kirchensteuern – vorsah. Gegen
diesen freidemokratischen Laizismus Veto einzulegen, gehörte seinerzeit zur
Pflichtübung sozialdemokratischer Minister.[773] Wahrscheinlich gab es in der
ganzen Republik keinen zweiten Politiker, der die parteiliberale „Progressivität des letzten Jahrhunderts" mit so viel Spott überzog wie Erhard
Eppler.[774] Im Dezember 1973 hatten die Sozialdemokraten endlich auch Erfolg bei ihrer Suche nach einem katholischen Kirchenreferenten. Danach
hielt die Partei schon seit 1971, als ihr Verhältnis zur Kirche auf dem Tiefpunkt
angelangt war, unentwegt Ausschau. Der gewünschte Referent sollte im Katholizismus beheimatet sein, möglichst ein Priesteramt haben, das Vertrauen
der Kirche genießen – und gleichwohl mit der SPD sympathisieren. Die Qua-
dratur des Kreises also, zumindest im Jahr 1971. Ende des Jahres 1971 hoffte
die Partei dennoch, den richtigen Mann gefunden zu haben: Franz-Josef
Trost, ein Jesuit aus Paderborn, ehemals Redakteur bei der progressiven,
dann vom Episkopat eingestellten Katholikenzeitung ›Publik‹. Doch signalisierte der Leiter des „Katholischen Büros" in Bonn, Wilhelm Wöste, der „Baracke", daß eine Anstellung des seit seinen ›Publik‹-Zeiten im Episkopat
nicht mehr geschätzten Jesuiten die Beziehungen zwischen Sozialdemokratie
und Kirche noch weiter verschlechtern würde. Da das Gegenteil schließlich
die Absicht der Referentenbestellung war, verzichtete die Parteiführung infolgedessen auf die Dienste von Trost.[775] Die Suche begann von neuem. Indes
hatte der Parteivorstand auch mit seiner nächsten Personalwahl kein Glück.
Zwar war sich die Parteispitze Ostern 1972 mit dem Kandidaten, ebenfalls
einst Redakteur bei ›Publik‹, schon handelseinig geworden, doch dann erfuhr
sie gleichsam in letzter Minute, daß ihr neuer Mann schon im Besitz eines Parteibuches war – desjenigen der CDU. Der Parteivorstand nahm daraufhin
auch von dieser Einstellung Abstand.[776] Erst im Dezember 1973 nahm die
Recherche der Parteiführung ein glückliches Ende. Es war ihr gelungen, den
wissenschaftlichen Referenten der Katholischen Akademie in Bayern, Burk-
hard Reichert, für das Kirchenreferat in der „Baracke" zu gewinnen.[777] Die
Partei konnte die Herkunft ihres neuen Mitarbeiters als gutes Omen werten.
Schließlich hatte die Akademie 1958 das katholische Gebot durchbrochen,
mit Sozialdemokraten erst gar nicht zu reden.

Die Aufgabe Reicherts – heute einer der dienstältesten Mitarbeiter im Erich-Ollenhauer-Haus – war auch 1973 noch außerordentlich schwierig. Er hatte primär die Interessen seiner Partei im Bereich des Katholizismus zu vertreten; er mußte dafür zugleich Persona grata in der Kirche sein und durfte es sich dabei dennoch nicht mit den Linkskatholiken verscherzen, die sich seit dem Wahlkampf 1972 in einem katholischen Arbeitskreis der Sozialdemokratischen Wählerinitiative organisiert hatten. Dem Arbeitskreis gehörten unter anderem die Theologieprofessoren Peter Lengsfeld, Horst Hermann und Norbert Greinacher an.[778] Mehr als 40 Mitglieder zählte der Kreis nicht. Und allzu viel Freude hatte die SPD auch nicht an den kritischen Katholiken. Denn die Linkskatholiken lagen häufig schon seit Jahren im Streit mit der Hierarchie und trugen nun ihre Fehden mit Hilfe der Sozialdemokratischen Wählerinitiative weiter aus. Der SPD machten sie zum Vorwurf, daß sie sich zu zahm gegenüber der Amtskirche verhalte. Die Gruppe hätte gern eine härtere Gangart eingeschlagen, scheute auch vor Provokationen nicht zurück, träumte mitunter von radikalen gesellschaftspolitischen Alternativen und reagierte enttäuscht, als ihr die SPD all dies nicht bot. Die Linkskatholiken hatten Freunde und Sympathisanten unter den jungen Linken in der SPD; die Parteispitze aber – allen voran Herbert Wehner – setzte nicht sonderlich auf sie, sondern versprach sich mehr von einem freundlichen Ton gegenüber der Amtskirche. Auch der neue Kirchenreferent wußte als intimer Kenner des Katholizismus, daß mit den progressiven Katholiken nicht viel Staat zu machen war. Es fehlte – im Unterschied zum Protestantismus nach 1945 – ein liberales katholisches Bürgertum, das auf die linkskatholische Kritik an der Hierarchie und an der „kapitalistischen Leistungsgesellschaft" ansprach. Dem katholischen Volk, um das es der SPD ging, imponierte der kritisch-intellektuelle Gestus der Linkskatholiken nicht. An einem rationalen, besonnenen Umgang mit der Amtskirche führte kein Weg vorbei. Hieran mußte weiter mit Sensibilität, Umsicht und langem Atem gearbeitet werden. Dafür sollte der Kirchenreferent sorgen.

Tatsächlich bekam er bald alle Hände voll zu tun. Denn im Frühjahr 1974 schlug das Klima im Verhältnis zwischen Sozialdemokraten und Katholiken plötzlich wieder um. Die Realpolitik war gescheitert; die Kirche ging die Regierung nun wieder frontal an und mobilisierte die fundamentaloppositionellen Emotionen der Jahre 1971/72. Für die erneute Radikalisierung des katholischen Anti-Sozialliberalismus gab es mehrere Gründe. Eine zweifellos entscheidende Wendemarke war die Reform des Paragraphen 218 im Sinne der Fristenlösung, die die Mehrheit der Regierungsparteien im April 1974 im Bundestag verabschiedet hatte. Daß die zahlreichen Gespräche der katholischen Würdenträger mit Spitzenpolitikern der SPD dieses Votum nicht hatten verhindern können, erschütterte die Grundlagen und die Legitimation der Anfang 1973 eingeschlagenen Realpolitik empfindlich. Noch ein weiterer Grund, der seinerzeit für eine Verständigungspolitik mit der führenden Regierungspartei gesprochen hatte, war inzwischen hinfällig geworden. Es hatte sich nämlich gezeigt, daß auch für die SPD, die 1972 von vielen Kommentatoren noch als strukturelle Mehrheitspartei auf Dauer gehandelt wurde, die Bäume keineswegs in den Himmel wuchsen. Die Partei war im Gegenteil bei Meinungsumfragen tief in den Keller gefallen. In der Gruppe der katholischen Wähler hatte sie sich im März 1974 um 10 Prozentpunkte gegenüber der Bundestagswahl von 1972 verschlechtert.[779] Die Kirche konnte mithin wieder Hoffnung schöpfen, daß der Exodus der Katholiken aus dem christlich-konservativen Lager gestoppt und umgekehrt worden sei, daß vielleicht sogar der Regierungswechsel eher, als man realistischerweise Anfang 1973 noch für möglich halten durfte, vor der Tür stehen mochte.

Ganz offenkundig hatte die Reideologisierung der Sozialdemokratie, deren Höhepunkt in den Jahren 1973/74 lag, bei den Randgruppen des Katholizismus, die noch 1972 SPD wählten, antireformistische Ängste ausgelöst und sie zur Rückkehr in das Lager der Unionsparteien bewogen. Die Reideologisierung der SPD hatte ganz entscheidend auch zur Wiederbelebung fundamentalistischer Affekte im Katholizismus beigetragen. Die martialisch klingende Klassenkampfsprache und die Koketterie mit systemüberwindenden Transformationsstrategien in einigen großstädtischen Ortsvereinen weckte bei den gläubigen Katholiken ernsthafte Angst und Besorgnis, die sich dann in aggressives Abwehrgebaren übersetzten. Schließlich traf die Renaissance des Ideologischen in der SPD einen Katholizismus, der sich seiner selbst nicht mehr ganz sicher war. Die katholischen Priester, Theologen und Verbandsfunktionäre spürten, daß die beste Zeit der Kirche in der Bundesrepublik abgelaufen war. Auch wenn sie nicht offen darüber sprachen, so ahnten sie doch, daß sie wichtige Schlachten verloren hatten. Das Bildungssystem etwa, das ihnen seit jeher am Herzen lag, war im Grunde genommen in der Bundesrepublik der siebziger Jahre ganz und gar weltlich ausgerichtet. Der Einfluß der Kirchen in den Institutionen der Republik ging mehr und mehr zurück, nicht nur in den Bonner Ministerialbüros, sondern auch in Zeitungen und Rundfunkanstalten.[780] Begonnen hatte diese Entwicklung schon lange vor dem Machtwechsel 1969, wohl schon in den letzten Jahren der Adenauer-Ära. Doch das wollte die Kirche nicht wahrhaben. Sie schob alle Schuld für ihre Misere der FDP und vor allem den Sozialdemokraten zu. In der Bundesrepublik der SPD fühlte sich der Katholizismus nicht mehr zu Hause.

Die Bundestagsentscheidung über die Reformen des Paragraphen 218 bestätigte die gläubigen Katholiken in ihren Fremdheitsgefühlen. Die Regierenden hatten die Besorgnisse der Kirche nicht beachtet, ihre Warnungen in den Wind geschlagen. Der Katholizismus galt den Herrschenden in Bonn nichts mehr. So empfanden es jedenfalls viele Priester und Gläubige. Im Mai 1974 bezeichnete eine Kirchenzeitung das geistige Klima in der Bundesrepublik als schlimmer als jenes, das während des Kulturkampfes unter Bismarck geherrscht habe.[781] Im Juni 1974 erklärte ein Bischof, daß für die Hälfte der bundesdeutschen Bürger – eben die Katholiken – die Bundesrepublik nicht mehr ihr Staat sei.[782] Im September 1974 sammelte sich das katholische Volk zum Katholikentag und demonstrierte lautstark Distanz zu den regierenden Sozialdemokraten. Auf der Abschlußkundgebung dieser Veranstaltung wurde der SPD-Ministerpräsident von Nordrhein-Westfalen, Heinz Kühn, von den 40 000 Teilnehmern mit gellenden Pfiffen und wütenden Buhrufen empfangen.[783] Im Oktober 1974 erschien zu den Landtagswahlen in Bayern wieder ein Hirtenbrief, der sich einzig und allein gegen die sozialliberale Politik wandte, da diese den Rückgang des „sittlichen Bewußtseins in Lebensfragen" verursacht, zumindest aber nicht aufgehalten habe.[784]

Einer der Autoren des Hirtenbriefes war der jetzt in Augsburg als Professor residierende Karl Forster, eben jener frühere Leiter der Katholischen Akademie in Bayern, der 1958 couragiert den Dialog mit den Sozialdemokraten eröffnet hatte und während der sechziger Jahre vielleicht am entschiedensten für eine parteipolitische Neutralität des Katholizismus eingetreten war. Er urteilte nun bitter enttäuscht über die SPD und widerrief seine früheren Ansichten. Landauf, landab erklärte Forster 1974 das von ihm selbst über Jahre präferierte Modell der Äquidistanz der Kirche zu den politischen Parteien aufgrund der Reideologisierung von SPD und FDP als gescheitert.[785] Insofern war die Situation nach dem Klimasturz im Frühjahr 1974 für die SPD fast noch dramatischer als in den Krisenjahren 1971/72. Denn nach der Reform des Paragraphen 218 fand sich im Katholizismus kaum noch ein Befürworter einer Kooperation mit den Sozialdemokraten. Gerade die früheren katholischen Protagonisten eines Gesprächs mit der SPD fühlten sich düpiert, wechselten die Front und übten besonders harsche Kritik an der sozialliberalen Politik. Neben Forster war dies insbesondere Bischof Tenhumberg, ehedem geradezu ein Freund der SPD, nun aber, Mitte der siebziger Jahre, ein unerbittlicher Gegner der sozialliberalen Koalition.[786] Auch ihn hatte empört, daß die in zahlreichen Gesprächen mit Vertretern der Regierungsparteien vorgebrachten Bedenken des Episkopats gegen die Fristenlösung ohne Folgen geblieben waren und an der Bundestagsentscheidung nichts hatten ändern können. Die innere Pluralisierung des deutschen Katholizismus, die in den sechziger Jahren begonnen hatte, wurde zweifellos durch die Reform des Paragraphen 218 aufgehalten, zwischenzeitlich gar rückgängig gemacht.

Auf die wiederaufflackernde kirchenkämpferische Stimmung reagierte die SPD bis in das Frühjahr 1975 hinein nach der Devise, von der sie sich seit den späten fünfziger Jahren schon hatte leiten lassen: Ruhe bewahren, sich nicht provozieren lassen, keine unüberlegten Reaktionen, einstecken und hinnehmen, höflich bleiben, Gespräche suchen. 1974/75 errichtete die SPD in zahlreichen Landesverbänden Gesprächskreise von Sozialdemokraten und Christen, auch wenn diese meist aus dem protestantischen Raum kamen oder zu der Minderheit der Linkskatholiken gehörten. Doch sollte jedenfalls Kommunikationsbereitschaft signalisiert werden. Auf die Angriffe der Kirche gegen die sozialliberale Rechtspolitik reagierten führende Sozialdemokraten zurückhaltend bis an den Rand der Selbstverleugnung. Willy Brandt etwa, von der Herder-Korrespondenz zur Wahlerklärung der bayrischen Bischöfe befragt, antwortete, er habe dies nicht als „antisozialdemokratischen Hirtenbrief empfinden wollen".[787] Um einen solchen aber hatte es sich unzweifelhaft gehandelt.

Wie ein Blitz aus heiterem Himmel traf daraufhin Ende März 1975 die Öffentlichkeit und vor allem den Katholizismus ein Artikel der sozialdemokratischen Wochenzeitung ›Vorwärts‹. Der Artikel trug den Titel ›Die Kirche übt die Machtprobe‹ und war von Roman Leick verfaßt, einem früheren Stipendiaten des Katholischen Instituts zur Förderung des publizistischen Nachwuchses in München, der sich bis dahin stets um einen versöhnlichen Ton bemüht hatte, wenn er über kirchliche Dinge schrieb. Nun aber ging er die katholische Kirche in einer harten Sprache und einem drohenden Gestus an, wie es kein sozialdemokratisches Organ seit 20 Jahren mehr gewagt hatte. Leick kritisierte in seinem Beitrag, daß die Kirche bei den anstehenden Bundestagswahlen 1976 voll auf einen Sieg der CDU setzte. Diese Strategie aber könne zu einem Trümmerhaufen führen, wenn die Union die Wahlen verlieren sollte. Denn dann werde niemand mehr in der SPD, nach allem was geschehen sei, auf die Kirche hören. „Eine Kirche, die den Weg der Machtpolitik beschreitet, darf sich nicht wundern, wenn auch mit ihr nur noch in gleicher Sprache geredet wird. Manch einer lernt aus Fehlern eben erst dann, wenn ihm mit gleicher Münze heimgezahlt wird."

Leick, darüber konnte kein Zweifel bestehen, mußte mit Rückendeckung aus der Parteispitze vorgeprescht sein. Mit diesem Artikel nahm die SPD den Fehdehandschuh der Kirche auf, zeigte zumindest, daß es für sie eine Schmerzgrenze gab, nachdem sie über 20 Jahre alle Hirtenbriefe geduldig hingenommen hatte und alle Verdächtigungen und Denunziationen, die Woche für Woche von der Kirchenpresse gegen die SPD vorgetragen wurden, schweigend ertragen worden waren. Offenkundig war jetzt für viele Sozialdemokraten das Maß voll. Schließlich hatte erst im April 1975 das Kolpingwerk beschlossen, keine Jungsozialisten als Mitglieder zu dulden.[788] Zugleich lief in Nordrhein-Westfalen ein Landtagskampf, in dem die kirchlichen Verbände gleichsam als Wahlkampftruppe der christdemokratischen Opposition mitmischten. Allerdings konnte die SPD bei diesen Wahlen, die Anfang Mai stattfanden, die Talfahrt der letzten zwei Jahre stoppen und die

Regierungsführung behaupten. Die Wut, die viele Sozialdemokraten über die einseitige Parteinahme des Katholizismus in den Wochen vor den Wahlen empfunden hatten, und der Triumph darüber, daß die kirchlichen Empfehlungen die Wähler offensichtlich nicht mehr zu beeindrucken vermochten – all dies bündelte sich in der SPD zu einer Einstellung, der Roman Leick mit seinem ›Vorwärts‹-Artikel Ausdruck gab, vor allem aber: Ausdruck geben *durfte*. Denn ganz offenkundig hielt es nun auch die Parteiführung für opportun, der Kirche etwas selbstbewußter als bisher Paroli zu bieten, ihr, wenn es sein mußte, auch einmal härter entgegenzutreten. Die Partei schätzte die Gefahren, die ihr bei Wahlen durch einen Kulturkampf drohen mochten, allem Anschein nach nicht mehr so hoch ein wie in früheren Jahren. Vielleicht versprach sie sich gar Stimmen von jenen Wählern, denen die mitunter recht plumpen Wahlbeeinflussungen der katholischen Einrichtungen allmählich mißfielen.

Gleichviel, der ›Vorwärts‹-Artikel schürte die kulturkämpferische Stimmung, in die sich das katholische Milieu im Frühjahr 1974 hineinbegeben hatte, noch erheblich. Die Kirchenpresse, deren regelmäßigen Schmähungen der sozialliberalen Parteien keineswegs leichten Kalibers waren, schrie Zeter und Mordio.[789] Von „Anpöpelungen" sowie „Unkenntnis und Haß" war allenthalben die Rede, und fast jeder katholische Autor oder Redner, der sich in diesen Mai- und Juniwochen den ›Vorwärts‹-Beitrag vorknöpfte, erinnerte beschwörend an die Zeiten des Nationalsozialismus. Damals habe man in ähnlicher Form versucht, die Kirche unter Druck zu setzen.

Mit diesen Emotionen ging es dann ins Wahljahr 1976. Es war fast alles wieder so wie vier Jahre zuvor. Verbände, Pfarrer, Episkopat mobilisierten das katholische Milieu. Jetzt endlich sollte der Regierungswechsel, nachdem die Sozialliberalen während der Legislaturperiode Schwäche gezeigt hatten, erzwungen werden. Wohl zum letzten Mal in der Geschichte des modernen Deutschlands richtete sich das katholische Milieu auf, rückte zusammen, zeigte noch einmal Biß – und erzielte wenigstens einen relativen Erfolg. Im Mai 1976 traten zuerst die Bischöfe mit einem pastoralen Wort zu den ›Orientierungsfragen der Gesellschaft‹ auf den Plan. Die Bischöfe beklagten, wie 1972 und trotz des leichten Anflugs von Selbstkritik ein Jahr danach, abermals den allgemeinen Verfall des Normen- und Wertebewußtseins und qualifizierten die Fristenlösung als Anschlag auf die Fundamente der Rechtsordnung ab.[790] Wenig später zog das Zentralkomitee der Katholiken mit einer Erklärung nach, die wie eine Zwillingsschwester der bischöflichen Botschaft wirkte. Auch das Zentralkomitee sah durch die sozialliberalen Reformen – dies die Quintessenz des ganzen – das sittliche Bewußtsein in der bundesdeutschen Gesellschaft zerstört.[791] Auf die Spitze trieb es der Chefredakteur der Katholischen Nachrichtenagentur, Konrad W. Kraemer, der Ende Juli 1976 in einer öffentlichen Versammlung ein sinistres Zukunftsbild der Bundesrepublik malte. Mit den Deutschen, so der Leiter der KNA, gehe es steil bergab; dem Land drohe ein „Sturz ins Bodenlose". Daher müsse die katholische Kirche zum Hort des Widerstandes werden „gegen die Mächte des Verfalls und der Zerstörung".[792]

Ganz ohne Eindruck blieben solche Schreckensvisionen dieses Mal auf die Kirchenanhänger nicht. Auch die Randgruppen des katholischen Milieus, die 1972 noch SPD gewählt hatten, waren von den ideologischen Eskapaden der sozialdemokratischen Linken irritiert und verunsichert worden. 1976 votierten sie wieder für die Unionsparteien. Die SPD hatte ihren Zuwachs aus dem katholischen Lager von 1972 vier Jahre später gänzlich eingebüßt.[793] Auch wenn es zum ersehnten Regierungswechsel nicht reichte, so herrschte in den katholischen Verbänden doch sichtliche Erleichterung, als die Analysen der Bundestagswahlen bestätigten, daß die Sozialdemokraten besonders in den katholischen Wählerquartieren verloren hatten. Katholische Publizisten atmeten auf und zogen zufrieden Bilanz: „Die Katholiken haben mit dem Stimmzettel ein eindrucksvolles Ja für das Leben, für die Familie, für eine christliche Erziehung und ein christliches Leben abgegeben."[794] Für eine solche euphorische Interpretation des Wahlergebnisses aber gab es wenig Anlaß. Im Wahlkampf 1976 hatte sich das katholische Milieu historisch gewissermaßen zum letzten Male aufgebäumt und seine Energien verausgabt. Danach verließen es die Kräfte. Die Erosion der Glaubensgemeinschaft durch die fortschreitende Säkularisierung der Gesellschaft zehrte an seiner Substanz. Im Grunde aber waren dem Katholizismus politisch schon früher die Zähne gezogen worden, bereits während des Wahlkampfes, genauer: drei Tage nachdem die Bischöfe ihr pastorales Wort zu den ›Orientierungsfragen der Gesellschaft‹ veröffentlicht und darin erneut Klage über den vom Staat nicht aufgehaltenen, wenn nicht gar mitverursachten Verfall der Sitten und Werte geführt hatten. Am 23. Mai 1976 räumte die Katholische Akademie in Hamburg Bundeskanzler Helmut Schmidt die Möglichkeit ein, in einem Referat unmittelbar auf die Vorwürfe der Bischöfe zu antworten. Schmidt nahm die Gelegenheit wahr. Dabei setzte er sich souverän über die bisherigen Regeln sozialdemokratischen Verhaltens gegenüber kirchlicher Kritik hinweg. Bisher hatten die Sozialdemokraten die öffentliche Auseinandersetzung mit dem Episkopat in der Wertefrage peinlichst vermieden. Sie wollten partout keinen Ärger, keine weitere Eskalation der Konflikte riskieren und hüllten sich daher in Schweigen. Schmidt nun gab diese Methode, die den Sozialdemokraten in den siebziger Jahren in der Tat wenig eingebracht hatte, auf. Selbstbewußt, ja geradezu ein bißchen kampfeslustig trat er Ende Mai 1976 in den Ring der Katholischen Akademie und suchte die Offensive. Er war gut vorbereitet; eine ganze Nacht lang hatte er mit dem Kirchenreferenten der SPD, Burkhart Reichert, an seinem Referat gefeilt.

Die Pointe der Ausführungen des Kanzlers lag darin, daß Schmidt alle Vorwürfe, die der Katholizismus dem Staat entgegenschleuderte, an die Kirche zurückgab. Sie selbst war nach Auffassung Schmidts Adressat für die Kritik am Werteverfall, so es ihn denn geben mochte, nicht der Staat. Der Staat könne in einer pluralistischen Gesellschaft nicht der Träger eines einheitlichen, allein von den Kirchen bestimmten Ethos sein. Der Staat habe die Grundrechte zu sichern, nicht aber die Grundwerte zu prägen. Für die Verankerung und Ausweitung der Werte seien allein die gesellschaftlichen Kräfte verantwortlich. Wenn die katholische Kirche nun die Gefährdung der von ihr reklamierten Grundwerte zu beklagen habe, dann sei das offenbar ein Zeichen dafür, lautete die Quintessenz des Kanzlerreferats, „daß die Kirche mit ihrer Grundwerte-Argumentation einen sehr großen Teil des Kirchenvolkes nicht mehr erreicht".[795]

Der Kanzler hatte den Schwarzen Peter an die Kirche zurückgegeben. Und die Bischöfe wußten im Grunde, daß Schmidt recht hatte, er hatte den wunden Punkt der Kirche präzise getroffen. Denn auch die Bischöfe und Priester bemerkten seit Jahren mit heimlicher Sorge, wie ihr Einfluß auf das katholische Volk schwand. Auch sie konnten schließlich beobachten, wie die Zahl der Kirchgänger von Jahr zu Jahr zurückging. Im Vergleich zur unmittelbaren Nachkriegszeit hatte sich der Anteil der praktizierenden Katholiken in der zweiten Hälfte der siebziger Jahre nahezu halbiert.[796] Unübersehbar war auch, daß sich das Gros der Katholiken in den Lebensformen nicht mehr an den Geboten der Kirche orientierte. Schmidt hatte mithin ausgesprochen, was den Bischöfen selbst Kummer bereitete, worüber sie aber die offene Aussprache mieden, um dem Staat die alleinige Verantwortung für ihre Schwierigkeiten zuschieben zu können. Der Kanzler hatte sie gleichsam ertappt, und die Bischöfe schwiegen betroffen. Sie mußten zur Kenntnis nehmen, daß die meisten Zeitungen, selbst manche konservative, die Rede Schmidts vor der Katholischen Akademie mit Sympathie kommentierten. In einigen Medien herrschte regelrecht ein bißchen Schadenfreude und Genugtuung darüber, daß endlich ein Politiker dem selbstgerechten Lamento des Katholizismus entgegengetreten war und die Kirche auf ihre eigenen Defizite hingewiesen hatte. Alle Welt wartete auf eine Antwort des Episkopats auf die Gegenkritik zum Kanzler. Doch sie kam nicht. Die Bischöfe hüteten sich fortan, noch einmal allzu forsch auf der Klaviatur der Klage über den Sittenverfall zu spielen. Mehr noch hat sich die katholische Kirche seit der Rede des Kanzlers aus der Wertediskussion der Gesellschaft, die in den achtziger Jahren von anderer Seite – nicht zuletzt auch von Sozialdemokraten – neu entfacht wurde, faktisch abgemeldet. Der Katholizismus hat seit 1976 kaum noch einen substantiellen Beitrag zur Ethik- und Wertediskussion der Bundesrepublik beizusteuern vermocht. Auch in der SPD hatte man genau registriert, daß die Rede des Kanzlers in der Öffentlichkeit mehr Punkte eingebracht hatte als die Taktik des ständigen Wegtauchens, der zurückhaltenden, inhaltslosen Höflichkeiten. Die Sozialdemokraten konstatierten, daß die Kirche angeschlagen war. Von nun an war die Zeit vorbei, da die SPD den Katholizismus wie ein rohes Ei behandelte. Die Partei ging nun weiterhin kooperationsbereit, aber selbstbewußter und konfliktfreudiger mit den Vertretern der Kirche um.

Das neue Selbstbewußtsein der Sozialdemokraten wirkte sich keineswegs krisenverschärfend auf die Beziehungen zur katholischen Kirche aus, im Gegenteil. Nachdem die erste Erleichterung über den für den Katholizismus glimpflichen Ausgang der Bundestagswahlen 1976 verebbt war, machten sich die Verbandsfunktionäre und Würdenträger der Kirche im Laufe des Jahres 1977 klar, daß sie wohl noch weitere Jahre mit einer sozialliberalen Koalition leben mußten. Schmidt wurde Ende der siebziger Jahre immer populärer, die Sozialdemokraten gewannen nun auch Landtagswahlen, die Union stagnierte oder verlor gar an Boden. Der Katholizismus konnte diese Entwicklung nicht ignorieren. Wie nach den Bundestagswahlen 1972 so kehrte auch jetzt wieder realpolitisches Denken in die Kirche ein. Allerdings hielt diese Leitlinie nun länger vor. Die kulturkämpferische Flamme des katholischen Milieus war offenkundig erloschen. In den späten siebziger Jahren führten nun die Diplomaten der Kirche Regie, nicht mehr die Feldherren. Es begann ein steter Reigen von Gesprächen und Kontakten zwischen Sozialdemokraten und katholischen Repräsentanten, bei denen beide Seiten sichtlich "good will" demonstrierten, die Sozialdemokraten allerdings im Auftreten etwas kecker als früher, die Kirchen mehr als ehedem darum bemüht, die Atmosphäre nicht durch unnötige Schärfen zu belasten.

Am 15. Dezember 1977 trafen erstmals die Präsidien des Zentralkomitees der Katholiken und der SPD zusammen – auf Wunsch der Katholiken.[797] Am 20. Februar 1978 konferierten die Bischöfe mit Kanzler Schmidt und einigen Ministern.[798] Am 6. April 1978 sprachen die fünf katholischen Bischöfe von Nordrhein-Westfalen nach einer Pause von vier Jahren wieder mit der Landesregierung.[799] Eine Woche später führten Vertreter der Katholischen Arbeiterbewegung und der sozialdemokratischen „Arbeitsgemeinschaft für Arbeitnehmerfragen" gemeinsam ein dreitägiges Seminar zur Bildungs- und Beschäftigungspolitik durch.[800] Am 21. Oktober 1978 diskutierten Sozialdemokraten und Abgesandte beider Kirchen auf Einladung der Friedrich-Ebert-Stiftung über „Zukunftsprobleme und Zukunftsbewältigung in einer demokratischen Gesellschaft".[801] Am 15. November 1978 kamen zum ersten Male in der Geschichte der Sozialdemokratie und des Katholizismus Vertreter der Deutschen Bischofskonferenz und des Präsidiums der SPD zu einem Meinungsaustausch zusammen.[802] Mitte Februar 1979 war erneut das Zentralkomitee der Deutschen Katholiken zu Gast im Erich-Ollenhauer-Haus. Man unterhielt sich dort nun bezeichnenderweise über

Fragen der Entwicklungspolitik und der Vermögensbildung. Darüber konnten sich beide Seiten leichter verständigen als über die früheren Konfliktthemen, wie etwa das der Reform des Paragraphen 218.[803] Eine solch dichte Kette von Kommunikationskontakten wie in den späten siebziger Jahren hatte es bis dahin zwischen Sozialdemokraten und Katholiken noch nicht gegeben, was gewiß auch ein Verdienst des fleißigen und geschickt agierenden Kirchenreferenten im Bonner Hauptquartier war. Schon machte sich der konservative ›Rheinische Merkur‹ Sorgen darüber, „daß der Umgang hoher SPD-Funktionäre mit offiziellen kirchlichen Vertretern unkomplizierter, unbeschwerter verläuft" als der Kontakt der Hierarchie zur Union, die in „selbstgefälliger Gleichgültigkeit" verharre.[804]

Im Wahlkampfjahr 1980 aber widerstand das Episkopat dann doch nicht der Versuchung, noch einmal auf Sieg der Unionsparteien zu setzen. Kulturkämpferische Leidenschaften konnten die Bischöfe indes nicht mehr entfachen, dazu reichte die Kraft des zerfallenden katholischen Milieus nicht mehr aus. Ein Hirtenwort, das die Gläubigen zur Stimmabgabe für die Union mobilisieren sollte, mußte diesmal genügen. Doch die Bischöfe machten dabei einen schweren Fehler. Sie begaben sich auf das Gebiet der Staatsfinanzen. Dort aber hatten sie nach Auffassung der großen Mehrheit der Bundesbürger nichts zu suchen. Die früheren Attacken der Kirche gegen den Zerfall der Werte hatte man ihr noch halbwegs nachgesehen, irgendwie gehörten Sitten und Normen zum Feld, das Kirchen nun einmal zu beackern hatten. Die Finanzpolitik aber zählte nach Auffassung der meisten Wähler nicht zum kirchenpolitischen Kompetenzbereich. Verdruß schuf zudem, in welch plumper und unverhüllter Form die Bischöfe die Wahlkampfrhetorik der Unionsparteien übernommen hatten: „Die Ausweitung der Staatstätigkeit, die damit verbundene Bürokratisierung und die gefährlich hohe Staatsverschuldung müssen jetzt korrigiert werden."[805]

Die Sozialdemokraten aber waren im Grunde keineswegs unfroh über die bischöfliche Wahlkampfintervention. Die Zeiten hatten sich eben geändert. Während die SPD in den sechziger und siebziger Jahren den Hirtenbriefen ängstlich entgegensah und erschrocken-leisetreterisch darauf reagierte, nahm sie nun den Fehdehandschuh geradezu freudig auf und keilte zurück.[806] Den Sozialdemokraten kam der Hirtenbrief offenbar gerade recht; er war ihnen ein willkommenes Wahlkampfgeschenk. Denn selbst der Mehrheit der Katholiken war die Bevormundung durch die Bischöfe peinlich;[807] den übrigen Bevölkerungsgruppen ging die katholische Besserwisserei schon lange gegen den Strich. Die Kommentare in den Medien auf das Bischofswort fielen überwiegend vernichtend aus. Infolge all dessen konnte es sich kaum ein sozialdemokratischer Redner bei seinen Wahlkampfeinsätzen auf den Marktplätzen bundesdeutscher Städte verkneifen, recht kräftig gegen die Bischöfe vom Leder zu ziehen. Dann nämlich brauste gewiß großer Beifall auf. Der sozialdemokratische Bundestagsabgeordnete Olaf Schwenke warnte sogar davor, nach dem Hirtenwort einfach zur Tagesordnung überzugehen und drohte den Katholiken mit einer laizistischen Politk, wie sie in den frühen siebziger Jahren noch die FDP programmatisch postuliert hatte.[808] Solcherlei Aggressivitäten und Drohgebärden schadeten den Sozialdemokraten im Jahr 1980 nun nicht mehr. Die Kirche verlor erneut eine Schlacht. Die SPD gewann bei den Bundestagswahlen gerade unter den Kirchgängern, insbesondere denen mit akademischer Qualifikation, wieder einige Prozentpunkte hinzu.[809]

In den achtziger Jahren verlor dann die bis dahin oft so turbulent verlaufene Beziehung zwischen Kirche und SPD gänzlich an Dramatik. Auch die Öffentlichkeit interessierte sich kaum mehr für die Treffen zwischen Sozialdemokraten und Repräsentanten des Katholizismus. Während in den siebziger Jahren noch jede Zusammenkunft ein großes Medienecho fand, erschien nun über die Konferenzen von Vertretern der Deutschen Bischofskonferenz und dem Präsidium der SPD bestenfalls noch winzige Notizen in den Zeitungen. Auf solchen Sitzungen ging es jetzt versöhnlich, gar kooperativ zu. Die desintegrierenden Themen der Vergangenheit wurden ausgeklammert; in Fragen des Umweltschutzes, des Asylrechts, der Ausländerproblematik, der Arbeitslosigkeit, der Gentechnologie, die nun im Mittelpunkt der Erörterungen standen, kamen sich beide Parteien inhaltlich sehr nahe. Bei diesen Dingen hatte es die Kirche mit der Sozialdemokratie oft leichter als mit den Parteien der Union.[810]

Normalisierung eines schwierigen Verhältnisses. Die achtziger Jahre

Für die Entkrampfung und Entdramatisierung des einst so heftigen Konflikts waren aber noch andere Faktoren verantwortlich. Dazu zählt gewiß der Bedeutungsverlust der Katholiken, der sich im vereinten Deutschland noch stärker ausnimmt. Die Zahl der praktizierenden Gläubigen dieser Konfession ist in den siebziger und achtziger Jahren so rapide zurückgegangen, daß sie für die Sozialdemokraten nicht mehr die gleiche Relevanz hatten wie in den beiden Jahrzehnten zuvor. Dadurch aber hat sich auch das gesellschaftliche und politische Gewicht der katholischen Hierarchie reduziert. Sie muß jetzt vorsichtiger, beweglicher, flexibler und offener agieren, um Einfluß nehmen und bewahren zu können. Schwierigkeiten mit einer großen Partei kann sie nicht mehr gebrauchen. Dabei hatte sich die katholische Kirche die politische Entwicklung in den achtziger Jahren ganz anders vorgestellt. Schließlich war es das Jahrzehnt der „Wende", des langersehnten Endes der sozialliberalen Koalition und der Wahl eines Christdemokraten zum Kanzler. Doch die über Jahre von der Union unisono mit der

Kirche angekündigte und versprochene „geistig-moralische Wende" stellte sich nicht ein. Die Kirche hatte ernsthaft geglaubt, durch den Regierungseintritt der Union wieder ein Stück der fünfziger Jahre zu bekommen, eine Restauration der christlichen Gesellschaft, zumindest die Korrektur der so heftig befehdeten sozialdemokratischen Rechtsreformen. Nichts dergleichen aber geschah, weder die Eherechts- noch die Abtreibungsreform wurde rückgängig gemacht. Die Regierung nahm auf die Vorstellungen der Kirche, die schließlich nur noch bei Minderheiten der Wähler Rückhalt besaß, keine Rücksicht, orientierte jedenfalls ihr gesetzgeberisches Handeln nicht nach den katholischen Wünschen. Die Enttäuschung, die sich daraufhin im Katholizismus über die Union breit machte, ist sicher kaum zu überschätzen, auch nicht im Hinblick auf das Verhältnis zu den anderen Parteien. Die Kirche machte von nun an illusionslos Politik. Sie sprach jetzt ohne viel Umstände mit allen Parteien, nicht mehr über globale Grundsatzfragen wie „Christentum und Sozialismus", sondern über präzise gesellschaftspolitische Probleme und konkrete Projekte. Die jeweiligen Fachreferenten der Kirche kontaktierten jetzt die jeweiligen Experten und Ressortsprecher der Parteien und Ministerien, angefangen von der Entwicklungspolitik, über Umweltfragen, bis hin zum Asylrecht. Die Kirche handelt seit ihrer Desillusionierung über die ausgebliebene Wende wie ein moderner Interessenverband pragmatisch, nüchtern, den Umgang mit allen machtpolitisch relevanten Parteien suchend, dabei auf die Durchsetzung der eigenen Interessen bedacht.

Auf der Spitzenebene sind die jahrzehntelangen Spannungen zwischen Sozialdemokraten und Katholiken weitgehend verschwunden. Insoweit hätten die Sozialdemokraten ihr Anliegen, das sie in den späten zwanziger Jahren vorsichtig andeuteten und Ende der fünfziger Jahre unmißverständlich vortrugen, erreicht. Doch ihrem eigentlichen Ziel, in das katholische Wählerreservoir einzudringen, sind sie im historischen Längsschnitt kaum nähergekommen. Nach der Bundestagswahl 1980 verlor die SPD in der katholischen Wählerschaft wieder gewaltig an Boden. 1990 standen die Sozialdemokraten bei den Katholiken nicht besser da als 1950. Allen jahrzehntelangen Bemühungen der Sozialdemokraten zum Trotze verhalten sich die katholischen Wähler – Säkularisierung hin, Säkularisierung her – nach wie vor reserviert gegenüber der SPD. So korrekt und kooperativ inzwischen die Umgangsformen zwischen sozialdemokratischen Präsidiumsmitgliedern und katholischen Bischöfen geworden sind, an der Basis des Katholizismus, vor allem in den Landgemeinden, ist das herkömmliche Mißtrauen gegen die „Roten" offenkundig noch tief in der Bevölkerung verwurzelt. Und nicht jeder Ortspfarrer hat die Ernüchterung und Pragmatisierung der Politik des Episkopats seit 1983 nachvollzogen, sondern orientiert sich weiterhin an den kulturkämpferischen Formeln der frühen siebziger Jahre.

Zudem hat die Sozialdemokratie versäumt, ihr Katholikendefizit unter den Parlamentariern abzubauen. Es gibt immer noch zu wenig vorzeigbare Politiker in der SPD, mit denen sich auch gläubige katholische Kirchgänger identifizieren können. Noch immer ist die Partei nicht in der Lage, mehr als zwei oder drei ernstzunehmende Kandidaten für die Wahl in das Zentralkomitee der Deutschen Katholiken zu präsentieren. So bleibt diese wichtigste Laieneinrichtung eine Domäne der Unionsparteien. Vielleicht hat auch der Spitzenkandidat der SPD für die Bundestagswahl 1990, Oskar Lafontaine, eine große Chance vertan. Immerhin war Lafontaine als Student Stipendiat des Cusanuswerkes, der Studienförderung der Bischöfe. Die Kirche hatte das nicht vergessen und war anfangs sehr daran interessiert, mit dem Politiker Lafontaine näher ins Gespräch zu kommen. Doch nahm der saarländische Ministerpräsident die Einladungen der Kirche kaum zur Kenntnis, beantwortete sie oft nicht einmal. Gerade unter den katholischen Kirchgängern schnitt die SPD unter ihrem katholischen Kanzlerkandidaten so schlecht ab wie seit Jahrzehnten nicht mehr.[811] Merkwürdig ist sicher auch, daß ausgerechnet der SPD-Landesverband im zutiefst katholisch geprägten Bayern ausgesprochen antiklerikale Züge trägt wie sonst kaum noch eine zweite Regionalorganisation der SPD. Gespräche mit Bischöfen führen die Sozialdemokraten dort nicht. Auch die fürwahr deprimierenden Wahlergebnisse ihrer Partei belehren sie keines Besseren. In Bayern gibt es zwar bereits seit 1973 einen Gesprächskreis „SPD und Kirche", aber der ist bezeichnenderweise im protestantischen Erlangen etabliert und auch ganz und gar evangelisch geprägt.

Die SPD – eine protestantische Partei?

Die protestantische Ausrichtung des bayrischen Gesprächskreises „SPD und Kirche" ist weder zufällig noch singulär. Im Grunde hat sich die SPD besonders durch ihren inneren sozialen und kulturellen Wandel in den späten sechziger, frühen siebziger Jahren von einer ehemals freidenkerisch durchdrungenen zu einer mehr und mehr protestantisch argumentierenden Partei gewandelt. Indes begann die vor 1933 noch gänzlich unvorstellbare Annäherung von evangelischer Kirche und Sozialdemokratie schon in der unmittelbaren Nachkriegszeit, auf Initiative zunächst protestantischer Kirchenführer.[812] Die einst extrem deutschnational eingestellte evangelische Kirche hatte sich in großen Teilen durch die Erfahrungen mit dem Nationalsozialismus geläutert und war – mitunter im Eifer über das Ziel hinausschießend – nach links gerückt. Auch konservativ gebliebene Pfarrer und Bischöfe gestanden nach 1945 kritisch ein, daß die evangelische Kirche in der Vergangenheit die Arbeiterschaft vernachlässigt habe.[813] Infolgedessen bemühten sich Vertreter des Protestantismus seit 1947 um Kontakte zu sozialdemokratischen Parteiführern. Diese reagierten höflich, aber nicht über die Maßen interessiert. Schließlich erzielte die SPD seit den Anfängen ihre herausragenden Erfolge in den protestantischen Landesteilen. Es war mithin der SPD-Spitze nicht recht einsichtig, was die Zusammenkünfte mit den evangelischen Kirchenvertretern eigentlich bringen sollten. Doch entstand im Laufe der fünfziger Jahre in der SPD ein protestantischer Zirkel, der sich allmählich vergrößerte und am Ende des Jahrzehnts fest im Entscheidungszentrum der Partei verankert war. Diese Gruppe umfaßte Politiker wie Adolf Arndt, Helmut Schmidt, Fritz Erler, Herbert Wehner, Ludwig Metzger, Wilhelm Mellies und Gustav Heinemann. Vor allem der Beitritt Heinemanns und seiner Freunde aus der Gesamtdeutschen Volkspartei – darunter Diether Posser, Erhard Eppler, Johannes Rau und Jürgen Schmude – hatte das protestantische Element in der SPD erheblich verstärkt. Mit Heinemann stießen im Juli 1957 allein in Württemberg 160 evangelische Pfarrer zur SPD.[814] Parallel zur protestantischen Einflußmehrung in der SPD gewannen die Sympathisanten der Sozialdemokratie in der evangelischen Kirche weiter an Boden. So stand Ende der fünfziger Jahre mit Bischof Scharf als Ratsvorsitzendem ein ausgesprochener Freund der SPD an der Spitze der evangelischen Kirche in Deutschland (EKD). In den großen gesellschaftlichen Konflikten jener Jahre trat die EKD in aller Regel an die Seite der Sozialdemokraten, ganz so wie die katholische Kirche stets die Partei der Union ergriff.[815]

In der ersten Hälfte der sechziger Jahre gingen frühe Impulse für die spätere Ostpolitik der Regierung Brandt aus dem protestantischen Raum hervor. Egon Bahr sprach 1963 erstmals vom „Wandel durch Annäherung" in einem Referat vor der Evangelischen Akademie in Tutzing. Zwei Jahre später veröffentlichte die EKD ihre Ostdenkschrift, auf die sich nach 1969 die Entspannungspolitiker der sozialliberalen Koalition berufen und beziehen konnten. Zwischen 1969 und 1973 verzeichnete die Sozialdemokratie einen starken Zustrom aus dem protestantischen Bereich, vor allem auch von Pfarrern. In den frühen Jahren der sozialliberalen Ära überwogen Themen, Stimmungen und Personen, die stark in die evangelische Kirche ausstrahlten. Heinemanns Reise nach Israel, Brandts Kniefall in Warschau, die großen Versöhnungsgesten und Friedensvisionen Anfang der siebziger Jahre faszinierten die Synodalen, Pfarrer und Oberkirchenräte der evangelischen Kirche und nahmen sie noch mehr für die Sozialdemokraten ein. In dieser Zeit sah man vor allem in den oberen Etagen des Protestantismus die SPD als die eigentliche evangelische Partei der Bundesrepublik an, wie sich Willy Brandt 1989 leise ironisch zurückerinnerte.[816]

Der Rücktritt von Bundeskanzler Willy Brandt, das Ende der Amtszeit Gustav Heinemanns und das Ausscheiden von Erhard Eppler aus dem nun von Helmut Schmidt geleiteten Bundeskabinett markierten zwar keinen Bruch in den Beziehungen zwischen Sozialdemokratie und evangelischer Kirche, so aber doch eine deutliche Zäsur. Merkwürdigerweise kamen die Pfarrer mit dem bekennenden evangelischen Christen Schmidt erheblich schlechter zurecht als mit dem Agnostiker Brandt. Die Politik Schmidts war den Kirchenmännern zu nüchtern und technokratisch; sie vermißten daran die wertbezogene Zielrichtung.[817] Nach dem großen Aufbruchsenthusiasmus zu Beginn der sozialliberalen Regierungszeit machte sich nun im Protestantismus Ernüchterung und auch ein wenig Enttäuschung über den prosaisch-kühlen Alltag unter dem Kabinett Schmidt/Genscher breit. Doch fanden die Sozialdemokraten auch bei den Bundestagswahlen 1976 und 1980 in den meisten evangelischen Pfarrhäusern Beistand und Rückhalt. Dabei waren der Partei CDU und CSU zu Hilfe gekommen. 1976 hatte die Parole „Freiheit oder Sozialismus" viele protestantische Amtsträger gegen die Unionsparteien aufgebracht und zum neuerlichen Engagement für die nun nicht mehr ganz so heiß und innig wie noch 1972 geliebten Sozialdemokraten motiviert. 1980 sorgte die Kandidatur des bayrischen Katholiken und Rechtspopulisten Franz Josef Strauß dafür, daß die protestantischen Pfarrer und Kirchentagsaktivisten trotz ihrer inzwischen noch stärker gewachsenen Kritik an der Schmidt-Regierung der SPD nicht von der Stange liefen.

In den gesellschaftlichen Konflikten der späten siebziger und frühen achtziger Jahre, von den Auseinandersetzungen über die Atomkraft bis zum Disput über die Nachrüstung, stellten sich die protestantischen Amtsträger aber mehrheitlich gegen die Politik der SPD/FDP-Regierung. Sie lehnten die technischen Großprojekte ab; die Philosophie der Abschreckung und des militärischen Gleichgewichts leuchtete ihnen nicht ein. In den frühen achtziger Jahren setzte ein Exodus aktiver Protestanten aus der SPD ein; immer mehr evangelische Kirchenvorstandsmitglieder, Synodale, Akademieangestellte, Erzieher und Sozialarbeiter wanderten in das Lager der „Grünen".[818] Auf der anderen Seite des protestantischen Spektrums wuchs die Bewegung der sogenannten Evangelikalen, zu der sich die konservativen Gemeindemitglieder der Kirche zusammengefunden hatten, um Ehe und Familie zu retten und, den Katholiken gleich, die sozialliberalen Rechtsreformen der siebziger Jahre zu bekämpfen.[819] Auf die Abkehrbewegung eines Teils der protestantischen Christen reagierten die Sozialdemokraten hochempfindlich und außerordentlich rasch. Denn in den achtziger Jahren war die SPD auch personell stark im Protestantismus verankert. Stimmungsumschwünge dort schlugen sich meist unmittelbar in der SPD nieder. Schließlich stammte ein guter Teil der neuen Funktionärselite in der Partei der achtziger Jahre aus dem protestantischen Bildungsbürgertum. Das galt auch für die linke innerparteiliche Opposition gegen die Politik von Helmut Schmidt; sie war keineswegs marxistisch oder sozialreformistisch begründet, sondern setzte im Grunde die lebensreformerische Kultur- und Zivilisationskritik des bildungsbürgerlichen Protestantismus fort, wie sie sich in Deutschland seit den neunziger Jahren des 19. Jahrhunderts gleichsam zyklisch, aber unter unterschiedlichen politischen Vorzeichen artikulierte.

Das Unbehagen der ökopazifistischen Pfarrer an der Schmidt-Regierung war auch das Unbehagen vieler protestantischer SPD-Aktivisten aus der 68er Generation. Nach dem Sturz Schmidts kamen die Angehörigen dieser Generation in der Partei nach vorn. Das neue Selbstverständnis der SPD verschmolz sich nun mit den Stimmungen auf protestantischen Kirchentagen. Im Juli 1983 rückten ganze Heerscharen von sozialdemokratischen Politikern zum Kirchentag nach Hannover aus. Sie wollten die verlorengegangenen protestantischen Seelen wieder zurückgewinnen und nahmen daher die apokalyptischen Ängste und pietistischen Askesebekundungen vieler Teilnehmer durch alle Poren auf, um die Partei dafür „sensibel" – wie es seinerzeit bevorzugt hieß – zu machen. „Frömmigkeit und politisches Engagement zu trennen" sei „nicht mehr zeitgemäß", schrieb nach dem Hannoveraner Kirchentagsspektakel ein sozialdemokratischer Beobachter. Die Sozialdemokraten deuteten den Kirchentag als „Demonstration gegen das Fortschrittsmodell der gegenwärtigen wissenschaftlich-technischen Welt" und als „Abkehr von der Überflußgesellschaft hin zur Bedarfsdeckung".[820] All diese Losungen gingen in die neue Programmdebatte der SPD zur Mitte der achtziger Jahre ein und färbten den Entwurf, der dann am Ende im Kloster Irsee dabei herauskam – ein zutiefst protestantisches Programmdokument.

Die Sozialdemokraten waren in den achtziger Jahren so sehr mit ihrem protestantischen Problem beschäftigt, daß sie für die Katholiken kaum noch einen Blick hatten. Die postmaterialistische Wende der Sozialdemokraten wurde von den Amtsträgern und Kirchentagsaktivisten im Protestantismus immerhin honoriert. Die Sozialdemokratie faßte ab Mitte der achtziger Jahre wieder Fuß unter den engagierten evangelischen Christen. Schließlich hatten die in sterilen Flügelkämpfen zerrissenen „Grünen" nicht das gehalten, was sich viele im Grunde sozialliberal gesinnte Protestanten anfänglich von ihnen versprochen hatten. Sie kehrten nun zur ökologisch erneuerten SPD zurück. Insgesamt zählte die Partei in der zweiten Hälfte der achtziger Jahre rund 1000 evangelische Pfarrer in ihren Reihen.[821] 1985 wurde der stellvertretende Fraktionsvorsitzende der SPD-Bundestagsfraktion, Jürgen Schmude, zum Präses der EKD gewählt. Auch der Kirchentag war Ende der achtziger Jahre fest in sozialdemokratischer Hand. Alle drei Mitglieder des Kirchentagsvorstandes sympathisierten mit der SPD oder gehörten ihr an.[822] Die Partei selbst zeigte Präsenz und bot auf den Kirchentagen meist die komplette Riege ihrer Spitzenpolitiker. Bei Podiumsdiskussionen hatten sie jetzt wieder ein Heimspiel, während Unionspolitiker oft mit Pfiffen und

Buhrufen leben mußten.[823] Trotz Oskar Lafontaine und den unzweifelhaft katholischen Seiten seines Wesens ist die SPD zum Ende der achtziger Jahre eine stark protestantische Partei geworden. Die Wahl des norddeutschen Protestanten Engholm zum Parteivorsitzenden zeigt, daß der Trend in diese Richtung weitergeht. Das gilt erst recht nach der Vereinigung, die der SPD fünf neue Landesverbände beschert hat, bei deren Geburt das evangelische Pfarrhaus ein ähnlich bedeutsamer Ort war wie einst in der Blütezeit der mitteldeutschen Arbeiterbewegung das gewerkschaftliche Volkshaus.

9. Generationen, Kulturen und Interessen im Aufprall. Wandel und Krise der SPD in den Großstädten

Die Erosion in den siebziger Jahren: Folge linksradikaler Unterwanderung?

Am turbulentesten erfolgte der Auflösungsprozeß der alten sozialdemokratischen Traditionskompanie Anfang der siebziger Jahre in einigen Großstädten. Zwei Generationen prallten hier unvermittelt aufeinander, zwei Lebensarten, zwei Sprachmuster, zwei Kulturen eben – aber auch zwei Interessensgruppen. Gebannt, kopfschüttelnd und abgestoßen bestaunte das Publikum seinerzeit die Selbstzerfleischungskämpfe, die sich in den großstädtischen Abteilungen der SPD abspielten. Allenthalben war von Münchner, Frankfurter, Bremer und Hamburger „Verhältnissen" die Rede und schaudernd wurden damit erbitterte Flügelkämpfe, Versammlungskrawalle assoziiert. Man dachte an den Aufstand der studentischen Nickelbrillen und Rauschebärte gegen die alte Garde biederer Arbeitnehmer.[824] Die SPD in den Großstädten schien von allen guten Geistern verlassen zu sein, ihre innerparteilichen Flügel beschäftigten sich lediglich mit sich selbst, nicht mehr mit dem politischen Gegner. Das Echo in den Medien war verheerend, ohne daß dies die Kontrahenten im Disput zur Räson gebracht hätte. Es ging ihnen allein und ausschließlich um die Mehrheit in der SPD, um Delegierte und Vorstände. Über die Resonanz bei den Wählern machten sie sich keine Sorgen; es scherte sie nicht. Die Folgen waren nachgerade katastrophal. Anfang der siebziger Jahre brachen die über Jahrzehnte scheinbar sicheren Fundamente der SPD in einigen ihrer großstädtischen Hochburgen. Als die SPD auf der Bundesebene noch ihre historisch größten parlamentarischen Erfolge feierte und sich auf dem Weg nach vorn wähnte, deuteten sich in den Metropolen bereits der Niedergang und Zerfall, mithin die Probleme der SPD in der ersten Hälfte der achtziger Jahre an. Der Ausgang der Wahlen in den Großstädten hatte Signalfunktion, doch die wenigsten erkannten damals die Zeichen. Mit der alten Herrlichkeit absoluter Mehrheiten hatte es in wichtigen, prosperierenden urbanen Zentren der Republik in der ersten Hälfte der siebziger Jahre plötzlich ein Ende. In München fiel die SPD bei den Kommunalwahlen zwischen 1972 und 1977 von 55,7 auf 37,2 Prozent. In Frankfurt verlor sie von 1972 bis 1977 10,2 Prozentpunkte und lag bei nur noch 39,9 Prozent. In Hamburg sank die SPD bei den Bürgerschaftswahlen zwischen 1970 und 1974 von 55,3 auf 44,9 Prozent herab. In Berlin erhielt die Partei bei den Wahlen zum Abgeordnetenhaus 1975 42,6 Prozent der Wählerstimmen statt 50,4 Prozent vier Jahre zuvor. Und in Bremen mußten sich die Sozialdemokraten bei den Wahlen zur Bürgerschaft 1975 mit 44,9 Prozent der Stimmen begnügen, während sie 1970 noch auf 55,3 Prozent gekommen waren.

In der Literatur ist man sich über die Ursachen der sozialdemokratischen Einbrüche in den Großstädten Anfang bis Mitte der siebziger Jahre weitgehend einig: Schuld daran trugen die „jungen Dogmatiker" aus den Reihen der Jusos. Mit ihren ideologischen Verbohrtheiten hätten sie die Wähler abgeschreckt und vergrault.[825] Doch das Problem ist vielschichtiger. Gewiß wird man bei der Erklärung der Wählerverluste zusätzlich auch die sozialstrukturellen Veränderungen gerade in den Metropolen berücksichtigen müssen, durch die die Wählerlandschaft neu gestaltet, das Stammwählerpotential der SPD reduziert worden ist. Darauf sind wir weiter oben ausführlich eingegangen. Aber auch die Umbruchsituation in den großstädtischen Abteilungen der SPD ist nicht monokausal allein auf die dogmatischen Eskapaden wildgewordener Juso-Revoluzzer zurückzuführen. Hier kamen mehrere Faktoren zusammen, die schließlich zur Krise der großstädtischen SPD kumulierten, den Generationswechsel erschwerten und am Ende den Vertrauensverlust bei den Wählern bewirkten.

Zweifellos hatte die rigide und rücksichtslose Art, in der die studentischen Zirkel Anfang der siebziger Jahre großstädtische Abteilungen geradezu putschartig eroberten, viele alteingesessene Mitglieder zutiefst verunsichert und schließlich aus dem Parteileben weggeekelt. Die versierte Rhetorik der jungen Akademiker hatte die traditionelle Arbeitnehmerschicht mundtot gemacht, die Arroganz der Theoretiker hatte sie verängstigt, die Unduldsamkeit erschreckt. Sie fanden sich nicht mehr zurecht in einer Partei, die endlos lange und verbissen diskutierte, Stunden über Geschäftsordnungsanträge stritt – und Beschlüsse erst nach Mitternacht faßte, als die Rebellen von der Universität unter sich, die Arbeitnehmer aber längst im Bett waren. In dieser Zeit machte die junge akademische Generation in einigen Orten tabula rasa, kompromiß- und erbarmungslos, vor den Augen einer erschreckten Öffentlichkeit. Sie führten einen verbiesterten Parteikrieg und sponnen theoretische Modelle von einer staatlich gelenkten Wirtschaft, als seien sie allein auf der Welt, als gelte höchstens die Resonanz auf dem Campus, als zählten nicht die Ergebnisse parlamentarischer Wahlen. Am

Ende stand die SPD dort, wo sich solches vollzog, schon Mitte der siebziger Jahre vor einem Trümmerhaufen.

Doch mancherorts waren die Verhältnisse komplexer, waren die Gründe für die großstädtische Parteikrise der frühen siebziger Jahre nicht allein oder auch nur zuerst im apodiktischen und wählerschreckenden Neomarxismus der Jusos zu finden. In einigen Großstädten verlief der soziokulturelle Wandel in der Parteimitgliedschaft dieser Jahre so spannungsreich, weil Partei und Stadt personell verkrustet waren, weil die ältere Generation um ihre Pfründe bangte, ihre Posten mit Händen und Füßen verteidigte, weil sie in den nach vorne stürmenden Jüngeren Konkurrenten sahen, die sie sich vom Hals schaffen wollten. Sie spielten sich dann als Hüter des ›Godesberger Programms‹ und Damm gegen den Radikalismus auf, im wesentlichen aber kämpften sie um ihre Interessen und Privilegien, die sie durch die Demokratisierungspostulate des rednerisch gewandten Nachwuchses gefährdet sahen. Sie nutzten ihren Kontakt zu den Medien, die sodann die gleiche Tonart anschlugen: Radikale Jusos unterwandern den Ortsverein und verjagen verdiente Sozialdemokraten.

In den Schlagzeilen auch der überregionalen Presse war in den frühen siebziger Jahren neben der SPD in München und in Frankfurt vor allem auch die Bremer Partei gekommen. Nach dem Saarland hatte die dortige SPD im März 1972 als zweiter Landesverband einen Jungsozialisten zum Vorsitzenden gewählt, den Juristen Henning Scherf.[826] An der Spitze des Unterbezirks Bremen stand mit Konrad Kunick ein weiterer Jungsozialist, und der Juso-Chef Klaus Wedemeier drängte ebenfalls nach vorn.[827] Die SPD in der Hansestadt durchlief mithin einen Generationswechsel, der auch bitter nötig war, da die Partei nach der jahrzehntelangen autokratischen Führung durch den früheren DGB-Chef und Fraktionsvorsitzenden Richard Boljahn ohne Konzepte und Ideen dastand, personell nahezu hoffnungslos verkrustet und mit dem öffentlichen Dienst der Stadt verfilzt schien. Etwas frischer Wind konnte nur gut tun. Revolutionäre Abenteuer waren im übrigen nicht zu befürchten, denn die Bremer Jusos benahmen sich grundvernünftig, sie wollten nur konsequente Reformisten sein und strebten die Integration in die Parlamentsarbeit der SPD an.[828] Sowohl Scherf als auch Wedemeier gehörten schon ab 1971 der Bremer Bürgerschaft an. Und doch vermittelten die Medien in den siebziger Jahren ein Bild, als herrschten auch in der Bremer SPD „Münchner Verhältnisse", als hätten auch hier wildgewordene „Politclowns" – so der SPD-Bildungssenator Moritz Thape[829] – und rote Kader von der Universität die braven Arbeitnehmer rücksichtslos verdrängt. Gewiß, der Generations- und Elitenwechsel in der Bremer SPD vollzog sich nicht ohne Reibungen und Konflikte. Doch standen sich nicht Bürgersöhnchen und Blaumänner gegenüber, sondern als junger und linker Parteivorsitzender ein gelernter Kettenschweißer, der sein Jurastudium über den zweiten Bildungsweg mit Hilfe eines Stipendiums der evangelischen Kirche absolviert hatte, und ein rechter, älterer AfA-Vorsitzender und Betriebsgruppenleiter, der aber nicht etwa in den Werften seine Hände schmutzig machte, sondern als Personalchef bei den Bremer Stadtwerken über Einstellungen und Karrieren entschied.[830] Ein weiterer dezidierter Gegner der jungen Leute war auch der Unterbezirksvorsitzende von Bremerhaven, der dort zugleich als Vorsitzender der Fraktion in der Stadtverordnetenversammlung und Geschäftsführer der „Neuen Heimat Nordsee" und „Bremen" amtierte.[831] In Hamburg lagen die Dinge ähnlich.[832] In den Stadtstaaten fürchteten offenbar etablierte langjährige Multifunktionäre um Pfründe, Privilegien und Macht; sie witterten die Konkurrenz einer Gegenseite. Im Grunde ging es also weniger um Ideologie als um Interessen. Die inzwischen in der Wahlbevölkerung weitverbreiteten Vorbehalte gegenüber den Jusos nutzte die alte Parteielite im wesentlichen lediglich, um die eigene Stellung zu retten.

In der Folge beschäftigte sich die SPD in Hamburg und Bremen nur noch mit sich selbst. Die ideologisch drapierten Interessens-, Gruppen- und Generationskämpfe hielten an. Sie rekrutierte sich auch nach dem Elitenwechsel einseitig aus den Berufszugehörigen des öffentlichen Dienstes. Eine Kommunikation mit anderen Bevölkerungskreisen, mit heterogenen geistigen und kulturellen Strömungen in den Städten fand nicht mehr statt. Zumindest dies haben die sozialdemokratischen Ortsvereine in nahezu allen Großstädten spätestens seit jener Zeit gemeinsam: die Dominanz des öffentlichen Dienstes, die Interessenskämpfe zwischen den einzelnen Gruppen und Abteilungen dort und die Introversion der Parteidebatte, die sich nicht mehr an die Bevölkerung richtet. Doch war und ist die Konfliktkonstellation im einzelnen von Ort zu Ort verschiedenartig. Im folgenden sollen die beiden Großstädte untersucht werden, in denen der innerparteiliche Streit in der SPD und der Zerfall einer jahrzehntelangen sozialdemokratischen Hegemonie am meisten öffentliches Aufsehen erregt haben: München und Frankfurt.

Von Kronawitter zu Kronawitter.
Eine Partei zwischen Selbstzerfleischung und Selbstbesinnung.
Die Münchner SPD

Die Münchner SPD war in den siebziger Jahren nicht nur berühmt, sie war vielmehr berüchtigt. Allenthalben sprach man von der „Münchner Krankheit", und manch braver Ortsvereinsvorsitzender befürchtete in jenen Jahren, daß auch seine Abteilung von diesem seltsamen Infekt, der die schwere Malaise in der bayrischen Landeshauptstadt ausgelöst hatte, befallen werden könnte. „Münchner Krankheit" – das bedeutete für die zeitge-

nössischen Beobachter die Resignation eines ungemein populären Oberbürgermeisters, der bei seiner Wahl 78 Prozent der Stimmen erhalten hatte, von
seiner Partei dann aber desavouiert wurde; das bedeutete die linksradikale
Unterwanderung durch entschlossene marxistische Kader; das bedeutete
Parteiversammlungen, in denen nicht sachlich diskutiert, sondern niederge-
schrien, ausgebuht, konspiriert und intrigiert wurde. Für die Medien und
Teile des Publikums hatte diese „Münchner Krankheit" durchaus Unterhal-
tungswert; sie genossen die fiebrigen Exzesse in der Partei wie einen span-
nenden Krimi. Auf Unterbezirksparteitagen der Münchner SPD, für die
sich bis Ende der sechziger Jahre kaum ein Mensch interessiert hatte, fanden
sich nun zwischen 1970 und 1978 mitunter Hunderte von Journalisten aus
aller Welt ein, um ihrem Publikum von wüsten Beschimpfungen, Tumulten
und Ränkespielen berichten zu können. Auch die Fernsehanstalten hatten
ihre Kamerateams und Reporter geschickt, um ihren Zuschauern abends in
den Wohnzimmern mit Liveaufnahmen von den Kriegsschauplätzen der
Münchner SPD ein wenig Grusel zu bereiten. Selbst zu den Versammlungen
der Jungsozialisten rückten Dutzende von Medienvertretern an. Ein junger
ungestümer Revolutionär, der eine flammende Rede gegen den Kapitalismus und dessen Agenten Hans-Jochen Vogel hielt, konnte gewiß sein, sich
in der Abendschau des Bayerischen Rundfunks wiederzusehen und in den
Leitartikeln der Münchner Presse erwähnt zu werden. All dieses spornte die
Radikalität und den revolutionär verkleideten, wohl aber mehr persönlich
motivierten Ehrgeiz mancher Jusos verständlicherweise noch an. In der
Münchner SPD herrschte das Chaos, und es wurde von den Gazetten tagtäglich – stärker jedenfalls als in allen anderen Städten der Bundesrepublik –
dokumentiert und polemisch kommentiert.

Doch überraschenderweise wirkte sich die Selbstzerfleischung der
Münchner SPD zunächst nicht sonderlich negativ auf die Gunst der Wähler
aus. Zwischen Februar 1970 und April 1972 hatten die Münchner Sozialdemokraten drei Unterbezirksvorstände ausgewechselt und sich dabei – auf
dem offenen Markt – erbitterte Parteitagsschlachten geliefert. Am Ende
hatte sich die radikale Linke durchgesetzt. Auf der Strecke geblieben war dagegen der erfolgreiche und bis Ende der sechziger Jahre erfolgverwöhnte
Oberbürgermeister Hans-Jochen Vogel; Anfang 1971 warf er das Handtuch
und erklärte, im folgenden Jahr nicht mehr für das Amt des Oberbürgermeisters kandidieren zu wollen.[833] Aber trotz des katastrophalen Erscheinungs-
bildes, das die Münchner SPD zu dieser Zeit bot, und trotz des Durchmar-
sches der radikalen Linken, schnitt die SPD bei den Kommunalwahlen im
Juni 1972 keineswegs besorgniserregend schlecht ab. Mit 55,4 Prozent hatte
die SPD zwar gegenüber der vorangegangenen Kommunalwahl 3 Prozent
verloren, immerhin aber hatte sie die absolute Mehrheit klar erreicht und ihr
Bundestagsergebnis von 1969 gar um 6,7 Prozent übertroffen. Auch der

Vogel-Nachfolger Kronawitter, ein bis dahin nahezu unbekannter, eher blaß und als Metropolenvorsteher eigentlich ungeeignet wirkender Agrarexperte der Landtagsfraktion ging mit 55,7 Prozent glatt durchs Ziel. Die jungsozialistischen Linken in und außerhalb Münchens triumphierten schon: Die Wähler goutierten allem Anschein nach auch einen stramm antikapitalistischen Kurs.[834] Doch der Schein trog. Nur zwei Jahre später, bei den Landtagswahlen in Bayern, hielten die Wähler ein Scherbengericht über die Münchner SPD und straften die Partei durch Stimmenentzug ab. Sie verlor mit einem Male sämtliche Direktmandate der Stadt an die CSU, die nun zur stärksten Partei in München avancierte.[835] Dies war allerdings erst der Auftakt zum Niedergang; es sollte in den folgenden Jahren noch weit schlimmer kommen. Worin aber lagen nun die Ursachen des Zerfalls der politischen Hegemonie in der bayrischen Großstadt? Nach Auffassung nahezu sämtlicher Interpreten ist die Wurzel allen Übels im wählerschreckenden Treiben der radikalen Linken aus dem Umfeld der Jusos zu suchen.[836] Für diese sich zweifellos geradezu aufdrängende Deutung sprechen zahlreiche und überzeugende Argumente. Doch die ganze Komplexität des Krisendramas der Münchner SPD in den siebziger Jahren ist damit noch nicht hinreichend erklärt. Für die Erosion waren noch weitere innerparteiliche und kommunalpolitische Faktoren verantwortlich, die nun im folgenden im einzelnen ausdifferenziert und erläutert werden sollen.[837]

Schon 1975 hatte Peter Glotz in einem immer noch höchst instruktiven Aufsatz die Flügelkämpfe in der Münchner SPD nicht in erster Linie auf politische Richtungsdifferenzen zurückgeführt, sondern vielmehr als „innerparteiliche Kultur- und Klassenkämpfe" charakterisiert, in denen Menschen „aus verschiedenen sozialen Schichten mit verschiedenen kulturellen Idealen und verschiedenen ‚Sprachen' aufeinandertreffen".[838] Diese These besitzt große Plausibilität. Rein politisch jedenfalls lagen zwischen den Vorstellungen der „jungen Linken" und den Ansichten derer, die dann im Laufe des Konflikts eine verbitterte „alte Rechte" bildeten, durchaus keine Welten. Die Münchner SPD war vor Eintreffen der APO-Generation mitnichten am rechten Flügel der Sozialdemokratie angesiedelt; im Gegenteil. Schon den Neuaufbau der Münchner SPD nach 1945 bewerkstelligten ehemalige Aktivisten der linkssozialistischen Splittergruppe aus der Zeit der Weimarer Republik beziehungsweise des Widerstandes gegen den Nationalsozialismus. Aus der semileninistischen Gruppe „Neu Beginnen" waren Waldemar von Knoeringen und Gottlieb Branz gekommen, vom Nelsonschen „Internationalen Sozialistischen-Kampfbund" Ludwig Koch und Ludwig Linsert, und über die Sozialistische Arbeiterpartei hatten Karl Füss und Franz Marx – der zeitweilig auch dem Kampfbund angehört hatte – wieder zur Sozialdemokratie, in der sie bereits vor 1931 Mitglieder waren, zurückgefunden.[839] Rolf Reventlow schließlich war in den letzten Jahren der Weimarer Republik im Ortverein der SPD Breslau aktiv, der damals am äußersten linken Rand der deutschen Sozialdemokratie stand. Nun blieben die meisten von ihnen gewiß nicht auf ewig und immer den linken Positionen jüngerer Jahre verhaftet. Doch formierte sich im Laufe der fünfziger Jahre in den Münchner Ortsvereinen erneut eine stark linkssozialdemokratische Strömung, die der Politik der Bundestagsfraktion und der Bonner Parteiführung häufig kritisch gegenüberstand. Mindestens zwei der sechzehn Delegierten, die 1959 auf dem Godesberger Parteitag gegen das neue Grundsatzprogramm stimmten, kamen aus München. Als Herbert Wehner am 30. Juni 1960 seine berühmte außenpolitische Rede hielt, mit der er die SPD an die Westorientierung der Bundesregierung heranführte, hätte die Münchner Partei fast den Aufstand ausgerufen.[840] Selbst mit der Spaltung der Partei wurde seinerzeit in den sozialdemokratischen Kreisen der bayrischen Metropole gedroht. Die Münchner Parteileitung sah sich schließlich genötigt, an die Presse eine Meldung zu geben, daß im Unterbezirk keine Meuterei gegen die Politik der SPD-Bundestagsfraktion stattfinde.[841] Angetrieben von Adolf Johann und vor allem Erwin Essl, dem IG-Metall-Chef von Bayern und schon zu Weimarer Zeiten Mitglied der Sozialistischen Arbeiterjugend, gab die Münchner SPD aber auch in den folgenden Jahren immer wieder kritische Kommentare zur offiziellen Linie der Bundespartei ab. Sie drückte ihr Mißbehagen an der Großen Koalition aus und machte ihre Einwände gegen die Notstandsgesetze deutlich.[842]

Von den heißen Debattierschlachten der siebziger Jahre aber war die SPD der fünfziger und sechziger Jahre gleichwohl weit entfernt. Die Ortsvereine brachten den politischen Teil ihrer Versammlungen meist rasch hinter sich, um zum eigentlich zentralen, von den Mitgliedern jedenfalls bevorzugten Teil der Zusammenkünfte zu kommen: der Geselligkeit. In den SPD-Sektionen der Münchner Stadtteile wurde in den ersten beiden Jahrzehnten bundesdeutscher Geschichte weniger politisiert als „geschafkopft". Die SPD diente vielen Mitgliedern als Vereinsersatz. An Politik waren sie zwar interessiert, aber nicht über 22 Uhr hinaus. Dann wollten sie plauschen, kegeln oder eben Karten spielen. Hier versammelten sich die kleinen Leute, deren Jugendjahre überwiegend in der Spätphase der Weimarer Republik gelegen hatten. ›Godesberg‹ hatte hier kaum etwas an der Zusammensetzung geändert. Noch zu Beginn der zweiten Hälfte der sechziger Jahre prägten sie Bild und Mentalität der Münchner SPD: die Arbeiter, kleinen Angestellten und kleinen Beamten im Alter von 45 bis 55 Jahren, die zwar manchmal über die Politik von denen da oben, auch in der eigenen Partei, grantelten, im ganzen aber die Wärme, Vertrautheit und Verbundenheit der alten Solidargemeinschaft suchten, im Zweifelsfall sozialdemokratische Disziplin übten und treu zur Partei standen.[843]

Die Münchner SPD hatte mithin in der ersten Hälfte der sechziger Jahre

– mit Ausnahme des Kandidaten für das Amt des Oberbürgermeisters –
einen behutsamen Generationswechsel und eine moderate soziale Öffnung
der Partei verpaßt.[844] Ihr fehlte infolgedessen gleichsam ein Puffer, der den
schroffen und frontalen Zusammenprall zweier gänzlich verschiedener Generationen und kultureller sowie sozialer Herkunftsmilieus zum Ende der
sechziger Jahre ein wenig hätte abdämpfen können. Gerade in München
wäre dies besonders nötig gewesen, denn hier fiel der Einbruch junger Bildungsbürger in eine überalterte Kleineleutepartei außergewöhnlich drastisch und radikal aus – mit schließlich eben den verheerenden Folgen für
den inneren Zustand des seelischen Gleichgewichts der Partei, deren Zer-
strittenheit in den siebziger Jahren die jähe Polarität zwischen den Generationen, Erfahrungswelten und sozialen Standorten der beiden Mitglieder-
und Altersgruppen seit etwa 1968/69 widerspiegelte.

1974 – auf dem Höhepunkt der Linkswende – war die Münchner Partei
eine ganz andere als 1968. Ihr soziales und generationsmäßiges Profil hatte
sich binnen eines halben Jahrzehnts gründlich verändert. Über die Hälfte
der Mitglieder von 1974 gehörte sechs Jahre zuvor der Sozialdemokratie
noch gar nicht an. Selbst ein Drittel der insgesamt 68 Ortsvereinsvorsitzenden war erst nach 1969 zur SPD gekommen. Dagegen war nur ein Fünftel
der Münchner SPD-Mitglieder schon vor 1960 in der Partei organisiert.[845]
Einen gewaltigen Schub von jungen, vor allem akademischen Neumitgliedern erhielt die SPD in der bayrischen Landeshauptstadt vor allem im Jahr
1972. Die Mitgliederstatistik verzeichnete am Ende des Jahres einen Zuwachs
von 20,2 Prozent.[846] In dieser Frühphase der sozialliberalen Koalition verjüngte und entproletarisierte sich die Münchner Partei, in der Tendenz
durchaus entsprechend der bundesdeutschen SPD insgesamt, allerdings
erheblich schneller, umfassender und tiefgreifender. 1968 befanden sich
lediglich 4 Prozent der Münchner SPD-Mitglieder noch in einem Ausbil-
dungsverhältnis, sechs Jahre später hatte sich der Anteil dieser Gruppe
– überwiegend Studenten und Gymnasiasten – auf 15 Prozent erhöht. In der
Gesamtwählerschaft der bundesrepublikanischen Metropolen war dieses
Segment hingegen nur mit 6 Prozent vertreten. Um fünf Prozent hatte sich
demgegenüber zwischen 1968 und 1974 die Quote der Arbeiter reduziert.
Nur noch 18 Prozent der Münchner Sozialdemokraten zählten zu der einstigen proletarischen Kernschicht der sozialistischen Bewegung. Indessen
hatte sich die Gruppe der Angestellten und Beamten überproportional stark
in der Münchner SPD ausgedehnt; mit 44 Prozent lag ihr Anteil hier um 15
Prozent höher als im Durchschnitt der wahlberechtigten Bewohner aller
bundesdeutschen Großstädte. Auch in absoluten Zahlen drückten sich der
1974 dominante Mittelschichtencharakter der SPD in München aus. Sie war
jetzt die politische Heimat von nur noch 84 Hilfsarbeiter, dafür aber von 126
Journalisten, 127 Künstlern, 333 Lehrern und Hochschullehrern. Der Cha-

rakter einer Partei der jüngeren, akademisch qualifizierten Mittelschicht prägte sich in der Münchner SPD um so stärker aus, je weiter die Hierarchie der innerparteilichen Funktionen nach oben reichte. Auch das hatte sie in der Bundespartei gemein, aber auch hier eilten die Sozialdemokraten der bayerischen Hauptstadt ihren Genossen in der übrigen Republik voraus. Von den 68 Münchner Ortsvereinsvorsitzenden von 1974 waren 9 Prozent Arbeiter, aber 16 Prozent Studenten. Unter den elf Kreisvorsitzenden Münchens befand sich 1974 nicht ein einziger Arbeiter mehr. Aufschluß über das soziale Profil der Münchner SPD-Elite von 1974 gab auch die Gewerkschaftszugehörigkeit der Kreisvorsitzenden: Sieben der insgesamt zehn Gewerkschaftsmitglieder waren in der ÖTV organisiert, zwei in der HBV und einer in der GEW.[847] Die Zeit, da die IG-Metaller im Funktionärskorps der SPD dominierten, war mithin abgelaufen. In München stellten sie nun nicht einmal mehr eine Minderheit; sie waren fast ganz von der Bildfläche verschwunden. Jetzt überwogen die Doktoren; die Hälfte der Mitglieder im geschäftsführenden Unterbezirksvorstand von 1974 – der, wohlgemerkt, am stärksten links in der Nachkriegsgeschichte der Münchner SPD ausgerichtet war und das Banner des proletarischen Sozialismus schwenkte – hatten promoviert. Selbst der Kassierer – in zahlreichen anderen Städten auch nach der Akademisierung der SPD eine letzte Zufluchtsposition für die proletarischen Restmitglieder – trug den Doktortitel und arbeitete als Assistent an der volkswirtschaftlichen Fakultät der Münchner Universität. Durchgeschlagen hatte im Führungszirkel der Münchner Partei schließlich auch die radikale Verjüngung der Mitgliedschaft zu Beginn der siebziger Jahre. Nur noch zwei der elf Kreisvorsitzenden im Unterbezirk der Stadt waren älter als 40 Jahre, dagegen gehörten sechs dem Juso-Alter an.

Diese radikale Verjüngung und soziale Umschichtung der Mitgliedschaft in der Münchner SPD war es, was die größte und am längsten andauernde Krise einer großstädtischen SPD-Gliederung in der Geschichte der deutschen Sozialdemokratie überhaupt verursachte. Nochmals: hier prallten zunächst nicht zwei politische Richtungen aufeinander, sondern primär zwei Generationen und Kulturen. Diese Kluft zwischen zwei kraß gegensätzlichen Erfahrungswelten und Rollenmustern blieb auch weiterhin konstitutiv für den Konflikt, auch wenn sich der Zwist im folgenden in der Symbolik politischer Richtungskämpfe artikulierte. Alles geschah zu abrupt. Plötzlich, gleichsam von einem Monat zum anderen, sahen sich die älteren linken bis halblinken Sozialdemokraten mit gerade eingetretenen, noch ganz jungen Mitgliedern konfrontiert, die gebildet daherredeten, besserwisserisch auftraten, alles, aber auch alles in der Partei madig machten und sich als die einzigen und echten Revolutionäre und Gegner des Kapitalismus aufführten. Sozialdemokraten wie Adolf Johann und Erwin Essl, die sich bis dahin durchaus einiges auf ihre Opposition zu den Herrschenden und Bürgerlichen zugute gehalten hatten, fühlten sich auf einmal in die rechte Ecke ihrer Partei geschoben, nicht mehr ernst genommen, erbarmungslos attackiert und ausgelacht. Das widerfuhr ihnen ausgerechnet von jungen Schnöseln, bei denen Kleidung, Sprachstil und oft auch das Automobil verrieten, daß ihr Elternhaus in den besseren Wohnvierteln Münchens stand.[848] Die Sozialdemokraten der älteren Generation und der traditionellen Arbeitnehmerschaft wurden gewissermaßen heimatvertrieben. Seitdem die jungen Akademiker in Scharen und als feste Blöcke an den Ortsvereinsversammlungen teilnahmen, war nichts mehr so wie früher. Die Älteren trauten sich kaum mehr, das Wort zu ergreifen, da sie rhetorisch mit den Teach-in-erfahrenen Neumitgliedern nicht mithalten konnten.[849] Nun ging es um Geschäftsordnungsfragen, die bis dahin auf Ortsvereinstreffen nie eine Rolle gespielt hatten, von denen die meisten Älteren auch nichts verstanden. Nach 22 Uhr wurde dann nicht mehr einträchtig Schafskopf gespielt, sondern kontrovers weiter diskutiert – so lange, bis die werktätige Klasse, die am nächsten Morgen zeitig aufstehen mußte, nach Hause ging und die Studenten und Assistenten von der Universität unter sich waren, die Mehrheitsverhältnisse im Ortsverein kippten und radikale Resolutionen oder Entschließungen verabschiedeten. Verblüfft und verstört sahen die Sozialdemokraten der älteren Generation, die sich an die Homogenität und Konstanz des traditionellen Parteimilieus gewöhnt hatten, wie sich alles veränderte und sie dabei auf der Strecke blieben. Gegen den Aktivismus der Studenten waren sie ohne Chance. Diese führten Ende der sechziger, Anfang der siebziger Jahre das Leben von Berufsrevolutionären, wie einer von ihnen sich später erinnerte.[850] Von morgens um 8 Uhr bis nachts um 1 Uhr verrichteten sie unentwegt Kaderarbeit, verfaßten Papiere, sprachen Redebeiträge für Versammlungen ab, bereiteten die taktische Marschrichtung für die Konferenzen vor, bearbeiteten Zögerer und Zauderer, klopften Mehrheiten fest. Und wenn sie dann in den Ortsvereinen solche Mehrheiten erlangten, dann wählten sie unerbittlich und straff durch, nominierten für Vorstandsposten und Parteitagsdelegationen nur noch ihresgleichen.[851]

Die abservierten Angehörigen der Traditionskompanie reagierten zunächst konsterniert, dann verbittert, schließlich zornig. Sie, die zu einem großen Teil seit jeher schon für die staatliche Lenkung der Investitionen eintraten und die Sozialisierung der Großindustrien zumindest für erwägenswert hielten, grenzten sich nun von den radikalen Parolen der Jüngeren ab, denn es war die Sprache ihrer Gegner, der Jargon der anderen. So entstand dadurch der Eindruck, als wären die einen links, die anderen rechts gewesen. Dabei handelte es sich doch ursächlich um einen Generations-, Schichten- und Mentalitätskonflikt zwischen den jungen, ungestümen, antiautoritären und ein wenig elitär auftretenden Bildungsbürgern auf der einen und traditionalistischen Gewerkschaftern auf der anderen Seite. Das

Verhältnis zwischen der Anfang der siebziger Jahre dann endgültig in die lokale Parteispitze aufrückenden neuen akademischen Parteielite und den Gewerkschaften war für etliche Jahre nachhaltig gestört, da unmittelbar nach der Linkswende in den Sektionen der Münchner SPD kein einziger offizieller Gewerkschaftsrepräsentant mehr im Unterbezirksvorstand vertreten war.[852] Die traditionellen Sozialdemokraten hatten diese Entwicklung nicht mehr verhindern können, auch wenn sie – als sie aus ihrer anfänglichen Lähmung herausfanden – die Methoden ihrer jungen Herausforderer imitierten. Sie schufen ebenfalls feste Zirkel und Kreise, die sich unter halbkonspirativen Umständen trafen und absprachen, die Claqueure für Parteiversammlungen organisierten und sonst inaktive Mitglieder ihrer Couleur zu Ortsvereinssitzungen karrten, um Mehrheiten zu sichern oder zurückzugewinnen.[853] Und wo sie dann eine Majorität zusammenbekamen, was indes immer seltener gelang, da wählten auch sie konsequent durch und beteiligten ebenfalls die Minderheit nicht proportional an Ämtern und Funktionen. Eine Atmosphäre des Mißtrauens, ja des Hasses breitete sich durch diese von beiden Seiten angewandten Methoden in der Münchner SPD aus; die Partei zerfiel in zwei Lager, die sachlich nicht mehr miteinander kommunizierten. Man verharrte in schroffer Ablehnung, unterstellte sich gegenseitig das Schlimmste und wünschte einander das Übelste an den Hals. Trotz alledem hätte sich daraus kein zermürbender Dauerkonflikt entwickeln müssen. Unter normalen Umständen wären die Vertreter der älteren Generation auf Parteitagen allmählich zu einem kleinen Häuflein amtsenthobener Sozialdemokraten zusammengeschrumpft, die noch hier und da mehr oder weniger ohnmächtig gegen den politischen Stil und die Phraseologie der jungen Linken genörgelt hätten. Nach einiger Zeit hätte sich kein Mensch mehr für sie interessiert. Auch die Medien hätten von dem Lamento dieser offensichtlich anachronistischen Sozialdemokraten ohne Macht und Mandate bald keine Notiz mehr genommen. Der Generationswechsel wäre eben über sie hinweggegangen, so ging das nun einmal zu in der Politik, wo es Platz für Sentimentalitäten nicht gab. Die Münchner SPD wäre dann für eine Zeitlang homogen links gewesen, über manche Beschlüsse hätten viele ihrer Wähler gewiß den Kopf geschüttelt, einige wohl auch mit einem Wechsel zur FDP oder CSU reagiert. Im ganzen aber wäre wohl rasch Ruhe eingekehrt. Die Linke hätte sich mit der Zeit differenziert, die meisten von ihnen wären unter dem Druck politischer Verantwortung zweifellos vernünftige Pragmatiker geworden, die die Marx/Engels-Werke in die hinterste Ecke ihrer Bücherschränke verstaut und den ideologischen Formelkram der Studentenzeit schnell vergessen hätten.

Daß es so dann nicht kam, lag ironischerweise daran, daß die radikale Linke nicht radikal genug operierte. Sie hatten ihren Kontrahenten von der Traditionskompanie das eigentliche Machtzentrum der Münchner Kommunalpolitik überlassen: das Amt des Oberbürgermeisters und die Rathaus-fraktion. Als die Liste für die Stadtratswahlen, auf der Sozialdemokraten der Vor-APO-Zeit dominierten, im Juni 1971 verabschiedet wurde, hatten die Sozialdemokraten der ›Godesberger‹ Richtung nach einem Kraftakt Hans-Jochen Vogels vorübergehend und ein letztes Mal die Mehrheit auf einem Parteitag errungen.[854] Wenige Monate später aber setzte sich die junge Linke in den Sektionen endgültig durch, verzichtete aber darauf, die Zusammensetzung der Kandidatenliste für die Kommunalwahlen den neuen Mehrheitsverhältnissen anzugleichen. Die Jusos waren eben bestenfalls Revoluzzer, keine veritablen Revolutionäre, nicht einmal konsequente Reformisten. In jedem Fall erwies es sich für sie, wohl aber auch für die Münchner SPD im ganzen als schwerer Fehler, die kommunalpolitische Vertretung nicht mit der neuen Majorität in der Partei politisch und personell verklammert zu haben. Im Grunde lag hierin die strukturelle Ursache für die „Münchner Krankheit". Zwischen 1972 und 1978 gab es zwei sozialdemokratische Handlungszentren in der Stadt, die sich spinnefeind und unversöhnlich verhielten: der Unterbezirksvorstand der Münchner SPD, der schließlich die größere Zahl der Ortsvereinsvorsitzenden und Parteitagsdelegierten hinter sich hatte, und die Rathausfraktion, die sich in ihrer Mehrheit zunehmend als letzter Hort des Widerstandes gegen die Radikalisierung der Münchner SPD begriff. Mit der Zeit schöpfte sie geradezu ihre politische Identität daraus, die Politik der Unterbezirksmehrheit öffentlich zu desavouieren und mit allen Tricks und Finten zu bekämpfen. Die Konflikte in der Münchner SPD hätten niemals so hohe Wellen geschlagen und sich derart lange hingezogen, wenn nicht die Vertreter der in der Partei längst in eine hoffnungslose Minderheit geratenen „Godesberger" – als die sich die Gegner der neuen Linken nun gerne bezeichneten – die politische Macht im Rathaus noch sechs Jahre nach der endgültigen „Linkswende" in der Partei innegehabt hätten. Wäre nicht ständig die Kritik an den „Linksradikalen" in der Münchner Partei aus dem Rathaus der Stadt gekommen, dann hätten sich die Gazetten in und außerhalb der Landeshauptstadt gewiß nicht über Jahre mit Lust und Wonne für den Streit interessiert. Eine nörgelnde Traditionskompanie ohne Macht und Einfluß wäre für die Medien ganz uninteressant gewesen; ein mit seiner Partei streitender Oberbürgermeister und ein gegen die Mehrheitsposition seiner Partei lautstark polemisierender Vorsitzender der Mehrheitsfraktion im Rathaus hingegen durften mit der Aufmerksamkeit der Presse rechnen. Der sozialdemokratische Oberbürgermeister Kronawitter und der Fraktionsvorsitzende Preißinger spielten die Medienkarte zwischen 1972 und 1978 voll aus. Sie nutzten die Münchner Presse, die nahezu geschlossen hinter der Fraktion und gegen die Parteimehrheit stand, gleichsam als Sprachrohr und Druckmittel im innerparteilichen Kampf. Immer wieder spielten sie den Zeitungen Hintergrundinformationen, Indiskretionen, Polemiken zu, um die Mehrheitsvertreter in den Parteigremien anzugreifen und bloßzustellen. Zeitweise gingen nahezu wöchentlich aus dem Rathaus Erklärungen von Kronawitter und Preißinger an die Presse, in denen die neue Mehrheit in der Münchner SPD als „Ansammlung kleiner Intellektueller mit dem Fanatismus des Kleinbürgertums" oder als „politisch perverse" Gruppe „frustrierter intellektueller Bürgersöhnchen" bezeichnet wurde.[855] Mit Hilfe der Zeitungen wurden einige Repräsentanten der jungen Linken, allen voran der Münchner Juso-Chef zwischen 1974 und 1976, Dieter Berlitz, nachgerade zu Rasputingestalten oder leninistischen Verschwörern dämonisiert. Man versah sie mit Etiketten wie „Einpeitscher", „Drahtzieher" oder „graue Eminenz", die zweifellos den Eindruck erwecken sollten, als seien in der Münchner SPD Revolutionäre vom Schlage der Bolschewiki am Werk. Die junge Linke schlug dann auf den Parteitagen zurück. Sie verfaßte empörte Resolutionen gegen den Oberbürgermeister und die Rathausfraktion und gab sich noch ein bißchen radikaler. So zog sich das Pingpong gegenseitiger Verdächtigungen und Anwürfe über etliche Jahre hin. Ohne den Dualismus zwischen Fraktion und Unterbezirksmehrheit wäre sicherlich nur ein zwar heftiger und reibungsvoller, aber längst nicht so dauerhafter und selbstzerstörerischer Übergangskonflikt zwischen den Generationen entstanden. Die Wähler nun wandten sich schaudernd und entsetzt ab. Eine Partei, die sich so ausdauernd öffentlich selbst zerfleischte, war für viele verständlicherweise nicht mehr sonderlich vertrauenswürdig.

Gewiß hatte die junge und radikale Linke die Spannungen in der Münchner SPD verursacht. Gewiß hatte sie viele langjährige Sozialdemokraten zutiefst verletzt und einen Politik- und Argumentationsstil in die Partei eingeführt, der die Atmosphäre dort auf lange Zeit verdarb, der Mißtrauen gesät und Solidaritätsstrukturen zerstört hatte. Doch daß sich die von den jungen Linken entfachten „Münchner Verhältnisse" zu einer chronischen „Münchner Krankheit" auswuchsen, gar in einen „siebenjährigen Krieg" mündeten – so die seinerzeit in den Medien geläufigen Charakterisierungen für die Konfusionen –, lag ebenso gewiß am politischen Starrsinn und an der Schützengrabenmentalität des Oberbürgermeisters Kronawitter, des Fraktionsvorsitzenden Preißinger und der Stadtverordnetenmehrheit der SPD im Münchner Rathaus. Sie nahmen Differenzierungen und Veränderungen im anderen Parteilager überhaupt nicht mehr wahr, wollten sie wohl auch gar nicht registrieren und praktizierten zum Ende ihrer Amtszeit geradezu eine Politik der verbrannten Erde. Sie hatten bis zum Schluß die Unterstützung der Medien, insofern fiel es nie recht auf, daß sie für den Niedergang und die Selbstzerstörung der Münchner SPD in den siebziger Jahren letztlich mindestens die gleiche Verantwortung trugen wie die radikalen Rebellen der Jungsozialisten. Und noch ein anderer hat kräftig dazu beigetragen, daß die Münchner SPD nicht zur Ruhe kam, daß Gegensätze nicht abgebaut, sondern emotional noch verschärft wurden: der bayrische Landesvorsitzende der SPD, Hans-Jochen Vogel. So eindrucksvoll dessen Integrationsleistung in der Bundespartei während der achtziger Jahre war, so desintegrierend wirkte er ein Jahrzehnt zuvor in München. Er führte nicht zusammen, sondern trieb auseinander; hart, scharf, pauschal und zuspitzend – ganz ähnlich wie seine Gegner, die Jungsozialisten – stieß er den Keil immer tiefer, jagte auch Halblinke ins Lager der Radikalen, riß Gräben wieder auf, die andere gerade wieder mühselig und geduldig zuzuschütten begonnen hatten.[856]

Vogel, Kronawitter und Preißinger waren Mitte der siebziger Jahre blind für die Veränderungen, die sich in der linken Mehrheit der Münchner SPD vollzogen. Für sie waren alle, die nicht unmittelbar zu ihnen gehörten, „Systemveränderer" und „Parteischädiger". Das sagten sie dann auch allen Reportern, die das tags darauf genauso publizierten. Das wiederum löste in der Münchner Linken einen internen Solidaritätsschub aus und die begonnene Differenzierung zwischen allmählich pragmatischer gewordenen Kräften und weiterhin fundamentalistisch argumentierenden Jungsozialisten wurde stets ein wenig blockiert oder zumindest aufgehalten. Ganz typisch für die Wahrnehmungsbarrieren, die damals in der Münchner SPD, vor allem aber in der Rathausfraktion existierten, war eine Auseinandersetzung um die Beschäftigung eines der DKP angehörenden Sozialarbeiters im städtischen Dienst Anfang 1974.[857] Die SPD-Stadtratsfraktion berief sich mit großer Mehrheit auf den „Radikalenerlaß" und beschloß, dem Kommunisten die Einstellung zu verweigern. Diese Entscheidung löste dann einen der üblichen Konflikte in der Münchner SPD aus, der dann über Monate in ätzender Schärfe vor aller Öffentlichkeit ausgetragen wurde. Die Partei protestierte heftig gegen das „Berufsverbot" und forderte die Fraktion auf, ihr Votum rückgängig zu machen. Die Fraktion dachte gar nicht daran, sondern bekräftigte demonstrativ ihren Beschluß. Derart ging es dann hin und her, immer so weiter. Die Fraktion saß kommunalpolitisch am längeren Hebel und über die ihr zugeneigten Medien tat sie regelmäßig kund, daß sie sich dem Druck der kommunistenfreundlichen Volksfrontanhänger in der Münchner SPD keinesfalls beugen werde. Die Presse gab dies alles wortgetreu wieder, so daß die Zeitungsleser einfach den Eindruck gewinnen mußten, den die SPD-Stadtratsfraktion systematisch lancierte, daß die Münchner SPD gleichsam eine Sympathisantengruppe der DKP sei. Dabei hatte der linke Unterbezirksvorstand der Münchner SPD nicht nur gegen das „Berufsverbot" protestiert, sondern zugleich ein Parteiordnungsverfahren gegen eine Jungsozialistin eingeleitet, die gemeinsam mit DKP-Mitgliedern zu einer Kundgebung gegen eben dieses „Berufsverbot" aufgerufen hatte. Auch der Unterbezirksparteitag, auf dem die Fraktion zur Korrektur ihrer

Entscheidung aufgefordert worden war, hatte per Beschluß jedem Sozialdemokraten den Rausschmiß angedroht, der mit Kommunisten gemeinsame Sache zu machen beabsichtigte. Und in der Tat wurde die Jungsozialistin, die mit der DKP hatte demonstrieren wollen, drei Monate später aus der Partei geworfen. Für die Münchner Linke bedeutete dies einen Einschnitt; danach grenzten sich die Jungsozialisten vom Unterbezirksvorstand ab, da er ihnen nicht mehr radikal genug erschien.[858] Doch all das wurde von der Rathausfraktion nicht mehr zur Kenntnis genommen; es paßte nicht in das pauschale Feindbild hinein. Dabei tat sich 1974 einiges an Differenzierungen in der ehemals als geschlossener Block auftretenden jungen Linken der Münchner SPD. Der Vorsitzende des Münchner Unterbezirks, der langjährige Landesvorsitzende der bayrischen Jungsozialisten Rudolf Schöfberger, viele Jahre als „roter Rudi" berüchtigt und als Intim-Feind von Hans-Jochen Vogel bekannt, legte sich nun immer mehr mit den Jusos an. Er warf ihnen vor, Parteiarbeit mit einem „sozialistischen Oberseminar" zu verwechseln und sich in irgendwelche „dritte oder vierte Staatstheorien" zu verheddern.[859] Für die Jungsozialisten stand daraufhin fest: Schöfberger befand sich auf dem Marsch ins rechte Lager. Er war fortan nicht mehr ihr Mann. Die rhetorischen Leerformeln und dürren Lehrbuchweisheiten der radikalen Linken nahm nun aber auch der junge Pressesprecher der Münchner SPD, Christian Ude, aufs Korn. Als der Unterbezirksparteitag 1974 wie schon in den Jahren zuvor abermals die Vergesellschaftung von Banken und Schlüsselindustrien sowie die Einführung von Investitionskontrollen postulierte, kommentierte Ude das mokant als „Absingen von Refrains", mit denen die Partei nicht vorankomme.[860] Ude, ursprünglich durchaus ein Exponent der radikalen Linken, eignete sich ab 1974 immer mehr ein pragmatisches Politikverständnis an. Es dauerte lange, bis dies auch Georg Kronawitter auffiel. In den siebziger Jahren wollten er und seine Mannen solche Entwicklungen im Lager ihrer Kontrahenten nicht sehen. Diese galten im Oberbürgermeisteramt samt und sonders als Systemveränderer und Kadersozialisten. Und damit hatte es sich. Die Münchner SPD hatte in den frühen siebziger Jahren gewiß reichlich krause Vorstellungen vertreten, und die Kritik von Vogel und Kronawitter an manchen sorglosen Klassenkampfsprüchen und gänzlich unreflektierten Sozialisierungsmodellen war zweifellos berechtigt. Doch eine revolutionäre oder auch nur linkssozialistische Kaderpartei, zu der die Rathaussozialdemokraten die Münchner SPD hochstilisierten, war sie auch auf dem Höhepunkt ihres Linkskurses nicht. Dieser Höhepunkt lag im Herbst 1974, als alle drei gewählten Stellvertreter Schöfbergers im Unterbezirksvorstand aus dem Lager der radikalen Linken kamen, während die Kandidaten des „rechten Flügels" – sämtlich hauptamtliche Gewerkschafter – mit Glanz und Gloria untergingen.[861] Wenige Tage nach der Wahl beschloß der neue Unterbezirksvorstand indes ›Grundsätze für die Arbeit der Münchner Sozialdemokraten‹, die wohl den programmatischen Rahmen einer linken Volkspartei, keineswegs aber das linkssozialistische Handlungskonzept einer straff geführten revolutionären Avantgarde absteckten.[862] Im Grunde hätten die Sozialdemokraten um Kronawitter und Preißinger mit diesen Grundsätzen vollauf zufrieden sein können; es gab eigentlich kaum etwas, das nicht jeder Sozialdemokrat guten Gewissens hätte unterschreiben können. Schließlich erteilte der Münchner SPD-Vorstand dem Modell der Klassenpartei eine deutliche Absage. Er bekannte sich zum Typus der Volkspartei und beanspruchte, die Interessen der Arbeitnehmer, der kleinen und mittleren Selbständigen, der Eigenheimbesitzer und Siedler zu vertreten. Auch an irgendwie geartete revolutionäre Methoden zur Durchsetzung der politischen Ziele dachte der linke Münchner Unterbezirksvorstand nicht. Er beschränkte sich vielmehr auf „friedliche, demokratische und parlamentarische Mittel". Von politischen Extremisten distanzierte er sich explizit. Mit ihnen gebe es „keine Gemeinsamkeiten", hieß es in den Grundsätzen. Die Münchner Partei, so ihr Vorstand, sei „weder eine Sektenanstalt noch eine Blutspenderzentrale für kommunistische Gruppierungen".

Auf eine solche Plattform hätten sich 1974 durchaus alle Münchner Sozialdemokraten ohne gravierenden Identitätsverlust stellen können. Die inhaltlichen Differenzen waren nie so groß, daß sie nicht hätten überwunden oder ausgeglichen werden können. Der emotionale Abgrund aber, der die beiden Lager seit 1969/70 schied, war so weit und tief, daß in den siebziger Jahren keine Verbindung, keine Kommunikation, kein Vertrauen mehr existierte. Die Rathaussozialdemokraten nahmen Grundsätze wie diejenigen des Unterbezirksvorstandes von 1974 einfach nicht für bare Münze, hielten sie für typische Arglist, mit der die Gutwilligen über die wahren Absichten der Revolutionäre getäuscht werden sollten. So blieb alles beim alten, und der innerparteiliche Kampf ging weiter. Darüber vergaß man den vorparlamentarischen Raum, das Freizeit- und Vereinswesen der Stadt, in dem die SPD bis in die sechziger Jahre hinein fest verankert gewesen war. Ihre Vertäuung in den Geselligkeits- und Sportstrukturen der Landeshauptstadt bildete das Fundament, auf dem die kommunalpolitischen Erfolge der Nachkriegszeit gründeten. Als die Sozialdemokraten der neuen Generation und bildungsbürgerlichen Herkunft diese Fundamente verließen, um allein im Binnenraum der Partei zu resolutionieren, war es um die Hegemonie der SPD in München geschehen. Die Partei verlor ihre gesellschaftlichen Wurzeln – und schließlich die Macht. Von den über 400 Sportvereinen, die in München während der sechziger und siebziger Jahre existierten, waren etliche aus der alten Arbeiterorganisationskultur hervorgegangen.[863] Bis Ende der sechziger Jahre hatte sich diese politisch-kulturelle Prägung erhalten. Fast alle Vorsitzenden der Münchner Sportvereine waren im Besitz eines SPD-Parteibuchs. Vor Wahlen riefen die Präsidenten von „1860" und „Bayern" für die

SPD auf. Bis 1974, als die SPD bei den Landtagswahlen ihr größtes Debakel erlebte, hatte sich indessen die parteipolitische Struktur im Vereinswesen der Stadt gründlich verändert. Die neue Funktionärselite in der Münchner SPD hatte von Herkunft und Biographie keinen Bezug zu dieser Freizeitkultur, sie war in den alten Vereinen nicht mehr präsent. Mitte der siebziger Jahre waren nur noch 27 Vorsitzende der rund 420 Sportvereine Münchens in der SPD organisiert; sie gehörten ausnahmslos zu den Anhängern des Rathausflügels der Partei. Währenddessen hatte sich die CSU in den Vorständen der Münchner Vereine breitgemacht; Mitte der siebziger Jahre gehörte die Mehrheit der Vereinsrepräsentanten der Partei von Franz Josef Strauß an – ein still vollzogener kultureller Bruch mit weitreichenden politischen Folgen für die Stadt und verheerenden Konsequenzen für die SPD.

Dem dramatischen Verlust aller 11 Münchner Direktmandate bei den Landtagswahlen ging also die Erosion des gesellschaftlichen Unterbaus der Sozialdemokratie in der bayrischen Landeshauptstadt voraus. Und in den Wochen unmittelbar vor den Landtagswahlen bot die SPD wieder eine besonders delikate Kostprobe lustvoller Demontage des Ansehens der Partei, so daß im Herbst 1974 in der Tat schon ganz außergewöhnliche Standfestigkeit, Loyalität und Treue gefordert war, um der SPD am Wahlsonntag trotzdem die Stimme zu geben. Die Turbulenzen in den Wochen vor den Landtagswahlen hatte, wie so oft, der stellvertretende Unterbezirksvorsitzende Siegmar Geiselberger ausgelöst. Geiselberger gehörte als einer der wenigen radikalen Linken der Münchner SPD auch der Stadtratsfraktion an. Bei den Kommunalwahlen 1972 hatten ihn die Wähler von Platz 24 auf den zwölften Rang hochgehäufelt.[864] Das hatte seinen Grund, denn Geiselberger war ohne Zweifel ein organisatorisch außerordentlich befähigter Sozialdemokrat, bodenständig und umtriebig. Seine Schwäche war, daß er sich zu häufig von Stimmungen auf Konferenzen und Parteitagen beeinflussen und mitreißen ließ und so zum Enfant terrible der Partei wurde. Auch versuchte er hin und wieder in theoretischen Dingen zu dilettieren, aber im Grunde verstand er davon nichts. Er war ein Mann der Praxis, und wäre er dabei geblieben und hätte er in einer weniger zerrissenen Partei allmählich reifen können – dann wäre aus ihm vermutlich ein solider und populärer Kommunalpolitiker der besseren Sorte geworden; er war aus dem Holz, aus dem man Bürgermeister schnitzt. Die Verhältnisse aber waren nicht so in der SPD der siebziger Jahre, und so landete Geiselberger wie so viele andere junge, höchst talentierte Sozialdemokraten nach Jahren aufreibender Auseinandersetzungen im politischen Abseits, in der Resignation, im Privaten. Geiselberger nun hatte Ende August 1974 im Informationsblatt der Münchner Jusos ›Thesen zu Bodenreformplänen und Stadtentwicklungspolitik‹ veröffentlicht, mit denen er sich für eine Aufhebung des Privateigentums an Grund und Boden aussprach.[865] Das ganze war mit ein bißchen marxistischem Kauderwelsch unterlegt, im übrigen aber nicht neu. Ähnliches hatte Geiselberger und hatten mit ihm die Jusos schon seit Jahren verlauten lassen. Gleichwohl, es war nicht sonderlich geschickt, denn schließlich standen Wahlen vor der Tür, und die CSU konnte erzählen, ein SPD-Stadtrat und stellvertretender Parteichef wolle den Leute demnächst die Häuschen wegnehmen. Zwar hatte Geiselberger die Eigenheime von den Kommunalisierungsobjekten ausgenommen, aber auf solcherlei Feinheiten wurde im Wahlkampfzeiten nun einmal keine Rücksicht genommen. Aber eigentlich war es gar nicht so sehr die CSU, die den Patzer Geiselbergers publizitätsträchtig ausschlachtete und die öffentliche Erregung darüber bis zum Wahltag wachhielt. Eigentlich waren es die Sozialdemokraten selbst, genauer, die Stadtverordnetenfraktion im Münchner Rathaus. Was sonst vermutlich nach einigen Tagen schon wieder vergessen worden wäre, blieb über viele Wochen in den Schlagzeilen und ruinierte den letzten Rest Ansehen, den die SPD noch genossen haben mochte: Erst stellte der SPD-Fraktionsvorsitzende Preißinger Geiselberger „in die Nähe des Kommunismus", was reiner Unfug war.[866] Dann verlangten die beiden SPD-Bürgermeister, Gittel und Müller-Heydenreich, den Ausschluß des stellvertretenden Unterbezirksvorsitzenden aus der Partei.[867] Daraufhin beschlossen die Fraktionsmitglieder, künftig nicht mehr mit ihrem Kollegen Geiselberger zusammenarbeiten zu wollen. Schließlich entzogen sie ihm alle Funktionen im Rathaus.[868] Und das alles wurde tagtäglich begleitet von einem mächtigen Pressewirbel. Der Unterbezirksvorstand solidarisierte sich mehr schlecht als recht mit dem in die Enge getriebenen Geiselberger. Im Grunde waren auch sie über seine Eigenmächtigkeiten und Fettnäpfchentritte verärgert. Besonders der Pressesprecher Ude polemisierte mit beißendem Sarkasmus gegen seinen Mitstreiter aus früheren Juso-Zeiten.[869] Die Jusos schließlich, die einzigen die uneingeschränkt hinter ihm standen, rissen Geiselberger vollends in den Abgrund. Auf der Unterbezirkskonferenz der Jusos Anfang Oktober spürte Geiselberger wieder einmal zu viel Rückenwind einer sich hochschaukelnden radikalen Stimmung. Und dabei kam ihm der Satz über die Lippen: „Es ist mir scheißegal, ob die SPD die Mehrheit bekommt, wenn sie CSU-Politik macht."[870] Das bedeutete das Aus für Geiselberger. Nun vereinten sich Linke und Rechte in ihrer Empörung gegen den stellvertretenden Unterbezirksvorsitzenden. Der Bezirksvorstand Südbayern leitete ein Parteiordnungsverfahren ein; doch trat Geiselberger später dann selbst aus.[871] Das Bild aber, das die Münchner SPD unmittelbar vor den Landtagswahlen geboten hatte, war katastrophal. Dort schien ein einziges Tohuwabohu zu herrschen. Eine Partei, die den Wählern Vertrauen einflößte und politische Verläßlichkeit verhieß, war sie jedenfalls ganz und gar nicht. Am Wahlsonntag erhielt die SPD die Quittung; sie hatte 6,5 Prozent der Stimmen verloren und war nicht mehr die Nummer eins in München.[872] Der Schock saß

tief. Aber es schien zunächst so, als habe er heilsame Wirkung. Die Parteiflügel machten Anstalten, sich unter dem Eindruck eines auch kommunalpolitisch drohenden Machtverlustes zusammenzuraufen. Vor allem das
Lager der radikalen Linken von ehedem differenzierte sich weiter aus und
löste sich schließlich als Block, der auf Parteitagen einheitlich agierte, auf.
Unmittelbar nach den Landtagswahlen hatte sich eine Kommission, in der
Repräsentanten des bayrischen Landesvorstandes, des südbayrischen Be-
zirksvorstandes, des Münchner Unterbezirksvorstandes und der Rathausfraktion vertreten waren, auf ein gemeinsames Papier geeinigt, das sich in
der Hauptsache von einigen innerhalb des extrem linken Flügels der
Münchner Partei zirkulierenden Anschauungen distanzierte.[873] Auf dem
Unterbezirksparteitag stemmten sich lediglich die Jusos gegen eine Annahme der darin festgelegten Positionen. Für eine Verabschiedung der Kom-
missionserklärung hatten sich dagegen die Exponenten der Generations-
und Linkswende in der Münchner SPD der frühen siebziger Jahre, Christian
Ude, Hans Kolo und Konrad Kittl, stark gemacht. Am Ende hatten sie Erfolg. Die Presse schrieb endlich wieder einmal freundlich über eine Parteikonferenz der SPD, die sich – so die ›Süddeutsche Zeitung‹ – „auf dem Weg
vom linken Rand in Richtung Mitte" gemacht habe.[874]

In der Tat kehrte für einige Monate Ruhe in die Münchner SPD ein. Doch
dann grub der Vorsitzende der Stadtratsfraktion, Hans Preißinger, das
Kriegsbeil erneut aus. So blieb es in den nächsten vier Jahren. Die radikale
Linke hatte 1974 ihr Pulver längst verschossen; ihre anfangs noch zweifellos
beträchtlichen destruktiven Energien waren inzwischen verbraucht. Der innerparteiliche Kampf hatte viele Revoluzzer von einst psychisch verschlissen. Sie waren irgendwo in der Versenkung verschwunden. Diejenigen, die die aufreibenden Konflikte durchgestanden hatten, waren dabei,
sich politisch zu läutern und zu mäßigen. Dagegen hatten sich die Einstellungen der Rathaussozialdemokraten, allen voran des Fraktionsvorsitzenden, immer mehr verhärtet. Daß die Münchner SPD auch noch 1974 von
einer Krise in die nächste torkelte, lag nun in erster Linie am Dogmatismus,
der Kompromißunfähigkeit und der hysterischen Realitätsverzerrung der
Sozialdemokraten im Rathaus, wobei der Fraktionsvorsitzende Preißinger
stets den Vogel abschoß. Die linksradikale Gefahr hatte sich bei ihm allmählich zu einer fixen Idee verfestigt. Monomanisch verfolgte er in der SPD
alles, was irgendwie links, antikapitalistisch oder marxistisch daherredete,
auch wenn es oft nur vorübergehender Ausdruck jugendlichen Draufgänger-
tums war. Im Juni 1975 eröffnete er so ganz unnötig wieder den Kampf. Erst
stieß er den Unterbezirksvorstand vor den Kopf, als er und seine Fraktions-
kollegen den Vorstandsvertreter Dieter Berlitz rüde aus einer Fraktionssit-
zung warfen. Berlitz sollte im Auftrag der Parteiführung mit den Kommunal-
vertretern über den Stadtentwicklungsplan reden.[875] Danach verschickte

Preißinger einen Rundbrief an etwa 50 Münchner Sozialdemokraten, in dem er ein düsteres, aber gänzlich realitätsfernes Bild von der linksradikalen Unterwanderung der Münchner SPD entwarf. Während sich die radikale Linke früherer Jahre in Wirklichkeit immer moderater aufführte, sah Preißinger die „Entwicklung der Münchner SPD zu einer marxistischen Klassenpartei weiter im Gange". Um diesen Prozeß aufzuhalten, empfahl der Vorsitzende der SPD-Rathausfraktion den Ausschluß der Jungsozialisten von der „Stamokap"-Gruppierung und der sogenannten „antirevisionistischen" Fraktion.[876] Jusos dieser Couleur aber waren in München kaum zu finden. Sie bewegten die Phantasie des Fraktionsvorsitzenden, nicht aber die Diskussionen sozialdemokratischer Parteiversammlungen. Das Rundschreiben landete, wie stets, bei der Presse. Der Unterbezirksvorstand reagierte beleidigt und gab eine Gegenerklärung ab.[877] Mit dem inneren Frieden war es vorbei; der Hickhack hatte erneut begonnen.[878]

Im Grunde aber waren dies alles nur kleinere, fast schon harmlose Scharmützel. Im März 1976 brach der Münchner SPD-Krieg wieder in einer Schärfe aus, die alles bisher Dagewesene weit in den Schatten stellte. Schon Ende 1976 hatte sich ein großer Wechsel an der Spitze des Münchner Unterbezirks abgezeichnet. Die 1974 gewählten, durchweg linken Mitglieder des Unterbezirksvorstandes waren mit ihren Kräften am Ende – oder wie Geiselberger inzwischen ausgetreten – und verzichteten auf eine erneute Kandidatur. Für die Nachfolge von Schöfberger stand der Stadtkämmerer Max von Heckel bereit, ein gewiß etwas spröde wirkender Beamter, der aber politisch seriöser vorging als sein Vorgänger und der die Integration der Parteiflügel zu seinem Programm machte.[879] Bei der Kandidatensuche für die Stellvertreterposten achtete er darauf, daß nun auch wieder Gewerkschaftsvertreter Berücksichtigung fanden. Und er brachte zudem Georg Kronawitter ins Gespräch. Hierin aber mochte ihm die Mehrheit der Linken nicht folgen, und Kronawitter unterlag schließlich bei den Wahlen auf dem Unterbezirksparteitag im März 1976.[880] Das war insofern politisch töricht, als Kronawitter nun einmal ein in der Bevölkerung leidlich angesehener – wenngleich keineswegs über die Maßen glücklich operierender – Oberbürgermeister war, der nun vor aller Welt von seiner Partei im Stich gelassen dastand. Das war andererseits aber insofern begreiflich, als Kronawitter in der Vergangenheit die innerparteilichen Konflikte immer wieder geschürt hatte, statt einen Beitrag zu leisten, die Spannungen zu entschärfen. Und auch bei seiner Kandidatenrede vor dem Unterbezirksparteitag bemühte er sich nicht um versöhnliche Töne, sondern er hielt eine seiner gefürchteten dickköpfig-selbstgerechten Brandreden, die ihn dann vermutlich etliche Stimmen gekostet hat. Dennoch kam er auf immerhin gut 47 Prozent der Parteitagsvoten, obwohl sein Lager bestenfalls ein Fünftel der Delegierten stellte – ein Teil der Linken, die Kronawitter und Preißinger

immer noch als festen Block ansahen, hatte also durchaus den Brückenschlag versucht.[881]

Gleichviel, Kronawitter und Preißinger beschlossen, sich für die auf
dem Parteitag erlittene Schmach zu rächen, wo sie die Macht ausübten,
im Rathaus. Als Partner dafür suchten sie sich die CSU aus. Zusammen
mit Vertretern der Strauß-Partei verständigten sich Kronawitter und Preißinger auf ein Revirement unter den Referenten – andernorts Dezernenten
genannt – in der Kommunalverwaltung, denen zwei prominente Sozialdemokraten der Unterbezirksmehrheit zum Opfer fallen sollten: der Kreis-
verwaltungsreferent Klaus Hahnzog und der Stadtkämmerer und neue
Vorsitzende der Münchner SPD Max von Heckel.[882] Als dieser Deal bekannt wurde, war in der Partei der Teufel los, in München, in Bayern und
auch in der Bonner „Baracke". Der Parteivorsitzende Brandt nannte das
Abkommen der SPD-Ratsfraktion mit der CSU „skandalös" und vermutete,
die Münchner Sozialdemokraten müßten „von allen guten Geistern verlassen sein". Herbert Wehner dachte laut über die Trennung von dem einen
oder anderen Mitglied nach und stellte fest, daß man es sich bei der Interpretation der Münchner Verhältnisse zu leicht mache, „wenn man annimmt,
die Linken sind die Verrückten und die Rechten sind die Guten". Noch
deutlicher wurde der Vorsitzende des mitgliederstärksten SPD-Bezirks,
Hermann Heinemann aus dem Westlichen Westfalen, durchaus kein Mann
des linken Parteiflügels. Er verlangte, Georg Kronawitter wegen Kumpanei
mit dem politischen Gegner aus der Partei auszuschließen. Kronawitter
selbst plädierte in dieser Frage ebenfalls für den Ausschluß, allerdings den
„aller Extremisten", die gewiß aber für die Vorfälle im Münchner Rathaus,
die die Gemüter gerade erhitzten, beim besten Willen nicht zur Verantwortung zu ziehen waren. Es sei denn, Kronawitter hätte sich selbst als Ex-
tremist empfunden, womit er dann so falsch nicht gelegen haben dürfte.
In diesen Tagen traten etwa 400 Münchner Sozialdemokraten empört aus
der Partei aus. Die Münchner SPD, der 1972 noch rund 15000 Sozialdemokraten angehört hatten, zählte 1976 nur noch etwa 12000. Im übrigen
schüttelte das ganze politisch interessierte Deutschland den Kopf über die
Katastrophen- und Chaospolitik. Die Bonner Parteiführung schickte den
stellvertretenden Parteivorsitzenden Hans Koschnick zum Krisenmanagement in die bayrische Landeshauptstadt. Die SPD-Spitze gab klare Weisung,
daß Hahnzog und von Heckel von der Fraktion wiedergewählt zu werden
hätten. Doch als die Wahlen Anfang Mai stattfanden – das Rathaus konnte
den Ansturm von Pressevertretern, Rundfunkreportern und Kamerateams
aus aller Welt kaum bewältigen –, kam Hahnzog nur mit Hilfe der FDP-
Stimmen durchs Ziel. Mindestens acht Sozialdemokraten hatten ihn nicht
mitgewählt.[883]

Die Talfahrt der SPD setzte sich weiter fort. Bei den Bundestagswahlen

1976 verlor die SPD 7,5 Prozent der Stimmen. Sie lag in der Stadt nurmehr bei 40,5 Prozent, während die CSU sie überholt hatte und jetzt 47,2 Prozent der Wählervoten auf sich vereinte (1972: SPD 48,0 Prozent; CSU 40,6 Prozent). Der einzige Sozialdemokrat, der in München seinen Wahlkreis direkt holte, war Hans-Jochen Vogel, der zuvor allerdings größte Mühe hatte, von seiner Partei für diese Kandidatur überhaupt nominiert zu werden. Aber es blieb dabei: Die Wähler und die Medien machten die Linken in der Partei für den Niedergang der Münchner SPD verantwortlich, auch wenn die Rebellen von einst inzwischen eher zahm geworden waren, während die Rathaussozialdemokraten wild um sich schlugen und dabei allerlei Porzellan irreparabel zerschlugen. Doch nach dem neuerlichen Einbruch bei den Bundestagswahlen sah der Münchner Parteivorsitzende Max von Heckel für die SPD bei den Kommunalwahlen 1978 nur noch dann eine Chance, wenn sie wieder mit Kronawitter als Oberbürgermeisterkandidaten ins Rennen gehen würde. Andere Sozialdemokraten aus der Führungsspitze der Münchner SPD äußerten dagegen allerdings Bedenken, da sie die Fortdauer des Dualismus und damit des chronischen Konflikts zwischen Rathaus und SPD-Unterbezirk für weitere sechs Jahre befürchteten.[884] Schließlich war aber selbst die Mehrheit der führenden Linken bereit, die keineswegs abwegigen Einwände gegen eine erneute Kandidatur von Kronawitter zurückzustellen. Auf einer Sitzung des Unterbezirksvorstandes mit Vertretern der bayrischen SPD-Spitze und des aus Bonn angereisten Parteivize Hans Koschnick Ende November 1976 erklärte sich die Unterbezirksführung der Münchner SPD einverstanden, 1978 mit Kronawitter als Spitzenkandidaten in den Wahlkampf zu ziehen.[885] Selbst den Vorsitzenden der Stadtratsfraktion Hans Preißinger schluckte die Münchner Parteispitze trotz dessen ständiger Querschüsse; er sollte ebenfalls in der sechsköpfigen Spitzenmannschaft für die Kommunalwahlen vertreten sein. Nur die beiden bisherigen Bürgermeister, Gittel und Müller-Heydenreich, hatten dort nach Auffassung der Unterbezirksvorsteher nichts mehr zu suchen. Der eine, Gittel, hatte sich in der Tat seit Jahren nicht mehr in der Partei sehen lassen, der andere, Müller-Heydenreich, polemisierte seit Wochen und Monaten giftig gegen die Münchner SPD. Im übrigen galt er auch der Presse als nicht sonderlich kompetent und als Mann der Schickeria, nicht des Aktenstudiums.[886] Es war nun an Kronawitter – so sah es auch Koschnick –, in dieser Personalfrage nachzugeben und dem Unterbezirksvorstand, der seinerseits Einsicht und Kompromißbereitschaft bewiesen hatte, ebenfalls entgegenzukommen. Doch Kronawitter blieb starrsinnig und forderte ultimativ alles oder nichts. Als er seine Bürgermeister nicht bekam, wählte er das Nichts, er verzichtete.

Die Medien sangen daraufhin das alte Lied: Kronawitter sei Opfer der Münchner Linksradikalen geworden. Dabei war der Oberbürgermeister mehr an seiner eigenen Intransigenz gescheitert. Die Rolle, die er eigentlich hatte spielen sollen, übernahm nun der Parteivorsitzende von Heckel, ein Mann gewiß ohne jedes Charisma, aber mit dem Willen zum Ausgleich. Er bereinigte endlich das zuvor über Jahre gestörte Verhältnis zu den Gewerkschaften, indem er den Münchner DGB-Chef Alois Mittermüller auf den zweiten Rang der Stadtratsliste plazierte.[887] Die übrigen vier Plätze der offiziellen Spitzenmannschaft, mit der sich die Münchner SPD im Wahlkampf präsentierte, hatte die Partei auf seinen Vorschlag hin nach paritätischem Strickmuster zwischen den Flügeln verteilt: zwei links, zwei rechts. Nur die Spitzengarde aus der Rathausfraktion der vergangenen Jahre hatte keine Berücksichtigung mehr gefunden. Sie lief daraufhin Amok, allen voran wieder Hans Preißinger. Der unerwünschte Fraktionschef schrieb von Ende 1976 bis zur Kommunalwahl im Herbst 1978 Briefe und Rundschreiben, gab Statements und Interviews, in denen er wieder und wieder den „linksradikalen Trend" in der Münchner SPD beschwor. Systematisch verbreitete Preißinger in der Öffentlichkeit den Eindruck, als hätten in seiner Partei nun endgültig „Stamokaps" und andere orthodoxe Marxisten allein das Sagen.[888] Daran war nichts, aber es blieb in der Erinnerung der Wähler haften. Als 1977 der Juso-Bundesvorsitzende Klaus-Uwe Benneter die Partei verlassen mußte, schlug Preißinger allen Ernstes vor, doch gleich Wolfgang Roth mit hinauszuwerfen, da dieser doch 1973 ähnliche Ansichten vertreten habe.[889] Daß Parteimitglieder seiner Façon nun bei den Kommunalwahlen nicht mehr aufgestellt wurden, nannte er „Liquidierung aufrechter Sozialdemokraten"[890], obgleich die Münchner SPD in diesen Monaten lediglich die Techniken der Demokratie, eben Wahl und Abwahl von Funktions- und Mandatsträgern anwandte. Es war eine Politik der verbrannten Erde, die Preißinger vor allem im Jahr 1977 betrieb. Einige seiner Getreuen verließen dann schon Ende 1976 das sinkende Schiff, das anfangs Radikale von links und später Dogmatiker von rechts leckgeschlagen hatten. Im Dezember 1976 kehrten die beiden Bürgermeister Gittel und Müller-Heydenreich ihrer Partei den Rücken, im März 1977 folgten vier Stadträte. Als Motiv für ihren Austritt gaben sie die „Linksentwicklung in der Münchner SPD" an.[891] Die Partei aber bewegte sich 1974 nicht mehr nach links, sondern allmählich zurück zur linken Mitte. Der pathetische Auszugsprotest der Bürgermeister und Stadtverordneten gegen den linken Radikalismus klang daher 1976/77 reichlich hohl und vorgeschoben, da er um Jahre verspätet kam. Die Ämter gingen verloren, die Pfründe waren weg. Solcherlei Überlegungen waren wohl auch im Spiel, als einige die SPD verließen und einen „Sozialen Rathausblock" aus der Taufe hoben, der dann bei den Kommunalwahlen 1978 ebenfalls kandidierte.

Diese Absplitterung erreichte dann aber lediglich 1,9 Prozent. Nicht zu ihr, sondern zur CSU waren frühere Wähler der Sozialdemokraten im März

1978 in Scharen abgewandert. Der Ausgang der Kommunalwahlen bedeutete für die Münchner SPD ein Desaster, wie es schlimmer kaum hätte ausfallen können. 30 Jahre lang hatte sie den Oberbürgermeister gestellt. Mitte der sechziger Jahre hatte ihr Kandidat Hans-Jochen Vogel fast 78 Prozent der Stimmen erhalten. Noch 1972 hatte Kronawitter 55,7 Prozent der Wählervoten bekommen. Dagegen war nun Max von Heckel tief abgestürzt. Gerade 39,2 Prozent der wählenden Münchner hatten sich den Kämmerer als Oberbürgermeister ihrer Stadt gewünscht. 51,4 Prozent entschieden sich demgegenüber lieber für den Christsozialen Erich Kiesl. Die Münchner SPD selbst schnitt bei den Stadtratswahlen gar noch schlechter ab als ihr Kandidat für das Oberbürgermeisteramt. Sie vereinte jetzt gerade gut 37 Prozent der Stimmen auf sich, rund 15 Prozent weniger als sechs Jahre zuvor.[892] Der „siebenjährige Krieg" der Münchner Sozialdemokratie hatte die Partei am Ende ruiniert. Ihm waren Dutzende von Sozialdemokraten großen politischen Talentes zum Opfer gefallen, die durch den unerbittlich geführten innerparteilichen Konflikt verschlissen, zermürbt, aufgerieben wurden. Wohl keine andere Stadt hat in der Geschichte der deutschen Sozialdemokratie innerhalb weniger Jahre so viel politisches Personal, so viel politische Kompetenz verbraucht und entwertet wie München in den siebziger Jahren. Die Folgen für die SPD waren verheerend. Die einen in der Partei hatten die Traditionsstrukturen einer hegemonialen sozialdemokratischen Stadtpolitik über allen Wandel hinweg erhalten wollen, die anderen jenseits der vorfindbaren Bevölkerungsbedürfnisse von einer linkssozialistischen Musterkommune geträumt. Am Ende hatten sie beide – oder alle zusammen – verloren. Weder konservierten sich in München die alten sozialdemokratischen Strukturen, noch bauten sie sich linkssozialistisch aus. Am Ende des Generationen-, Kultur- und Flügelkampfes der Münchner SPD stand nur das eine: München war schwarz geworden.

Zumindest war es das für sechs Jahre, bis 1984. Auch dann begann nicht erneut die alte sozialdemokratische Herrlichkeit – damit ist es dort wohl unwiderruflich vorbei –, aber die SPD stellte wieder den Oberbürgermeister: Georg Kronawitter. Es hatte ganz offenbar des Erdrutsches von 1978 bedurft, damit die Kampfhähne zur Räson kamen. Um der Rückkehr zur Macht willen mußten sich beide arrangieren, Kronawitter und seine Partei. Kronawitter begriff, daß es ohne oder gegen seine Partei ein Zurück ins Rathaus nicht geben würde. Die Münchner SPD lernte zu akzeptieren, daß – ob gerecht oder nicht – ihr Ansehen in der Bevölkerung bei Null lag, Kronawitter aber fast als Märtyrer galt und bei den Bürgern weiterhin populär war. Ja, er gewann gar noch in dem Maße an Sympathie, wie sein CSU-Nachfolger im Amte in barocker Selbstherrlichkeit aufging und politisch versagte. Der Machtverlust brachte zwischen den Generationen, Kulturen und Flügeln innerhalb der SPD den „historischen Kompromiß" zustande, der in den siebziger Jahren im Wonnegefühl absoluter Mehrheiten nicht gelingen wollte. Zu seinem Comeback hatte Kronawitter Ende 1978 angesetzt. Über Zeit und Geld verfügte er ausreichend, der Oberbürgermeister im Ruhestand mit einer stattlichen Pension. Er nahm die Ochsentour durch die Partei auf sich, machte Hausbesuche, putzte Türklinken, lud zu Tee und Gebäck ein – und gewann so allmählich wieder Mehrheiten in Ortsvereinen, schließlich wurde er Kreisvorsitzender.[893] Auf Unterbezirksparteitagen sammelte er seine Getreuen, redete in Diskussionen, aber ohne die einstige Schärfe; und auch seine linken Kontrahenten von ehedem vermieden es meist, in die Schlachtrufe früherer Jahre zurückzufallen. Manchmal allerdings blitzten die Spannungen und Differenzen wieder auf. So schienen die alten Flügelkämpfe 1981/82 zwischenzeitlich zurückzukehren, als die Münchner SPD entgegen dem Kurs des Unterbezirksvorstandes die Sicherheitspolitik des Kanzlers attackierte. Da stand Kronawitter wieder in Opposition, mit ihm aber auch der Unterbezirkschef von Heckel, der schließlich resignierte.[894] Sein Nachfolger, Hans-Günter Naumann, aber hielt am Integrationskurs fest. Er war es auch, der im Sommer 1982 öffentlich signalisierte, daß er eine Kandidatur Kronawitters für die Wahlen des Oberbürgermeisters wohl befürworten werde.[895] Eine realistische Alternative gab es für die Münchner SPD auch nicht. Umfragen ergaben, daß die SPD in der Gunst der Wähler inzwischen auf 20 Prozent abgerutscht war, Kronawitter hingegen um einige Punkte besser abschnitt als der amtierende Oberbürgermeister Kiesl. Gleichwohl hatten viele Münchner Sozialdemokraten einige Mühe, sich eingedenk der alten Konflikte mit dem Gedanken an eine Spitzenkandidatur Kronawitters anzufreunden. Die Erinnerung an den fatalen politischen Dualismus zwischen Rathaus und Unterbezirksmehrheit war noch wach, die Furcht vor einer Neuauflage der strukturellen Spannungen war weiterhin vorhanden. Doch so wie die Dinge lagen, blieb der Münchner SPD keine Wahl. Der Weg zurück zur kommunalpolitischen Macht führte nur über Georg Kronawitter. Ein Vertreter der Linken hätte zwar die politische Identität von Partei und Spitzenkandidat garantiert, aber unweigerlich weitere sechs Jahre Opposition zur Folge gehabt. Immer noch aber existierte in der Münchner SPD eine stattliche Zahl derer, die es vorzogen, in der Opposition mit sich im reinen zu sein, als sich im Handeln der Amts- und Mandatsträger nicht vollständig wiederzufinden. Als der Parteitag der Münchner SPD im April 1983 über die Nominierung eines Kandidaten für das Oberbürgermeisteramt entschied, stimmten immerhin 46 Prozent der Delegierten gegen Kronawitter.[896] Die Mehrheit hob Kronawitter gleichwohl auf den Schild und zog damit einen Schlußstrich unter den innerparteilichen Krieg der siebziger Jahre. Die Münchener Partei begründete einen historischen Kompromiß zwischen den auseinandergefallenen Kulturen, Schichten und Zielperspektiven in der SPD seit 1969. Dieser Kompromiß personifizierte sich im Spitzenduo, mit dem die Münchner Sozialdemokraten in den Wahlkampf für die Kommunalwahlen 1984 zogen: hier Georg Kronawitter als Repräsentant der alten Sozialdemokratie, konservativ im Habitus, doch sozialer Populist, der die Stimmen der „kleinen Leute" sammelte in seinem agitatorischen Feldzug gegen „Spekulanten und Baulöwen"; dort Klaus Hahnzog, der Vertreter der neuen linken SPD, Friedensfreund und Ökologe, der sich mit dem Fahrrad ablichten ließ, um in den angegrünten Mittelschichten gut anzukommen. Hätte die SPD schon früher die Kraft zu diesem Interessenausgleich gefunden, vielleicht wäre ihr dann vieles erspart geblieben. So jedenfalls schaffte sie die Rückkehr ins Oberbürgermeisteramt. In der entscheidenden Stichwahl erreichte Kronawitter gut 58 Prozent der Stimmen und lag um fast 14 Prozentpunkte vor seinem Kontrahenten, dem bisherigen Amtsinhaber Kiesl.[897] Nach der Wahl war nicht alles eitel Harmonie zwischen dem Oberbürgermeister und seiner Partei. Die SPD wäre mehrheitlich wohl gern ein rot-grünes Techtelmechtel eingegangen, wozu es rechnerisch auch gereicht hätte, der Oberbürgermeister aber neigte anfänglich stärker zur Zusammenarbeit mit der CSU. Doch noch mehr schätzte er das politische Spiel der wechselnden Mehrheiten. Er suchte sich seine Mehrheiten jeweils dort, wo er sie in politischen Einzelfragen fand. Kronawitter schuf sich so ein oszillierendes Allparteiensystem, in dem er sich seine Tageskoalitionen nach Bedarf und Notwendigkeit zusammenschmiedete.[898] Dies war ganz nach dem Geschmack des neuen Oberbürgermeisters, der sich gern als Volksbürgermeister, der über allen Parteien schwebte, profiliert und in der Stadtgeschichte verewigt hätte. Doch Kronawitter hatte nun nicht mehr wie zwischen 1972 und 1978 eine Fraktion auf seiner Seite, die ihm in allem gefolgt wäre. Er mußte jetzt sehr viel mehr Rücksicht auf die Befindlichkeiten seiner Genossen nehmen. Anders als in den siebziger Jahren hielt sich auf diese Weise der politische Dualismus zwischen der Stadtführung und dem SPD-Unterbezirk in Grenzen; die Fraktion, inzwischen weitgehend von der Münchner Linken besetzt, bildete jetzt ein Scharnier zwischen der Partei und der Rathausspitze. Ab 1987 hatte das „Bäumchen-wechsle-dich"-Spiel Kronawitters sowieso ein Ende, und Partei und Oberbürgermeister rückten wieder eng zusammen. Zuvor hatten zwei sozialdemokratische Stadtverordnete ihre Fraktion verlassen. Das Duo – von dem der eine in den siebziger Jahren noch zur strammen Linken gehört hatte – gab sich den Namen „Unabhängige soziale Demokraten" und diente der CSU als Mehrheitsbeschaffer.[899] Eine ungewöhnliche Partnerschaft begründete dann im März 1988 die Fraktion der CSU mit den „Grünen", beide halfen sich gegenseitig, ihre Kandidaten bei den Referentenwahlen durchzubringen.[900]

In der SPD löste dies einen Solidaritätsschub aus. Die Partei ging 1989/90 geschlossen, wie seit 20 Jahren nicht mehr, in den Wahlkampf. Auch Krona-

witter trat als Mann seiner Partei, als Vertreter der Münchner Sozialdemokraten auf. Seine Popularität in der Münchner Bevölkerung war ungebrochen. Gegen ihn hatte auch der Sprecher der Bonner Regierungskoalition,
Hans Klein, als Kandidat der CSU keine Chance. Kronawitter wurde mit
62 Prozent der Stimmen wiedergewählt. Vom Glanz seines Wahlerfolges profitierte auch die Münchner SPD, der es nach 12 Jahren wieder gelang, mit 42
Prozent stärkste kommunalpolitische Kraft in München zu werden. Dabei
hatte sie im Jahr zuvor bei den Europawahlen mit 28,3 Prozent noch einen
neuerlichen Tiefpunkt in der Wählergunst erreicht. Einige Wochen nach den
Kommunalwahlen entschied sich ein Unterbezirksparteitag der Münchner
SPD bei nur einer Enthaltung einträchtig für eine „sozial-ökologische Rat-
hauspolitik", also für ein Bündnis mit den „Grünen".[901] Kronawitter selbst
hatte dafür auf der Parteikonferenz geworben – wohl noch nie wurde eine
Rede von ihm von den Delegierten eines Münchner Parteitages so sehr gefeiert und bejubelt wie diese. Man mochte es so sehen: Kronawitter hatte
parteipolitisch eine Koalition von Gewerkschaftern, traditionellen Sozialdemokraten, linkssozialistischen Akademikern und ökologisch gesinnten Mit-
telschichtangehörigen geschlossen und sich an ihre Spitze gestellt. Eine
solche Verbindung war sozial und kulturell *innerhalb* der SPD der siebziger
Jahre nicht zusammenzuführen. Spätestens mit der Entscheidung des Unter-
bezirksparteitages für ein rot-grünes Bündnis hatte der Generationen- und
Kulturkampf in der Münchner SPD der siebziger Jahre ein Ende, was nicht
ausschließt, daß neue Konflikte zwischen nun „alter" und inzwischen wieder
„neuer" Linken vor der Tür stehen mögen. Alle Beteiligten mußten lernen,
daß sie bei einer unerbittlichen Konfrontation nur Schaden nahmen, daß es
zu einer kompromißdurchwirkten Allianz zwischen den sozialen Schichten,
Generationen und Lebensformen derjenigen Kräfte, die eine Reform der
Gesellschaft auf ihr Panier geschrieben haben, keine Alternative gab. Nur
war eine solche Koalition in der SPD alleine inzwischen nicht mehr zu
haben, dafür war es zu spät. Jetzt mußte diese Allianz zudem auf der Ebene
verschiedener Parteien konstituiert werden. Das schwierige Leben in parteipolitischen Bündnissen wird den Münchner Sozialdemokraten auch in Zukunft nicht mehr erspart bleiben. Die Zeiten der absoluten Mehrheiten sind
für sie vorbei und werden wohl auch nicht mehr zurückkehren. Bei Bundestagswahlen hatte es in München für die SPD diese absoluten Mehrheiten im
übrigen auch niemals in der bundesdeutschen Geschichte gegeben; am besten schnitt sie noch 1969 mit 48,7 Prozent der Stimmen ab. Und die Resultate der Bundestagswahlen zeigen, daß die Erosion der Sozialdemokratie in
der bayrischen Landeshauptstadt auch in den achtziger Jahren weiter fortgeschritten ist. Zwischen 1980 und 1987 verlor die SPD 10,1 Prozent der Wählerstimmen. Bemerkenswerterweise hatte sie also in der Zeit, in der wieder
Ruhe in die Partei eingekehrt war, mehr Anteile eingebüßt als in den Jahren

der wilden Flügelkämpfe, in denen die Münchner SPD von 48,7 Prozent im Jahr 1969 um lediglich 7,8 Prozent auf 40,9 Prozent der Wählervoten im Jahr 1980 absank.[902] Die innerparteilichen Konflikte waren es also nicht allein, die den Niedergang bewirkten. In München hatte sich seit den sechziger Jahren eine rasch wachsende, hochqualifizierte, materiell gut gestellte neue Mittelschicht herausgebildet, die die SPD mit ihren Rezepten und Attitüden seit den frühen siebziger Jahren nicht mehr einfing. Den Aufsteigern hatten beide Gruppen in der Münchner Partei nichts zu bieten. Weder der sozialpolitische Konservatismus der Traditionskompanie noch der akademische Linkssozialismus der neuen Unterbezirksmehrheit entsprachen den Lebensgefühlen, den Bedürfnissen und Zukunftsorientierungen dieser Bevölkerungsgruppen, gleichviel ob diese nun postmaterialistisch oder nicht eingestellt waren. Der soziokulturelle Wandel eines expandierenden Gesellschaftssegments ging an der Münchner SPD mithin insgesamt vorbei.

Insofern hat sie keineswegs ein Monopol darauf, auch in Zukunft führende kommunalpolitische Kraft zu bleiben und fortwährend den Oberbürgermeister zu stellen. In der zweiten Hälfte der neunziger Jahre wird sie sich ohne den Bonus von Kronawitter behaupten müssen. Allerdings hat dieser im Stile eines Monarchen die Erbfolge weise geregelt, so daß die Partei verhalten optimistisch in die Zukunft blicken kann. Zum Kronprinzen hat er sich den Rechtsanwalt Christian Ude auserkoren, der in den frühen siebziger Jahren als linker Pressesprecher der Münchner SPD noch zu den Gegenspielern Kronawitters zählte. Ude gehört zu den wenigen, die den Selbstzerfleischungsprozeß halbwegs unbeschädigt überstanden haben. Er war stets ein Mann der Linken, doch bewies er immer dann, wenn es darauf ankam, pragmatische Fähigkeiten, Augenmaß für das Machbare und den Willen zur Integration. Gerade diese integrative Begabung macht ihn in gewisser Weise zum idealen Oberbürgermeisterkandidaten einer großstädtischen SPD der neunziger Jahre. Ude ist in München seit Jahren als „Mieteranwalt" und Vorkämpfer gegen die Wohnungsspekulation bekannt. Er vertritt damit auch die klassische SPD, die Partei der „kleinen Leute", und das in einer Frage, die in den Metropolen gewiß an Brisanz nicht verlieren wird. Zugleich steht der Stellvertreter Kronawitters in dem Ruf, Liebhaber und Förderer der Künste zu sein, was zweifellos – nicht nur – die gebildeten Mittelschichten für ihn einnehmen wird. Ude ist in der Lage, die sozial-kulturellen Brücken zu schlagen, die eine urbane Partei heute schlagen muß. Unterlaufen ihm in den nächsten Jahren keine gravierenden Fehler, so wird die SPD 1996 mit einem attraktiven Kandidaten für die Nachfolge Kronawitters im Amt des Oberbürgermeisters ins Rennen gehen und dadurch die eigenen Aussichten für die Stadtratswahlen zweifellos vergrößern.

Schließlich ist es auch der CSU in München nicht gelungen, sich als überzeugende kommunalpolitische Alternative zu etablieren, weder in der Zeit, als sie das Stadtoberhaupt stellte, noch danach. Daß auch die Stellung der CSU bröckelt, sie ähnliche Probleme bekommt wie die sozialdemokratische Volkspartei schon zuvor, signalisierte der Ausgang der Bundestagswahl 1990, als die CSU fast 4 Prozent verlor, während die Sozialdemokraten – gegen den Bundestrend – um 2 Prozent zunahmen.[903] Es wird für beide großen Parteien in Zukunft schwieriger. Städte wie München und Frankfurt werden keine ewigen Hochburgen für eine Partei mehr sein, weder für die eine noch für die andere. Patriarchalische Bürgermeisterparteien auf Jahrzehnte hin gehören in solchen Metropolen der Vergangenheit an. Wer keine Antwort auf die wachsenden Integrationsherausforderungen parat hat, wer den Generationswechsel verschläft, die raschen soziokulturellen Wandlungen ignoriert, wer keinen attraktiven Oberbürgermeisterkandidaten zu präsentieren vermag – der zugleich bodenständig und urban-weltoffen wirkt, der politischer Macher ist und doch konzeptionell denken kann, der volkstümlich auftritt, aber auch Nachdenklichkeit ausstrahlt –, wird in den Metropolen keine Mehrheiten mehr bekommen. Die Aussichten der Münchner SPD dafür mögen nicht gerade glänzend sein, aber es gab Jahre, da waren sie sehr viel schlechter.

Linke und Halblinke, Modernisten und Traditionalisten.
Eine fragmentierte Metropolenpartei des öffentlichen Dienstes:
Die Frankfurter SPD

In der Frankfurter SPD lief in den siebziger Jahren vieles ganz ähnlich ab wie in der Münchner Partei. Wir können uns daher in den Schilderungen der Ereignisse jener turbulenten Jahre etwas kürzer fassen und dafür größere Aufmerksamkeit auf diejenigen Faktoren richten, die zu den Besonderheiten der krisenhaften Entwicklung in Frankfurt gehörten. Auch in der dortigen SPD sorgten junge und akademische Neumitglieder ab Ende der sechziger Jahre in raschen Abfolgen für immer neue weitergehende Radikalisierungsschübe. In einer sich hochschaukelnden Parteitagsradikalität wurden tollkühne Sozialisierungsvorschläge propagiert, wurde die jugoslawische Gesellschaft als Sozialismusmodell für die Bundesrepublik gepriesen, wurden Parlamentarismus und Rechtsstaat als „formell" und „bürgerlich" verächtlich abgetan. Mitunter ließen sich jungsozialistische Delegierte auf Frankfurter Parteitagen dazu hinreißen, die Bundesrepublik der frühen siebziger Jahre – also die Anfangszeit der sozialliberalen Koalition – mit dem faschistischen Deutschland von 1933 gleichzusetzen. Als historische Ahnen für ihre Politik reklamierten die jungen Linken Rosa Luxemburg und Karl Liebknecht.[904]

Wie in München, so stieß diese Gruppe auch in der Frankfurter SPD auf eine Funktionärsschicht, die innerhalb des Spektrums der bundesdeutschen Sozialdemokratie zur Linken zählte. Indes war das linkssozialdemokratische Profil der Frankfurter SPD in den fünfziger und sechziger Jahren noch sehr viel deutlicher ausgeprägt als in der Parteiorganisation der bayrischen Landeshauptstadt. Der Unterbezirksvorsitzende und Frankfurter Oberbürgermeister von 1970/71, Walter Möller, bildete über Jahre die Speerspitze des linksoppositionellen Flügels in der SPD. Auch sein Nachfolger im Amt, Rudi Arndt, stand außerhalb Frankfurts im Ruf, ein dezidiert linker Sozialdemokrat zu sein. In der Frankfurter SPD aber galten sie und ihre Gefolgsleute in den frühen siebziger Jahren plötzlich als rechts, auch wenn sie sich beharrlich weiterhin als „Linke", zumindest als Vertreter einer „linken Mitte" bezeichneten.[905] Hier lag gewiß ein Unterschied zur Münchner Partei, denn die Frankfurter „Parteirechte" vertrat in der Tat Positionen, die in der Bundespartei weit links angesiedelt waren, während die Münchner Rathaussozialdemokraten im Laufe der Konflikte der siebziger Jahre zweifellos in das rechte Feld der Sozialdemokratie hinüberrückten.

Im übrigen aber lag in alledem schon eine Wurzel des ganzen Übels in der Frankfurter Sozialdemokratie: Ihren Parteitag konnte sie jahrelang mit dem semantischen Spielchen beschäftigen, wer in der Partei nun links, wer halblinks, wer gar nicht mehr links, wer am Ende dann vielleicht doch rechts wäre. Darüber stritten die Sozialdemokraten auf den Parteiversammlungen stunden-, ja tage- und nächtelang. Das alles war verwirrend, politisch ohne Sinn und nur für Insider zu entschlüsseln, zu deren Erbauung das „Links-halblinks-rechts-Puzzle" auch allein diente. Das Publikum jedenfalls verstand die Strickmuster der innersozialdemokratischen Flügelanordnungen nicht mehr, ahnte nur, daß das alles mit seinen Problemen nicht das geringste mehr zu tun hatte. Erschwerend kam hinzu, daß jemand anfangs noch als radikaler Linker gehandelt werden mochte, kurze Zeit später aber schon ein Repräsentant der linken Mitte sein konnte und dann danach als Rechter seinen Platz in der Partei fand. So etwa war es jedenfalls bei Karsten Voigt, dem Juso-Bundesvorsitzenden von 1969 bis 1973, und bei Fred Gebhardt, der noch 1974 überraschend als Kandidat der radikalen Linken zum Unterbezirksvorsitzenden gewählt wurde, ein Jahr später sich schon in das Lager der gemäßigten Linken schlug und irgendwann in den späten siebziger Jahren als Rechter firmierte, als Statthalter Holger Börners in Frankfurt.[906] Ähnliches sahen wir in München; auch dort war die radikale Linke der frühen siebziger Jahre in der zweiten Hälfte des Jahrzehnts zur „linken Mitte" geworden.

Die Frankfurter SPD zerfiel also wie die in München in Flügel und Gruppen, die alle gegeneinander organisierten, intrigierten und konspirierten und in den Ortsvereinen, wo sie die Mehrheiten errangen, die Minderheiten vollständig aus allen Funktionen, Ämtern und Delegationen ausschalteten. Insgesamt aber existierten in Frankfurt wohl noch mehr Gruppen und Grüppchen, Zirkel und Fraktionen als in der Münchner SPD. Kaum Unterschiede wiesen dagegen die Umgangsformen auf den Parteitagen in beiden Städten auf. Tumulte hier wie dort, Zerwürfnisse, erbitterte Redeschlachten um Resolutionen ohne politischen Wert, Gefechte über Themen, die außerhalb der SPD kaum jemanden interessierten.[907] Die Frankfurter Partei beschäftigte sich lediglich mit sich selbst. Sie war mehr noch als die Münchner Partei eine Organisation der Kommunalverwaltung und des Parteiapparats geworden; von 15 Vorstandsmitgliedern Mitte der siebziger Jahre waren 14 beruflich auf einer dieser beiden Ebenen angesiedelt.[908] Traditionelle Arbeitnehmer aus der gewerblichen Wirtschaft kamen in der Führungshierarchie der Frankfurter SPD in den siebziger und achtziger Jahren nicht mehr vor, die Partei betrieb soziale und politische Inzucht. Sie richtete sich in einer formelhaft-radikalen Abgeschiedenheit ein und hielt sich zugleich doch für den Mittelpunkt der politischen Willensbildung. Sie verlangte das imperative Mandat, wollte Magistrat und Stadtverordnete nach ihrer Pfeife tanzen lassen, postulierte für sich mithin den Primat in der Stadtpolitik, fragte aber nicht nach Machbarkeiten, nach Finanzierungsmöglichkeiten, nach rechtlichen Hindernissen oder Wirkungen und Konsequenzen.[909] Sie war Partei, die ein Programm hatte, Grundsätze vertrat, Ziele setzte, Identitäten definierte, Klientelbedürfnisse zu befrieden hatte – was kümmerten sie Sachzwänge, was brauchte sie den Kompromiß, was war ihr schon der parlamentarische Ausgleich? Partei, Fraktion, Oberbürgermeister – das kam auch in Frankfurt nicht zusammen, wenn auch die politischen und lebensweltlichen Differenzen dort nicht ganz so tief reichten wie in München. Doch daraus ergaben sich gleichwohl genug Spannungen. Auf Parteitagen entluden sie sich dann in wütenden, eifernden, zänkischen, unversöhnlichen Debatten, bei denen die Medien, ebenfalls wie in München, stets dabei waren und abschreckende Bilder oder Reportagen in die Wohnungen der wählenden Bürger übermittelten. Den ersten Schreckschuß gaben eben diese allmählich verdrossenen Bürger – auch das eine Parallele zu München – 1974 bei den Landtagswahlen ab. Die Sozialdemokraten verloren in Frankfurt sieben der acht Wahlkreise an die CDU, die um 9,7 Prozent zulegte und mit 46,5 Prozent erstmals stärkste Partei der Mainmetropole wurde.[910] Die SPD zählte nurmehr 40,9 Prozent. Acht Jahre zuvor vereinte sie noch gut 51 Prozent der Stimmen auf sich, und die CDU lag bei mageren 26,3 Prozent – ein Erdrutsch seither, ohne Zweifel.[911]

Doch auch solche dramatischen Wählereinbußen brachten die Frankfurter Sozialdemokraten nicht zur Besinnung. Sie machten so weiter als sei durchaus nichts geschehen. Sie wälzten ihre Binnenprobleme und scherten sich nicht darum, was um sie herum passierte. Über ein halbes Jahr lang, von

Oktober 1975 bis April 1976, diskutierten sich die Frankfurter Sozialdemokraten die Köpfe heiß, wie man es mit den Sozialisten in Portugal halten solle. Ende September 1975 hatte die Frankfurter SPD eine Solidaritätsveranstaltung für die portugiesischen Sozialisten durchgeführt, bei der auch Willy Brandt und der portugiesische Sozialistenchef Mario Soares auftraten. Flugs meldete sich darauf eine Gruppe von etwa 60 Frankfurter Sozialdemokraten zu Wort, die die Veranstaltung kritisierten, weil sie Soares nicht als konsequenten Sozialisten akzeptierten und seiner politischen Bewegung im ganzen „reformkapitalistische Illusionen" vorwarfen. Diese Sozialdemokraten – überwiegend Jungsozialisten – vertraten die Position der portugiesischen Kommunisten. Dies ging selbst dem linken oder halblinken – da ist sich auch der Historiker nicht so ganz sicher – Unterbezirksvorstand zu weit. Er forderte die Freunde der portugiesischen KP auf, ihre Erklärung umgehend zu widerrufen, andernfalls drohe ihnen ein Parteiordnungsverfahren. Und schon begann sich das übliche Solidaritätskarussell bei den Jungsozialisten zu drehen. Auch solche Jusos, die die Haltung der 60 nicht teilten, bekundeten gleichwohl ihre „volle Solidarität" mit den von administrativen Maßnahmen verfolgten Sozialdemokraten. So ging es hin und her, von Parteiversammlung zu Parteiversammlung; für andere Themen blieb keine Zeit mehr. Derweil bereiteten CDU und FDP ihren Bundestagswahlkampf vor. Die einen waren mit sich selbst beschäftigt, während die anderen Stimmen sammelten. Darin lag gewiß ein Grund für den Niedergang der SPD in Frankfurt und in einigen anderen Großstädten.

So weit lief vieles parallel im Abstiegspozeß der SPD in Frankfurt und in München. Die Frankfurter Besonderheit lag nun darin, daß hier die SPD auch kommunalpolitisch am Ende war, daß ihr Oberbürgermeister durch Finanzskandale ins Gerede kam, daß eine Mehrheit der Bürger den Sozialdemokraten insgesamt – und nicht nur dem linken Parteiflügel – kein Vertrauen mehr schenkte. Die SPD in Frankfurt rieb sich nicht nur in Flügelkämpfen auf, sie hatte auch kommunalpolitisch abgewirtschaftet. Unter ihrer Stadtführung fraßen sich Versicherungs- und Bankenhochhäuser ins Westend hinein, wodurch allmählich ein letztes Quartier jüdisch-bürgerlicher Kultur zerstört wurde. Die Bodenspekulation blühte auf, Straßenkämpfe zwischen militanten Hausbesetzern und Polizisten entbrannten.[912] Ein Teil der SPD stellte sich hinter die Demonstranten, ein anderer hinter die Polizei. Ein städtebauliches Konzept hatten beide nicht. Frankfurt kam in den siebziger Jahren aus den Negativschlagzeilen nicht heraus. Die Stadt wurde in der ganzen Bundesrepublik mit Kriminalität, Prostitution, Rauschgiftdealerei, Luftverschmutzung, Mietwucher und Krawallen assoziiert. Die Frankfurter Bürger waren zutiefst verunsichert, sie hatten Schwierigkeiten mit ihrer Stadt und sahen pessimistisch in die Zukunft. Die SPD der Stadt war nicht in der Lage, ihnen Zuversicht und Zukunftsorientierungen zu vermitteln. Im Gegenteil, die SPD war Teil der Fehlentwicklungen in der Stadt, hatte vieles daran verursacht, vieles mitbetrieben. Sie selbst hatte in der Vergangenheit für den Eindruck gesorgt, daß Frankfurt gleich SPD bedeute. Die Kommunalverwaltung war fest in sozialdemokratischer Hand; wer dort etwas werden wollte, mußte schon im Besitz des richtigen Parteibuches sein. Über wichtige Karrieren im öffentlichen Dienst der Stadt entschied der SPD-Unterbezirksvorstand, der – so hatte es jedenfalls weithin den Anschein – auch den Magistrat an seinem Gängelband führte. Die Partei war allgegenwärtig und allmächtig; sie hatte krakenhaft Amt für Amt okkupiert.[913] Auch Unternehmer mußten die Partei bei Laune halten und sie großzügig mit Spendensummen bedenken, wenn sie öffentliche Aufträge erhalten wollten. Und der Oberbürgermeister war immer dabei. Über Jahre blieb der Öffentlichkeit dieser Zusammenhang von Parteispenden und kommunalpolitischer Vergabepraxis verborgen. 1975/76 kam alles ans Licht. So hatte der Oberbürgermeister Rudi Arndt 1972 von einem Kaufmann aus dem Libanon 200000 DM für die Parteikasse zugesteckt bekommen.[914] Kurz zuvor hatte der Libanese vom Rathaus den Zuschlag für die Tiefgaragenverpachtung des Rhein-Main-Flughafens erhalten. Die SPD hatte diese Affäre kaum ausgestanden, da deckte die Presse bereits die nächste Großspende auf. Ein Berliner Unternehmer, der am Bau des Flughafenhotels beteiligt war, hatte das Budget der Frankfurter Sozialdemokraten um stattliche eine Million DM aufgebessert; wieder wurde die Transaktion über den Oberbürgermeister Arndt abgewickelt.[915]

Die SPD taumelte von Affäre zu Affäre – und schließlich in die Wahlniederlage. 1977 wurde die dreißigjährige kommunalpolitische Oberhoheit der Frankfurter Sozialdemokraten gebrochen. Seit den fünfziger Jahren hatte die SPD in Frankfurt bei Kommunalwahlen nahezu durchgängig die absolute Mehrheit der Stimmen erhalten; nun lag sie mit 39,9 Prozent sogar unterhalb der 40-Prozent-Grenze. Die CDU, die sich bei den Stadtverordnetenwahlen 1968 noch mit 29,9 Prozent der Stimmen bescheiden mußte, verfügte jetzt mit 51,3 Prozent über eine propere absolute Mehrheit.[916] Auch kommunalpolitisch hatte sich innerhalb von 10 Jahren ein veritabler Erdrutsch ereignet. Gewiß hatten der innerparteiliche Hickhack und der sterile Radikalismus in der Frankfurter SPD zum Vertrauensschwund in der Wählerschaft beigetragen. Doch gewichtiger war wohl, daß die SPD der Mainmetropole auch in der Kommunalpolitik mit ihrem Latein am Ende war. Die Verfilzung von Stadtverwaltung und Partei hatte zu große Ausmaße angenommen, die Partei mischte sich über Gebühr in die Angelegenheiten des Magistrats ein, die Integrität des Oberbürgermeisters wurde öffentlich in Zweifel gezogen, und die SPD war in Skandale verwickelt. Eine Mehrheit der Bürger war am Ende der ständigen Affären und negativen Schlagzeilen, in die ihre Stadt geraten war, ganz und gar überdrüssig. Sie sehnten sich wieder nach positiven Identifikationsmöglichkeiten, nach ein bißchen mehr Ordnung, nach einer Stadt, auf die sie wieder stolz sein konnten. Sie trafen die rechte Wahl. Sie bekamen mit Walter Wallmann einen Oberbürgermeister, der ihnen all das gab, was sie sich wünschten. Unter ihm, so schien es, fand die Stadt wieder zu sich und zu ihrer alten bürgerlichen Würde zurück. Das Image Frankfurts veränderte sich; die „unregierbare Stadt" wurde wieder regierbar. Wallmann ließ sich von seiner Partei nicht die Politik bestimmen, sondern er führte selbstbewußt und souverän, im Stile eines Volksbürgermeisters mit tadellosen Manieren und aus einer philosophisch-historischen Bildung schöpfend. Es war, als kehrte mit ihm Sicherheit in die Stadt zurück. Er ehrte Jürgen Habermas, und er ehrte Ernst Jünger. Er verbot Demonstrationen, und er stockte den Kulturetat auf. Und er beließ den weithin renommierten sozialdemokratischen Kulturdezernenten Hilmar Hoffmann im Amt. Unter seiner Leitung wurde die Alte Oper und die Ostzeile am Römerberg wieder aufgebaut, gestaltete man die Innenstadt im Sinne einer „neuen Urbanität" aus.[917] Wallmann hatte mit seiner Politik Erfolg, und Frankfurt tat sie nach den Jahren der Skandale und Affären ohne Zweifel gut. Die Popularität des christdemokratischen Oberbürgermeisters strahlte bis in Teile des sozialliberal gesinnten Bildungsbürgertums aus. Die Sozialdemokraten hätten infolgedessen bei den Kommunalwahlen 1981 nur dann eine Chance auf Rückkehr ins Oberbürgermeisteramt besessen, wenn sie in der Lage gewesen wären, einen ebenfalls zugkräftigen und hochkarätigen Kandidaten aufzubieten. Aber die Frankfurter SPD hatte aus ihren Wahlniederlagen noch nichts gelernt. Ihre Erosion war noch nicht verarbeitet, sie hatte sich aus der Binnenfixierung ihrer Diskussionen nicht gelöst. Die Partei bewegte keineswegs die Frage, mit welchem Kandidaten sie die beste Perspektive auf Wählergewinne hatte. Ihre Sorge war vielmehr, einen Vertreter zu finden, der die sorgfältige Machtbalance zwischen den etwa gleichstarken linken und halblinken Flügeln nicht gefährdete, der für alle innerparteilichen Gruppen und Fraktionen konsensfähig war und von dem man aufgrund seines bisherigen Verhaltens erwarten durfte, daß er Parteitagsbeschlüsse getreu und redlich befolgte. Die Frankfurter SPD suchte sich einen Kandidaten aus, der in den bisherigen Flügelkämpfen nicht weiter aufgefallen war, der sich also durch hinreichende Profil- und Farblosigkeit ausgezeichnet hatte.[918] Dieser Mann, der alle Erfordernisse zur Beibehaltung des innerparteilichen Friedens hervorragend erfüllte, war der Bürgermeister Martin Berg, ein ehemaliger Gewerkschaftsfunktionär, dann Regierungsbeamter im Gewerbeaufsichtsamt, danach SPD-Geschäftsführer, schließlich ein verläßlicher Sozialdezernent im Magistrat der Stadt. Er war ganz ohne Zweifel der Mann, der die Partei der Funktionäre und der kommunalen Verwaltung geradezu spiegelbildlich repräsentierte. Aber er war nicht der Mann, der außerhalb der Volksbildungsheime und Personalratsversammlungen Eindruck machte, und schon gar nicht war er ein ernstzunehmender Konkurrent für Wallmann. Alles an der Frankfurter Sozialdemokratie wirkte verspießert: ihre Debatten, ihr innerparteiliches Links-halblinks-Geplänkel, ihre Fraktiönchen, ihr Spitzenkandidat, schließlich ihre Wahlkampfkritik an der ersten Amtsperiode Wallmanns. Die Neugestaltung der Innenstadt bemäkelten sie als Prunk und Protz; sie suchten ihr Heil darin – schon ein bißchen grünlich angetoucht –, den Stadtteilen wieder „menschliches Leben" zu verleihen.[919] Aber die Mehrheit der Frankfurter Wähler hatte Gefallen an den Renommierprojekten des Oberbürgermeisters gefunden; sie waren stolz auf ihr neues Frankfurt. Die Sozialdemokraten, die das in ihrer Introversion alles verschliefen, sanken noch tiefer in den Keller. Nur noch 34 Prozent der Frankfurter, die 1981 zu den Urnen gegangen waren, hatten für die SPD votiert. Die CDU, für die Frankfurt ja ein Vierteljahrhundert Diasporagebiet gewesen war, hatte ihre absolute Mehrheit noch ausbauen können. Mit 54,2 Prozent erreichte sie zu Beginn der achtziger Jahre Werte, auf die die Frankfurter Sozialdemokraten zum letzten Mal 1956 gekommen waren.[920]

So dümpelte der marode Kahn der Frankfurter SPD halblinks mit immer weniger Passagieren an Bord vor sich hin. Die Frankfurter Partei hatte im Laufe dieser Jahre nicht nur Zehntausende von Wählern, sondern auch Tausende von Mitgliedern verloren. 1983 kam ein neuer Kapitän, und es deutete sich eine sanfte Kurskorrektur in eine stärker links-ökologische Richtung an. Auf der Jahreshauptversammlung der Frankfurter Sozialdemokraten Ende März 1983 hatte eine Mehrheit der Delegierten die „Ära Gebhardt" beendet.[921] Neun Jahre hatte der frühere Volkshochschuldirektor die SPD der Stadt geführt, und in diesen neun Jahren war es mit der Partei unaufhaltsam bergab gegangen. In den Frankfurter Ortsvereinen hatten 1982 allmählich die ökologischen Postmaterialisten eine Mehrheit bekommen, und sie setzten nun ihren Kandidaten, den Physiker und langjährigen Wortführer der Frankfurter Linken Martin Wentz, klar gegen Gebhardt durch. Wentz, in den siebziger Jahren Sprecher der Frankfurter und hessischen Jungsozialisten und seit langem als scharfer Kritiker von Energie- und Verkehrspolitik der sozialdemokratisch geführten Landesregierung bekannt, versprach den Delegierten eine schärfere Opposition gegen den Wallmann-Magistrat und einen konfliktreicheren Umgang mit dem Kabinett von Holger Börner. Das alles war zunächst nicht sonderlich sensationell, solche eher stimmungsmäßigen Linksschübe hatte es in der Frankfurter SPD seit jeher schon gegeben, und links-ökologische Wenden vollzogen sich 1983 vielerorts in der bundesdeutschen Sozialdemokratie. Doch schon rasch zeigte sich, daß der Wechsel von Gebhardt zu Wentz eine tiefgreifende Zäsur bedeutete. Wentz wirbelte die bislang starren Fronten in der Frankfurter SPD durcheinander und versetzte das linke bis Mitte-linke Juste-milieu in Unruhe und Aufregung. Er hielt sich nicht an den üblichen ökopazifistischen und linkssozialdemokratischen Comment, sondern verfolgte zielsicher, aber ansatzlos und für alle überraschend ein ganz anderes politisches Konzept als das, was auch seine Wähler ursprünglich von ihm erwartet hatten. Er nahm Kurs auf die „Modernisierung" der Sozialdemokratie, Jahre bevor die Bundespartei diese Formel verwandte und die Diskussion darüber führte. Wentz bereitete ab 1983 langsam, ab 1986 dann forciert den Boden, auf den sich dann Oskar Lafontaine zum Ausgang der achtziger Jahre stellte.

Unmittelbar nach seiner Wahl zum Frankfurter Parteivorsitzenden nahm Wentz heilige Kühe sozialdemokratischer Oppositionspolitik gegen den christdemokratisch geführten Magistrat aufs Korn. Er hielt es für unfruchtbar, weiterhin die „Prestigeobjekte" in der Innenstadt anzuprangern und die Vernachlässigung der Stadtteile zu beklagen. Die Mehrheit der Frankfurter Bürger dachte anders als die SPD, hatte Wentz erkannt, sie schätzten die von den Sozialdemokraten nun schon über Jahre ohne Unterlaß attackierten Großbauten wie die Alte Oper. Man habe dies zu akzeptieren, befand der neue Unterbezirksvorsitzende.[922] Und Wentz begab sich auf die Suche nach einem Oberbürgermeisterkandidaten, mit dem die SPD eine reale Chance bei den Kommunalwahlen 1985 haben mochte. Dabei sah er nicht zuerst auf die innerparteilichen Gruppenkonstellationen in der Frankfurter SPD, sondern auf die Ausstrahlungskraft der in Frage kommenden Personen auf die Wähler. Schließlich brauchte man jemanden, der gleichen Kalibers wie Walter Wallmann war, der die Stammwähler überzeugte, aber auch das klassische Bildungsbürgertum faszinierte und die sozialen Aufsteiger in den neuen Mittelschichten beeindruckte, einen Kandidaten, der bereits weithin bekannt war, schon Profil besaß, der über pragmatische Kompetenz verfügte, aber auch den Eindruck von Nachdenklichkeit und kultureller Aufgeschlossenheit erzeugte. Der Kandidat von Martin Wentz war Volker Hauff, unter Helmut Schmidt Minister zunächst für Technologie und Forschung, dann für Verkehr. Er war bekannt als perfekter Technokrat, mit Gespür für veränderte Zeitgeiststimmungen, daher inzwischen auch ökologisch orientiert und den Künsten zugetan, ein Mann der urbanen Lebensformen. Nach einigem Zögern und Drängen nahm Hauff schließlich die ihm angetragene Kandidatur an.[923] Die Sozialdemokraten hatten damit Wallmann einen ernstzunehmenden Konkurrenten entgegengestellt. In den Wochen vor den Kommunalwahlen 1985 herrschte viel Euphorie in der Frankfurter SPD; einige hofften gar auf Sieg.[924] Doch ein Hauff allein machte noch keinen sozialdemokratischen Sommer. Die Talfahrt der SPD konnte zwar gestoppt werden; sie hatte sich um 4,6 Prozent nach oben hin verbessert, lag damit aber immer noch um 1,3 Prozentpunkte unter dem Ergebnis von 1977, das seinerzeit allgemein und ganz zu Recht als katastrophaler Einbruch gewertet wurde. Die CDU war mit 49,6 Prozent unter die 50-Pro-

zent-Grenze zurückgefallen, verfügte gleichwohl weiterhin über die absolute Mehrheit der Stadtverordneten im Frankfurter „Römer".[925]

Nun trieb der Unterbezirksvorsitzende Martin Wentz, seit 1985 in der
Staatskanzlei des einst heftig attackierten hessischen Ministerpräsidenten
Holger Börner beschäftigt, sein Konzept der Modernisierung erst recht
voran. Dabei mutete er seiner Partei, die sich traditionell viel auf ihren prin-
zipientreuen Antikapitalismus zugute hielt, einiges zu. Denn gleichsam von
heute auf morgen kündigte Wentz 1986 der staunenden Frankfurter Öffentlichkeit an – ohne sich darüber mit den Parteigremien abgesprochen oder
gar die Legitimation eines Parteitages eingeholt zu haben –, daß seine Partei
aus der Rolle des ewigen Nörglers und Neinsagers heraustreten werde.[926]
Und von einem Tag zum anderen, so strebte es Wentz an, sollte die Frankfurter SPD anstelle der chronischen Verweigerungshaltung nun positive Bekenntnisse zu gesellschaftlichen Entwicklungen und Leitzielen setzen, die
bis gestern noch für jeden guten Sozialdemokraten des Teufels waren. Die
Sozialdemokratie der Stadt, so postulierte es jetzt ihr Vorsitzender, werde
sich zur "Skyline" als Symbol der aufstrebenden Wirtschaftsmetropole bekennen; zum „dynamischen Dienstleistungszentrum im Herzen Europas",
zu den „Leistungen der Frankfurter Bürgerinnen und Bürger". Zur Überraschung aller in und außerhalb der SPD plädierte Wentz nun für eine kon-
zentrierte Hochhausbebauung im traditionellen Bankenviertel, sprach sich
dafür aus, den Standortvorteil der Stadt zu nutzen und Raum für Ansied-
lungen und Ausweitungen von Unternehmen zu schaffen.[927] Linke Sozialdemokraten verstanden die Welt nicht mehr; für sie war der Parteivorsitzende ohne jeden Zweifel in das Lager des bourgeoisen Klassengegners
hinübergewechselt.

In Interviews und Positionspapieren machte Wentz 1986/87 deutlich, was
ihm zu seinem radikalen Kurswechsel veranlaßt hatte.[928] Er hatte die
Dienstleistungsgesellschaft entdeckt und den Zerfall des alten sozialistischen Arbeitermilieus diagnostiziert. In all seinen Stellungnahmen wies
Wentz darauf hin, daß in Frankfurt zwischen 1961 und 1977 der Anteil der
Beschäftigten im tertiären Sektor von 57 auf 68 Prozent gestiegen, der Arbeiteranteil im gleichen Zeitraum hingegen von 41 auf 29 Prozent zurückgegangen sei. Die Erosion des Arbeitermilieus habe im Laufe der siebziger
Jahre dann zur Schwächung von Partei und Gewerkschaften geführt. Um
wieder mehrheitsfähig zu werden, schlußfolgerte der Frankfurter Parteivorsitzende, müsse sich die SPD auf die Lebensstile und Interessen der im
Dienstleistungssektor tätigen, politisch weitgehend ungebundenen Schichten
einlassen. Sie habe programmatisch deren Bedürfnisse nach Selbstbestim-
mung, Individualität, Autonomie, erlebnisreicher Freizeitgestaltung und
kulturellem Leben, ihre Leistungs- und Aufstiegsorientierung sowie ihre
Skepsis gegenüber staatszentrierter (Wirtschafts-)Politik zu berücksich-

tigen. Die SPD hatte sich nach Auffassung von Martin Wentz grundsätzlich zu modernisieren.

Für viele Frankfurter Sozialdemokraten kam das zu schnell, zu abrupt und wie ein Unwetter aus heiterem Himmel über sie hernieder. Hier hatte sich ein kleiner Zirkel von jungen akademischen Sozialdemokraten, zu denen auch der frühere Frankfurter Juso-Chef Jan von Trott gehörte, ein Konzept ausgeheckt, mit dem man die Parteiöffentlichkeit zeitgleich mit der Frankfurter Öffentlichkeit insgesamt urplötzlich und ohne Vorbereitung konfrontierte. Für einen Großteil der Frankfurter Sozialdemokraten waren die Zauberformeln des Modernisierungsprojekts ihres Parteivorsitzenden ziemlich starker Tobak. Sie sollten gleichsam über Nacht all das schlucken, wogegen sie über Jahre, wenn auch vergeblich, angerannt waren. Sie sollten es nicht nur schlucken, sie sollten es zum Markenzeichen der SPD machen, sollten sich auf einmal für etwas begeistern und engagieren, was sie bis dahin ganz selbstverständlich abgelehnt und bekämpft hatten. Die Modernisierung hatte sich nicht aus der Parteidiskussion herausgeschält, war nicht Folge und Produkt einer allmählichen innerparteilichen Entwicklung, sondern war der Partei von oben aufgepfropft worden. Das Konzept lag zwar gewissermaßen in der Luft und entsprach auch einem gesellschaftlichen Teiltrend; es spiegelte sicher sozialstrukturelle Veränderungen in der SPD wider und wurde schließlich dann auch von der Bonner Parteispitze übernommen, aber die linkssozialdemokratische Traditionskompanie des hessischen und Frankfurter öffentlichen Dienstes mit ihren eingefrorenen Links-halblinks-rechts-Diskussionen war nicht soweit. Für sie war die Modernisierung wie eine unfreiwillige Injektion. Der Parteikörper wehrte sich dagegen. Auf dem Parteitag Ende April 1987 hatte Wentz einen schweren Stand. Es hagelte Angriffe von allen Seiten. Die Rechten sahen die sozialpolitischen Interessen der Arbeitnehmer verraten und nahmen dem Parteivorsitzenden seine Option für ein rot-grünes Bündnis übel. Die Linken fürchteten ebenfalls um den Klassenstandpunkt der SPD und wähnten Wentz bereits auf dem Yuppi-Trip. Hätten sich Volker Hauff und Karsten Voigt nicht so vehement für den attackierten Unterbezirksvorsitzenden ins Zeug gelegt, Wentz' Tage als Parteichef wären möglicherweise gezählt gewesen. So blieb er an der Spitze des Unterbezirks, aber gegenüber der Wahl im Vorjahr hatte er 55 Befürworter verloren.[929] Nicht alles an der Kritik, die gegen das Modernisierungskonzept von Martin Wentz vorgebracht wurde, war im übrigen mit leichter Hand als dogmatisch und vorgestrig abzutun. Tatsächlich erweckte die Argumentation von Wentz anfänglich den Eindruck, als stelle der Frankfurter Parteivorsitzende die künftige Symbolik und Programmatik der SPD ausschließlich auf die Mentalitäten und Zielperspektiven der Aufsteiger ab. Die Einstellungsmuster und Erwartungen der übrigen Wählerschichten gerieten dabei offenkundig ein wenig unter die Räder der modernistischen Attitüde.

Zudem klang es bei Wentz so an, als setze er die Berufszugehörigen des tertiären Sektors pauschal mit den Aufsteigern gleich. Hier konnten ihm mit Recht seine beiden Kontrahenten vom linken Flügel, die in städtischen Diensten stehenden Heiner Halberstadt und Bernd Hausmann, entgegenhalten, daß zu den Dienstleistungsberufen auch Putzfrauen, Müllmänner, Postboten und Verkäuferinnen zählten. Halberstadt und Hausmann wiesen darauf hin, daß die Zahl der Beschäftigten auf der einfachen beruflichen Qualifikationsebene – also der an- und ungelernten Arbeiter – in Frankfurt bei 29 Prozent lag. Auf der mittleren Beschäftigungsebene arbeiteten rund drei Fünftel der Frankfurter Erwerbstätigen. Sie alle waren nach Auffassung der beiden Frankfurter SPD-Linken nicht zu den Aufsteigern zu rechnen, sie trugen keinen Pullover von Lacoste, sondern Kleidung von C & A, sie kauften nicht bei Feinkost-Plöger, sondern bei Aldi ein. Für diese übergroße Mehrheit der Arbeitnehmer sollte die SPD nach Ansicht der Frankfurter SPD-Linken und entgegen den Absichten ihres früheren Wortführers Wentz auch weiterhin „ihre linken Klassenpositionen" in den Vordergrund stellen.[930] So war es konstant mit der sozialdemokratischen Linken: einige treffende soziologische Beobachtungen – und dann der unsägliche pauschale Befund von der Gesellschaft mit den 90 Prozent ausgebeuteten Proletariern, die der sozialistischen Klassenpartei harrten. Was waren da Wahlergebnisse, was Wahlniederlagen? Ausdrucksformen falschen Bewußtseins, nichts weiter; irgendwann in den Griff zu bekommen durch sozialistische Agitation und Aufklärung.

Trotz der Schelte von links und rechts verfolgte Wentz sein Vorhaben unverdrossen weiter. Sein Ziel war es, mit dem Konzept der Modernisierung in den Kommunalwahlkampf 1989 zu gehen, die christdemokratische Mehrheit zu brechen und einen rot-grünen Magistrat zu installieren. Dafür arbeitete er ›Richtlinien zur Kommunalpolitik‹ aus, in denen seine Modernisierungsthesen auf 12 Seiten ausgebreitet waren. Die Botschaft seines kommunalpolitischen Wahlkampfentwurfs war eindeutig: Öffnung der Partei für die Aufsteigerschichten, marktwirtschaftliches Profil, Einsatz für den Ausbau des Rhein-Main-Flughafens, Anerkennung der chemischen Industrie in der Stadt, insgesamt ein optimistisch-positives Bekenntnis zum dynamischen Wirtschaftswachstum in ökologischer Verantwortung und eine dezidiert kulturpolitische Orientierung. Ohne Sentimentalität hatte sich Wentz von der historischen Arbeiterbewegung verabschiedet. Es sei ein Fehler, hieß es in seinen Leitlinien, „der alten Arbeiterpartei hinterherzulaufen".[931] Doch damit überforderte er auch noch ein Jahr, nachdem er seine Modernisierungsoffensive begonnen hatte, die Mehrheit der Frankfurter Sozialdemokratie. Wentz hatte vorgesehen, seine ›Leitlinien‹ auf einem Parteitag Ende Oktober 1987 verabschieden zu lassen. Doch gleich zu Beginn des Parteitages durchkreuzte eine Links-rechts-Koalition seine Pläne und brachte

seinen Entwurf auf Antrag des früheren Parteivorsitzenden Fred Gebhardt
– des radikalen Linken von einst, der nun als Sprecher der Rechten auftrat – zu
Fall. Wentz hatte Mühe, überhaupt nur eine knappe Mehrheit für den Antrag zu bekommen, daß sein Papier zumindest als „Rahmen für weitere Diskussionen" akzeptiert wurde. Der sozialdemokratische Spitzenkandidat
Hauff hatte während des Parteitages geschwiegen; ein Kämpfer war er schon
damals nicht.[932] Viele Sozialdemokraten hatte allerdings die vornehme Zurückhaltung des früheren Bundesministers, der das Oberbürgermeisteramt
anstrebte, verärgert. Dies zwang Hauff dazu, an die Spitze einer elfköpfigen
Kommission zu treten, die sich 5 Wochen nach dem Parteitag an die Über-
arbeitung der ›Leitlinien‹ machte.[933] Das Wentz-Papier wurde so mit „sozialdemokratischen Begriffs-Devotionalien"[934] angereichert und von allzu
wirtschaftsfreundlichen Formulierungen gesäubert. Als dann der Sonder-
parteitag Ende Januar 1988 noch das „Ja zur Leistung" durch ein „Ja zu
einer sozialen und demokratischen Wirtschaft" ersetzen durfte, sprangen
am Ende viele Delegierte über ihren Schatten und stimmten dem Entwurf,
der bei alledem noch genug von den Wentzschen Modernisierungsmaximen
enthielt, zu.[935] Zu ihrer Herzenssache aber hatten die Frankfurter Sozialdemokraten die Modernisierung nicht gemacht. Doch eine neuerliche Ablehnung des nun auch von Volker Hauff verantworteten Entwurfs hätte die SPD
der Stadt in eine Krise gestürzt, die sie sich ein Jahr vor den Kommunalwahlen einfach nicht leisten konnte. Schließlich hatten die Bundestags- und
Landtagswahlen 1987 noch einmal nachdrücklich gezeigt, wie tief unten die
Frankfurter SPD in der Gunst der Wähler stand: Bei den Wahlen zum Bundestag hatte sie 34,4 Prozent, bei den Wahlen zum Landtag 35,5 Prozent
erhalten. Wollte sie sich für die Kommunalwahlen noch eine Chance aus-
rechnen, dann konnte sich die Frankfurter Partei keine Eskapaden mehr leisten. Die Nähe der Kommunalwahlen wirkte disziplinierend und half der
Modernisierung über die Hindernisse – die danach aber in der SPD keineswegs beseitigt waren.

Die Kommunalwahlen in Frankfurt, so hofften die Neuerer unter den Sozialdemokraten in und außerhalb der Mainmetropole, sollten zum Fanal
einer innenpolitischen Wende werden. Sie sollten das Ende der konservativ-
liberalen Herrschaft einläuten, sie sollten beweisen, daß die Sozialdemokraten mit einer modernen Politik kommunalpolitisch nun in Großstädten
wieder reüssierten, daß rot-grüne Koalitionen Mehrheiten gewannen und
politisch funktionierten. In der Tat schien Frankfurt das geeignete Laborato-
rium für einen rot-grünen Versuch zu sein. Die Stadt prosperierte, hier
kreuzten sich die Kulturen, hier vereinte sich Geld und Geist, hier hatten Toleranz und Kreativität Tradition, hier gab es eine breite Mittelschicht, die die
ökologische Frage wichtig nahm, hier hatten die Sozialdemokraten die neue
Urbanität entdeckt, gaben sich aufstiegsorientiert, dynamisch, offen und

ökosozial. Und schließlich machten hier „Grüne" Politik, die grundvernünftig und verläßlich waren, eine ökologisch-liberale Reformkonzeption zielstrebig verfolgten und es mit der Basisdemokratie nicht übertrieben.

Am Ende reichte es knapp für ein rot-grünes Bündnis, aber berauschend – im Sinne einer überzeugenden gesellschaftlichen Mehrheit für eine sozialökologische Reformpolitik – fiel das Ergebnis nicht aus. Die Sozialdemokraten hatten gerade 1,5 Prozent zugelegt und standen nun bei 40,1 Prozent; dazu kamen dann noch 10,1 Prozentpunkte der „Grünen". Genützt hatte beiden die Schwäche der CDU: in Frankfurt – wo das einstige Zugpferd Wallmann nicht mehr zur Verfügung stand und der unionsgeführte Magistrat nun auch in Affären verwickelt war – wie in Bonn. Doch hatten die Sozialdemokraten allen Anlaß über das Wahlergebnis enttäuscht zu sein, denn sie profitierten kaum von dem eklatanten Einbruch der CDU – diese verlor immerhin 13 Prozent –, sondern den Gewinn hatte zuvörderst die NPD, die mit 6,6 Prozent in den Römer einzog. Mehr noch: Auch sozialdemokratische Stammwähler von ehedem schienen den Rechtsextremen ihre Stimme gegeben zu haben. Die Konsequenzen der jähen sozialdemokratischen Modernisierung waren zweischneidig – und dies Ende der achtziger Jahre nicht nur in Frankfurt: in CDU-Hochburgen verzeichneten die Sozialdemokraten Stimmenzuwachs, in ihren eigenen Stimmrevieren aber, wo noch die klassische Arbeiterschaft zu Hause war, gab es Einbußen zu vermelden. Hier wohnten Verlierer oder gar Opfer der gesellschaftlichen Modernisierung, die nun mit ihrer angestammten Partei nicht mehr zurechtkamen, als diese von der Dienstleistungsgesellschaft schwärmte und die sozialen Aufsteiger – und fast nur noch sie – umgarnte. So entbrannte nach der Wahl die Debatte um die von oben dekretierte, unten aber nur widerwillig hingenommene Modernisierung von neuem. Wieder zogen Rechte und Linke an einem Strang, beklagten den Weggang Tausender von Stammwählern und rügten, daß der Partei die sozialpolitische Kompetenz verlorengegangen sei.[936] Die SPD müsse auch wieder eine Partei der Armen werden, postulierte Anita Breithaupt, in den siebziger Jahren eine furiose Linke, nun auf dem rechten Parteiflügel angesiedelt, jedenfalls eine scharfe Kritikerin der Modernisierer.[937] Sie löste im Sommer 1989 Martin Wentz, den Hauff zum Planungsdezernenten im Magistrat ernannte, im Vorsitz des Unterbezirks ab. Damit aber waren, strukturell ähnlich wie in den siebziger Jahren, die Grundlagen des Dualismus zwischen der sozialdemokratischen Stadtführung, in der die Modernisierer das Sagen hatten, und der Parteispitze, die die sozialen Traditionsgüter der Partei wahrte, von Beginn an gelegt. Schwierigkeiten und Spannungen waren mithin unweigerlich vorprogrammiert.

Und so kam es dann auch. Von der anfänglichen Aufbruchstimmung und Euphorie der rot-grünen Stadtregierung war schon wenige Monate später nichts mehr zu spüren. Am Anfang standen hehre Erbauungsformeln, die von der „autofreien Innenstadt" bis zur „Erneuerung der politischen Kultur" reichten, dann fehlten konkrete Konzepte. Es mangelte auch an Energie und Entschlußkraft, zumindest das eine oder andere von dem, was man sich vorgenommen hatte, auch umzusetzen. Vor allem der Oberbürgermeister verlor rasch an Elan und Autorität.[938] Man hatte Hauff wohl immer schon ein wenig überschätzt. Er liebt wolkige Formulierungen, machte gern ein nachdenkliches Gesicht, aber er besaß nichts von alledem, was in der Kommunalpolitik gebraucht wird: Schlitzohrigkeit, Härte, Zynismus, Tatkraft, Entscheidungsfreude, Hausmacht, die Fähigkeit zur Intrige, auch Volkstümlichkeit und Jovialität sowie eine gute Portion unsachlicher Demagogie. Die hartgesottenen Kommunalpolitiker aller sozialdemokratischer Richtungen und Gruppen spürten das und demontierten ihn erbarmungslos. Nicht die CDU hatte der Oberbürgermeister zu fürchten, sondern seine eigene Partei und die Fraktion. Sie bildeten in Frankfurt die Opposition zum Magistrat, obstruierten dessen Projekte, machten die Konflikte öffentlich und unterhöhlten so allmählich das Ansehen und die Macht der Stadtregierung.[939] Am Ende tanzten sie Hauff nur noch auf der Nase herum. Als sich die Parteivorsitzende Breithaupt im März 1991 öffentlich als Sozialdezernentin vorschlug und der Fraktionschef Dürr das unterstützte, obwohl beide wußten, daß der Oberbürgermeister andere Personalpläne hatte, warf Hauff das Handtuch und trat zurück. In der Partei herrschte eine Krise wie in den wilden siebziger Jahren. Schon die Landtagswahlen im Januar 1991 hatten gezeigt, daß die Wähler die neuerlichen Intrigen und Kabalen in der SPD nicht schätzten. Mit 33,7 Prozent verbuchte die SPD in Frankfurt ihr schlechtestes Ergebnis seit Kriegsende.

Die Dauerkrise in der Frankfurter SPD ist ein Beispiel für die Folgen der von uns in diesem Buch schon häufig beschriebenen lose verkoppelten Anarchie, die in der Partei herrscht. Von einer zweckrationalen Organisationsstruktur zur Erhaltung und zum Ausbau der politischen Macht kann keine Rede sein. Politik wird nicht aus einem Guß betrieben und schon gar nicht friktionslos von einem Führungszentrum aus gesteuert. Die Fragmentierung der Frankfurter SPD in Interessengruppen, Fraktionen und Flügel hörte auch dann nicht auf, als die Partei nach 12 Jahren wieder die Stadtregierung stellte. Im Gegenteil. Nun meldeten alle Gruppen Ansprüche an, wurden enttäuscht, bildeten kunterbunte Koalitionen gegeneinander und konkurrierten um Einfluß und Positionen – dadurch unterminierten sie die Machtbasis als Ganzes. Eine strukturelle Koordination und politische Abstimmung zwischen Partei, Fraktion und Magistrat – gleichsam das Einmaleins einer erfolgreichen parlamentarischen Arbeit – hatten nicht stattgefunden. Die Modernisierer im Magistrat – neben Wentz und Hauff noch von Schoeler und von Trott – hatten sich zu einem Küchenkabinett abgeschottet und gegen die Partei und Fraktion verschanzt. Am Ende ihrer internen Diskussionen konfrontierten sie die Instanzen mit den Ergebnissen, statt die anderen Machtzentren rechtzeitig in den Prozeß einzubeziehen. In der SPD wiederum gab es noch etliche Sozialdemokraten, die in der Mentalität der über 30 Jahre die Stadt beherrschenden Sozialdemokratie großgeworden waren und mit der Amtsübernahme von Hauff für sich und weitere Anverwandte eine Beteiligung an den Pfründen und Stellen der Kommune erhofften. Diejenigen, die leer ausgingen oder sich höhere Ziele gesetzt hatten, stellten sich fortan in Opposition zum Magistrat. Schließlich zerfiel die Frankfurter SPD noch in ideologisch überfrachtete Flügel und Fraktionen. Und nach wie vor bestand der Konflikt zwischen den Modernisierern und den Traditionalisten aller Lager. Die einen saßen im Zentrum des Magistrats, die anderen verfügten über die stärkeren Bataillone in der Partei. Im Laufe der Auseinandersetzungen wurden Eitelkeiten verletzt, Ressentiments ausgeprägt, Gefühle tiefer Abneigung mobilisiert und dann zu unüberbrückbaren politischen Differenzen überhöht und verkleistert.

Die Organisations- und Gruppenanarchie in der Frankfurter SPD – die bis zu den nächsten Kommunalwahlen wohl zwischenzeitlich überdeckt, aber strukturell nicht auf Dauer beseitigt sein wird – mag extreme Züge tragen, aber sie ist keineswegs untypisch für den inneren Zustand der SPD in den Großstädten. Es ist eine Legende, daß die SPD kommunalpolitisch in den Metropolen seit ihrem Ausscheiden aus der Bonner Regierungsverantwortung 1982 wieder Tritt gefaßt und sich so allmählich von unten regeneriert habe. Von der Hegemonie wie zu Zeiten der fünfziger und sechziger Jahre ist die SPD gerade in den prosperierenden Großstädten meilenweit entfernt; es wird dorthin auch kein Zurück geben. In den Großstadtkommunen, in denen die SPD während der siebziger Jahre eine soziale und kulturelle Umschichtung durchmachte und in eine tiefe Krise geriet, sind lediglich Koalitionen labilen Charakters möglich, mit knappen Mehrheiten, die großen Belastungen nicht standhalten und schnell kippen können. Organisatorisch sind die meisten sozialdemokratischen Großstadtunterbezirke dafür eher schlecht gerüstet. In der SPD wurde nach dem Fiasko der Bundestagswahlen 1990 viel über eine Organisationsreform geredet, doch bezog sich die Debatte nahezu ausschließlich auf die Strukturen von Fraktion und Parteizentrale in Bonn. Dabei ist es mindestens ebenso wichtig, die fragmentierten Großstadtparteien zu reorganisieren, ihre Pluralität zwar zu erhalten, aber ihre wildwuchernde Segmentierung in Gruppen, Interessenhaufen, Fraktionen, Kungelkreise und Zirkel, die gegeneinander konkurrieren und intrigieren, zurückzuschrauben und zu einer rationalen, effizienten, der Parlamentsarbeit zuträglichen Abstimmung von Partei, Fraktion und Stadtregierung zu kommen.

III. KONKLUSION

Die SPD der neunziger Jahre hatte organisatorisch und programmatisch, in ihrer Sozialstruktur und in der von ihr vertretenen Politik kaum noch etwas mit der Weimarer Solidargemeinschaft oder mit der Traditionskompanie der fünfziger Jahre zu tun – und dennoch steht sie in deren Überlieferung. Sie ist heute in ihren Erscheinungsformen und Strukturen, in dem, was man früher umstandslos „ihr Wesen" nannte, nicht zuletzt historisch geprägt. Nur haben viele der alten Interpretationen, ja Mythen, die es zur Analyse der deutschen Sozialdemokratie gab, ihren Realitätsbezug verloren, so etwa die Vorstellungen vom „ehernen Gesetz der Oligarchie", vom Gegensatz zwischen Führung und Masse oder von der Allmacht des „Apparats". Die sozialdemokratische Wirklichkeit der neunziger Jahre ist gerade durch Buntheit, Widersprüchlichkeit, Pluralismus und Unübersichtlichkeit gekennzeichnet.

Zu dieser Vielfalt gehört, daß es nicht mehr *den Typus* von Sozialdemokraten gibt; *der* sozialdemokratische Charakter ist endgültig Geschichte geworden. Vielmehr koexistieren höchst unterschiedliche Typen von SPD-Mitgliedern, vom Ortsverein bis zum Parteipräsidium neben- und gegeneinander. Da findet man gelegentlich noch sozialdemokratisches Urgestein, den Altgenossen, der facharbeiterlich-proletarisch in der Weimarer Republik großgeworden ist und der in der SPD Heimat und Sinngebung für das ganze Leben gefunden hatte. Auf der anderen Seite der Spannbreite agiert der eiskalte Karrierist, der eher zufällig das SPD-Parteibuch erwarb. Er diskutiert, argumentiert und intrigiert mit dem einen, von ihm natürlich nicht zugegebenen, aus seinem Verhalten aber leicht ablesbaren Ziel: Ich muß etwas werden. Zwischen diesen beiden Typen gibt es dann alle Varianten von Prinzipienfestigkeit und Prinzipienlosigkeit, von Dogmatismus und Pragmatismus, von Realitätsbezug und Moralismus.

Gleiches gilt für das *Erscheinungsbild der SPD*, ein klares und eindeutiges Profil ist nicht zu entdecken, im Gegenteil gibt es viele, bunte, sich zum Teil auch gegenseitig ausschließende "Images": Arbeiterpartei und Ökopartei, Friedensbewegung und Interessenvertretung der kleinen Leute, Modernisierung und Traditionalismus. Dies führt zu Konfusionen, muß wahltaktisch aber nicht einmal zum Nachteil gereichen, ja bietet die Chance, unterschiedlichste Wählergruppen mit vielen Zungen anzusprechen und so pragmatisch Wählerkoalitionen zu zimmern, die die SPD in den neunziger Jahren auch im Bund wieder an die Macht zu bringen vermögen.

Mit Hilfe systematisch-analytischer Kategorien allgemeine Aussagen über die heutige SPD treffen zu wollen, ist fast unmöglich, eben weil die Partei sich so vielfältig, widersprüchlich und bunt entwickelt hat. Fest steht nur, daß wir mit Begriffen wie Solidargemeinschaft oder Traditionskompanie die Wirklichkeit nicht abbilden. Der von uns ins Feld geführte Terminus „lose verkoppelte Anarchie" deutet die Unstruktur der Sozialdemokratie an, reflektiert die Tatsache, daß Macht auf viele kleine und mittlere Zentren verteilt ist und daß innerparteiliche Willensbildung sich als permanentes Koalieren unübersichtlich-pluralistisch vollzieht. Doch bleibt diese Feststellung zunächst sehr abstrakt. Soll konkret interpretiert und analysiert werden, ist sehr genau hinzusehen und zu recherchieren, in den einzelnen Gebietsverbänden, in den innerparteilichen Interessengruppen, den Arbeitsgemeinschaften, bei den verschiedenen Flügeln und Patronagemaschinen. Es ist regional und lokal, nach Geschlecht und Generation, nach sozialer Verortung und politisch-kultureller Tradition zu differenzieren.

Dabei sind wir in unserer Darstellung und Interpretation davon ausgegangen, daß soziale, politische und kulturelle Veränderungen dem zugrunde liegen, was die zeitgenössische SPD ausmacht und sie von der einstigen Solidargemeinschaft unterscheidet. Umschichtungen auf dem Arbeitsmarkt, dessen Tertiärisierung, die Auflösung sozialmoralischer Milieus, Wertewandel, Individualisierung und Ansteigen des Anteils der Wechselwähler sind nur einige Stichworte, die in diesen Zusammenhang gehören. Exemplarisch könnten hier die Beziehungen zwischen *SPD und katholischer Kirche* angeführt werden, die seit Anfang der sechziger Jahre im ständigen Fluß sind. Auf beiden Seiten gab und gibt es ein Oszillieren zwischen Prinzipientreue und pragmatischer Politik. So ging die Parteiführung in den sechziger Jahren, als sie ein klares Handlungskonzept hatte, flexibel und kompromißbereit auf die Kirche zu. Doch die traditionsgeleiteten Mitglieder und Aktivisten beider Organisationen vermochten nicht so schnell zu folgen; die Zusage etwa, daß eine sozialdemokratisch geführte Regierung keine Fristenlösung anstrebe, war wegen des Aufstandes der Parteibasis nicht zu halten. Heute hat das Verhältnis von Katholizismus und Sozialdemokratie eine neue Qualität. Die katholische Kirche agiert aufgrund der Auflösung ihres Milieus und vor allem infolge der Desillusionierung über die ausgebliebene „geistig-moralische Wende" im Wechsel von Schmidt und Kohl während der achtziger Jahre fast schon wie ein normaler, pragmatisch eingestellter Interessenverband. Dieses Beispiel soll nur andeuten und illustrieren, was sich hinter den oben genannten Schlagworten an konkreten Tatbeständen verbergen kann.

Sozialdemokratische Vielfalt, Widersprüchlichkeit und Unübersichtlichkeit kommen in mannigfaltigen Ausdrucks- und Erscheinungsformen daher. Wer etwa das *Selbstverständnis der SPD* zu begreifen sucht, kann nicht mehr,

wie es Historiker einst taten, gleichsam exegetisch von Partei- oder Aktions-
programmen für einzelne Politikbereiche ausgehen. Dazu ist das 60seitige
›Berliner Programm‹ von 1989 nicht nur viel zu langatmig und konturlos,
sondern es verbirgt auch die heterogenen Mentalitäten, Einstellungen und
Verhaltensweisen, die sich bei Mitgliedern, Funktionären, Mandatsträgern
und selbst in der Führungsspitze finden. Erst wenn man auch diese Ebenen
von Mentalitäten, Einstellungen und Verhaltensweisen einbezieht, wird
deutlich, ein wie bunter Flickenteppich auch in ihrem eigenen Verständnis
die SPD ist.

Wie genau zu unterscheiden und sorgfältig quellenkritisch vorzugehen ist,
hat unser Blick auf jene Städte gezeigt, durch die die Sozialdemokratie über
lange Jahre in negative Schlagzeilen gekommen ist, nämlich München und
Frankfurt. Bei den für die Partei in München unerträglichen Auseinandersetzungen handelte es sich in ihrem Kern eben nicht, wie die Medien weis-
machen wollten, um eine von dogmatischen Marxisten herbeigeführte ideologische Links-rechts-Spaltung, sondern um einen Generations- und
Kulturkonflikt. An dem permanenten verkrampften Kleinkrieg zwischen
Oberbürgermeister und Stadtratsfraktion auf der einen, der Partei auf der
anderen Seite waren nicht nur beide Kontrahenten gleichermaßen beteiligt,
sondern auch gleichermaßen verantwortlich. Und trotz mancher Analogien,
die sich vordergründig einstellen, ging und geht es in Frankfurt um ganz andere Dinge. Hier sind Partei und Fraktion in Klüngel, Flügel, Patronagemaschinen und Interessengruppen zerstritten, es herrschen Organisations-
und Gruppenanarchie, ständig werden Koalitionen gebildet und wieder auf-
gekündigt. Was fehlt, ist ein Minimum an zweckrationaler Organisationsstruktur, um Macht zu erwerben und zu erhalten. Politik wird nicht aus
einem oder zwei konkurrierenden Führungszentren heraus gemacht, vielmehr mangelt es an jeglicher Koordination zwischen Magistrat, Fraktion
und Partei. Unsere These von der Sozialdemokratie als lose verkoppelter
Anarchie findet hier auf der lokalen Ebene exemplarische Bestätigung. Im
Unterschied zu Frankfurt gab es in München immerhin zwei relativ kohä-
rente Machtzentren.

Wir hatten oben betont, daß die innerparteilichen Interessengruppen, die
Arbeitsgemeinschaften, wesentlich zur innerparteilichen Fragmentierung
beitragen. Dabei ist angedeutet worden und soll hier hervorgehoben
werden, daß Arbeitsgemeinschaft eben nicht gleich Arbeitsgemeinschaft ist,
sondern auch hier der Fokus scharf aufs Detail einzustellen ist. So sind
Arbeitsgemeinschaften oft in sich selbst organisatorisch und politisch zerrissen. Das etwa gilt für die Jungsozialisten, die in wenigstens drei Fraktionen
gespalten sind und dennoch einen gefühlsüberbordenden gesinnungsethi-
schen Pazifismus zum gemeinsamen Nenner haben und die sektiererisch,
ohne jeden Einfluß in Partei und Öffentlichkeit, in der selbst zusammenge-

karrten Wagenburg gefangensitzen. Da verwundert es dann nicht, wenn die Jungsozialisten dem Vorbild der sozialdemokratischen Frauen folgen und nach der Quote für sich rufen. Quotenpartei über alles, lautet die Parole, ohne daß bedacht würde, welch verheerende Folgen dies für den Zusammenhalt der Organisation hätte. Die Demokratische Partei der USA, in der für Minoritäten aller Art, von den Schwarzen bis zu den Homosexuellen, die Quote praktiziert worden ist, bietet ein abschreckendes Beispiel, da politische Fragmentierung, damit verbunden Ohnmacht der Partei und Niederlagen bei den Präsidentenwahlen die Folge waren.

Die Arbeitsgemeinschaft für Arbeitnehmerfragen mag in einer Partei, die auf ihre Tradition als Facharbeiterpartei etwas hält, auf den ersten Blick als Widerspruch in sich erscheinen, dokumentiert jedoch letztlich nur die Tatsache, daß die alten sozialmoralischen Milieus – darunter eben das sozialdemokratische, auf dem die Weimarer Solidargemeinschaft ruhte – verschwunden sind. Dennoch ist die Arbeitsgemeinschaft sozial und politisch erstaunlich homogen. Es dominieren die über 40 Jahre alten männlichen Gewerkschaftsfunktionäre, Betriebs- und Personalräte der traditionellen Großindustrien und des öffentlichen Dienstes. Der Primat der Sozialpolitik wird betont, man wettert gegen den Postmaterialismus – und die jungen Arbeitnehmer haben kaum eine Chance, sich durchzusetzen. Nicht zuletzt diese Tatsache ist einer der Gründe dafür, daß trotz aller Beschwörungsformeln, die der neue Parteivorsitzende Engholm in Szene setzte, das Verhältnis zwischen Gewerkschaften und SPD sich weiter lockern wird. Zwar werden dann einige Traditionalisten abgestoßen, doch gleichzeitig erscheint die SPD für den neuen Angestelltentyp im zukunftsorientierten Mittelbetrieb, oft akademisch gebildet und hedonistisch in seiner Einstellung, attraktiver.

Nachgerade das Gegenteil zur Arbeitsgemeinschaft für Arbeitnehmerfragen bildet jedenfalls oberflächlich betrachtet – die Arbeitsgemeinschaft sozialdemokratischer Frauen. Hier macht zunächst der bildungsbürgerlich-feministische Emanzipationssozialismus die Musik; pseudomarxistische Verbalradikalismen klingen gelegentlich an. Zugleich gibt es da aber noch eine alte sozialdemokratische Riege, die nicht nur mit der Sprache gesinnungspazifistischer Akademikerinnen nichts anzufangen weiß, sondern die selbst aus den Fabriken und Büros kommt, dort die soziale Lage der Frauen genau kennt und dennoch – in der Frauenerwerbstätigkeit nicht das alleinseligmachende Mittel menschlichen Fortschritts sieht. Oder anders formuliert: Die Arbeitsgemeinschaft sozialdemokratischer Frauen ist in sich politisch und sozial heterogener, als sie nach außen erscheint. Was sie zusammenhält ist die Quote und das Bemühen, im innerparteilichen Ringen um Macht sich als Koalitionspartner mit anderen Gruppierungen verbinden zu können.

Welche Dimensionen das umfaßt, was wir als lose verkoppelte Anarchie bezeichnet haben, wird vielleicht am markantesten dadurch illustriert, daß im Umfeld der Sozialdemokratie in den sechziger und siebziger Jahren auch Organisationsformen praktiziert wurden, die eigentlich dem 19. Jahrhundert, der Frühgeschichte der bürgerlichen Parteien angehören. Man griff nämlich auf Honoratiorenclubs zurück, denn was sind die sozialdemokratischen Wählerinitiativen vor allem der siebziger Jahre denn anderes gewesen als ein Versuch, die ehrenwerten Autoren der Republik, die Professoren, Schriftsteller, Intellektuellen und, wenn es möglich war, auch die Fußballprofis und andere prominente Leistungssportler für sich zu gewinnen und im Wahlkampf werben zu lassen? Lose verkoppelte Anarchie läuft also auch darauf hinaus, daß höchst unterschiedliche Organisationsformen, die zudem historisch verschiedenen Perioden deutscher Geschichte zuzuschreiben sind, gleichzeitig nebeneinander existieren.

Die Differenzen zwischen den *Generationen*, die im Vergleich zur CDU bei der SPD besonders scharf ausgeprägt waren, tragen dazu bei, daß die Partei bunt, gegensätzlich, ungeordnet und unübersichtlich erscheint. Man denke in diesem Zusammenhang nur an die alte Troika von Brandt, Wehner und Schmidt in den siebziger Jahren. Trotz erheblicher persönlicher Animositäten und auch offenen Spannungen zwischen ihnen nahm sich jeder in die Pflicht. Die drei spannten sich vor den Karren „Sozialdemokratie", und sie kooperierten miteinander, um Fraktion, Partei und Regierung politisch zusammenzuhalten. Die neue Generation sozialdemokratischer Politiker, die sogenannten Enkel, sind da aus ganz anderem, nämlich viel weicherem Holz geschnitzt: Sie sind spontaner, ungebundener, sie äußern ihren Unmut auch öffentlich, sie genießen gutes Essen und ihre Freizeit, sie freuen sich an Kunstausstellungen und ziehen einen Besuch in der Oper dem mühseligen Referat mit anschließender Diskussion auf einem Unterbezirks-Parteitag vor; jedenfalls kokettieren sie damit. Und anders als die Brandts, Wehners und Schmidts sind sie nicht bereit, nur für die Politik zu leben und in den Sielen zu sterben. Im Unterschied zur CDU ist der Generationswechsel bei den Sozialdemokraten Anfang der neunziger Jahre weitgehend gelungen, eine beeindruckende Riege von Ministerpräsidenten in den Ländern und von profilierten Sprechern in der Bundestagsfraktion sowie der neue Parteivorsitzende Björn Engholm zeigen dies. Stil und Inhalt der Politik ändern sich dadurch, rücken die zeitgenössische und künftige SPD noch weiter von dem ab, was einst die Weimarer Solidargemeinschaft und die Traditionskompanie der fünfziger Jahre ausmachte. Im Jahr 2000 wird es auch lokal keine Reste des alten „Stallgeruchs", miefig und anheimelnd zugleich, mehr geben. Dennoch gilt am Anfang der neunziger Jahre nicht nur der Ehrenvorsitzende Brandt nach wie vor (oder durch die deutsche Vereinigung: wieder) als der charismatischste unter den sozialdemokratischen Politikern. Auch in den Ländern trifft man noch auf politisches Urgestein, ist die alte Generation noch nicht völlig abgetreten, bleiben die Generationsgegensätze virulent.

Außenstehende gewinnen hingegen zuweilen den Eindruck, die SPD-Aktivisten seien generationsmäßig und sozial recht homogen, in der Partei dominierten die 68er, also Angehörige jener Generation, die nach Bildung der sozialliberalen Koalition 1969 und auf dem Höhepunkt des Konflikts um die Ostpolitik 1972 in die SPD strömten. Diese Wahrnehmung ist nicht ganz falsch und weist auf ein Strukturproblem hin. Zwar sind Parteimitgliedschaft, Funktionäre, Mandatsträger und Parteiführung im Vergleich zu den fünfziger Jahren heute sozial und politisch äußerst heterogen. Die Sozialdemokratie ist damit der allgemeinen Entwicklung hin zu Differenzierung, Pluralisierung und Individualisierung gefolgt. Dennoch gibt es bei den Facharbeitern und bei der technischen Intelligenz Defizite, die angesichts der Geschichte der Sozialdemokratie als einer Arbeiterorganisation und als einer Partei des technischen Fortschritts besonders auffällig sind. Betrachtet man allein die Sozialstruktur, dann wird offenkundig, daß es *Brüche* jeweils zwischen Wählern, Mitgliedern und Funktionären gibt, eine Verengung hin auf akademisch ausgebildete Angehörige der neuen Mittelschichten, die politisch in den ausgehenden sechziger und in der ersten Hälfte der siebziger Jahre sozialisiert worden sind. Analog zu dieser sozialen Verbiegung laufen politisch-ideologische Zuspitzungen, die dazu führen, daß die Parteifunktionäre sich im politischen Spektrum viel weiter links verstehen als die Wähler, ein Gegensatz, der Folgen bei Wahlen hat. Ein konkretes Beispiel: 1989/90 hat die SPD ein Stück deutscher Geschichte verschlafen, sie war aufgrund parteiinterner Widersprüche nicht fähig, mehr zu sein als das Objekt rasanter politischer Entwicklungen. Gemeint ist natürlich die deutsche Vereinigung, eine alte sozialdemokratische Forderung, der die Partei in den fünfziger Jahren den Primat gegenüber der Westintegration zugesprochen hatte und die das eigentliche Ziel der Ostpolitik in den sechziger und siebziger Jahren war. Zudem lag die Vereinigung ganz in der demokratischen Tradition der SPD, da sie das Ende einer stalinistischen Diktatur, die parlamentarische Demokratie und Menschenrechte für die ehemalige DDR brachte. Es waren aber gerade die Amateurpolitiker, die alten 68er, die zögerten, die eigentlich für Zweistaatlichkeit oder doch wenigstens für eine lange Übergangsperiode waren und die die sozialen, kulturellen, politischen und finanziellen Kosten betonten, so daß der Eindruck entstehen mußte, die SPD sei eigentlich gar nicht so recht für die Vereinigung. Während die Wähler, quer durch alle Parteien, eindeutig für die deutsche Einheit votierten, kamen das Zögern und Zaudern aus den Funktionärsrängen der SPD, sie wurden zur Hauptursache für die Niederlage bei der Bundestagswahl am 2. Dezember 1990.

Welche *Chancen* hat die SPD *in der Zukunft*, konkreter, im Verlauf der neunziger Jahre, wieder die Macht auf Bundesebene zu übernehmen? Überraschungserfolge bei Landtagswahlen, die vor allem etwas mit der Formschwäche der christlich-liberalen Regierung und den Problemen des Einigungsprozesses zu tun haben, zu denen die Sozialdemokratie auch keine Patentlösung anzubieten hat, dürfen nicht zu verfrühten Jubelausbrüchen führen. Vielmehr kann die SPD mittelfristig und strukturell nur mehrheitsfähig werden, wenn sie sich als sozialreformerische Partei der kleinen Leute und aufstrebenden Schichten, der marktwirtschaftlichen Kreativität und sozialpolitischen Verläßlichkeit, der mutigen Modernisierung und vernünftigen Traditionswahrung profiliert. Ein Beitrag zur unmißverständlichen Modernisierung ist zweifellos notwendig: Von der elenden Utopie der „sozialistischen Gesellschaft" sollte sie sich endlich trennen. Das Banner des „demokratischen Sozialismus" nach dem Kollaps der sozialistischen Systeme in Ost- und Mitteleuropa weiterhin trotzig hochzuhalten, ist nichts weiter als ein kruder sentimentaler Konservatismus,[940] der mit dem Lebensgefühl der Menschen nichts zu tun hat, sie lediglich abschreckt und fernhält. Sie wollen zu Recht keine Gesellschaft aus einem Guß, aus einem Prinzip, aus den Quellen eines fixierten gesellschaftlichen Regulationsverständnisses, nach der Maßgabe eines allen Erfahrungen nach dann ganz schrecklichen „Ismus". Die Zukunft muß offen sein, plurale Lösungen und Wege bieten, Gegensätze erdulden und darf nicht in einem gesellschaftlich festgelegten Zustand des „Sozialismus" enden.

Innen- und gesellschaftspolitisch bietet das Wahlprogramm von 1990 einen Ausgangspunkt, um der Sozialdemokratie in der Öffentlichkeit das Image als Träger der Modernisierung zu verleihen. Im Bereich der Außenpolitik ist die Partei jedoch, noch ganz in den Traditionen des Kalten Krieges, völlig europa- und atlantikzentriert. Hier sind strategisches Denken und Handeln gefordert, die global im Ansatz sind und dabei die verschiedenen Regionen des internationalen Systems berücksichtigen, vor allem aber für das vereinte Deutschland und auch für das politisch zusammenwachsende Europa eine neue, verantwortungsvollere und von den USA unabhängigere Rolle vorsehen. Die Blauhelmdebatte des Bremer Parteitages 1991 ging dabei um recht Nebensächliches, sie könnte aber als Anfang einer größeren, geographisch auch global ausgreifenden Diskussion genutzt werden. Natürlich liefe diese nicht ohne innerparteiliche Konflikte mit den dogmatisch gesinnungspazifistischen Gruppierungen ab. Wird diese Auseinandersetzung jedoch vermieden, bleibt man auf dem kleinsten, politisch aber unverbindlichsten gemeinsamen Nenner hocken. Dann würde mit der ökonomisch gewachsenen Bedeutung Deutschlands und Europas politische Herausforderung unterschätzt, und die SPD geriete in die Gefahr, politik- und damit regierungsunfähig zu werden.

Wahltaktisch befindet sich die SPD gegenüber der CDU bereits heute strukturell im Vorteil. Die Sozialdemokratie ist nämlich von der Zusammensetzung ihrer Wähler und Mitglieder her sozial und politisch-kulturell heterogener und insofern „moderner" als die CDU. Wenn die SPD auch nach außen diskussionsfreudig und zerrissen erscheinen mag, ist sie doch eher als die CDU in der Lage, den Spagat zwischen den vielen divergierenden Bevölkerungsgruppen hinzubekommen und so mehrheitsfähige Wählerkoalitionen zu schmieden. Genau diesem Ziel soll das „Forum 2000" dienen, das auf Empfehlung des Bremer Parteitages 1992 eingerichtet werden soll, um Wirtschaftsfachleute und Wissenschaftler gezielt anzusprechen, um strategische Bündnisse zu organisieren, um bewegliche Wählergruppen zu werben und um die Partei aus ihrer Selbstbezogenheit zu lösen.

Doch dürfte die SPD so lange Probleme haben, Bundestagswahlen zu gewinnen, wie sie nicht wenigstens teilweise ihre organisatorische Zerrissenheit, die lose verkoppelte Anarchie, überwindet und – nachdrücklicher als heute – auch zwischen den Wahlen die Bevölkerung anzusprechen vermag. Von Frankfurt bis München, über die Länder bis zum Bund, für alle Ebenen gilt, daß die Sozialdemokratie sich politisch eindeutiger auf Machterwerb und Machterhalt orientieren muß. Dazu gehört dann auch, sich innerparteilich und in der Öffentlichkeit personell zu profilieren. Als Oppositionspartei wird die SPD mittelfristig nicht darum herumkommen, die Funktionen des Fraktionsführers, des Parteivorsitzenden und des Kanzlerkandidaten in einer Person zu vereinigen und obendrein ihre Fraktionssprecher zu den einzelnen Politikbereichen in einem „Schattenkabinett" zusammenzuführen.

ANMERKUNGEN

[1] Zu den Ergebnissen dieser Forschungen vgl. auch Peter Lösche (Hrsg.), Solidargemeinschaft und Milieu: Sozialistische Kultur- und Freizeitorganisationen in der Weimarer Republik. Bd. 1–4. Bonn 1990–1993.

[2] Zit. nach Heinrich August Winkler, Der Schein der Normalität. Arbeiter und Arbeiterbewegung in der Weimarer Republik 1924 bis 1930. Berlin/Bonn 1985, S. 322 (künftig zit. als Winkler II; Winkler I und Winkler III beziehen sich auf die beiden anderen Bände, nämlich ders., Von der Revolution zur Stabilisierung. Arbeiter und Arbeiterbewegung in der Weimarer Republik 1918 bis 1924. Berlin/Bonn 1984 (I) und ders., Der Weg in die Katastrophe. Arbeiter und Arbeiterbewegung in der Weimarer Republik 1930 bis 1933. Berlin/Bonn 1987) (III).

[3] Vgl. Winkler I, a. a. O., S. 13 und Winkler II, a. a. O., S. 327; vgl. auch Heinrich August Winkler, Klassenbewegung oder Volkspartei? Zur Programmdiskussion in der Weimarer Sozialdemokratie 1920–1925. In: Geschichte und Gesellschaft 8 (1982), S. 9.

[4] Hierzu Elmar Wiesendahl, Volkspartei. In: Dieter Nohlen/Rainer Olaf Schultze (Hrsg.), Politikwissenschaft. Theorien – Methoden – Begriffe. München/Zürich 1985, S. 1104 f.

[5] Eduard Bernstein, Wird die Sozialdemokratie Volkspartei? In: Sozialistische Monatshefte 2 (1905), S. 670.

[6] Vgl. Wolf Dieter Narr (Hrsg.), Auf dem Weg zum Einparteienstaat. Opladen 1977; Otto Kirchheimer, Der Wandel des westeuropäischen Parteiensystems. In: Gilbert Ziebura (Hrsg.), Beiträge zur allgemeinen Parteienlehre. Darmstadt 1969.

[7] Kirchheimer, a. a. O.

[8] Sigmund Neumann, Die Parteien in der Weimarer Republik. Stuttgart ²1965, S. 108 f.

[9] Zur Definition von Volkspartei vgl. Alf Mintzel, Die Volkspartei, Typus und Wirklichkeit. Opladen 1984; Richard Stöss, Parteienhandbuch, Opladen 1983 (Einleitung); Hermann Kaste/Joachim Raschke, Zur Politik der Volkspartei. In: Narr, a. a. O., S. 26 ff. Das Volkspartei-Konzept ist in der Literatur umstritten. Wir verzichten bewußt darauf, auf diese Kontroverse einzugehen.

[10] Neumann, a. a. O., S. 25.

[11] Zu diesem Parlamentarismusverständnis vgl. Ernst Fraenkel, Deutschland und die westlichen Demokratien. Stuttgart 1964, S. 24 f., 29, 97 f. und Dieter Grosser, Vom monarchischen Konstitutionalismus zur parlamentarischen Demokratie. Die Verfassungspolitik der Parteien im letzten Jahrzehnt des Kaiserreichs. Den Haag 1970, S. 218 ff.

[12] Hierzu Peter Lösche, Der Bolschewismus im Urteil der deutschen Sozialdemokratie 1903–1920. Berlin 1967, S. 129 ff., 164 ff.

[13] So Hilferding 1924 in einem Brief an Kautsky. Vgl. Richard Breitman, German Socialism and Weimar Democracy. Chapel Hill 1981, S. 123.

[14] Ernst Heilmann, Die soziale Revolution. In: Das Freie Wort. Sozialdemokratisches Diskussionsorgan 3/37 (1931), S. 1–3.

[15] Als ein Beispiel unter vielen: Ernst Heilmann, Am Abgrund vorbei? In: Das Freie Wort 3/25 (1931), S. 1–4, hier S. 4.

[16] Karl Kautsky, Parlamentarismus und Demokratie. Stuttgart ³1920, S. 121.

[17] Als typisches Beispiel: Mark Abramowitsch, Demokratie und Diktatur in Staat und Gemeinden. In: Das Freie Wort 1/4 (1929), S. 11–14, hier S. 13.

[18] Hier stimmen wir der Interpretation von Winkler zu. Vgl. Winkler, Klassenbewegung, a. a. O., S. 53.

[19] Zum sozialdemokratischen Parlamentarismusverständnis vgl. Fraenkel, a. a. O., S. 99 f. und Grosser, a. a. O., S. 53, 59, 213.

[20] Neumann, a. a. O., S. 29.

[21] So Rudolf Hilferding in seiner Rede über die ›Aufgaben der Sozialdemokratie in der Republik‹. Vgl. Protokoll SPD-Parteitag 1927, S. 180 f.

[22] Zum interfraktionellen Ausschuß vgl. Horst Möller, Parlamentarismus in Preußen 1919–1932. Düsseldorf 1985, S. 340, 345, 376, 384, 407 f., 444 f.

[23] Sozialdemokratisches Handbuch für die preußischen Landtagswahlen. Berlin 1921, S. 164.

[24] Preußen 1928. Politik in Stichworten, hrsg. von der Pressestelle des Preußischen Staatsministeriums. Berlin 1928, S. 25 f.

[25] Ernst Fraenkel, Verfassungsreform und Sozialdemokratie. In: Die Gesellschaft 9/II (1932), S. 486 ff.

[26] Zum Parlamentarismusverständnis der preußischen Sozialdemokraten und zu ihrer politischen Praxis vgl. (außer Möller, a. a. O.) Hagen Schulze, Otto Braun oder Preußens demokratische Sendung. Eine Biographie. Frankfurt/Berlin/Wien 1977 und Peter Lösche, Ernst Heilmann. In: Peter Lösche/Michael Scholing/Franz Walter (Hrsg.), Vor dem Vergessen bewahren, Lebenswege Weimarer Sozialdemokraten. Berlin 1988.

[27] Gustav Warburg, Englischer und deutscher Parlamentarismus. In: Politischer Rundbrief des Hofgeismarkreises 3 (1924), S. 72–76 und ders., Wahlrecht und Führerauslese. In: Politischer Rundbrief des Hofgeismar Kreises 3 (1925), S. 72–76. Diesen Beiträgen sind die Zitate entnommen. Vgl. ferner Carlo Mierendorff, Wahlreform, die Losung der jungen Generation. In: Neue Blätter für den Sozialismus 8 (1930), S. 342 ff.

[28] Hierzu Winkler, Klassenbewegung, a. a. O., S. 53.

[29] Neumann, a. a. O., S. 20.

[30] Vgl. hierzu und im folgenden: Wirtschaft und Statistik 7/10 (1927), S. 446 ff.; Theodor Geiger, Die Mittelschichten und die Sozialdemokratie. In: Die Arbeit 8 (1931), S. 619 ff.; Emil Lederer, Die Umschichtung des Proletariats und die kapitalistischen Zwischenschichten in der Krise, wiederabgedruckt in: Ders., Kapitalismus, Klassenstruktur und Probleme der Demokratie in Deutschland 1910–1914. Göttingen 1979, S. 172 ff.; Rudolf Küstermeier, Die Mittelschichten und ihr politischer Weg. Potsdam 1933, S. 52; Winkler II, a. a. O., S. 13 ff.; Winkler III, a. a. O., S. 112 f.; Jürgen W. Falter/Thomas Lindenberger/Siegfried Schumann, Wahlen und Abstim-

mungen in der Weimarer Republik, Materialien zum Wahlverhalten 1919–1933. München 1986, S. 32 ff.; Wolfgang Zollitsch, Integration oder Isolation? Die Arbeiterschaft von Großbetrieben zwischen Weltwirtschaftskrise und Nationalsozialismus (1928–1936). Diss., Freiburg 1986, S. 9 f.

[31] Vgl. hierzu Klaus Sühl, SPD und Öffentlicher Dienst in der Weimarer Republik. Die öffentlichen Bediensteten in der SPD und ihre Bedeutung für die sozialdemokratische Politik 1918–1933. Opladen 1988, S. 222 ff. Zu Hamburg vgl. Friedrich-Wilhelm Witt, Die Hamburger Sozialdemokratie in der Weimarer Republik. Bonn-Bad Godesberg 1971, S. 54.

[32] Vgl. SPD-Jahrbuch 1926, S. 22 ff. In der Tendenz ähnliche Ergebnisse brachte eine Erhebung im Bezirk Hessen-Kassel. Dort bestand die SPD zu 64,75 Prozent aus Arbeitern, 14,11 Prozent aus Beamten und Angestellten, 3,07 Prozent aus Selbständigen und 0,05 Prozent aus Landwirten. Vgl. Geschäftsbericht Bezirksverband Hessen-Kassel. 1. Januar bis 31. Dezember 1931, S. 61.

[33] Vgl. SPD-Jahrbuch 1930, S. 193 f.

[34] Vgl. Der Führer. Monatsschrift für Führer und Helfer der Arbeiterjugendbewegung 14/6 (1932), S. 83.

[35] Vgl. ebd. 12/9 (1930), S. 130.

[36] Vgl. Bericht über die 8. Reichskonferenz des Verbandes der Sozialistischen Arbeiterjugend Deutschlands vom 18. und 19. April 1930 im Volkshaus zu Lüneburg. Berlin 1930, S. 61 f. Zur Mitgliederstruktur der SAJ genauer: Franz Walter, Jugend in der sozialdemokratischen Solidargemeinschaft. Eine organisationssoziologische Studie über die Sozialistische Arbeiterjugend Deutschlands (SAJ). In: Internationale wissenschaftliche Korrespondenz zur Geschichte der deutschen Arbeiterbewegung 23/3 (1987), S. 311 ff., hier S. 348 ff.

[37] Bernhard Mewes, Die berufliche Gliederung der deutschen Jugend. In: Das junge Deutschland 23/10 (1929), S. 381 ff., hier S. 386.

[38] Vgl. Otto Reise, Die junge Angestellte. In: Das junge Deutschland 25/2 (1931), S. 77 ff., vgl. auch Michael Prinz, Vom neuen Mittelstand zum Volksgenossen. Die Entwicklung des sozialen Status der Angestellten von der Weimarer Republik bis zum Ende der NS-Zeit. München 1986, S. 80.

[39] Vgl. hierzu Erich Winkler, Die Politik und ihre Gesetze. Jena 1930, S. 45; Friedrich Hetneck, Partei und Jugend. In: Das Freie Wort 3/22,23 (1931), S. 58 f.; Jahrbuch der SPD 1926, a. a. O., S. 24; SPD-Jahrbuch 1930, a. a. O., S. 195; Protokoll SPD-Parteitag 1927, S. 44.

[40] Zu diesem Abschnitt die präzisen und reflektierten Ausführungen bei Winkler I, a. a. O., S. 141 ff. u. 354 ff.; Winkler II, a. a. O., S. 178 ff., 216 ff, 523; Winkler III, a. a. O., S. 191 ff. u. 685 ff.; vgl. auch Falter u. a., a. a. O., S. 155 ff.; Jürgen W. Falter/Dirk Hänisch, Die Anfälligkeit von Arbeitern gegenüber der NSDAP bei den Reichstagswahlen 1928–1933. In: AfS 26 (1986), S. 179 ff.

[41] Jürgen W. Falter, Die Wählerpotentiale politischer Teilkulturen 1920–1933. In: Detlef Lehnert/Klaus Megerle (Hrsg.), Politische Identität und Nationale Gedenktage. Opladen 1989, S. 300–302.

[42] Otto Müller, Um die Zukunft des deutschen Katholizismus. In: Soziale Revue 31/1 (1931), S. 9 ff., hier S. 14; ferner Richard Berger, Von Erfurt nach Görlitz. In: Ebd., 21 (1921), S. 714 ff.; Emil van den Boom, Sozialdemokratie und

Kommunismus. Programme und jüngste Entwicklung. Gladbach/Rheydt o. J.,
S. 8.

[43] Eduard David, Sozialismus und Landwirtschaft. Berlin 1930; Paul Göhre,
Unsere Niederlage. In: Neue Gesellschaft 2/3, 20 (1906/07), S. 230 ff.

[44] Protokoll SPD-Parteitag 1917, S. 36.

[45] Protokoll SPD-Parteitag 1920, S. 102.

[46] Über Sollmanns Volksparteikonzept vgl. auch Franz Walter, Wilhelm Sollmann.
Der Parteireformer. In: Lösche/Scholing/Walter, a. a. O., S. 362 ff.

[47] Erhard Auer, Das neue Parteiprogramm. In: Die Glocke 11/1 (1925), S. 744 f.

[48] Hans Hartmann, Braucht die Sozialdemokratie die Geistigen. In: Neue Blätter
für den Sozialismus 1 (1930), S. 522 ff.

[49] Vgl. etwa Georg Sinn, Expansionsmöglichkeiten der SPD. In: Ebd., S. 363 ff.

[50] Protokoll SPD-Parteitag 1924, S. 179.

[51] Vgl. Protokoll SPD-Parteitag 1925, S. 276 f.

[52] Protokoll SPD-Parteitag 1927, S. 222 f. Zum sozialdemokratischen Akademi-
kertag in Nürnberg vgl. Vorwärts, 29.4.1927; Hamburger Echo, 20.4.1927; Mitteilungsblatt des Verbandes sozialdemokratischer Akademiker 10 (1926/27), S. 9 f.

[53] Vgl. Wladimir Woitinsky, Zahl und Gliederung des Proletariats. In: Die Gesellschaft 2/1 (1925), S. 39 ff.; ders., Die Tendenzen der zahlenmäßigen Entwicklung des
Proletariats. In: Ebd. 2/2 (1925), S. 97 ff.

[54] Protokoll SPD-Parteitag 1927, S. 200.

[55] Vgl. etwa Heinrich Ströbel, Der Kampf um den Frieden. In: Der Klassenkampf
2/4 (1928), S. 123.

[56] Heinrich Ströbel, Was uns fehlt (II). In: Ebd. 3/23 (1929), S. 729 ff.; ders., Was
uns fehlt (III). In: Ebd. 4/1 (1930), S. 22.

[57] Vgl. Protokoll SPD-Parteitag 1920, S. 187 ff.; noch deutlicher fiel die Volkspar-
teioption Brauns auf dem Parteitag in Augsburg aus, vgl. Protokoll SPD-Parteitag
1922, S. 10.

[58] Vgl. Heinrich Cunow, Zur Kritik des Programmentwurfs. In: Die Neue Zeit 39/
2 (1921), S. 433 ff.

[59] Vgl. etwa Alfred Fellisch, Das neue sozialdemokratische Parteiprogramm. In:
Die Glocke 7 (1921), S. 509 ff.; Hans Marckwald, Gegen eine Programmrevision. In:
Die Neue Zeit 39/2 (1921), S. 464 ff.; vgl. insgesamt über den Verlauf der Debatte
Winkler, Klassenbewegung, a. a. O., S. 9 ff.; Winkler I, a. a. O., S. 434 ff.

[60] Protokoll SPD-Parteitag 1921, S. 297.

[61] Vgl. ebd., S. V–VI (Programm).

[62] Nordwestdeutsche Handwerks-Zeitung 26/43 (1921), S. 233.

[63] Das Deutsche Handwerkerblatt 16/4 (1922), S. 75 ff.

[64] Vgl. Der Arbeiterpräses 17/9–12 (1921), S. 100 ff.; Der Arbeiter (Verband der
kathol. Arbeitervereine Nord- und Ostdeutschlands, hrsg. v. Volksbüro der kathol.
Arbeitervereine Berlins) 25/20 (1921).

[65] Emil van den Boom, Sozialdemokratie in ihren Richtungen. In: Präsides-Kor-
respondenz 34 (1921), S. 211 ff.; ders., Wandel der Politik und Sozialdemokratie. In:
Das Zentrum 3 (1923), S. 19 ff.

[66] Richard Berger, Von Erfurt nach Görlitz. In : Soziale Revue 21/23, 24 (1921),
S. 714 ff.

[67] Vgl. Protokoll SPD-Parteitag 1925, S. 5f.; vgl. als Beispiel für die negative Kommentierung des Heidelberger Programms außerhalb der SPD: Das Deutsche Handwerksblatt 19/21 (1925), S. 338ff.; Emil van den Boom, Sozialistische Bewegung. In: Soziale Revue 26 (1926), S. 185ff.

[68] Zu den Ausnahmen gehörte Wilhelm Sollmann: „So wenig wir die Landarbeiter und die Kleinbauern mit denselben Methoden an uns ziehen können wie die großstädtischen Industrieproletarier ..., so wenig lassen sich die Privatangestellten mit denselben Mitteln gewinnen wie etwa die Maurer oder die Transportarbeiter. Eine geschickte Differenzierung unserer Agitation – nicht nach Berufen, aber nach Bevölkerungsschichten – ist keine Verletzung der Grundsätze einer sozialen Volkspartei." In: Die Glocke 3 (1917), S. 47.

[69] Protokoll SPD-Parteitag 1917, S. 438f. Zur These von der Radikalisierung der Angestellten während des Ersten Weltkrieges vgl. auch Jürgen Kocka, Klassengesellschaft im Krieg. Deutsche Sozialgeschichte 1914–1918. Göttingen ²1977, S. 65ff.; vgl. die eher skeptischen Betrachtungen dazu bei Winkler I, a. a. O., S. 274.

[70] Aufruf veröffentlicht in Hamburger Echo, 26.4.1919. Zum „Werbeausschuß für sozialistische Techniker" in Hamburg vgl. ebd., 6.3.1919.

[71] Vgl. Fritz Fischer, Die Angestellten, ihre Bewegung und ihre Ideologien. Diss., Heidelberg 1932, S. 61ff.; Jürgen Kocka, Die Angestellten in der deutschen Geschichte. 1850–1900. Göttingen 1981, S. 156f.; Winkler I, a. a. O., S. 83f. u. 273f.

[72] Zur Biographie Aufhäusers vgl. Werner Korthase, Siegfried Aufhäuser. Der Organisator der „Kopfarbeiter". In: Lösche/Scholing/Walter, a. a. O., S. 15ff.

[73] Ebd., S. 24; Kocka, Die Angestellten, a. a. O., S. 155; Winkler II, a. a. O., S. 385.

[74] Protokoll SPD-Parteitag 1925, S. 276f.

[75] Judith Grünfeld, Angestellte und Arbeiter unter dem Druck der Modernisierung. In: Die Gesellschaft 5/2 (1928), S. 552ff.

[76] Als Beispiel unter vielen Heinz Radloff, Werbt die Angestellten für die Partei. In: Das Freie Wort 2/32 (1930), S. 24f.; Karl Wiechert, Angestellter, erkenne Dich selbst. In: Ebd. 2/37 (1930), S. 22ff.

[77] Vgl. dazu die Zahlen bei Prinz, a. a. O., S. 79.

[78] Vgl. dazu Fischer, a. a. O., S. 83; Lederer, Die Umschichtung, a. a. O., S. 181.

[79] Vgl. Winkler II, a. a. O., S. 386.

[80] Protokoll SPD-Parteitag 1919, S. 393.

[81] Protokoll SPD-Parteitag 1921, S. 26.

[82] Zum Aktionsprogramm vgl.: Der Freie Lehrer 2/2 (1920), S. 11; zur Konferenz des Reichsbeamtenbeirats vgl.: Hamburger Echo, 16. u. 17.11.1921.

[83] Zur Gründungskonferenz der AsL vgl.: Der Freie Lehrer 1/2 (1929), S. 12; die Mitgliederzahl in: Der Volkslehrer 9 (1927), S. 195.

[84] Dies sind die Ergebnisse eines breit angelegten Forschungsprojektes zur sozialdemokratischen Organisationskultur, an dem die Verf. seit 1985 arbeiten.

[85] Protokoll SPD-Parteitag 1921, S. 25f.; Sühl, a. a. O., S. 218.

[86] Kocka, Die Angestellten, a. a. O., S. 149 u. SPD-Jahrbuch 1930, S. 194.

[87] Vgl. Protokoll SPD-Parteitag 1925, S. 125; Sühl, a. a. O., S. 82ff.

[88] Protokoll SPD-Parteitag 1924, S. 153.

[89] Vgl. hierzu Gabriele Hoffmann, Sozialdemokratie und Berufsbeamtentum. Hamburg 1973, S. 118 ff.

[90] Vgl. für den folgenden Abschnitt SPD-Jahrbuch 1926, S. 41 ff.; Protokoll SPD-Parteitag 1927, S. 37 ff.; Protokoll SPD-Parteitag 1929, S. 43 u. 86 f., Protokoll SPD-Parteitag 1931, S. 261 f.; W. Frick, Sozialdemokratie und Beamtenorganisation. In: Der Beamtenbund 15/29 (1931), S. 2; Sozialdemokratischer Parteitag in Leipzig. In: Ebd. 15/41 (1931), S. 3; Winkler II, a. a. O., S. 386 ff.

[91] Vgl. Der Beamtenbund 14/67 (1920) (Titelseite). Mehr Reichstagskandidaten, die dem DBB angehörten, hatte im übrigen mit 6 nur das Zentrum aufzuweisen; DVP, DDP und Konservative Volkspartei kamen auf je 3, die DNVP auf einen Kandidaten des Beamtenbundes. Solche Zahlen sprechen nicht gerade für die Abschottung der SPD. Die Sozialdemokraten im DBB, die sich 1927 zu einer „Arbeitsgemeinschaft sozialdemokratischer Beamte im Deutschen Beamtenbund" unter dem Vorsitz des Bundesdirektors des DBB Lockenritz zusammenschlossen, wurden nicht nur von links, sondern auch von rechts attackiert. Kurz nach der Gründung der „Arbeitsgemeinschaft" – die den ADB-Sozialdemokraten ebenfalls ein Dorn im Auge war – forderten Beamtenabgeordnete sämtlicher bürgerlicher Parteien den DBB-Vorsitzenden Flügel auf, gegen die sozialdemokratischen Beamten vorzugehen, was dieser allerdings ablehnte. Vgl. Deutsche Wacht 20/31 (1927), S. 123 f.

[92] Allerdings blieb die Bedeutung der sozialdemokratischen Beamten im DBB weiterhin höchst beachtlich. So gehörten immerhin nicht weniger als 31 Prozent der Delegierten auf dem Bundestag des DBB im Oktober 1930 der SPD an. Vgl. G. Stratmann, Sozialdemokratie und Beamte. In: Das Freie Wort 3/4 (1931), S. 7–9, hier: S. 9.

[93] Zur Entwicklung der „Gewerkschaft deutscher Volkslehrer" vgl. die Jahrgänge der Verbandszeitschrift: Der Volkslehrer 3 (1921) – 11 (1929); zur Haltung des „Bundes der freien Schulgesellschaften" in dieser Frage vgl.: Die freie weltliche Schule 9/6 (1929), S. 38 u. S. 46 u. 9/11, S. 85; zur etwas gemäßigteren Einstellung der AsL vgl.: Sozialistische Erziehung 3/9 (1927), S. 35 f., ebd. 4/7 (1928), S. 28 u. 4/11, S. 51.

[94] Winkler II, a. a. O., S. 709.

[95] Vgl. Thomas Mann, Von Deutscher Republik. Politische Schriften und Reden in Deutschland. Frankfurt a. M. 1984, S. 314.

[96] Vgl. etwa Rheinische Zeitung, 6.1. u. 14.3.1919; Der freie Lehrer 2/21 (1920), S. 158.

[97] Vgl. Protokoll SPD-Parteitag 1919, S. 142 u. S. 199.

[98] Vgl. Emil van den Boom, Sozialdemokratie und Berufsstände. Mönchengladbach 1921, S. 44 f.

[99] Protokoll SPD-Parteitag 1924, S. 94 u. S. 179.

[100] Vgl. Konrad Jarausch, Deutsche Studenten 1800–1970. Frankfurt a. M. 1984, S. 160.

[101] Vgl. Die Arbeit. Zeitschrift für Gewerkschaftspolitik und Wirtschaftskunde 8 (1931), S. 637.

[102] Vgl. Funktionärsblatt der Sozialistischen Studentenschaft. Mai 1932, o. S.

[103] Vgl. Hamburger Universitätszeitung 11 (1929/30), S. 184 f.; Der Aufbau (hrsg. v. Bund der Freien Schulgesellschaften Deutschlands) 2/121 (1929), S. 353 ff.; Wil-

helm Tietgens, Sozialistische Hochschulreform. In: Sozialistische Bildung 2/1 (1930), S. 1 ff.

[104] Die SPD hatte den „Verein" allerdings nicht offiziell anerkannt, weil dieser überparteilich organisiert war, mithin auch Kommunisten und unabhängige Linkssozialisten umfaßte, wobei die Sozialdemokraten jedoch klar dominierten. Die offizielle Organisation der SPD seit 1926 hieß „Arbeitsgemeinschaft sozialdemokratischer Ärzte", war aber vergleichsweise unbedeutend, im programmatischen Profil dem „Verein" ähnlich; überdies gab es Doppelmitgliedschaften. Sowohl die Kommunalpolitiker der SPD als auch deren Unterorganisationen – Kinderfreunde, SAJ, Jungsozialisten etc. – kooperierten in erster Linie mit den Medizinern im „Verein sozialistischer Ärzte".

[105] Vgl. dazu: Der sozialistische Arzt 7/5,6 (1931), S. 120 u. S. 157 f.

[106] Vgl. auch: Deutsche Medizinische Wochenschrift, 16.1.1919, S. 77 f.; Der sozialistische Arzt 4/1,2 (1928), S. 19 ff.

[107] Vgl.: Der sozialistische Arzt 6/1 (1930), S. 31 u. 6/3, S. 138.

[108] Zur „Vereinigung sozialdemokratischer Juristen" vgl. die Tagungsberichte in: Vorwärts, 1.4. u. 14.9.1926 u. 13.5.1930; Rheinische Zeitung, 13., 14. u. 15.9.1926; Leipziger Volkszeitung, 14.9.1928 u. 30.5.1930; zu der Mitgliederzahl vgl. SPD-Jahrbuch 1931, S. 167.

[109] Zur Haltung der Parteispitze vgl. Hugo Marx, Werdegang eines jüdischen Staatsanwalts und Richters in Baden. Villingen 1965, S. 193; zur Position der Gewerkschaft vgl. etwa die Kommentare von Lothar Erdmann und Peter Graßmann. In: Die Arbeit 4/10 (1927), S. 719 u.: Der Volkswille, Hannover, 5.10.1930.

[110] Vgl. Sozialdemokratischer Akademiker. Mitteilungsblatt des Verbandes sozialdemokratischer Akademiker 5 (1926/27), o. S.

[111] Vgl. Hugo Marx, Sozialdemokratie und Akademiker. In: Die Glocke 10/8 (1924), S. 241 ff.

[112] Ders., Ist eine Organisation der Intellektuellen in der Sozialdemokratie möglich? In: Neue Blätter für den Sozialismus 2 (1931), S. 512 ff.

[113] Rheinische Zeitung, 23.5.1929.

[114] Zur Breslauer Sozialdemokratie und deren Intellektuellen vgl. Franz Walter, Nationale Romantik und revolutionärer Mythos. Politik und Lebensweisen im frühen Weimarer Jungsozialismus. Berlin 1986.

[115] Protokoll SPD-Parteitag 1894, S. 144 f.

[116] Protokoll SPD-Parteitag 1895, S. 204; zu Kautskys Position vgl. Ingrid Gilcher-Holtey, Das Mandat der Intellektuellen. Karl Kautsky und die Sozialdemokratie. Berlin 1986, S. 103 ff.

[117] Vgl. Protokoll SPD-Parteitag 1919, S. 162; Winkler II, a. a. O., S. 99.

[118] Protokoll SPD-Parteitag 1920, S. 197 ff. u. 317.

[119] Protokoll SPD-Parteitag 1924, S. 154 ff.

[120] Protokoll SPD-Parteitag 1925, S. 277 u. 284.

[121] Wladimir Woytinski, Proletariat und Bauerntum. In: Die Gesellschaft 3/1 (1926), S. 410 ff.; vgl. auch Fritz Baade, Richtlinien für ein sozialdemokratisches Agrarprogramm. In: Ebd. 1/2 (1924), S. 122 ff.; Hans Krüger, Sozialdemokratie und ländliche Bodenfrage. In: Ebd., S. 193 ff.; ferner August Müller, Sozialismus und Landwirtschaft. In: Die Glocke 7 (1922), S. 1372 ff.

[122] Protokoll SPD-Parteitag 1927, S. 114ff. u. 273ff.

[123] Vgl. Das Freie Wort 1/7 (1929), S. 19ff.; ebd. 2/2 (1930), S. 16ff., 2/3, S. 23f., 2/12, S. 15f., 2/35, S. 27, 2/38, S. 22, 2/39, S. 16f.; ebd. 3/35 (1931), S. 24f., 3/38, S. 12ff.; ebd. 4 (1932), S. 6f.

[124] Vgl. beispielsweise Deutsche Wacht 20/9 (1927), S. 34 u. 20/12, S. 92ff.; über die mangelnde Resonanz des Agrarprogramms bei den Bauern vgl. auch die selbstkritischen Feststellungen bei Walter Pahl, Sozialisierung und Eigentum. In: Die Arbeit 9/4 (1932), S. 211ff., hier: S. 213.

[125] Dies jedenfalls die Erkenntnis von Wolfgang Pyta, Gegen Hitler und für die Republik. Die Auseinandersetzung der deutschen Sozialdemokratie mit der NSDAP in der Weimarer Republik. Düsseldorf 1989, S. 392–429.

[126] Vgl. hierzu Emil van den Boom, Sozialdemokratie und Berufsstände, a. a. O., S. 40.

[127] Vgl. Küstermeier, Die Mittelschichten, a. a. O., S. 59ff.

[128] Vgl. Vorwärts, 14.10.1925; Rheinische Zeitung, 21.10.1925.

[129] Jungsozialistische Blätter 2/6 (1923), S. 104.

[130] Eduard Heimann, Sozialismus und Mittelstand. In: Neue Blätter für den Sozialismus 3/7 (1932), S. 356ff., hier: S. 364.

[131] Pahl, a. a. O., S. 214ff.

[132] Vgl. etwa: Das Deutsche Handwerksblatt 13/5 (1919), S. 66; ebd., 13/1, S. 7f., 13/2, S. 22, 13/7, S. 106; Nordwestdeutsche Handwerks-Zeitung 24/5 (1919), S. 18; ebd. 6/27 (1921), S. 155.

[133] Vgl. Das Deutsche Handwerksblatt 13/5 (1919), S. 66; ebd. 2/13 (1928), S. 242; ebd. 223/22 (1929), S. 385ff.; Nordwestdeutsche Handwerks-Zeitung 24/47 (1919), S. 187; ebd. 26/19 (1921), S. 97 u. 26/43, S. 233.

[134] Vgl. Das Deutsche Handwerksblatt 15/2 (1921), S. 19; ebd. 23/22 (1929), S. 388; Nordwestdeutsche Handwerks-Zeitung 24/25 (1919), S. 101; ebd. 26/27 (1921), S. 155.

[135] Vgl.: Der Volkslehrer 8/27, 28 (1926), S. 166.

[136] Vgl.: Ebd. 9/21,22 (1928), S. 124; Protokoll SPD-Parteitag 1927, S. 148f. u. S. 261.

[137] Hermann Fleißner, Ist Religion Privatsache? In: Der Klassenkampf 2/9 (1928), S. 253ff.

[138] Vgl. etwa Käte Thomas, Die Gewinnung der christlichen Arbeiter. In: Ebd. 2/3 (1929), S. 89ff.

[139] Vgl. Vorwärts, 10.12.1928; Das Rote Blatt der Katholischen Sozialisten 1/10 (1929), S. 63.

[140] Ebd.

[141] Protokoll SPD-Parteitag 1927, S. 108 u. S. 176; Protokoll SPD-Parteitag 1929, S. 43, 75f., 94, 159 u. S. 206.

[142] Vgl. Vorwärts, 30.9.1929.

[143] Protokoll SPD-Parteitag 1929, S. 88 u. S. 182.

[144] Das Rote Blatt der Katholischen Sozialisten 1/1 (1929), S. 1ff.

[145] Darauf hat uns Siegfried Heimann hingewiesen, der an einer Arbeit über religiöse Sozialisten und Freidenker schreibt.

[146] Vgl. Vorwärts, 21.10. u. 27.11.1929.

¹⁴⁷ Ernst Heilmann, Blinder Eifer. In: Das Freie Wort 2/3 (1930), S. 19 ff., hier: S. 20.
¹⁴⁸ Vorwärts, 21.11.1929; Der Freidenker 7 (1931).
¹⁴⁹ Vgl. etwa Führer-Korrespondenz 42 (1929), S. 98 ff. u. 169 ff.; Der Arbeiterpräses 2/1 (1930), S. 8 ff.
¹⁵⁰ Vgl. als Beispiele unter vielen: Der Arbeiter 31/12 (1927), o. S.; Führer-Korrespondenz 42 (1929), S. 99; Emil van den Boom, Sozialdemokratie und Kommunismus, a. a. O., S. 38; Heinrich Brauns/Konrad Algermissen, Überwindung des Kapitalismus durch eine einheitliche proletarische Volksbewegung? Hrsg. von der Zentralstelle des Volksvereins für das katholische Deutschland, o. J., S. 11 u. S. 14.
¹⁵¹ Zum Antisemitismus etwa: Der Arbeiter 28/7 (1924), o. S.; zur stereotypen Greuelgeschichte, daß die Sozialdemokraten allen katholischen Geistlichen an die Kehle gehen werden, beispielsweise ebd. 30/24 (1926), o. S.; zur abfälligen Reaktion auf die Toleranzzusicherungen Hilferdings und Wels' in Kiel 1927, vgl. ebd. 31/12 (1927), o. S.
¹⁵² Emil van den Boom, Vom jüngsten Sinnen und Wollen der Sozialdemokratie. In: Führer-Korrespondenz 49 (1927), S. 166 ff.; ders., Wandlungen in der Sozialdemokratie. In: Ebd. 42 (1929), S. 169 ff.
¹⁵³ August Pieper, Kann ein Katholik Sozialdemokrat sein? In: Ebd. 42 (1929), S. 98 ff.
¹⁵⁴ Emil van den Boom, Sozialdemokratie und Kommunismus, a. a. O., S. 38; ders., Industrie und Sozialdemokratie. In: Das Neue Reich 12 (1929/30), S. 427 f.; ähnlich auch Brauns/Algermissen, a. a. O., S. 12.
¹⁵⁵ Vgl. neben den genannten Quellen noch Soziale Revue 31/1 (1931), S. 9 ff. u. 31/4, S. 251 ff.
¹⁵⁶ Konrad Algermissen, Die Kinderfreundebewegung. In: Der Volksverein 39 (1929), S. 25 ff.; ders., Geist und Geschichte der Kinderfreundebewegung. In: Bonner Zeitschrift für Theologie und Seelsorge 7 (1930), S. 32–52; ders., Sozialistische und christliche Kinderfreundebewegung. Hannover 1931.
¹⁵⁷ Zur fragmentierten Struktur der Weimarer politischen Kultur vgl. Detlef Lehnert/Klaus Megerle, Identitäts- und Konsensprobleme in einer fragmentierten Gesellschaft. In: Dirk Berg-Schlosser/Jakob Schissler (Hrsg.), Politische Kultur in Deutschland. Bilanz und Perspektiven der Forschung. Politische Vierteljahresschrift/Sonderheft 18 (1987), S. 80 ff.
¹⁵⁸ Winkler hat dies völlig zu Recht am Schluß seines Werkes hervorgehoben. Vgl. Winkler III, a. a. O., S. 954.
¹⁵⁹ Vgl. Peter Lösche/Michael Scholing, Solidargemeinschaft im Widerstand: Eine Fallstudie über ›Blick in die Zeit‹. In: Internationale wissenschaftliche Korrespondenz zur Geschichte der deutschen Arbeiterbewegung 19 (1983), S. 517 ff. und Peter Lösche/Franz Walter, Zur Organisationskultur in der sozialdemokratischen Arbeiterbewegung in der Weimarer Republik. Geschichte und Gesellschaft 15/4 (1989), S. 511–536.
¹⁶⁰ Vgl. Winkler III, a. a. O., S. 115.
¹⁶¹ Theodor Geiger, Die Mittelschichten und die Sozialdemokratie. In: Die Arbeit. Zeitschrift für Gewerkschaftspolitik und Wirtschaftskunde 8 (1931), S. 619 ff.
¹⁶² Beispielhaft vgl.: Das Freie Wort 2/28 (1930), S. 14; ebd. 2/34 (1930), S. 4 f.; ebd. 2/49 (1930), S. 15 f.

[163] Vgl. Winkler I, a. a. O., S. 447 f.

[164] Ebd., S. 13.

[165] Vgl. Protokoll des vierten Bundestages des Arbeiter-Samariter-Bundes abgehalten am 18., 19., 20. und 21. April in Magdeburg. Berlin o. J., S. 24 u. 28.

[166] Hierzu und im folgenden Alfred Kern, Versuche einer neuen Festgestaltung. In: Der Führer 9/8 (1927), S. 115 f.; ders., Ein neuer Versuch zur Festgestaltung. In: Ebd. 10/3 (1928), S. 35 ff.; Jon Clark, Bruno Schönlank und die Arbeitersprechchorbewegung. Köln 1984, S. 105 ff.

[167] Hierzu Winkler II, a. a. O., S. 319 f., 625 f., 639 ff.; Konrad Ludwig, Nüchterner Aufruf. In: Das Freie Wort 1/2 (1929), S. 1–3.

[168] Vgl. Aufbau (hrsg. v. Bund der freien Schulgesellschaften Deutschlands e. V.) 2/121 (1929), S. 353 f.

[169] Buhrbanck, Das Gebot der Stunde. In: Das Freie Wort 2/19 (1930), S. 9 f.

[170] Vgl. Wilhelm Sollmann, Positive Parteikritik. Erneuerung und Machtwille. In: Rheinische Zeitung, 27.12.1932.

[171] Vgl. die Briefe und Bestellungen im Nachlaß Wilhelm Sollmann (Historisches Archiv der Stadt Köln), Mappe 552. In den eigenen Reihen fanden Sollmanns Vorschläge keine einhellige Zustimmung. Wilhelm Dittmann, wie Sollmann Mitglied des Parteivorstandes, der 1911/12 in einer Organisationsdebatte zur Vorbereitung des Chemnitzer Parteitages selbst vorgeschlagen hatte, im Parteivorstand eine Art Schattenkabinett zu bilden, wiegelte die Kritik Sollmanns ab und hatte offensichtlich kein Gespür mehr für die aktuellen Organisationsprobleme. Vgl. Dittmanns Entgegnung. In: Vorwärts, 3.2.1933.

[172] Otto Friedländer, Funktionärswechsel oder Funktionswechsel. In: Vorwärts, 10.2.1932.

[173] Vgl. Hamburger Echo, 13.1. u. 17.1.1933; Rheinische Zeitung, 16.1.1933; Bernd Alexander, Wandlungen der Sozialdemokratie. In: Deutsche Republik 2/3 (1932/33), S. 304 ff.; Gregor Bienstock, Kampf um die Macht. Zur neuen Politik der Sozialdemokratie. Berlin 1932, S. 13; Küstermeier, Die Mittelschichten, a. a. O., S. 85.

[174] Vorwärts, 7.1.1933.

[175] Hamburger Echo, 7.1.1933.

[176] Vorwärts, 7.1. u. 10.1.1933; Hamburger Echo, 13.1. u. 25.1.1933.

[177] Vgl. hier auch Jürgen W. Falter, Hitlers Wähler. Darmstadt 1991, S. 364–374.

[178] Das Deutsche Handwerksblatt 26/12 (1932), S. 225 f.

[179] Vgl. Martin Broszat, Grundzüge der gesellschaftlichen Verfassung des Dritten Reiches. In: Martin Broszat/Horst Möller (Hrsg.), Das Dritte Reich. Herrschaftsstruktur und Geschichte. München 1983, S. 38–63; in dieser Hinsicht zurückhaltender urteilt Heinrich August Winkler, Deutschland vor Hitler. Der historische Ort der Weimarer Republik. In: Walter H. Pehle (Hrsg.), Der historische Ort des Nationalsozialismus. Frankfurt a. M. 1990, S. 31–46.

[180] Vgl. hierzu Ulrich Herbert, Arbeiterschaft im „Dritten Reich". In: Geschichte und Gesellschaft 15/3 (1989), S. 320–366.

[181] Hans-Ulrich Thamer, Verführung und Gewalt, Deutschland 1933–1945. Berlin 1986, S. 505.

[182] Vgl. Lösche/Scholing, a. a. O., S. 517 ff.

[183] Vgl. Martin Broszat, Nach Hitler. Der schwierige Umgang mit unserer Geschichte. München 1986, S. 96.

[184] Peter Hüttenberger, Deutsche Gesellschaft 1945. In: Manfred Funke/Hans-Adolf Jacobsen/Hans-Helmuth Knütter/Hans-Peter Schwarz (Hrsg.), Demokratie und Diktatur. Geist und Gestalt politischer Herrschaft in Europa. Düsseldorf 1987, S. 316–330.

[185] Martin Broszat/Klaus Dietmar Henke/Hans Woller (Hrsg.), Von Stalingrad zur Währungsreform. Zur Sozialgeschichte des Umbruchs in Deutschland. München 1988. Sehr kritisch dazu die Rezension von Heinrich August Winkler in: Geschichte und Gesellschaft 16 (1990), S. 403–409.

[186] Vgl. Helga Grebing, Demokratie ohne Demokraten? In: Everhard Holtmann (Hrsg.), Wie neu war der Neubeginn? Erlangen 1989, S. 6–19.

[187] Jürgen W. Falter, Alte und neue Parteiorientierungen – Die Bundestagswahl 1949 zwischen Kontinuität und Neubeginn. In: Holtmann, a. a. O., S. 50–69.

[188] Vgl. Christoph Kleßmann, Zwei Staaten, eine Nation. Deutsche Geschichte 1955–1970. Göttingen 1988, S. 34 f.; Wolfgang Zapf, Sozialstruktur und gesellschaftlicher Wandel in der Bundesrepublik Deutschland. In: Werner Weidenfeld/Hartmut Zimmermann (Hrsg.), Deutschland-Handbuch. München 1989, S. 99 ff.

[189] Vgl. Statistisches Jahrbuch für das Deutsche Reich 52 (1933), S. 19; Statistisches Jahrbuch 1989 für die Bundesrepublik Deutschland. Stuttgart 1989, S. 90 u. 95; Bernd Schäfers, Gesellschaftlicher Wandel in Deutschland. Stuttgart ⁵1990, S. 160.

[190] Vgl. dazu auch Peter von Oertzen, Was bleibt vom Sozialismus? In: Arbeitshefte 79 (1987–88), S. 18.

[191] Peter Waldmann, Die Eingliederung der ostdeutschen Vertriebenen. In: Josef Becker/Theo Stammen/Peter Waldmann (Hrsg.), Vorgeschichte der Bundesrepublik Deutschland. München 1979, S. 163 ff.

[192] Vgl. Jürgen Kocka/Michael Prinz, Vom „neuen Mittelstand" zum angestellten Arbeitnehmer. Kontinuität und Wandel der deutschen Angestellten seit der Weimarer Republik. In: Werner Conze/M. Rainer Lepsius (Hrsg.), Sozialgeschichte der Bundesrepublik Deutschland. Stuttgart 1983, S. 210 ff.

[193] Vgl. M. Rainer Lepsius, Sozialstruktur und soziale Schichtung in der Bundesrepublik Deutschland. In: Richard Löwenthal/Hans-Peter Schwarz (Hrsg.), Die zweite Republik. 25 Jahre Bundesrepublik Deutschland – eine Bilanz. Stuttgart 1974, S. 268. Herbert Kötter, Die Landwirtschaft. In: Conze/Lepsius, S. 115 ff.

[194] Jürgen Hoffmann, Arbeitnehmerfeindlich – aber mehrheitsfähig. In: Die Mitbestimmung 32/12 (1986), S. 660 ff.

[195] Vgl. hierzu auch Konrad Schacht, Wahlentscheidungen im Dienstleistungssektor. Opladen 1986, S. 167 f.

[196] Süddeutsche Zeitung, 30.1.1991.

[197] Peter Glotz, Ethik und Kinethik. In: Neue Gesellschaft/Frankfurter Hefte 36/8 (1989), S. 748–754.

[198] Karl-Georg Zinn, Kompetenzprobleme. Alternativen sozialdemokratischer Wirtschaftspolitik. In: Sozialismus 10 (1989), S. 45.

[199] Das Saarland, bei den Bundestagswahlen 1990 das einzige Bundesland mit absoluter SPD-Mehrheit, trat bekanntlich erst 1957 der Bundesrepublik bei; hier haben sich die Wählerstrukturen allerdings in der Tat grundlegend verändert.

[200] Max Kaase, Die Bundestagswahl 1972: Probleme und Analysen. In: Politische Vierteljahresschrift 14/2 (1973), S. 145.

[201] Detlef Lehnert, Sozialdemokratie zwischen Protestbewegung und Regierungspartei, 1848–1983. Frankfurt a. M. 1983, S. 207.

[202] Vgl. Friedrich Tennstädt, Der Wähler. Allensbach am Bodensee 1957, S. 55.

[203] Detlef Lehnert, Sozialstruktur und Mehrheitsfähigkeit. In: Zeitschrift für Sozialistische Politik und Wirtschaft 40 (1989), S. 146–153.

[204] Vgl. Detlef Lehnert, Soziale Bündnisse und politische Integrationsfähigkeit der SPD seit den fünfziger Jahren. In: Sven Papcke/Karl Theodor Schuon, 25 Jahre nach Godesberg. Braucht die SPD ein neues Grundsatzprogramm? Berlin 1984, S. 56.

[205] Max Kaase, Determinanten des Wahlverhaltens bei der Bundestagswahl 1969. In: Politische Vierteljahresschrift 11/1 (1970), S. 46–110.

[206] Bernhard Beger, Wähler im Aufbruch. Eine kritische Bilanz der sechsten Bundestagswahl. In: Die politische Meinung 14/129 (1969), S. 41–52; Peter Haungs, Wahlkampf und Wählerverhalten 1969. In: Zeitschrift für Parlamentsfragen 1/1 (1970), S. 90–106.

[207] Peter Gluchowski/Hans-Joachim Veen, Nivellierungstendenzen in den Wähler- und Mitgliedschaften von CDU/CSU und SPD 1959–1979. In: Ebd. 10/3 (1979), S. 312–331.

[208] Wolfgang Clement, Sozialdemokratische Schreckens- und Wunschbilder. In: Peter Josef Bock (Hrsg.), Im Prinzip sozial. Hannover 1976, S. 29; Werner Kaltefleiter, Das Wahlergebnis. In: Verfassung und Verfassungswirklichkeit, Jahrbuch 1973, Teil 1, S. 134 u. 147; Ursula Feist/Klaus Liepelt, Die Wahl zum Machtwechsel: Neuformierung der Wählerschaft oder Wählerkoalition aus Hoffnung? In: Journal für Sozialforschung 23/3 (1983), S. 304.

[209] Vgl. Wolfgang Jäger/Werner Link, Republik im Wandel. 1974–1982. Die Ära Schmidt. Stuttgart/Mannheim 1987, S. 112.

[210] Wolfgang Bick (Hrsg.), Kommunale Wahlstatistiken nach Alter und Geschlecht. Bundestagswahlen 1987 u. 1983. Duisburg 1987, S. 18–20.

[211] Hans Rühl, Angst vor der Arbeitslosigkeit. In: Die Zeit, 26.3.1982; Der Spiegel, 14.6.1982, S. 33–36; Infasanalyse zur Hamburg Wahl. In: Frankfurter Rundschau, 8.6.1982.

[212] Wie stark die Distanzierung der Arbeiterschaft von der SPD zwischen 1981 und 1983 war, ist in der Wahlforschung umstritten. Vgl. Ursula Feist/Hubert Krieger/Pavel Uttitz, Das Wahlverhalten der Arbeiter bei der Bundestagswahl 1983. In: Gewerkschaftliche Monatshefte 14/7 (1983), S. 414–427; Manfred Berger/Wolfgang G. Gibowski/Dieter Roth/Wolfgang Schulte, Regierungswechsel und politische Einstellung. Eine Analyse der Bundestagswahl 1983. In: Zeitschrift für Parlamentsfragen 14/4 (1983), S. 556–582; dies., Das Eis schmilzt zuerst an den Rändern. Zur Infas-These von den Stammwählerverlusten der SPD. In: Ebd. 15/2 (1984), S. 304–312; Ursula Feist/Hubert Krieger/Menno Smid, Das „kritische" Potential bei der Bundestagswahl 1983: Die bewußte Arbeitnehmerschaft. Eine Antwort auf die Forschungsgruppe Wahlen. In: Ebd. 15/1 (1984), S. 124–136. Vgl. auch Horst W. Schmollinger/Richard Stöss, Arbeitnehmer, Gewerkschaften und SPD in der Krise der achtziger

Jahre. In: Dietrich Herzog/Bernhard Weßels (Hrsg.), Konfliktpotentiale und Konsensstrategien. Opladen 1989, S. 68–98.

[213] Hans Joachim Veen/Peter Gluchowski, Tendenzen der Nivellierung und Polarisierung in den Wählerschaften von CDU/CSU und SPD von 1959 bis 1983. – Eine Fortschreibung. In: Zeitschrift für Parlamentsfragen 14/4 (1983), S. 551.

[214] Vgl. Hans Pelow, Arbeitslosigkeit und Wahlverhalten: Zwei Effekte überlagern sich. In: Ebd. 16/1 (1985), S. 52 f.; Dieter Oberndörfer/Gerd Mielke, In den Revieren des neuen Mittelstandes werden Wahlen entschieden. In: Frankfurter Allgemeine Zeitung, 2.2.1987.

[215] Dieter Oberndörfer/Gerd Mielke, Im Südwesten offenbaren sich vertraute Konturen und neuartige Wandlungsprozesse. In: Frankfurter Allgmeine Zeitung, 26.3.1988.

[216] SPD-Parteivorstand (Hrsg.), Die Bundestagswahl vom 21.1.1987 – Analysen und Konsequenzen. Berichte der Kommission „Auswertung der Bundestagswahl 1987 und Folgerungen für die weitere politische Arbeit". Bonn 1987, S. 37.

[217] Rainer-Olaf Schultze, Die Bundestagswahl 1987 – eine Bestätigung des Wandels. In: Aus Politik und Zeitgeschichte 37/12 (1987), S. 14; Ursula Feist/Hubert Krieger, Alte und neue Scheidelinien des politischen Verhaltens. In: Ebd., S. 33–47.

[218] Gerd Mielke, Die Arbeitermasse als SPD-Basis ist Nostalgie. In: Frankfurter Rundschau, 24.3.1987.

[219] Planungsdaten für die Mehrheitsfähigkeit der SPD. Ein Forschungsprojekt des Vorstandes der SPD. Bonn, August 1984 (unveröffentlicht).

[220] Vgl. etwa Bernd Schoppe, Thesen zur Mehrheitsfähigkeit der SPD. In: Archiv der sozialen Demokratie, Depositum Willy Brandt; SPD-Büro Willy Brandt; Verhandlungen zu den Abteilungen – Referat Erich-Ollenhauer-Haus, Mappe 31.

[221] Ebd.

[222] Vgl. auch David Seeber, Verändert sich die Republik? Zum Wandel in der bundesdeutschen Wählerschaft. In: Herder-Korrespondenz 43/5 (1987), S. 216–221.

[223] Ursula Feist, Wahlniederlage: SPD zwischen den Stühlen. In: Vorwärts 1 (1991), S. 9; Die Zeit, 7.12.1990.

[224] Tennstädt, a. a. O., S. 42.

[225] 550000 frühere SPD-Wähler blieben diesmal zu Hause. „Infasanalyse" der Wahl zum zwölften Deutschen Bundestag. In: Süddeutsche Zeitung, 4.12.1990.

[226] Vgl. Wolfgang G. Gibowski/Matthias Jung, Wer sind, wer wählt die Republikaner? In: Die Zeit, 30.6.1989.

[227] Vgl. Roderich Reifenrath, Ein geiziger Alleinerbe und wartende Enkel. In: Frankfurter Rundschau, 29.7.1989.

[228] Vgl. hierzu Franz Walter, Sachsen – ein Stammland der Sozialdemokratie? In: Politische Vierteljahresschrift 32/2 (1991), S. 207–231.

[229] Vgl. Süddeutsche Zeitung, 7.5.91 u. Der Spiegel, 13.5.1991, S. 67.

[230] Vgl. Peter Gluchowski, Lebensstile und Wandel der Wählerschaft in der Bundesrepublik. In: Aus Politik und Zeitgeschichte 37/12 (1987), S. 18–32.

[231] Heinrich August Winkler, Der Weg der deutschen Sozialdemokratie im 20. Jahrhundert. In: Geschichte in Wissenschaft und Unterricht (1985), S. 814 ff.; ähnlich interpretiert Helga Grebing, Zur Problematik der personellen und programmatischen Kontinuität in den Organisationen der Arbeiterbewegung in Westdeutschland

1945/46. In: Herkunft und Mandat. Beiträge zur Führungsproblematik in der Arbeiterbewegung. Frankfurt a. M./Köln 1976, S. 191.

[232] Brigitte Seebacher-Brandt, Ollenhauer. Biedermann und Patriot. Berlin 1984, S. 264.

[233] Vgl. Werner Röder, Emigration nach 1933. In: Broszat/Möller, a. a. O., S. 245; ders., Die deutschen sozialistischen Exilgruppen in Großbritannien. Ein Beitrag zur Geschichte des Widerstandes gegen den Nationalsozialismus. Bonn-Bad Godesberg ²1973.

[234] Vgl. hierzu auch Kurt Klotzbach, Der Weg zur Staatspartei. Programmatik, praktische Politik und Organisation der deutschen Sozialdemokratie 1945 bis 1965. Berlin/Bonn 1982, S. 59 f.

[235] Vgl. Klaus-Peter Schulz, Sorge um die deutsche Linke. Köln/Bonn 1954, S. 48 f.; ders., Ich warne. Stuttgart-Degerloch 1972, S. 81 ff.

[236] Zu den Weimarer Jungsozialisten und zur Nelson-Gruppe vgl. Walter, Nationale Romantik, a. a. O., S. 118 ff.

[237] Vgl. Siegfried Heimann, Die Sozialdemokratische Partei Deutschlands. In: Richard Stöss (Hrsg.), Parteienhandbuch. Die Parteien der Bundesrepublik Deutschland 1945–1980. Bd. 4. Opladen 1986, S. 2044.

[238] Vgl. Klaus-Peter Schulz, Adenauers Gegenspieler. Freiburg im Breisgau 1989, S. 108.

[239] Vgl. auch Hans-Joachim Mann, Ist die SPD noch die Partei von Godesberg? Funktion und Entstehungsprozeß des Godesberger Programms. In: Der Bürger im Staat 23/1 (1973), S. 18–25.

[240] Vgl. Kurt Klotzbach, Die Programmdiskussion in der deutschen Sozialdemokratie 1945–1959. In: Archiv für Sozialgeschichte 16 (1976), S. 480.

[241] Klotzbach, Der Weg zur Staatspartei, a. a. O., S. 322.

[242] Vgl. Susanne Miller, Die SPD vor und nach Godesberg. In: Löwenthal/Schwarz, a. a. O., S. 390.

[243] Zur Kritik vgl. auch Hans Peter Schwarz, Die Ära Adenauer. Epochenwechsel 1957–63. Stuttgart 1983, S. 198.

[244] Vgl. auch Peter von Oertzen, Konfliktfelder in der Programmdiskussion. In: Arbeitshefte 77 (1987–1988), S. 24–35; Helga Grebing, Die Sozialdemokratische Partei Deutschlands: Auf dem Wege zu einem neuen linken Bündnis? In: Peter Haungs/Eckard Jesse (Hrsg.), Parteien in der Krise. Köln 1987, S. 99–103.

[245] Dies betonte zu Recht Kurt Klotzbach, Die moderne SPD. Entwicklungslinien und Hauptprobleme von 1945 bis zur Gegenwart. In: Dieter Dowe/Kurt Klotzbach (Hrsg.), Kämpfe – Krisen – Kompromisse. Kritische Beiträge zum 125jährigen Jubiläum der SPD. Bonn 1989, S. 111; ders., Der Weg zur Staatspartei, a. a. O., S. 449.

[246] Vgl. Heimann, Die SPD, a. a. O., S. 2061; Lehnert, Sozialdemokratie, a. a. O., S. 190.

[247] Vgl. hierzu Hans Schuster, Drei Parteien suchen ein Programm. In: Merkur 22/23 (1968), S. 260–269.

[248] Vgl. auch die Kritik bei Hartmut Wasser, Zukunftsentwürfe der Großen Koalition. Parteiprogramme für die siebziger Jahre. In: Zeitschrift für Politik 16/3 (1969), S. 416–423, Lehnert, a. a. O., S. 56.

[249] Vgl. Peter von Oertzen, Die Zukunft des Godesberger Programms. Zur inner-

parteilichen Diskussion der SPD. In: H.Flohr/K. Lompe/L. F. Neumann (Hrsg.), Freiheitlicher Sozialismus. Beiträge zu seinem heutigen Selbstverständnis. Bonn-Bad Godesberg 1973, S.89–101; Hans Kremendahl, Nur die Volkspartei ist mehrheitsfähig. Bonn-Bad Godesberg 1977; Peter Arend, Die innerparteiliche Entwicklung der SPD 1966–1975. Bonn 1975; Brigitte Seebacher-Brandt, Abschied von den Eltern. In: Frankfurter Allgemeine Zeitung, 17.12.1990.

[250] Vgl. auch Jäger/Link, a. a. O., S. 22f.

[251] Vgl. hierzu etwa das Interview von Peter von Oertzen mit dem Deutschen Allgemeinen Sonntagsblatt, 31.3.1974; Die Zeit, 4.7.1975; Der Spiegel, 11.3.1974.

[252] Vgl. hierzu Peter von Oertzen, Die innerparteiliche Diskussion zum Orientierungsrahmen '85, in: Neue Gesellschaft 22/11 (1975), S. 882ff.

[253] Vgl. die Kommentare in der Neuen Zürcher Zeitung, 7.1. u. 4.2.1975.

[254] Vgl. Ulrich Sarcinelli, Regierungsfähigkeit und Parteibasis der SPD. In: Heino Kaack/Reinhold Roth, Handbuch des deutschen Parteiensystems. Bd. 2. Opladen 1980, S. 32–35.

[255] Johano Strasser, Ist die SPD noch regierungsfähig? In: L'80/20 (1981), S. 14–20.

[256] Ebd., S. 18.

[257] Vgl. Frankfurter Rundschau, 28.3.1980.

[258] Vgl. Heinrich Jaedecke, SPD in der Krise: Ohne Saft, ohne Kraft, ohne Ziel. In: Der Stern, 22.8.1984, S. 38.

[259] Vgl. Dirk Cornelsen, Die SPD muß wieder Flügel bekommen. In: Frankfurter Rundschau, 28.3.1980.

[260] Vgl. Willy Brandt, Sozialdemokratische Identität. In: Neue Gesellschaft 28/12 (1981), S. 1065ff.

[261] Richard Löwenthal, Identität und Zukunft der SPD. In: Ebd., S. 1085ff.

[262] Vgl. Der Spiegel, 7.12.1981.

[263] Eghard Mörbitz, Auch Wehner gibt die Aussteiger auf. In: Frankfurter Rundschau, 5.12.1981.

[264] Dokumentiert in: Die Welt, 5.12.1981.

[265] Hartmut Sänger, Das Sägen deutlich gehört. In: Süddeutsche Zeitung, 9.12.81.

[266] Peter von Oertzen, Unser Programm wieder ernst nehmen. In: Die Tageszeitung, 10.12.1981; vgl. auch Dieter Wenz, Die Sozialdemokratie und die Aussteiger – wer vereinnahmt wen? In: Frankfurter Allgemeine Zeitung, 24.2.1982; Peter Glotz, Partei oder Kreuzzug? In: Der Spiegel, 7.12.1981.

[267] Vgl. Bernd Schoppe, Mehrheitsfähigkeit setzt Integrationsfähigkeit voraus. In: Neue Gesellschaft 29/2 (1982), S. 169.

[268] Vgl. Jäger/Link, a. a. O., S. 216.

[269] Vgl. Schoppe, a. a. O., S. 171f.

[270] Vgl. auch Thomas Meyer, Der Kampf um sozialistische Programm-Positionen. In: Jürgen Seifert/Heinz Thörmer/Klaus Wettig (Hrsg.), Soziale oder sozialistische Demokratie. Beiträge zur Geschichte der Linken in der Bundesrepublik. Marburg 1989, S.210ff.; ders., Neues SPD-Grundsatzprogramm: Irseer Entwurf in der Diskussion. In: Perspektiven ds 4/2–3 (1987), S. 90f.; Gunter Hofmann, Anpassung an die Gegenwart. In: Die Zeit, 27.6.1986; Martin Winter, SPD nimmt Abschied von „Godesberg". In: Frankfurter Rundschau, 24.6.1986.

[271] Vgl. auch Günter Geschke, Auf der Suche nach der verlorenen Identität. In: Deutsches Allgemeines Sonntagsblatt, 5.4.1987.

[272] Vgl. Martin E. Süskind, Brücken bauen für die Enkel. In: Süddeutsche Zeitung, 2.4.1985.

[273] Vgl. auch Hermann Rudolph, Skizze eines Fahrplans für die Reise durch die Zukunft. In: Süddeutsche Zeitung, 1.6.1986.

[274] Vgl. auch die Kritik von Wolfgang Michal, Die SPD – die altmodische Variante der Volkspartei? In: Gewerkschaftliche Monatshefte 39/5 (1988), S. 287.

[275] Peter Glotz, Plädoyer für kollektive Lernprozesse der SPD im Spannungsfeld zwischen „konservativer" Entsolidarisierung und „grünem" Subjektivismus. In: Perspektiven ds 1/3 (1984), S. 50; Richard Meng, Auf der Suche nach einem anderen Fortschritt. In: Frankfurter Rundschau, 24.9.1988.

[276] Vgl. Hans Peter Schütz, Abschied von Irsee. In: Deutsches Allgemeines Sonntagsblatt, 21.2.1988; Rolf Zundel, Sachtes Segeln im Windschatten. In: Die Zeit, 21.8.1987; Ulrich Rose, Die Vorstöße der Riege der Enkel. In: Badische Zeitung, 18.3.1988; Peter Scherer, „SPD ist vor allem eine Neinsager-Partei". In: Die Welt, 11.8.1987.

[277] Vgl. auch Sven Papcke, Aufs Geratewohl. Was wird aus der Arbeiterbewegung? In: Volker Gerhard/Dieter Kinkelbur (Hrsg.), Wie finden wir die Zukunft? München/New York 1989, S. 19ff.; Günter Trautmann, Die SPD in der Dienstleistungsgesellschaft. In: Arno Herzig/Günter Trautmann (Hrsg.), „Der kühnen Bahn nun folgen wir". Bd. 1, Hamburg 1989, S. 249.

[278] Vgl. Martin E. Süskind, Unterwegs mit unbekanntem Ziel. In: Süddeutsche Zeitung, 20.12.1988; Klaus-Peter Schmidt, Die Schlacht von gestern. In: Die Zeit, 20.1.1989; Gunter Hofmann, Streit um SPD-Grundsatzprogramm spitzt sich zu. In: Stuttgarter Zeitung, 5.1.1989; Wie links darf's denn sein? In: Die Zeit, 6.1.1989; Helmut Lölhoffel, Zehn „Botschaften" in einem Programm. In: Frankfurter Rundschau, 14.1.1989; Spannender als das Programm sind die Reaktionen darauf. In: Der Spiegel, 16.1.1989; Frankfurter Rundschau, 25.1.1989.

[279] Vgl. etwa Klaus-Peter Schmidt, Die alten Grabenkämpfe. In: Die Zeit, 22.12.1989.

[280] Der Text in: Dieter Dowe/Kurt Klotzbach (Hrsg.), Programmatische Dokumente der deutschen Sozialdemokratie. Berlin ³1990, S. 371–445.

[281] Zur Sozialstruktur der wilhelminischen SPD vgl. die beiden neueren Arbeiten Gerhard A. Ritter, Die Sozialdemokratie im deutschen Kaiserreich in sozialgeschichtlicher Perspektive. In: Historische Zeitschrift 249 (1989), S. 328–335, 351, und Adelheid von Saldern, Wer ging in die SPD? Zur Analyse der Parteimitgliedschaft in der wilhelminischen Zeit. In: Gerhard A. Ritter (Hrsg.), Sozialdemokratie und freie Gewerkschaften im Parteiensystem und Sozialmilieu des Kaiserreichs. München 1990, S. 161ff., sowie Ursula Feist/Manfred Güllner/Klaus Liepelt, Strukturelle Angleichung und ideologische Polarisierung. Die Mitgliedschaft von SPD und CDU/CSU zwischen den sechziger und siebziger Jahren. In: Politische Vierteljahresschrift 16 (1977), S. 257.

[282] Vgl. zu dieser Diskussion Mintzel, Die Volkspartei, a. a. O., S. 50f.

[283] SPD-Jahrbuch 1930, S. 134.

[284] Vgl. Sühl, SPD und öffentlicher Dienst, a. a. O.

[285] Vgl. für diesen Zusammenhang Broszat/Henke/Woller, Von Stalingrad zur Währungsreform, a. a. O., S. XXV, XXXI ff., 3 ff., 113 ff., 169 ff.

[286] Vgl. Klotzbach, Der Weg zur Staatspartei, a. a. O., S. 45 ff.; Horst Lademacher, Frühe Versuche zur Änderung der Parteienlandschaft nach 1945. In: Hermann W. von der Dunk/Horst Lademacher (Hrsg.), Auf dem Weg zum modernen Parteienstaat. Melsungen 1986, S. 305 ff.; Mintzel, a. a. O., S. 32 f.

[287] Protokoll SPD-Parteitag 1948, S. 82.

[288] Vgl. Everhard Holtmann, Die neuen Lassalleaner. SPD und HJ-Generation nach 1945. In: Broszat/Henke/Woller, a. a. O., S. 169 ff.

[289] Die Mitgliederzahlen nach Angaben aus dem Parteivorstand der SPD; vgl. auch Heimann, a. a. O., S. 2170 ff.

[290] Vgl. z. B. das Protokoll – SPD Parteitag 1947, S. 114.

[291] Vgl. Klotzbach, a. a. O., S. 49 f., 54.

[292] Hierzu Protokoll SPD-Parteitag 1947, S. 93 ff., 112 f.; Protokoll SPD-Parteitag 1948, S. 106.

[293] Vgl. Heimann, a. a. O., S. 2180, und Peter Schindler (Hrsg.), Datenhandbuch zur Geschichte des Deutschen Bundestages 1949 bis 1982. Bonn 1983, S. 208 f., S. 212 f.

[294] SPD-Jahrbuch 1948/49, S. 58 f. Zu den Mitgliederverlusten vgl. auch Klotzbach, a. a. O., S. 93, und Heimann, a. a. O., S. 2173.

[295] So der typische Ablauf in den ersten Nachkriegsjahren in der Abteilung (Ortsverein) Britz I in Berlin.

[296] Zur Berliner Entwicklung vgl. die auf breiter empirischer Basis angelegte Untersuchung von Harold Hurwitz und Klaus Sühl, Autoritäre Tradierung und Demokratiepotential in der sozialdemokratischen Arbeiterbewegung. Köln 1984, S. 191–382 (= Demokratie und Antikommunismus in Berlin nach 1945. Bd. 2).

[297] Heimann, a. a. O., S. 2174.

[298] So Feist/Güllner/Liepelt, a. a. O., S. 258 ff., und Heimann, a. a. O., S. 2181. In den spärlichen Angaben der Jahrbücher und Protokolle der SPD-Parteitage zur Sozialstruktur der Mitglieder ist der Anteil der Arbeiter offensichtlich unterbewertet, der Anteil der Rentner und Hausfrauen an den Mitgliedern überbewertet. Der Parteivorstand hat über Jahrzehnte nur Angaben zur Berufsstruktur neuer Mitglieder veröffentlicht, bei denen der Anteil der Arbeiter in den 1950er Jahren eben weit über 50 Prozent lag.

[299] Protokoll SPD-Parteitag 1952, S. 169 ff.

[300] SPD-Jahrbuch 1950/51, S. 167.

[301] Protokoll SPD-Parteitag 1952, S. 217 ff.

[302] So die Angaben in den Jahrbüchern der SPD.

[303] Protokoll SPD-Parteitag 1954, S. 216. Max Kukil hatte im mündlichen Bericht des Geschäftsführenden Vorstandes an den Parteitag die berufsmäßige und altersmäßige Aufgliederung der Vorstandsmitglieder auf allen Ebenen der Partei, basierend auf 95 Prozent der möglichen Daten, angegeben. Danach waren 41,2 Prozent der Vorstandsmitglieder Arbeiter, 22 Prozent Angestellte, und es wurde ein „Rest" von 35,9 Prozent ausgewiesen, der „verschiedensten Berufsgruppen" angehört haben soll. Es ist zu vermuten, daß unter dieser Rubrik auch Arbeiter und Angestellte gezählt worden sind. Insofern sind die Daten höchst kritisch zu interpretieren.

304 Vgl. hierzu den Festvortrag von Peter von Oertzen, Ein Vierteljahrhundert nach Godesberg, am 21.11.1984 in Bonn.

305 Vgl. hierzu die Diskussion um die Vereinbarkeit von Mandat und Sekretärsfunktion Protokoll SPD-Parteitag 1954, S. 253 f., 273 ff.

306 Vgl. Wolfgang Hirsch-Weber/Klaus Schütz, Wähler und Gewählte. Eine Untersuchung der Bundestagswahlen 1953. Berlin und Frankfurt a. M. 1957, S. 366 ff., sowie die entsprechenden Angaben bei Schindler, a. a. O.

307 Vgl. Klotzbach, a. a. O., S. 314 f., 386 f.

308 Zur Bremer SPD vgl. Renate Meyer-Braun, Die Bremer SPD 1949–1959. Eine lokal- und parteigeschichtliche Studie. Frankfurt a. M. und New York 1982, S. 100, 115 ff., 130, 141 ff., und dies., Eine Arbeiterpartei an der Macht. Die Entwicklung der Bremer SPD in den fünfziger Jahren. In: Heinz-Gerd Hofschen/Almut Schwerd (Hrsg.), Zeitungen berichten: Die Bremer Arbeiterbewegung in den fünfziger Jahren. Marburg 1989, S. 75 ff.

309 Vgl. Theo Pirker, Die SPD nach Hitler. Die Geschichte der Sozialdemokratischen Partei Deutschlands 1945–1964. München 1965, S. 265.

310 Vgl. Horst Schmollinger/Richard Stöss, Bundestagswahlen und soziale Basis politischer Parteien in der Bundesrepublik (I). In: Prokla 6/25 (1976), S. 28 f., und Manfred Rexin, Die SPD in Ost-Berlin 1946–1961. Berlin 1989 (= Heft 5 der Schriftenreihe des Franz-Neumann-Archivs Berlin), S. 18 f.

311 Vgl. Meyer-Braun, Die Bremer SPD, a. a. O., S. 75, und Heimann, a. a. O., S. 2110.

312 Vgl. Klotzbach, a. a. O., S. 420 f.

313 Vgl. hierzu Gluchowski/Veen, Nivellierungstendenzen, a. a. O., S. 312 ff.

314 Vgl. Klotzbach, a. a. O., S. 506.

315 SPD-Jahrbuch 1962/63, S. 317, 337.

316 Heimann, a. a. O., S. 2173, und Arend, a. a. O., S. 33.

317 Klotzbach, a. a. O., S. 584.

318 Heimann, a. a. O., S. 2186; Heino Kaack, Geschichte und Struktur des deutschen Parteiensystems. Opladen 1971, S. 484, 487. Klaus Schütz hat in einem Referat auf dem Karlsruher Parteitag der SPD 1964 Angaben zur Sozialstruktur der Mitglieder gemacht, die mit äußerster quellenkritischer Vorsicht zu behandeln sind. Nach Schütz zählte die SPD zu diesem Zeitpunkt als Mitglieder 320 000 Arbeiter, mehr als 150 000 Angestellte, rund 100 000 Beamte und Angestellte im öffentlichen Dienst und Selbständige und Angehörige freier Berufe „rund 100 000". Dies ergibt eine Summe von ca. 670 000, wobei Rentner, Hausfrauen, Schüler und Studenten, die üblicherweise bei derartigen Angaben mit zu berücksichtigen sind, nicht genannt wurden. Entsprechend den Angaben der Jahrbücher hatte die SPD Ende 1963 aber nur 648 415, Ende 1964 678 484 Mitglieder. Die Daten von Schütz dürften also nicht korrekt sein. Zudem gibt es bis 1964 in den Jahrbüchern und Parteitagsprotokollen auch keine präzisen Angaben über die soziale Zusammensetzung der gesamten Mitgliedschaft, lediglich die Neumitglieder werden entsprechend aufgeschlüsselt. Woher Schütz die Daten gehabt hat, bleibt also offen. Vgl. Protokoll SPD-Parteitag 1964, S. 658.

319 Heimann, a. a. O., S. 2185 f., und Meyer-Braun, Die Bremer SPD, a. a. O., S. 272 f.

[320] Protokoll SPD-Parteitag 1964, S. 641 ff., Zitat S. 658.

[321] So Bruno Friedrich. Vgl. Protokoll SPD-Parteitag 1966, S. 559 ff.

[322] Ebd., S. 596 ff.

[323] Von Oertzen, Festvortrag, a. a. O.

[324] Vgl. Arend, a. a. O., S. 33–35, 39 f., und Lehnert, Sozialdemokratie zwischen Protestbewegung und Regierungspartei, a. a. O., S. 197.

[325] Zur Integrationsaufgabe vgl. Protokoll SPD-Parteitag 1973, S. 102 ff., und SPD-Jahrbuch 1973/75, S. 252, 268; Heimann, a. a. O., S. 2040, 2119, und Feist/ Güllner/Liepelt, a. a. O., S. 272.

[326] Vgl. Protokoll SPD-Parteitag 1973, S. 102; Heimann, a. a. O., S. 2173; Peter Glotz, Anatomie einer politischen Partei in einer Millionenstadt. Über den Zusammenhang von Mitgliederstruktur und innerparteilicher Solidarität in der Münchener SPD 1968–1974. In: Aus Politik und Zeitgeschichte 25/41 (1975), S. 31.

[327] Heimann, a. a. O., S. 2181 ff.

[328] Feist/Güllner/Liepelt, a. a. O., S. 272.

[329] Manfred Güllner, Daten zur Mitgliederstruktur der SPD: Von der Arbeiterelite zu den Bourgeoissöhnchen. In: Carl Böhret u. a. (Hrsg.), Transfer, Wahlforschung: Sonden im politischen Markt. Opladen 1976, S. 97.

[330] Vgl. Grebing, Die Sozialdemokratische Partei, a. a. O., S. 101.

[331] Heimann, a. a. O., S. 2185.

[332] Zur Verjüngung der SPD-Mitgliedschaft vgl. Heimann, a. a. O., S. 2185; Feist/ Güllner/Liepelt, a. a. O., S. 269; Klaus G. Troitzsch, Mitglieder und Wähler: Der demokratische Basisbezug. In: Politische Bildung 14/2 (1981), S. 49; und Nils Diederich, Zur Mitgliederstruktur von CDU und SPD. In: Jürgen Dittberner/Rolf Ebbighausen (Hrsg.), Parteiensystem in der Legitimationskrise. Studien und Materialien zur Soziologie der Parteien in der Bundesrepublik Deutschland. Opladen 1973, S. 43.

[333] Heimann, a. a. O., S. 2186 f., und Schindler, a. a. O., S. 206.

[334] Schindler, a. a. O., S. 195, 199.

[335] Protokoll SPD-Parteitag 1975, S. 58, 64, 96 f., 115, 155 ff.

[336] Protokoll SPD-Parteitag 1970, S. 654.

[337] Genau dies war politisch gewollt. Vgl. Protokoll SPD-Parteitag 1970, S. 684. Zum Ende der Hauskassierung vgl. auch Protokoll SPD-Parteitag 1982, S. 114, und zum Typuswandel des Parteisekretärs, a. a. O., S. 160 ff. In bezug auf die Hauskassierung gibt es natürlich regionale Differenzen. So ist in Nordrhein-Westfalen sogar noch Anfang der achtziger Jahre die Hauskassierung die gebräuchlichste Art der Beitragserhebung gewesen. In 92 Prozent der Ortsvereine wurde zumindest „ein Teil der Beiträge noch persönlich von den Mitgliedern eingezogen". Vgl. Horst Becker/Bodo Hombach u. a., Die SPD von innen. Bestandsaufnahme an der Basis der Partei. Auswertung und Interpretation empirischer Untersuchungen in der SPD Nordrhein-Westfalen. Bonn 1983, S. 94.

[338] Feist/Güllner/Liepelt, a. a. O., S. 265 f.

[339] Ebd., S. 273.

[340] Güllner, a. a. O., S. 101 f.

[341] Ebd., S. 103, und Manfred Güllner/Dwaine Marvick, Aktivisten in einer Parteihochburg: Zum Beispiel Dortmund. In: Böhret, a. a. O., S. 126 f.

342 Zum letzten Abschnitt vgl. auch die Überblicksdarstellung bei Lehnert, a. a. O., S. 215 ff.

343 Zitiert nach Lehnert, a. a. O., S. 211.

344 Vgl. hierzu auch Werner Kaltefleiter, Eine kritische Wahl. Anmerkungen zur Bundestagswahl 1983. In: Aus Politik und Zeitgeschichte 33/14 (1983), S. 12. Ganz in diesem Sinn vgl. auch schon die entsprechenden Diskussionen auf dem Parteitag 1977, Protokoll SPD-Parteitag 1977, S. 32 ff., 102 ff.

345 So die Schlußfolgerung, die Egon Bahr, damaliger Bundesgeschäftsführer der Partei, aus der sog. Kommunikationsstudie, die die innerparteilichen Strukturen und Willensbildungsprozesse ausleuchten sollte, gezogen hatte. Vgl. Protokoll SPD-Parteitag 1977, S. 104, 482.

346 Protokoll SPD-Parteitag 1982, S. 100 ff. Zu den Mitgliederzahlen vgl. Heimann, a. a. O., S. 2173 ff., und Oskar Niedermayer, Innerparteiliche Partizipation. Opladen 1989, S. 9 f.

347 Daten nach Statistiken, die uns vom Parteivorstand der SPD zur Verfügung gestellt worden sind.

348 Hierzu Protokoll SPD-Parteitag 1977, S. 480 ff.; Protokoll SPD-Parteitag 1979, S. 120 ff., 431 ff.; Protokoll SPD-Parteitag 1982, S. 402, 417 f., 451 ff., 841 f. Vgl. auch Manfred Güllner, Zwischen Stabilität und Wandel. Das politische System nach dem 6. März 1983. In: Aus Politik und Zeitgeschichte 33/14 (1983), S. 29.

349 Hermann Schmitt, Von den Siebzigern in die Achtziger Jahre: Die mittlere Parteielite der SPD im Wandel. Mannheim o. J. (Manuskript).

350 Protokoll SPD-Parteitag 1982, S. 417 f., 436 ff.

351 Die Thesen von Gerd Mielke sind u. a. in zwei Zeitungsaufsätzen veröffentlicht: Die Arbeitermasse als SPD-Basis ist Nostalgie, a. a. O., und: Angenommen, alle Mitglieder wählten den Parteivorsitzenden. In: Frankfurter Rundschau vom 11.1.1989. Außerdem lagen uns zwei Manuskripte von Mielke vor, die sich inhaltlich weitgehend mit den Aufsätzen in der Frankfurter Rundschau decken: Innerparteiliche Entwicklungen als Bestimmungsfaktoren für die Krise der SPD in den Großstädten (1987) und: Sozialer Wandel, Politische Märkte und Parteieliten. Probleme der Elitenrekrutierung in der SPD (1988). Den Therapievorschlag, den Mielke zur Überwindung der Kluft zwischen Funktionären und Mitgliedern unterbreitet, nämlich in Ergänzung der Delegiertenwahl einige Personalentscheidungen in direkter Mitgliederwahl (nach dem Vorbild von Primaries in amerikanischen Parteien) zu treffen, halten wir für problematisch. Die erhoffte Mobilisierung der an den Rand gedrängten Mitgliedergruppen dürfte dann nicht erfolgen, wenn es um Wahlen auf Ortsvereinsebene geht. Diese sind entweder sowieso Routine, oder es wird – falls es im Ortsverein eine klare innerparteiliche Konfliktsituation gibt – zur Jahresmitgliederversammlung auch heute schon mobilisiert. Sollen hingegen Landtags- oder Bundestagskandidaten nominiert werden (Mielke äußert sich an diesem Punkt nicht klar), dann könnte ein innerparteilicher Wahlkampf zu einer Zerreißprobe führen, der die Etablierung fest organisierter innerparteilicher Gruppen förderte, aber auch Abspaltungen nicht ausschlösse.

352 Daten nach Statistiken des SPD-Parteivorstandes. Zum 31.5.1990 lag der Mitgliederstand bei 923 297.

353 Zur Organisationsdichte vgl. Vorwärts vom 21.5.1988 und Klaus G. Troitzsch,

Aspekte der regionalen Verteilung von Parteimitgliederzahlen. In: Kaack/Roth, Handbuch des deutschen Parteiensystems. Bd. 1, a. a. O., S. 101 ff.

[354] So verlaufen Differenzen in der Organisationsdichte von CDU bzw. CSU und SPD nicht, wie man erwarten könnte, spiegelverkehrt. Vielmehr zeigt sich, daß die Organisationsfreudigkeit im Saarland insgesamt am stärksten ist, die CDU hier mit 3,44 Prozent ebenfalls ihre höchste Organisationsdichte hat, und daß die Organisationswilligkeit in Baden-Württemberg offensichtlich am geringsten ist.

[355] Daten aus den Statistiken des SPD-Parteivorstandes.

[356] Vgl. Niedermayer, a. a. O., S. 192 ff.; Becker/Hombach, a. a. O., S. 59; Reinhold Roth/Elmar Wiesendahl, Das Handlungs- und Orientierungssystem politischer Parteien. Eine empirische Fallstudie. Bremen 1986 (als Manuskript vervielfältigt), S. 117 ff.

[357] Elke Esser, Ergebnisse der Funktionärs- und Mitgliederbefragung im Unterbezirk Essen. Tabellen und Kommentare. Essen 1987 (Manuskript), S. 5.

[358] Mitgliederbefragung 1988. Bericht über eine Repräsentativbefragung unter Berliner SPD-Mitgliedern im Februar/März 1988. Berlin 1989 (= Berliner Arbeitshefte und Berichte zur Sozialwissenschaftlichen Forschung 12), S. 6.

[359] Ebd., S. 7.

[360] Dies wird aus der Berliner Erhebung deutlich; ebd., S. 9.

[361] Ebd., S. 11.

[362] Becker/Hombach, a. a. O., S. 59 f.

[363] Esser, a. a. O., S. 5.

[364] Mitgliederbefragung 1988, a. a. O., S. 17.

[365] Vgl. hierzu Becker/Hombach, a. a. O., S. 60 f.

[366] Ebd., S. 62.

[367] Esser, a. a. O., S. 4.

[368] Schmitt, Von den Siebzigern, a. a. O., S. 6.

[369] Daten aus Statistiken des SPD-Parteivorstandes.

[370] Zitiert nach Wolfgang Michal, Die SPD – staatstreu und jugendfrei. Wie altmodisch ist die Sozialdemokratie, Reinbek bei Hamburg 1988, S. 63. 1990 waren nur 3,18 Prozent der nordhessischen SPD-Mitglieder unter 25 Jahre alt, 11,54 Prozent unter 35. Vgl. Frankfurter Rundschau, 25.4.1991.

[371] Entsprechend gab es permanente Debatten um die Jugendfrage in der Parteiorganisation. Vgl. SPD-Jahrbuch 1984/85, S. 180, 288 f. und Protokoll SPD-Parteitag 1988, S. 43, 216 ff., 831 f.

[372] Vgl. Becker/Hombach, a. a. O., S. 64; Mitgliederbefragung 1988, a. a. O., S. 5: Roth/Wiesendahl, a. a. O., S. 114; Oskar Niedermayer/Karlheinz Reif/Hermann Schmitt (Hrsg.), Neumitglieder in der SPD. Ergebnisse einer empirischen Untersuchung im Bezirk Pfalz. Neustadt 1987, S. 9.

[373] Daten aus Statistiken des Parteivorstandes.

[374] So noch das Ergebnis von Becker/Hombach, a. a. O., S. 57.

[375] Mitgliederbefragung 1988, a. a. O., S. 45.

[376] Niedermayer, Innerparteiliche Partizipation, a. a. O., S. 69, und Schindler, Datenhandbuch, a. a. O., S. 179.

[377] Schmitt, Von den Siebzigern, a. a. O., S. 6.

[378] Die Mitgliederstatistik, die beim Parteivorstand geführt wird, berücksichtigt

die Mitgliedschaft in einzelnen Gewerkschaften. Danach sind 9,27 Prozent der SPD-Mitglieder bei der ÖTV organisiert, 9,85 Prozent bei der IG Metall. In der Statistik findet sich unter der Rubrik „Gewerkschaft" die Kategorie „ohne Angabe". Dabei ist nicht klar, ob hier diejenigen erfaßt werden, die keiner Gewerkschaft angehören oder ob hier auch Gewerkschaftsmitglieder angegeben sind, die ihre Zugehörigkeit zur Gewerkschaft aber nicht angegeben haben.

[379] Becker/Hombach, a. a. O., S. 66. So sind in Essen 53,2 Prozent der SPD-Mitglieder, aber 71,3 Prozent der Funktionäre gewerkschaftlich organisiert. Vgl. Esser, a. a. O., S. 5.

[380] Vgl. Mitgliederbefragung 1988, a. a. O., S. 15.

[381] Schindler, a. a. O., S. 205.

[382] Niedermayer, a. a. O., S. 197 f., und Roth/Wiesendahl, a. a. O., S. 66, 91 ff.

[383] Vgl. Michael Th. Greven, Parteimitglieder. Ein empirischer Essay. Opladen 1987, S. 103 ff.

[384] Roth/Wiesendahl, a. a. O., S. 70 f., und Mitgliederbefragung 1988, a. a. O., S. 556.

[385] SPD-Jahrbuch 1984/85, S. 177 ff. Vgl. auch Niedermayer, a. a. O., S. 44 f., 222 f.

[386] Ebd., S. 227 f.

[387] SPD-Jahrbuch 1984/85, S. 178.

[388] Greven, a. a. O., S. 57–60, und Mitgliederbefragung 1988, a. a. O., S. 48 f.

[389] Hierzu Greven, a. a. O., S. 33–37, 57–60, 70–73, 75, 80. Greven stimmt es „nachdenklich", wie gering der Einfluß ist, der hauptamtlichen Geschäftsführern, bei der SPD also besoldeten Parteisekretären, zugemessen wird, a. a. O., S. 80. Hier scheinen die Parteimitglieder eine realistischere Vorstellung von der Machtverteilung in der Sozialdemokratie zu haben als der Autor. Greven hat offensichtlich immer noch den Typus des politisch machtvollen Parteisekretärs vor Augen, der seinen Beruf mit gewählter Vorstandsposition und einem kommunalen oder parlamentarischen Mandat verband und den es noch in den fünfziger Jahren gab. Heute sind, wie oben ausgeführt, Parteisekretäre zu politisch relativ einflußlosen Parteimanagern geworden.

[390] Vgl. Becker/Hombach, a. a. O., S. 67, 136, 149 ff.; Niedermayer, a. a. O., S. 200, 205 f.; Niedermayer/Reif/Schmitt, a. a. O., S. 9; Roth/Wiesendahl, a. a. O., S. 131 f.; Esser, a. a. O., S. 7; Mitgliederbefragung 1988, a. a. O., S. 14, 21–232.

[391] So Rudolf Wildenmann, Volksparteien. Ratlose Riesen? Baden-Baden 1989, S. 119.

[392] Becker/Hombach, a. a. O., S. 92; Roth/Wiesendahl, a. a. O., S. 80 ff.; Niedermayer/Reif/Schmitt, a. a. O., S. 9.

[393] Ebd.

[394] Greven, a. a. O., S. 63 f.

[395] Becker/Hombach, a. a. O., S. 110–113.

[396] Vgl. Robert Michels, Zur Soziologie des Parteiwesens in der modernen Demokratie. Untersuchungen über die oligarchischen Tendenzen des Gruppenlebens. Stuttgart 2 1925, S. 25 f., 38, 40, 174, 185, 200, 243, 261, 264, 343.

[397] Vgl. Thomas Nipperdey, Die Organisation der deutschen Parteien vor 1918. Düsseldorf 1961, S. 390. Zum vorhergehenden vgl. ebenfalls Nipperdey, a. a. O., S. 306 ff., 268 ff. Selbst ein marxistisch-leninistischer Autor wie Dieter Fricke, Hand-

buch zur Geschichte der deutschen Arbeiterbewegung 1869–1917. Berlin 1987, S. 226, 256 f., 263, der die Geschichte der deutschen Sozialdemokratie auf die Entfaltung des demokratischen Zentralismus (nach Vorbild der Bolschewiki) hin interpretiert, kommt an der Tatsache relativ loser Organisation und des innerparteilichen Pluralismus nicht vorbei.

[398] Vgl. Nipperdey, a. a. O., S. 386.

[399] Hierzu Lösche/Walter, Zur Organisationskultur, a. a. O., S. 529 ff.

[400] Zur Diskussion um innerparteiliche Demokratie in der Weimarer Sozialdemokratie vgl. Alexander Schifrin, Parteiapparat und Parteidemokratie. In: Die Gesellschaft 7 (1930), S. 505–528 und Fritz Bieligk/Ernst Eckstein/Otto Jenssen/Kurt Laumann/Helmut Wagner, Die Organisation im Klassenkampf. Die Probleme der politischen Organisation im Klassenkampf. Berlin–Britz 1931.

[401] Vgl. Katrin Kusch, Die Wiedergründung der SPD in Rheinland-Pfalz nach dem Zweiten Weltkrieg (1945–1951). Mainz 1989, S. 59.

[402] Vgl. Protokoll SPD-Parteitag 1946, S. 162 ff. und SPD-Jahrbuch 1946, S. 15 ff. Vgl. ferner Klotzbach, Der Weg zur Staatspartei, a. a. O., S. 82 f., und Heimann, a. a. O., S. 2028 f., 2143 f.

[403] Vgl. in diesem Zusammenhang die Regionalstudie von Michael Fichter, „Es ist nicht so gekommen, wie man gehofft hat". Erinnerungen sozialdemokratischer Funktionäre in Stuttgart. In: Lutz Niethammer/Alexander von Plato (Hrsg.), „Wir kriegen jetzt auch andere Zeiten". Auf der Suche nach der Erfahrung des Volkes in nachfaschistischen Ländern. Bd. 3. Berlin und Bonn 1985, S. 248 ff.

[404] Vgl. Klotzbach, a. a. O., S. 86.

[405] Vgl. SPD-Jahrbuch 1948/49, S. 141.

[406] Vgl. Protokoll SPD-Parteitag 1954, S. 275.

[407] SPD-Jahrbuch 1947, S. 15.

[408] Vgl. Harry Nowka, Das Machtverhältnis zwischen Partei und Fraktion in der SPD. Köln, Berlin, Bonn und München 1973, S. 65 f., 69. Zur Stellung des Geschäftsführenden Parteivorstandes vgl. auch Klotzbach, a. a. O., S. 86 ff., und Heimann, a. a. O., S. 2143 f.

[409] Protokoll SPD-Parteitag 1950, S. 57.

[410] Protokoll SPD-Parteitag 1948, S. 75.

[411] Ebd., S. 83.

[412] Vgl. Protokoll SPD-Parteitag 1950, S. 51, und Protokoll SPD-Parteitag 1956, S. 270 ff.

[413] SPD-Jahrbuch 1952/53, S. 295 f., und Protokoll SPD-Parteitag 1954, S. 214.

[414] Zitiert nach Mann, Ist die SPD noch die Partei von Godesberg? a. a. O., S. 21.

[415] SPD-Jahrbuch 1954/55, S. 322.

[416] Vgl. hierzu Klotzbach, a. a. O., S. 403 ff.

[417] Vgl. Herbert Wehner/Bruno Friedrich/Alfred Nau, Parteiorganisation. Bonn 1969, S. 22 f.

[418] Die Besoldung von Vorstandsmitgliedern war 1890 eingeführt worden. Der Vorstand bestand damals aus zwei gleichberechtigten Vorsitzenden, zwei Schriftführern, die seit 1900 Sekretäre hießen, und einem Kassierer. Vgl. Nipperdey, a. a. O., S. 368.

[419] Protokoll SPD-Parteitag 1964, S. 79.

⁴²⁰ Vgl. Nowka, a. a. O., S. 72.

⁴²¹ Protokoll SPD-Parteitag 1958, S. 309.

⁴²² Ebd., S. 310 f.

⁴²³ Ebd., S. 331 ff.

⁴²⁴ Ebd., S. 290.

⁴²⁵ Ebd., S. 314 ff.

⁴²⁶ Vgl. hierzu Klotzbach, a. a. O., S. 427 ff., und Nowka, a. a. O., S. 67 f.

⁴²⁷ Hierzu Klotzbach, a. a. O., S. 512, 532 ff., 579; Heimann, a. a. O., S. 2035 f.; Beatrix W. Bouvier, Zwischen Godesberg und Großer Koalition. Der Weg der SPD in die Regierungsverantwortung. Bonn 1990, S. 164 ff. Zu den Bundeskongressen und Fachtagungen vgl. ferner SPD-Jahrbuch 1958/59, S. 234 ff.; SPD-Jahrbuch 1960/61, S. 288 f.; SPD-Jahrbuch 1962/63, S. 317 ff.

⁴²⁸ Klotzbach, a. a. O., S. 570.

⁴²⁹ Vgl. Peter Lösche/Gert Börnsen/Knut Nevermann/Hartmut Häußermann/ Dieter Fitterling, Kritik junger Sozialdemokraten an der Bundeskonferenz der SPD vom 13.–15. November 1967 in Godesberg. In: Blätter für deutsche und internationale Politik 12 (1967), S. 1223 f. Vgl. die entsprechende Kritik auf Parteitagen, etwa Protokoll SPD-Parteitag 1964, S. 660 ff.

⁴³⁰ Vgl. Werner Kaltefleiter, Wähler und Parteien in den Landtagswahlen 1961– 1965. In: Zeitschrift für Politik 12 (1965), S. 276 f., und Haungs, Wahlkampf und Wählerverhalten, a. a. O., S. 94 f.

⁴³¹ Vgl. Wehner/Friedrich/Nau, a. a. O., S. 39.

⁴³² Die Kritik am Zweck- und Funktionsmodell, das die Parteienliteratur bisher bestimmt, ist zunächst von angelsächsischen Autoren formuliert worden. Sie wurde in den letzten Jahren von der „Forschungsgruppe Parteiendemokratie", die unter der Leitung von Heino Kaack und Reinhold Roth steht, rezipiert. Wir folgen hier den Überlegungen dieser Forschungsgruppe. Vgl. Reinhold Roth/Elmar Wiesendahl, Strukturbesonderheiten politischer Parteien. Zur politischen Soziologie der Organisationswirklichkeit von Parteien. Bremen 1985 (= Forschungsgruppe Parteiendemokratie, Analysen und Berichte 13); dies., Das Handlungs- und Orientierungssystem politischer Parteien. Eine empirische Fallstudie. Bremen 1986 (= Forschungsgruppe Parteiendemokratie, Analysen und Berichte 17); Elmar Wiesendahl, Zu einigen vernachlässigten Aspekten der Organisationswirklichkeit politischer Parteien. In: Jürgen W. Falter/Christian Fenner u. a., Politische Willensbildung und Interessenvermittlung. Opladen 1984, S. 78 ff. Vgl. auch Doris Ahnen, Organisationspolitische Diskussionen und Maßnahmen der SPD auf Bundesebene seit ihrem Ausscheiden aus der Regierungsverantwortung 1982. Magisterarbeit am FB 12/Sozialwissenschaften. Universität Mainz, 1990, S. 21 ff., und Michael Th. Greven, Parteimitglieder, a. a. O., S. 9 f. Recht interessant sind in diesem Zusammenhang auch Überlegungen von Raschke, der von der Oligarchisierung, Bürokratisierung und „Verstaatlichung" der Volksparteien ausgeht und hierin den Grund dafür sieht, daß diese an die Grenzen ihrer eigenen Wirksamkeit gekommen sind und so den Anlaß für das Entstehen einer Partei neuen Typs, der postindustriellen Rahmenpartei, bieten. Genau diese Partei – Raschke hat hier offensichtlich die „Grünen" vor Augen – wird organisatorisch als lose verkoppelte Fragmente dargestellt. Vgl. Joachim Raschke. Jenseits der Volkspartei. In: Das Argument 25/137 (1983), S. 54 ff.

[433] Zum anarchistischen Organisationsmodell vgl. Peter Lösche, Anarchismus. Darmstadt 1977, S. 17 ff.

[434] Wörtliches Zitat bei Gerd Walter/Ulrich Maurer, Weichenstellen zur Mehrheitsfähigkeit. In: Sozialdemokratischer Pressedienst 45/232 (5.12.1990), S. 2. Zur föderalen Aufsplitterung der Parteiorganisation vgl.: Die SPD auf dem Weg zur Kampagnefähigkeit? Interview mit Peter Glotz. In: Arbeitshefte der Jungsozialisten-Hochschulgruppe 77, o. O., o. J., S. 99.

[435] Dies hat Alf Mintzel herausgearbeitet, in: Wildenmann, Volksparteien, a. a. O., S. 36 ff.

[436] Vgl. Klaus Wettig, Vertrauensarbeit. Eine neue Arbeitsweise der Sozialdemokratie. In: Neue Gesellschaft 22 (1975), S. 968 f., und Uli Maurer, Sozialdemokratie und Bürgerinitiative. In: Neue Gesellschaft 21 (1974), S. 732 ff.

[437] Zitiert nach Kaack/Roth (Hrsg.), Handbuch des deutschen Parteiensystems. Bd. 1, a. a. O., S. 116.

[438] Hans Breuer, Wandel und Erneuerung. Vorschläge zur inhaltlichen, strukturellen und organisatorischen Erneuerung der Augsburger SPD. Manuskript 1987, S. 33 f. Vgl. zur kommunalpolitischen Verankerung der Parteien auch Andreas Engel, Basisbezug in der Kommunalpolitik. In: Aus Politik und Zeitgeschichte B 25/90 (15.6.1990), S. 34 ff.

[439] So Hans-Jürgen Lange, Nötig ist ein Godesberg für die Organisation. In: Vorwärts, 16.5.1987, S. 19.

[440] Protokoll SPD-Parteitag 1975, S. 939 f. Bedenken gegen eine derart weitgehende organisatorische Aufsplitterung sind schon sehr früh erhoben worden. Vgl.: Die Rolle des Ortsvereins heute. Protokoll der SPD-Arbeitstagung am 26. und 27. November 1966 in Bad Godesberg, S. 175.

[441] Hierzu Gerhard Lehmbruch, Der Januskopf der Ortsparteien. Kommunalpolitik und das lokale Parteiensystem. In: Helmut Köser (Hrsg.), Der Bürger in der Gemeinde. Kommunalpolitik und politische Bildung. Bonn 1979, S. 330.

[442] Hierzu Wolfgang Jäger, Der alte Kanzlerwahlverein ist tot. In: Frankfurter Allgemeine Zeitung, 1.3.1990.

[443] Vgl. Wolfgang Michal, Die SPD – staatstreu und jugendfrei, a. a. O., S. 192.

[444] Juso Landesverband NRW (Hrsg.), Perestroika in der SPD. Für einen neuen Typ von Partei und Politik. SPD-Parteireform in der Diskussion. o. O., o. J.

[445] Vgl. hierzu Ahnen, a. a. O., S. 101 ff.

[446] Zu den Unterbezirken vgl. Klaus Wettig, Arbeitspapier zur Vorbereitung der Diskussion über die Organisationsreform. September 1970, S. 7 f.; Lange, a. a. O., S. 19; Breuer, a. a. O., S. 24 ff.

[447] Hierzu Hermann Schmitt, Die Sozialdemokratische Partei Deutschlands. In: Alf Mintzel/Heinrich Oberreuter (Hrsg.), Parteien in der Bundesrepublik Deutschland. Bonn 1990, S. 151; Walter/Maurer, a. a. O., S. 4; Interview Peter Lösche mit Klaus Wettig am 1. 12. 1990.

[448] Vgl. Michal, a. a. O., S. 194, 196, und Wettig, Arbeitspapier, a. a. O., S. 7.

[449] Michal, a. a. O., S. 194 f.

[450] Vgl. hierzu die entsprechende Debatte in: Protokoll SPD-Parteitag 1971, S. 61 ff.

[451] Ebd., S. 195 f., und Lange, a. a. O., S. 19.

452 Vgl. Christian Schneider/Hannes Krill, Wird Rudolf Schöfberger bald abge-löst? In: Süddeutsche Zeitung, 19.10.1990, und Roswin Finkenzeller, Hat es die baye-rische SPD gar nicht gegeben? In: Frankfurter Allgemeine Zeitung, 22.2.1991.

453 Interview Peter Lösche mit Klaus Wettig am 14.12.1990.

454 Protokoll SPD-Parteitag 1988, S. 72.

455 SPD-Jahrbuch 1975/77, S. 219 ff.

456 Protokoll SPD-Parteitag 1970, S. 650 f.

457 Wettig, Arbeitspapier, a. a. O., S. 10.

458 Protokoll SPD-Parteitag 1970, S. 660.

459 Ebd., S. 666.

460 Ebd., S. 679 f.

461 Ebd., S. 712.

462 Vgl. Protokoll SPD-Parteitag 1986, S. 420, und: Die SPD auf dem Weg zur Kampagnefähigkeit? Interview mit Peter Glotz, a. a. O., S. 100.

463 Bis 1991 bestanden die folgenden Abteilungen: Organisation, Gesellschaft-liche Gruppen, Presse und Information, Wahlen und Projekte, Internationales Sekre-tariat, Personal/Verwaltung/Technik.

464 So wörtlich ›Lebendiger Ortsverein‹ (Manuskript, Referat Organisation beim SPD-Parteivorstand, ca. März 1987).

465 Vgl. Hartmut Heß/Helga Ziemann, Lebendiger Ortsverein – tote Partei? In: Neue Gesellschaft, November 1983, S. 1060 ff., und Protokoll SPD-Parteitag 1982, S. 67 ff.

466 Ahnen, a. a. O., S. 100 f.

467 Helga Ziemann, SPD-Vorstand Bonn (Hrsg.), Mach mit bei der Aktion „Kleine Netze", ca. April 1984.

468 Protokoll SPD-Parteitag 1988, S. 268.

469 Hierzu Stuttgarter Zeitung, 9.1.1985.

470 Vgl. Peter Glotz, Die deutsche Linke nach den Januar-Wahlen 1987. In: Neue Gesellschaft/Frankfurter Hefte 34 (1987), S. 100 ff.

471 Die SPD auf dem Weg zur Kampagnefähigkeit, Interview mit Peter Glotz, a. a. O., S. 100.

472 Vgl. Jürgen Dittberner, Die Parteitage von CDU und SPD. In: Dittberner/Eb-bighausen, Parteiensystem, a. a. O., S. 98 f., 102 f.

473 Vgl. Hirsch-Weber/Schütz, Wähler und Gewählte, a. a. O., S. 78.

474 So Egon Bahr, damaliger Bundesgeschäftsführer, in: Protokoll SPD-Parteitag 1979, S. 62.

475 Vgl. hierzu u. a. Kaack, Geschichte und Struktur, a. a. O., S. 529.

476 Vgl. Jürgen Wahl, Die großen Shows mit den machtlosen Delegierten. In: Rheinischer Merkur/Christ und Welt, 9.2.1985.

477 Protokoll SPD-Parteitag 1971, S. 170 f.

478 Vgl. Protokoll SPD-Parteitag 1970, S. 695 ff., und Wettig, Arbeitspapier, a. a. O., S. 4 f.

479 Protokoll SPD-Parteitag 1971, S. 175 ff.

480 Vgl. Werner Vitt, Als Oppositionsvertreter im Gremium. Die Arbeit im Partei-vorstand ab 1973. In: Seifert/Thörmer/Wettig, Soziale oder sozialistische Demo-kratie?, a. a. O., S. 193 f.; Achim Hellwig, Die SPD der siebziger Jahre. In: Die politi-

sche Meinung 20 (Mai/Juni 1975), S. 54; Rolf Reventlow, Bundesdeutsche Politik im Zeichen von Marx. In: Die Zukunft 9 (1973), S. 5.

[481] Hellwig, a. a. O., S. 445.

[482] Vgl. hierzu den Artikel von Winfried Steffani, Regierungsmehrheit und Opposition. In: Everhard Holtmann (Hrsg.), Politiklexikon. München und Wien 1991, S. 543 ff. Und ders. (Hrsg.), Regierungsmehrheit und Opposition in den Staaten der EG. Opladen 1990.

[483] Vgl. Winfried Steffani, Parteien (Fraktionen) und Ausschüsse im Deutschen Bundestag. In: Uwe Thaysen/Roger H. Davidson/Robert G. Livingston (Hrsg.), US-Kongreß und Deutscher Bundestag. Bestandsaufnahmen im Vergleich. Opladen 1988, S. 278.

[484] Hier ist anzumerken, daß die Analyse der Arbeitsweise und der internen Machtstrukturen von Fraktionen nach wie vor ein Desiderat politikwissenschaftlicher Forschung darstellt.

[485] Steffani, Parteien und Ausschüsse, a. a. O., S. 276.

[486] Ebd.

[487] Vgl. Fraktion der SPD im Deutschen Bundestag (Hrsg.), Die Fraktion der SPD im Deutschen Bundestag 1949–1981. Eine Chronik. Überreicht ihrem Vorsitzenden Herbert Wehner zum 75. Geburtstag vor der Sozialdemokratischen Bundestagsfraktion. Bonn 1981. Neuere Daten sind aufgrund von Befragungen erhoben worden.

[488] Siggi Neumann in einem Brief an Willi Lorenz vom März 1956. Mitteilung von Lorenz an Lösche, 1990.

[489] SPD-Jahrbuch 1968/69, S. 235.

[490] Protokoll SPD-Parteitag 1975, S. 233.

[491] Protokoll SPD-Parteitag 1977, S. 50, 80 ff., 236 ff.

[492] Protokoll SPD-Parteitag 1979, S. 73 ff.

[493] Protokoll SPD-Parteitag 1982, S. 96 f.

[494] Vgl. Karlheinz Niclauß, Kanzlerdemokratie. Bonner Regierungspraxis von Konrad Adenauer bis Helmut Kohl. Stuttgart, Berlin, Köln und Mainz 1988, S. 217.

[495] Vgl. Heimann, a. a. O., S. 2155.

[496] Vgl. hierzu Kaack, Geschichte und Strukturen, a. a. O., S. 547 f.

[497] Wettig, Arbeitspapier, a. a. O., S. 9.

[498] So Max Kukil in seinem Vorstandsbericht zu Organisationsfragen. Protokoll SPD-Parteitag 1956, S. 228.

[499] Protokoll SPD-Parteitag 1973, S. 109.

[500] Protokoll SPD-Parteitag 1971, S. 68 ff., 172 f.

[501] Protokoll SPD-Parteitag 1971, S. 94 f.

[502] Protokoll SPD-Parteitag 1975, S. 63.

[503] So eine Erklärung von Brandt in der Sitzung des Parteivorstandes am 25. 4. 1977. Vgl. SPD-Jahrbuch 1975/77, S. 279.

[504] Intern-dokumente, Nr. 5, vom August 1979, zitiert nach Kaack/Roth, Handbuch des deutschen Parteiensystems, a. a. O., S. 119.

[505] SPD-Jahrbuch 1982/83, S. 169; Jutta Roitsch, Als „Störenfried" zählen Jusos, Frauen, Lehrer. In: Frankfurter Rundschau, 24. 6. 1983; Sten Martenson, Die SPD will ihre Arbeitsgemeinschaften durchforsten. In: Stuttgarter Zeitung, 29. 6. 1983.

[506] Roitsch, a. a. O., und Protokoll SPD-Parteitag 1982, S. 450 f.

[507] Protokoll SPD-Parteitag 1982, S. 419 ff., und Peter Lösche, Ende der sozialdemokratischen Arbeiterbewegung? In: Neue Gesellschaft/Frankfurter Hefte 35/5 (1988), S. 459 f.

[508] Vgl. Ahnen, a. a. O., S. 87, und Juso Landesverband NRW (Hrsg.), Perestroika, a. a. O.

[509] SPD-Jahrbuch 1982/83, S. 333 f.

[510] Brief von Horst Auschel, Bundesvorsitzender der Arbeitsgemeinschaft Selbständige in der SPD, an Willy Brandt vom 14.6.1974 (Depositum Willy Brandt) und Sozialdemokrat Magazin, September 1987, S. 11.

[511] Vgl. Helga Grebing, Geschichte der deutschen Arbeiterbewegung. München 1966, S. 259 f.

[512] Heimann, a. a. O., S. 2073 ff.

[513] Vgl. hierzu Ferdinand Müller-Rommel, Innerparteiliche Gruppierungen in der SPD. Eine empirische Studie über informell organisierte Gruppierungen 1969–1980. Opladen 1982; Arndt Klein, Flügelkämpfe in der SPD. In: Neues Forum 10/232 (1973), S. 25 ff.; Hellwig, passim; Arend, Die innerparteiliche Entwicklung der SPD, a. a. O., S. 46 ff., 64 ff., 174 ff.

[514] Vgl. Peter Glotz, Die Arbeit der Zuspitzung. Über die Organisation einer regierungsfähigen Linken. Berlin 1984, S. 22 f.

[515] Beispielhaft hierfür waren die Absprachen zum Mannheimer Parteitag 1975. Vgl. Peter Glotz, Der Mannheimer Parteitag der SPD 1975. In: Aus Politik und Zeitgeschichte 26/11 (1976), S. 14 f.

[516] Beispielhaft hierfür sind die Auseinandersetzungen in der Berliner SPD. Vgl. Hans-Jürgen Heß, Die Auswirkungen der Tätigkeit innerparteilicher Gruppierungen auf die Regierungsfunktion einer politischen Partei am Beispiel der Berliner SPD in den Jahren 1963 bis 1981. Diss. Berlin 1983, S. 29 f.

[517] Müller-Rommel, passim.

[518] Vgl. Peter Conradi, Wenn die alten Muster von den Flügeln der SPD nicht mehr stimmen. In: Frankfurter Rundschau, 24.2.1989.

[519] Zur Essener SPD vgl. Peter Grafe, Malefiz in Essen. Karrieren, Komplott und Konspiration – wie es die Sozis machen. In: TransAtlantik, September 1990, S. 74 ff.

[520] Die Berliner SPD ist mit ihren Flügelkämpfen gut untersucht. Neben Heß vgl. Abraham Ashkenasi, Reformpartei und Außenpolitik. Die Außenpolitik der SPD Berlin – Bonn. Köln und Opladen 1968, und Joachim Raschke, Innerparteiliche Opposition. Die Linke in der Berliner SPD. Hamburg 1974.

[521] Zu den „Kanalarbeitern" vgl. Arend, a. a. O., S. 55, und Heimann, a. a. O., S. 2193.

[522] Vgl. Walter/Maurer, a. a. O., S. 3.

[523] Vgl. hierzu auch Karl-Heinz Naßmacher, Parteifinanzierung im Wandel. In: Parteien in der Bundesrepublik. Hrsg. von der Landeszentrale für politische Bildung Baden-Württemberg. Stuttgart, Berlin und Köln 1990, S. 138.

[524] Protokoll SPD-Parteitag 1948, S. 90; SPD-Jahrbuch 1948/49, S. 667.

[525] Ebd.

[526] Ebd. Die folgenden Zahlenangaben sind, wenn nicht anders vermerkt, den jeweiligen Jahrbüchern der SPD entnommen.

[527] Protokoll SPD-Parteitag 1958, S. 299 f.

[528] Protokoll SPD-Parteitag 1950, S. 35 ff.

[529] Protokoll SPD-Parteitag 1954, S. 219; Protokoll SPD-Parteitag 1956, S. 234; Vorstand der SPD (Hrsg.), Unternehmermillionen kaufen politische Macht! Finanzierung und Korrumpierung der Regierungsparteien durch die Managerschicht der „Wirtschaft". Bonn o. J.

[530] Protokoll SPD-Parteitag 1956, S. 233; Protokoll SPD-Parteitag 1960, S. 488 ff.

[531] Protokoll SPD-Parteitag 1954, S. 219.

[532] Protokoll SPD-Parteitag 1962, S. 444.

[533] Protokoll SPD-Parteitag 1962, S. 446.

[534] Protokoll SPD-Parteitag 1964, S. 54 f.

[535] Protokoll SPD-Parteitag 1966, S. 625.

[536] Protokoll SPD-Parteitag 1964, S. 59 ff.

[537] Protokoll SPD-Parteitag 1964, S. 54 f.; Protokoll SPD-Parteitag 1966, S. 229 f.

[538] Naßmacher, a. a. O., S. 146; Mintzel/Oberreuter, a. a. O., S. 411 f.

[539] Bundestag Report 3/90 vom 23.7.1990, S. 22 f.

[540] Naßmacher, a. a. O., S. 147.

[541] Diese Beispiele sind nicht zufällig gewählt. Vielmehr geben Deutsche Bank und Spiegel-Verlag regelmäßig Großspenden an CDU, FDP und SPD.

[542] Die 50-Prozent-Klausel wird so gehandhabt, daß staatliche Einnahmen aus der Wahlkampfkostenerstattung im Verlauf einer Legislaturperiode von vier Jahren 50 Prozent der Gesamteinnahmen in diesem Zeitraum nicht überschreiten dürfen.

[543] Die Zahlung eines Sockelbetrages widerspricht den Prinzipien, die das Bundesverfassungsgericht in seinen Urteilen über Parteifinanzierung festgelegt hat. Nach dem Urteil von 1966 dürfen Parteien nicht zum Unterhalt ihrer Organisation auf Dauer aus öffentlichen Haushalten finanziert werden, sondern den Parteien können lediglich die notwendigen Kosten eines angemessenen Wahlkampfes staatlich erstattet werden. Der Sockelbetrag ist nun gerade nicht zur Erstattung von Wahlkampfkosten ausgewiesen. Man mag das Urteil von 1966 für falsch oder überholt halten, da damals offensichtlich noch von der Vorstellung ausgegangen worden ist, wir hätten es mit Honoratiorenparteien zu tun, deren Hauptaufgabe die Wahlkampfführung ist und die zu diesem Zweck sich jeweils organisatorisch neu formierten. Offensichtlich versuchen die Bundestagsparteien mit der Einführung des Sockelbetrages das Verfassungsgericht zu testen, ob es noch zu seinem alten Prinzip steht. Falls dies nicht der Fall ist, dürfte diese staatliche Einnahmequelle künftig große Zuwachsraten haben.

[544] So der Verfassungsrechtler Hans Herbert von Arnim in vielen seiner Veröffentlichungen. Vgl. z. B. Hans Herbert von Arnim, Die Parteien, der Abgeordnete und das Geld. Mainz 1991.

[545] Bericht zur Neuordnung der Parteienfinanzierung. Vorschläge der vom Bundespräsidenten berufenen Sachverständigenkommission. Köln 1983, S. 141, und Peter Lösche, Wovon leben die Parteien? Über das Geld in der Politik. Frankfurt a. M. 1984, S. 85.

[546] SPD-Parteivorstand, Finanzberatung und Revision. Hans Feldmann, Die Finanzen der Bundesparteien 1988 (Bericht vom 25.10.1989).

[547] Ebd., und von Arnim, a. a. O., S. 66 f.

[548] Göttinger Tageblatt, 6.7.1990.

[549] Feldmann, a. a. O.

[550] So eine entsprechende Anspielung im Finanzbericht von Schatzmeister Klose. Vgl. Protokoll SPD-Parteitag 1988, S. 62.

[551] Anfang der achtziger Jahre verschuldete die SPD sich hoch: 1980 und 1981 nahm sie Kredite in Höhe von 54 Mio. Mark, 1982 in Höhe von 50 Mio. Mark und 1983 in Höhe von 36 Mio. Mark auf. Ursachen hierfür waren der Neubau der Parteizentrale sowie ein großer Personalzuwachs. Dabei schlugen die Presseunternehmen und die Parteizeitungen negativ zu Buche, ›Hamburger Morgenpost‹ und ›Vorwärts‹ mußten erheblich subventioniert werden, Relikte eines Presseimperiums, das 1925 170 Tageszeitungen umfaßt hatte. Vgl. Lösche, a. a. O., S. 19, 33. Zur Presseproblematik vgl. u. a. Protokoll SPD-Parteitag 1979, S. 883 ff., 892; Protokoll SPD-Parteitag 1988, S. 80 ff.

[552] Vgl. hierzu auch Karl-Heinz Naßmacher, Parteifinanzen zwischen Bürgerbeitrag und Staatshaushalt. In: Wildenmann, Volksparteien, a. a. O., S. 136 f.

[553] Daten bei von Arnim, a. a. O., S. 88, 90; vgl. auch ders., Staatliche Fraktionsfinanzierung ohne Kontrolle? Wiesbaden 1987.

[554] Protokoll SPD-Parteitag 1979, S. 56.

[555] Hierzu Lösche, a. a. O., S. 74 f., und Naßmacher, Parteienfinanzierung im Wandel, a. a. O., S. 141 f.

[556] Allgemein zu den parteinahen Stiftungen vgl. Henning von Vieregge, Die Partei-Stiftungen; Ihre Rolle im politischen System. In: Göttrick Wewer (Hrsg.), Parteienfinanzierung und politischer Wettbewerb. Opladen 1990, S. 164 ff.

[557] Von Arnim, Die Partei, a. a. O., S. 366.

[558] Naßmacher, a. a. O., S. 141.

[559] Lösche, a. a. O., S. 20.

[560] Vieregge, a. a. O., S. 183.

[561] Vgl. Frankfurter Allgemeine Zeitung, 21.9.1990.

[562] Über die sozialdemokratischen Frauengruppen nach 1945 bis zur Gründung der AsF vgl. im folgenden Wolfgang Pausch, Die Entwicklung der sozialdemokratischen Frauenorganisationen. Diss. Frankfurt a. M. 1985, S. 94–148.

[563] Vgl. hierzu Pausch, a. a. O., S. 176 ff.

[564] Vgl. Frankfurter Rundschau, 2.12.1974; Vorwärts, 5.12.1974.

[565] Vgl. den Entwurf in hektographierter Fassung in der Zeitungsausschnittsammlung des Archivs der sozialen Demokratie, III, 21–AsF (1973–1976).

[566] Zur Braunschweiger Konferenz vgl. Parlamentarisch-Politischer Pressedienst, 22.5.1975; Süddeutsche Zeitung, 27.5. und 7.6.1975; Berliner Stimme, 31.5.1975.

[567] Vgl. Pausch, a. a. O., S. 194.

[568] Vgl. Vorwärts, 26.5.1977; SPD-Pressedienst, 6.6.1975.

[569] Vgl. Siegener Zeitung, 4.6.1977; Westfalenpost, 6.6.1977; Welt der Arbeit, 10.6.1977; Frankfurter Allgemeine Zeitung, 17.8.1977.

[570] Vgl. Pausch, a. a. O., S. 214.

[571] Zit. nach Schwäbische Zeitung, 21.5.1979.

[572] Vgl. Stuttgarter Zeitung, 21.5.1979.

[573] Vorwärts, 24.5.1979.

[574] Vgl. Parlamentarisch-Politischer Pressedienst, 24.9.1980; vgl. auch Frankfurter Allgemeine Zeitung, 20.9.1980.

[575] Vgl. SPD-Bezirk Hannover informiert, 23.9.1980; Pausch, a. a. O., S. 224.

[576] Vgl. Der Stern, 6.11.1980; Emma 12 (1980), S. 23f.; Pausch, a. a. O., S. 226.

[577] Vgl. Pausch, a. a. O., S. 169.

[578] Vgl. Infas-Report: SPD-Mitglieder 1977. Eine Bestandsaufnahme von Aktivitäten, Einstellungen und Kommunikationsverhalten. Bonn-Bad Godesberg 1977, S. 144.

[579] Vgl. auch Peter Glotz, Die AsF und ihre Rolle in der SPD, hektographiertes Manuskript. In: Parteiarchiv des SPD-Parteivorstandes, 21–AsF (1981).

[580] Vgl. Rheinpfalz, 19.6.1981.

[581] Vgl. Vorwärts, 9.6.1983.

[582] Vorwärts, 16.6.1983.

[583] Süddeutsche Zeitung, 5.3.1985.

[584] Vgl. Vorwärts, 16.6.1983; Süddeutsche Zeitung, 13.6.1983.

[585] Die Tageszeitung, 7.10.1985.

[586] Zur Mannheimer Konferenz vgl. Parlamentarisch-Politischer Pressedienst, 19.10.1987; Die Tageszeitung, 19.10.1987; Deutsche Volkszeitung, 23.10.1987.

[587] Vgl. Parlamentarisch-Politischer Pressedienst, 16.10.1989; Frankfurter Rundschau, 17.10.1989 u. 5.3.1990.

[588] Vgl. Karen Hagemann, Frauenalltag und Männerpolitik. Alltagsleben und gesellschaftliches Handeln von Arbeiterfrauen in der Weimarer Republik. Bonn 1990, S. 571.

[589] Vgl. Pausch, a. a. O., S. 118 u. 142; Ahnen, a. a. O., S. 60.

[590] Vgl. Programmkommission beim Bundesvorstand der AsF, Situationsanalyse der Frauen in Partei und Gesellschaft, hektographiertes Manuskript. In: Zeitungsausschnittsammlung III des Archivs der sozialen Demokratie, 21–AsF (1974).

[591] Vgl. Pausch, a. a. O., S. 143 u. 167.

[592] Vgl. Programmkommission beim Bundesvorstand der AsF, o. S.

[593] Zur Siegener Bundeskonferenz vgl. Vorwärts, 26.5.1977; SPD-Pressedienst, 6.6.1977; Frau und Gesellschaft Nr. 5/77; Welt der Arbeit, 10.6.1977.

[594] Neue Ruhr Zeitung, 21.12.1977.

[595] Zum Austritt der Landesvorsitzenden von Baden-Württemberg Bettina Rohn vgl. Stuttgarter Zeitung, 11.10.1977; zum Austritt von Eva Rath aus Schleswig-Holstein vgl. Brigitte, 11.7.1979; Emma 6 (1979).

[596] Vgl. Parlamentarisch-Politischer Pressedienst, 22.5.1979; SPD-Rundschau (Hannover) 6 (1979).

[597] Vgl. Hans-Hermann Hertle, Partei im Aufbruch – Partei im Auftrieb? In: Berliner Arbeitshefte und Berichte zur Sozialwissenschaftlichen Forschung 8 (1988), S. 4.

[598] Vgl. Neue Zürcher Zeitung, 9.7.1985.

[599] Vgl. Der Spiegel, 5.8.1985.

[600] Zur Medienkampagne der AsF im Sommer 1985 vgl. die Berichte in: Frankfurter Rundschau, 17.7., 7.8., 17.9. u. 26.9.1985; Stuttgarter Zeitung, 24.8.1985; Süddeutsche Zeitung, 24.8.1985; Der Spiegel, 5.8.1985.

[601] Frankfurter Rundschau, 26.9.1985.

[602] Vgl. Parlamentarisch-Politischer Pressedienst, 7.10.1985; Die Tageszeitung, 7.10.1985.

[603] Vgl. hierzu Frankfurter Rundschau, 27.5.1988; Süddeutsche Zeitung, 28.7.1988.

[604] Vgl. Hertle, a. a. O., S. 4; Inge Wettig-Danielmeier, Wie lebt die SPD mit der Quote. In: Das Argument 181 (1990), S. 390.

[605] Vgl. Karsten Rudolph, Die SPD verbaut der Jugend den Einstieg in die Verantwortung. In: Frankfurter Rundschau, 13.8.1990.

[606] Zur Vorgeschichte der AfA vgl. Sozialdemokratischer Informationsdienst-Betriebspolitik, Nr. 1/81; Clement, Sozialdemokratische Schreckens- und Wunschbilder, a. a. O., S. 31–45; Hella Kastendieck, Arbeitnehmer in der SPD, Herausbildung und Funktion der Arbeitsgemeinschaft für Arbeitnehmerfragen (AfA). Berlin 1978; Heimann, a. a. O., S. 2158 f.

[607] Vgl. Süddeutsche Zeitung, 17.10.1973.

[608] Süddeutsche Zeitung, 29.6.1973.

[609] Vgl. Unternehmerbrief des Instituts der deutschen Wirtschaft, 18.10.1973, S. 4.

[610] Zur Konferenz vgl. Vorwärts, 25.10.1973; Die Zeit, 26.10.1973.

[611] Vgl. Handelsblatt, 5.6.1975; Süddeutsche Zeitung, 16.6.1975.

[612] Vgl. Frankfurter Rundschau, 14.1.1976.

[613] Vgl. Frankfurter Allgemeine Zeitung, 18.6.1977; Westfälische Rundschau, 18.6.1977; Kölner Stadtanzeiger, 18.6.1977.

[614] Nürnberger Nachrichten, 8.9.1979.

[615] Zur Nürnberger Konferenz vgl. Der Spiegel, 3.9.1979; Frankfurter Allgemeine Zeitung, 5.9.1979; Kölner Stadtanzeiger, 7.9.1979; Frankfurter Rundschau, 10.9.1979; Süddeutsche Zeitung, 10.9.1979; Die Zeit, 14.9.1979.

[616] Vgl. etwa den Stimmungsbericht von der Landeskonferenz der AfA in Baden-Württemberg. In: Stuttgarter Nachrichten, 2.11.1981; über die Landeskonferenz der Bremer AfA vgl. Nordsee-Zeitung, 7.4.1982.

[617] Vgl. Westfälische Rundschau, 1.3.1982; Frankfurter Rundschau, 1.3.1982.

[618] Zit. nach Süddeutsche Zeitung, 30.1.1984.

[619] Vgl. Vorwärts, 30.5.1987.

[620] Vgl. Süddeutsche Zeitung, 7.3.1988; Frankfurter Rundschau, 7.3.1988.

[621] Vgl. Parlamentarisch-Politischer Pressedienst, 16.3.1990.

[622] Sozialdemokratischer Informationsdienst-Betriebspolitik, 8.4.1981.

[623] Vgl. Süddeutsche Zeitung, 9.10.1981; Frankfurter Rundschau, 3.12.1982.

[624] Vgl. Ahnen, a. a. O., S. 84.

[625] Vgl. Vorwärts, 27.2.1988.

[626] Vgl. u. a. Die Welt, 19.2.1987; Vorwärts, 2.5. u. 30.5.1987.

[627] Vgl. Frankfurter Rundschau, 30.5.1987; Westdeutsche Allgemeine Zeitung, 28.5.1988.

[628] Vorwärts, 28.5.1988.

[629] Vgl. Ahnen, a. a. O., S. 88.

[630] Vgl. hierzu und im folgenden: Politik und Betrieb, Nr. 4/88, S. 5–17; Vorwärts, 5.3.1988.

[631] Vgl. Westfälische Rundschau, 4.7.1988.

[632] Vgl. die hektographierte Zusammenstellung im Archiv des SPD-Parteivorstandes, 21-AfA (1984).

[633] Zur Entwicklung der Jungsozialisten bis Mitte der sechziger Jahre vgl. auch im folgenden Karlheinz Schonauer, Die ungeliebten Kinder der Mutter SPD, 1946–1973. Bonn 1982; Heimann, a. a. O., S. 2161 f.

[634] Vgl. Christoph Butterwegge, Jungsozialisten und SPD. Hamburg 1975, S. 32.

[635] Zum Mainzer Bundeskongreß der Jusos vgl. Frankfurter Allgemeine Zeitung, 11.12.1967; Frankfurter Rundschau, 11.12.1967; Süddeutsche Zeitung, 11.12.1967.

[636] Vgl. Die Welt, 12.12.1967.

[637] Zit. nach Frankfurter Rundschau, 29.12.1967.

[638] Vgl. Frankfurter Rundschau, 27.6.1970.

[639] Die hektographierte Fassung der Entschließung in: Zeitungsausschnittsammlung II des Archivs der sozialen Demokratie, II, DW 2-2b4g 1 (1968).

[640] Zitiert nach Süddeutsche Zeitung, 29.5.1968.

[641] Vgl. Stuttgarter Zeitung, 29.7.1969.

[642] Vgl. Berliner Stimme, 26.7.1969.

[643] Vgl. Neue Hessische Zeitung (Kassel), 26.7.1969.

[644] Vgl. Frankfurter Rundschau, 6.8.1969.

[645] Vgl. Frankfurter Rundschau, 25.11.1969.

[646] Vgl. Kölner Stadtanzeiger, 12.7.1969. Zu den Vorgängen in Rüsselsheim und Frankfurt vgl. Frankfurter Rundschau, 3.12.1968 u. Der Stern, 20.10.1968.

[647] Der Spiegel, 1.4.1969.

[648] Vgl. Süddeutsche Zeitung, 1.4.1969.

[649] Der Stern, 7.12.1969.

[650] Entschließung in hektographierter Fassung in: Zeitungsausschnittsammlung II des Archivs der sozialen Demokratie, DW 2-2b4g 1 (1969).

[651] Vgl. SPD-Pressedienst, 8.12.1969.

[652] Vgl. Neue Ruhr Zeitung, 9.12.1969.

[653] Frankfurter Rundschau, 12.10.1970.

[654] Vgl. Stuttgarter Zeitung, 24.4.1971.

[655] Vgl. Frankfurter Rundschau, 26.4.1971; Die Zeit, 30.4.1971; Frankfurter Allgemeine Zeitung, 26.4.1971; ferner: Stuttgarter Zeitung, 27.4.1971; Publik, 30.4.1971.

[656] Vgl. SPD-Aktuell 2 (1974), S. 7.

[657] Vgl. SPD-Pressedienst, 31.1.1974; Frankfurter Allgemeine Zeitung, 28.1. 1974.

[658] Über den Wiesbadener Kongreß vgl. die Berichte in: Neue Gesellschaft 22/3 (1975), S. 240 ff.; Frankfurter Allgemeine Zeitung, 3.3.1975; Vorwärts, 6.3.1975; Über die Kongresse von München und Wiesbaden vgl. auch Horst Heimann, Theoriediskussion in der SPD. Köln 1975, S. 184 ff. u. 209 ff.

[659] SPD-Pressedienst, 31.1.1974.

[660] So Rainer Diehl, Die Schmierenkomödie vom Westfälischen Frieden. In: Neue Gesellschaft 29/7 (1892), S. 674.

[661] Hierzu und im folgenden Dieter Stephan, Jungsozialisten: Stabilisierung nach langer Krise? 1969–1979. Bonn 1979.

[662] Zum Hofheimer Bundeskongreß vgl. auch den Artikel von Hans Schumacher,

Ein neuer Anfang? Zum Juso-Bundeskongreß. In: Neue Gesellschaft 25/3 (1978), S. 230–232.

663 Vgl. Neue Gesellschaft, 29/7 (1982), S. 674 ff.

664 Vgl. Frankfurter Rundschau, 31.5.1986; 28.9.1987; 4.4.1989.

665 Vgl. Frankfurter Rundschau, 20.6.1988.

666 Vgl. Frankfurter Rundschau, 3.4.1989.

667 Vgl. Frankfurter Rundschau, 24.6.1985.

668 Vgl. Der Spiegel, 23.4.1990, S. 62.

669 Ebd.

670 Ebd.

671 Rüdiger Feiden, Mitgliederentwicklung 1989, Manuskript vom 26.1.1990, in: Archiv des SPD-Parteivorstandes, X-21-Mitglieder (1990).

672 Vgl. Michal, Die SPD – die altmodische Variante der Volkspartei? a. a. O., S. 283.

673 Vgl. Frankfurter Rundschau, 13.8.1990.

674 Vgl. Feiden, Mitgliederentwicklung, o. S.

675 Peter Glotz, Zehn Vorschläge zur Stärkung der südhessischen SPD, hektographiertes Manuskript. In: Archiv des SPD-Parteivorstandes, X-21-P.

676 Vgl. Süddeutsche Zeitung, 8.3.1991.

677 Vgl. Süddeutsche Zeitung, 11.3.1991.

678 Vgl. Ute Trentin/Andreas Grünupp/Ulli Stark, Ausbruch aus dem Labyrinth. In: Vorwärts 1 (1991), S. 13. Vgl. auch Der Spiegel, 23.4.1990, S. 62.

679 Zum Potsdamer Bundeskongreß vgl. Süddeutsche Zeitung, 11.3.1991; Frankfurter Allgemeine Zeitung, 11.3.1991; Frankfurter Rundschau, 11.3.1991.

680 Über die ersten organisatorischen Anstrengungen dazu vgl. Frankfurter Allgemeine Zeitung, 23.4.1991.

681 Vgl. Stuttgarter Zeitung, 11.8.1965; ferner: Das Wahlkontor Deutscher Schriftsteller in Berlin 1965. Versuch einer Parteinahme. Berlin 1990, S. 16.

682 Vgl. Der Spiegel, 31.3.1969.

683 Vgl. Die Weltwoche, 13.8.1965.

684 Vgl. hierzu Saarbrücker Zeitung, 17.8.1965; Stuttgarter Zeitung, 11.8.1965; Die Weltwoche, 13.8.1965.

685 Das Wahlkontor, a. a. O., S. 64.

686 Das Wahlkontor, a. a. O., S. 14.

687 Dokumentiert ebd.

688 Vgl. Rheinischer Merkur, 21.3.1969.

689 Vgl. Der Spiegel, 31.3.1969.

690 Vgl. Kölner Stadtanzeiger, 21.1.1969.

691 Vgl. Süddeutsche Zeitung, 6.3.1970.

692 Zit. nach Der Stern, 28.10.1974, S. 112.

693 Vgl. Kölner Stadtanzeiger, 22.1.1969.

694 Vgl. Stuttgarter Zeitung, 25.3.1969; Frankfurter Rundschau, 18.8.1969.

695 Vgl. Hannoversche Presse, 23.9.1969.

696 Vgl. Die Zeit, 5.9.1969.

697 Vgl. Der Volkswirt, 19.3.1971.

698 Vgl. Der Spiegel, 31.3.1969; Industriekurier, 27.9.1969.

[699] Vgl. Frankfurter Allgemeine Zeitung, 2.5.1975.

[700] Die Zeit, 1.10.1976.

[701] Vgl. Frankfurter Allgemeine Zeitung, 14.11.1972.

[702] Süddeutsche Zeitung, 14.3.1974.

[703] Zit. nach Der Stern, 28.10.1974, S. 112.

[704] Rede in hektographierter Fassung in: Zeitungsausschnittsammlung III des Archivs der sozialen Demokratie, X-21-Wählerinitiative (1973).

[705] Brief von Heinke Jaedicke an Willy Brandt, 23.1.1974, in: Zeitungsausschnittsammlung III des Archivs der sozialen Demokratie, X-21-Wählerinitiative (1974).

[706] Brief von Willy Brandt an Heinke Jaedicke, 25.3.1974, in: Zeitungsausschnittsammlung III des Archivs der sozialen Demokratie, X-21-Wählerinitiative (1974).

[707] Die Reden von Böll, Troll und Grass vor der Bundestagsfraktion, dokumentiert in: Frankfurter Rundschau, 14.3.1974; vgl. ferner: Süddeutsche Zeitung, 14.3.1974 u. Frankfurter Allgemeine Zeitung, 15.3.1974.

[708] Hektographiertes Manuskript in: Zeitungsausschnittsammlung III des Archivs der sozialen Demokratie, X-21-Wählerinitiative.

[709] Vgl. Harburger Anzeigen und Nachrichten, 2.4.1974; Das da 5 (1974).

[710] Vgl. Interview mit Stuttgarter Zeitung, 14.11.1974.

[711] Kölner Stadtanzeiger, 20.9.1976.

[712] Stuttgarter Nachrichten, 14.11.1974.

[713] Der Stern, 26.10.1977, S. 112.

[714] Vgl. Der Spiegel,, 7.4.1975.

[715] Vgl. Frankfurter Rundschau, 31.5. u. 13.9.1976; Kölner Stadtanzeiger, 20.9.1976.

[716] Zit nach Welt am Sonntag, 11.7.1976.

[717] Vgl. Der Spiegel, 6.9.1976.

[718] Vgl. Frankfurter Rundschau, 11. 9. 1980; Stuttgarter Nachrichten, 1. 10. 1980.

[719] Vgl. Süddeutsche Zeitung, 23.4.1980, Stuttgarter Nachrichten, 15.9.1980; Ludwigsburger Kreiszeitung, 15.9.1980; Die Welt, 19.9.1980; Frankfurter Rundschau, 3.10.1980.

[720] Vgl. Parlamentarisch-Politischer Pressedienst, 19.2.1980; Der Spiegel, 23.6.1980; Frankfurter Rundschau, 11.9.1980.

[721] Vgl. Linda Reisch/Tilman Fichter, Kultur nach der Wende. In: Neue Gesellschaft, 31/10 (1984), S. 940–946.

[722] Vgl. auch Peter Glotz (Hrsg.), Ziviler Ungehorsam im Rechtsstaat, Frankfurt a. M. 1983; Jörn Rüsen/Eberhard Lämmert/Peter Glotz (Hrsg.), Die Zukunft der Aufklärung. Frankfurt a. M. 1988.

[723] Vgl. Neue Ruhr Zeitung, 23.1.1987; Die Welt, 26.8.1987; Süddeutsche Zeitung, 20./21.11.1990.

[724] Als eine Art Pendant zum „Kulturforum" hat die SPD immerhin aber 1988 ein „Wissenschaftszentrum" eingerichtet, das enger als das „Kulturforum" in die Parteistrukturen integriert ist und sich in erster Linie auf die technische Intelligenz bezieht. Im Herbst 1989 veranstaltet das „Wissenschaftsforum" seinen ersten Fachkongreß über „Fortschritt für die 90er Jahre: Moderne Technik in einer humanen Arbeitswelt".

[725] Dokumentiert in Alfons Fitzek (Hrsg.), Katholische Kirche im demokratischen Staat. Hirtenworte der deutschen Bischöfe. Würzburg 1981, S. 91.

[726] Vgl. Jürgen Aretz, Katholizismus und Deutsche Sozialdemokratie 1949–1963. In: Albrecht Langner (Hrsg.), Katholizismus im politischen System der Bundesrepublik. Paderborn u. a. 1978, S. 69; vgl. auch Klaus Gotto, Die deutschen Katholiken und die Wahlen in der Adenauer Ära. In: Ebd., S. 28.

[727] Vgl. Frederic Spotts, Kirchen und Politik in Deutschland. Stuttgart 1976, S. 281.

[728] Thomas Brehm, SPD und Katholizismus in den fünfziger und sechziger Jahren. In: Aus Politik und Zeitgeschichte 49 (1989), S. 32f.

[729] Vgl. auch Kurt Klotzbach, SPD und Katholische Kirche nach 1945 – Belastungen, Mißverständnisse und Neuanfänge. In: Archiv für Sozialgeschichte 29 (1989), S. XLI; Aretz, a. a. O., S. 63f.

[730] Es kam lediglich zu einigen inoffiziellen, streng geheimgehaltenen Gesprächen v. a. von Willi Eichler und Heinz Kühn mit Dominikanern aus dem Kloster Walberberg und Jesuitenpater aus Frankfurt, die aber weder die Partei noch die katholische Kirche erreichten, vgl. Aretz a. a. O., S. 71; Spotts, a. a. O., S. 289.

[731] Vgl. die Berichte in: Frankfurter Allgemeine Zeitung, 2.12.1957; Bayern-Kurier, 5.12.1957; Allgemeine Sonntagszeitung, 8.12.1957.

[732] Vgl. die Berichte in: Süddeutsche Zeitung, 13.1.1958 u. Frankfurter Rundschau, 14.1.1958; vgl. auch Brehm, a. a. O., S. 36ff.; Aretz, a. a. O., S. 72ff.; Spotts, a. a. O., S. 290.

[733] Zu Forster vgl. die Berichte in: Der Spiegel, 31.1.1964; Die Welt, 28.5.1963; Frankfurter Rundschau, 28.5.1963; Süddeutsche Zeitung, 29.10.1963.

[734] Vgl. etwa Franz Munter, Der katholische Christ und die SPD. Augsburg 1960; Anton Böhm, Wie „katholisch" ist die SPD? In: Rheinischer Merkur, 19.2.1960; Die Katholiken wollen zuerst Taten sehen. In: Mann in der Zeit, April 1960.

[735] Allgemeine Sonntagszeitung, 24.4.1960.

[736] Zit. nach Schwäbische Zeitung, 10.6.1965.

[737] Vgl. Aretz, a. a. O., S. 78.

[738] Vgl. etwa Gesellschaftspolitische Kommentare 9/13/14 (1962), S. 141ff.: Pater F. Prinz S. J., Sozialismus à la Godesberg. In: Ketteler Wacht 7 (1964), S. 3.

[739] Vgl. den Tagesbericht von Günther Gillessen, Hindernisse zwischen Katholiken und Sozialdemokraten. In: Frankfurter Allgemeine Zeitung, 9.3.1960; vgl. auch Schweinfurter Volkszeitung, 8.3.1960.

[740] Zum Papstbesuch der SPD-Delegation vgl. Die Welt, 6.3.1964; Christ und Welt, 13.3.1964.

[741] Vgl. Die Welt, 21.1.1965; Industriekurier, 23.1.1965.

[742] Vgl. hierzu Brehm, a. a. O., S. 42.

[743] Vgl. den Bericht in: Rheinische Post, 1.6.1964.

[744] Zit. nach Parlamentarisch-Politischer Pressedienst, 3.9.1965.

[745] Zit. nach Parlamentarisch-Politischer Pressedienst, 11.2.1966.

[746] Katholische Nachrichtenagentur, 5.11.1966.

[747] Vgl. Donau-Kurier (Ingolstadt), 21.6.1969.

[748] Vgl. Klotzbach, SPD und Katholische Kirche, a. a. O., S. XLV.

[749] Vgl. Süddeutsche Zeitung, 26.3.1969.

750 Vgl. Bonner Rundschau, 13.11.1969.

751 Vgl. Klotzbach, a. a. O., S. XLVI; Brehm, a. a. O., S. 46.

752 Vgl. Stuttgarter Zeitung, 21. u. 22.11.1969; Die Welt, 20.11.1969.

753 Vgl. Frankfurter Allgemeine Zeitung, 4.3. u. 11.3.1970.

754 Vgl. Deutsche Presseagentur, 19.4.1970.

755 Vgl. hierzu Publik, 2.5.1970; Rheinischer Merkur, 22.6.1970.

756 Vgl. Vorwärts, 4.6.1970.

757 Vgl. Westfälische Rundschau, 17.1.1972.

758 Zit. nach Parlamentarisch-Politischer Pressedienst, 28.2.1972.

759 Zit. nach Süddeutsche Zeitung, 24.2.1972.

760 Wortlaut nach Katholische Nachrichtenagentur, 31.8.1972.

761 Aufruf in hektographierter Fassung in: Zeitungsausschnittsammlung II des Archivs der sozialen Demokratie (Bonn), DWg – 1a1, 1972.

762 Vgl. den Wortlaut des Rundschreibens in: Münchner Merkur, 14.11.1972; außerdem: Der Spiegel, 30.11.1972; Die Welt, 4.11.1972.

763 Vgl hierzu auch Publik, 28.11.1969.

764 Vgl. hierzu Spotts, a. a. O., S. 299.

765 Zum Konflikt über den Paragraphen 218 vgl. die Studie von Hermann Tallen, Die Auseinandersetzung zwischen der Katholischen Kirche und der Sozialdemokratischen Partei Deutschlands über die Reform des § 218 StGB. Diss. Münster 1975.

766 Vgl. Schindler, Datenhandbuch, a. a. O., S. 193.

767 Zum Interview vgl. Süddeutsche Zeitung, 12.1.1973.

768 Katholische Nachrichtenagentur, 16.1.1973.

769 Das hektographierte Manuskript der Rede in: Zeitungsausschnittsammlung des Archivs der sozialen Demokratie (Bonn), Kassette 1269, DW9 – 1a3/1972–73.

770 Frankfurter Rundschau, 14.2.1973.

771 Münchner Merkur, 2.10.1973.

772 Vgl. Der Spiegel, 9.4.1974.

773 Vgl. Berliner Stimme, 1.9.1973 u. 26.10.1974; Frankfurter Rundschau, 2.11.1974.

774 Vgl. Sozialdemokrat Magazin, Dezember 1974; Süddeutsche Zeitung, 21.6.1974; Deutsche Zeitung, 21.3.1975.

775 Der Spiegel, 3.1.1972.

776 Der Spiegel, 8.5.1972.

777 Vgl. Süddeutsche Zeitung, 8.12.1973; Frankfurter Rundschau, 11.12.1973.

778 Dazu vgl. Die Welt, 23.6.1972; Süddeutsche Zeitung, 29.6.1972; Frankfurter Rundschau, 4.8.1972.

779 Vgl. Deutsche Zeitung, 21.3.1975.

780 Vgl. hierzu auch Deutsche Zeitung, 28.5.1976; Deutsches Allgemeines Sonntagsblatt, 30.5.1976.

781 Vgl. Kirche und Leben (Münster), 12.5.1974.

782 Deutsche Zeitung, 28.6.1974.

783 Vgl. Bonner Rundschau, 20.9.1974.

784 Vgl. Süddeutsche Zeitung, 18.10. u. 19.10.1974.

785 Vgl. Rheinischer Merkur, 21.6. u. 6.9.1974.

786 Vgl. etwa Frankfurter Allgemeine Zeitung, 15.7.1976.

[787] Herder-Korrespondenz 3 (1975), S. 114.

[788] Kolpingblatt, April 1975; dazu auch Frankfurter Rundschau, 17.4.1975 u. Die Welt 17.4.1975.

[789] Vgl. Kirchenzeitung für das Erzbistum Köln, 16.5.1975; Deutsche Tagespost, 27.5.1975; Katholische Nachrichtenagentur, 29.5.1975, Rheinischer Merkur, 30.5.1975; Ruhrwort, 31.5.1975; Glaube und Leben, 1.6.1975; Katholisches Sonntagsblatt (Rottenburg), 1.6.1975; Petrusblatt (Berlin), 1.6.1975; Regensburger Bistumsblatt, 1.6.1975; Neue Bildpost, 1.6.1975.

[790] Deutsche Presseagentur, 20.5.1976.

[791] Deutsches Allgemeines Sonntagsblatt, 30.5.1976 u. Vorwärts, 29.5.1976.

[792] Passauer Neue Presse, 2.8.1976.

[793] Vgl. Klotzbach, a. a. O., S. XLVI.

[794] Passauer Bistumsblatt, 10.11.1976.

[795] Zur Rede Schmidts und deren Resonanz vgl. Süddeutsche Zeitung, 24.5.1976; Frankfurter Allgemeine Zeitung, 24.5.1976; Die Welt, 24.5.1976; Publik-Forum, 16.7.1976; Deutsches Allgemeines Sonntagsblatt, 30.5.1976.

[796] Vgl. Gotto, a. a. O., S. 20.

[797] Vgl. Frankfurter Allgemeine Zeitung, 16.12.1977.

[798] Vgl. Frankfurter Allgemeine Zeitung, 21.2.1978.

[799] Westfälische Rundschau, 7.4.1978.

[800] Die Welt, 17.4.1978.

[801] Frankfurter Rundschau, 23.10.1978.

[802] Vgl. Süddeutsche Zeitung, 17.11.1978; Frankfurter Allgemeine Zeitung, 18.11.1978.

[803] Vgl. Frankfurter Allgemeine Zeitung, 19.2.1979.

[804] Rheinischer Merkur/Christ und Welt, 8.8.1980.

[805] Dokumentiert in Süddeutsche Zeitung, 13.9.1980.

[806] Zur Kritik von Sozialdemokraten am Hirtenbrief vgl. Westfälische Rundschau, 17.9.1980; Neue Ruhr Zeitung, 19.9.1980; Der Spiegel, 22.9.1980; Nordsee-Zeitung, 20.9.1980.

[807] So das Ergebnis einer Spiegel-Umfrage, vgl. Der Spiegel 22.9.1980, S. 24

[808] Frankfurter Rundschau, 26.9.1980.

[809] Vgl. Gerd Mielke, Konfession und Wahlverhalten in der Bundesrepublik Deutschland. Ein Vergleich zwischen 1953 und 1980. In: Dieter Oberndörfer/Karl Schmitt (Hrsg.), Kirche und Demokratie 1983, S. 85; vgl. auch die Zahlen bei Wolfgang G. Gibowski/Max Kaase, Auf dem Weg zum politischen Alltag. Eine Analyse der ersten gesamtdeutschen Bundestagswahlen vom 2. Dezember 1990. In: Aus Politik und Zeitgeschichte 11–12 (1991), S. 16.

[810] Vgl. Frankfurter Allgemeine Zeitung, 9.6.1987.

[811] Vgl. Gibowski/Kaase, a. a. O., S. 16.

[812] Vgl. Martin Möller, Evangelische Kirche und Sozialdemokratische Partei in den Jahren 1945–1950. Göttingen 1984, S. 146.

[813] Vgl. Spotts, a. a. O., S. 282 f.

[814] Deutsche Presseagentur, 17.7.1957.

[815] Vgl. Spotts, a. a. O., S. 284.

[816] Willy Brandt, Erinnerungen. Frankfurt a. M. 1989, S. 341 f.

[817] Vgl. Informationsdienst Kirchenfragen, hrsg. von der Sozialdemokratischen Partei Deutschlands, 15.12.1975.

[818] Vgl. Informationsdienst Kirchenfragen 1 (1985), S. 3

[819] Vgl. idea, Nr. 111/112/88, 20.12.1988; Sozialdemokratischer Pressedienst, 28.8.1984.

[820] Vgl. Deutsches Allgemeines Sonntagsblatt, 31.7.1983.

[821] Publik-Forum, 21.11.1986, Nr. 23, S. 12.

[822] idea, Nr. 111/112/88, 20.12.1988.

[823] Vgl. Frankfurter Rundschau, 22.6.1987.

[824] Vgl. dazu Rheinischer Merkur, 17.3.1972; Frankfurter Rundschau, 21.3.1972; Die Zeit, 16.6.1972; Süddeutsche Zeitung, 3.3. u. 11.7.1973.

[825] Vgl. als Beispiele unter vielen: Alfred Grosser, Das Deutschland im Westen. München 1988, S. 176; Kurt Sontheimer, Grundzüge des politischen Systems der Bundesrepublik Deutschland. München ¹²1989, S. 164; Arnulf Baring, Machtwechsel: Die Ära Brandt-Scheel. München 1984, S. 569.

[826] Vgl. Die Zeit, 24.3.1972.

[827] Vgl. Vorwärts, 1.11.1973.

[828] Vgl. Vorwärts, 8.11.1973; Stuttgarter Zeitung, 9.11.1973.

[829] Zit. nach Frankfurter Rundschau, 13.10.1975.

[830] Vgl. Die Zeit, 24.3.1972; Weser-Kurier, 4.2.1974.

[831] Vgl. Frankfurter Rundschau, 28.7.1976.

[832] Vgl. Der Stern, 27.9.1973.

[833] Vgl. hierzu auch Der Spiegel, 1.3.1971; Hans-Jochen Vogel, Die Amtskette. Meine 12 Münchner Jahre – ein Erlebnisbericht. München 1972, S. 228.

[834] Vgl. hierzu Die Zeit, 16.6.1972.

[835] Vgl. Süddeutsche Zeitung, 29.10.1974.

[836] Vgl. neben der bereits dazu oben angegebenen Literatur exemplarisch auch Dieter Rebentisch, Regierbarkeit und Unregierbarkeit der Städte in der sozialliberalen Koalition 1969–1982. In: Die alte Stadt 16/2–3 (1989), S. 501.

[837] Allerdings liegt der Schwerpunkt unserer Betrachtungen zugegebenermaßen auf dem Binnenraum der Münchner SPD. Gewiß müßten zudem noch weitergesteckte sozialgeschichtliche Analysen zu den soziokulturellen Veränderungen der Metropolen und zum wachsenden kommunalpolitischen Problemdruck hinzukommen, aber sie hätten – wie man so schön und richtig sagt – die Grenzen unseres Vorhabens gesprengt.

[838] Glotz, Anatomie einer politischen Partei, a. a. O., S. 16.

[839] Vgl. hierzu auch Hans-Jochen Vogel, Aus der Geschichte lernen – die Zukunft gestalten. In: Informationen der sozialdemokratischen Bundestagsfraktion, 15.12. 1985, Ausgabe 2508.

[840] Vgl. Süddeutsche Zeitung, 11.7.1960.

[841] Vgl. Deutsche Zeitung, 12.7.1960; Frankfurter Rundschau, 12.7.1960.

[842] Vgl. Vogel, Aus der Geschichte lernen, a. a. O., o. S.; vgl. auch Stuttgarter Zeitung, 13.11.1967; Augsburger Allgemeine Zeitung, 17.2.1967.

[843] Vgl. hierzu auch Georg Kronawitter, Mit allen Kniffen und Listen. Strategie und Taktik der dogmatischen Linken in der SPD. Wien 1979, S. 23; vgl. auch Die Zeit, 28.1.1977.

[844] So auch Peter von Oertzen in einem Referat vor der Münchner SPD, siehe dazu Süddeutsche Zeitung, 12.11.1978.

[845] Hierzu und im folgenden Glotz, Anatomie, a. a. O., S. 23 ff.

[846] Vgl. Geschäftsbericht des Unterbezirksvorstandes der SPD München für die Zeit vom 26.4.1975–6.3.1976, in: Zeitungsausschnittsammlung III des Archivs der sozialen Demokratie, X-21-München.

[847] Vgl. hierzu und im folgenden Münchner Post, April 1974.

[848] Münchner Stadtanzeiger, 12.10.1973 u. Süddeutsche Zeitung, 3.4.1973 u. 12.11.1978.

[849] Der Spiegel, 5.11.1974.

[850] Vgl. Die Zeit, 28.1.1977.

[851] Vgl. hierzu Süddeutsche Zeitung, 19.1.1974.

[852] Vgl. Stuttgarter Zeitung, 11.3.1974; Welt der Arbeit, 10.8.1973.

[853] Vgl. Süddeutsche Zeitung, 19.1.1974.

[854] Vgl. Vogel, Die Amtskette, a. a. O., S. 238.

[855] Vgl. u. a. Münchner Merkur, 21.11.1973; Süddeutsche Zeitung, 6.2.1974.

[856] Über die Rolle Vogels im Münchner Konflikt vgl. auch Die Zeit 15.3.1974 u. 28.1.1977; Deutsches Allgemeines Sonntagsblatt, 13.7.1975; Der Spiegel, 5.11.1974; Der Tagesspiegel, 8.4.1976.

[857] Hierzu und im folgenden tz-München, 23.1.1974; Abendzeitung (München), 25.1.1974; Süddeutsche Zeitung, 25.1., 2.2. u. 6.2.1974.

[858] Vgl. Münchner Merkur, 23.2.1974.

[859] Vgl. tz-München, 9.3.1974; Süddeutsche Zeitung, 11.3.1974; Die Zeit, 15.3. 1974.

[860] Vgl. Süddeutsche Zeitung, 2.2.1974.

[861] Vgl. Abendzeitung (München), 11.3.1974.

[862] Vgl. hierzu und im folgenden Münchner SPD-Presseinformationen, 20.3.1974; in: Zeitungsausschnittsammlung III des Archivs der sozialen Demokratie, X-21-München.

[863] Hierzu und im folgenden Stuttgarter Zeitung, 5.11.1975; Die Welt, 6.11.1975; Die Zeit, 28.1.1977.

[864] Zu Geiselberger vgl. vor allem Süddeutsche Zeitung, 19.9.1974.

[865] Vgl. Süddeutsche Zeitung, 4.9. u. 6.9.74; Der Spiegel, 14.10.1974.

[866] Vgl. Süddeutsche Zeitung, 10.9.1974.

[867] Vgl. Münchner Merkur, 11.9.1974.

[868] Vgl. Abendzeitung (München), 12.9.1974.

[869] Vgl. Münchner SPD-Presse-Informationen, 3.9.1974; Abendzeitung (München), 18.9.1974.

[870] Zit. nach Münchner Merkur, 3.10.1974.

[871] Vgl. Münchner Merkur, 5.10.1974 u. Süddeutsche Zeitung, 5.3.1975.

[872] Vgl. Glotz, Anatomie, a. a. O., S. 17.

[873] Vgl. die hektographierte Fassung in: Zeitungsausschnittsammlung III des Archivs der sozialen Demokratie, X-21-München.

[874] Süddeutsche Zeitung, 28.11.1974; vgl. auch Abendzeitung (München), 28.11. 1974.

[875] Vgl. tz-München, 28.6.1975.

[876] Vgl. Süddeutsche Zeitung, 27.6.1975; tz-München, 28.6.1975.

[877] Vgl. Abendzeitung (München), 28.6.1975.

[878] Vgl. Deutsches Allgemeines Sonntagsblatt, 13.7.1975.

[879] Vgl. Frankfurter Rundschau, 13.12.1975.

[880] Vgl. Süddeutsche Zeitung, 26.1.1976; Münchner Merkur, 27.1.1976; Frankfurter Rundschau, 8.3.1976.

[881] Vgl. auch Münchner Merkur, 8.3.1976.

[882] Vgl. hierzu und im folgenden Münchner Merkur, 23.3.1976; Frankfurter Allgemeine Zeitung, 26.3.1976; Frankfurter Rundschau, 27.3.1976; Die Welt, 29.3.1976; Süddeutsche Zeitung, 30.3.1976.

[883] Vgl. auch Die Welt, 6.5.1976.

[884] Vgl. Süddeutsche Zeitung, 13.11.1976.

[885] Zu dieser Sitzung vgl. Süddeutsche Zeitung, 25.11.1976.

[886] Vgl. Süddeutsche Zeitung, 13.11.1976.

[887] Vgl. Süddeutsche Zeitung, 8.12.1976.

[888] Vgl. etwa Süddeutsche Zeitung, 30.11.1976 u. 30.4.1976.

[889] Vgl. Süddeutsche Zeitung, 3.5.1977.

[890] Zit. nach Frankfurter Allgemeine Zeitung, 17.5.1977.

[891] Die Welt, 17.12.1976; Süddeutsche Zeitung, 31.3.1977, Frankfurter Rundschau, 16.4.1977.

[892] Siehe Süddeutsche Zeitung, 21.3.1978.

[893] Vgl. Süddeutsche Zeitung, 28.10.1978 u. 26.3.1979; Frankfurter Rundschau, 11.1. u. 3.3.1980; Münchner Merkur, 7.7.1980.

[894] Vgl. Die Welt, 10.7. u. 9.10.1981; Süddeutsche Zeitung, 25.1.1982.

[895] Vgl. Münchner Merkur, 11.8.1982.

[896] Vgl. Süddeutsche Zeitung, 11.4.1983.

[897] Vgl. Frankfurter Allgemeine Zeitung, 3.4.1984.

[898] Vgl. Stuttgarter Zeitung, 31.1.1987; Der Spiegel, 13.4.1987.

[899] Vgl. Vorwärts, 30.5.1988.

[900] Vgl. Süddeutsche Zeitung, 30.3.1988.

[901] Vgl. Süddeutsche Zeitung, 30.4./1.5.1990.

[902] Vgl. die Graphik in: Süddeutsche Zeitung, 12.12.1990.

[903] Vgl. Süddeutsche Zeitung, 12.12.1990.

[904] Vgl. beispielhaft die Berichte über einen Parteitag zur Strategiediskussion: Süddeutsche Zeitung, 16.11. u. 18.11.1973; Frankfurter Neue Presse, 19.11.1973.

[905] Vgl. Frankfurter Rundschau, 22.1.1974; Frankfurter Allgemeine Zeitung, 2.3.1974.

[906] Vgl. Frankfurter Rundschau, 4.3.1974 u. 1.3.1975; Frankfurter Allgemeine Zeitung, 12. u. 15.3.1976.

[907] Zu solchen Parteitagen vgl. die Berichte in: Frankfurter Rundschau, 4.3.1974 u. 16.3.1976.

[908] Vgl. Frankfurter Rundschau, 12.4.1977.

[909] Vgl. hierzu auch Rebentisch, a. a. O., S. 503; Erich Helmensdorfer, Frankfurt – Metropole am Main. Düsseldorf/Wien 1982, S. 303.

[910] Vgl. Frankfurter Rundschau, 31.10.1974.

[911] Die Zahlen in: Heiner Halberstadt/Bernd Hausmann, Von der „Arbeiter-

partei" über die „Volkspartei" zur „Demokratischen Partei"? Frankfurt a. M. 1978, S. 25.

[912] Vgl. Helmensdorfer, a. a. O., S. 297; siehe auch den Bericht in: Weltbild, 10.7.1974.

[913] Vgl. hierzu Frankfurter Rundschau, 23.3.1977.

[914] Vgl. Frankfurter Rundschau, 10.4., 11.12.1975 u. 9.9.1976; Frankfurter Allgemeine Zeitung, 7.4. u. 9.4.1975; Süddeutsche Zeitung, 10.12.1975 u. 9.9.1976.

[915] Vgl. Der Spiegel, 13.3.1976.

[916] Vgl. Halberstadt/Hausmann, a. a. O., S. 25.

[917] Vgl. Stuttgarter Zeitung, 22.2.1980 u. 24.9.1984; Süddeutsche Zeitung, 6.3.1982, Helmensdorfer, a. a. O., S. 312; Peter Bartelheimer, Alles zu werden, strömet zu Hauff? Das Frankfurter Modell der rot-grünen Moderne. In: Blätter für deutsche und internationale Politik 9 (1989), S. 1056.

[918] Über die Suche nach einem Oberbürgermeisterkandidaten in der Frankfurter SPD vgl. die Berichte in: Süddeutsche Zeitung, 20.7.1979; Stuttgarter Zeitung, 9.11.1979 u. 22.2.1980; Frankfurter Rundschau, 22.9.1979 u. 18.1.1980.

[919] Vgl. Frankfurter Allgemeine Zeitung, 4.8.1984.

[920] Vgl. Halberstadt/Hausmann, a. a. O., S. 25.

[921] Vgl. Frankfurter Neue Presse, 28.3.1983; Frankfurter Rundschau, 29.3.1983; Süddeutsche Zeitung, 9.4.1983.

[922] Vgl. Frankfurter Neue Presse, 30.3.1983.

[923] Vgl. Frankfurter Neue Presse, 3.9.1984 u. Frankfurter Rundschau, 4.9.1984.

[924] Vgl. Vorwärts, 26.1.1985.

[925] Vgl. Halberstadt/Hausmann, a. a. O., S. 25.

[926] Vgl. Frankfurter Rundschau, 20.12.1986.

[927] Vgl. Frankfurter Rundschau, 11.2.1987.

[928] Vgl. Frankfurter Rundschau, 22.10.1986 u. 18.8.1987.

[929] Vgl. Die Welt, 27.4.1987; Frankfurter Rundschau, 27.4.1987.

[930] Halberstadt/Hausmann, a. a. O., S. 12 u. 18.

[931] Vgl. Frankfurter Rundschau, 23.11.1987.

[932] Vgl. Frankfurter Rundschau, 2.11. u. 3.11.1987.

[933] Vgl. Frankfurter Rundschau, 4.12.1987.

[934] Pflasterstrand, 4.2.–17.2.1988, S. 19.

[935] Vgl. Frankfurter Rundschau, 26.1.1988; Parlamentarisch-Politischer Pressedienst, 3.2.1988.

[936] Vgl. Frankfurter Allgemeine Zeitung, 3.7.1990; Frankfurter Rundschau, 3.7.1990.

[937] Vgl. Frankfurter Rundschau, 8.8.1989.

[938] Vgl. hierzu Stuttgarter Zeitung, 22.3.1990; Frankfurter Allgemeine Zeitung, 18.9.1990; Der Spiegel, 19.3.1990, S. 65.

[939] Vgl. Frankfurter Allgemeine Zeitung, 18.9.1990; Frankfurter Rundschau, 13.3. u. 25.3.1991; Süddeutsche Zeitung, 13.3.1991.

[940] Vgl. als jüngstes Beispiel für einen solchen ideologischen Konservatismus die Schrift von Horst Heimann, Die Voraussetzungen des demokratischen Sozialismus und die Aufgaben der Sozialdemokratie. Bonn 1991.

NAMENREGISTER